수험 목적 최적화
가독성 높은 편집

CPA 경제학

2판

장선구 편저

비앤엠북스

머리말

Ⅰ. 경제학 출제 범위 간단 소개

경제학은 크게 미시경제학과 거시경제학, 국제경제학으로 나눌 수 있다. 먼저 미시경제학의 관심분야를 설명하고 거시경제학, 국제경제학 순으로 간략하게 살펴보기로 한다.

1. 미시경제학(Micro economics)

(1) 경제문제와 경제체제

경제학(economics)의 출발점은 자원의 희소성(scarcity)이다. 희소한 자원으로 인해서 인간은 선택(choice)의 문제에 직면하게 되고 그 결과 합리적(rational)인 선택을 하려고 고민하게 된다. 이때 최소의 비용으로 최대의 효과를 거두는 것을 최적화(optimization)라고 한다. 이러한 희소한 자원을 어떻게 분배하고 나눌 것인가의 판단 기준에는 효율성(efficiency)과 공평성(fairness)이 있다. 이 두 기준에 입각하여 현실의 다양한 경제 문제를 해결하려고 한다. 우리가 기본 체제로 삼고 있는 자본주의 메커니즘은 가격(price)이란 조정수단을 활용하는 시장의 원리를 기반으로 한다. 시장이란 물건을 사려는 사람과 생산·공급하려는 사람들이 자생적으로 모인 장소라고 할 수 있다. 따라서 경제학의 출발점은 시장의 원리인 수요와 공급에서 출발한다.

(2) 수요공급의 이론과 응용

수요(demand)와 공급(supply)은 시장에 참여하는 두 경제주체인 소비자와 생산자의 선택을 의미한다. 소비자의 선택을 나타내는 수요와 생산자의 선택을 나타내는 공급 간의 상호작용을 통해서 경제에서 가격과 생산량이 어떻게 균형으로 조정되는가의 과정을 배우게 된다. 이를 통해 외부적인 충격(shock)이 시장에 발생하는 경우 어떻게 가격이 조정역할을 하는지 알게 될 것이고, 정부가 최저임금제(minimum wage)와 임대료 상한제, 조세정책(tax policy) 등을 실시하는 경우 시장에 미치는 부작용은 어떤 것이 있는지 분석할 수 있는 방법을 배우게 된다.

(3) 소비자선택이론

소비자(consumer)는 주어진 예산제약(budget constraint)하에서 효용을 극대화하는 선택을 한다. 소비자의 제약조건은 시장에서 주어진 가격과 소득이 되고, 목적식은 소비를 통해 얻게 되는 효용의 극대화이다. 소비자선택이론에서는 먼저 소비를 통한 만족을 의미하는 효용에 대해서 배운다. 효용(utility)이란 만족의 크기를 나타내는 것으로 이를 무차별곡선(indifference curve)을 통해서 설명하게 된다. 무차별곡선의 다양한 형태에 대해서 먼저 잘 숙지하는 것이 매우 중요하다. 다음으로 소비자의 선택의 제약조건이 되는 예산선이 무엇인지 어떻게 그려지는지를 보고, 예산선과 무차별곡선을 통해서 효용극대화의 선택문제를 다루게 된다. 이후에 주어진 예산선이 변화하는 가격의 충격과 소득의 충격이 존재하는 경우에 효용극대화 선택이 어떻게 달라지는가를 본다. 이러한 소비자의 합리적인 선택 과정은 시점간 자원 배분과 더불어 노동의 공급결정까지 확장하게 된다.

(4) 생산자선택이론

수요곡선에 해당하는 소비자선택이론을 살펴본 후에 공급곡선인 생산자의 선택에 대해서 다루게 된다. 생산자(producer)는 노동(labor)과 자본(capital)을 이용해서 생산량을 만들어 내는 과정으로 어떻게 하면 시장에서 요구하는 상품을 최소의 비용으로 생산할 것인가에 대해서 다루게 된다. 이를 위해서는 먼저 노동과 자본 그리고 생산량과의 관계를 다루는 생산함수(product function)에 대해서 학습한 후에 이른 등량곡선(iso-quant curve)으로 나타내는 방법을 다루게 된다. 등량곡선은 소비자선택이론의 무차별곡선과 동일한 맥락으로 생각하면 된다.

(5) 생산물시장이론

소비자와 생산자의 행동원리를 배운 다음에 두 경제주체가 시장이란 곳에서 만나서 어떻게 조정을 하는지를 살펴본다. 특히 시장 구조(market structure)의 측면에서 완전경쟁시장과 독점시장을 기준으로 먼저 학습한다. 완전경쟁시장(perfect competition market)이란 시장에 참여하는 경제 주체들이 무수히 많이 존재하는 상황에서 개별기업들은 개미와 같은 존재로 행동하며 시장에서 결정된 가격을 수용하는 입장에 처하게 된다. 이러한 무수히 많은 시장 참가자들과 더불어 시장에 진입장벽이 존재하지 않기 때문에 시장에서 이루어진 성과는 매우 효율적인 상태가 된다.

한편 독점시장(monopoly market)은 시장에서 기업이 한개 존재하는 구조로 개별기업이 맘대로 가격을 조정할 수 있는 힘을 가진다. 이러한 상황은 비효율성을 야기하게 되고 그 결과 완전경쟁시장과 정반대의 결과를 얻게 된다.

또 다른 시장구조로는 과점시장(oligopoly)과 독점적 경쟁시장(monopolistic competition)이 있다. 과점시장은 소수의 기업이 존재하여 상호의존적인 경향을 보이면서 전략적인 행동을 하게 된다. 자동차와 휴대폰시장과 같이 규모가 크면서 어느 기업의 선택이 다른 기업의 선택에 큰 영향을 미치는 경우를 말한다. 독점적 경쟁시장은 다수의 기업이 존재하는 상황으로 약국, 커피숍, 미용실과 같이 다수의 기업이 존재하는 상황으로 차별화를 통해서 독점력을 어느 정도 확보하는 시장구조를 말한다. 개별기업들은 고객을 끌어들이기 위해 광고를 비롯한 제품의 차별화를 통해 어느 정도 독점적인 상황을 유지하게 된다.

(6) 생산요소시장과 소득분배이론

생산물 시장을 학습한 후에는 노동과 자본과 같은 생산요소가 거래되는 시장을 다루게 된다. 노동시장(labor market)은 인간에 체화된 노동서비스가 거래되는 시장이고 자본시장(capital market)은 노동의 생산성을 높이게 되는 실물 자본이 거래되는 시장을 말한다. 이후에는 노동과 자본의 공급에 따른 대가를 받게 된다는 기능별 소득분배와 소득의 크기를 기준으로 한 계층별 소득분배에 대해 공부한다.

(7) 일반균형분석과 후생경제학

앞서 미시경제학적 분석에서는 어느 하나의 시장만 관심대상으로 두고 살펴보는 부분균형분석(partial analysis)에 초점을 두고 있으나 이는 모든 시장을 고려하지 않는다는 한계가 있다. 따라서 모든 시장을 동시에 고려하는 일반균형분석(general equilibrium analsysis)을 다루게 된다. 일반균형분석을 통해서 시장에서 가격의 자율적인 조정과정을 통한 효율성에 대한 논의를 매듭짓게 된다.

경제학에서는 효율성만 고려해서는 안 된다. 또 다른 기준인 공평성에 대해서도 살펴볼 필요가 있다. 공평성이라는 가치판단의 잣대를 도입하기 위해서 사회후생함수를 이용한다. 이렇게 효율성과 공평성의 두 측면에서 경제학을 바라보는 시각이 미시경제학의 최종점이라고 할 수 있으며 이러한 분야를 후생경제학(welfare economics)이라고 한다.

2. 거시경제학 (macroeconomics)

(1) 거시경제학의 기초개념과 기초이론

거시경제학은 1929년부터 시작된 대공황(Great depression)이라는 이전에 보지 못했던 경제침체의 상황 속에서 이를 해결하는 과정 속에서 탄생하였다. 1936년 케인즈(J.M.Keynes)가 『고용, 이자, 화폐에 관한 일반이론』이란 책을 통해서 기존의 경제학자들을 비판하면서 거시경제학이 탄생했다. 거시경제학은 경제현상은 전체적인 시각을 통해서 망원경을 가지고 숲을 바라보는 시각을 가지고 있다.

먼저 거시경제 변수들의 다양한 개념들을 살펴보게 된다. 국민소득(GDP; Gross Domestic Product)이라는 기본적인 개념을 중심으로 실업과 인플레이션 더 나아가서 소비, 투자 등의 개념들을 학습하게 된다. 이를 통해 국가경제가 전체적으로 어떻게 흘러가는지를 분석하는 시각을 습득하게 된다.

또한 거시경제학의 기본적인 사상이라고 할 수 있는 고전학파(Classical school)와 케인즈 학파(Keynesian school)의 이념적인 내용을 살펴보게 된다. 시장의 가격기구를 신뢰하는 고전학파와 그

반대편에서 시장을 불신하고 정부가 적극적으로 시장에 개입해야 한다는 케인즈학파의 이념과 논쟁을 살펴보게 된다. 이들 이념논쟁은 거시경제학을 발전시키는 데 큰 역할을 담당하게 된다.

(2) 재정과 재정정책

1929년 세계 대공황을 시작으로 등장한 케인즈 경제학은 정부가 시장에 적극적으로 개입해야 한다는 것을 주장한다. 케인즈의 주장은 기본적으로 시장이 제 기능을 담당하지 못하는 경우에 정부가 적극적으로 개입하여 경기침체 상황을 벗어날 수 있다는 것이다. 정부가 정부지출확대를 통한 총수요 증대 정책은 승수효과(multiplier effect)를 통해서 불황을 탈출할 수 있는 동기가 된다고 본다. 그러나 고전학파 경제학은 정부의 시장 개입은 일시적으로는 효과가 있을지 모르겠지만, 장기적으로는 경제에 아무런 영향을 미치지 못하고 오히려 부작용을 초래한다고 주장하면서 케인즈 학파의 주장을 반박한다.

이렇게 정부가 조세와 국공채의 공급을 통해서 시장에 개입하는 방법을 재정정책(fiscal policy)이라고 한다.

(3) 화폐와 통화정책

시장에서 윤활유 역할을 하는 것은 바로 화폐(money)이다. 이러한 화폐는 거래적 동기와 더불어 가치를 저장하고, 회계적 기준의 역할을 하게 된다. 화폐를 공급하고 수요하는 원리도 기존의 시장의 수요와 공급의 원리와 동일하다. 먼저 화폐의 공급과 통화량에 대해서 살펴보고, 화폐의 수요에 대해 알아본다. 이러한 화폐시장의 균형 조건에서 결정되는 것이 바로 이자율이다.

중앙은행은 이자율을 적절한 수준으로 조절하여 경제에 영향을 미치기 위해서 통화량을 늘렸다 줄였다 조정하게 되는데 이를 통화정책(monetary policy)이라고 한다.

(4) IS-LM과 AD-AS곡선 모형

거시경제학을 분석하는 방법으로는 크게 IS-LM모형과 AD-AS모형이 있다. IS-LM모형은 케인즈의 이론을 설명하기 위해서 힉스(Hicks)와 한센(Hansen)이 만든 것으로 총수요(AD) 측면만 고려한 것이다. 비록 케인즈의 상황은 매우 잘 설명하고 있으나 공급측면까지 고려하지 못했다는 한계가 있다.

AD-AS모형은 케인즈의 IS-LM모형에 공급측면까지 고려한 것이다. 거시경제학의 완결모형이라고 해도 과언이 아니다. 최근에는 거시경제학에 사용되는 다양한 분석 툴이 존재하지만 기본적으로 IS-LM 모형과 AD-AS모형에 대해서만 잘 학습하면 수험 경제학에서는 충분하다.

(5) 인플레이션과 실업 : 필립스 곡선

거시경제학의 단기적인 경기변동과 관련한 문제가 바로 인플레이션과 실업이다. 인플레이션(inflation)은 물가수준이 지속적으로 상승하는 것을 말하고, 실업(unemployment)은 일할 능력과 의사를 지닌 사람들이 일자리를 갖지 못한 상태를 말한다. 거시경제학에서 잡아야 할 두 마리 토끼가 있다면 바로 인플레이션과 실업이라고 할 수 있다.

이렇게 거시경제학의 주요 관심사인 실업과 인플레이션을 중심으로 나타낸 그래프가 바로 필립스 곡선(Phillips curve)이다. 우리는 필립스 곡선을 통해서 거시경제학에 정부의 개입이 과연 어떤 효과가 있을지를 살펴보게 된다.

(6) 경기변동과 경제성장

거시경제학은 단기적으로 경기변동, 장기적으로 경제성장에 관심을 둔다. 단기적인 경기변동(business cycle)과 관련해서 경제의 현 상태가 호황인지 불황인지를 예측할 수 있는 경기변동지수를 살펴보아야 한다. 장기적인 관심사는 경제성장(economic growth)이다. 어느 나라는 경제가 가파르게 성장하는데, 또 다른 나라는 경제가 느리게 성장하는 것을 볼 수 있다. 이러한 국가 간 경제성장률의 차이를 발생하는 요인은 무엇인지를 살펴보는 것이 중요한다. 경제성장의 원천은 무엇이며, 경제성장의 이론을 살펴봄으로써 어떻게 빠른 경제성장의 궤도에 올라설 수 있는 것인가에 대해 학습한다.

3. 국제경제학

국제경제학은 다른 나라와의 교역을 통한 개방경제를 다룬다. 크게 국가 간의 무역을 중심으로 다루는 국제무역이론과 더불어 외환의 이동을 중심으로 다루는 국제수지이론이 있다.

(1) 국제무역이론

국제무역이론(international trade theory)은 시장의 교환의 원리를 국가 간의 교역으로 확대한 것이다. 자유무역을 통해 모든 국가가 어떻게 상호이득을 얻게 되는지 무역의 이익이 발생하는 원리를 배우게 된다. 또한 무역이 발생하는 원리를 리카도(D. Ricardo)의 비교우위론을 중심으로 현대적인 핵셔-올린 정리 등에 대해서 알아본다.

현실에서는 자유무역보다는 국가가 무역장벽을 통한 규제가 많이 이루어진다. 대표적인 방식이 관세(tariff)와 쿼터(quota)가 있다. 관세는 가격통제에 해당하고 쿼터는 수량통제이다. 이러한 정부의 규제는 시장에 어떤 영향을 미치는지 살펴보게 된다.

(2) 국제수지이론

국제수지이론(balance of payment theory)은 국가 간에 거래되는 외환의 수요와 공급을 통해서 환율(exchange rate)이 어떻게 결정되는지를 살펴보게 된다. 환율결정이론에는 기본적인 장기모형으로 구매력평가설(Purchase Power Parity)이 있고, 단기적으로는 이자율평가설(Interest rate parity)이 있다.

환율제도에는 고정환율제도와 변동환율제도가 존재하게 되는데, 정부의 재정정책과 금융정책이 각 환율제도에서 어떤 효과를 가지게 되는지도 중요한 관심사이다.

Ⅱ. 경제학 시험 특성

1. 광범위하며 높아지는 난이도

최근 각종 시험에서 경제학의 위상은 날로 높아지고 있다. 경제학이 어렵긴 하지만, 최신의 문제와 신경향의 문제는 감평사, 공무원 등 시험에서 많이 출제가 되고 있다. 따라서 어느 정도 핵심을 빨리 파악한 후에 이해를 바탕으로 한 후 반복적인 연습이 필요하다.

2. 계산문제의 비중 강화

최근 경제학의 출제 경향의 큰 전환은 계산문제의 비중이 매우 높다는 것이다. 특히 미시경제학은 대부분이 계산문제로 되어 있다고 봐도 된다. 이러한 출제경향을 반영해서 공부하지 않게 된다면 실제 시험에서 별로 손댈 것이 없게 된다. 힘들지만 차근차근 계산문제의 포인트에 초점을 맞춰야 한다.

3. 경제학파이론의 비중 약화

흔히 경제학을 준비하는 분들이 알면서도 범하는 오류는 거시경제학에서 학파에 대해 너무 많은 시간과 에너지를 소비한다는 것이다. 실제로 출제 경향을 보면 거시경제학파의 내용은 많이 출제되지 않는다. 그러나 다양한 학파의 이야기가 실제 경제 현실에서 어떻게 녹아들어 있는지를 알아야 조금 더 전체적인 틀을 잡아가는 데 도움이 될 것이다. 역시 대비책은 기출문제를 중심으로 반복하는 것이다.

Ⅲ. 경제학 고득점을 위한 대비방법 : 빠른 합격을 위한 경제학 학습 방법

1. 객관식은 '객관식' 답게 공부하라.

객관식 시험을 주관식처럼 공부하는 학생들이 많이 있다. 주관식 시험은 백지에다 자신이 아는 것을 풀어내는 것이므로 용어와 쓸 내용을 암기하고 있어야만 한다. 그렇지만 객관식의 경우에는 문제의 출제 의도를 파악하고 보기 지문에서 고르면 되는 것이다. 객관식에 특화된 능력을 향상시키기 위해서는 경제학 기본이론을 계속 공부하거나 〈표〉와 〈그림〉을 단순하게 암기하는 것은 문제해결에 큰 도움이 되지 않는다. 어느 정도 핵심 내용과 이론을 정리하게 되면 객관식 문제를 많이 풀어 유형별로 대처방안을 준비해 두어야 한다. 특히 계산문제 같은 경우는 자주 나오는 스타일을 파악하여 계속 반복함으로써 반사적으로 풀 수 있을 정도로 숙달시켜야 한다.

2. 심플러 학습법

경제학을 직관적으로 심플하게 이해하는 것이 중요하다. 혹자는 무한 반복과 단순한 암기가 바로 직관력을 기르는 것이라고 착각하는 경우를 볼 수 있다. 그렇지만 수요공급 모형과 소비자선택이론에서 시작하여 거시경제학의 경제성장에 이르기까지 경제학에서는 하나의 논리로 일관된 전개를 보여준다. 자칫 이러한 맥락을 캐치하지 못한다면 경제학 시험 문제를 케이스별로 접근하게 되어 공부량이 방대해질 수 있다. 그 결과 비효율적인 공부분량에 부담을 느끼게 되어 나중에는 단순한 암기와 아는 것만 공부하는 우를 범할 수 있다. 공부를 많이 하면 할수록 모르는 것이 많아지는 것은 당연한 것이지만, 한편으로 경제이론을 관통하는 맥락은 좀 더 명확해진다.

3. 천재처럼 공부하라.

19세기 스페인의 가장 위대한 바이올리니스트인 사라사테(Sara Sate)에 대한 이야기다.

사라사테에게 한 유명한 비평가가 '천재'라고 칭한 적이 있었다. 그것에 대해 사라사테는 이렇게 답했다고 한다. "천재? 37년간 하루도 빠짐없이 14시간씩 연습했는데, 그들은 나를 천재라고 부른다."

한 열성 팬이 위대한 바이올리니스트 프리츠 크라이슬러에게 다가와 말했다. "크라이슬러씨, 당신처럼 연주할 수만 있다면 목숨이라도 내놓겠어요." 이때 프리츠 크라이슬러는 이렇게 대답했다고 한다. "부인, 전 이미 제 목숨을 내 놓았답니다."

당연한 이야기지만, 명색이 공무원 시험과 같이 합격이 어려운 고시(苦時)에 뛰어들었다고 한다면 목숨을 바치고 공부할 각오를 해야 한다. 그렇지 않으면 허송세월이 될 것이다. 그러나 목숨을 바치고 자신의 모든 역량을 최대한 끌어내어 준비한다면 설사 시험에 불합격하더라도 자신의 잠재력을 끌어올렸다는 점에서 충분히 도전할 만한 가치가 있게 된다.

결국 천재처럼 공부하라는 말은 목숨을 걸고 공부하라는 말이다.

4. 경제학이 어렵게 보이는 이유는 제대로 공부를 한 적이 없기 때문이다.

경제학이란 과목은 공무원 시험 합격을 위해서 반드시 정복해야 할 과목이다. 학생들이 경제학을 어려워하는 이유는 크게 두 가지로 나눌 수 있다. 하나는 수학적 접근이 많다는 것이고, 다른 하나는 그래프가 이해되지 않는다는 것이다. 그러나 개인적인 생각으로 이 두 가지는 경제학을 제대로 쉽게 이해하는 하나의 도구일 뿐이다. 이 두 가지가 경제학의 발목을 잡는다면 그것은 경제학을 제대로 공부하지 않았기 때문에 발생한 오해이다. 경제학에서 사용하는 수학은 간단한 미분과 사칙연산밖에 없다. 경제학에서 사용하는 수학이 어려워 경제학이 두렵다는 것은 자신을 위한 하나의 변명에 지나지 않는다. 또한 경제학에서 그래프가 복잡해서 어렵다는 것도 경제학이 원하는 그래프 보는 방법이 제대로 연습되어 있지 않기 때문이다. 다시 말하면 수식과 그래프는 경제학의 직관적인(암기가 아닌) 원리를 파악하는 데 도움을 주는 아주 착하고 친한 존재들이다.

5. 암기와 표는 자신의 논리력과 직관을 갉아먹은 암세포이다.

경제학은 현실에 기반을 둔 상당히 직관에 근거한 학문이다. 일부는 이를 암기라고 오해를 하는데, 결코 암기가 우선시되어서는 안 된다. 제대로 된 이해를 기반으로 한 하나의 커다란 경제학의 논리적 줄기를 따라간다면 경제학은 고득점을 위한 효자과목이 될 수 있다.

이 책은 수험용으로 만든 것으로 많은 유명한 경제원론, 미시경제학과 거시경제학의 그래프와 내용을 발췌해서 정리한 것이다. 수험서의 특성상 일일이 출처를 밝히지 않는 점을 양해 바란다. 또한 중간 중간에 발생한 오류와 오타는 전적으로 저자의 게으름과 무지에서 비롯된 것이다. 만일 더 좋은 설명 방식과 이상한 내용이 있다면 언제든지 의견을 제시해주시길 바란다. 다음 개정판에 잘 반영하고 소정의 선물도 드릴 것을 약속드린다.

아무쪼록 아직 많이 부족한 이 수험서를 가지고 열심히 공부해서 하루라도 빨리 좋은 결실을 맺을 수 있기를 기원한다.

저자 씀

차례

제 1 장 경제학의 본질과 사고방식

제 2 장 수요·공급의 이론

제 3 장 소비자선택이론

제 4 장 생산자선택이론

제 5 장 시장이론

제 6 장 생산요소시장과 소득분배

제 7 장 일반균형이론과 시장실패

제 8 장 정보경제학과 행동경제학

제 9 장 거시경제변수와 국민소득결정이론

제 10 장 재정정책과 소비투자함수

제 11 장 화폐수요공급과 통화정책

제 12 장 *AD*−*AS*모형과 경제안정화정책

제 13 장 인플레이션과 실업

제 14 장 경제성장

제 15 장 국제무역

제 16 장 국제금융론

제 17 장 거시경제학의 발전

제 1 장

경제학의 본질과 사고방식

1 경제와 경제문제

1. 희소성과 경제문제

(1) 경제문제

어떤 재화와 서비스를 누가, 얼마나 생산하여, 어떻게 분배하고, 언제 소비를 하는가의 문제

(2) 희소성

사회구성원들의 욕망에 비해서 그 욕망을 충족시켜줄 수단인 자원이 상대적으로 부족한 현상

(3) 재화, 서비스, 자원

① 경제재 vs. 자유재

② 소비재 vs. 생산재

: 보리가 일반 소비자에 의해서 보리차를 만드는 데 사용되면 소비재, 청량음료회사에 의해 보리음료를 만드는 데 사용되면 생산재가 됨

③ 서비스 : 물건이 아니지만 사람에게 쓸모가 있는 것으로, 경제재와 같이 돈이나 노력을 들여야 얻을 수 있음

(단, 의사의 진료서비스도 의료기구가 필요하므로, 재화와 서비스의 구분이 미묘한 경우가 있음)

④ 상품(commodities) : 시장에서 사고파는 재화나 서비스

(4) 본원적 생산요소

① 노동 : 인적자원
② 토지 : 자연자원
③ 자본(재) : capital, capital goods라고 하고, 자연적으로 주어진 것이 아닌 사람이 만든 생산 수단

2. 희소성과 기회비용

(1) 경제적 효율성과 생산가능곡선

① 희소성으로 인해서 합리적 선택의 문제와 경제하려는 의지(will to economize)가 발생
→ 개인적인 측면뿐만 아니라 사회 전체적으로 발생
② '효율적인' 자원의 사용 : 최대효과의 원칙, 최소비용의 원칙

참고 경제원칙과 비효율죄

- 새뮤얼슨은 경제원칙을 무시하고, 자원을 낭비하거나 오용하는 사람은 누구나 "비효율죄"를 짓는 것이라고 함
- 범법자, 시행착오 거듭하는 정책담당자, 날림공사 건설업자, 부정부패 정치인, 불법폭리 기업인, 거리에서 담배꽁초 버리는 사람, 교통법규 위반자, 탈세꾼
- (남을 해치지 않는다는 것이 전제된 경우) 최소비용으로 최대효과를 얻는 노력은 개인의 이익 극대화뿐만 아니라, 사회 전체의 이익도 극대화됨

③ 생산가능곡선 : (한 사회의 자원과 기술이 주어져 있을 때) 그 사회가 모든 자원을 효율적으로 사용해서 생산할 수 있는 두 생산물의 여러 가지 조합을 나타내 주는 곡선
→ 곡선 상의 모든 점들은 "기술적으로" 효율적인 자원배분(경제적으로 효율적)
but, 소비자의 선호 정보가 주어지면, *PPC*의 어느 한 점만이 경제적으로 효율적인 자원배분이 됨

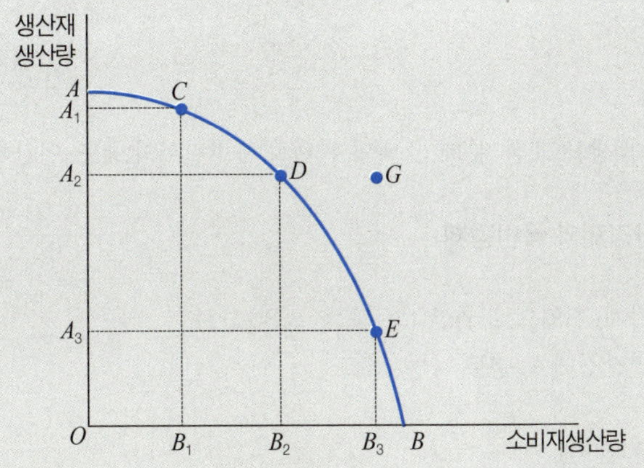

(2) 기회비용

① 개념 : 어떤 활동의 기회비용은 그 활동을 함으로써 포기해야 하는 다른 활동들 가운데서 최선의 활동(the next best alternative)의 가치로 정의

② 선택에는 다른 기회를 포기하는 데 따르는 비용이 수반됨

③ 기회비용체증의 법칙(law of increasing opportunity cost) : 생산가능곡선이 원점에 대해서 오목한 형태

→ 자원의 이질성 : 소비재를 추가적으로 조금 생산을 증가시키는 경우에 생산재에 별로 기여하지 않지만 소비재 생산에 크게 기여하는 자원만을 빼내어 투입가능한데, 계속 소비재 생산을 늘려 가면 생산재 생산에 적합한 자원까지 소비재 생산으로 전용해야 함

3. 기본적인 경제문제

(1) 무엇을 얼마나 생산할 것인가

(2) 어떻게 생산할 것인가

(3) 누구를 위해서 생산할 것인가

(4) 언제 생산할 것인가

: 재생할 수 없는 지하자원은 부존량이 한정되어 있어 현재세대가 많이 사용하면 미래세대에게 돌아갈 몫은 작아짐 (지속가능한 개발, sustainable development의 출발점)

4. 경제의 정의

(1) 경제

재화와 서비스의 생산, 교환, 분배, 소비와 관련한 사회질서의 제도, 인간행위의 총칭

(2) 경제주체 : 민간경제와 국민경제

① 민간경제 : 가계, 기업으로 구성
② 국민경제 : 민간경제 + 정부

(3) 자급자족경제(autarky)

① 로빈슨 크루소 경제와 같이 다른 경제주체와 교환이 없는 경제
② 개방경제는 해외부문을 포함한 경제

2 경제학의 정의와 구분

1. 경제학의 정의

(1) 경제학의 시작

① (어원) 경제학의 어원은 '경세제민(經世濟民)'의 약자이고, 그리스말 'oikonomia'에서 유래
② (출발) 애덤스미스의 『국부론』[1]에서 독립된 사회과학으로 시작
③ (오늘날) 부보다는 생산이나 소득이 일차적인 관심사

(2) 경제학의 정의

희소한 자원을 선택적으로 사용하여 다양한 재화와 서비스를 생산, 교환, 분배, 소비하는 과정에서 일어나는 경제현상을 연구하는 학문

1) 여러나라 국민의 부에 관해서 연구하는 학문

2. 경제학의 구분

(1) 경제이론, 경제사와 경제정책론

① 경제이론(이론경제학) : 여러 경제현상 사이에 존재하는 경제법칙을 규명하고, 그 법칙을 이용해 현재의 경제현상을 분석하고, 미래의 경제현상을 예측하는 분야

② 경제사 : 지나간 경제현상을 해석하고, 과거의 경제자료를 통해 경제법칙을 밝혀내는 분야

③ 경제정책론 : 어떤 경제상태가 (바람직)하고, 그 바람직한 경제상태를 (효율적)으로 달성하기 위해서는 어떤 정책수단을 사용하여 어떤 방법으로 접근해야 하는가를 다루는 분야

→ 바람직한 경제상태는 변할 수 있음

④ 이 세 분야는 모두 상호 밀접한 연관관계를 지님

(2) 실증경제학과 규범경제학

① 실증경제학

- 있는 사실(what is) → 맞냐 틀리냐 판단 가능
- 인과관계 발견해 경제현상의 변화를 예측하는 것
- 경제사와 경제이론
- 통계적 기법

② 규범경제학

- 바람직한 상태(what should be) → 처방
- 주관적인 가치판단
- 경제정책론

③ 예 지구의 온난화 현상은 대기권에 이산화탄소가 증가하고 있기 때문이다.(실증적)
지구 온난화를 방지하기 위해서는 자동차의 사용을 줄여야만 한다.(규범적)

(3) 정태경제학과 동태경제학

① 정태경제학(static economics) : 두 균형상태를 비교, 연구하는 분석방법 (비교정학)

② 동태경제학(dynamic economics) : 시간의 변동을 고려하면서 경제현상의 상호 의존관계 분석

→ 균형상태의 이동과정을 중시, 고도의 분석기법 요구

(4) 미시경제학과 거시경제학

① 미시경제학 : 개별, 상호작용 → 시장을 통해서 이루어짐
② 거시경제학 : 전체적인, 총량(aggregate)

(5) 부분균형분석과 일반균형분석

① 부분균형분석 : (다른 시장상황이 일정하게 주어져 있다고) 가정하고 (특정) 시장에 초점을 맞추어 분석
② 일반균형분석 : 모든 시장을 (한꺼번에) 분석
③ 부분균형분석은 간편하지만 불완전하고, 일반균형분석은 올바르지만 지나치게 복잡함

참고 이기심과 이타심의 경제학

- 경제학은 개개인의 이기적 행위가 사회 전체의 행복이나 부를 증대시킨다고 봄
- 범합리성에 기초한 이기적인 행위를 전제로 모든 경제활동의 효율성을 분석
- 행동경제학(Behavior Economics)과 행복경제학(Happiness Economics)은 이타적인 행위가 경제에 미치는 영향에 관심

(행동경제학) : 인간 개개인이 합리적으로 행동하지만 동시에 심리적인 영향을 강하게 받는 존재로 이타성과 다른 사람을 배려하는 마음을 중요하게 여긴다고 봄

(행복경제학) : 공평하고 지속가능한 사회경제적 발전, 문화유산 및 자연환경의 보전 등을 중요한 가치로 인식

3 이론경제학의 구성과 방법론

1. 경제이론과 구성

(1) 경제이론의 목적

복잡한 경제현상을 (추상화)와 (단순화)를 통해 보편적인 법칙성을 밝혀내고자 하는 것

(2) 경제이론 구성의 3단계

① 가정 설정(추상화, 단순화)을 통해 상호의존관계나 인과관계 추리
② 가설(모형)
③ 검증(test)

(3) 가정의 설정

① 경제현상은 매우 복잡하고 다양한데, 직접적으로 영향을 주는 요인도 있고, 간접적으로 영향을 주는 요인도 있음

→ 직접적이고 영향력이 큰 요인들만 뽑고, 다른 요인들은 (일정불변), (존재하지 않는다) (어떤 조건에 있다) 등의 가정으로 추상화

② 가정이란 주어진 것으로 간주하는 일련의 조건

예 자원과 생산기술에 관한 가정, 제도와 기구에 관한 가정, 경제주체들의 행동에 관한 가정

③ (한계 의의) 복잡한 경제현상을 추상화, 단순화하는 것 자체가 어느 정도 비현실적이지만, 가정의 현실성 여부에 지나치게 얽매일 필요는 없음

→ 더 중요한 것은 현실경제에 대한 (설명력)과 (예측력)임

(4) 모형의 정립

① 가설, 모형 : 가정을 기반으로 단순화한 후, 추리된 인과관계를 말함

② '다른 모든 조건이 일정하다면(ceteris paribus)'이라는 가정이 자주 유용하게 사용

③ 조건부 예측(conditional forecasting)

④ 다른 요인들은 일정하다고 놓고, (관심을 가지는) 독립변수가 변할 때, 종속변수가 어떻게 변하는가를 예측하는 것

(5) 모형의 검증

① 경제이론 = 검증된 모형

② 수요의 법칙 : 여러 소비자의 행위를 관찰해 볼 때 현실과 일치하는 것으로 검증되어 하나의 경제이론으로 정립

③ 경제이론이 검증되고, 타당성이 인정되었다고 해도, 영구불변의 진리는 아님

→ 같은 경제현상일지라도 시대와 사회, 경제제체에 따라서 그 인과관계가 달라질 수 있음(유의성 상실)

④ 경제학은 끊임없이 진화하는 사회과학 분야로 "특히"거시경제학이 대표적인 사례

2. 경제학의 방법론

(1) 인과의 오류 (post hoc fallacy)

① (귀납법) 모형을 세울 때, 그 많은 요인들을 한꺼번에 다 이용할 수 없기에 중요하다고 생각되는 요인들만 뽑고 나머지는 일정하다고 가정

② but, 엉뚱한, 중요하지 않은 요인들을 뽑는 경우 문제

예 까마귀 날자 배 떨어지는 경우

③ 단순한 선후 관계를 인과관계로 오해

(2) 구성의 오류 (fallacy of composition)

① (연역법) 부분에 맞는다고 해서 전체에도 맞는다고 생각하는 것

예 관중석에서 경기관람

② 거시경제학을 단순히 미시경제학의 연장·확대로 취급하지 않고 별도로 취급하는 이유 (나무에 집착하다 보면 숲 전체를 잘못 파악할 수 있음)

(3) 경제이론의 주관성과 진화

① 경제이론 속에는 여러 가지 숨은 가정과 이론가의 주관이 은연 중에 내포되어 있어

→ 동일한 경제현상을 전혀 다른 시각에서 볼 수 있음

② 거시경제학의 고전학파와 케인즈 학파

→ 자기 나름의 이론 틀 속에 갇혀 새로운 이론들을 받아들이지 못할 수 있음

③ (열린 마음) 필요

④ 이론의 (내적 일관성)과 (외적 적합성)을 모두 충족해야 함

: 내적 일관성은 이론이 앞뒤 모순이 없는 논리정연한 것을 말하고, 외적 적합성은 이론이 현실에 잘 들어 맞는 것을 말함

(4) 경제현실의 불확실성

① 불확실성은 사람들의 행동을 결정하는 합리성의 기준에도 적용

예 도박은 불로소득, 요행이란 측면에서 비합리적이라고 볼 수 있으나, 승부의식과 모험심을 충족시켜주는 합리적인 행위로 볼 수도 있음

② (평균적으로 on the average)
: 불확실성하에서는 경제법칙은 다만 평균적으로 성립할 뿐
③ (대표적, representative)
경제학에서 대표적 가계, 대표적 기업은 평균적이란 의미
④ (대수의 법칙) 개별경제주체들의 행태에는 엄청난 차이가 있다 하더라도, 사회 전체로 나타나는 행태에는 흔히 높은 규칙성이 존재

3. 경제이론의 표현방법

(1) 서술적인 방법

(2) 수리적인 방법

(3) 기하학적인 방법

4 경제학의 주요 원리

1. 사람들은 자기 이익을 위해 행동한다 : 사람들은 경제적 유인에 반응한다.
2. 한 활동의 진짜 비용은 그 활동의 기회비용이다.
3. 특화와 분업, 자발적 교환은 모든 당사자들을 이롭게 한다.
4. 비교우위가 있는 분야를 선택하라 : 비교우위론
5. 합리적 선택은 한계적으로 이루어진다 : 한계원리
6. 시장은 균형을 향하여 움직인다.
7. 사람들의 소득은 그들이 제공하는 생산자원의 시장가치에 의해 결정된다.
8. 정부가 때로는 시장의 성과를 개선할 수 있다.
9. 장기에 한 나라 국민의 생활수준은 그 나라의 생산능력에 달려 있다.
10. 돈은 경제활동의 윤활유이다. 그러나 돈이 많이 풀리면 물가가 많이 오른다.
11. 인플레이션과 실업은 (단기)에 상충관계가 있지만, (장기)에는 아무런 관계가 없다.
12. 경제정책은 (단기)의 경기변동과 (장기)의 경제성장에 영향을 미친다.

제 2 장

수요·공급의 이론

1 가격의 기능

1. 시장이란?

시장이란 사람들이 물건을 파는 곳으로 구체적인 장소만을 의미하지 않음

2. 가격의 기능

(1) 생산활동과 소비활동의 지표(indicator)

① 가격은 합리적인 경제활동을 하는 데 필요한 최소한의 기초정보

② 시장가격은 생산과 소비활동을 하는 데 유용한 (신호)역할을 하거나, (유인)을 마련해 줌

(2) 자율적인 배분(allocation)

① 사과를 꼭 먹고 싶은 사람은 아주 비싼 가격을 치르고서라도 사고자 함

② 가격이 너무 터무니없이 높다고 생각하는 사람은 사과 소비를 단념

③ 가격은 인위적인 간섭이 없이도 상품을 필요한 사람에게 배분해 주는 기능을 담당

④ 가격의 매개변수적 기능(parametric function of price) : 상품의 수요량과 공급량이 일치하도록 인도하는 기능

→ 인위적인 간섭 없이 가격의 기능이 작용하는 시장조직을 자유시장(free market mechanism)이라고 함

2 수요

※ 가격기구가 작동하는 것을 설명하는 이론이 수요·공급이론

1. 수요의 개념

(1) 수요와 수요표

① 수요(demand)는 경제주체가 상품을 구입하고자 하는 욕구
수요량(quantity demanded)은 구입하고자 하는 상품의 수량

② 수요표(demand schedule) : 상품의 가격과 수요량 사이에 존재하는 관계를 숫자로 표시한 것

	사과가격(원)	한 달간 사과수요량(개)
A	400	18
B	350	20
C	300	24
D	250	30
E	200	38
F	150	50

(2) 수요량

① 주어진 가격 수준에서 소비자가 구입하고자 하는 최대수량
② 구매력을 가지고 구입하고자 하는 수량 (구매력은 구입할 수 있는 능력)
③ 유량(일정기간)[1], 통상 매기당(per unit time)

※ 수요량 : 구매력을 가진 소비자가 일정기간에 구입하고자 하는 최대수량
※ 수요 : 일정기간에 가격과 수요량 사이에 존재하는 일련의 대응관계

1) 저수지에 고여있는 물은 저량(stock)이고, 저수지에서 흘러나오고 들어가는 물은 유량(flow)으로 미시에서 수요는 유량인데, 부동산, 주식 채권, 화폐 같은 자산에 대한 수요는 저량 개념

2. 수요곡선

(1) 개념

수요곡선이란 일정기간에 있을 수 있는 그 상품의 여러가지 가격과 수요량의 조합을 나타낸 곡선

(2) 의미

① (가격 기준) 사과 가격이 250원일 때, 소비자가 한 달 동안에 구입하고자 하는 최대수량
② (수량 기준) 한 달 동안 사과 30개를 구입하기 위해서 소비자가 지불해도 좋다고 생각하는 최고가격은 250원 (지불용의가격, willingness to pay)

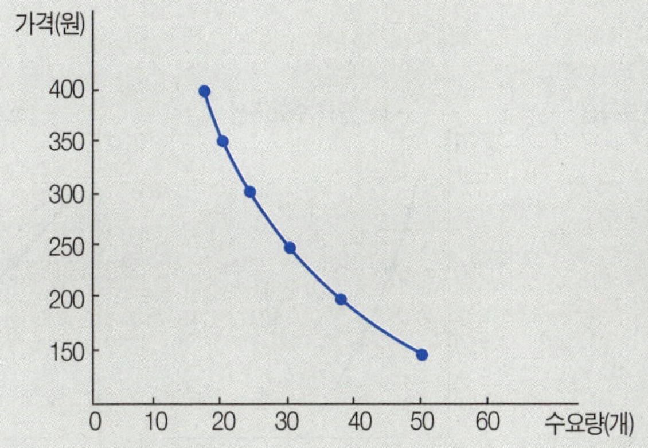

3. 개별수요와 시장수요

① 시장수요곡선은 개별수요곡선의 수평적 합계

② 수평적 합계는 동일한 가격 수준에서 모든 소비자의 개별수요량을 합한 것

사과가격(원)	한 달간 사과수요량(개)		
	갑의 수요량	을의 수요량	시장수요량
400	18	28	46
350	20	30	50
300	24	34	58
250	30	40	70
200	38	38	76
150	50	60	110

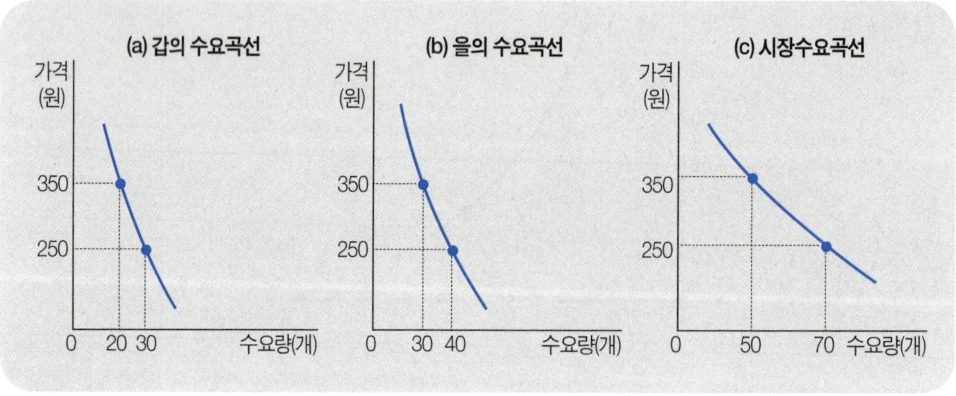

4. 수요의 법칙

(1) 개념

다른 모든 조건이 일정할 때, 한 상품의 가격이 상승하면 그 상품의 수요량은 감소하고, 가격이 하락하면 수요량은 증가하는 것

(2) 수요의 법칙이 성립하는 이유

① (대체효과) 다른 조건이 일정하다면 상대적으로 비싸진 상품을 가급적 덜 사고, 상대적으로 싸진 상품을 더 사고자 하는 것이 일반적인 소비심리
② (소득효과) 상품의 가격이 하락하면 동일한 지출액으로 더 많은 수량 구입

5. 수요량의 변화와 수요의 변화

(1) 수요량의 변화 : 주어진 수요곡선 상에서 이동

(2) 수요의 변화 : 수요곡선 자체의 이동

사과가격(원)	한 달간 사과수요량(개)		
	소득이 120만 원일 때	소득이 150만 원일 때	소득이 180만 원일 때
400	8	18	26
350	10	20	30
300	14	24	34
250	20	30	40
200	29	38	48
150	40	50	60

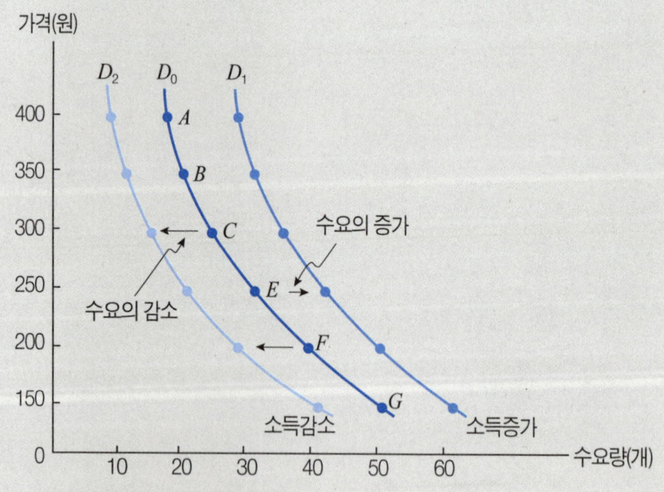

6. 수요변화의 요인

(1) 소비자의 소득

① 정상재 : 소득이 증가함에 따라 그 수요가 증가하는 상품
② 열등재 : 소득이 증가함에 따라 그 수요가 감소하는 상품

(2) 선호

인터넷 붐으로 소프트웨어에 대한 수요 증가, 스마트폰이 유행하여 스마트폰 수요 증가

(3) 연관상품의 가격

① 대체재(substitute goods) : 용도가 비슷하여 한 상품 (대신에) 다른 상품을 소비해도 얻는 만족에는 별 차이가 없는 상품들 (녹차 vs. 홍차, 버터 vs. 마가린, 사이다 vs. 콜라)
② 보완재(complementary goods) : 따로 따로 소비할 때보다 (함께) 소비할 때 더 큰 만족을 얻는 상품들 (커피+설탕, 카메라+필름, 자동차+휘발유, CD 플레이어+CD)
③ 독립재(independent goods) : 대체관계도 보완관계도 없는 경우 (사진기와 테니스 라켓)
④ (대체관계) 콜라 가격이 하락하면 콜라를 더 마시는 대신 대체재인 사이다 수요량을 줄이는데, (이러한 수요량의 감소는 사이다 가격이 종전에 어느 수준에 있든 간에 일어나기 때문에) 사이다의 수요곡선이 왼쪽으로 이동하게 됨
⑤ (보완관계) 커피값이 오르면 있을 수 있는 설탕의 모든 가격 수준에서 설탕수요량이 감소하여 설탕에 대한 수요곡선이 왼쪽으로 이동하게 됨

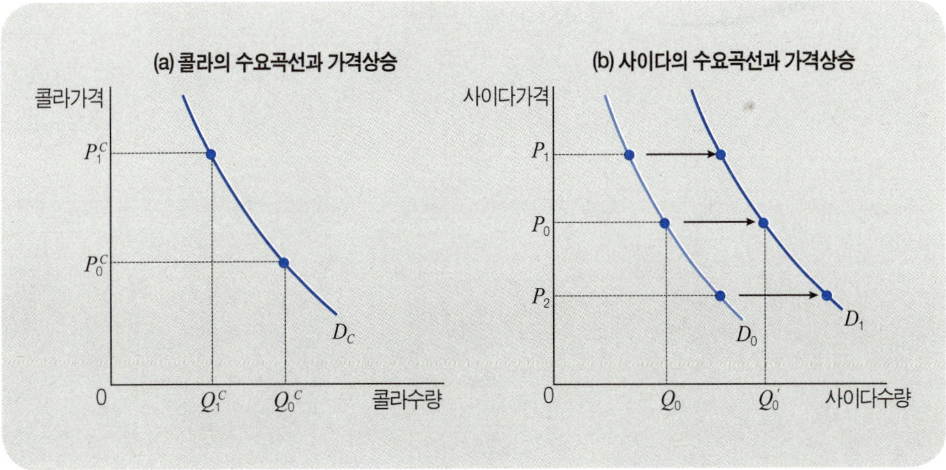

(4) 소비자의 예상

① (미래가격) 상품의 가격이 가까운 장래에 오를 것이라고 예상하면, 가격이 오르기 전에 더 많이 사두려고 하므로 그 상품에 대한 (금기의) 수요는 증가

② (미래소득) 가까운 장래에 소득이 증가할 것이라고 예상하면, 정상재의 모든 가격 수준에서 그 상품의 수요가 증가

(5) 재산(부)

(6) 소비자의 수

7. 수요함수

(1) 개념

한 상품의 수요량을 수요량에 영향을 미치는 여러 변수들의 함수로 표시한 것을 그 상품의 수요함수라고 함

(2) 표시

$D_X = Q_X^d = f(P_X;\ 기타)$

3 공급

1. 공급의 개념

① 공급(supply)이란 생산자가 상품을 판매하고자 하는 욕구를 말하고, 판매하고자 하는 상품의 수량을 공급량(quantity supplied)이라고 함

② 공급량이란 판매능력을 가진 생산자가 일정기간에 판매하고자 하는 최대수량

③ 공급이란 일정기간에 가격과 공급량 사이에 존재하는 일련의 대응관계를 의미

	가격(원)	월간 공급량(개)
A	400	420
B	350	390
C	300	350
D	250	300
E	200	240
F	150	170

2. 공급곡선

공급곡선은 일정기간에 있을 수 있는 그 상품의 여러 가지 가격과 공급량의 조합을 나타내는 곡선

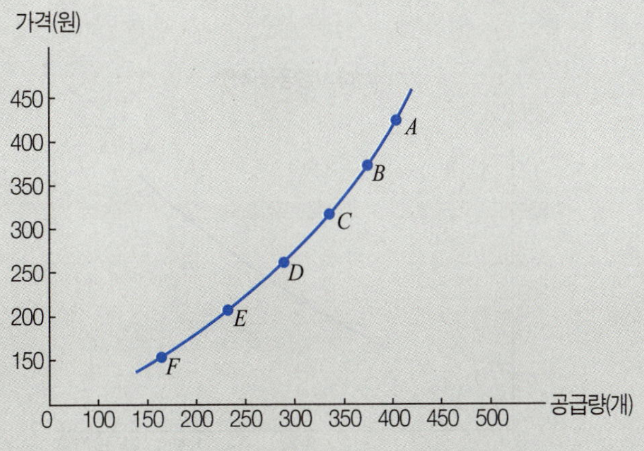

3. 개별공급과 시장공급

※ 시장공급곡선은 개별공급곡선의 수평적인 합계

사과가격(원)	한 달간 사과공급량(개)		
	병의 공급량	정의 공급량	시장공급량
400	420	520	940
350	390	490	880
300	350	450	800
250	300	400	700
200	240	340	580
150	170	270	440

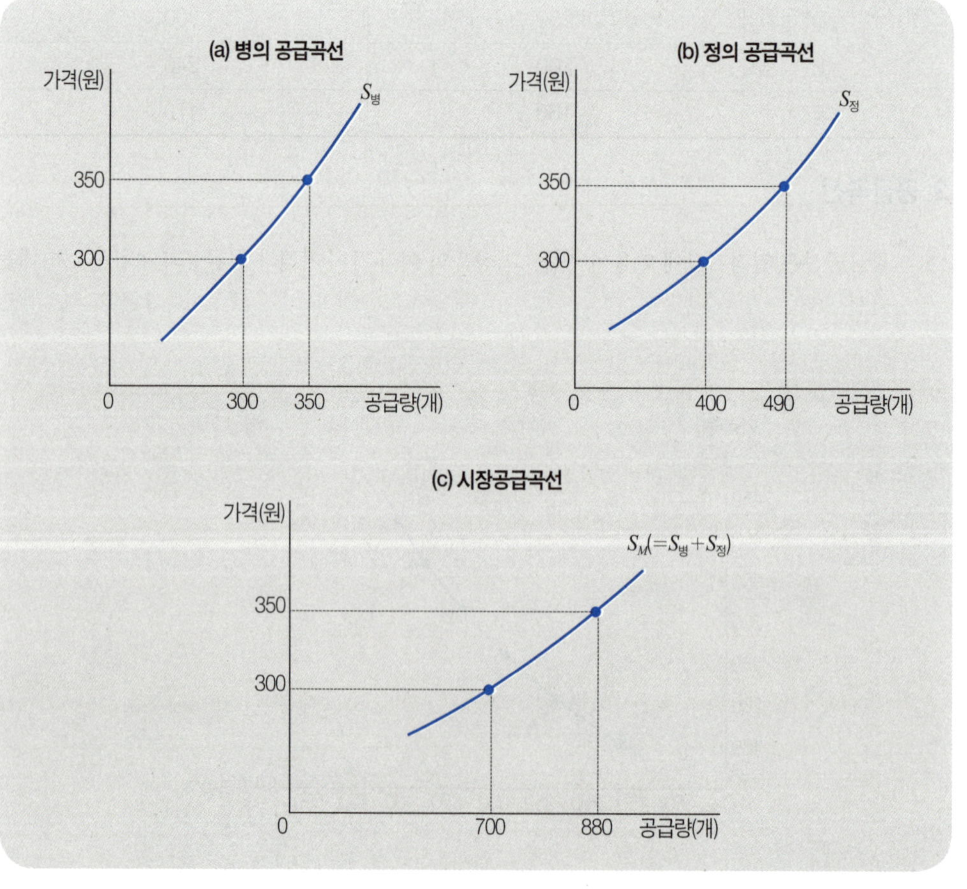

4. 공급의 법칙

※ 공급의 법칙은 가격과 공급량 사이에 존재하는 양(+)의 관계, 즉 가격과 공급량이 같은 방향으로 변하는 것을 말함

5. 공급량의 변화와 공급의 변화

※ 공급의 변화란 공급곡선 자체가 이동하는 것을 의미하고, 공급량의 변화란 어느 한 공급곡선 상에서 이동을 의미

	사과가격(원)	한 달간 사과공급량(개)	
		원래 기술 수준	새로운 기술 도입
A	400	420	520
B	350	390	490
C	300	350	450
D	250	300	400
E	200	240	390
F	150	170	270

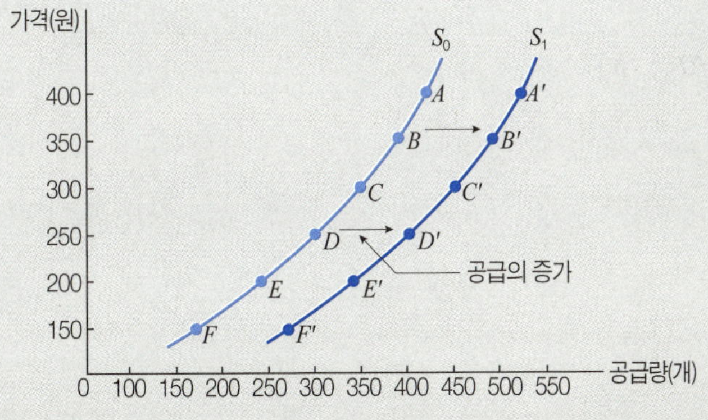

6. 공급변화의 요인

(1) 생산기술

(2) 생산요소가격

(3) 조세와 정부 보조금

(4) 연관상품의 가격

① (대체관계) 토지로 콩을 생산할 수도 있고 옥수수를 생산하여 공급할 수도 있다면, 옥수수의 가격이 변하지 않고 콩의 가격만 상승한다면 콩의 생산을 늘리게 됨
② (보완관계) 양고기를 생산하면 양털은 저절로 생산되는 경우, 양고기의 가격이 오르면 양고기의 공급량이 증가하고 양털의 공급량도 증가함

(5) 공급자의 예상

공급자가 해당 상품의 가격이 앞으로 오를 것으로 예상하면 오를 때 팔기 위해(매점매석), 금기의 상품 공급은 감소함

(6) 공급자의 수

7. 공급함수

$S_X = Q_X^s = f(P_X;\ \text{기타})$

4 시장가격의 결정

1. 시장균형의 결정

(1) 초과수요량과 초과공급량

가격(원)	사과의 시장수요 · 공급량(만상자)			
	수요량	공급량	초과공급량	초과수요량
40,000	46	94	48	
35,000	50	88	38	
30,000	58	80	22	
25,000	70	70	0	0
20,000	86	58		28
15,000	110	44		66

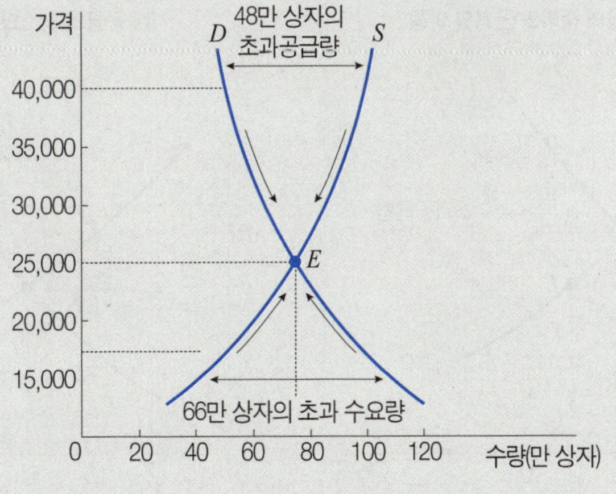

(2) 균형(상태)

일단 그 상태에 도달하면, 다른 상태로 변화할 유인이 없는 상태를 말함

2. 시장균형의 변동

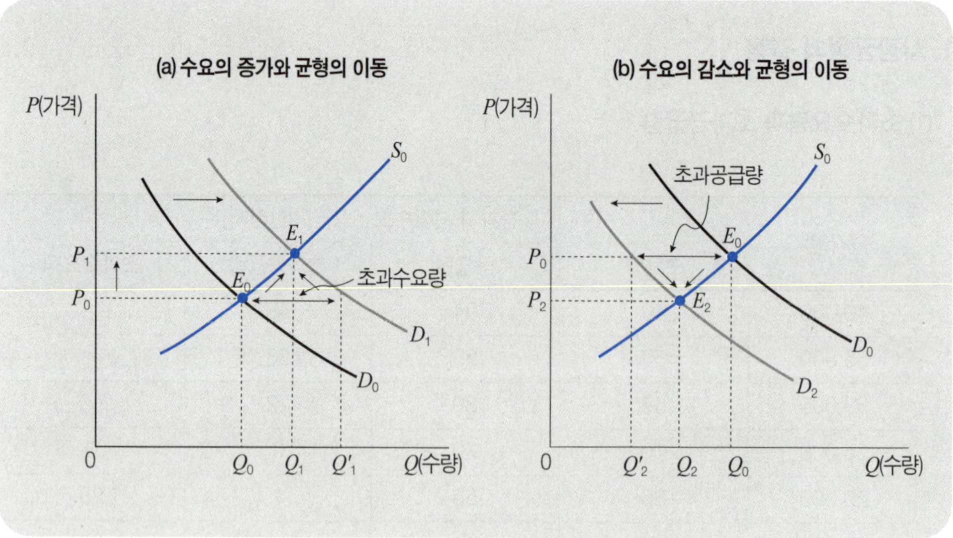
(a) 수요의 증가와 균형의 이동
P(가격)
S0
E1
P1
E0
초과수요량
P0
D1
D0
0
Q0 Q1 Q'1 Q(수량)
(b) 수요의 감소와 균형의 이동
P(가격)
S0
초과공급량
E0
P0
P2
E2
D0
D2
0
Q'2 Q2 Q0 Q(수량)

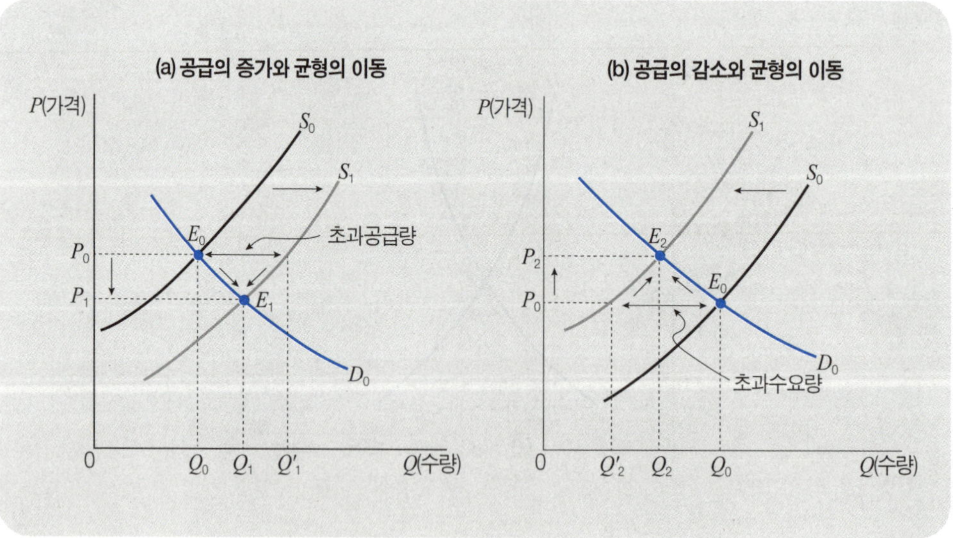
(a) 공급의 증가와 균형의 이동
P(가격)
S0
S1
E0
초과공급량
P0
P1
E1
D0
0
Q0 Q1 Q'1 Q(수량)
(b) 공급의 감소와 균형의 이동
P(가격)
S1
S0
E2
P2
E0
P0
D0
초과수요량
0
Q'2 Q2 Q0 Q(수량)

5 수요의 탄력도

※ 이전까지는 수요와 공급이 변할 때 균형가격과 거래량이 어느 (방향)으로 변할 것인가에 관심이 있었다면, 이제는 균형가격과 거래량이 (얼마나) 변할 것인가(변동의 크기)에 관심

※ 탄력도는 독립변수가 1% 변화할 때, 종속변수가 몇 % 변화하는가로 나타냄

1. 수요의 가격탄력도

(1) 수요의 가격탄력도 정의

① 수요의 가격탄력도(price elasticity of demand) : 한 상품의 가격이 변화할 때 그 상품의 수요량이 얼마나 변화하는가를 측정하는 척도

② 탄력도 구하는 공식

③ 완전비탄력적, 비탄력적, 단위탄력적, 탄력적, 완전탄력적

(2) 수요의 호탄력도와 점탄력도

① 수요의 호탄력도(arc elasticity)

→ 가격이 400원에서 300원으로 하락하거나, 300원에서 400원으로 상승할 때 가격변동구간이 같아서 수요의 탄력도가 같은 것이 바람직한데 기준가격과 기준수량을 어디로 잡느냐에 따라서 서로 다른 탄력도가 나옴

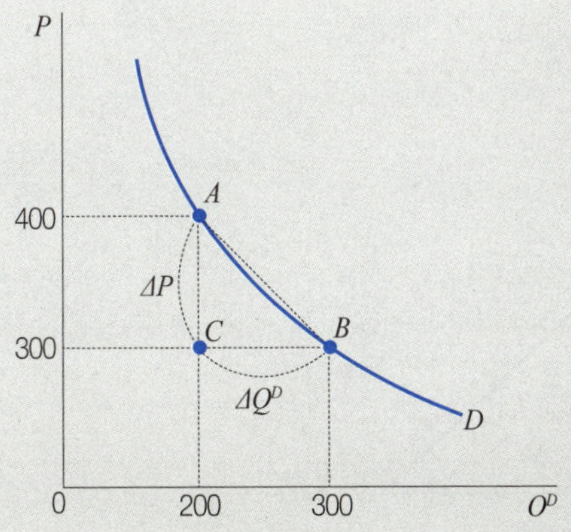

$$(A \to B)\ \varepsilon_P = \left| \frac{100/200}{-100/400} \right| = 2$$

$$(B \to A)\ \varepsilon_P = \left| \frac{100/300}{-100/300} \right| = 1$$

$$(\text{수정공식})\ \varepsilon_P = \left| \frac{100/250}{-100/350} \right| = 1.4$$

② 수요의 점탄력도(point elasticity) : 수요곡선 상의 한 점에서 측정한 탄력도로 가격의 변화분이 아주 미세할 때 수요의 탄력도를 측정하는 개념 $\varepsilon_P = \left| \frac{\Delta Q_1}{\Delta P_1} \frac{P_1}{Q_1} \right| = \frac{AC}{BC}$

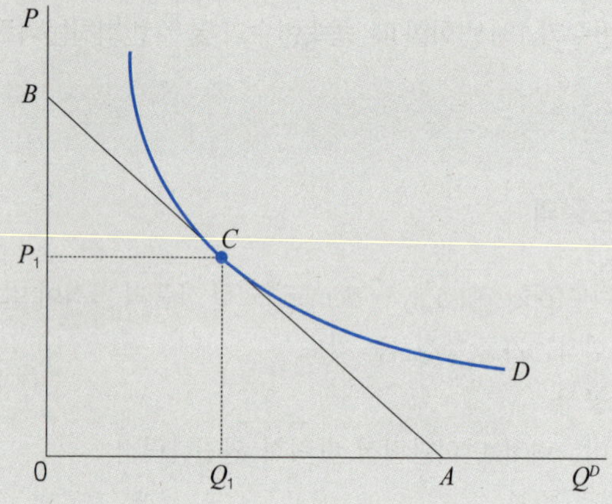

③ 점탄력도의 크기

- 기울기에 따라서 달라짐
- 수요곡선 상의 위치에 따라 달라짐

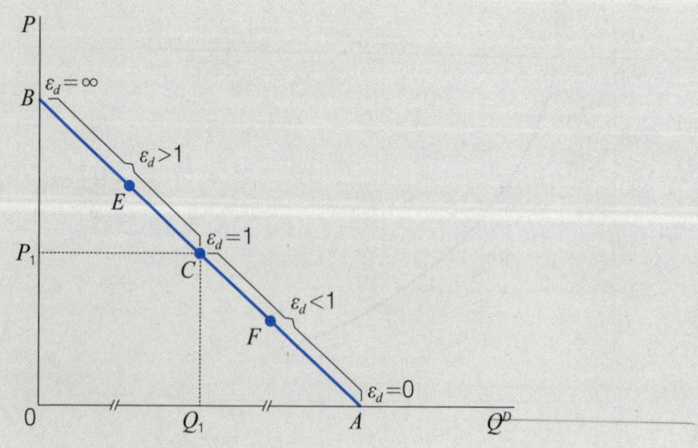

④ 특수한 경우의 탄력성

- 가격이 어떻게 바뀌든 간에 매기의 수요량에는 변함이 없는 경우
  (가격의 임의의 변화에 대응하는 수요량의 변화율은 0)
- 수평의 수요곡선과 수직의 수요곡선은 수요의 법칙에 어긋남
- 직각쌍곡선의 수요곡선인 경우 ($Q^D = \frac{a}{P}$) 모든 점에서 수요의 점탄력도가 같음
  (지출비용이 동일한 경우로 어떤 소비자가 소득 10만 원을 모두 우표수집에만 사용하는 경우)

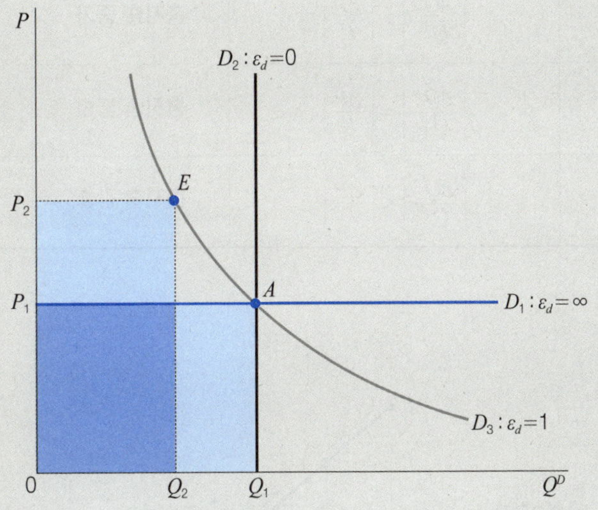

(3) 수요의 탄력도와 가계지출액

① 어떤 상품에 대한 총지출액(기업의 판매수입액)은 가격의 변화에도 영향을 받고, 수요량의 변화에도 영향을 받음

② $TE = TR = PQ$

③ 탄력도가 1인 점을 분계선으로 총지출액이 증가에서 감소로 전환하므로, 탄력도가 1일 때 총지출액은 극대가 됨

탄력도	증가율	가격하락	가격상승
$\varepsilon_d > 1$	$\left\lvert\frac{\Delta Q^D}{Q^D}\right\rvert > \left\lvert\frac{\Delta P}{P}\right\rvert$	총지출 증가	총지출 감소
$\varepsilon_d = 1$	$\left\lvert\frac{\Delta Q^D}{Q^D}\right\rvert = \left\lvert\frac{\Delta P}{P}\right\rvert$	총지출 불변	총지출 불변
$\varepsilon_d < 1$	$\left\lvert\frac{\Delta Q^D}{Q^D}\right\rvert < \left\lvert\frac{\Delta P}{P}\right\rvert$	총지출 감소	총지출 증가

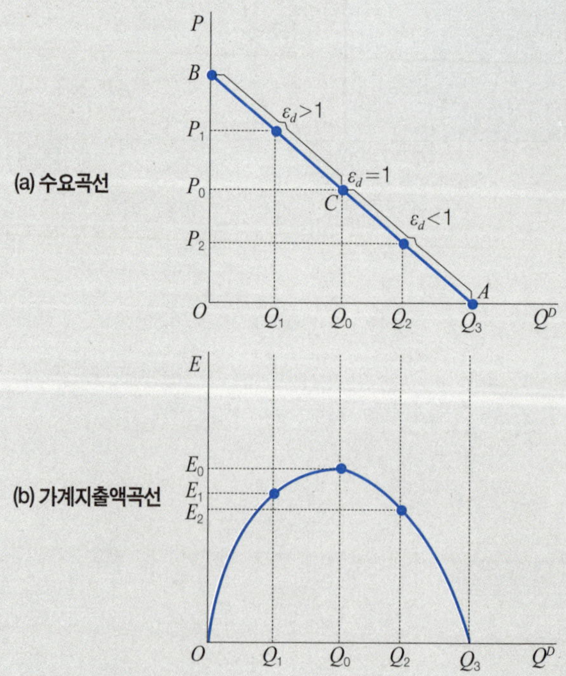

(4) 수요의 가격탄력도를 결정하는 요인

① (대체재 유무의 다소)

- 대체재의 수가 많아질수록 탄력도는 더 커짐
- 완전경쟁시장에서 동질의 상품을 파는 경우 대체재가 무수히 많아 약간의 가격인상이 고객을 돌려버림
- (상품의 범위) 소나타에 대한 수요탄력성 vs. 일반승용차에 대한 수요탄력도

② (상품의 가격이 가계소득에서 차지하는 비중)

- 상품의 가격이 높을수록 가격변화가 미치는 영향이 커 소비자에게 부담이 되어 민감하게 영향
- 예 2천만 원짜리 승용차 가격의 10% 상승과 2천 원짜리 볼펜가격이 10% 상승하는 경우

③ 상품의 일상생활에서의 중요성

- 생활필수품에 대한 수요의 가격탄력도는 작고, 귀금속과 같은 사치품에 대한 탄력도는 큼
- 가격이 크게 올라도 생필품에 대한 수요량은 어떤 최저 수준 이하로 줄일 수 없지만, 사치품의 경우는 0까지 줄일 수 있음

④ (기간의 장단)

- 기간이 길어질수록 수요량의 변동이 더 크게 되어 수요의 탄력도가 더 커짐
- 단기에는 (타성)에 젖어 계속 수요할 수 있으나, 장기에는 다른 대체 소비재를 통해 소비행태를 바꾸게 됨

⑤ (응용) 소금의 경우

소금은 뚜렷한 대체재가 없고, 소금에 대한 지출이 가계소득에서 차지하는 비중은 낮으며, 일상생활에 없어서는 안 될 생필품인데, 이러한 특성은 장기에도 별로 달라지지 않을 것 같아 수요의 탄력도는 낮을 것임

2. 수요의 소득탄력도와 교차탄력도

(1) 수요의 소득탄력도

① 수요의 소득탄력도 (income elasticity of demand) $= \dfrac{\Delta Q}{\Delta M}\dfrac{M}{Q}$

② 정상재 vs. 열등재

③ 소득이 증가할수록 식료품에 대한 지출보다 주거비, 문화비 등 식료품 이외의 지출액이 더 크게 증가

④ 엥겔의 법칙(Engel's law) : 식료품에 대한 지출액이 소득에서 차지하는 비율은 소득이 증가함에 따라서 점차 감소

(2) 수요의 교차탄력도

① 수요의 교차탄력도(cross elasticity of demand) $= \dfrac{\Delta Q_X}{\Delta P_Y}\dfrac{P_Y}{Q_X}$

② 대체관계 vs. 보완관계

참고 엥겔곡선과 엥겔의 법칙

◆ 독일의 통계학자인 엥겔(Engel, 1821~1896)은 근로자 가구조사를 통해서 가구의 소득과 식료품비 사이에 규칙적인 관계가 있다는 것을 발견함

① 고소득가구일수록 식료품비 지출액이 많아지나, 식료품비가 가구소득에서 차지하는 비중은 낮아짐

② 식료품 수요의 소득탄력성이 0보다 크고 1보다 작다는 것을 의미

참고 탄력도 계산의 응용

◆ 전기 수요의 가격탄력도는 0.5, 소득탄력도는 0.4, 전기수요의 도시가스요금에 대한 교차탄력도는 0.3이라고 한다. 가계소득은 5% 상승할 것으로 예상된다, 이때 정부는 전기요금을 2% 인상하면서도 전기수요량을 종전보다 3% 증가시키려고 한다면 정부는 도시가스 요금을 어떻게 조정해야 할 것인가?

(답) 도시가스 요금을 6.7% 상승시켜야 함

6 공급의 탄력도

1. 공급탄력도의 개념

※공급에 대해서도 공급함수에 나오는 여러 요인에 의해 탄력도를 정의 가능
즉, 해당 상품의 가격, 요소가격, 연관상품가격이 변할 때 공급량이 얼마나 변하는가를 측정하기 위해 공급의 가격탄력도, 공급의 요소가격탄력도, 공급의 교차탄력도 등을 정의할 수 있음

$$\varepsilon_P^S = \frac{\Delta Q^S}{\Delta P}\frac{P}{Q^S}$$

2. 공급의 탄력도의 크기

(1) 선형의 공급탄력도

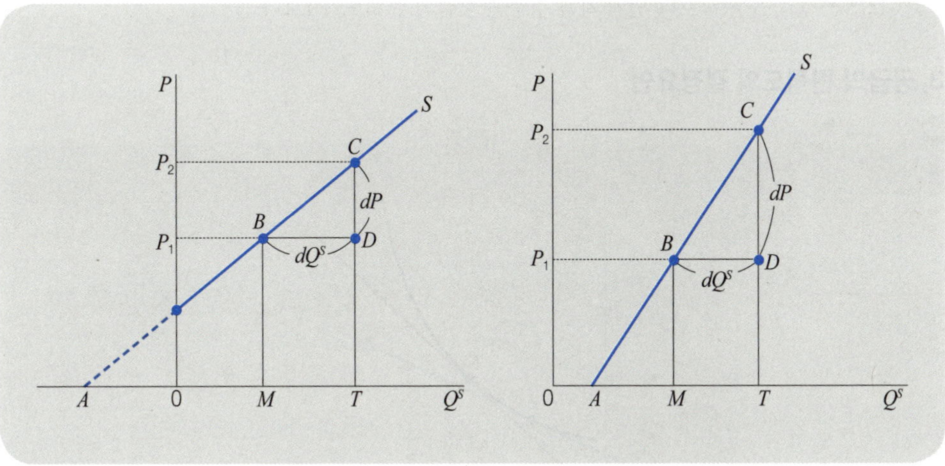

① $\varepsilon_P^S = \frac{\Delta Q^S}{\Delta P}\frac{P}{Q^S} = \frac{AM}{BM}\frac{BM}{OM} = \frac{AM}{OM}$

② 선형의 공급곡선이 종축을 횡축보다 먼저 자르는 경우는 이 공급곡선 상의 모든 점에서 공급의 탄력도가 1보다 크게 되고, 가격이 높아질수록 공급의 탄력도는 감소함

③ 기타 선형의 공급곡선

(2) 비선형의 공급탄력도

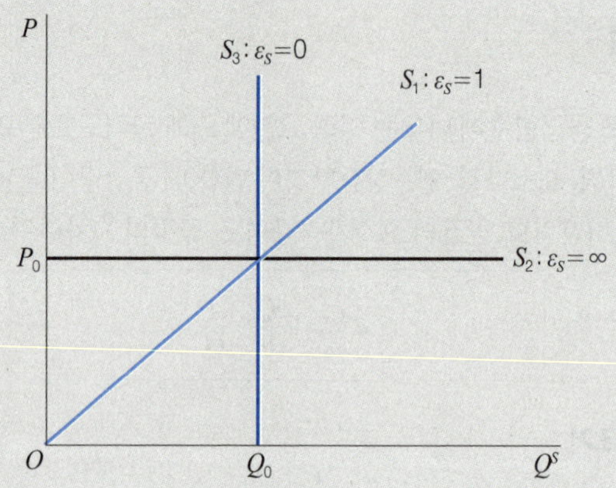

① 비선형 공급곡선 상의 임의의 한 점에서 탄력도를 구하면 됨

② S'는 종축을 횡축보다 먼저 자를 경우는 공급의 탄력도가 1보다 큼

3. 공급의 탄력도의 결정요인

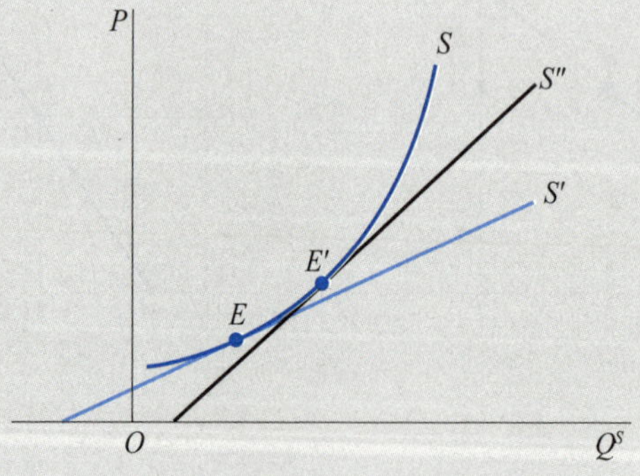

(1) 생산요소의 가용성

① 해당 상품의 생산에 필요한 생산요소를 손쉽게 얻을 수 있으면 공급의 탄력도가 커짐

② 생산요소를 조달하기 어려우면 공급의 탄력도가 작아짐

(2) 시간

기간이 길어질수록 가격변화에 대응하기 쉬워지므로, 공급의 탄력도가 커짐

7 시장경제와 자원배분

1. 시장경제와 소비자주권

(1) 소비자 주권

① 소비자 주권(consumer's sovereignity)

: 희소한 자원의 배분에 소비자의 선호가 존중되고 반영되는 현상

② 자본주의는 시장경제하에서 소비자 선호가 존중되는 데 반해서, 사회주의는 계획경제하에서 소비자 선호가 제대로 반영되지 않음

(2) 소비자 선호의 증가와 효과

① 소비자의 선호가 증가하면 수요곡선이 우측으로 이동해 가격이 상승하고, 거래량 증가

② 야채와 해산물이 건강식품이라는 인식이 높아지는 경우

→ 소비자들이 즐겨 찾는 상품의 거래량이 늘어난다는 것은 이 상품 생산에 종전보다 많은 자원이 배분된다는 것을 의미 (소비자의 선호가 생산에 자연스레 반영)

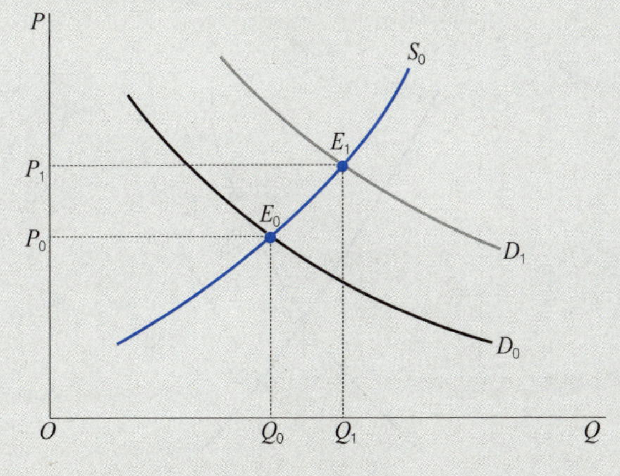

2. 농산물가격 파동

(1) 농축산물의 특성

① 농산물과 축산물의 가격은 심한 기복을 보임
② 채소, 고추, 마늘, 소, 돼지 등의 가격과 거래량은 주기적인 파동을 겪음

(2) 농산물에 대한 수요와 공급의 탄력성

① (비탄력적 수요) 식량, 채소, 양념 등의 가격이 상승했다고 해도, 소비를 당장 종전보다 많이 줄일 수 없고, 싸졌다고 해서 더 소비하는 데 한계가 있음
② 농산물은 생필품인 데다 기본적으로 (위장)의 크기에 의해 제약을 받음
③ (비탄력적인 공급) 농산물은 공산품보다 생산기간이 길고 보관이 어렵고, 인력으로 어찌할 수 없는 기후에 많은 영향을 받음

(3) 농산물 가격의 변동과 농가 소득

① 수요가 비탄력적인 농산물이 풍작을 이루면, 시장에 맡길 경우에 농가의 소득은 오히려 감소
② 만일 수요곡선이 변한다고 해도, 공급곡선의 변동폭보다 적으면 논리는 그대로 적용가능

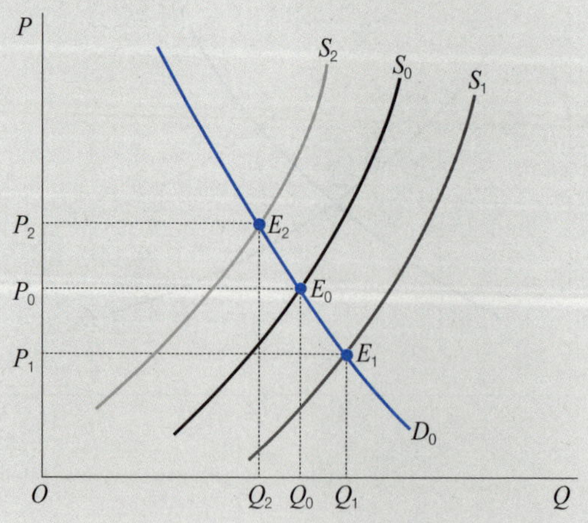

3. 시장경제와 3가지 기본적인 경제문제

(1) 무엇을 얼마나 생산할 것인가

① 무수히 많은 생산물 모두가 수요, 공급곡선에 의해서 거래량이 결정되어 무엇을 얼마나 생산할 것인가의 첫 번째 문제가 풀리는 것
② 소비자가 전혀 선호하지 않은 생산물은 생산되지 않고, 많이 선호하는 생산물일수록 많이 생산

(2) 어떻게 생산할 것인가?

① 기업이 효율적으로 생산하고자 하는 자발적인 노력을 통해서 저절로 해결
② 같은 품질의 상품이라면 값싸게 생산해서 싼 값으로 파는 기업이 시장을 석권

(3) 누구를 위해서 생산할 것인가?

① 생산과정에 참여한 각 생산요소에 대하여 요소가격을 치르게 됨
② 자본을 제공한 자본가는 이자, 노동을 제공한 근로자는 임금, 토지를 제공하는 지주에게는 지대, 나머지는 기업가의 기업이윤으로 귀속

(4) 시장의 상호연관성과 공평성

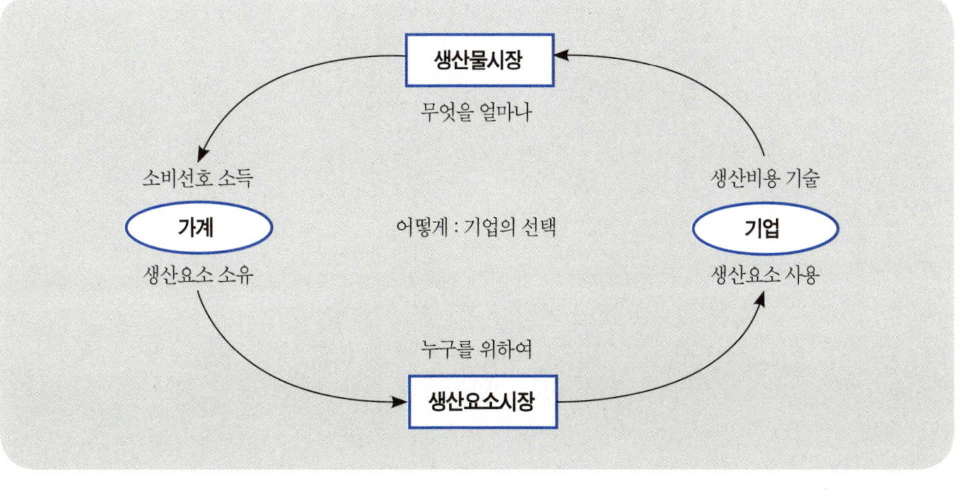

① 생산물 시장과 생산요소 시장은 상호 연관성이 있음

예 주택이라는 생산물에 대한 수요가 늘면 건설인부라는 생산요소에 대한 수요가 증가하고, 그 결과 건설인부들의 노동소득이 증가함

② 시장 기구는 공평성을 보장해주지는 않음

③ (효율성만 고려) 좋은 자원을 많이 가지고 있는 사람에게는 많은 소득을 주고, 가치 있는 자원을 못 가진 사람에게는 소득을 주지 않음(공평한 분배가 아님)

(5) 자유시장기구는 '보이지 않는 손'이다.

① (보이지 않는 손) 정부의 인위적인 통제나 간섭이 없이 자기 이익을 좇는 경제주체들에게 그냥 맡겨 두어도 가격기구를 통해 효율적인 자원배분이 저절로 이루어짐

② (자애심 더 강조) 스미스는 인간이 오직 자기애의 본능에 의해서만 행동한다고 말하지 않음

→ 단지, 자애심의 본능이 이타심이나 희생정신 등 인간 심성의 고귀한 측면보다 더 강력하고, 지속적으로 경제활동에 (동기)를 부여한다는 점을 강조함

참고 보이지 않는 손

◆ 우리가 저녁식사를 할 수 있는 것은 정육점 주인이나 양조장 주인 또는 농부의 자비심이 아니라 자리심(自利心, self-interest) 때문

→ 사익을 추구하지만, 보이지 않는 손의 인도를 받아 공익이 저절로 증진됨

8 소비자잉여와 생산자잉여

1. 소비자잉여

(1) 소비자잉여 개념

① 소비자잉여(consumer's surplus) : 소비자가 어떤 상품을 소비하기 위하여 지불할 용의가 있는 가격과 실제로 지불한 가격과의 차이

예 우리나라 최초의 우표를 꼭 사고 싶어 하는 어떤 우표 수집광이 100만 원을 주고라도 구입하려고 했는데, 실제 80만 원을 주고 샀다면 20만 원이 소비자잉여가 됨

② 소비자잉여는 개별 소비자를 대상으로 할 수도 있고, 전체 소비자를 대상으로 할 수도 있음

(2) 소비자잉여와 수요곡선

① 수요곡선은 소비자가 상품을 구입할 때, 상품 각 단위에 대해서 지불해도 좋다고 생각하는 최고가격을 표시

② 소비자잉여는 상품을 한 단위보다 많이 구입할 때, 수요가격이 다를 때 발생하는 보편적인 현상

③ 시장수요곡선이 수평인 경우에는 수요가격이 모든 단위에서 같게 되어 소비자잉여가 발생하지 않음

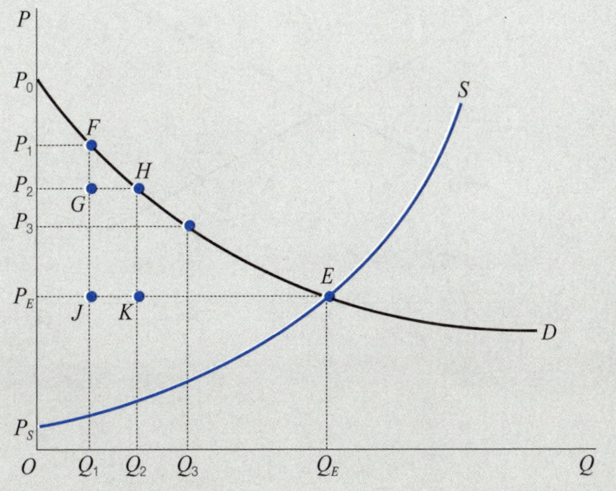

2. 생산자잉여

① 생산자잉여(producer's surplus) : 생산자가 어떤 상품을 판매하여 얻는 실제수입이 생산자가 그 상품을 판매하여 꼭 얻어야 되겠다고 생각한 수입(기회비용)을 초과하는 부분

② 시장생산자잉여 : 한 시장에 있는 모든 기업의 생산자잉여를 합한 것

3. 총잉여와 시장의 효율성

(1) 총잉여

① 총잉여(총편익) : 한 상품이 시장에서 거래됨으로써 그 상품이 전혀 거래되지 않을 때에 비해 전체 소비자는 시장소비자잉여만큼, 전체 기업은 시장생산자잉여만큼 혜택을 봄

② 총잉여 = 시장소비자잉여 + 시장생산자잉여

= (전체소비자가 평가하는 총가치 − 전체소비자의 실제지불액) + (전체 생산자의 실제수입액 − 상품생산의 기회비용)

= 전체소비자가 평가하는 총가치 − 상품생산의 기회비용

= 수요가격의 합 − 공급가격의 합

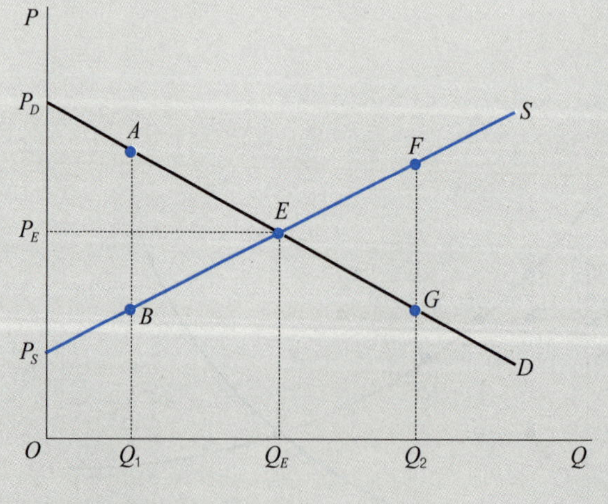

(2) 시장의 효율성

① 효율적 : 한 시장에서 총잉여가 극대화되는 경우
② 수요공급 이론을 애용하는 이유 중의 하나는 균형가격과 균형거래량에서 총잉여가 (극대화)되기 때문
③ 시장에 아무런 간섭을 하지 않으면 기업과 소비자의 자율적인 경제활동으로 효율성 달성
④ 자발적인 거래는 거래 당사자 모두 이롭게 함

9 정부의 시장개입과 자원배분의 왜곡

1. 세금부과와 자원배분의 왜곡

(1) 종량세와 종가세

① 종량세(specific tax) : 팔리는 상품 한 단위마다 일정액의 세금을 내는 것
② 종가세(ad valorem tax) : 가격의 일정비율을 세금으로 내는 것
예 맥주의 세율이 출고가격의 10%라면 종가세이고, 휘발유 1리터당 100원의 세금이 부과되는 경우에는 종량세임

(2) 종량세와 조세의 부담

① 상품 한 단위마다 100원씩 종량세가 부과되는 경우, 공급자는 상품을 한 단위 팔 때마다 100원씩 정부에 납부 (공급곡선 상방이동)
② 소비자들은 세금을 직접 납부하지 않으므로 수요곡선을 고정
③ 공급자는 가격인상으로 소비자에게 전가하지만, 소비세 전액을 전가시키지 못함

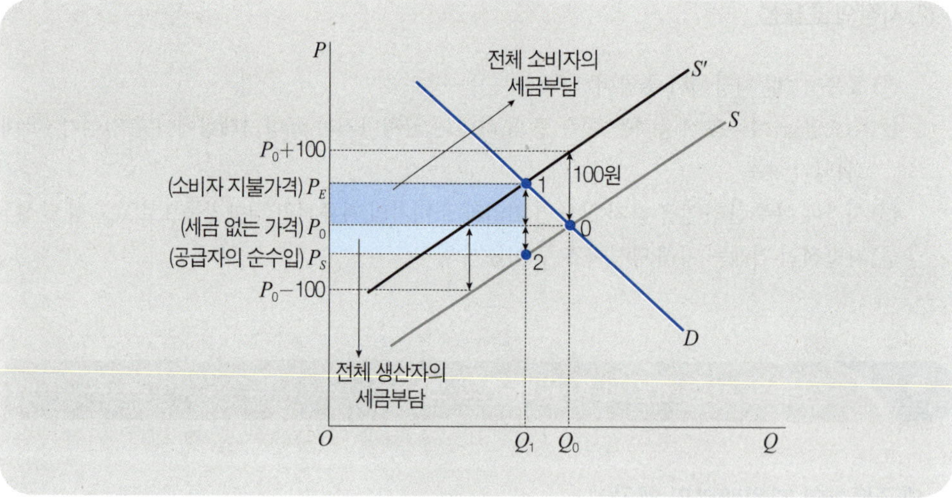

(3) 보조금 지급

① 정부가 보조금을 생산자에게 지급하는 경우, 생산자는 공급가격을 100원만큼 낮출 수 있음

② 보조금을 지급해도 균형가격이 보조금보다 작은 폭으로 인하되어 생산자는 보조금을 모두 가져갈 수 없음

(4) 수요의 가격탄력도와 조세의 부담

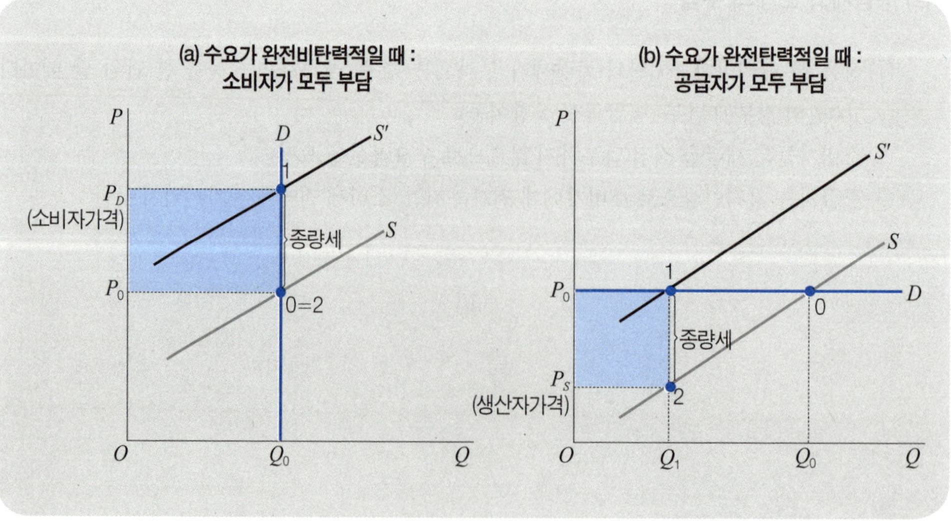

(5) 수요와 공급의 탄력도와 조세의 부담

① 수요가 탄력적일수록(공급이 비탄력적일수록) 소비세의 소비자부담은 작아지고, 공급자 부담은 커짐

② 탄력도가 크다는 말은 유력한 대안이 있어서 불리한 상황에 보다 융통성 있게 대처할 수 있음을 의미

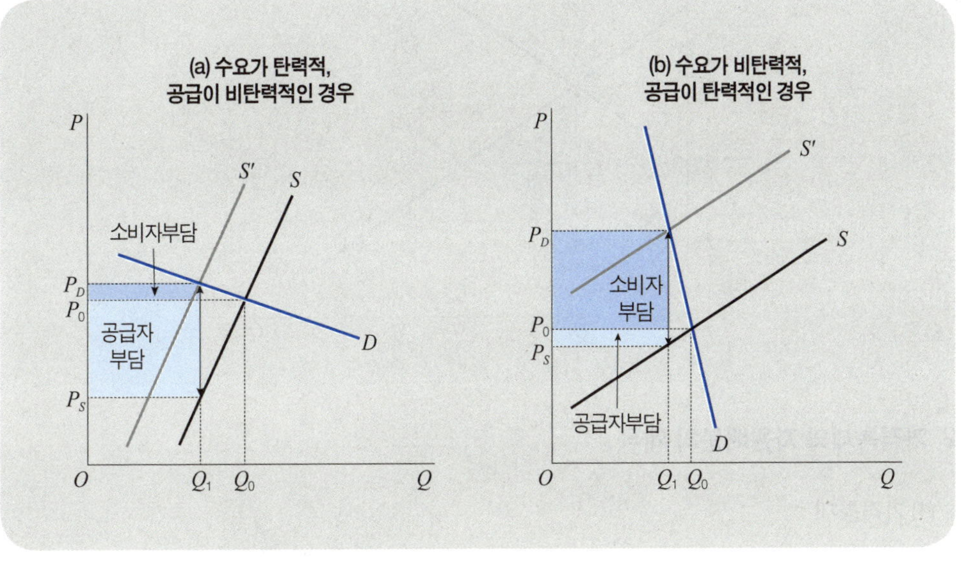

(6) 조세와 후생손실

① 후생손실(welfare loss), 순손실(deadweight loss)

② (why?) 소비자는 종전보다 덜 소비하게 되고, 생산자도 덜 생산하게 되기 때문

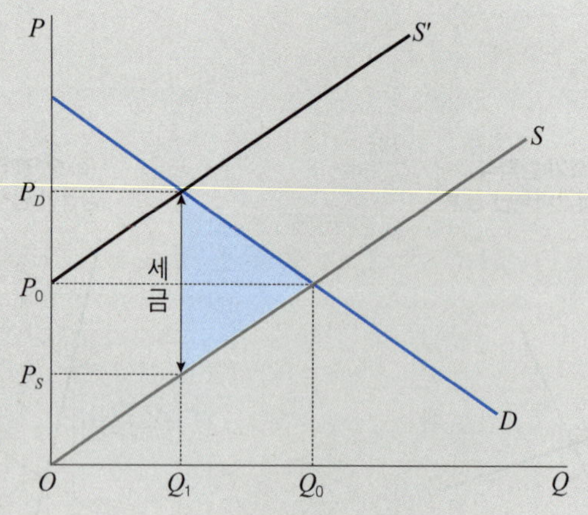

2. 가격통제와 자원배분의 왜곡

(1) 가격통제

① 가격통제는 어떤 특수한 목적을 달성하기 위해서 (정부)가 직접적으로 가격형성에 개입

② (유형) 최고가격제, 최저가격제

③ (조세부과 vs. 가격통제)

- 조세부과는 시장기구의 정상적인 작동을 통해서 가격과 거래량에 (간접적) 영향을 미치는 것
- 가격통제는 정부가 시장기구의 정상적인 작동 자체를 막으면서 가격과 거래량에 영향을 미치는 (직접적) 규제

(2) 최고가격제

① (목적) 전시와 같이 생활필수품이 절대적으로 부족하여 물가가 치솟을 때 물가안정, 소비자 보호

② 상한가격(price ceiling), 최고가격(maximum price)

③ 최고가격수준은 균형가격보다 낮게 설정해야 함

④ 초과수요량(공급량 부족)

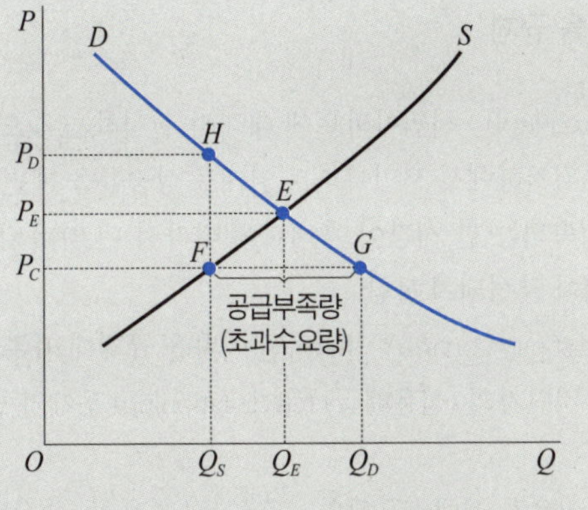

⑤ 암시장(black market) : 정부가 정한 최고가격을 상회하는 가격으로 상품이 거래되는 불법적인 시장

→ 공급부족이란 품귀상태하에서 소비자들이 최고가격보다 높은 가격을 지불하고서라도 부족한 상품을 구입하고자 하기 때문에 형성

⑥ 부족한 물자의 인위적인 배분 방식

- 선착순 방식 : 먼저 오는 순서대로 상품이 떨어질 때까지 판매 (먼저 온 사람이 필요한 수량 이상 구입하고 늦게 오는 사람에게 웃돈을 얹어 팔면 또 다른 형태의 암시장 출현)
- 배급제도 : 배급표(쿠폰)를 나누어 주고, 배급표만큼 구입 가능 (소비자의 선호가 반영되지 못하는 단점)
  → (암시장 발생) 기재된 수량보다 더 소비하고자 하는 사람들과 덜 소비해도 되는 사람들 사이에 배급표가 거래되고 배급표의 가격은 상한가격을 상회
- 추첨(lotteries) : 강좌에 수강생이 넘칠 때 사용
- 뇌물(bribery)을 통해 부족한 물자가 인위적으로 배분

⑦ (현실) 선착순 방식과 배급제도가 같이 이용되는 경우가 많은데, 그 이유는 시간이 흘러감

에 따라서 해당 상품의 공급량이 줄어들기 때문

→ 가격이 인위적으로 낮게 묶여 있어, 시간이 흐름에 따라 일부 공급자들이 가격통제를 받지 않는 다른 상품 생산으로 전업함으로써 정부가 기대했던 만큼 상품이 생산되지 않음

⑧ (목적달성 실패)

- 가격통제로 더 낮은 가격으로 물건을 살 수 있으나, 번번히 가게 앞에서 줄서기해야 할 수 있고, 기다린다고 꼭 산다는 보장은 없음 (시간이 흘러갈수록 더욱 심각)
- 결국 줄서서 기다리는 기회비용을 높이게 되고, 소비자들을 보호할 목적에서 출발했으나, 소비자의 후생이 증진된다고 볼 수 없음

(3) 임대료 규제와 이자율 규제

① 임대료 규제(rent control) : 서민아파트에 대해서 실시하는 것으로 무주택서민의 주거생활을 안정시킨다는 취지하에서 서민아파트 임대료 상승률을 매년 일정범위 안에서 억제

→ 임대료 규제가 지속되는 한 시간이 흘러감에 따라서 더 악화되어 서민의 주거생활안정이라는 본래의 목적이 달성되지 못함

② 이자율 규제(interest rate control) : 인위적인 이자율 규제에 따른 자금부족현상이 일어나고, 누구에게 배분할 것인가의 (신용배급) (credit rationing) 문제가 발생하고, 뇌물과 부패가 뒤따를 수 있음

→ 힘과 친분관계를 이용한 지대추구행위(rent－seeking behavior)로 부패 발생 가능

(4) 최저가격제

① 최저가격(minimum price), 하한가격(price floor)

② 농산물가격지지제도(농가이익), 최저임금제도(근로자 권익)

③ 원래의 취지가 좋더라도 만성적인 초과공급량(실업) 야기

④ 최저임금제 실시 후 임금은 올랐지만, 고용량이 줄어들어 전체 노동소득이 증가했다고 보기 어려울 수 있음

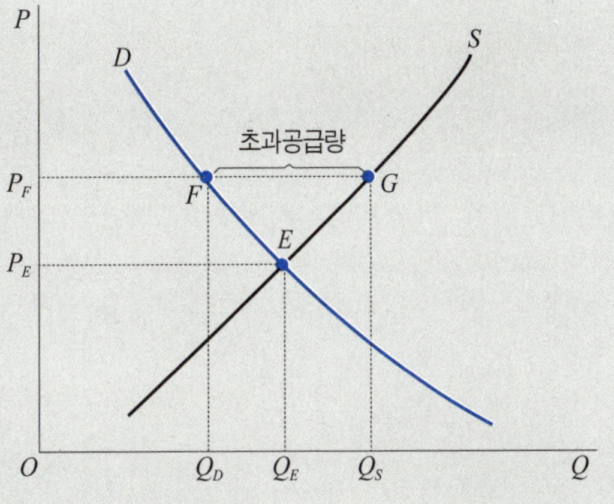

⑤ 노동수요의 임금탄력도가 1보다 큰 경우, 임금인상률보다 노동수요량 감소율이 더 커서 전체 노동소득이 오히려 감소할 수 있음

⑥ 농산물 시장에서 발생한 잉여농산물(FG)을 해소하는 방법

■ 수요증가방안

– 정부가 농산물비축기금을 이용하여 FG를 전부 사들이는 방법

– 빈곤층에게 FG만큼 농산물과 교환할 수 있는 식량권을 무상으로 교부

■ 공급감소방안

농가에게 재배면적을 줄이도록 권장하여, 놀리는 농가에서 생산될 농산물 가치만큼 보상하는 직접지불방법

※ 시간이 지남에 따라서 최저가격제에서 소비자들은 가격이 너무 높기 때문에 대체품을 찾아 소비를 더욱 줄이게 되고, 생산자들은 가격이 매력적이므로 더 생산하여 장기적으로 초과공급량은 더욱 커질 수 있음 (미국도 잉여농산물 처리로 골머리를 앓고 있음)

제 3 장

소비자선택이론

1 소비자선택이론의 기초

1. 효용의 개념

(1) 효용(utility)

① 재화나 서비스를 소비함으로써 주관적으로 느끼는 만족
② 소비자의 주관적인 만족

(2) 기수적 효용 vs. 서수적 효용

① (기수적 효용) 효용의 크기를 무게나 높이처럼 양적으로 측정하여 효용의 (차이)가 중요한 의미
② (서수적 효용) 순서만 중요
예 사과 1개의 효용이 2이고, 밀감 1개의 효용이 4라면, 밀감의 효용은 사과의 효용보다 큰 것은 물론 정확히 2배 크다는 의미 → (기수적 효용)

2. 소비자선택이론의 개요

(1) 합리적 소비행태

① 같은 가격이면 효용이 큰 상품을, 같은 효용이라면 가격이 저렴한 상품을 구입
② 소득이 한정되어 있기 때문에 발생

(2) 소비자선택이론의 변천과정

① 한계효용이론 : 효용을 기수적으로 측정할 수 있다는 가정 (멩거, 제본스, 왈라스)
② 무차별곡선이론 : 효용이 주관적이므로 서수적으로만 측정할 수 있가는 가정 (파레토, 슬루츠키, 힉스, 알렌)
③ 현시선호이론 : 효용은 기수적이든, 서수적이든 측정할 수 없다(효용불가측성) 가정 (새뮤얼슨, 하우스테커)

2 한계효용이론

1. 총효용과 한계효용

(1) 총효용과 효용함수

① 총효용(total utility) : 일정기간 동안 일정량의 상품을 소비함으로써 얻을 수 있는 주관적인 만족의 총량
② 효용함수(utility function) : 일정기간에 상품의 소비량과 그로부터 얻어지는 총효용의 관계를 보여주는 것
③ $U=U(X, Y)$

(2) 한계효용

① 한계효용(marginal utility) : 총효용의 변화분(ΔU)을 소비량의 변화분(ΔX)으로 나눈 값
② $MU_X=\frac{\Delta U}{\Delta X}$, $MU_Y=\frac{\Delta U}{\Delta Y}$
③ 〈표〉는 효용을 기수적으로 측정할 수 있다는 한계효용학파의 가정하에서 작성

④ (포화점) saturation point는 소비량이 어느 수준에 도달하면 총효용이 극대가 되고, 그 이상 더 소비량이 많아지면 총효용은 증가하지 않거나 오히려 감소하게 되는데, 이때 총효용이 극대가 되는 점

콜라소비량(병)	총효용(*TU*)	한계효용(*MU*)
0	0	
1	4	4
2	7	3
3	9	2
4	10	1
5	10	0
6	9	−1
7	7.5	−1.5

(3) 총효용과 한계효용의 관계

① 총효용은 한계효용의 누계

→ 콜라 3병의 총효용은 9인데, 3병째까지의 한계효용의 누계(=4+3+2)와 같음

② 한계효용이 양(+)이면, 총효용은 증가하고, 한계효용이 음(−)이면 총효용은 감소

③ 한계효용이 0인 경우에 총효용은 극대

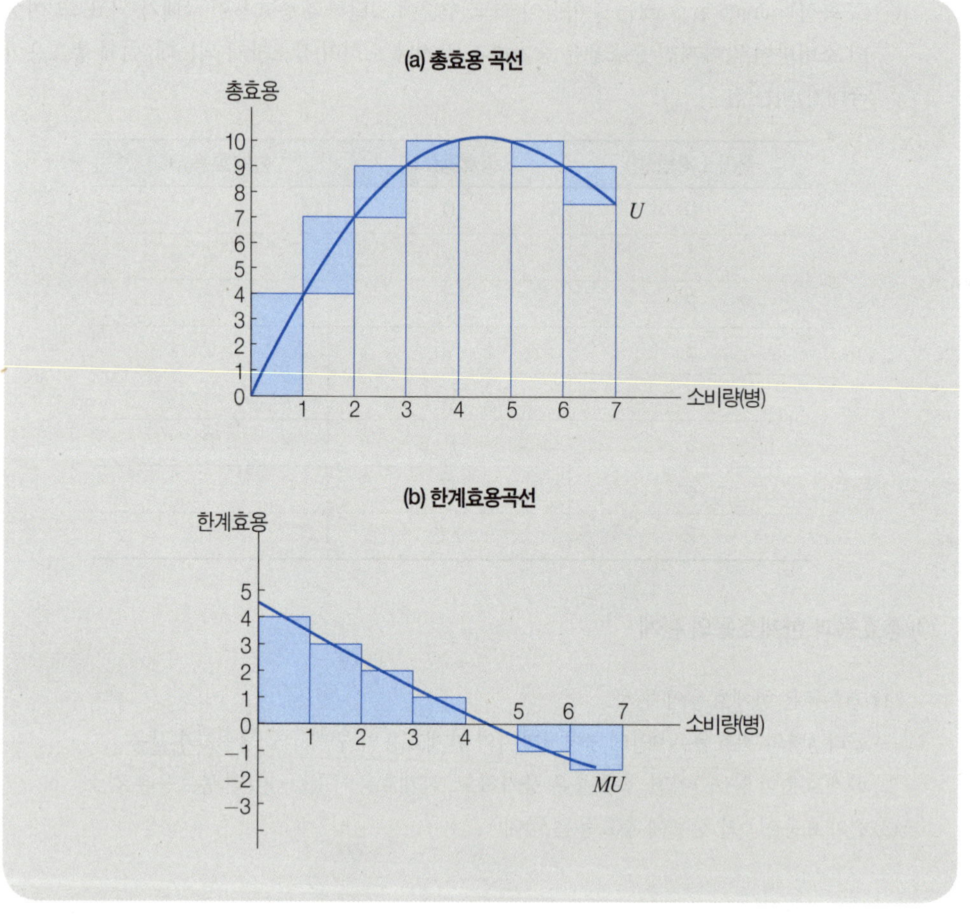

(4) 한계효용체감의 법칙

① 한계효용체감의 법칙(law of diminishing marginal utility) : 다른 상품의 소비량이 고정된 상태에서 한 상품의 소비량이 증가할수록 그 상품의 한계효용이 감소하는 것

② (궁극적인) 한계효용체감의 법칙 : 소비량이 일정수준에 도달하기 전까지는 한계효용이 증가하는 경우도 생각해 볼 수 있으나, 처음에 한계효용이 증가하는 경우라도 소비량을 계속 늘려가면 (궁극적으로) 한계효용은 체감함

2. 소비자선택의 조건

(1) 한계효용균등의 법칙

각 상품 1원어치의 한계효용이 같게 소비조합을 선택할 때 소비자는 최대의 효용을 얻게 됨

$$\frac{MU_X}{P_X} = \frac{MU_Y}{P_Y}$$

(2) 효용극대화 조건 = 소비자균형조건

① (소득제약조건, 예산제약식) $M = P_X X + P_Y Y$

② (효용극대화 조건) $\frac{MU_X}{P_X} = \frac{MU_Y}{P_Y}$

(3) 간단한 예시

① (조건) 소비자의 M=2,600이고, 두 상품 X와 Y만을 구입하고, $P_X=200, P_Y=300$

② (효용극대화) $X^*=4,\ Y^*=6$

③ $\frac{MU_X}{P_X} = \frac{MU_Y}{P_Y} = 6$

$M = 2{,}600 = (200 \times 4) + (300 \times 6)$

X재 : P_X=200원				Y재 : P_Y=300원			
X재 소비량	TU_X	MU_X	$\frac{MU_X}{P_X}$	Y재 소비량	TU_Y	MU_Y	$\frac{MU_Y}{P_Y}$
1	1,800	1,800	9.0	1	2,800	2,800	9.3
2	3,400	1,600	8.0	2	5,400	2,600	8.6
3	4,800	1,400	7.0	3	7,800	2,400	8.0
4	6,000	1,200	6.0*	4	10,000	2,200	7.3
5	7,000	1,000	5.0	5	12,000	2,000	6.6
6	7,800	800	4.0	6	13,800	1,800	6.0*
7	8,400	600	3.0	7	15,400	1,600	5.3
8	8,800	400	2.0	8	16,800	1,400	4.6
9	9,000	200	1.0	9	18,000	1,200	4.0

3. 효용극대화조건과 수요곡선

(1) 소비자균형과 수요곡선

① 주어진 소득 $M=2{,}600$으로 $P_X=200$으로 주어진 경우에, $P_Y=300$이라면 $Y=6$로 효용극대화 균형에 도달하고 있음

② Y재의 수요곡선 : 소비자의 소득과 연관재의 가격과 소비자의 선호가 주어진 경우에, P_Y의 변화에 따른 Y 수요량을 대응시킨 그림을 수요곡선이라고 함

③ 한계효용이론은 소비자가 한정된 소득으로 최대의 효용을 얻고자 하는 최적소비행태로부터 수요법칙을 도출하는 것

(2) 수요곡선 상의 이동과 수요곡선의 이동

① (수요곡선 상의 이동) Y재 수요에 영향을 미칠 만한 다른 요인들(소비자의 소득, 선호, 다른 상품 X재의 가격 등)이 일정불변인 가운데 P_Y가 변화하는 경우

③ (수요곡선의 이동) 다른 요인들이 변화하는 경우

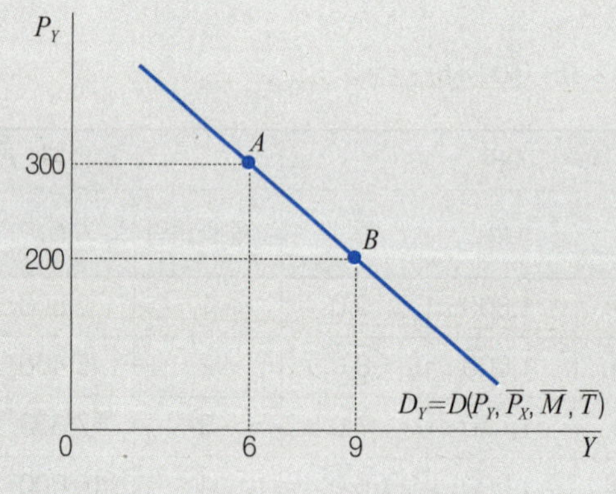

수량	1	2	3	4	5	6	7	8	9
$\frac{MU_X}{P_X}$	9	8	7	6*	5	4	3	2	1
MU_Y	2,800	2,600	2,400	2,200	2,000	1,800	1,600	1,400	1,200
$\frac{MU_Y}{P_Y=300}$	9.3	8.6	8.0	7.3	6.6	6.0*	5.3	4.6	4.0
$\frac{MU_Y}{P_Y=200}$	14	13	12	11	10	9	8	–	6*

4. 한계효용이론과 가치의 역설

(1) 사용가치 vs. 교환가치

① 애덤 스미스의 『국부론』(1776)에서 언급
② 모든 상품의 가치를 사용가치(value in use)와 교환가치(value in exchange)로 구분

(2) 스미스의 역설(가치의 역설)

① 물은 사용가치가 큼에도 불구하고 교환가치는 작지만, 다이아몬드는 사용가치가 작으나 교환가치는 큼
② (가치의 이율배반적인 현상) 물은 인간생활에 없어서는 안 되는 아주 유용한 재화인데 값이 아주 싸고, 다이아몬드는 없어도 살아갈 수 있는데 아주 비싼 이유는 무엇인가?

(3) 한계효용학파의 등장과 가치의 역설 해결

① 스미스의 역설은 1세기 후에 한계효용학파가 등장해 역설적인 현상이 아닌 합리적 현상이라는 것이 밝혀짐
② 상품가격에 영향을 미치는 것은 (총효용)이 아닌 (한계효용)이고, (한계효용)은 존재량이 많을수록 작고, 소비량이 많아질수록 작아짐
③ 가치의 역설은 역설적인 현상이 아님

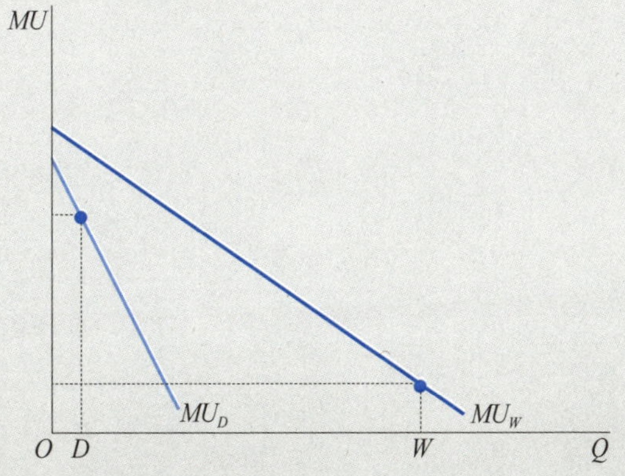

5. 한계효용이론의 평가

(1) 한계효용이론의 기여와 한계

① (한계효용이론 이전) 공급측면만 주목

: 한 상품의 시장가격은 그 상품이 생산에 객관적으로 투입된 노동량(생산비)에 의해서 결정

② (한계효용이론 기여) 수요측면만 주목

: 상품의 마지막 1단위에서 얻는 주관적인 효용이 상품 가격을 결정함

③ (한계효용이론의 한계) 기수적 효용을 가정

(2) 마샬과 수요공급곡선

① (마샬) 시장가격은 시장공급곡선과 시장수요곡선의 상호작용에 의해서 결정

② 시장공급곡선은 생산비이고, 시장수요곡선은 한계효용 의미

③ 가위의 양날과 같아서 어느 하나가 빠져서도 시장가격을 결정할 수 없고, 양자의 상호작용에 의해서 가격은 결정

3 무차별곡선과 예산선

1. 무차별곡선

(1) 무차별곡선 개념

① 무차별곡선이론 : 효용의 서수적 측정만을 가정하여 우하향하는 수요곡선을 도출

② 무차별곡선(indifference curve) : 소비자에게 똑같은 효용을 주는 상품의 조합들에 대해서 소비자는 무차별하다고 말함

조합	*A*	*B*	*C*	*D*	*E*
*Y*재(사과)의 수량	12	8	5	3	2
*X*재(배)의 수량	1	2	3	4	5

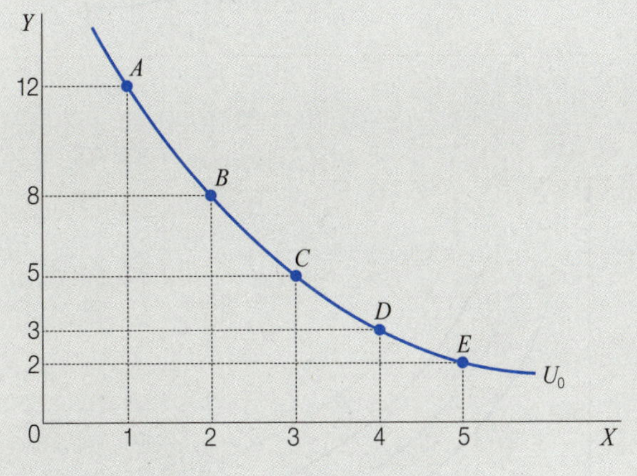

(2) 무차별지도(indifference map)

① 무차별곡선의 집합을 지도의 등고선에 비유

② 무차별지도의 오른쪽에 위치한 무차별곡선일수록 높은 만족의 수준 표시

③ 효용을 서수적으로 측정하므로, 한계효용의 크기는 아무런 의미가 없음

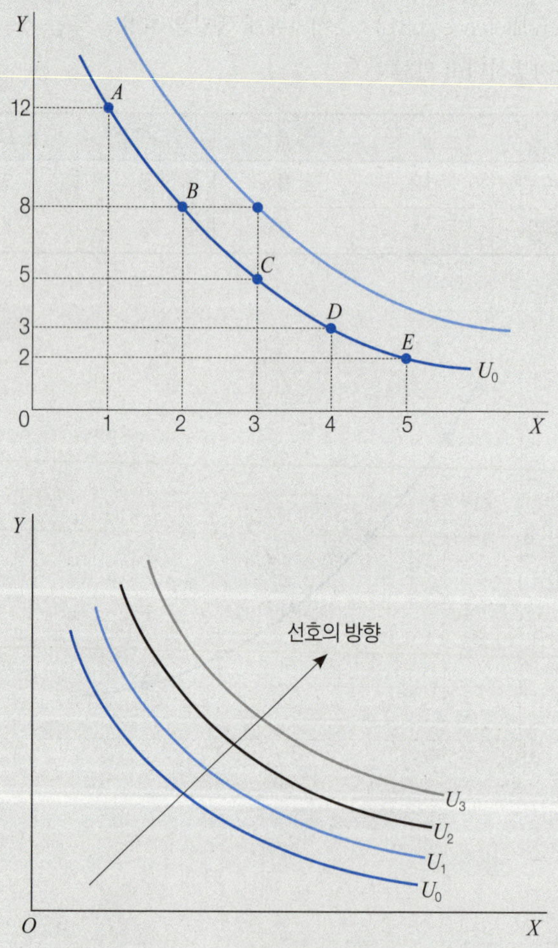

2. 무차별곡선의 성질

(1) 원점에서 멀리 떨어진 무차별곡선일수록 높은 만족수준을 나타냄

① 다다익선(the more, the better)
② 포화점의 가능성을 배제

(2) 무차별곡선은 우하향함

① 다다익선에서부터 파생되는 속성
② 우하향의 무차별곡선은 두 상품 사이에 대체관계가 존재함을 의미
③ 우상향, 수직, 수평인 무차별곡선은 다다익선 위배

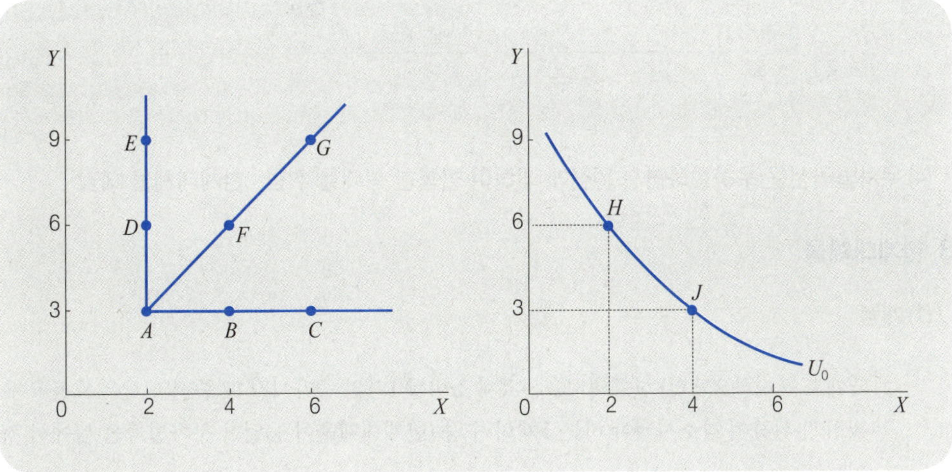

(3) 무차별곡선은 교차할 수 없음

① 임의의 두 무차별곡선이 교차하는 경우에 발생하는 모순
② 다다익선 모순

③ u_0에서는 A~B이고, u_1에서는 B~C이므로 A~C가 성립 (이행성)

→ but. A보다 C가 X재와 Y재 모두 더 많아서 $A>C$가 성립 (단조성)

∴ 이행성과 단조성 충돌

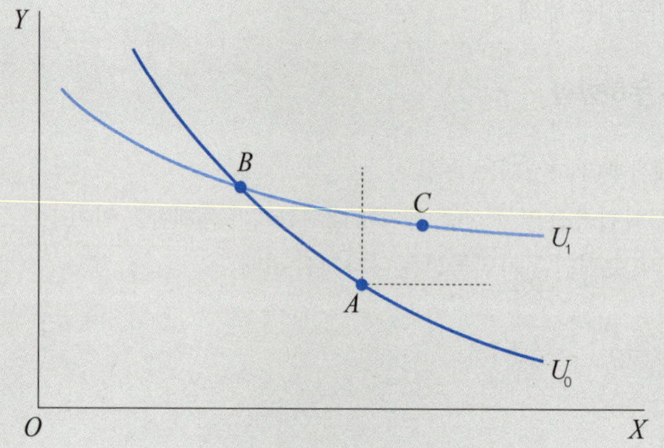

(4) 무차별곡선은 우하향하면서 원점에 대하여 볼록한 형태를 취함 : 한계대체율 체감

3. 한계대체율

(1) 개념

① (Y재로 표시한 X재의) 한계대체율은 X재 소비를 1단위 증가시킬 때 종전과 같은 효용을 유지하기 위하여 감소시켜야 하는 Y재의 수량 (한계대체율이 동일한 무차별곡선 상에서 정의)

② X재 한 단위를 얻기 위해서 지불해도 좋다고 생각하는 비용이 Y재 2단위와 같다는 뜻 (X재 1단위와 Y재 2단위가 교환되는 것은 X재 1단위의 중요도가 Y재 2단위의 중요도와 같기 때문)

③ $MRS_{XY} = \left.\frac{\Delta Y}{\Delta X}\right|_{\overline{U}} = \frac{MU_X}{MU_Y}$

④ MRS_{XY}를 소비자가 X재 1단위를 더 얻기 위하여 기꺼이 지불하고자 하는 한계지불성향 (marginal willingness to pay)

⑤ X재 1단위에 대한 Y재의 주관적인 교환비율

⑥ 한계대체율은 무차별곡선의 접선의 기울기

(2) 한계대체율 체감의 법칙(law of diminishing marginal rate of substitution)

① 동일한 효용수준을 유지하면서 Y재를 X재로 대체해 감에 따라 한계대체율이 점점 감소하는 현상

② Y재를 X재로 계속 대체해 갈 때 X재 1단위를 더 얻기 위해 포기하고자 하는 Y재 수량은 점점 더 작아질 것

③ 한계대체율체감의 법칙을 그림으로 나타내면 원점에 대해서 볼록한 무차별곡선을 얻음

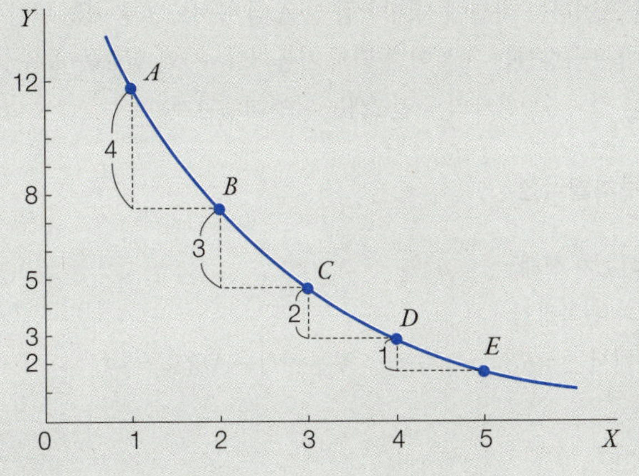

4. 특수한 경우의 무차별곡선

※ 일반적인 무차별곡선은 한계대체율체감의 법칙을 만족시키는 정상적인 경우임
→ 두 재화가 서로 대체하기 쉬울수록 무차별곡선은 덜 볼록하고, 대체가 어려울수록 더 볼록한 형태를 지님

(1) 완전대체재의 무차별곡선

① (완전대체관계) 콜라와 사이다 중 어느 것을 마셔도 상관없는 소비자는 몇 잔을 마셨는가에 의해서만 효용이 결정
② 콜라 한 잔을 포기하는 대신에 사이다 한 잔을 더 마셔도 효용에는 변함이 없음
③ 무차별곡선이 우하향하는 직선이면 되지 기울기가 −1일 필요는 없음
(천 원짜리 한 장과 500원짜리 동전 2개는 완전대체관계)

(2) 완전보완재의 무차별곡선

① 무차별곡선이 L자 형태
② 오른쪽 장갑과 왼쪽장갑
③ 수평인 부분에서는 $MRS_{XY}=0$, 수직선 부분에서는 $MRS_{XY}=\infty$

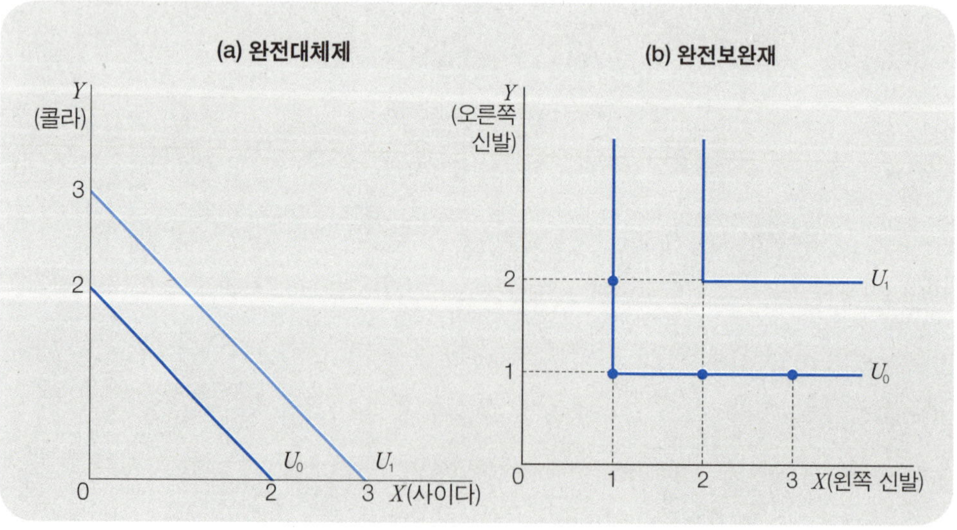

4 예산선

1. 예산선(budget line)의 개념

① 가격선(price line)이라고도 하며, 주어진 소득 또는 예산을 전부 사용하여 구입할 수 있는 상품의 조합을 나타내는 직선

② 소비자의 구매능력을 그림으로 나타낸 것

2. 예산선의 표현

$$M = P_X X + P_Y Y$$

① 예산선의 기울기 : $-\frac{P_X}{P_Y}$ (두 상품의 상대가격, 가격비)

② 객관적인 교환비율

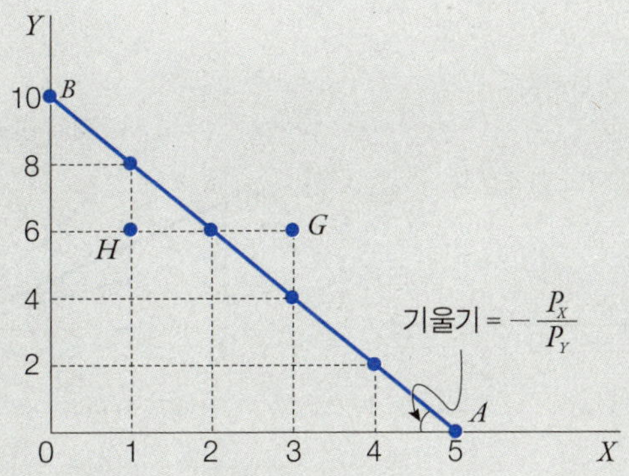

3. 예산선의 이동

① 소득이 변화할 때
② 가격이 변화할 때

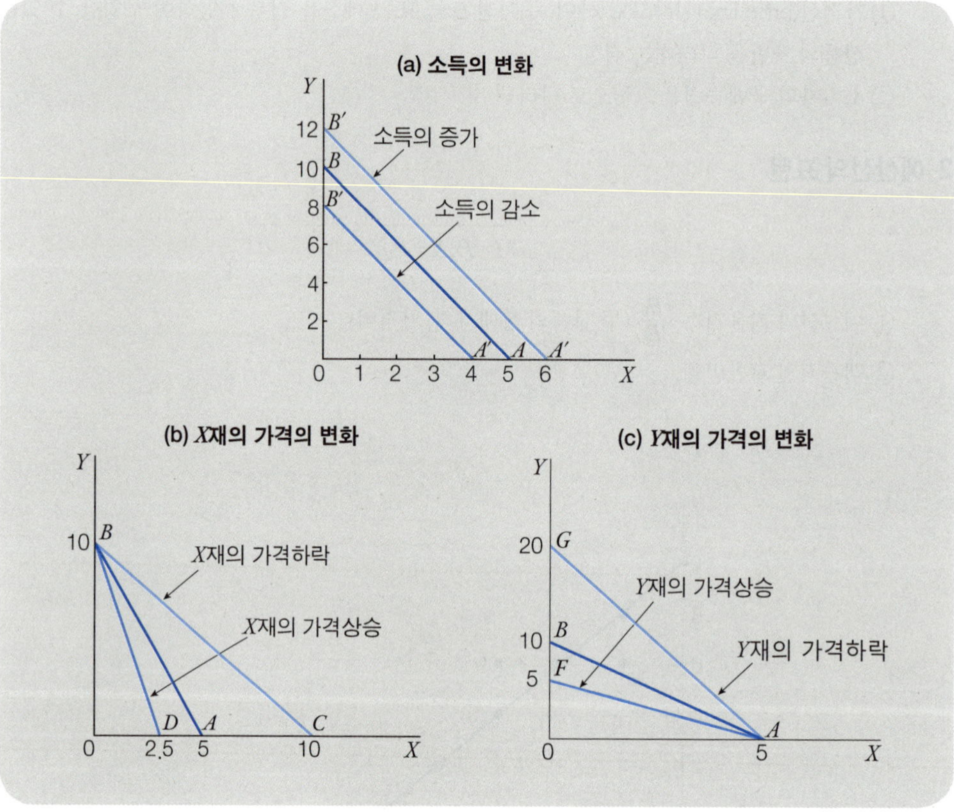

5 소비자균형

1. 소비자선택의 균형조건

$$MRS_{XY} = \frac{P_X}{P_Y}$$

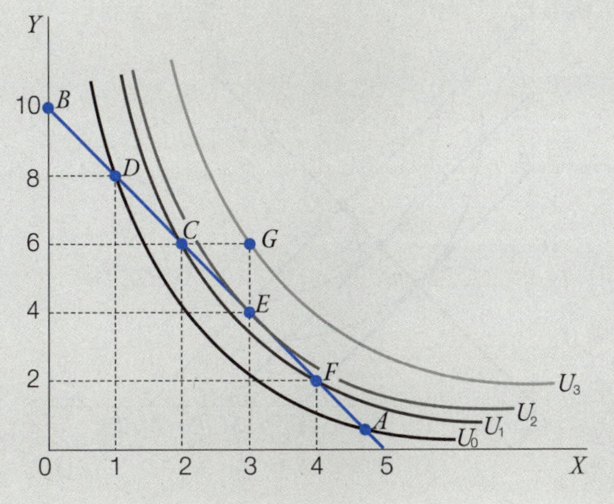

참고 **돈과 행복은 비례하는가?**

- 2006년 영국의 신경제재단이 발표한 국가별 행복지수를 보면 세계 1위는 1인당 GDP가 2,500달러에 불과한 태평양의 작은 섬나라 바누아투(Vanuatu), 아시아 1위는 최빈국인 방글라데시가 차지함 (한국은 102등)
- (소득과 행복은 반비례?)
  ① 행복과 소득의 관계는 소득이 증가함에 따라서 행복지수도 높아지나, 소득이 일정수준을 넘어서면 행복지수 상승률이 점점 작아짐
  ② 행복은 소득/욕망
  ③ 방글라데시는 자신들의 소득에 상응하는 소비수준으로 행복한데, 부국의 국민들은 소득수준보다 높은 소비수준을 추구해 균형에 도달하지 못함

2. 소비자균형의 이동

(1) 소득소비곡선

① 소득소비곡선(Income Conssumprion Curve ; ICC) , 소득확장경로(income expansion path)
: 소득의 변화에 따른 소비자의 균형소비조합을 표시한 곡선

② 소득효과

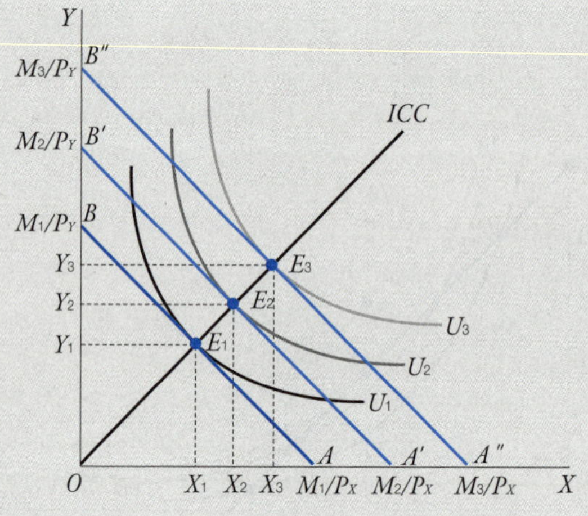

(2) 열등재의 소득소비곡선

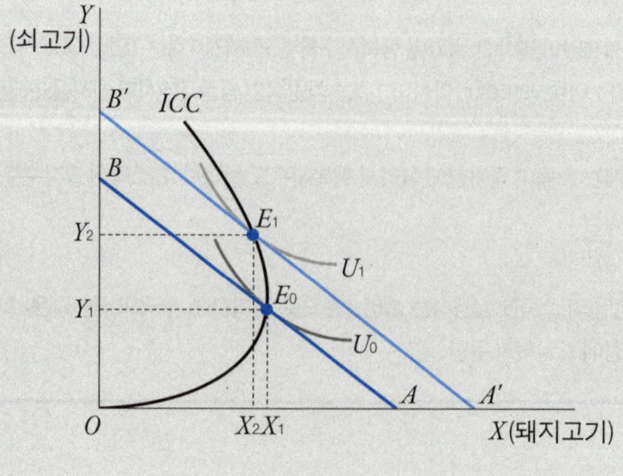

(3) 엥겔곡선

① 엥겔곡선(Engel curve) : 소득과 수요량의 관계를 나타낸 곡선

② 정상재의 엥겔곡선은 우상향

③ 열등재의 엥겔곡선은 좌상향

④ 생필품 : 엥겔곡선은 45도 선보다 위쪽에 있는 형태(ε_I<1) ↔ 사치품

⑤ 엥겔법칙 : 소득이 증가할수록 식료품에 대한 지출보다 주거비, 문화비 등 식료품 이외의 지출액이 더 크게 증가하여 식료품비가 소득에서 차지하는 비중이 점차 감소한다는 것

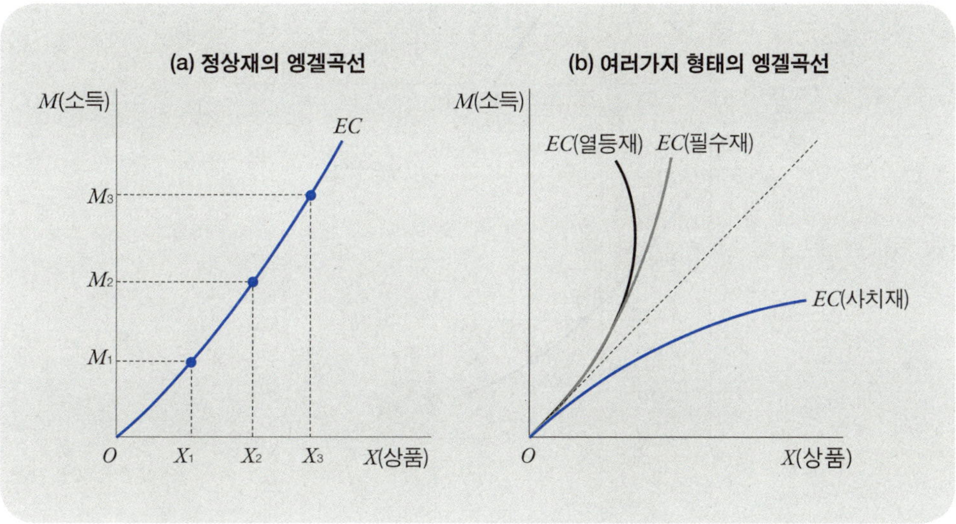

(4) 가격소비곡선과 수요곡선

① 가격소비곡선(*PCC*) : 다른조건이 일정불변일 때 한 상품의 가격변화에 따른 소비자의 균형소비조합을 표시해주는 곡선

② *PCC*에서 수요곡선을 도출 가능

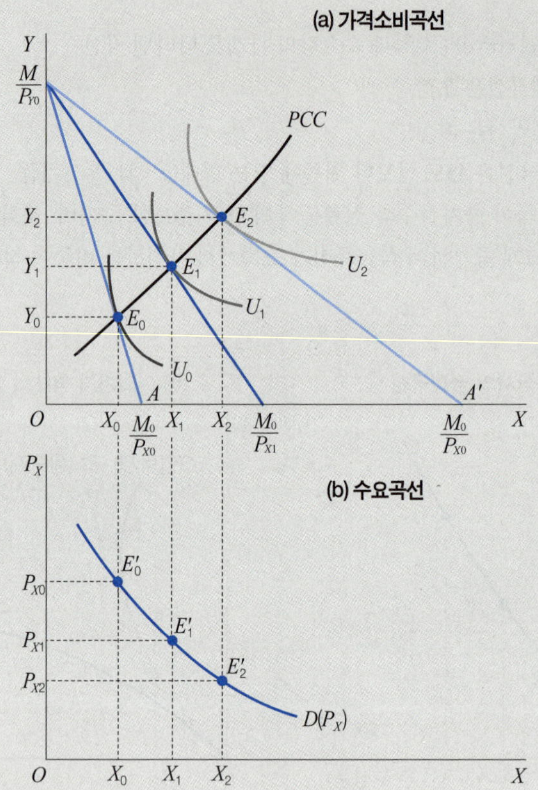

(5) 대체효과 VS. 소득효과

① 가격효과(price effect) : 한 상품의 가격이 변하면 그 상품에 대한 소비자의 균형소비량이 변함

→ 가격효과 = 대체효과 + 소득효과

② 소득효과 : 한 상품의 가격 변동이 소비자의 구매력을 변동시키는 효과 (정상재인지 열등재인지에 따라서 달라짐)

③ 대체효과 : 다른 조건이 같을 때, 상대적으로 싸진 상품을 더 수요하고, 상대적으로 비싸진 상품은 덜 수요하는 경향 (항상 음(−))

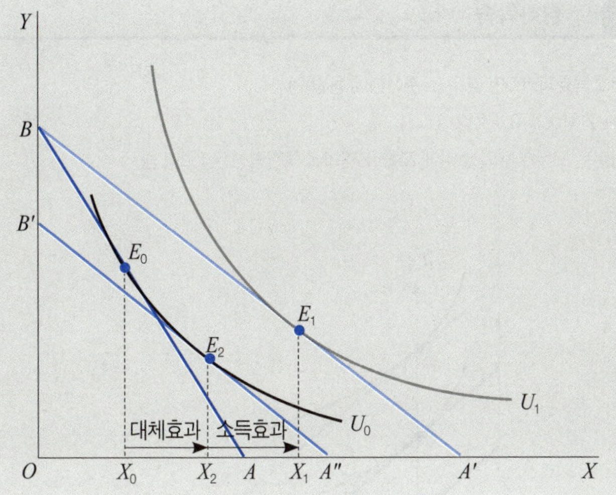

(6) 기펜의 역설

① 기펜재 : 열등재 중에서 (+) 소득효과가 (−)의 대체효과를 압도해서 가격효과가 양(+)이 되는 경우 (가격이 하락할 때 오히려 소비량이 하락하는 경우)

② 기펜의 역설 : 수요법칙에 위배되는 현상으로 아일랜드 지방의 감자를 예로 들 수 있음

상품	대체효과	소득효과	가격효과
정상재	−	−	−
열등재	−	+	−
기펜재	−	+	+

참고 **소비자균형조건과 한계원리**

◆ 소비자균형조건은 $MU_X = \frac{P_X}{P_Y} \times MU_Y$

① X재를 1단위 더 소비하면 소비자의 효용은 X재의 한계효용만큼 증가함 (MU_X는 X재를 1단위 더 소비할 때 얻는 한계편익)

② X재를 1단위 더 소비하면 Y재를 $\frac{P_X}{P_Y}$ 단위만큼 덜 사게 됨 (한계비용 의미)

참고 **심화학습**

※ X재에 대한 소득효과가 0인 경우 (=준선형 효용함수)

$U(X, Y)=V(X)+Y,\ V'(X)>0,\ V''(X)<0$

→ 소득의 증가분은 모두 Y재의 소비에 지출 (Y재의 소득탄력성은 1보다 큼)

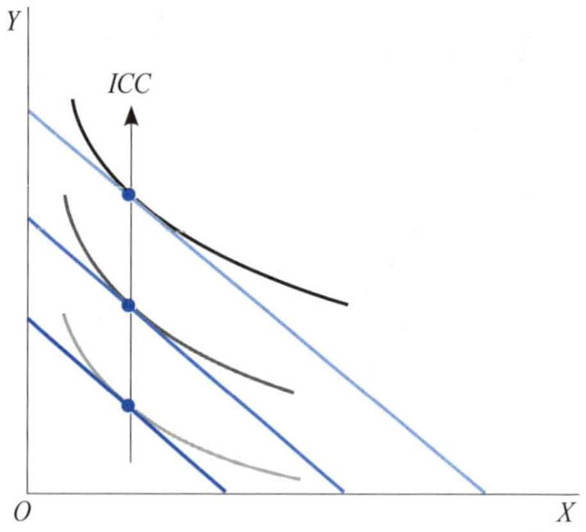

6 가격효과=대체효과+소득효과

1. 대체효과의 분석

① 상대가격의 변화로 인해 재화 간 대체를 초래하는 효과

→ 상대가격이 변화하는 경우에만 (단, 일정한 수준의 효용을 유지한다는 조건하에서)

② 보통수요는 소득효과와 대체효과를 모두 고려한 수요개념이고, 보상수요는 오직 대체효과만 고려한 수요임

③ 두 재화가 완전보완재인 경우 상대가격이 어떻게 변화하더라도 두 재화 간의 결합비율은 항상 일정해 대체효과는 0임

④ 완전대체재인 경우, 대체효과가 극단적인 경우

(→ 상대가격이 조금만 변해도 두 재화 간의 대체가 급격하게 이루어진다는 것 의미)

⑤ 대체효과가 무차별곡선의 형태인 효용함수의 성질과 밀접한 관련이 있음

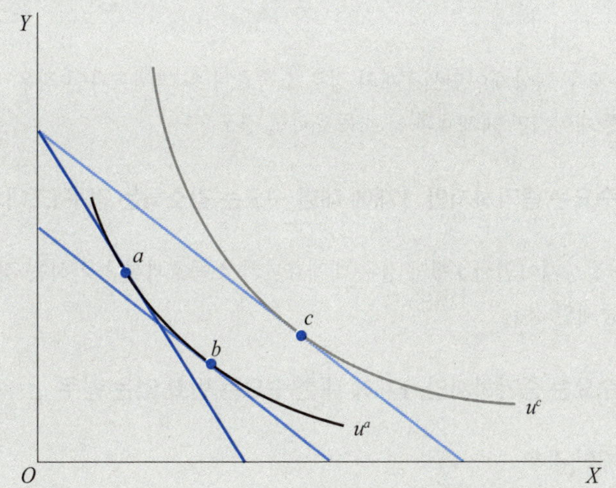

2. 가격효과의 분석 : 소득효과와 대체효과의 종합

(1) *X*, *Y*재에 대한 수요가 모두 증가하는 경우 (*X*, *Y*가 조보완관계인 경우)

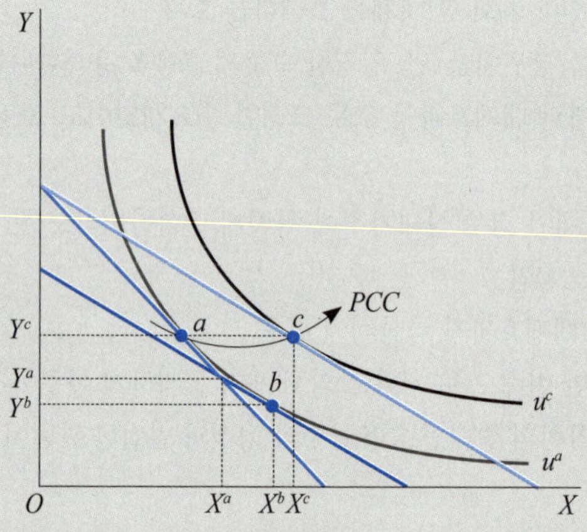

① 두 재화가 모두 정상재이면서 *Y*재의 경우 소득효과 > 대체효과인 경우

② *X*재가 열등재이지만 대체효과 > 소득효과인 경우

(2) *X*재에 대한 수요는 증가하지만, *Y*재에 대한 수요는 감소하는 경우 (조대체관계)

① 두 재화가 정상재이면서 *Y*재의 경우 대체효과가 소득효과를 능가하는 경우

② *Y*재가 열등재인 경우

(3) *X*재에 대한 수요는 증가하지만, *Y*재에 대한 수요는 변화 없는 경우

독립적인 관계인 경우

(4) *X*재에 대한 수요는 감소하지만, *Y*재에 대한 수요는 증가하는 경우

*X*재가 기펜재로서 소득효과가 대체효과를 능가하는 경우 (*Y*재에 대한 수요는 반드시 증가)
(∵ 두 재화의 수요가 모두 감소할 수 없기 때문)

보론 1 보통수요함수와 보상수요함수 간의 관계

1. 보상수요곡선과 보통수요곡선의 관계

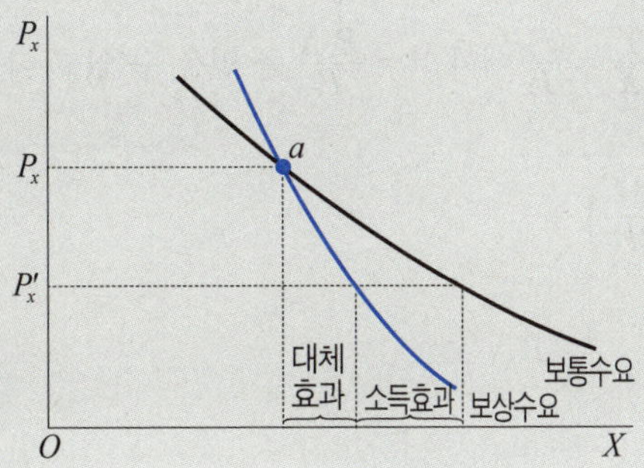

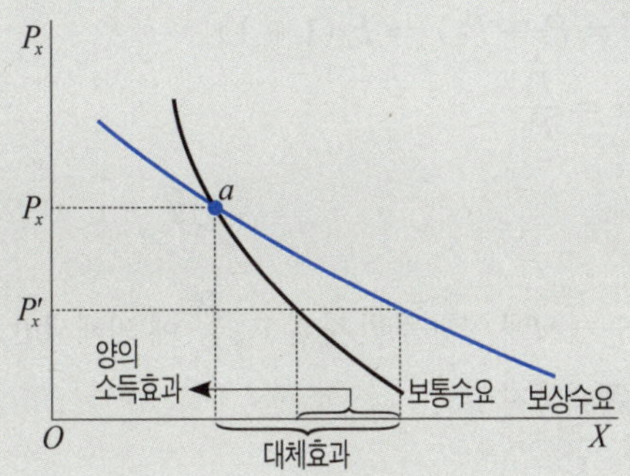

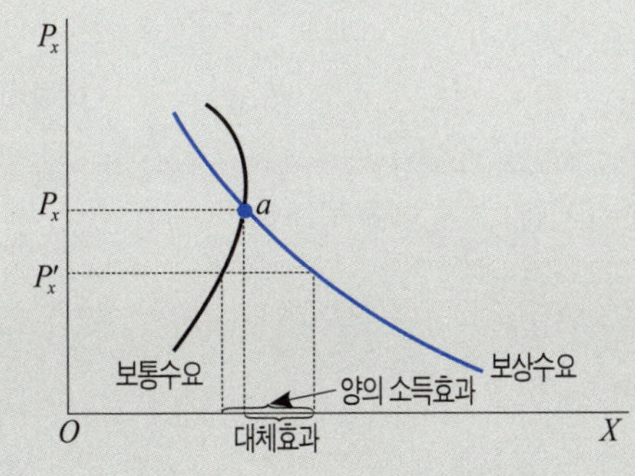

보론 2 보통수요함수의 유도 : 미분가능한 경우

[CASE 1]

1. 효용함수 형태 $U(X, Y) = XY$

① $MRS_{XY} = \frac{MU_X}{MU_Y} = \frac{Y}{X} = \frac{P_X}{P_Y}$에서 $Y = \frac{P_X X}{P_Y}$를 얻을 수 있고 이를 예산제약식에 대입하면 됨

② $\left(X^* = \frac{M}{2P_X}, Y^* = \frac{M}{2P_Y}\right)$

[CASE 2]

1. 형태 $U = lnX + Y$

① $MRS_{XY} = \frac{MU_X}{MU_Y} = \frac{1}{X} = \frac{P_X}{P_Y}$에서 $P_Y = P_X X$를 예산식에 대입하면 됨

② $M = P_X X + P_Y Y = P_Y + P_Y Y = P_Y(1 + Y)$

③ $Y^* = \frac{M}{P_Y} - 1, \quad X^* = \frac{P_Y}{P_X}$

2. 특징

① X재의 보통수요함수는 M에 영향을 받지 않고, $\frac{P_Y}{P_X}$에 의해서만 영향 받음

② X재의 소득효과는 존재하지 않음

보론 3 보통수요함수의 유도 : 미분가능하지 않은 경우

1. 효용함수 형태 $U(X, Y) = min(X, Y)$

① X재와 Y재의 일정비율을 소비하는 경우 소비가 효율적임
② $X=Y$를 예산제약식에 대입하면 됨
③ $X^* = \frac{M}{P_X + P_Y}$, $Y^* = \frac{M}{P_X + P_Y}$

2. 특징

① 각 재화의 소득탄력성은 항상 1임
② 수요곡선은 모두 우하향
③ 완전한 보완관계
④ 각 재화에 대한 수요는 모두 0차 동차성 만족

보론 4 가격-소비곡선과 소득-소비곡선 유도

1. 가격-소비곡선의 유도

① 콥-더글라스 효용함수 $U(X, Y) = XY$에서 $X^* = \frac{M}{2P_X}$, $Y^* = \frac{M}{2P_Y}$에서 X재의 가격이 하락하는 경우, PCC의 형태는 수평

② X재의 가격 하락 시 Y재의 수요는 변함이 없으므로 모든 소득을 X재에만 지불한다는 의미

③ 가격이 변화하는데, 각 재화에 대한 지출액 자체에는 아무런 변화가 없게 되는데 이때 가격탄력성이 1이라는 것을 의미

2. 소득-소비곡선의 유도

① 콥-더글라스 생산함수의 경우 $U(X, Y) = XY$에서 한계대체율을 구하면, $MRS_{XY} = \frac{Y}{X}$가 되고, 이것이 의미하는 바는 자신이 소비하는 두 재화 X, Y재의 양의 비율에 의해서 결정된다는 것을 나타냄

② 상대가격의 변동이 없이 소득만 변하는 경우에 최적 소비는 여전히 $\frac{P_X}{P_Y} = \frac{Y}{X}$를 만족해야 함

③ 소득이 증가하더라도 최적 소비점이 되기 위해서는 두 재화의 소비량의 비율이 항상 일정

④ 소득탄력성이 모두 1이란 의미

보론 5 슬러츠키 방정식

1. 슬러츠키 방정식

가격효과를 대체효과와 소득효과로 분해한 식

2. 도출

$$\Delta X = \Delta X_C + \Delta X_M$$

$$\frac{\Delta X}{\Delta P_X} = \frac{\Delta X_C}{\Delta P_X} + \frac{\Delta X_M}{\Delta P_X} = \frac{\Delta X_C}{\Delta P_X} + \frac{\Delta X_M}{\Delta M}\frac{\Delta M}{\Delta P_X} = \frac{\Delta X_C}{\Delta P_X} + \frac{\Delta X_M}{\Delta M}(-X)$$ [1)]

① 정상재인 경우

$$\frac{\Delta X}{\Delta P_X} < 0,\ \frac{\Delta X_C}{\Delta P_X} < 0,\ \frac{\Delta X_M}{\Delta M} > 0$$

② 기픈재가 아닌 열등재인 경우

$$\frac{\Delta X}{\Delta P_X} < 0,\ \frac{\Delta X_C}{\Delta P_X} < 0,\ \frac{\Delta X_M}{\Delta M} < 0$$

③ 기픈재인 경우

$$\frac{\Delta X}{\Delta P_X} > 0,\ \frac{\Delta X_C}{\Delta P_X} < 0,\ \frac{\Delta X_M}{\Delta M} < 0$$

1) $\frac{\Delta M}{\Delta P_X} = -X$는 X재의 가격이 1원 하락하는 경우에 실질소득의 변화로 X만큼 추가소득이 생기게 된다. 예를 들어 X재의 가격이 5원일 때, X재의 소비량은 10개였는데 이때 지출액은 50원이다. 그런데 X재의 가격이 1원만큼 하락해서 4원으로 되면 X재를 10개 구입하는 데 40원을 지출하게 되어, 소득은 10원 남게 된다. 이 금액은 1원짜리 하는 X재의 소비량 10개와 동일하게 된다.

3. 탄력성으로 변형

$$\frac{\Delta X}{\Delta P_X}=\frac{\Delta X_C}{\Delta P_X}+\frac{\Delta X_M}{\Delta M}(-X)$$

양변에 $-\frac{P_X}{X}$를 곱하게 되면 $-\frac{\Delta X}{\Delta P_X}\frac{P_X}{X}=-\frac{\Delta X_C}{\Delta P_X}\frac{P_X}{X}+X\frac{\Delta X_M}{\Delta M}\frac{P_X}{X}$

$-\frac{\Delta X}{\Delta P_X}\frac{P_X}{X}=-\frac{\Delta X_C}{\Delta P_X}\frac{P_X}{X}+X\frac{\Delta X_M}{\Delta M}\frac{P_X}{X}\frac{M}{M}\frac{X}{X}$가 되어

$-\frac{\Delta X}{\Delta P_X}\frac{P_X}{X}=-\frac{\Delta X_C}{\Delta P_X}\frac{P_X}{X}+X\frac{\Delta X_M}{\Delta M}\frac{M}{X}\frac{P_X X}{M}\frac{1}{X}$

따라서 $\varepsilon_P^X=\varepsilon_P^{X_0}+\varepsilon_M^X S$

(단, ε_P^X는 보통수요의 가격탄력성, $\varepsilon_P^{X_0}$는 보상수요의 가격탄력성, ε_M^X는 소득탄력성, S는 소득 중 X재의 지출비중)

7 소비자 후생변화의 측정

※ 가격과 소득의 변화는 소비자 효용수준을 변화시킴

⇨ 추상적인 개념을 구체화시키는 방법: 화폐 가치로 측정 (소비자잉여, 보상변화, 동등변화)

1. 소비자잉여

(1) 개념

- 시장에서 재화를 구입하는 경우 소비자가 지불하는 화폐가치 이상의 이득(거래가 소비자에게 이득을 제공)
- 소비자잉여

① 시장에서의 교환행위를 통해 소비자의 효용이 얼마나 증가하는가를 파악하기 위한 개념

② 최대지불의사와 실제 지불한 금액 간의 차이

→ 소득효과를 제거한 보상수요가 적절

(∵ 보통수요는 가격변화에 따른 소득효과를 포함하고 있는데, 시장에서의 거래를 통한 이득을 반영하는 것이 아닌 가처분소득 변화로 인한 이득을 반영하기 때문)

(2) 무차별곡선을 이용한 측정

① 수직축(Y)을 화폐로 두고, $P_Y=1$인 경우

② E_a와 E_b는 MRS_{XY}는 동일하게 되고, X재의 소득효과는 존재하지 않게 되는 상황

③ 소득효과가 없으면 보통수요곡선과 보상수요곡선이 일치

④ M과 E_b에서 효용은 동일

⑤ X_0를 소비하기 위해서는 최대한 선분MY_b만큼 지불할 의사가 있으나 실제는 선분MY_a만큼 만 지불

⑥ 따라서 Y재의 크기로 선분Y_aY_b만큼 소비자잉여를 누림

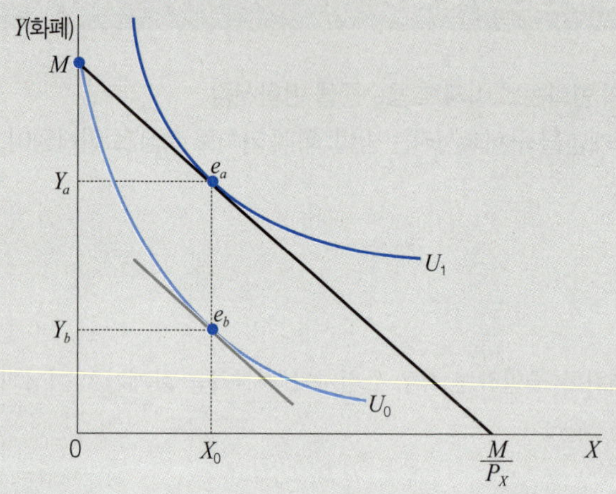

(3) 유보가격과 최대지불의사

- 유보가격은 가격이 어느 수준 이상이 되면 그 재화에 대한 수요는 형성되지 않음
  → 최대지불의사 의미

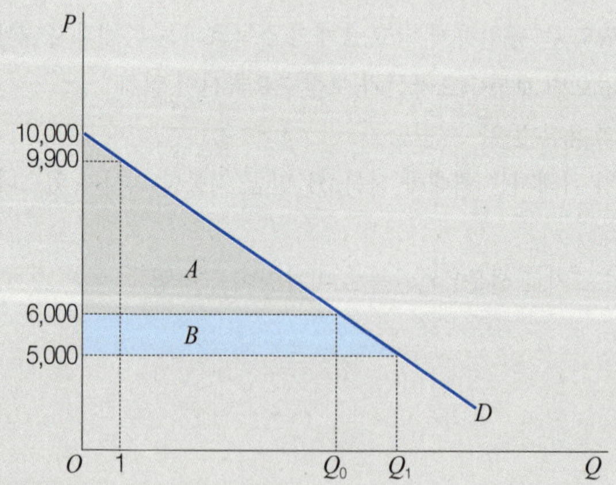

■ 최대지불의사 : 재화를 구입하기 위해서 지불할 의사가 있는 최대의 금액

① 수요곡선은 재화 한 단위를 추가적으로 수요할 때, 그때마다 소비자의 최대지불의사
최대지불의사는 바로 소비자의 한계대체율로 나타낼 수 있음

② 편의상 Y를 복합재로 해석하고, $P_Y=1$이라고 하면, $MRS_{XY}=\frac{P_X}{P_Y}=P_X$가 되어 X재 한 단위를 추가로 소비하는 데 따른 최대지불의사에 해당

③ 보상변화는 객관적인 파악이 어려움

→ if 소득효과가 매우 작다면, 보상소비자잉여=보통소비자잉여

(4) 개별소비자잉여와 시장소비자잉여

① 개별소비자잉여 : 개인이 시장에서 재화와 서비스를 구입해 얻는 소비자잉여

→ 화폐가치로 후생측정할 때 주관적 평가를 객관적 평가로 대체 시도

② 시장소비자잉여 : 개별소비자잉여의 합

→ 주관적 효용을 합한다는 측면에서 한계

(5) 소비자잉여와 보상변화

① 가격이 하락하는 경우 : 보상소비자잉여의 증가(A) < 보통소비자잉여의 증가($A+B$)

② 가격이 상승하는 경우 : 보상소비자잉여의 감소 ($C+D$) > 보통소비자잉여의 감소 면적(C)

※ 소득효과가 핵심 차이이기 때문에 소득효과가 0이거나 매우 낮은 경우는 두 가지 소비자잉여를 굳이 구별할 필요가 없음

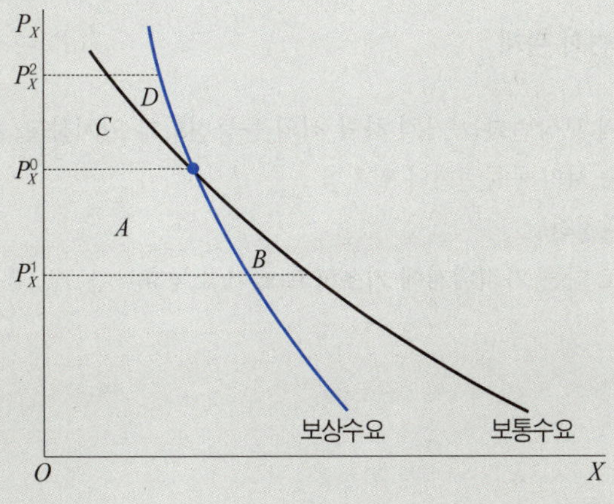

2. 보상변화와 동등변화

(1) 개념

예 조세 부과 시 → 가격상승으로 소비자 효용 감소

① 보상변화(compensating variation: CV)

조세 부과 후 원래의 효용을 달성하기 위해서 최소한 얼마만큼의 소득이 추가로 필요한가?

② 동등변화(equivalent variation: EV)

조세를 부과하지 않는 대신 소득의 일부를 납부한다면 최대한 얼마까지 납부할 의사가 있나?

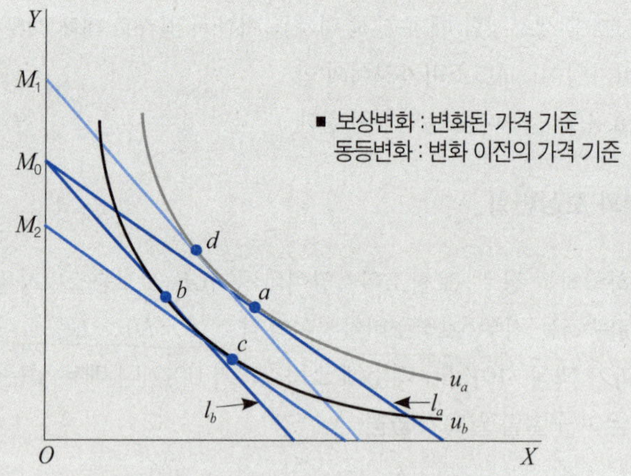

(2) 보상변화와 대등변화 관계

① 가격 상승 시의 보상변화는 가격 하락 시의 동등변화와 일치하고, 가격 하락 시의 보상변화는 가격 상승 시의 동등변화와 일치함

② 양자는 서로 대칭적

③ 두 효과는 서로 다른 가격체계에 기초하고 있어 소득효과가 0인 경우가 아니면 결코 일치하지 않음

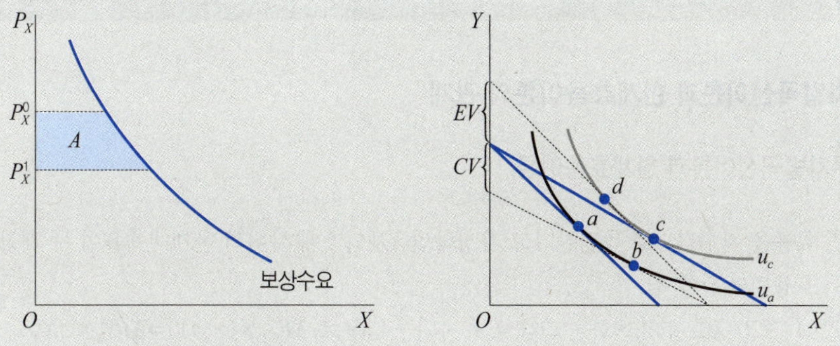

④ 소비자잉여를 나타내는 면적 A와 보상변화에 해당하는 CV는 서로 일치

→ ∵ 소비자가 원래의 효용수준을 유지한다는 조건하에서 가격 하락 시 발생하는 이득을 화폐가치로 평가함

⑤ 소득효과가 0인 경우 가격이 상승하든 하락하든,

→ 소비자잉여 = 보상변화 = 동등변화

- 소득효과>0 (정상재), 가격하락 시 ⇨ 동등변화>대등변화
- 소득효과>0 (정상재), 가격상승 시 ⇨ 동등변화<대등변화

※ 양의 소득효과 때문에 발생

8 소비자선택이론의 평가

1. 무차별곡선이론과 한계효용이론의 관계

(1) 무차별곡선이론과 한계효용이론

① 효용을 기수적으로 측정한다고 가정하면 X재와 Y재 사이의 한계대체율이 두 재화의 한계효용비와 같게 됨

② $(A \rightarrow B)$ 총효용의 변화는 그대로 유지되는 경우로, $MU_Y \times (-\Delta Y) = MU_X \times \Delta X$

③ $MRS_{XY} = \frac{MU_X}{MU_Y} \Big|_{\bar{U}}$

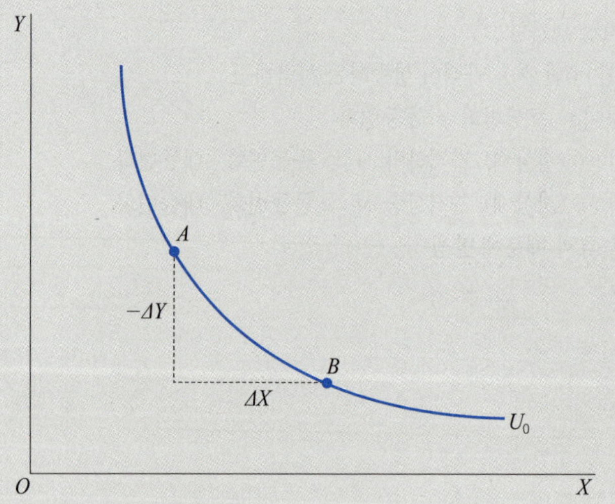

(2) 무차별곡선이론의 장점

무차별곡선이론은 서수적 효용을 가정하여 기수적 효용을 전제로 한 한계효용이론보다 더 현실적이고 분석의 폭이 크고 응용범위가 넓다는 장점을 지님

2. 소비자선택이론의 평가 : 선호의 상호의존성

(1) 편승효과

① 포장마차효과(bandwagon effect)
② 친구따라 강남간다~
③ 다른 사람들이 소비하니까 자기도 덩달아 소비하는 것(유행)
④ 편승효과로 개별수요와 시장수요가 커짐

(2) 백로효과

① 속물효과(snob effect, 속물회피효과), 통뼈효과, 청개구리효과
② 까마귀 노는 곳에 백로야 가지 마라
③ 다른 사람들이 어떤 상품을 많이 소비하고 있기 때문에 자기는 그 재화의 소비를 중단하거나 줄이는 것 (격이 다르다고 과시)
④ 백로효과로 개별수요와 시장수요는 작아짐

(3) 베블렌효과

① 베블렌(Veblen effect)
② 과시 : 값비싼 명품과 사치성 소비
③ 수요의 법칙과 반대로 가격이 비싼 명품일수록 싼 제품보다 잘 팔리는 경우

9 현시선호이론

1. 현시선호이론의 의의

(1) 한계효용이론과 무차별곡선이론

① 측정 불가능한 한계효용곡선이나 무차별곡선의 개념을 전제로 수요곡선을 도출
② 효용이 가진 주관성과 애매모호성에 한계

(2) 현시선호이론(theory of revealed preference)

① 시장에서 표출된 소비자의 구체적인 구매행위에 대한 관찰을 기초로 하여 소비자의 선택원리를 다루는 이론
② 객관적이고도 구체적인 관찰이 가능한 상품의 가격, 소비자의 소득, 상품수요량에 관한 시장정보를 활용

(3) 기존 소비자이론과 현시선호이론의 관계

① 현시선호이론에 몇 가지 가정이 추가되면 기존의 소비자선택이론과 논리적으로 동등하다는 결론 도달
② 상호보완적 관계

2. 현시선호이론의 기본가정

(1) 직접현시선호와 간접현시선호

① 직접현시선호 : 동일한 예산집합 내에 있는 상품조합들 간의 비교
② 간접현시선호 : 서로 다른 예산집합에 있는 상품조합들 간의 비교

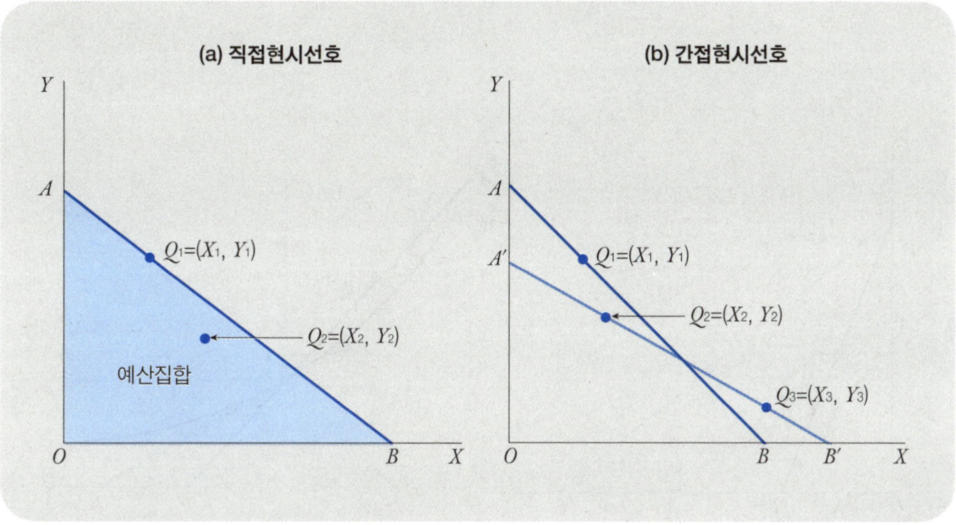

(2) 현시선호의 공리

① 약공리 : 직접현시선호관계에서 얻어짐
② 강공리 : 간접현시선호관계에서 얻어짐
③ 현시선호의 강공리를 가정하면 약공리는 자동적으로 성립하게 됨
but, 약공리를 가정한다고 해서 강공리가 성립하는 것은 아님
④ 현시선호이론에서 최소한으로 필요한 가정은 약공리이고, 강공리는 예산집합이 다른 경우에도 선호체계를 파악할 수 있게 도와줌
⑤ 약공리는 소비자의 선택행위에 일관성(consistency)이 있어야 한다는 것을 의미

3. 현시선호이론에 의한 수요곡선의 도출

① 예산선 AB에서 E가 선호되었다면, X가격 하락으로 AC로 바뀌면 새롭게 현시선호되는 점은 E', E''처럼 E의 북동쪽에 위치하게 됨

② X재의 수요량이 증가

③ 새로이 변화된 가격 수준 아래서 최초의 소비조합점 E를 구매할 수 있는 소득수준까지 화폐소득을 감소시켜야 소득효과가 제외됨

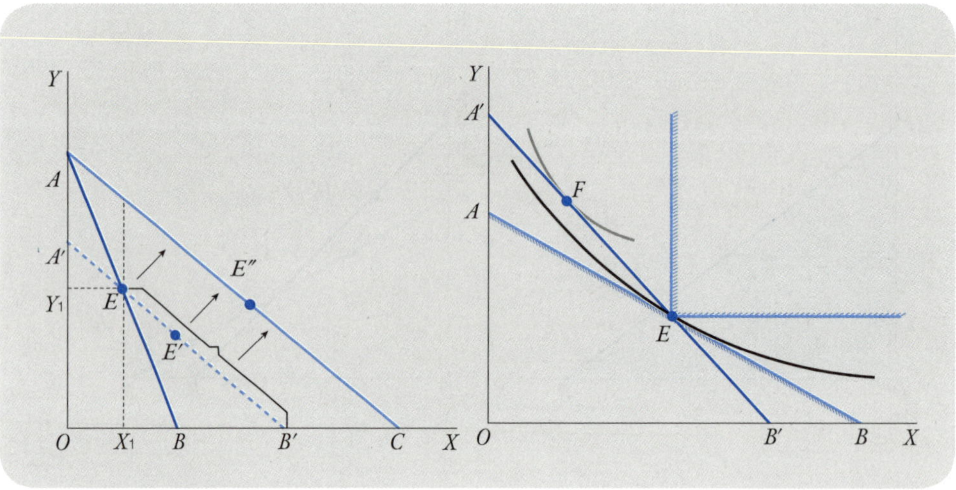

4. 현시선호이론에 의한 무차별곡선 도출

① 한계대체율이라는 개념을 아예 사용하지 않고 시장에서 관찰된 소비행동을 통해 무차별곡선을 도출

② 예산선 AB에서 E점을 가장 선호한다고 하고, 새로운 예산선 $A'B'$에서 F점을 선택했다고 하면, F가 E보다 직접현시선호됨

③ 따라서 E를 지나는 무차별곡선은 F를 지나는 무차별곡선보다 아래에 위치할 것임

예제 **현시선호이론의 응용**

(before) 운동 좋아하는 갑은 헬스(H)와 복합재(Y)를 선택하는 문제에 봉착해 있는데, 소득이 10만 원, 헬스 시간당 비용은 4천 원, Y재 가격은 단위당 1천 원인 경우 최적점 a(10,60)를 선택

(after) 헬스 정기권 이용을 위해서 가입비 3만 원의 회비를 내는 대신 시간당 비용은 1천 원으로 인하 시 갑이 헬스 더 많이 이용하는 경우에 후생변화는?

⇨ (정리하면)

〈이전〉 소득(M_1)=10만 원, $P_H = 4{,}000$, $P_Y = 1{,}000$,

〈이후〉 Fee=3만 원, $M_2 = 10-3 = 7$만 원, $P_H = 1{,}000$, $P_Y = 1{,}000$

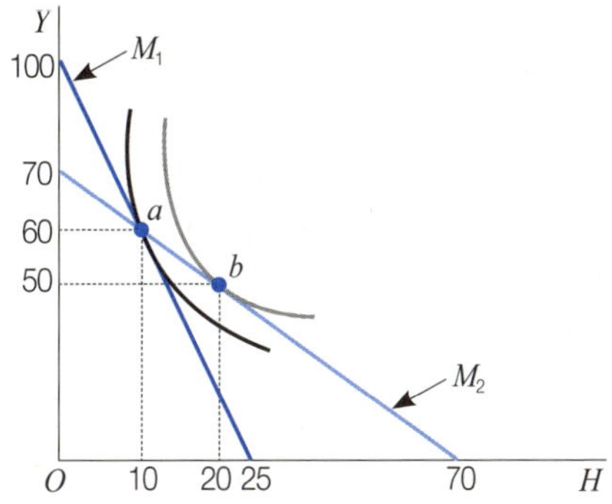

10 소비자선택이론의 응용

1. 사회복지정책의 효과

(1) **현금보조**(cash transfer) vs. **현물보조**(in–kind transfer)

① 똑같은 10만 원을 보조하는 경우에 현금보조가 현물보조보다 소비자에게 더 높은 효용

② 최초에 OX_1보다 많은 양을 소비하고 있었다면 효용에 미치는 효과가 동일

→ 현금보조 = 현물보조

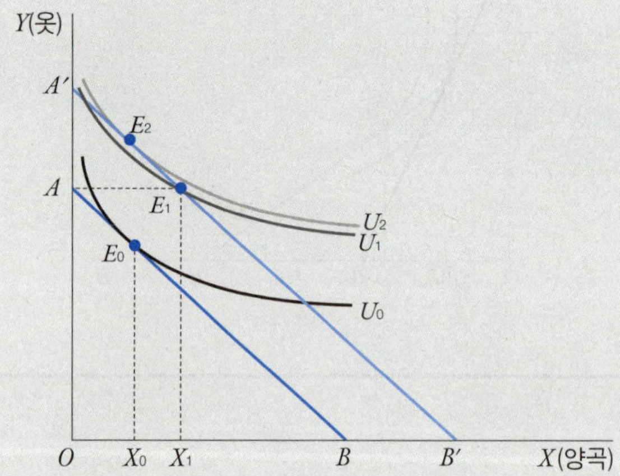

(2) 현금보조와 가격보조

① (가격보조) 저소득층의 실질소득을 증가시키기 위해서 특정상품에 대한 가격할인권을 교부해주는 경우

② (현금보조) 가격할인권에 기재된 만큼 현금을 보조해주는 경우

③ (보조크기) 가격보조액만큼 현금으로 보조해주는 경우에 새로운 예산선은 반드시 E_1을 통과하면서 평행이동해야 함

④ (결과 1 : 효용 측면) 같은 액수를 보조해 주는 경우에 현금보조 효용 > 가격보조 효용
(결과 2 : 비용 측면) 같은 효용을 달성해 주는 경우에 현금보조 시 재정부담 < 가격보조 시 재정부담

⑤ (효율성 측면) 현금보조는 예산선의 기울기가 변화 없어 자율적인 효용극대화 선택이 가능하지만, 현물보조나 가격보조는 예산선의 축소나 상대가격의 변화를 초래하여 보조대상 상품의 선택을 강요하는 셈(선택에 교란을 초래)

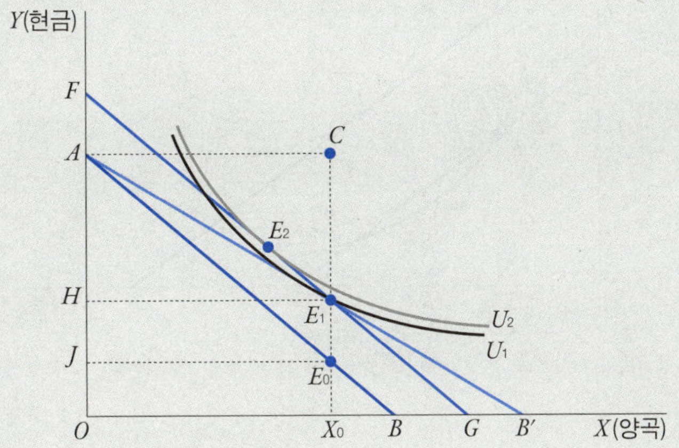

2. 조세와 소비자후생 : 정액세 vs. 소비세

① 정액세(lump−sum tax) : 소득이나 소비에 관계없이 한 사람당 얼마씩 똑같이 부과하는 세금

② 정액세는 소비세보다 우월

③ (소비세 부과 시) X_0만큼 소비하기 위해서 현금지출은 $AH=CE_0$의 현금을 지출

→ 소비세 부과 전에는 $AJ=CD$만큼 현금을 지출함

④ (정액세 부과 시) 소비세액과 동일한 금액을 정액세의 형태로 바꾸어 부과하는 경우

→ 세금액 JH만큼을 아래로 평행이동하여 FG로 되면 효용은 소비세보다 더 높음

⑤ 현금보조가 가격보조보다 더 낫다는 것은 정액세가 소비세보다 더 낫다는 것을 의미

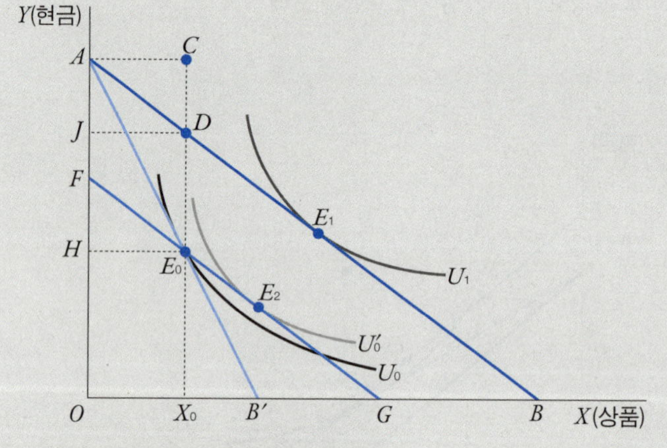

3. 소득·여가의 선택과 노동공급곡선

① (주어진 가용시간을 노동과 여가에 얼마나 배분하는가 문제)
주어진 가용시간을 노동을 하는 데 더 많이 배분하면 대신 여가 시간이 줄어들게 됨

② (임금률) 여가의 가격을 의미하고, 소득·여가 사이의 가격비인 예산선의 기울기는 임금률 (w)로 표시

③ 임금률이 상승하는 경우 효과

④ 후방굴절 노동공급곡선 : 여가가 정상재+대체효과가 소득효과보다 큰 경우
(→ 여가가 열등재인 경우는 절대 노동공급곡선이 후방굴절할 수 없음)

⑤ 임금상승효과

- 대체효과 : $w\uparrow \Rightarrow P_{여가}\uparrow \Rightarrow l\downarrow(L\uparrow)$
- 소득효과 : $w\uparrow \Rightarrow m$(실질소득)$\uparrow \Rightarrow l\uparrow(L\downarrow)$

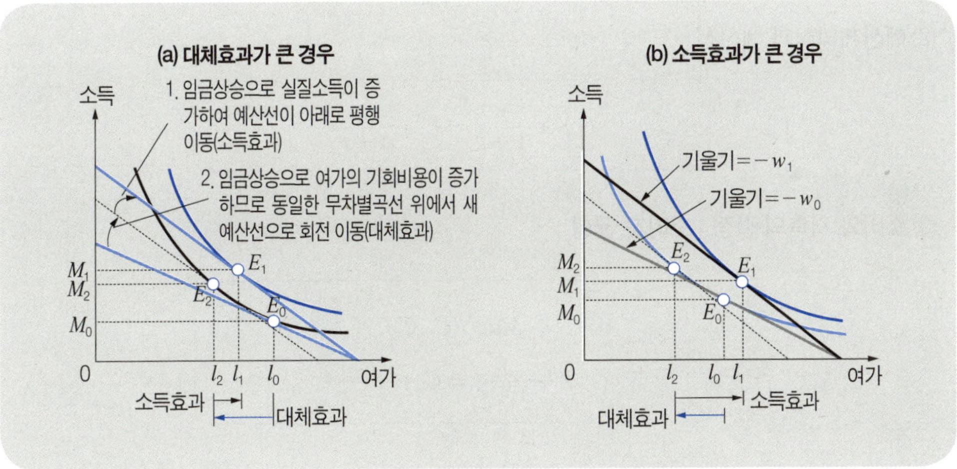

4. 소비와 저축의 선택 : 시점 간 소비자 선택문제

※ 주어진 소득 중 소비하고 남은 소득을 저축하는데, 얼마를 소비하고 저축할 것인가는 소비자의 선택문제

→ 소비와 저축의 선택 문제는 현재소득을 현재소비와 미래소비 사이에 어떻게 배분하는가 문제

(1) 현재가치와 미래가치

① 이자율이 10%인 경우에 현금 10을 은행에 예금하면 1년 후에 이자를 합해 11을 받게 됨

$$a_2 = a_1(1+r),\quad a_1 = \frac{a_2}{(1+r)}$$

② 할인(discount) 미래가치를 현재가치로 치환하는 것

(2) 예산제약식과 예산선

$$Y_1 + \frac{Y_2}{1+r} = C_1 + \frac{C_2}{1+r}$$

(3) 소비와 저축의 결정 : 소비자 균형

$$MaxU(C_1, C_2)$$
$$Y_1 + \frac{Y_2}{1+r} = C_1 + \frac{C_2}{1+r}$$

$$MRS_{C_1C_2} = \frac{MU_{C_1}}{MU_{C_2}} = (1+r)$$

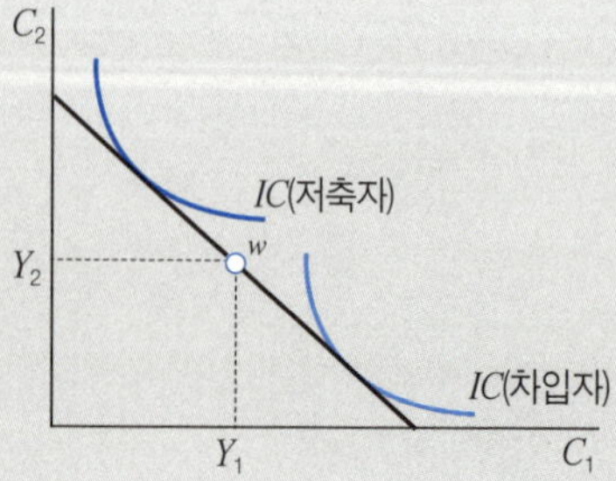

(4) 이자율 상승의 효과 : 저축자인 경우

① 이자율이 상승하면 대체효과와 소득효과 모두 미래소비를 증가시킴

② but, 현재소비에 대해서는 두 효과가 서로 상반된 영향을 미침

→ 대체효과는 현재소비를 감소시키지만, 소득효과는 현재소비를 증가시킴

③ (일반적) 이자율이 상승하면 현재소비를 감소시키고, 저축을 증가시킴

→ 대체효과 > 소득효과

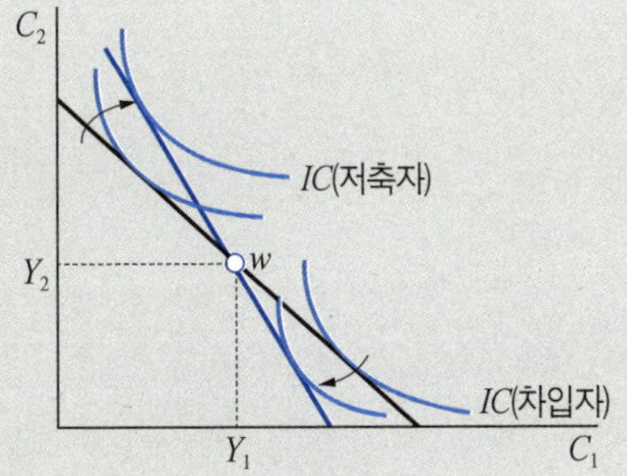

① 대체효과 : $r\uparrow \rightarrow P_{C_1}\uparrow \rightarrow C_1\downarrow (S\uparrow), C_2\uparrow$

② 소득효과 :

$r\uparrow \rightarrow$ [1] 저축자 $m\uparrow \rightarrow C_1\uparrow (S\downarrow), C_2\uparrow$

[2] 차입자 $m\downarrow \rightarrow C_1\downarrow (S\uparrow), C_2\downarrow$

보론 5 가격효과의 응용

1. 소득세와 물품세의 비교

(1) 가격보조와 소득보조

$$M_0 = P_X X + P_Y Y$$

■ 가격보조 : 특정 재화를 시장가격보다 저렴하게 구입가능하도록 보조
소득보조 : 직접 소비자에게 소득보조

■ 가격보조 : 소비자에게 X재 단위당 s원씩 가격보조

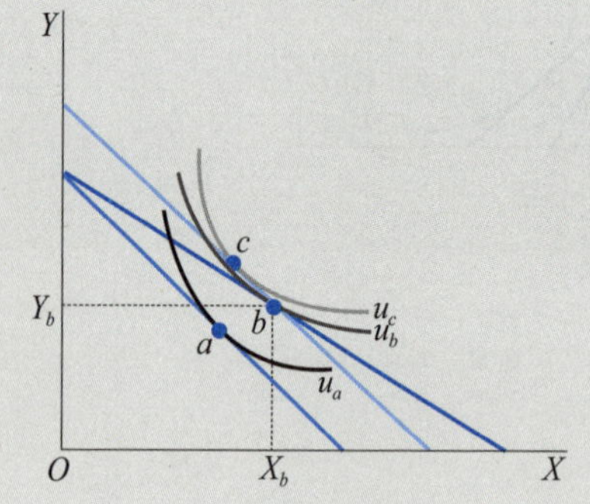

$$M_0 = (P_X - s)X + P_Y Y$$

▷ 예산선 기울기 $= \dfrac{P_X - s}{P_Y}$

▷ 최적소비 $b(X_b, Y_b)$

▷ 정부 보조금액 $= S = sX_b$

■ 소득보조 : 소득보조 금액이 동일하다는 전제하에서
$M_1 = M_0 + sX_b$

$$M_1 = M_0 + sX_b = P_X X + P_Y Y$$

■ 〈비교〉

① 최적소비 $b(X_b, Y_b)$를 선택 시

$(P_X - s)X_b + P_Y Y_b = M_0$ ⇨ $P_X X_b + P_Y Y_b = M_0 + sX_b = M_1$

∴ (X_b, Y_b)를 소비하기 위한 필요소득 $(P_X X_b + P_Y Y_b)$는 M_1과 일치

→ (X_b, Y_b)는 소득보조 시 예산선 상에 위치함

② but, 최적소비점은 아님

$MRS_{XY}^{b} = \dfrac{P_X - s}{P_Y}$	vs.	$MRS_{XY} = \dfrac{P_X}{P_Y}$

b에서는 $MRS_{XY}^{b} < \dfrac{P_X}{P_Y}$이므로, c점이 최적 $MRS_{XY}^{c} = \dfrac{P_X}{P_Y}$이므로, $u_c > u_b$성립

③ (why?)

가격변화로 인한 대체효과 때문

(2) 부의 보조(negative subsidy)

■ 물품세 < 소득세

■ 물품세 부과 시 최적소비

$$MRS_{XY}^{b} = \frac{(P_X + t)}{P_Y}$$

⇨ c점으로 최적균형점 이동

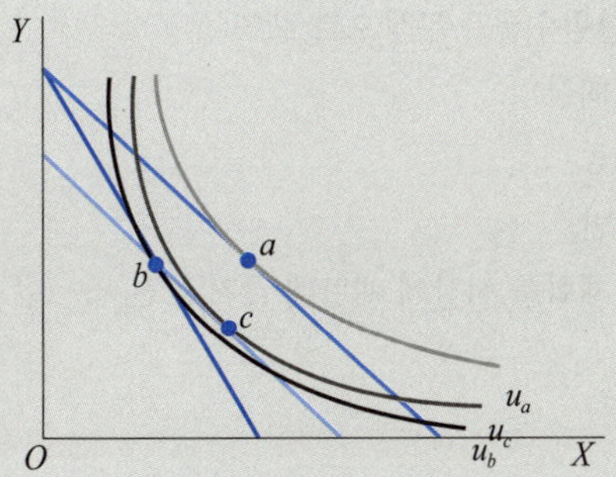

(3) 대체효과가 0인 경우
- '가격보조=소득보조'로 후생 측면에서 동일
- 대체효과=0이기 때문에 가격체계에 따른 부정적인 요인이 발생 ×

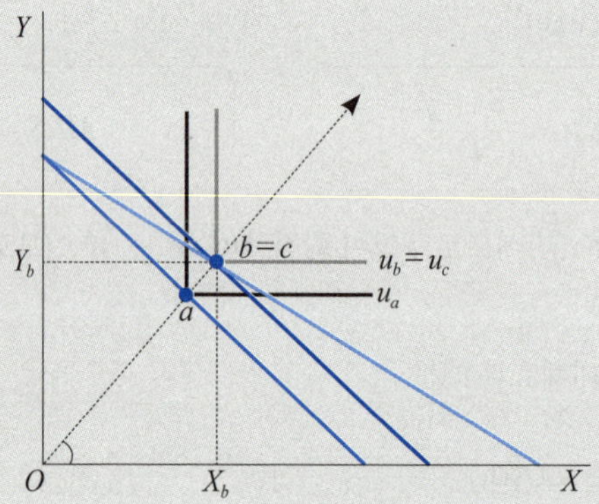

2. 소득보조와 현물보조

- 현금보조와 현물보조가 동일액이라는 전제하에서 소비자후생에 미치는 효과 분석
- 소득보조는 매월 일정액의 현금을 보조(현금보조)
  현물보조는 특정한 생활필수품을 무상으로 보조
- 현물보조 (X재 식료품 대상)
  ① 예산선 평행 우측이동
  ② Y재 최대 구매량 불변
  ③ 소비자는 보조받은 재화를 시장에 재판매 금지 조건

(1) 소득보조 효과=현물보조 효과

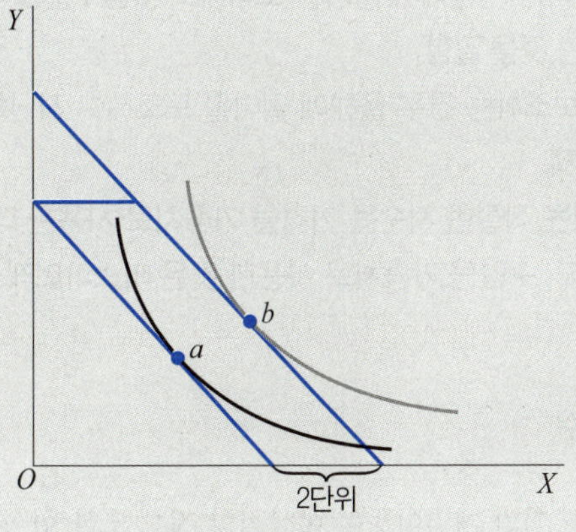

(2) 소득보조 효과>현물보조 효과

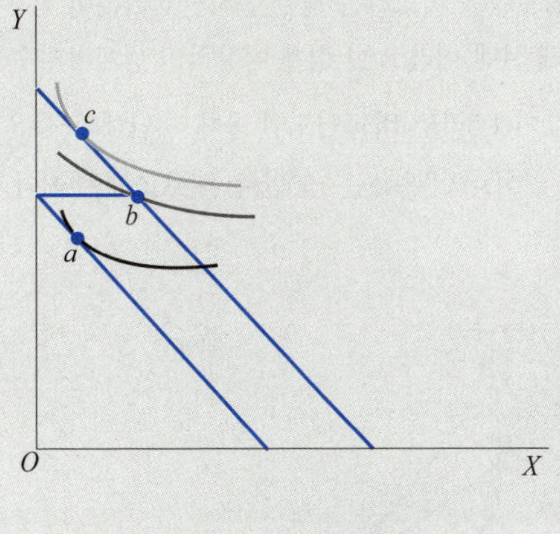

보론 6 지수의 경제적 의의와 문제점

※ 지수의 문제란 서로 다른 시점에서 평가한 소비자의 후생수준을 비교하기 위해 적절한 지수를 개발해 적용하는 것을 말함

① 정부가 극빈자들을 보조하는 경우 올해에 얼마를 보조해야 지난해와 같은 생활수준을 유지할 수 있는가의 문제

② 실제로 사용할 수 있는 적절한 지수는 가격을 가중치로 사용한 라스파이레스 수량지수와 파셰 수량지수가 있고, 수량을 가중치로 사용한 것은 라스파이레스 가격지수와 파셰 가격지수가 있음

1. 이상적인 생계비 지수

■ 보상수요 자체가 이론적인 개념이듯이 이상적인 지수 또한 현실적으로 측정하기 어렵다는 문제

→ 실제 구할 수 있는 자료를 이용하여 후생수준의 변화를 측정해 주는 지수가 필요함
(현실적으로 관찰할 수 있는 자료를 가중치로 사용해야 함)
이때 가중치의 기준으로는 가격과 재화의 소비량이 있음

■ 지수를 이용하여 생활수준을 비교하는 경우 현시선호이론이 적용됨

→ b(지난해 선택) a(올해 선택)이라고 할 경우 이상적인 생계비지수(ideal cost of living index)는 $\frac{\overline{Oe}}{\overline{Od}}$이 되고, 이 값이 1.5라면 비교연도인 올해 지난해와 같은 후생수준을 유지하도록 하기 위해서는 100만 원이 아닌 올해는 150만 원을 보조해 주어야 한다는 것을 의미

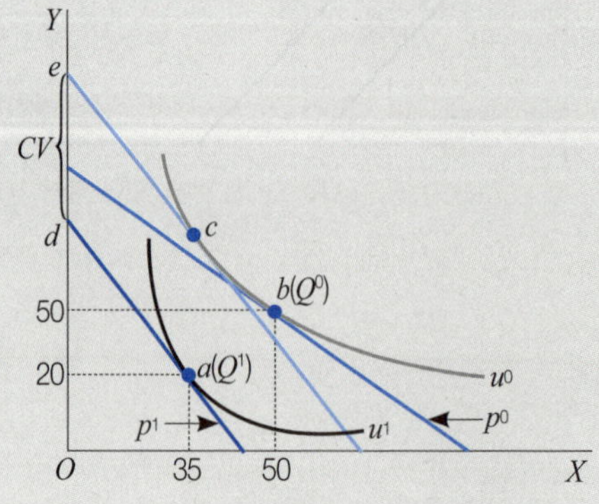

2. 수량지수

- 두 개의 다른 시점에서 소비자의 후생을 비교하기 위해서는 평균적인 소비량이 얼마나 변했는가에 초점이 있으므로 가격의 변동요인을 제거해야 함

(1) $L_q \leq 1$이고, $P_q < 1$인 경우

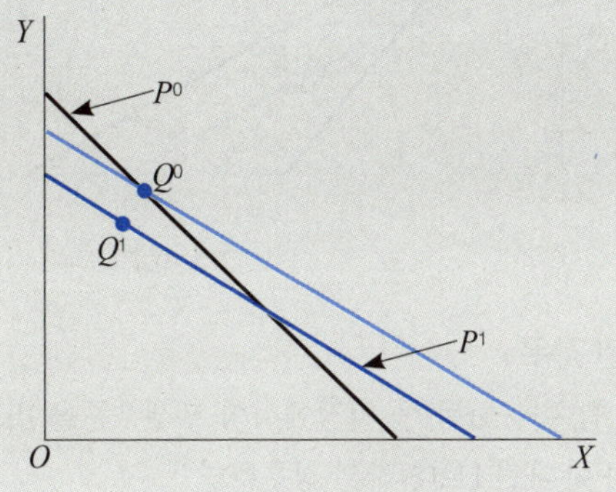

(2) $P_q \geq 1$이고, $L_q > 1$인 경우

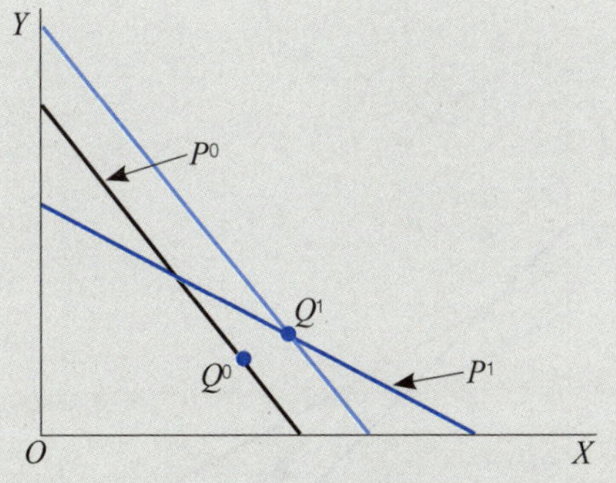

(3) $L_q>1$이고, $P_q<1$인 경우

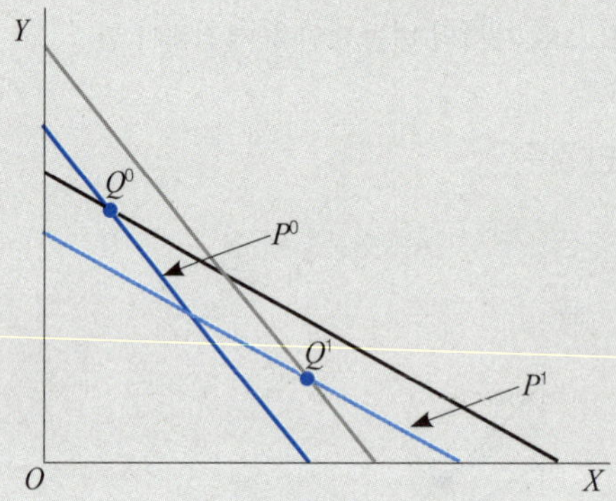

(4) $L_q<1$이고, $P_q>1$인 경우

■ L_q를 이용하든, P_q를 이용하든 두 시점에서의 후생수준을 비교할 수 있는 경우는 양자 모두 1보다 크거나 아니면 1보다 작은 경우뿐임
(양자 모두 1보다 크다는 것의 의미는 그만큼 기준연도에 비해서 비교연도의 평균소비가 많아졌다는 것을 의미)
→ 후생 당근 증가
※ 1보다 작은 경우는 반대의 해석 가능

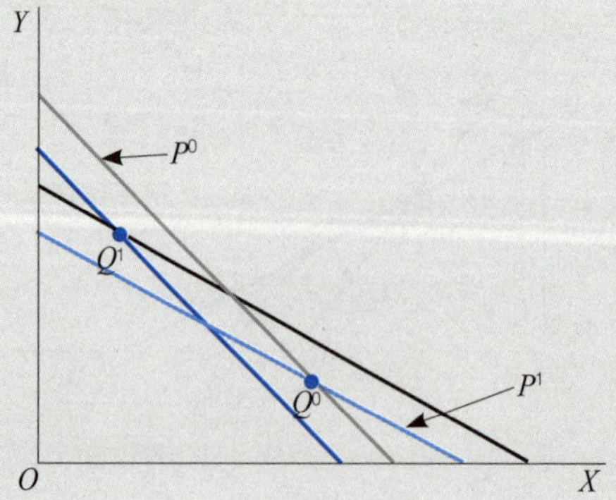

수량지수와 후생 비교

수량지수의 크기	수량지수의 내용	후생수준에 대한 평가
$L_q \leq 1,\ P_q < 1$	$P^0Q^1 \leq P^0Q^0$ $P^1Q^1 < P^1Q^0$	비교연도보다 기준연도의 후생수준이 높다.
$L_q > 1,\ P_q \geq 1$	$P^0Q^1 > P^0Q^0$ $P^1Q^1 \geq P^1Q^0$	기준연도보다 비교연도의 후생수준이 높다.
$L_q > 1,\ P_q < 1$	$P^0Q^1 > P^0Q^0$ $P^1Q^1 < P^1Q^0$	자료가 불충분해 두 시점의 후생수준을 비교할 수 없다.
$L_q < 1,\ P_q > 1$	$P^0Q^1 < P^0Q^0$ $P^1Q^1 > P^1Q^0$	소비행위에 일관성이 결여되어 있다.

3. 가격지수

- 소비자 물가지수는 라스파이레스 가격지수의 일종
- 수량지수와 달리 가격지수는 두 시점의 후생수준을 비교하기에 불충분함

  $L_P \leq 1$ and $P_P < 1$인 경우 두 시점 간 후생수준에 대한 어떤 정보도 얻을 수 없음

  ∴ 지출지수 등장 필요성
- 지출지수(expenditure index)$= \dfrac{P^1Q^1}{P^0Q^0}$(명목소득의 변화율 의미)

① $L_p, P_p > E$인 경우 명백하게 기준연도의 후생수준이 더 높아진 경우임

→ 가격지수로 측정된 평균적인 물가상승률이 지출지수로 측정된 소득증가율보다 높으면 소비자의 후생수준은 하락하게 된다는 의미

② $L_p, P_p < E$인 경우 명백하게 비교연도의 후생수준이 더 높아졌다고 볼 수 있음

가격지수와 후생 비교

가격지수의 크기	가격지수의 내용	후생수준에 대한 평가
$L_P>E,\ P_P\geq E$	$P^1Q^0>P^1Q^1$ $P^0Q^0\geq P^0Q^1$	비교연도보다 기준연도의 후생수준이 높다.
$L_P\leq E,\ P_P<E$	$P^1Q^1\geq P^1Q^0$ $P^0Q^1>P^0Q^0$	기준연도보다 비교연도의 후생수준이 높다.
$L_P>E,\ P_P<E$	$P^1Q^0>P^1Q^1$ $P^0Q^1>P^0Q^0$	자료가 불충분해 두 시점의 후생수준을 비교할 수 없다.
$L_P<E,\ P_P>E$	$P^1Q^1>P^1Q^0$ $P^0Q^0>P^0Q^1$	소비행위에 일관성이 결여되어 있다.

※ 가격지수가 소비자후생을 평가하는 데 그 자체로는 아무런 기준을 제공하지 못하지만, 현실적으로 가격지수(라스파이레스 가격지수)는 저소득층에 대한 보조금을 인상해야 하는 경우 유일한 기준으로 역할하기 때문에 의미 지님

→ 지난해 100만 원의 보조금을 지급했을 경우 소비자물가지수가 10% 인상 시 올해는 110만 원으로 보조금을 인상할 수 있는 근거가 됨 (라스파이레스 가격지수에 근거해 보조금액을 조정해야 함)

4. 지수이용의 문제점

■ 지수의 이용은 어디까지나 개별 소비자의 후생을 비교하는 데 그치고 있음

→ 사람들의 다양한 선호로 인해 사회 전체의 관점에서는 어떤 후생비교도 용이하지 않음
(모든 소비자들의 선호 서열이 동일하다는 것을 가정하는 경우에만 사회 전체의 관점에서 후생수준을 비교할 수 있음)

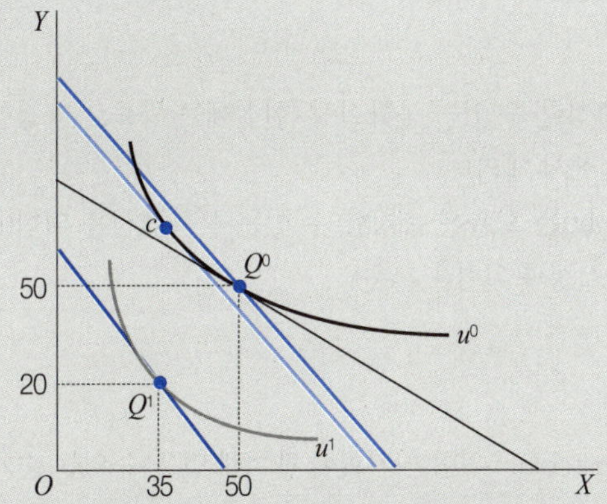

■ 라스파이레스 가격지수를 구할 경우 이상적인 생계비지수보다 과잉보조하게 됨
(기준연도와 비교연도의 상대가격이 동일하지 않은 경우 항상 발생하는 현상)

→ ∵ 대체편이 때문
(기준연도의 소비바스켓 Q^0가 고정되어 있기 때문에 발생한 것으로 소비바스켓을 조정하는 방법으로 완화시킬 수 있음)

예 라스파이레스 가격지수를 구했더니 기준연도를 100으로 할 때 120이었는데, 이상적인 생계비지수는 110이었다면 110만 원만 보조해 주어도 기준연도의 생활수준을 유지할 수 있으나, 120만 원을 보조해 주어 10만 원을 과잉 보조한 셈

11 불확실성하의 소비자선택

※ 현실에서는 불확실성하에 선택이 대부분
① 복권을 사는 경우 당첨될지 안 될지 알 수 없고
② 화재, 질병, 교통사고 등 각종 재난에 대비한 손해보험이 얼마나 도움이 될지 알 수 없음
③ 확률은 알 수 있음 (복권 당첨확률은 대략 815만분의 1)

1. 위험에 대한 태도

(1) 위험

① 위험은 확률로 측정할 수 있는 불확실성 (현실에는 확률로 측정할 수 없는 불확실성도 있는데 이것은 논의에서 제외)
② 나이트(Frank Night)는 확률을 측정할 수 있는 불확실성을 위험(risk)이라고 함 (but, 원론 수준에서는 불확실성과 위험을 혼용)

(2) 공정한 보험

① 공정한 도박(fair gamble) : 위험한 기회에 참여해 얻을 수 있는 순기대소득이 0인 경우
→ 순기대소득이 양인 기회를 유리한 도박이라고 하고, 순기대소득이 음인 기회를 불리한 도박이라고 함

예 동전을 던져 앞면이 나오면 100을 얻고, 뒷면이 나오면 100을 잃는 게임은 공정한 도박

② 기대소득(expected income)은 어떤 경우가 일어날 확률에 그 경우 받게 될 소득을 곱해서 모든 경우에 걸쳐 합한 것

예 당첨될 확률이 0.2이고 상금이 100인 복권의 기대소득은 20

$$기대소득 = (0.2 \times 100) + (0.8 \times 0) = 20$$

→ 복권가격이 20이면 공정한 도박이고, 20보다 적으면 유리한 도박, 20보다 크면 불리한 도박이라고 함

(3) 위험에 대한 태도

① 공정한 도박의 기회가 주어진 경우에 참여할지의 여부로 판단
② (위험기피적) 참여 안 함, (위험애호적) 참여함, (위험중립적) 참여하든 안 하든 무차별

2. 기대효용의 이론

(1) 동전 던지기 게임 설정

① 동전을 n번 던질 때 앞면이 나오면 게임이 중단되고, 이때 2^n을 받는 경우
② 첫 번째 던져 앞면 나오면 $2^1=2$을 받고, 두 번째 던져 앞면 나오면 $2^2=4$를 받고, 29번 계속 뒷면 나오다가 30번째 앞면이 나오는 경우 $2^{30}\fallingdotseq 10$억
③ 위험애호자의 경우는 무한대의 가격을 치르고 이 게임에 참여해야 하는데 과연 그럴까?

(2) 성 피터스버그 역설(Saint Petersburg Paradox)

불확실성하에서 소비자의 선택 기준은 기대소득이 아니라 기대효용(expected utility)

(3) 폰 노이만–모르겐스턴 기대효용함수

① 위험기피자의 소득의 총효용곡선은 아래로 오목한 형태로 소득의 한계효용은 체감함
→ $U(x)$는 원에서 얻는 효용
② (게임) 1주일 후 날씨를 놓고, 상금을 내거는 복권이 있는데, 비가 오면 상금 10을 받고, 비가 오지 않으면 상금이 없는 경우 비가 올 확률이 50%라면
③ (기대소득) $=(0.5\times 10)+(0.5\times 0)=5$
④ (기대효용) $=[0.5\times U(10)]+[0.5\times U(0)]$: 복권살 때 기대소득 5가 주는 기대효용
⑤ 날씨복권을 구입할 경우 기대소득은 5이고, 확정소득 5에서 얻는 효용보다 낮음
(날씨복권의 가격이 5라면 복권을 사지 않는다면 위험기피자임)

(4) 확실성 등가(certainty equivalent)와 위험프리미엄(risk premium)

① 확실성 등가 : 위험한 기회로부터 예상되는 기대효용과 동일한 수준의 효용을 주는 확실한 소득

② 위험프리미엄 : 기대소득과 확실성 소득의 차이

③ 위험회피자 : 위험프리미엄 (=기대소득−확실성 등가) > 0

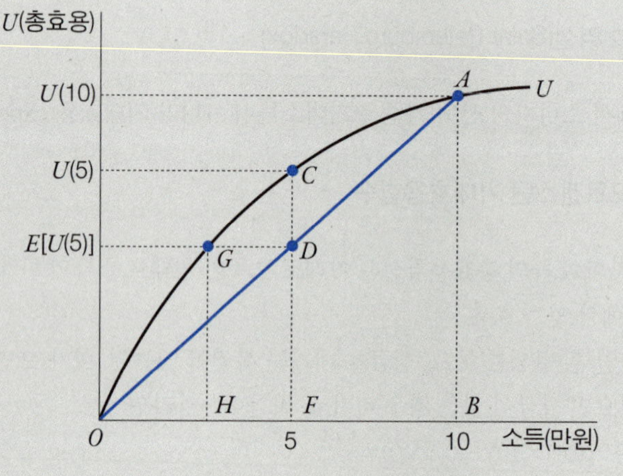

3. 적정보험료의 산정

(1) 위험기피자와 보험

① 대부분 사람들은 위험기피자이므로 위험을 제거하기 위해서 어느 정도 비용을 치르려고 함 → 자동차사고, 화재, 질병, 사망 등 보험에 가입

② (보험설계) 자동차 운행 중 사고를 내지 않으면 소득이 I_0이고, 사고를 내면 I_1가 되는 경우, 사고가 날 확률이 π_1이면, 사고가 나지 않을 확률은 $(1-\pi_1)$

③ (기대소득)

$$E(I)=\pi_1 I_1+(1-\pi_1)I_2=I_0$$

④ (기대효용)

$$E[(U(I_0)]=\pi_1 U(I_1)+(1-\pi_1)U(I_2)=E[U(I_0)]$$

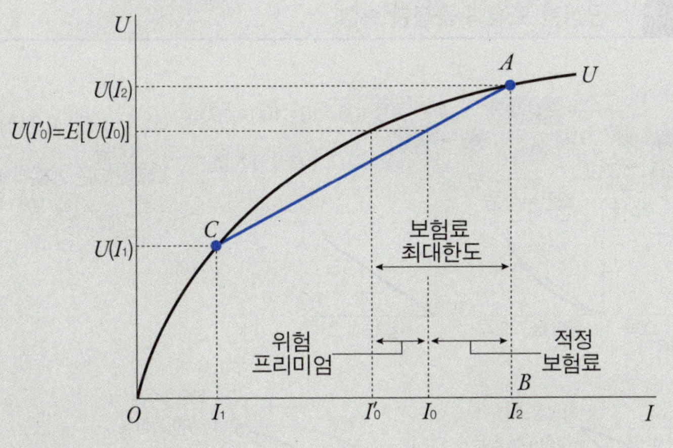

(2) 보험과 확실성 등가

① 보험료(insurance premium) : 보험에 들면서 보험회사에 내는 돈

② 보험금(coverage) : 사고가 났을 경우에 보험회사로부터 받는 돈

③ 완전한 보험(full insurance) : 미래의 위험을 완전히 제거하도록 해주는 보험

④ (확실성 등가) 기대소득인 I_0의 확실성 등가는 I_0'

(3) 최대보험료 산정

① (보험상품의 최대보험료) 사고가 날 때 I_0I_0'을 보험금으로 지급하여 확실성 등가를 보장해 주는 보험상품을 판매하는 경우 보험회사가 받을 수 있는 최대한의 보험료는 $I_0'I_2$

② (완전한 보험) 보험료를 내면 사고가 나든, 나지 않든 확실한 소득 I_0'을 확보가능

③ (무차별) 보험료 = 최대한 지불의사($I_0'I_2$)

(가입) 보험료 < 최대한 지불의사($I_0'I_2$)

(가입 안 함) 보험료 > 최대한 지불의사($I_0'I_2$)

(4) 적정보험료(공정보험료)와 위험프리미엄

① 적정보험료는 평균손실액만큼 납부하는 보험료로 공정보험료와 같은 개념

→ 평균손실액은 I_0I_2로 사고가 나지 않았을 때의 소득에서 기대소득을 뺀 것

② 위험프리미엄은 기대소득과 확실성 등가의 차이

③ 최대보험료 = 적정보험료 + 위험프리미엄

참고 공정한 도박과 공정한 보험

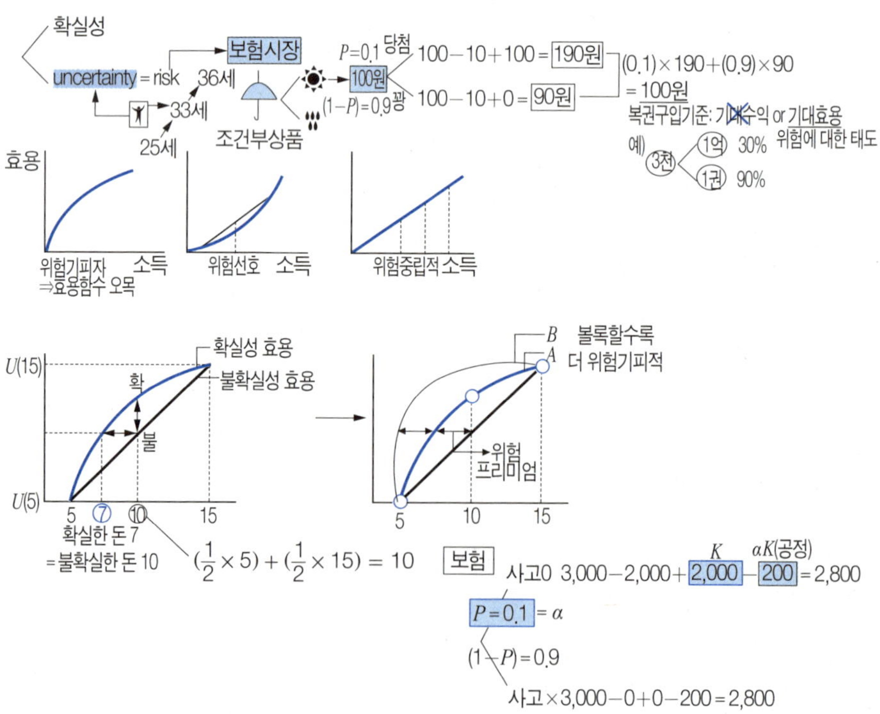

제 4 장

생산자선택이론

※ 생산함수 : 지금까지 알려진 생산기술 중 가장 우수한 기술을 사용하여 각 생산요소의 다양한 결합으로 얻을 수 있는 극대생산량을 보여주는 것

※ 단기와 장기

(단기) 한 상품의 생산에 필요한 여러 가지 생산요소 중 적어도 한 요소의 투입량이 고정되어 있는 기간

→ 수확체감의 법칙

(장기) 모든 요소의 투입량을 변경시킬 수 있는 기간→ 규모에 대한 보수

1 기업과 생산함수

1. 기업과 생산

(1) 생산과 기업

① 생산 : 사람에게 유용한 재화와 서비스를 만들어 소비할 수 있게 하는 모든 인간 활동

② 기업(firm) : 생산을 담당하는 조직체

→ 기업의 존재이유는 개인이 단독으로 생산하여 판매하는 것보다 시장에서 거래비용이 싸게 들고 한정된 자원으로 더 높은 효과를 얻을 수 있기 때문

(2) 기업의 유형 : 소유, 운영의 주체로 구분

① 정부기업 : 정부가 소유, 운영하는 기업 (철도, 상하수도사업)
② 민간기업 : 민간이 소유, 운영하는 기업

- 영리기업 : 개인기업[1], 합명회사[2], 주식회사[3]
- 비영리기업 : 이윤을 추구하지 않고 특별한 사회적 목적 수행 (학교, 절, 공익재단)

(3) 기업의 의사결정

① 이용 가능한 한정된 자원을 가지고 최대의 효과를 얻고자 하는 기업의 주요 결정사항
② 무엇을 얼마나 생산할 것인가, 어떤 생산기술, 각 생산요소를 얼마나 고용하고 어떻게 보상할 것인가, 기업의 조직과 경영구조(경영학 이슈)

참고 **경영권과 기업가 정신**

① 주식회사에는 소유와 경영이 분리되어 있고, 기업지배구조의 핵심은 소유권이 아닌 경영권
② 경영진(최고경영자인 CEO와 기타 이사들)은 경영권을 통해 생산요소를 체계적으로 분배하고 생산 활동 조직, 기업의 비전과 경영전략 수립, 사업 확장이나 구조조정, 기술개발과 혁신 담당
③ 기업의 구조조정은 경영권의 고유영역에 속해 합의대상이 아닌 협의대상이므로 노조가 구조조정에 반대해 파업하는 것을 불법이라고 판결(대법원, 2003)
④ 기업가 정신(Entrepreneurship)은 다른 생산요소를 이용해 수익성 있는 기회를 창출하는 기업인의 능력과 의지로 제4의 생산요소라고 함

1) 개인기업(proprietorship)은 농부, 의사, 가수 등과 같이 소유주가 한 사람인 영리기업
2) 합명회사(partnership)는 소유주가 둘 이상 소수인 영리기업으로 무한책임을 짐
3) 주식회사(corporation)는 출자액에 대해서만 법적 책임을 지는 주주들이 소유하는 회사(주식 share은 출자한 몫을 표시)로 지분만큼만 손해를 보는 유한책임(limited liability)을 지고, 주로 소유와 경영은 분리됨

2. 기업의 목표

(1) 이윤극대화

① 기업이 추구하는 목표는 이윤극대화(profit maximization)

② (비판) 만족화가설(satisficing hypothesis)[4), 판매수입극대화(시장점유율 극대화)[5), 지속가능한 경영, 투명정도경영[6) 등

③ (대응)

(2) 이윤

$$\pi = TR - TC = (PQ) - (wL + rK)$$

4) 만족스러운 이윤수준을 객관적으로 제시할 수 없고, 이윤극대화를 추구하지 않으면 도태되거나, 적대적 인수합병의 대상이 되기 쉬움

5) 판매수입극대화가설도 궁극적으로는 이윤극대화를 효과적으로 달성하기 위한 전략적인 단기목표라고 할 수 있음

6) 지속가능한 경영, 투명정도경영은 이윤극대화를 추구하는 과정에서 적절한 방법과 수단을 사용해야 한다는 것을 강조한 것으로 법의 테두리 안에서 추구해야 함을 의미

3. 생산기술과 생산함수

(1) 생산함수의 기초개념

① 생산함수 : 일정기간 동안에 생산과정에 투입되는 생산요소[7]들의 수량과 최대생산량과의 기술적 관계를 나타냄

$$Q=f(L, K)$$

② 생산함수는 유량개념으로 기간을 명기

③ 생산함수는 주어진 생산요소를 가지고 지금까지 알려진 생산기술 가운데 가장 우수한 기술을 이용해 생산할 수 있는 최대생산량

(2) 단기와 장기의 구분

① 단기(short－run) : 여러 가지 생산요소들 중 적어도 한 가지 이상의 요소투입량이 고정되어 있는 기간

→ 상대적으로 쉽게 변경이 어려운 생산시설의 규모를 변경시킬 수 없을 만큼 짧은 기간

② 장기(long－run) : 모든 생산요소가 가변적으로 될 수 있는 충분히 긴 기간을 말하며, 고정투입요소가 없는 기간을 의미

③ 결국 단기와 장기의 기간 구분은 시간에 의한 구분이 아닌 생산요소의 가변성의 정도에 따라 구분[8]

7) 생산요소란 생산과정에서 기업이 사용하는 모든 것으로 크게 노동, 토지, 자본, 기업가정신으로 구분

8) 개별기업이 아닌 산업 전체를 기준으로 볼 때는 기존기업이 타 산업으로 퇴출하거나, 신규기업이 진입하지 못할 정도로 짧은 기간을 말하고, 장기는 모든 산업으로 이동이 자유롭게 이루어질 수 있을 정도로 충분히 긴 기간

2 단기생산함수

1. 수확체감의 법칙

(1) 단기생산함수

$$Q=f(L, \overline{K})$$

(2) 노동의 한계생산물과 평균생산물

노동자 수	0	1	2	3	4	5	6	7	8
총생산물	0	5	12	18	21	23	24	24	22
한계생산물		5	7	6	3	2	1	0	2
평균생산물		5	6	6	5.25	4.6	4	3.43	2.75

① 노동의 한계생산물 : 노동자 한 사람을 더 고용할 때 늘어나는 생산물의 수량

$$MP_L = \frac{\Delta Q}{\Delta L} = \frac{f(L+\Delta L, K) - f(L, K)}{\Delta L}$$

② 노동의 평균생산물 : 총생산물을 노동자 수로 나눈 값

$$AP_L = \frac{Q}{L}$$

(3) 수확체감의 법칙

① 수확체감의 법칙(law of diminishing returns)[9]이란 다른 생산요소들은 고정시켜 놓고 한 가변요소를 증가시킬 때 어떤 단계를 지나고 나면 그 가변요소의 한계생산물이 점점 감소하는 현상을 말함

② (유래) 농업부문에서 발견되었지만, 모든 산업부문에서도 정도의 차이가 있으나 적어도 한 생산요소의 투입량이 고정되어 있는 단기에는 발생함

③ (발생이유) 고정요소에 대한 가변요소의 비율이 변화하기 때문으로 한계생산물의 변동이 요소비율 변화에 따르는 현상이라는 것을 강조해 가변비례의 법칙(law of variable proportion)이라고도 함

④ (활용) 수확체감법칙이 적용되지 않는다면 인구의 폭발적인 증가로 인해 식량부족의 문제가 일어나지 않을 것임

2. 평균생산물과 한계생산물의 관계

(1) 한계생산물과 평균생산물의 기하학적 표현

① 노동의 한계생산물 : 총생산물곡선의 접선의 기울기

② 노동의 평균생산물 : 총생산물곡선 상의 점과 원점을 연결하는 직선의 기울기

(2) 한계생산물과 평균생산물 특징

① 한계생산물과 평균생산물은 처음에는 증가하다가 최대점에 도달하고 이후에 감소

② 평균생산물이 증가할 때 한계생산물은 평균생산물보다 많고, 평균생산물이 최대일 때 한계생산물은 평균생산물과 같으며, 평균생산물이 감소할 때 한계생산물은 평균생산물보다 적음[10]

---

9) 한계생산물체감의 법칙(law of diminishing marginal products)이라고도 함

10) $\frac{dAP_L}{dL} = \frac{d\left(\frac{Q(L)}{L}\right)}{dL} = \frac{dQ}{dL}\frac{1}{L} - Q\frac{1}{L^2} = MP_L\frac{1}{L} - \frac{Q}{L}\frac{1}{L} = (MP_L - AP_L)\frac{1}{L}$이 된다.

$MP_L > AP_L$이면, $\frac{dAP_L}{dL} > 0$이 성립해서 AP_L은 증가구간

$MP_L = AP_L$이면, $\frac{dAP_L}{dL} = 0$이 성립해서 AP_L은 극대

$MP_L < AP_L$이면, $\frac{dAP_L}{dL} < 0$이 성립해서 AP_L은 감소구간

③ (한계생산물곡선이 우상향하든지 우하향하든지 관계없이) 한계생산물곡선이 평균생산물곡선 위에 있는 한 평균생산물곡선은 우상향함

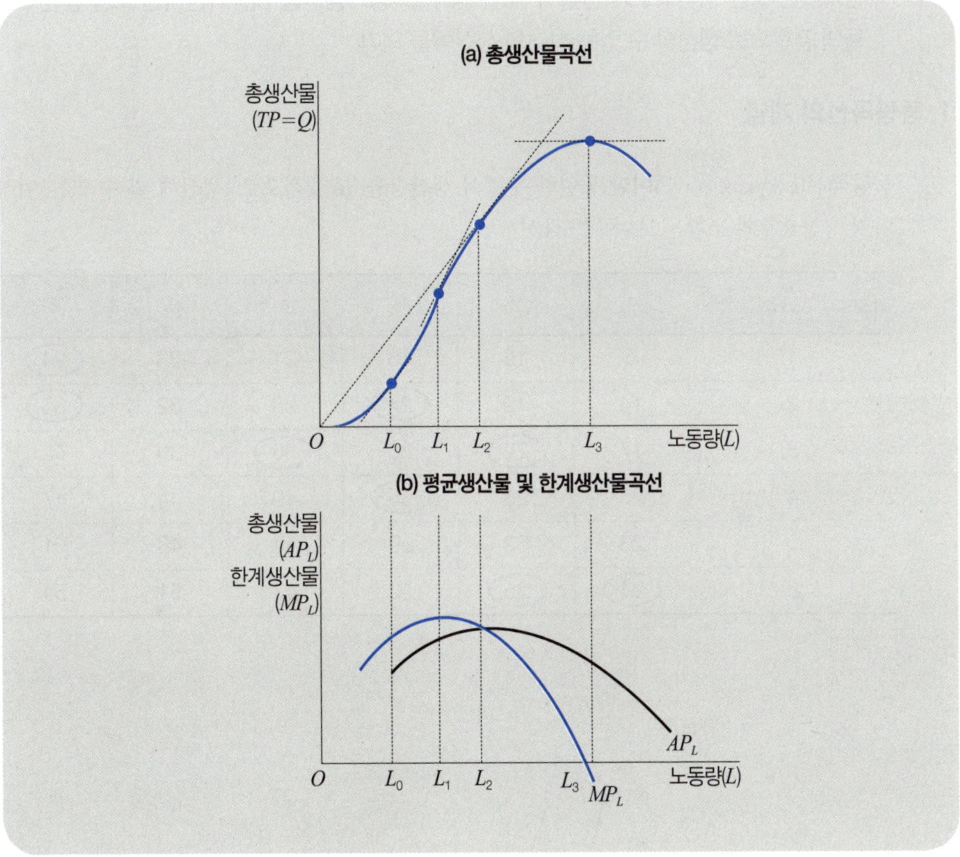

3 장기생산함수

※ 장기에는 모든 생산요소가 변할 수 있는 경우로, 장기생산함수란 가변적인 모든 생산요소들의 결합으로 생산할 수 있는 최대의 생산량을 의미

1. 등량곡선의 개념

등량곡선(isoquant curve)이란 동일한 수준의 생산량을 '효율적으로' 생산해 낼 수 있는 여러 가지 생산요소의 조합을 보여주는 곡선

자본 \ 노동	1	2	3	4	5	6
1	5	12	18	21	23	(24)
2	14	19	(24)	28	32	(35)
3	17	(24)	30	(35)	39	42
4	20	28	(35)	40	44	47
5	23	32	39	44	48	51
6	(24)	(35)	42	47	51	54

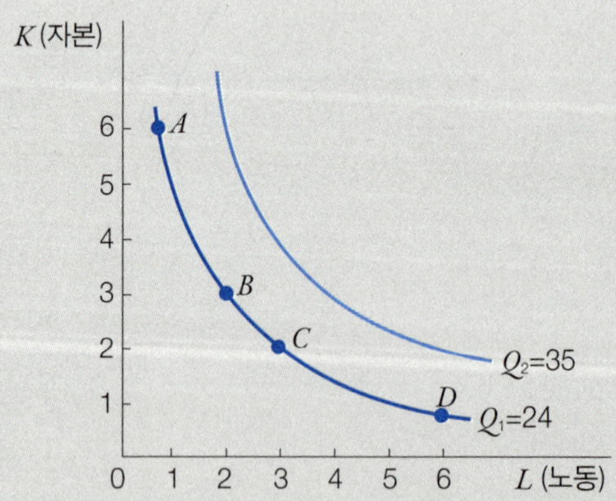

2. 등량곡선의 성질

(1) 원점으로부터 멀리 떨어진 등량곡선일수록 높은 생산량을 나타냄

① 생산요소의 투입량이 많을수록 높은 수준의 생산량
② 객관적으로 측정 가능한 기수성

(2) 등량곡선은 우하향함

① 장기를 의미하는 등량곡선에서는 모든 생산요소가 가변적이고 대체 가능함
② 생산요소 간의 대체는 우하향하는 등량곡선으로 표시

(3) 등량곡선은 서로 교차할 수 없음

등량곡선이 교차한다면 모순이 발생

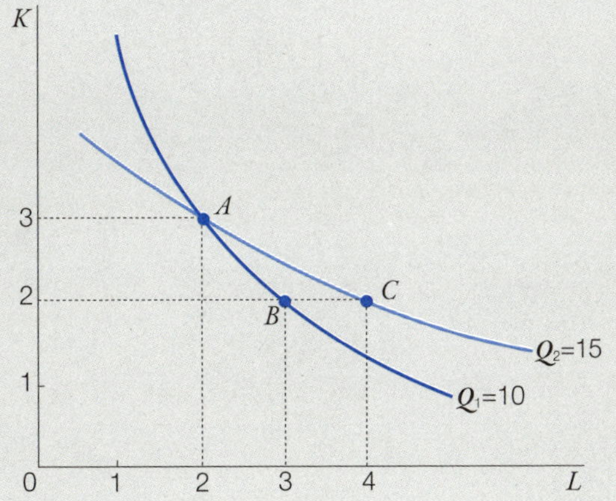

(4) 등량곡선은 일반적으로 원점에 대해 볼록한 형태를 지님

한계기술대체율이 체감하기 때문

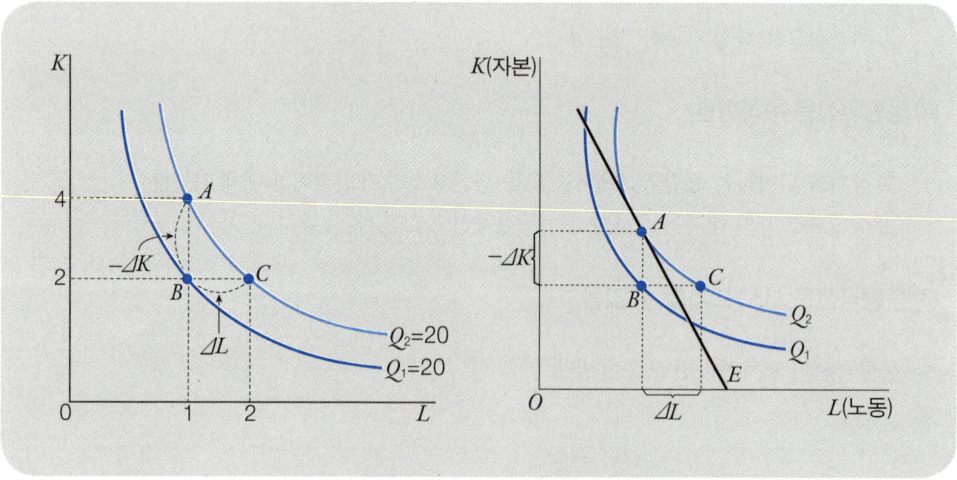

3. 한계기술대체율

(1) 개념

① 동일한 등량곡선 상에서 자본을 노동으로 대체하는 경우 노동의 증가로 인한 생산량 증가분은 자본감소로 인한 생산량감소분과 정확히 상쇄

$$\Delta Q = 0 = (\Delta L \times MP_L) + (-\Delta K \times MP_K)$$

② 노동과 자본 사이의 한계기술대체율($MRPS_{LK}$)은 노동을 한 단위 증가시킬 때 동일한 생산수준을 유지하기 위해 감소시켜야 하는 자본량으로 나타냄

$$MRTS_{LK} = -\frac{\Delta K}{\Delta L}|_{\bar{Q}} = \frac{MP_L}{MP_K}$$

③ 한계기술대체율은 그 점에서 그은 접선의 기울기의 절댓값과 같고, 노동의 한계생산물을 자본의 한계생산물로 나눈 값을 의미

(2) 한계기술대체율 체감법칙

① 자본을 노동으로 대체해 감에 따라서 노동과 자본 사이의 한계기술대체율이 점점 감소하는 현상

② 한계기술대체율이 체감하는 경우는 등량곡선이 원점에 대해서 볼록한 형태를 지님

③ (의미) *MRTS*체감의 법칙은 매기당 일정 생산량을 생산함에 있어서 자본 대신 노동을 쓸 때 대체가 점점 어렵게 되고, 노동의 추가 단위가 점점 소량의 자본을 대신하게 된다는 것을 의미(즉, 자본 1단위를 줄이기 위해 점점 더 많은 양의 노동이 필요함 의미)[11]

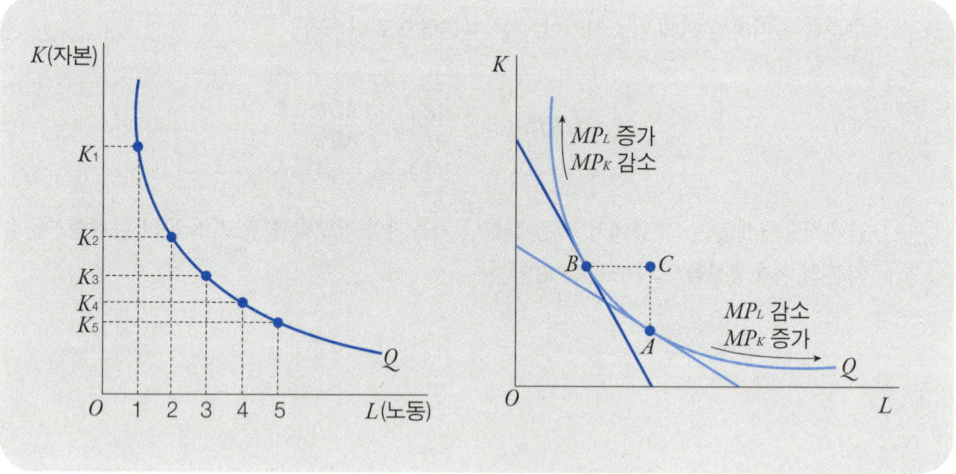

11) 한계기술대체율체감의 법칙은 장기에만 성립하는 개념이 아니고, 가변요소가 둘 이상일 때, 이 가변요소 사이에도 단기에 한계기술대체율체감의 법칙이 작용할 수 있으므로 단기에도 적용되는 개념임

4. 특수한 형태의 등량곡선

(1) 레온티에프[12] 등량곡선

① 고정투입비율(fixed input ratio) 생산함수 (L자형 등량곡선)

② 생산요소 간 대체가 전혀 이루어지지 않고, 생산요소의 결합비율이 항상 고정된 경우

③ 노동과 자본 어느 생산요소를 하나만 추가하는 경우 한계생산물은 0임

예 잔디 깎는 기계가 한 대뿐인 경우에 인부가 한 명이나 두 명 있는 경우 혹은 인부가 한 명뿐인데 기계가 한 대, 두 대인 경우를 예로 들 수 있음

(2) 요소 간 완전대체의 등량곡선

① 생산요소가 완전대체가 가능한 경우에 한 요소 대신에 다른 요소로 완전히 대체할 수 있음 (우하향하는 직선의 등량곡선)

② 한계기술대체율이 일정불변 (직선의 등량곡선)

예 사카린 1온스를 덜 사용하는 대신 2파운드의 설탕을 보충해도 생산에는 전혀 영향이 없는 경우

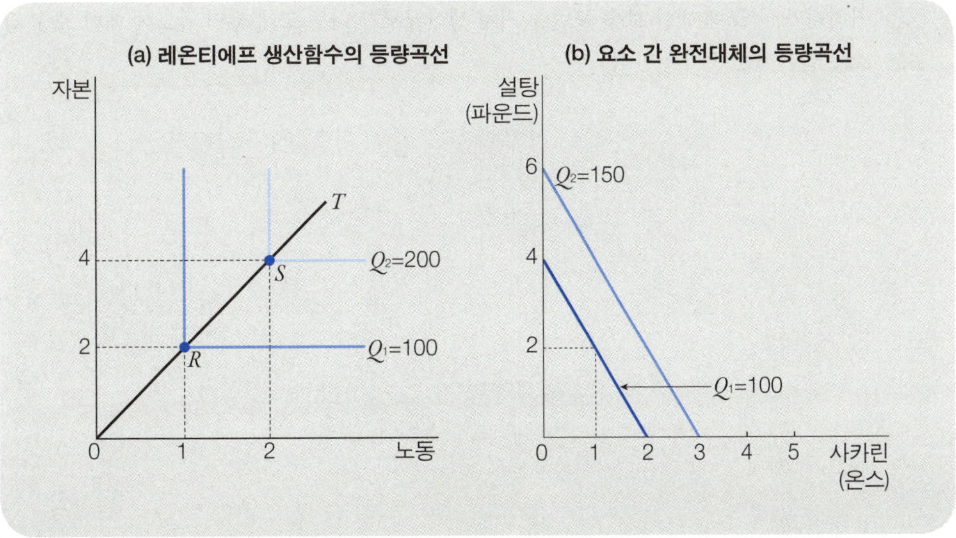

12) 소련에서 미국으로 망명한 경제학자 레온티에프(Leontief)가 투입산출모형을 만들때 고정투입비율생산함수를 가정한 데서 유래

4 규모에 대한 보수

1. 장기와 규모에 대한 보수

(1) 규모에 대한 보수 개념

규모에 대한 보수는 모든 생산요소를 똑같은 비율로 변동시킬 때 산출량이 어떤 비율로 변하는가를 나타냄

(2) 규모에 대한 보수 유형

① 모든 생산요소의 투입량을 λ배($\lambda>0$) 증가시키는 경우 생산량의 변화로 구분
- 규모에 대한 보수 불변 : λ배로 증가
- 규모에 대한 보수 증가 : λ배보다 크게 증가
- 규모에 대한 보수 감소 : λ배 보다 작게 증가

② 기업이 규모를 확대할 때 반드시 모든 생산요소들이 똑같은 비율로 증가하는 것은 아님

③ 현실에서는 규모에 대한 보수 불변을 흔히 볼 수 있음

④ (일반적) 생산규모를 늘려나갈 때 생산규모가 너무 작은 경우에는 규모에 대한 보수가 증가하다가, 규모에 대한 보수 불변을 거쳐 생산규모가 너무 크게 되면 규모에 대한 보수 감소로 돌아서는 것이 일반적

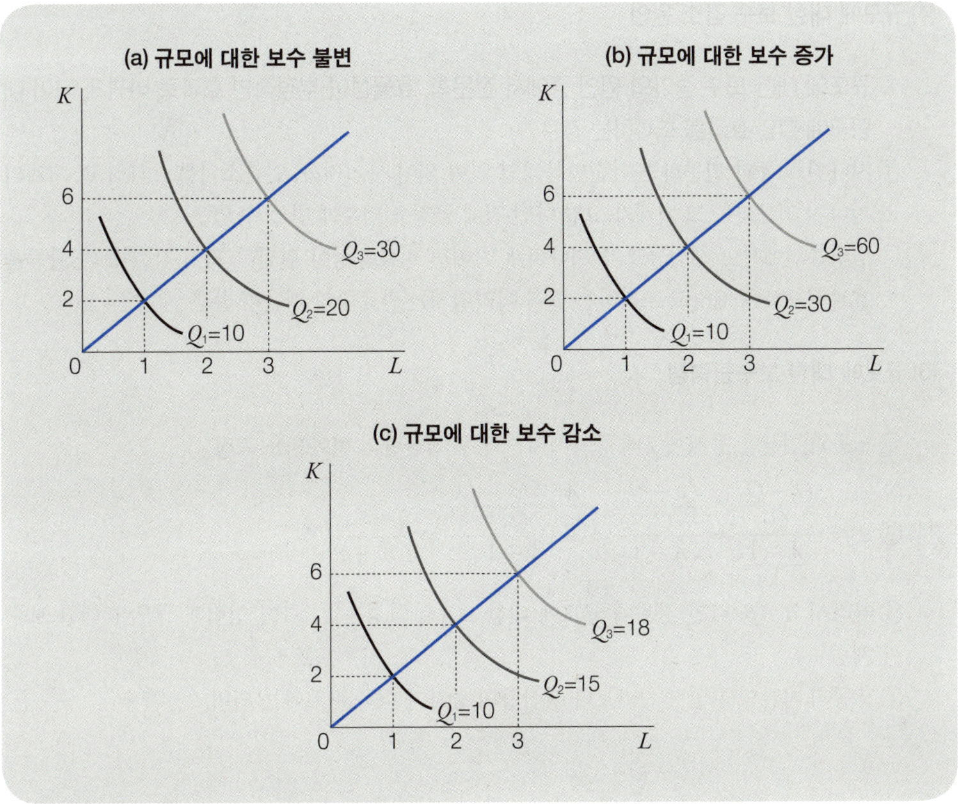

(3) 규모에 대한 보수 증가 원인

① 분업에 따른 전문화 : 작업의 반복에 의한 숙련도 증가로 작업의 효율성 증대와 전문화

② 경영의 효율성 : 경영자의 능력에 부합하는 기업의 규모가 필요[13]

③ 대량구매 할인 : 생산요소를 대량으로 구매하는 경우에 할인을 받을 수 있고, 제품을 도매할 경우에 판매, 운영비가 절약되어 기술이나 경영측면과 무관한 금전상의 이득을 얻을 수 있음

13) 1천 명의 노동자를 잘 활용하고 관리할 수 있는 경영자에게 100명의 노동자가 있는 공장을 맡겼다면, 노동자의 수를 늘려 규모를 키우게 되면 보수(생산량)가 증가함

(4) 규모에 대한 보수 감소 원인

※ 규모에 대한 보수 증가의 원인 중에서 전문화, 효율성이 부정적인 효과로 바뀌게 되어 대량구매 할인 효과를 초과하는 경우

① 지나친 노동의 전문화는 단순반복적인 일이 되어 사기저하, 인간소외를 초래하고, 기계의 지나친 전문화는 그 기계가 고장 나면 전체 공정을 멈추게 만들 수 있음

② 경영측면에서도 생산규모가 지나치게 커지면 비효율성이 원인이 되어 각 부문의 활동을 효과적으로 통제하고 조정하는 일이 어려워지는 관료주의 폐단이 발생

(5) 규모에 대한 보수탄력성

① 노동과 자본을 동시에 λ배 증가시키는 경우 생산량의 변화율을 측정

② $\varepsilon_S = \dfrac{\dfrac{Q_1 - Q_0}{Q_0}}{\dfrac{\lambda - 1}{1}} = \dfrac{\dfrac{Q_1 - Q_0}{Q_0}}{\lambda - 1} = \dfrac{\dfrac{\lambda^{\alpha+\beta} Q_0 - Q_0}{Q_0}}{\lambda - 1} = \dfrac{\lambda^{\alpha+\beta} - 1}{\lambda - 1}$[14)]

③ 따라서 $\alpha + \beta > 1$인 경우에 규모에 대한 보수탄력성은 $\varepsilon_S > 1$이 성립해 규모에 대한 보수 체증

④ 노동과 자본의 투입량 증가보다 생산량의 증가가 더욱 빠르다는 의미

---

14) 단, $Q = L^{\alpha} K^{\beta}$인 $(\alpha + \beta)$차 동차함수에서
$Q_0 = f(L_0, K_0) \rightarrow Q_1 = f(L_1, K_1) = f(\lambda L_0, \lambda K_0)$라고 하면 $Q_1 = (\lambda L_0)^{\alpha} (\lambda K_0)^{\beta} = \lambda^{\alpha+\beta} Q_0$이 됨

2. 동차생산함수

(1) k차 동차생산함수[15]

$$\lambda^k Q = f(\lambda L, \lambda K) \quad (\lambda > 0)$$

생산함수에서 노동과 자본을 각각 λ배 증가시킬 때, $\lambda^k Q = f(\lambda L, \lambda K)$ $(\lambda > 0)$관계가 성립하는 경우

- $(k > 1$이면) 규모에 대한 보수 증가
- $(k = 1$이면) 규모에 대한 보수 불변
- $(k < 1$이면) 규모에 대한 보수 감소를 의미함

(2) 콥-더글라스 생산함수(*CD*생산함수)

$$Q = AL^{\alpha}K^{\beta}(\alpha, \beta > 0)$$

① A는 기술수준을 나타내는 파라메타

② CD생산함수에서 노동과 자본을 λ배 증가시키면,

$A(\lambda L)^{\alpha}(\lambda K)^{\beta} = \lambda^{\alpha+\beta}AL^{\alpha}K^{\beta} = \lambda^{\alpha+\beta}Q$가 성립

- $(\alpha + \beta = 1$이면) 규모에 대한 보수 불변
- $(\alpha + \beta > 1$이면) 규모에 대한 보수 증가
- $(\alpha + \beta < 1$이면) 규모에 대한 보수 감소를 나타냄

15) homogeneous production function of degree k

(3) 콥-더글라스 생산함수의 성질

$$Q=AL^{\alpha}K^{1-\alpha}(0<\alpha<1)$$

① 각 요소의 평균생산물과 한계생산물은 자본-노동비율$\left(\dfrac{K}{L}=k\right)$만의 함수로 표현가능[16)]

② 생산의 노동탄력도는 α, 생산의 자본탄력도는 $(1-\alpha)$

③ 오일러 정리(Euler's theorem) $Q=(L\times MP_L)+(K\times MP_K)$가 성립

④ 한 경제의 각 요소가 그 요소의 한계생산물만큼 보상을 받으면, 노동분배율(=노동소득/총소득)은 이고, 자본소득분배율은 $(1-\alpha)$

〈증명〉

① $AP_L=\dfrac{Q}{L}=\dfrac{AL^{\alpha}K^{1-\alpha}}{L}=AL^{\alpha-1}K^{1-\alpha}=A\left(\dfrac{K}{L}\right)^{1-\alpha}=Ak^{1-\alpha}$

$AP_K=\dfrac{Q}{K}=\dfrac{AL^{\alpha}K^{1-\alpha}}{K}=AL^{\alpha}K^{-\alpha}=A\left(\dfrac{K}{L}\right)^{-\alpha}=Ak^{-\alpha}$

$MP_L=\dfrac{\Delta Q}{\Delta L}=\alpha AL^{\alpha-1}K^{1-\alpha}=\alpha A\left(\dfrac{K}{L}\right)^{1-\alpha}=\alpha Ak^{1-\alpha}$

$MP_K=\dfrac{\Delta Q}{\Delta K}=(1-\alpha)AL^{\alpha}K^{-\alpha}=(1-\alpha)A\left(\dfrac{L}{K}\right)^{\alpha}=(1-\alpha)Ak^{-\alpha}$

② 생산의 노동탄력도$=\dfrac{\frac{\Delta Q}{Q}}{\frac{\Delta L}{L}}=\dfrac{MP_L}{AP_L}=\dfrac{\alpha AL^{\alpha-1}K^{1-\alpha}}{AL^{\alpha-1}K^{1-\alpha}}=\alpha$

생산의 자본탄력도$=\dfrac{\frac{\Delta Q}{Q}}{\frac{\Delta K}{K}}=\dfrac{MP_K}{AP_K}=\dfrac{(1-\alpha)AL^{\alpha}K^{-\alpha}}{AL^{\alpha}K^{-\alpha}}=1-\alpha$

③ $(L\times MP_L)+(K\times MP_K)$

$=(L\times\alpha AL^{\alpha-1}K^{1-\alpha})+(K\times(1-\alpha)AL^{\alpha}K^{-\alpha})$

$=\alpha AL^{\alpha}K^{1-\alpha}+(1-\alpha)AL^{\alpha}K^{1-\alpha}$

$=AL^{\alpha}K^{1-\alpha}(\alpha+1-\alpha)=AL^{\alpha}K^{1-\alpha}$

④ 노동소득분배율$=\dfrac{L\times MP_L}{Q}=\dfrac{L\times\alpha AL^{\alpha-1}K^{1-\alpha}}{AL^{\alpha}K^{1-\alpha}}=\alpha$

자본소득분배율$=\dfrac{K\times MP_K}{Q}=\dfrac{K\times(1-\alpha)AL^{\alpha}K^{-\alpha}}{AL^{\alpha}K^{1-\alpha}}=1-\alpha$

16) 평균생산물과 한계생산물이 자본-노동의 비율만의 함수라는 것은 자본과 노동의 0차 동차함수 의미

3. 범위의 경제

(1) 개념

범위의 경제(economies of scope)란 한 제품의 생산이 다른 제품의 생산에 영향을 미쳐 제품을 따로 생산하는 경우보다 같이 생산하는 경우에 비용이 적게 드는 경우

(2) 발생 원인

① 생산 공정이 비슷한 경우에 존재
② 선풍기와 냉장고, 에어컨은 한 기업이 같이 생산하는 경우에 비용이 적게 듦

5 기술진보

1. 기술진보와 생산함수

$$Q = A(t)f(L, K)$$

① $A(t)$는 시간(t)의 함수로 시간이 흐름에 따라 기술진보가 일어나는 것을 반영
② 기술진보는 경제성장의 가장 중요한 동인이며, 새로운 지식의 창출이 핵심

2. 기술진보의 영향

① 현실에서 기술의 발명과 혁신 등 기술진보가 일어나 가장 우수한 생산기술이 자주 바뀌게 됨
② 단기생산함수와 장기생산함수가 달라짐
③ 기술진보가 일어나면 똑같은 노동량과 자본량을 투입하는 경우에 종전보다 더 많은 생산량을 매기당 생산 가능
→ 동일한 양을 생산하는 경우에는 더 적은 생산요소 투입량이 필요함

3. 기술진보의 유형

① 노동절약적 기술진보(labor-saving technological progress) : ($E \rightarrow F$)
② 자본절약적 기술진보(capital-saving technological progress) : ($E \rightarrow G$)
③ 중립적 기술진보(neutral technological progress) : ($E \rightarrow F$와 G 사이로 이동)
④ 자본집약적 기술진보(capital-intensive) : ($E \rightarrow H$)로 자본의 투입량을 증가시키는 경우

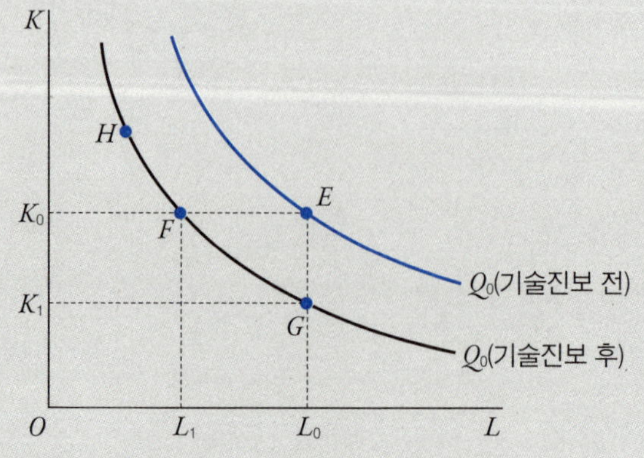

참고 **공장자동화와 노동의 종말**

① 제러미 리프킨의 『노동의 종말』 서문에는 기계는 자본주의 경제를 움직이게 하는 투자의 구현체인 동시에 노동자를 축출하는 원인이기도 하다고 지적

② 공장자동화 등 기술발전은 생산의 효율성을 크게 높여 최소비용으로 최대생산을 가능

③ 자본집약적인 기술진보는 노동자들이 일할 곳이 없게 만들어 긍정적인 면만 존재하는 것이 아님

④ 사람은 단지 소득을 얻기 위해서 일하는 것이 아니므로, 일은 살아가는 한 방법(a way of life)

⑤ 기술진보의 긍정적인 면을 살리면서 노동의 종말로 연결되지 않고, 노동의 시간을 줄여 여가를 늘리는 방향으로 기술진보가 필요함

6 비용의 기초개념 : 회계적 비용 vs. 경제적 비용

1. 회계적 비용

(1) 명시적 비용

① 손익계산서 : 일정기간 동안 기업의 수입과 비용 그리고 이윤을 나타내는 표
→ 임금, 원재료 값, 임대료, 세금 등 각종 명목비용이 나타남
② 명시적 비용(explicit cost) : 실제로 화폐를 지불한 비용

(2) 회계적 이윤

① 회계적 이윤(accounting profit) : 총수입에서 명시적 비용을 뺀 이윤
② 귀속비용 (imputation cost) : 회계적 이윤에는 다른 사람들이 가진 생산요소를 사용한 비용은 포함되나, 자신이 지닌 생산요소에 대한 응분의 보수는 포함되지 않음 (잠재적 비용, implicit cost)

회계학			경제학		
총수입		34,000	총수입:		34,000
총비용:			총비용(=경제적 비용=총기회비용)		39,000
명시적 비용:		21,000	명시적 비용:		21,000
임금	96,000		임금	9,600	
원료비	5,400		원료비	5,400	
지대	6,000		지대	6,000	
			잠재적 비용:		18,000
			잠재적 임금	12,000	
			잠재적 이자	3,600	
			정상이윤	2,400	
회계적 이윤:		13,600	경제적 이윤:		−5,000

2. 경제적 비용

① 잠재적 비용 : 기업인 자신이 가지고 있으면서 생산에 투입한 생산요소의 기회비용

→ 잠재적 임금, 잠재적 이자, 잠재적 지대, 정상이윤 등으로 구성

② 경제적 비용(기회비용) = 명시적 비용 + 잠재적 비용

③ 정상이윤(normal profit) : 기업가로 하여금 동일한 상품을 계속 생산하게 하는 유인으로 충분할 정도의 이윤

→ 장기에 정상이윤이 기대되지 않는 경우에는 그 상품을 생산하는 기업은 활동을 하지 않으려고 할 것임

④ 경제적 이윤(economics profit) = 총수입 − 경제적 비용

⑤ 초과이윤(excess profit)[17] : 경제적 이윤 > 0

17) 경제학에서 특별한 언급이 없다면 이윤은 모두 초과이윤을 의미하므로, 이윤이 0이라는 의미는 정상이윤만 얻고 있는 상황. 초과이윤의 장기적인 원천은 독점기업의 시장지배력과 기업가의 혁신, 위험부담 등

3. 기회비용의 실례

(1) 기회비용 개념

어떤 활동의 기회비용은 그 활동을 함으로써 포기해야 하는 다른 활동들 가운데서 최선의 활동의 가치

(2) 기회비용의 사례

"BTS(A) 콘서트의 무료입장권을 얻었다. 원래 입장료는 6만 원이다. 무료입장권은 다른 사람에게 팔 수 없다. 그런데 같은 날 저녁 가수 트와이스(B)가 공연을 한다. 트와이스의 공연을 보러 가는 것이 다른 활동들 가운데 최선의 활동이다. 트와이스 공연의 입장료는 5만 원이다. 트와이스의 공연을 보기 위해서는 7만 원까지 지불할 용의가 있다. 양쪽 공연을 보는 데에 다른 비용은 없다고 가정한다. 이때 BTS 공연을 보는 데 기회비용은 얼마인가?"

① BTS (A) 콘서트 기회비용 = A공연 명시적 비용 + B공연 지불용의액 − B공연 명시적 비용 = 0 +7만 원 − 5만 원 = 2만 원
② BTS 콘서트의 관람 순가치가 기회비용 2만 원보다 크다는 것을 유추할 수 있음
③ BTS 콘서트가 무료입장권이 없다면 6만 원을 주어야 하므로 기회비용은 8만 원이 됨
④ 무료입장권이 재판매 가능하다면 재판매가격은 기회비용에 포함됨

7 단기비용함수와 단기비용곡선

1. 비용

(1) 비용함수와 생산함수

① 비용함수는 생산함수와 밀접한 관계

② 기업이 생산물을 생산하기 위해서는 생산요소를 구입해야 하고, 생산요소를 구입하기 위해서는 비용이 들기 때문임

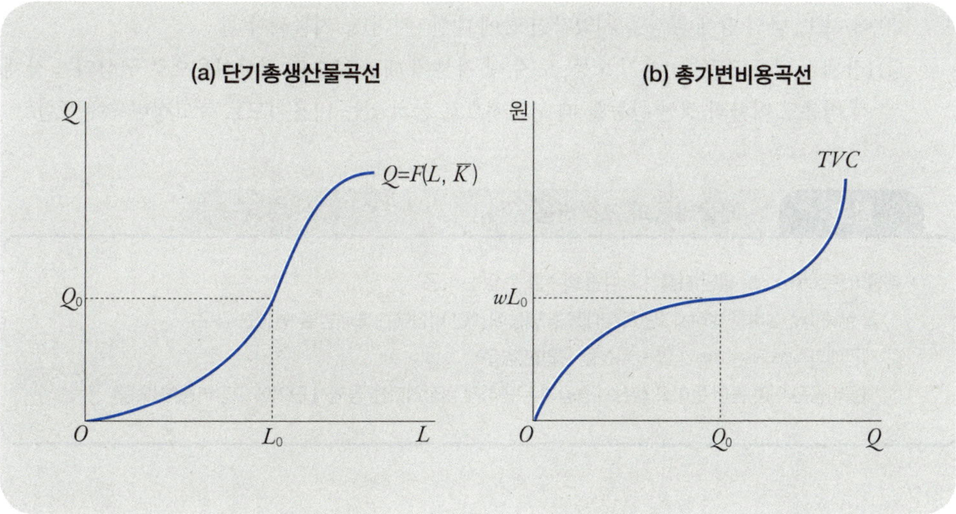

(2) 단기비용함수 vs. 장기비용함수

① 단기비용함수 : 고정요소가 존재하는 경우 각 생산량에 대응하는 최소 비용을 보여주는 것

② 장기비용함수 : 모든 생산요소가 가변적인 경우 각 생산량에 대응하는 최소 비용을 보여주는 것

2. 단기 총비용

$$TC(Q) = TFC + TVC(Q)$$

(1) 총고정비용(TFC, Total Fixed Cost)

① 생산량이 어느 수준이든 상관없이, 심지어 생산량이 전혀 없더라도 일정하게 들어감

② 단기에 고정된 자본시설인 공장, 기계는 생산을 하든지 상관없이 (감가상각비), (유지비), (보험료) 등이 필요

③ 추가적으로 건물을 짓고 기계를 설치하는 데 필요한 돈을 은행에서 빌렸다면 (이자)를 내야 하고, 남의 땅에 공장을 지었다면 땅에 대한 (지대)도 지불해야 함

④ (잠재적 비용도 포함) 자기 노동, 토지 및 자본에 대한 보수와 정상이윤으로 구성되는 잠재적 비용도 어차피 생산 활동할 때 고정적으로 잠겨 있는 비용이므로 총고정비용에 포함

참고 **매몰비용과 고정비용**

◆ 매몰비용(sunk cost) : 일단 지출하고 나면 회수할 수 없는 비용

① 올 한해 생산설비를 빌려서 1년치 임대료를 냈는데, 1년 이전에는 돌려받을 수 없는 경우

② 재판매가치(resale value)가 없는 자산을 구입한 경우

③ 매몰비용은 이미 묻힌 돈이고 생산의 증감과 무관하게 일정하다는 점에서 단기에 고정비용에 (속함)

(2) 총가변비용(*TVC*)

① 단기에 생산량이 증가함에 따라서 증가하는 비용 (가변요소에 대해 지불하는 비용)

② 임금(노동), 원재료비(원재료), 연료비(연료)

생산량 Q	총고정 비용 TFC	총가변 비용 TVC	총비용 $TC=TFC+TVC$	한계비용 $MC=\frac{\Delta TC}{\Delta Q}$	평균비용 $AC=\frac{TC}{Q}$	평균 가변비용 $AVC=\frac{TVC}{Q}$	평균 고정비용 $AFC=\frac{TFC}{Q}$
(1)	(2)	(3)	(4)=(2)+(3)	(5)	(6)=(4)/(1)	(7)=(3)/(1)	(8)=(2)/(1)
0	35	0	35				
1	35	24	59	24	59	24	35
2	35	40	75	16	38	20	17.5
3	35	60	95	20	32	20	12
4	35	85	120	25	30	21	9
5	35	115	150	30	30	23	7
6	35	155	190	40	31	26	6
7	35	210	245	55	35	30	5
8	35	295	330	85	41	37	4

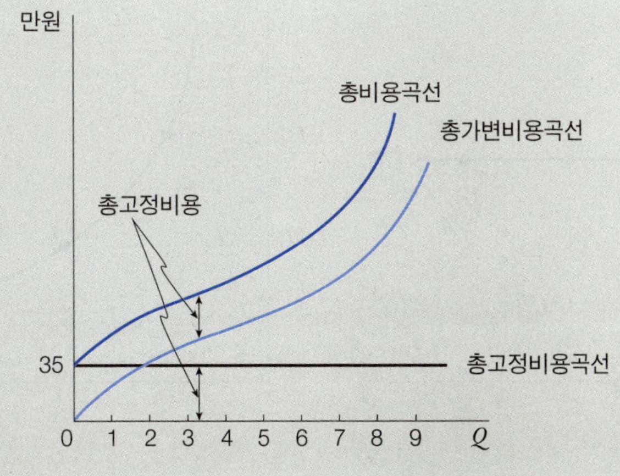

3. 평균비용

$$AC(Q) = \frac{TC}{Q} = \frac{TFC}{Q} + \frac{TVC}{Q} = AFC + AVC(Q)$$

(1) 평균비용

① 평균비용(AC)은 총비용을 (Q)으로 나눈 것으로 생산물 1단위당 생산비

② 평균비용은 기술적으로 가능한 최소의 단위당 비용[18]

③ 평균비용함수 : 각 생산량에 대응하는 평균비용을 나타낸 함수

④ AFC와 AVC를 수직으로 합해 AC를 얻음

(2) 평균고정비용

① 평균고정비용곡선은 단조롭게 감소하는 우하향의 곡선

② 생산량이 증가함에 따라서 생산물 단위당 고정비용이 널리 분산되기 때문

③ AFC에 Q를 곱한 것이 TFC가 되고, TFC는 생산량에 관계없이 일정하기 때문에 AFC는 직각쌍곡선의 형태를 보임

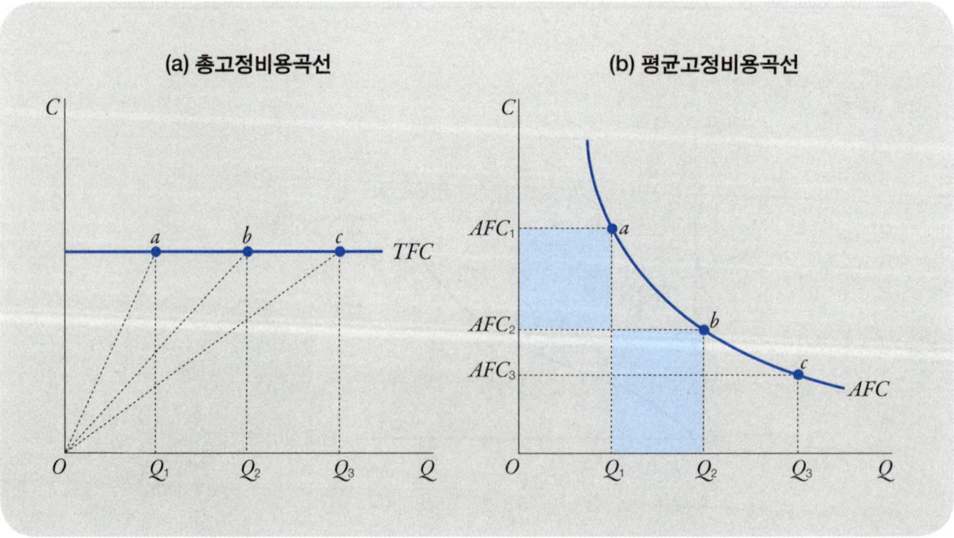

18) 총비용은 기술적으로 가능한 최소의 비용을 의미

(3) 평균가변비용

① 평균가변비용은 처음에 감소하다가 나중에는 증가하고 있음
② 총가변비용곡선을 원점에서 연결하는 선분의 기울기를 각 생산량에 대응시킨 것

4. 평균비용과 평균생산물의 관계

(1) 평균비용과 평균가변비용의 관계

① AC, AVC는 모두 처음에는 감소하다가 나중에 증가함
② U자 형태를 보이게 되는 것은 생산함수의 성질에 기인
③ AC가 U자 형태인 이유는 생산초기에는 AFC와 AVC 모두 감소하다가, 생산량이 어느 정도 증가하면 감소하는 AFC보다 증가하는 AVC가 영향력이 더 커지기 때문

(2) *AVC*가 *U*자 형태인 이유

① *AVC*는 노동 1단위당 임금을 노동의 평균생산물(AP_L)로 나누어 얻게 됨

② AP_L은 처음에는 증가하다가 최대점에 도달하게 되고, 이후에 감소하는 역 *U*자 형태

③ 시장임금(w)이 일정하다면 *AVC*는 *AP*와 역의 관계에 있음

④ *AC*를 최소로 만드는 생산량이 *AVC*를 최소로 만드는 생산량보다 많음[19]

$$AVC = \frac{TVC}{Q} = \frac{wL}{Q} = \frac{w}{Q/L} = \frac{w}{AP_L}$$

$$AC = AVC + AFC = \frac{w}{AP_L} + AFC$$

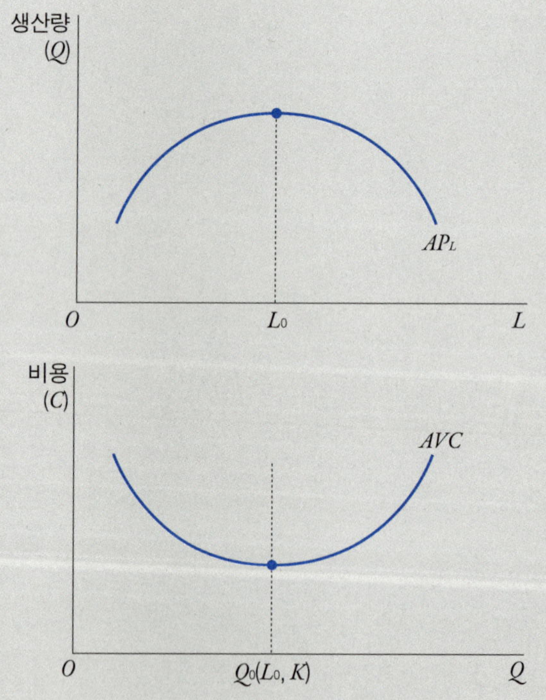

19) 노동의 평균생산물이 감소함에 따라 평균가변비용이 증가하기 시작하는데, 이 증가분이 평균고정비용의 감소보다 작을 때에는 평균비용이 계속 감소하지만, 평균가변비용의 증가분이 평균고정비용의 감소분을 상회하게 될 때부터 평균비용은 증가하기 시작하기 때문

5. 한계비용

$$MC = \frac{\Delta TC}{\Delta Q} = \frac{\Delta TVC}{\Delta Q} + \frac{\Delta TFC}{\Delta Q} = \frac{\Delta TVC}{\Delta Q}$$

① 한계비용(MC)은 생산량이 한 단위 증가(감소)할 때 추가적으로 증가(감소)하는 총비용
② 총비용곡선 상의 접선의 기울기
③ MC곡선은 처음에는 감소하다가 점 F에 대응하는 Q에서 최소가 되고, 그 이후 증가하는 형태
④ 곡선의 꼴이 달라지는 F점을 변곡점이라고 함
⑤ S점은 AC의 최소가 되는 점으로, 이 점에서 MC와 AC는 같아짐[20)]
⑥ MC의 최저가 되는 Q가 AC가 최저가 되는 Q점보다 왼쪽에 위치

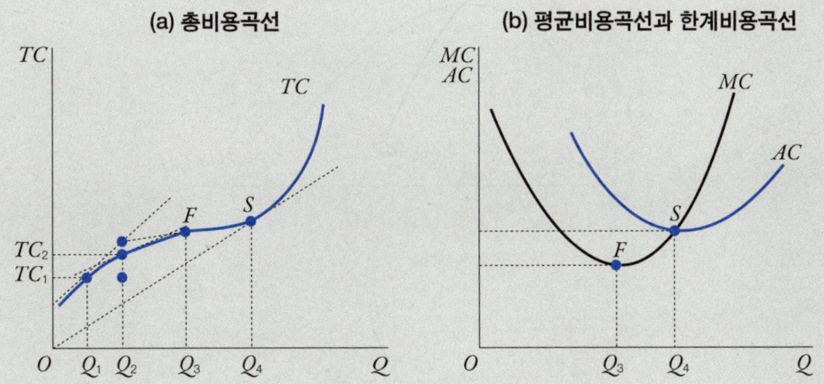

20) $\frac{dAC}{dQ} = \frac{d\left(\frac{TC}{Q}\right)}{dQ} = \frac{dTC}{dQ}\frac{1}{Q} - TC\frac{1}{Q^2} = MC\frac{1}{Q} - \frac{TC}{Q}\frac{1}{Q} = (MC - AC)\frac{1}{Q}$이 된다.

$MC>AC$이면, $\frac{dAC}{dQ} > 0$이 성립해서 AC은 증가구간

$MC=AC$이면, $\frac{dAC}{dQ} = 0$이 성립해서 AC은 극대

$MC<AC$이면, $\frac{dAC}{dQ} < 0$이 성립해서 AC은 감소구간

6. 한계비용과 한계생산물의 관계

$$MC = \frac{\Delta TVC}{\Delta Q} = \frac{w\Delta L}{\Delta Q} = \frac{w}{\Delta Q / \Delta L} = \frac{w}{MP_L} = MVC$$

① U자형의 MC는 역U자형의 MP와 표리관계

② U자형의 단기가변비용곡선은 역U자형의 평균생산물곡선에서, U자형 한계비용곡선은 역U자형 한계생산물곡선에서 도출

③ 역U자형 평균생산물곡선과 한계생산물곡선은 물론 궁극적인 수확체감의 법칙을 반영함

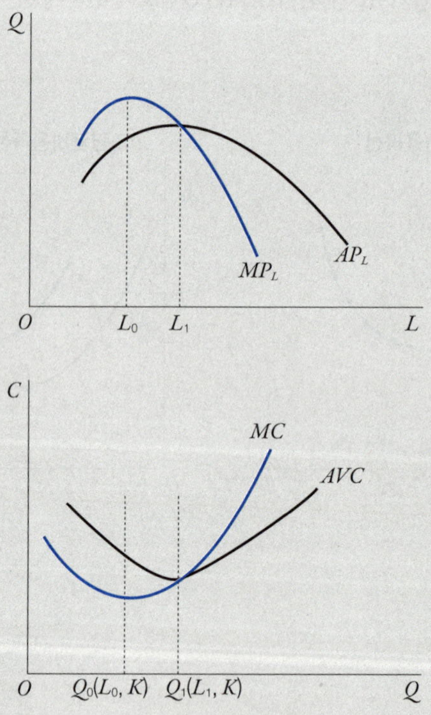

7. 여러 비용곡선들의 관계

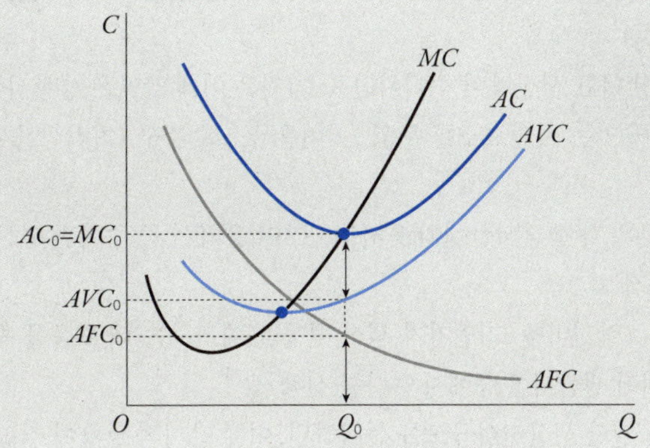

① AC, AVC, MC는 모두 U자형이지만, AFC는 단조롭게 우하향하는 직각쌍곡선 형태

② AVC는 항상 AC 아래에 위치

③ Q가 증가함에 따라서 AFC는 단조롭게 감소하므로, AVC는 AC에 점차 수렴

④ AVC의 최저점은 AC의 최저점의 왼쪽에 위치

⑤ AC의 최저점은 최적생산량(optimum rate of output)이라고 함

⑥ AC가 하락할 때는 $MC<AC$이고, AC가 상승할 때는 $MC>AC$

⑦ 그림에서 TC는 AC 밑의 직사각형 면적으로 표시 ($AC=\frac{TC}{Q}$)

8 장기비용함수와 장기비용곡선

※ 장기 : 생산시설도 자유롭게 변경시킬 수 있어 모든 생산요소가 가변적 (고정비용이 없고 모두 가변비용)

■ 장기에 매기당 목표 생산량이 주어지면 → 기업은 이에 알맞은 생산시설규모를 선택
→ 이 시설규모에 맞는 가변요소를 투입 → 비용극소화 추구 (최적생산시설하에서 단기비용 최소화)

■ 장기비용곡선은 각 생산시설에 대응하는 단기비용곡선 중 주어진 생산량을 최소의 비용으로 생산하는 점

■ 장기적 상황 : (장기비용) 기업가가 생산 활동을 계획하는 데 도움을 주는 사전적 비용 (추가 결정 전 여러 생산시설 중에서 하나를 선택)

■ 단기적 상황 : 일단 생산시설규모를 선택하면, 이제 단기적 상황에 직면하고, 단기비용곡선 상에서 선택

1. 최소비용의 요소배합

(1) 생산요소 투입

① 기업가가 생산 활동을 수행하기 위해 노동과 자본을 직접 소유할 필요는 없음
② 노동과 자본이 제공하는 서비스를 사서 이용할 수 있으면 됨
③ 자본이 제공하는 서비스는 자본시장에서 임대료를 지불하고 자본재를 빌려 가동할 수 있음
④ 시장임금과 임대료를 지불하고 수지가 맞으면 생산은 이루어짐

(2) 등비용곡선

① 등비용선(isocost line) : 일정한 총비용으로 기업이 구입할 수 있는 자본과 노동의 조합

② 등비용선의 모든 점들은 동일한 총비용이 들지만, 노동과 자본의 요소 결합비율은 다름

$$TC_0 = TVC_0 = wL + rK$$

$$K = \frac{TC_0}{r} - \frac{w}{r}L$$

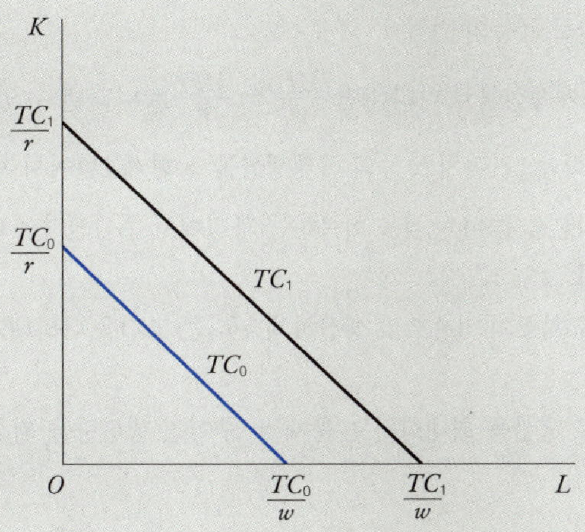

(3) 최소비용의 원칙 (= 최대생산의 법칙)

① 주어진 총비용을 가지고 최대의 생산량을 얻기 위해서 노동과 자본을 어떻게 배분하는가의 문제

② 등비용선의 모든 점들은 동일한 비용수준을 나타내지만, 최대생산량을 보장하는 점은 등비용선과 등량곡선이 접하는 점뿐

$$MRTS_{LK} = \frac{\Delta K}{\Delta L}\Big|_{\bar{Q}} = \frac{MP_L}{MP_K} = \frac{w}{r}$$

③ 가중된 한계생산물 균등의 법칙

화폐 1단위의 한계생산물로 나타내면 $\frac{MP_L}{w} = \frac{MP_K}{r}$로 나타낼 수 있음

④ $\frac{MP_L}{w} > \frac{MP_K}{r}$: 화폐 1원어치 노동의 한계생산물 > 화폐 1원어치 자본의 한계생산물

노동을 늘리고 자본을 줄여 등식을 회복하는 과정에서 총생산량은 더욱 증가 가능

⑤ 최소비용의 원칙

주어진 생산량을 최소의 비용으로 생산하게 된다는 조건을 나타내기 때문

⑥ 생산의 쌍대성

주어진 비용으로 생산을 최대화하는 문제 = 주어진 생산량을 최소의 비용으로 생산하는 문제

(4) 최소비용의 원칙과 장기비용

① 생산량이 주어진 경우에 장기에 최소비용으로 생산할 수 있는 생산요소의 최적 배합조건

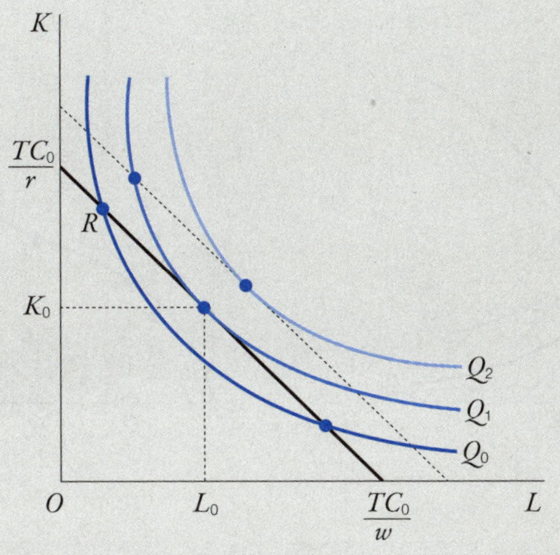

② 상이한 생산량에 대해서 최소비용의 원칙을 계속 적용시켜 장기비용곡선을 도출 가능

③ 확장경로(expansion path) : 요소가격비가 주어져 있을 때, 다양한 생산량을 최소비용으로 생산할 수 있는 요소배합점들을 연결한 직선(최소비용과 최적 요소배합점을 연결)

④ 장기비용곡선(Long−run Total Cost : *LTC*) : 장기에 요소가격비가 주어져 있을 때 각각의 생산량과 최소생산비의 조합을 나타낸 곡선

⑤ 장기비용곡선은 원점을 통과함

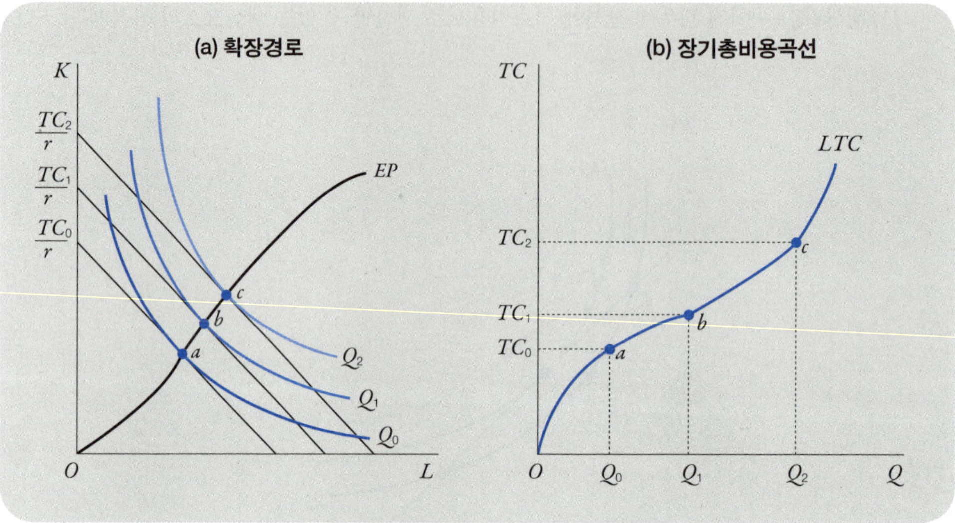

참고 소비자선택이론과 생산자선택이론

소비자선택이론	생산자선택이론
두 상품: X, Y	두 생산요소: L, K
효용함수: $U=U(X, Y)$	생산함수: $Q=F(L, K)$
한계효용체감의 법칙	한계생산물체감의 법칙
원점에 대하여 볼록한 무차별곡선	원점에 대하여 볼록한 등량곡선
한계대체율$\left(-\frac{\Delta Y}{\Delta X}\mid_{\overline{U}}=\frac{MU_X}{MU_Y}\right)$체감의 법칙	한계기술대체율$\left(-\frac{\Delta K}{\Delta L}\mid_{\overline{Q}}=\frac{MP_L}{MP_K}\right)$체감의 법칙
소득제약조건: $M=P_XX+P_YY$	비용제약조건: $C=wL+rK$
예산선: $Y=\frac{M}{P_Y}-\frac{P_X}{P_Y}X$	등비용선: $K=\frac{C}{r}-\frac{w}{r}L$
효용극대화조건: $-\frac{\Delta Y}{\Delta X}\mid_{\overline{U}}=\frac{MU_X}{MU_Y}=\frac{P_X}{P_Y}$	최대생산량의 원칙: $-\frac{\Delta K}{\Delta L}\mid_{\overline{Q}}=\frac{MP_L}{MP_K}=\frac{w}{r}$
가중된 한계효용균등의 법칙: $\frac{MU_X}{P_X}=\frac{MU_Y}{P_Y}$	가중된 한계생산물균등의 법칙: $\frac{MP_L}{w}=\frac{MP_K}{r}$
소득소비곡선	확장경로

◆ 차이점

① 소비자선택이론은 효용수준을 객관적으로 정확하게 측정할 수 없으나, 생산자선택이론은 생산함수의 값을 정확하게 측정 가능(한계생산물은 물론 평균생산물까지 정의하고 측정해 양자의 관계를 다룸)
② 소비자선택이론은 장단기를 구분할 필요성이 없으나, 생산자선택이론은 단기와 장기를 구분
③ 소비자는 효용극대화를 추구하는데, 기업은 생산극대화를 추구하는 것이 아닌 이윤극대화를 추구
(이윤극대화 조건이 충족되면 최대생산량의 원칙도 충족. but, 최대생산자의 원칙이 충족된다고 해서 이윤극대화조건이 충족되는 것은 아님

2. 규모에 대한 보수와 장기비용곡선

(1) 개요

① LTC에서 LAC와 LMC를 얻을 수 있음

② LTC는 처음에 원점을 출발해 아래로 오목한 (체감적 비율) 형태로 증가하다가 일정비율로 증가하고, 나중에 아래로 볼록하게 (체증적인 비율로) 증가

③ 단기평균비용곡선(SAC)는 수확체감의 법칙으로 인해 U자 형태를 보이나, 장기평균비용곡선(LAC)은 규모에 대한 보수에 기인해 U자 형태를 보임

④ 생산시설을 증가시켜 나갈 때 일반적으로 처음에는 규모에 대한 보수 증가가 일어나지만, 나중에는 규모에 대한 보수 불변을 거쳐 규모에 대한 보수 감소가 일어남

(2) 규모에 대한 보수 불변(CRS)

① 규모에 대한 보수 불변 : 모든 생산요소를 λ배 늘리면 생산량도 λ배 증가하는 것

② 모든 생산요소를 2배 증가시켜 생산량과 총비용이 2배로 증가했으므로, 총비용을 총생산량으로 나눈 평균비용은 변하지 않음

③ CRS인 경우에 장기평균비용이 일정하고 이에 따른 장기총비용곡선은 원점을 지나는 직선으로 기울기가 일정

④ LMC와 LAC는 수평선

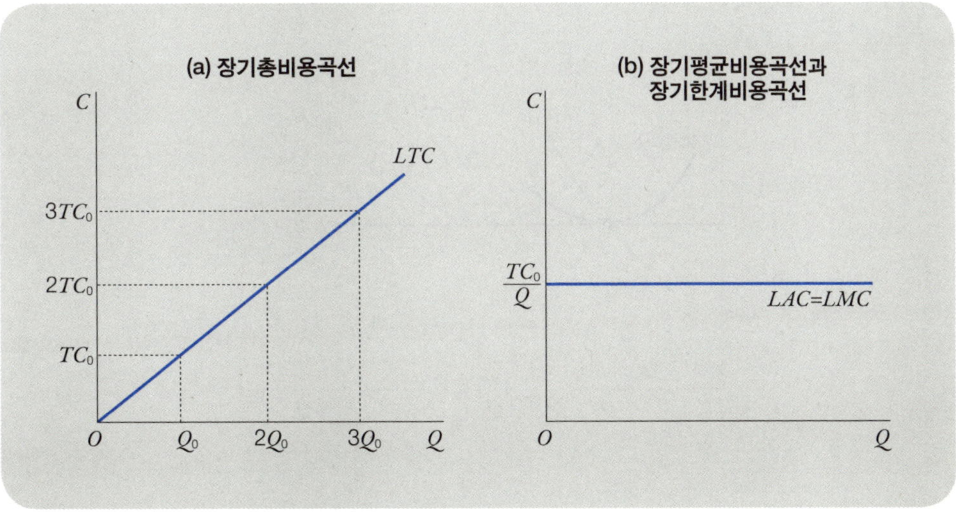

⑤ Q_0을 생산 : K_1은 과잉시설이고, K_0는 적정시설규모를 나타냄

⑥ Q_1을 생산 ; K_1으로 확장하면 더 낮은 비용으로 생산할 수 있어 K_1이 적정시설규모

⑦ LAC는 SAC 가운데 각 생산량을 최소의 평균비용으로 생산하게 하는 점들만을 연결한 것

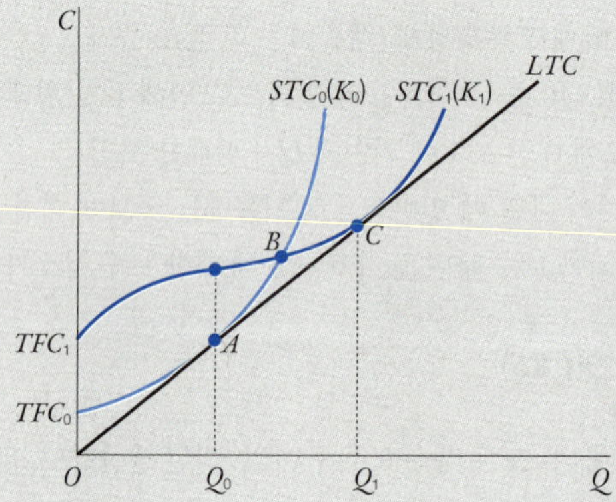

⑧ A점과 C점은 $LAC=SAC$가 되고, 이외의 점에서는 $STC>LTC$이므로 $SAC>LAC$가 성립

⑨ 장기평균비용곡선과 포락선(envelop curve)

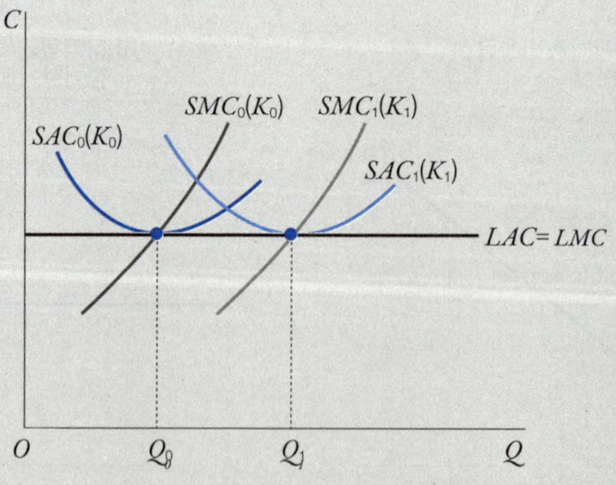

⑩ 장기평균비용곡선은 생산시설규모가 가변적일 때 각각의 생산량을 최소비용으로 생산할 수 있는 단기평균비용곡선의 점들을 연결한 곡선
⑪ *LAC*는 *SAC*를 아래에서 감싼다는 의미에서 *SAC*의 포락선이라고 함
⑫ 포락선은 총비용과 평균비용에서만 해당되고, 한계비용에는 적용되지 않음

(3) 규모에 대한 보수 증가

① 모든 생산요소를 λ배로 동시에 증가시킬 때 생산량이 λ배를 초과해 증가하는 경우
② 규모의 경제가 존재
③ 노동과 자본을 2배로 증가시켜 총비용이 2배로 증가하는데 생산량은 4배로 증가하는 경우 평균비용은 절반으로 감소
④ 장기평균비용곡선은 우하향하는 형태

(4) 규모에 대한 보수 감소

① 모든 생산요소를 λ배 동시에 증가시킬 때 생산량이 λ배보다 적게 증가하는 경우
② 규모의 비경제가 존재
③ 노동과 자본을 2배 증가시키면 총비용이 2배 증가하는데 생산량이 2배보다 적게 증가하는 경우 평균비용은 증가
④ 장기평균비용곡선은 우상향하는 형태

(5) 일반적인 장기비용곡선

① 생산시설규모를 확대해 나갈 때 일반적으로 처음에는 규모에 대한 보수 증가가 일어나지만, 나중에는 규모에 대한 보수 불변을 거쳐 규모에 대한 보수 감소가 일어남
② 장기평균비용곡선은 규모에 대한 보수의 변화를 반영하여 *U*자 형태가 됨
③ 최적시설규모(optimum scale of plant)

- 단기평균비용곡선의 최저점과 접하는 단기평균비용곡선 SAC_1을 가지는 시설규모
- 모든 시설규모 중에서 지금까지 알려진 생산기술로 달성 가능한 최소의 평균비용을 나타냄
- 가장 효율적인 시설규모

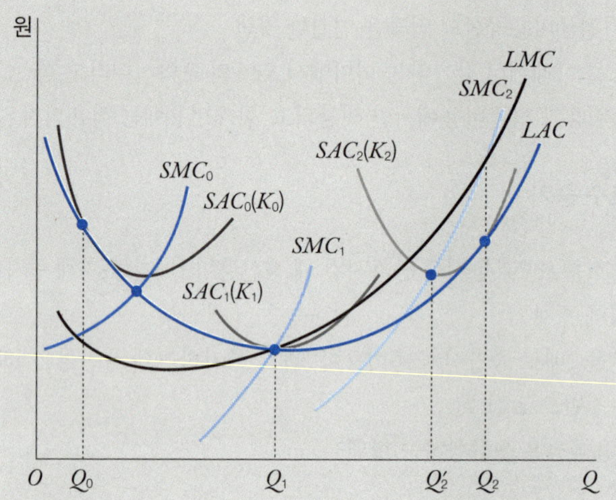

④ 단기평균비용곡선의 최저점에 대응하는 생산량을 최적생산량이라고 함

⑤ 단기평균비용곡선의 최저점이 장기평균비용곡선과 접하는 경우는 장기평균비용곡선의 최저점에서만 가능

⑥ 장기평균비용곡선의 최저점에 대응하는 생산량 Q_1은 최적시설규모가 최적생산량 수준으로 가동될 때 달성할 수 있는 가장 효율적인 생산량

(6) 경험적인 장기비용곡선

① 각 산업의 실증분석에서 처음에는 규모의 경제가 일어나다가 장기평균비용이 최저점에 이르면 수평이 되는 L자형으로 나타남

② 경제적 효율성을 추구하는 기업들이 규모에 대한 보수가 감소하는 수준까지 단일 공장의 생산시설을 확장시키지 않기 때문

③ 하나의 공장을 초대형으로 지어 규모에 대한 보수 감소를 기대하는 것보다 다른 지역에 제2, 제3의 대형 공장을 지어 규모의 경제를 누리는 것

④ 최소효율규모(minimum efficient scale) : 여러 최적시설규모 중에서 가장 작은 규모라는 의미
→ 규모의 경제가 막 끝나는 생산량 Q_1을 최소의 평균비용으로 생산하게 해 주는 시설규모 K_1을 의미

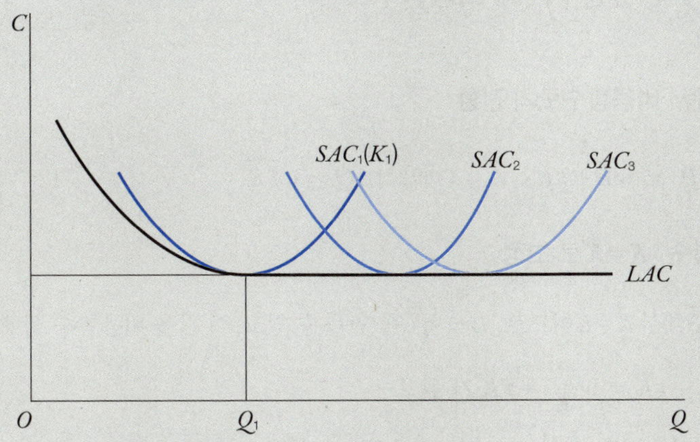
C
SAC1(K1)
SAC2
SAC3
LAC
O
Q1
Q

보론 1 생산함수에서 비용함수로

1. 생산함수에서 비용함수로의 전환

(목적식) $TC = \overline{w}L + \overline{r}K$　　　(제약식) $Q = \sqrt{LK}$

2. 단기비용함수 : $\boldsymbol{K=\overline{K}}$로 고정

$Q = \sqrt{LK}$ 에서 $K=K$이므로, $L = \dfrac{Q^2}{K}$를 얻을 수 있고, 이 값을 비용함수 식에 대입하면

$TC = \overline{w}L + \overline{r}\overline{K} = \overline{w}\dfrac{Q^2}{K} + \overline{r}\overline{K}$가 됨

- $TC = \overline{w}L + \overline{r}K = \overline{w}\dfrac{Q^2}{K} + \overline{r}K$(단기에는 $K=K$로 고정되어 있으므로,

  $STC = \overline{w}\dfrac{Q^2}{K} + \overline{r}\overline{K} = TVC+TFC$가 됨
- $SAC = \dfrac{STC}{Q} = \dfrac{\overline{w}}{K}Q + \dfrac{\overline{r}\overline{K}}{Q}$가 되어 U자 형태
- $SAVC = \dfrac{\overline{w}}{K}Q$이므로 Q에 대해서 기울기가 $\dfrac{\overline{w}}{K}$인 우상향하는 직선 형태
- $SMC = \dfrac{\Delta STC}{\Delta Q} = 2\left(\dfrac{\overline{w}}{K}\right)Q$로 기울기가 $2\left(\dfrac{\overline{w}}{K}\right)$인 우상향하는 직선 형태

3. 장기비용함수 : 장기에는 $\boldsymbol{L, K}$가 가변적인 상황

① 비용극소화 문제를 풀면 $MRTS_{LK} = \dfrac{MP_L}{MP_K} = \dfrac{K}{L} = \left(\dfrac{w}{r}\right)$가 성립해야 하므로 $K = \dfrac{w}{r}L$

② 생산함수에 대입 $Q = \sqrt{LK} = \sqrt{L\left(\dfrac{w}{r}\right)L} = \left(\dfrac{w}{r}\right)^{\frac{1}{2}}L$가 되어 $L = \left(\dfrac{r}{w}\right)^{\frac{1}{2}}Q$,

$K = \dfrac{w}{r}L = \left(\dfrac{w}{r}\right)\left(\dfrac{r}{w}\right)^{\frac{1}{2}}Q = \left(\dfrac{w}{r}\right)^{\frac{1}{2}}Q$

③ L, K를 비용함수에 대입하면 $TC = \overline{w}L + \overline{r}K = \overline{w}\left(\dfrac{\overline{r}}{\overline{w}}\right)^{\frac{1}{2}}Q + \overline{r}\left(\dfrac{\overline{w}}{\overline{r}}\right)^{\frac{1}{2}}Q = 2(\overline{wr})^{\frac{1}{2}}Q$

- $LTC = 2(\overline{w}\ \overline{r})^{\frac{1}{2}}Q$
- $LAC = \dfrac{LTC}{Q} = 2(\overline{w}\ \overline{r})^{\frac{1}{2}}$
- $LMC = \dfrac{\Delta LTC}{\Delta Q} = 2(\overline{w}\ \overline{r})^{\frac{1}{2}}$

제 5 장

시장이론

※ 기업은 이윤을 극대화하는 최적생산량에 관심을 보이는데, 생산물 시장의 형태가 완전경쟁이냐 불완전경쟁이냐에 따라서 달라짐

1 생산물시장의 형태와 완전경쟁시장

1. 생산물시장의 형태

(1) 완전경쟁시장

① 완전경쟁시장(perfect competitive market)이란 수많은 소비자와 기업이 주어진 시장가격으로 동질의 상품을 자유롭게 사고파는 시장

② 경쟁시장에서 개별 소비자와 기업이 사고파는 상품 수량은 전체 시장거래량에 비추어 볼 때 너무 미미

(2) 특징

① 개별소비자나 기업은 시장가격을 스스로의 힘으로 변경시킬 수 없음

② 가격수용자(price taker)로 시장가격을 주어진 그대로 받아들임[1)]

1) 불완전경쟁시장에서는 기업이 시장가격을 결정할 수 있는 힘인 시장지배력(market power)을 가지고 있어 가격결정자(price maker, price setter)로 행동함

시장의 형태	기업의 수	상품의 동질성	기업에 의한 가격통제의 정도	진입장벽	한국경제의 예
완전경쟁	수업이 많음	동질적	없음	없음	채소, 곡물
불완전경쟁 1) 독점 2) 과점	 하나 몇 개	 동질적 ① 동질적 ② 이질적	 매우 큼 상당히 큼	 매우 높음 상당히 높음	 담배, 전기, 수도, 철도 ① 설탕, 시멘트, 철근 ② 승용차, 냉장고, 에어컨
독점적 경쟁	많음	이질적	어느 정도 있음	없음	미용실, 약국, 피자가게, 극장, 주유소

2. 완전경쟁시장의 특징[2)]

(1) 대다수의 소비자와 기업

① 경쟁시장에서 구매자와 판매자의 수는 매우 많음

② 개별소비자의 수요는 시장 전체의 수요량에서 차지하는 비중이 아주 작아서 시장가격에 영향을 줄 수 없음 (시장지배력이 없음)

③ 각 기업이 시장에 공급하는 상품도 시장 전체에서 차지하는 비중이 무시할 정도로 작아 공급량을 변화시킨다고 해도 시장가격에 영향을 줄 수 없음

(2) 상품의 동질성

① 상품의 동질성은 기술적인 특성뿐만 아니라 판매 및 판매 후 서비스의 관련된 조건도 같음

② 모든 기업의 제품이 똑같은 품질과 조건으로 판매되기 때문에 어느 기업도 시장가격 결정에 영향을 미칠 수 없음[3)]

(3) 완전한 정보

① 시장에 참여하는 모든 소비자와 기업이 시장현황에 대해서 완전한 정보를 지님

② 정보를 획득하는 데 아무런 비용이 들지 않음

2) 가격수용자 조건 = (1)+(2), 일물일가의 법칙 성립 조건 = (1)+(2)+(3)

3) 다수의 소비자와 기업 그리고 상품의 동질성으로 가격수용자가 성립

(3) 자유로운 진입과 퇴출

① 기업은 자유롭게 해당 산업에 진입(entry)하거나, 퇴출(exit)할 수 있음[4)]
② 장기적인 자원배분과 시장가격에 중요한 영향을 미침

3. 완전경쟁시장의 의의

① 가정이 비현실적이라도 경쟁시장이 모형에서 도출될 결론들은 현실에 대한 설명이나 미래에 대한 예측을 하는 데 매우 유용 (경쟁이 치열한 시장의 형태를 잘 설명)
② 자원을 효율적으로 배분시켜 모든 시장 형태의 표준이 됨

4) 기업의 진입과 퇴출에 제약이 있다면 산업에 존재하는 기업의 수가 한정되어 시장지배력을 지닐 수 있게 됨

2 완전경쟁시장의 단기균형과 단기공급곡선

1. 경쟁기업의 단기균형

(1) 이윤극대화

① $\pi = TR - TC$

② 이윤극대화는 총수입과 총비용의 차이를 극대화한다는 의미[5)]

③ 이윤은 정상이윤을 초과한 경제적 이윤을 의미

④ 극대이윤을 보장하는 생산량 수준에서 다른 생산량을 생산하려는 유인이 없으므로 균형

(2) 총수입, 평균수입, 한계수입

① $TR = PQ$

② $AR = \dfrac{TR}{Q} = \dfrac{PQ}{Q} = P$

③ $MR = \dfrac{\Delta TR}{\Delta Q} = \dfrac{P \times \Delta Q}{\Delta Q} = P$[6)]

$$P = AR = MR$$

④ 경쟁기업의 AR곡선은 그 기업이 직면하는 그 기업의 생산물에 대한 수요곡선이 됨 ($AR = P$)

---

5) 이윤극대화는 총수입극대화와 총비용극소화와 다름

6) $\Delta TR = (P+\Delta P)\times(Q+\Delta Q) - PQ = (P\times\Delta Q) + (\Delta P + Q) + \Delta P\Delta Q$에서 경쟁시장에서는 P가 일정해 $\Delta P = 0$가 되어 $\Delta TR = P\times\Delta Q$가 성립

⑤ 경쟁기업이 직면하는 수요곡선은 수평선(=완전탄력적)[7]으로 주어진 시장가격으로 자기 제품을 얼마든지 팔 수 있다는 의미

생산량 Q	총수입 ($TR=P\times Q$)	평균수입 $\left(AR=\frac{TR}{Q}\right)$	한계수입 $\left(MR=\frac{\Delta TR}{\Delta Q}\right)$
1	400	400	400
2	800	400	400
3	1,200	400	400
4	1,600	400	400
5	2,000	400	400
6	2,400	400	400
7	2,800	400	400
8	3,200	400	400

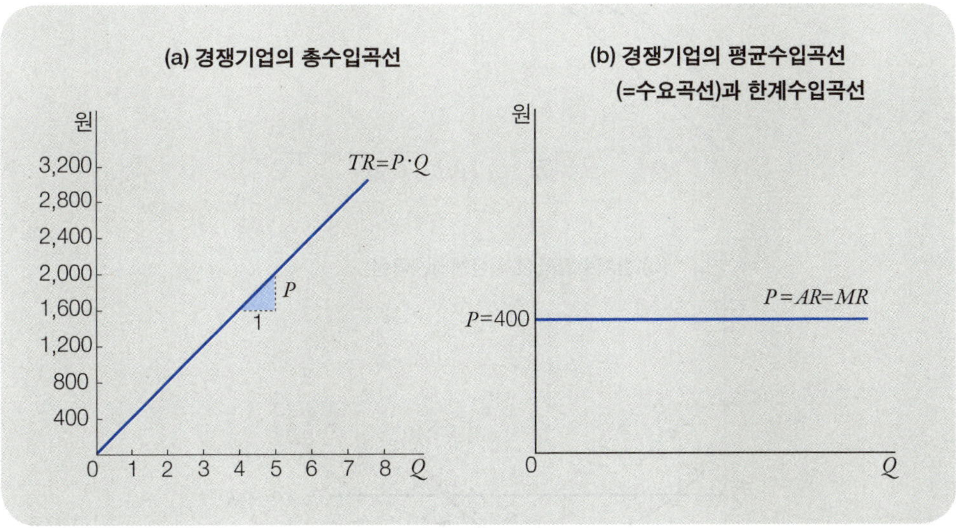

7) 경쟁기업의 입장에서 볼 때 자기 제품에 대한 수요곡선이 수평선으로 인식된다는 의미이지, 소비자의 수요곡선이 수평이란 것을 의미하는 것은 아님(소비자의 수요곡선은 우하향하고, 이를 수평으로 합한 시장수요곡선도 우하향함)

(3) 경쟁기업의 이윤극대화 생산량 결정

① 이윤극대화 생산량은 TR곡선과 TC곡선의 차이인 수직거리를 극대로 만드는 생산량
② 이윤극대화 생산량은 $MR=MC$일 때 성립
③ 완전경쟁시장에서는 $MR=P$가 성립해 $P=MC$라고 할 수 있음[8)]
④ $MR=MC$는 이윤극대화를 위한 필요조건이고, 충분조건이 되려면 MC의 기울기가 MR의 기울기보다 커야 함

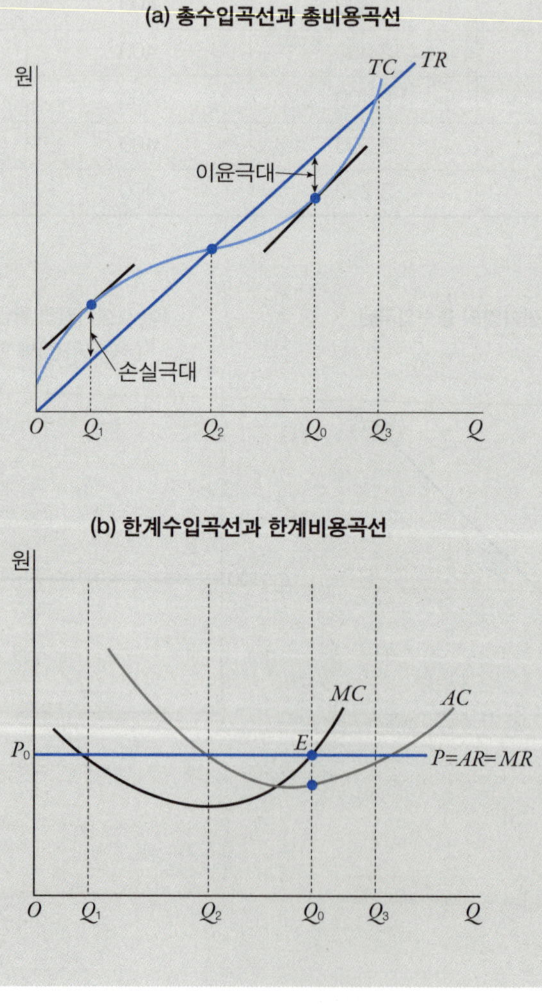

8) 불완전경쟁시장에서도 $MR=MC$가 성립하지만, $P>MR=MC$이므로 $P \neq MC$가 된다는 점에 유의할 것

(4) 응용

① 생산량이 증가함에 따라서 MC곡선이 계속 우하향하거나, 시장가격 P보다 낮은 수준에서 일정하게 된다면 기업의 균형생산량은 시장의 수요량을 모두 충족시킬 때까지 증가시킴

② 결국 완전경쟁 조건이 성립하기 위해서는 전체 시장수요량에 비해서 개별기업의 생산량 수준이 미미하여 MC곡선이 우상향해야 함

2. 완전경쟁기업의 공급곡선

① 경쟁기업은 $P=MC$인 점에서 이윤극대화 생산량이 결정되고, 모든 가격 수준에서도 성립하므로, 기업의 우상향하는 MC곡선이 생산물의 가격 P와 생산량 Q의 대응관계를 나타내는 공급곡선이 됨

② 손익분기점(break−even point) : AC의 최저점

③ 조업중단점(shut−down point) : AVC의 최저점

: 가격이 P_1이 되면 현재 AVC만 충당할 수 있어 상품 1단위당 손실액이 AFC와 같아지므로 생산을 계속하든지 안 하든지 총손실은 AFC와 동일

④ 경쟁기업의 공급곡선은 AVC의 최저점을 상회하는 우상향하는 MC곡선이 됨

⑤ $AVC<P_2<AC$인 경우에 생산을 전혀 하지 않는 것보다 $MR=MC$에서 생산을 하는 것이 총손실을 극소화시킬 수 있어 고정비용의 일부를 충당할 수 있다는 점에서 생산을 계속함[9]

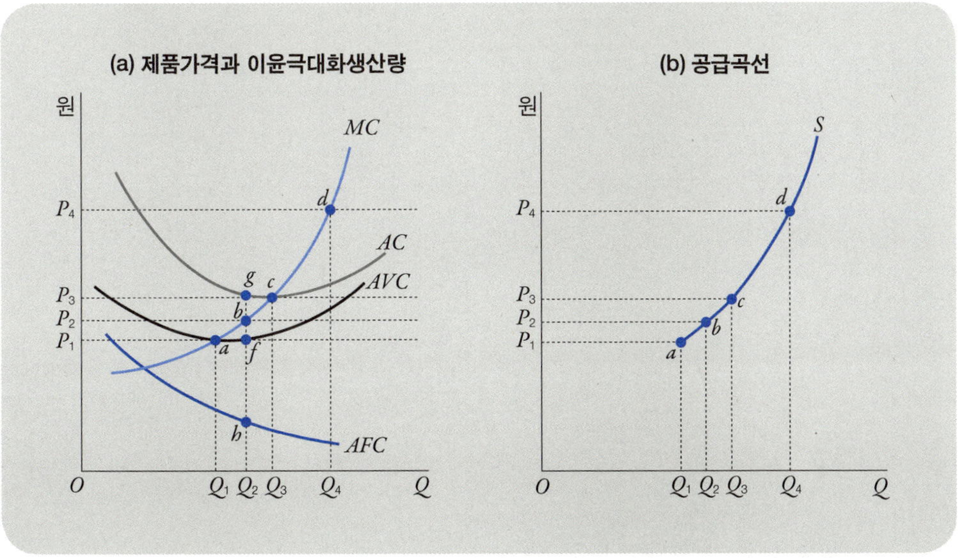

9) 이런 의미에서 $MR=MC$는 이윤극대화 조건이면서 손실극소화 조건임

3. 완전경쟁시장의 공급곡선과 단기균형

① 시장공급곡선은 개별기업의 공급곡선을 수평으로 합해 얻음[10)]

② 개별기업의 단기균형은 $P=MR=MC$의 생산량이 되고, 개별기업의 단기공급곡선은 평균가변비용의 최저점을 상회하는 우상향하는 MC곡선이 됨

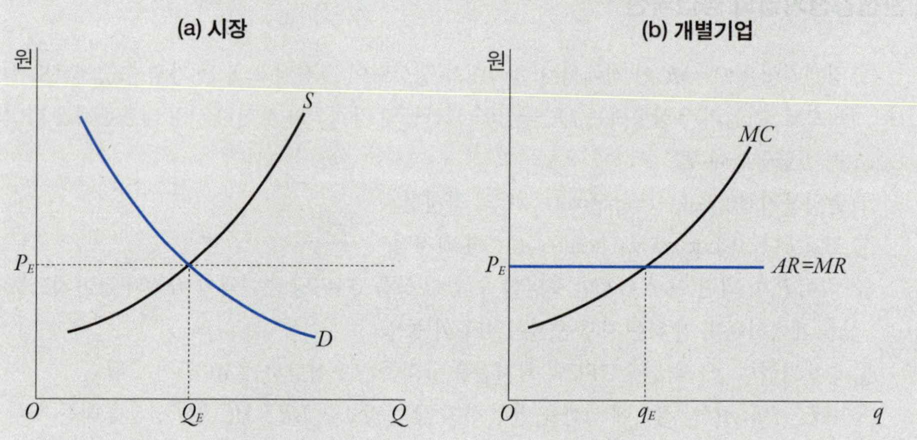

10) 단, 생산요소의 가격이 불변이라는 전제하에서 성립하는데, 경쟁시장에서는 기업들이 영세하기 때문에 문제가 없음

3 완전경쟁시장의 장기균형과 장기공급곡선

※ 장기는 생산시설의 규모를 마음대로 변경시킬 수 있을 정도로 긴 기간으로 산업에는 초과이윤 혹은 손실의 여부에 따라 진입과 퇴출이 자유롭게 됨

→ 산업 내에 존재하는 기업의 수는 이윤의 동기에 의해서 조정

1. 기업과 시장의 장기균형

(1) 장기균형 개념

① 개별기업의 장기균형은 신규기업들의 진입이나 기존기업의 퇴출, 기존기업의 시설규모 조정이 다 이루어진 이후에 달성된 균형상태

② 장기균형에서는 대표적인 개별기업이 초과이윤도 손실도 보지 않고 정상이윤만 획득

(2) 장기균형 조정과정

① 초기에 SAC_0의 생산시설을 지님

② 시장가격이 P_0인 경우에 q_0를 공급하고 색칠한 만큼 초과이윤을 얻음

③ 초과이윤을 보고 신규기업들은 진입할 유인이 있고, 기존 기업들은 생산시설을 확장해 생산량을 증가시킬 유인을 지님

④ 시장의 공급곡선이 우측 이동해 가격이 하락(초과이윤이 0가 될 때까지 계속)

⑤ LAC의 최저점인 대표적 기업의 생산량이 q^*에 대응하는 수준에서 멈추게 됨[11)]

⑥ 이때는 초과이윤이나 손실이 없이 정상이윤만 얻게 됨[12)]

---

11) 기존기업의 무리한 시설확장과 신규기업의 과다진입으로 S^*보다 더 오른쪽으로 가서 P^*보다 낮은 가격이 형성될 수 있으나 손실을 보게 되므로 장기균형상태가 아님

12) 정상이윤만 보장되는 상태에는 기업의 진입과 퇴출이 일어날 이유가 없고, 설사 일어난다고 해도 진입기업 수와 퇴출기업 수가 일치해 평균적으로 정상이윤만 누리게 됨

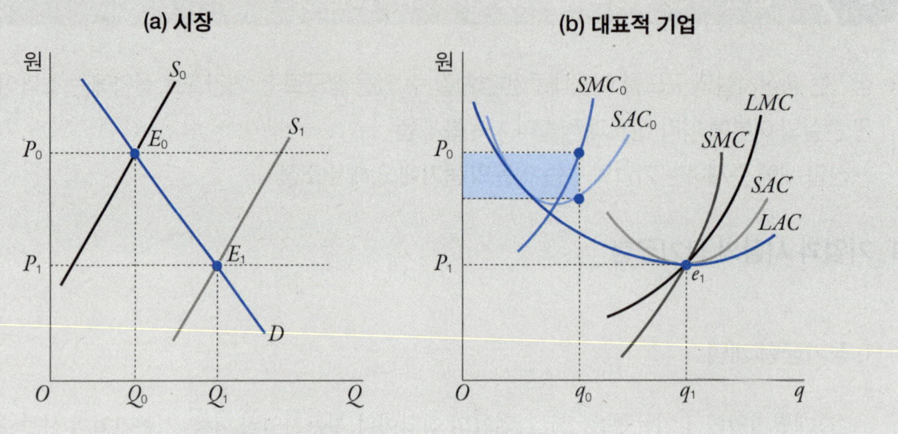

(3) 장기균형 조건

$$SAC = LAC = SMC = LMC = P = MR$$

① $SAC = LAC$: 대표적 기업이 최적시설규모를 가지고 최소비용으로 생산

② $SMC = LMC = MR$: 대표적 기업의 이윤극대화조건이 단기와 장기에 모두 충족되어야 함

③ $SMC = LMC = P$: 극대화된 이윤이 0인 정상이윤만 누려야 함[13)]

13) 모든 기업들이 LAC곡선의 최저점에서 생산하고 정상이윤만을 얻는 균형상태의 가격에 도달할 때 시장은 장기균형 상태가 되고, 진입과 퇴출이 없기 때문에 시장공급량은 안정적

2. 시장의 장기공급곡선

※ 시장수요곡선이 고정되어 있지 않고, 시장수요가 증가 혹은 감소하는 경우 개별기업과 시장의 장기균형점의 변화를 통해 장기공급곡선 도출

(1) 시장 수요의 변화에 따른 단기 조정과정

① 소득 증가, 선호의 유리한 변화, 인구 증가로 시장수요곡선 우측이동[14)]
② 시장가격 상승, 개별기업 공급량 증가, 시장공급량 증가
③ 초과이윤 누림

(2) 장기 조정과정

① 초과이윤의 존재로 장기에 신규 기업들이 시장에 진입
② 기존기업들의 공급량에 추가로 신규참여 기업들의 공급량 추가로 시장공급량 증가
③ 시장공급곡선 우측이동 → 이동 정도는 생산요소의 가격변화에 달려 있음
④ 산업[15)]생산량이 증가할 때 생산요소의 증가로 생산요소의 가격이 일정불변인 경우에는 비용불변산업이고, 요소가격이 상승하는 경우 비용증가산업, 요소가격이 하락하는 경우를 비용감소산업[16)]이라고 함

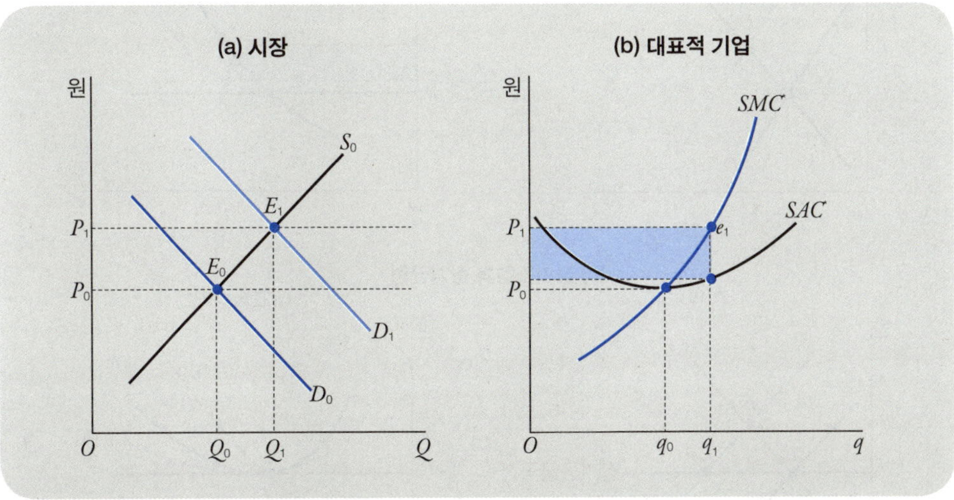

14) 단기에는 생산기술이 일정하고 생산시설이 불변이며 기업의 진입과 퇴출이 없어 시장공급곡선이 변하지 않음
15) 산업이란 동일한 상품을 생산하는 기업들의 집합
16) constant cost industry, increasing cost industry, decreasing cost industry

(3) 비용불변산업과 장기시장공급곡선

① 시장수요 우측이동 → 가격상승 → 초과이윤 → 신규기업 진입
② 생산량 증가를 위해 생산요소를 추가로 증가시켜도 생산요소 가격이 불변 → 모든 비용곡선 그대로

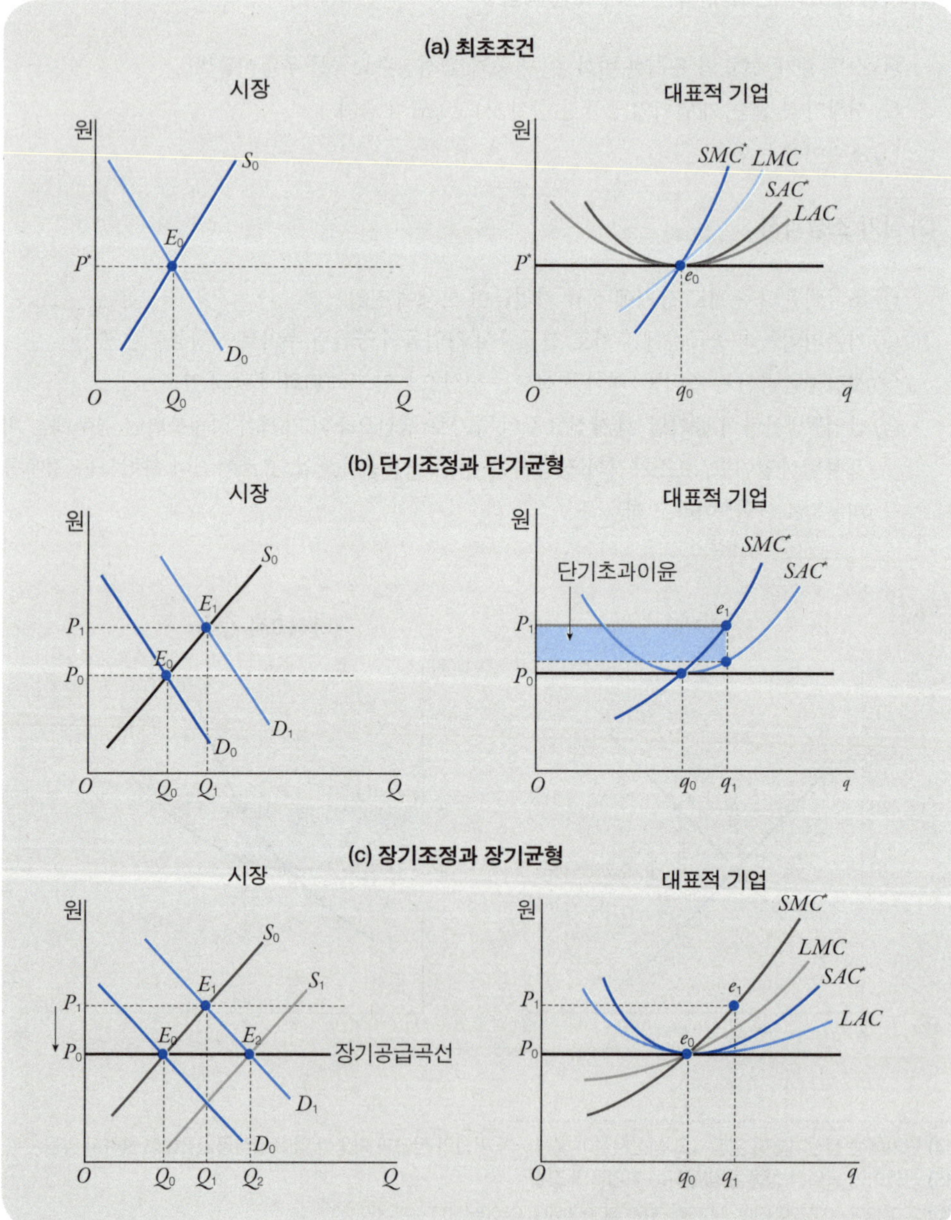

③ 신규기업 진입과 기존 기업의 생산량 증대로 시장공급곡선이 우측이동 (초과이윤이 없어질 때까지 계속)

④ 비용불변산업에서는 수요의 변화에도 장기균형가격은 LAC 최저점에 대응하는 P^*로 불변

⑤ 수요의 변화에 대응하는 시장의 장기균형점을 연결하면 수평의 장기공급곡선 도출

⑥ 기존기업들은 단기에 최적시설규모 이상으로 생산을 증가시키지만, 장기에는 최적시설규모로 회귀해 수요가 증가하기 이전의 최적생산량 q^*를 생산함

→ 장기에 시장가격은 불변이지만, 기업의 수가 증가해 시장공급량은 증가함

(4) 비용증가산업과 장기시장공급곡선

① 비용증가산업에서는 비용불변산업과 같이 시장공급곡선이 우측으로 멀리 이동하지 않음

② 산업생산량이 증가하여 생산요소의 수요가 증가하면 생산요소 가격이 상승하기 때문

③ 요소가격의 상승은 모든 기업들의 비용곡선을 상방이동시킴

④ 가격은 P_2보다는 낮지만, P_0보다는 높은 수준에서 장기균형가격이 형성되어 장기공급곡선은 우상향

⑤ (의미) 시장가격의 상승이 있는 경우에만 생산량이 장기적으로 증가함

⑥ (주의) 새로운 균형가격수준 P_1에서 개별기업의 생산량은 요소가격의 상승으로 비용곡선이 어떻게 상방으로 이동하는가에 따라서 원래 생산량 수준보다 많아질 수도, 적어질 수도, 같아질 수도 있음[17]

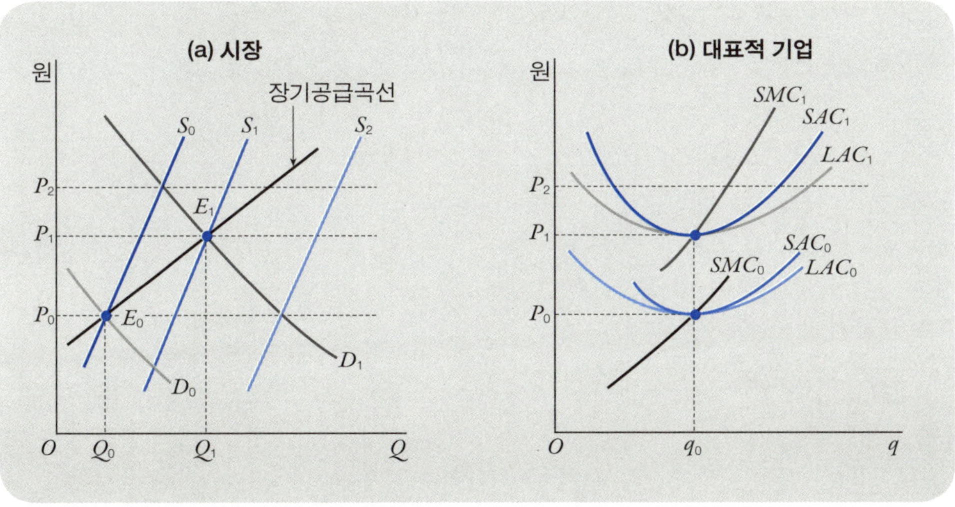

17) 비용불변산업에서는 개별기업의 장기공급량이 일정함

⑦ 일반적으로 시장수요가 증가함에 따라 시장가격이 상승하고, 시장공급량 및 기업의 수가 증가함[18]

(5) 비용감소산업과 장기시장공급곡선

① 산업의 생산량이 증가함에 따라서 생산요소의 가격이 하락하는 경우
→ 생산요소의 공급자들이 기술혁신과 숙련을 통해 요소의 공급을 대폭 증가
② 시장수요가 증가함에 따라서 시장공급량과 기업의 수는 증가하는데 시장가격은 오히려 하락
③ 비용감소산업에서는 장기시장공급곡선이 우하향[19]

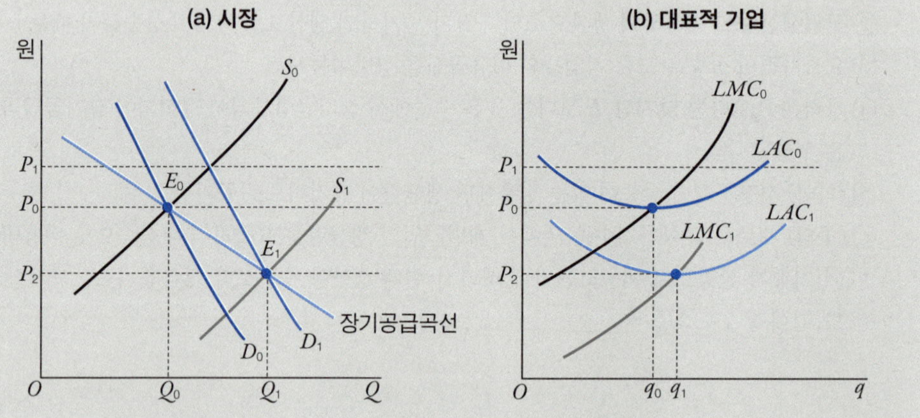

18) 산업의 생산량이 증가할지라도 개별기업들이 이전보다 많이 생산을 하면 기업의 수는 변함 없을 수도 있음
19) 현실에서는 대부분 장기공급곡선은 수평이거나 우상향하고, 단기에 비해서는 장기가 기울기가 좀더 완만한 형태로 더 탄력적임

3. 완전경쟁이론의 평가

(1) 완전경쟁시장과 한계비용가격설정

① 완전경쟁시장에서는 단기와 장기 모두 $P=MC$ 성립
② P는 소비자가 한 단위 더 소비하기 위해서 기꺼이 지불할 용의가 있는 화폐액
③ MC는 생산자가 한 단위 더 생산하기 위한 기회비용
④ $P=MC$는 사회적인 입장에서 볼 때 바람직한 효율적인 자원배분 상황을 의미

(2) 완전경쟁시장과 후생

① $P=LMC=LAC$는 소비자들은 가장 저렴한 가격으로 당해 상품을 소비할 수 있고, 생산자들은 최소의 비용으로 생산해 정상이윤만 얻으며, 생산과정에 참여한 생산요소공급자들은 기회비용만큼 보상받는다는 것을 의미
② 경쟁의 압력이 커서 기업들은 최적시설규모하에서 최소의 평균비용으로 조업해야만 함
③ 소비자잉여가 극대화되고, 경제력의 집중이 배제[20]되어 소득분배의 형평이 달성

20) 완전경쟁의 자유시장은 참된 정치적 민주주의와 연결됨

4 독점시장의 성격

1. 독점의 의미

- 독점기업이 직면하는 수요의 가격탄력성은 작아

→가격에 상당한 정도의 영향을 미침

2. 독점 발생의 원인

- 진입장벽(entry barrier)

(1) 주요 투입요소의 공급 장악 : 생산에 긴요한 투입요소의 전체 공급을 장악

(2) 규모의 경제

① 기업이 생산량을 대폭 늘려 생산단가를 낮춤으로 경쟁기업을 시장에서 몰아냄
② 최소효율규모(minimum efficient scale)가 매우 큰 경우
→ 산출량이 매우 높은 수준에 이를 때까지 규모의 경제가 지속 가능
③ 시장수요를 충족시키는 산출량 수준까지 평균비용 체감
④ 자연독점(natural monopoly) : 전기, 전화, 수도사업

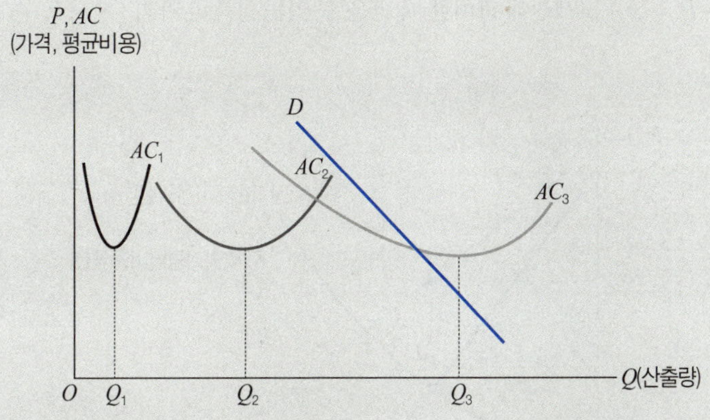

(3) 특허권

특허 효력이 지속되는 기간에 걸쳐 독점적 공급자 지위 지속 (법적 근거)

(4) 전매권

독점영업권, 전매권을 정부가 허용, 공기업의 전매수익이나 개인 기업에 전매권을 팔아 재정 수입 획득

(5) 흡수·합병(M&A)

5 순수독점하의 장단기 균형

※ 차별독점(discriminating monopoly) vs. 순수독점(pure monopoly)

1. 단기균형

(1) 단기균형의 도출

① MR곡선과 SMC곡선이 교차점의 산출수준(Q_m)이 독점기업의 이윤 극대화

② 가격은 P_m : 상품을 생산해 판매할 때 받을 수 있는 상품의 가격

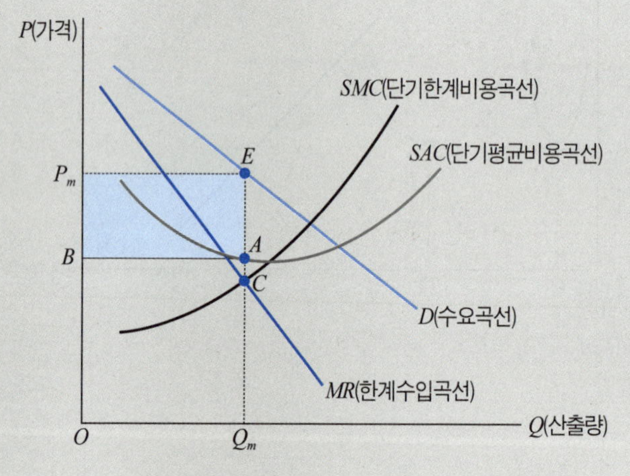

③ 독점기업은 가격 설정자(price setter)

→ 적당한 가격을 설정 가능 (가격과 산출량을 모두 자유로이 선택할 수 있는 것은 아니고 주어진 수요곡선 상에서 어느 한 점만 선택)

④ 단기균형에서 $P>MC$ (P_mEAB 면적의 이윤 획득)

> ※ 수요곡선이 SAC곡선 밑에 위치한 경우 독점기업도 손실을 보게 되지만
> $MR=MC$는 손실이 극소화되는 조건임

(2) 단기균형의 그 밖의 성격

① 독점자는 애당초 공급곡선 자체가 존재하지 않음
(수요곡선을 보고서 얼마만큼의 상품을 팔겠다는 결정을 하는 것일 뿐)
② 단기균형에서 수요의 가격탄력성은 1보다 큰 값

2. 장기균형

■ 수요조건에 비추어 알맞은 시설규모로 바꾸어 단기보다 큰 이윤 획득
→ 장기에 손실이 지속되면 산업에서 이탈하기 때문에 장기에도 남은(survival) 기업은 최소한의 0 이상의 경제적 이윤을 획득한 것이라 할 수 있음

3. 다공장독점

(1) 개념

① 독점기업이 여러 개의 공장에서 생산하는 경우
② 과점시장에서 기업들이 카르텔을 결성하여 독점기업처럼 행동하는 것과 유사

(2) 이윤극대화 조건

① 동일한 재화를 공장1과 2에서 생산하는 경우에 각 공장에서 MC는 MR과 같아야 함
② 결국 $MC_1=MC_2=MR$ 성립[21]

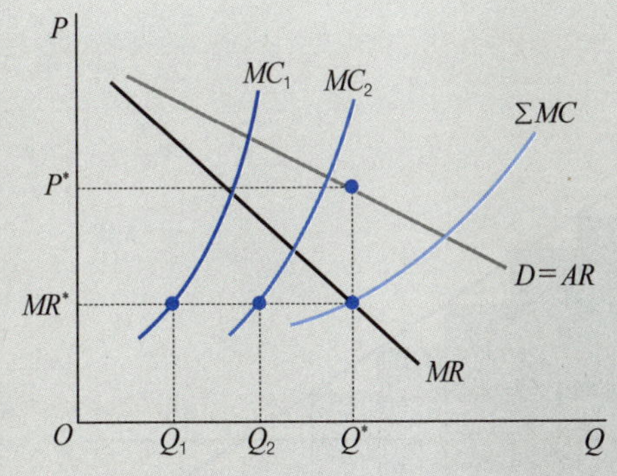

21) $Max\pi = TR(Q) - TC_1(Q_1) - TC_2(Q_2)$

$\frac{\partial \pi}{\partial Q_1} = \frac{\partial TR(Q)}{\partial Q_1} - \frac{\partial TC_1}{\partial Q_1} = \frac{\partial TR(Q)}{\partial Q}\frac{\partial Q}{\partial Q_1} - \frac{\partial TC_1}{\partial Q_1} = 0$에서 $MR = MC_1$

$\frac{\partial \pi}{\partial Q_2} = \frac{\partial TR(Q)}{\partial Q_2} - \frac{\partial TC_2}{\partial Q_2} = \frac{\partial TR(Q)}{\partial Q}\frac{\partial Q}{\partial Q_2} - \frac{\partial TC_2}{\partial Q_2} = 0$에서 $MR = MC_2$

6 가격차별

1. 가격차별이 가능해질 수 있는 조건

① 소비자를 몇 개의 그룹으로 구분 가능
: 수요의 가격탄력성의 크기로 구분 가능하고 어디에 속하는지 파악 가능해야
② 전매가 불가능
: 전화서비스나 전기와 같이 소비자가 구입 시 소비할 수밖에 없는 경우라야 함

2. 가격차별의 유형

(1) 제1급 가격차별(완전가격차별)

① 소비자의 수요패턴에 대해 완벽하게 파악(보상수요곡선, 상품에 대해 얼마의 가격을 지불할 용의가 있는가에 대한 정보)
② 모든 소비자에게 각각 다른 가격을 부과
→ 한 소비자에 대해서도 보상수요곡선을 따라가면서 처음에는 높은 가격을 매기고 차츰 가격을 낮춰 나가는 완벽한 가격차별을 시행 가능
③ 보상수요곡선 아래의 전체 면적이 독점자의 수입
→ 소비자잉여는 전혀 존재하지 않음

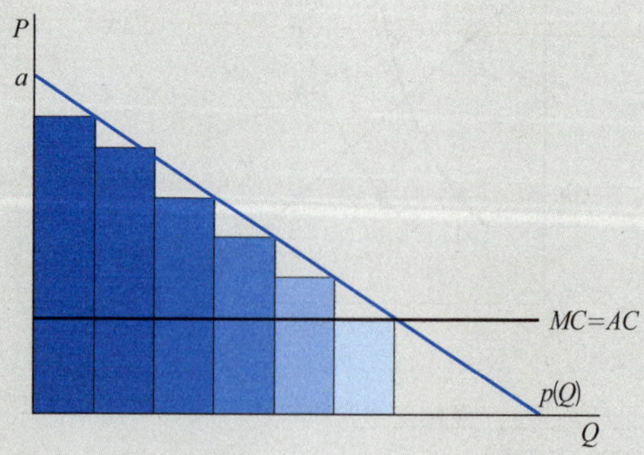

(2) 제2급 가격차별

① 판매할 상품을 몇 개의 덩어리(block)로 나누고 각 덩어리에 대해 다른 가격을 매기는 것 (전화, 전기, 수도 등의 요금체계)

② 소비자잉여 중 일부분만 소비자에게 남겨 줌

③ 이유는 "정보의 비대칭성"에 기인

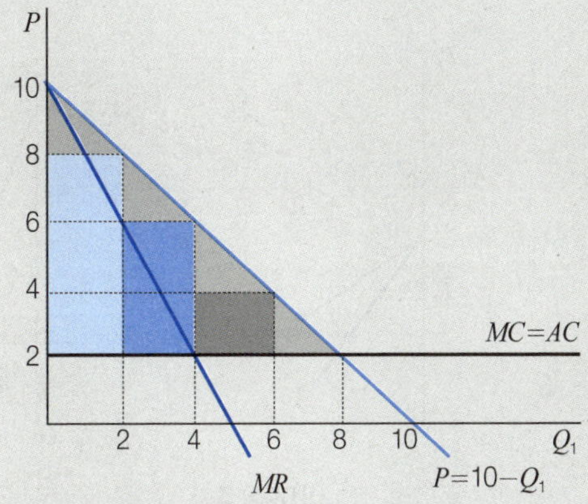

※ 장애물(hurdle)을 이용한 가격차별

- 현실에서 수요의 가격탄력성이 높은 사람을 골라 낮은 가격을 부과해야 하지만, 유형을 파악하기가 쉽지 않은 점이 문제

→ 스스로 자신의 유형을 드러내게끔 유도 (장애물의 설치)

예 쿠폰, 세일, 조조할인, 환불제(refund) 등

→ 쿠폰을 가져간 사람에게 가격할인을 해주는 것은 가져가지 않은 사람에게는 더욱 높은 가격을 부과하겠다는 것을 의미

- 이상적인 장애물이 되기 위한 조건

: 그것을 뛰어넘는 데 별 비용이 들지 않으면서, 가격탄력성이 높고 낮은 소비자를 완벽하게 갈라놓을 수 있어야 함

(3) 제3급 가격차별 (다시장 독점)

① 수요의 특성이 다른 두 개의 시장 A, B로 분리
→ 이윤극대화 전략
② 모든 시장에서 한계수입이 동일해지도록 상품을 배분해야 함[22)]

$$MR_A = MR_B = MC$$

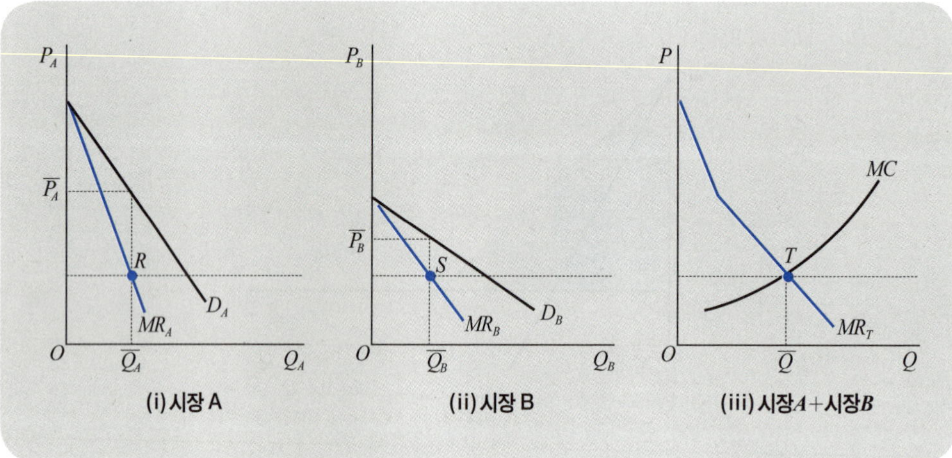

- 시장 A의 가격 > 시장 B의 가격
(=시장 A에서의 수요의 가격탄력성이 더 작음)

※ $MR = P\left(1 - \frac{1}{\varepsilon_P}\right)$의 관계 이용
→ $MR_A = MR_B$
→ $\therefore\ P_A\left(1 - \frac{1}{\varepsilon_P^A}\right) = P_B\left(1 - \frac{1}{\varepsilon_P^B}\right)$
→ $[\varepsilon_P^A < \varepsilon_P^B] \Rightarrow [\overline{P_A} > \overline{P_B}]$

22) $Max\pi = TR_A(Q_A) + TR_B(Q_B) - TC(Q)$
$\frac{\partial \pi}{\partial Q_A} = \frac{\partial TR_A}{\partial Q_A} - \frac{\partial TC}{\partial Q_A} = MR_A - MC = 0$에서 $MR_A = MC$
$\frac{\partial \pi}{\partial Q_B} = \frac{\partial TR_B}{\partial Q_B} - \frac{\partial TC}{\partial Q_B} = MR_B - MC = 0$에서 $MR_B = MC$

3. 가격차별의 후생경제학적 의미

(1) 부정적 측면

소비자에 따라 어떤 상품에서 얻는 한계편익이 서로 다르다는 것은 비효율적

(2) 긍정적 측면

① 상품의 산출량이 순수독점의 경우와 최소한 같거나 더 커짐
② 전혀 소비하지 않던 사람들이 가격차별과 더불어 새로운 소비자로 등장 (소비계층의 확대)
③ 수요의 가격탄력성이 높은 소비자들은 낮은 가격의 혜택 (∵주로 빈곤층→ 분배에 긍정적)

보론 1 해외시장과 국내시장 가격차별

① 국내시장과 해외시장에 동일한 상품을 판매하는 경우
② 국내시장의 수요곡선(D_d)은 우하향하고, 해외시장 수요곡선(D_w)은 국제시장에서 결정된 가격에서 수평으로 가격은 한계수입과 일치해 $P_w = MR_w$가 성립
③ 개방 이전에는 국내시장에서 독점이므로 $MR_d = MC$인 Q_0에서 생산해서 P_0에 판매
④ 개방 이후에는 $MR_w = MC$인 Q^*만큼 생산하고 국내시장에는 Q_d만큼 판매하고, $(Q^* - Q_d)$ 만큼은 수출
⑤ 결국 $MR_d = MR_w = MC$가 성립하도록 각 시장에 생산량과 판매량 결정

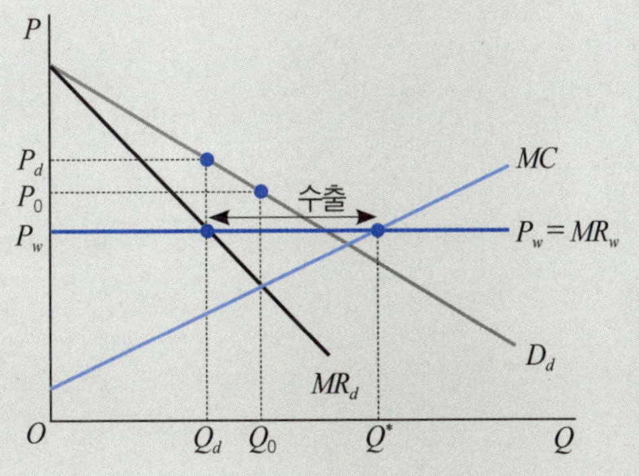

보론 2 국내독점시장이 수입자유화로 개방되는 경우

① 시장개방 이전에 국내 독점기업은 생산량 Q_0, 가격은 P_0

② 시장개방 이후에 국내 독점기업의 생산량 Q_1, 국내소비량은 Q_2, 수입량은 (Q_2-Q_1)

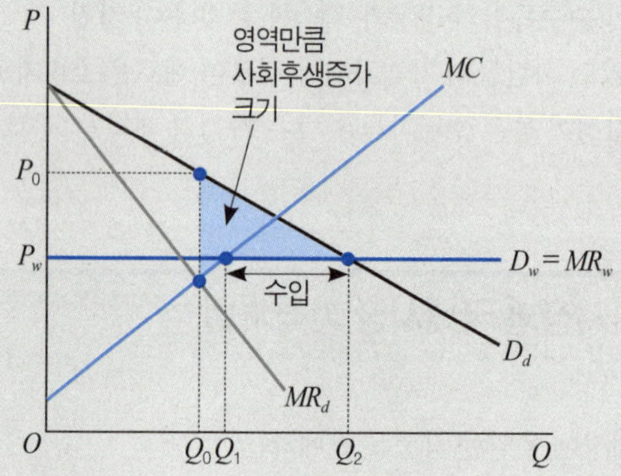

7 그 밖의 판매전략

1. 이부가격(two-part tariff) 설정

(1) 가입비(entry fee) + 사용료(usage fee)

① 일정한 금액을 지불하고 특정한 상품을 사용할 권리를 사게 한 후 사는 양에 비례해 추가적인 가격을 내게 만드는 방식

② 예 골프장, 서울랜드, 특정 기계구입과 소모품

(2) 이윤극대화 최적 수준 결정

① 1인만 존재하고, 수요조건 완전 파악 시
→ 사용료=한계비용, 가입비=소비자잉여

② 삼각형 면적(ΔAP_0B)의 가입비와 한계비용과 같은 사용료 부과

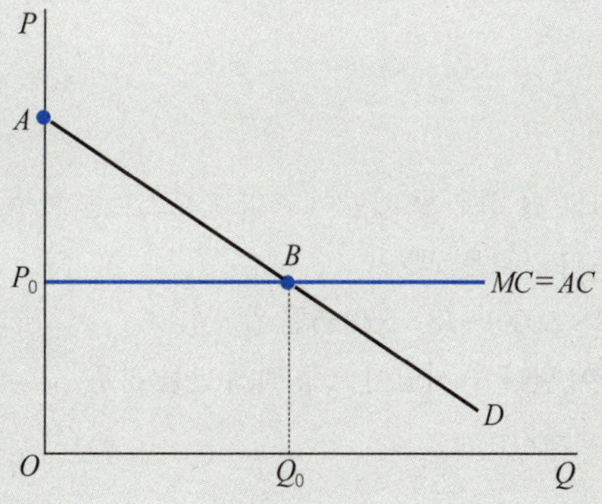

③ 똑같은 n명의 소비자가 존재하는 경우로 일반화 가능
→ 한계비용곡선이 우상향의 일반적인 경우 사용료 징수를 통해 이윤의 일부를 얻을 수 있다는 점만 다를 뿐

(3) 평가

① 부정적 측면 : 독점기업이 소비자잉여를 모두 거두어 감

② 긍정적 측면 : 생산수준 자체는 효율적

2. 묶어 팔기(bundling)

(1) 동기

① 서로 밀접한 관련을 갖는 상품들은 함께 묶어 팔아야 효율적 예 안경테와 렌즈

② 가격규제를 회피하는 수단으로 사용
예 철판 가격에는 규제가 적용되고 있지만 철근 가격에는 규제가 없는 경우

③ 경쟁기업 몰래 가격할인을 해주기 위한 목적

[사례] 커피와 토스트에 대해 두 사람이 지불할 용의가 있는 금액이 〈표〉에서 보는 것 처럼 주어져 있다고 가정

	커피	토스트
A	3,000	500
B	2,000	1,000

(2) 분석

① 커피와 토스트를 따로 팔 경우 두 사람이 커피와 토스트를 모두 사 먹게 하려면 커피의 가격은 2천 원, 토스트의 가격은 5백 원

→ 가게의 총수입은 (2×2,000) + (2×500)=5천 원

② 3천 원의 가격에 묶어 팔아 두 사람이 모두 먹게 만들 경우

→ 총수입이 6천 원으로 증가

(3) 결론

① 묶어 팔기가 이득이 되는 경우는 두 사람의 수요 사이에 음(−)의 상관관계(correlation)가 있음

② 두 사람의 선호가 매우 다르고, *A*가 *B*보다 토스트에서도 더 큰 금액을 지불할 의사가 있으면 성공 못 함

(4) 효과

① 사회 전체의 관점에서 묶어 팔기가 바람직한 것인지의 여부는 판단하기 어려움

② 때때로 경쟁을 저해하는 결과 (독점자가 이윤을 더 크게 만들기 위한 가격차별의 수단으로 자주 활용해 경쟁자를 시장에서 몰아내기 위한 수단으로 사용)

[사례] 최근 Microsoft사가 웹브라우저인 Internet Explorer를 Windows와 묶어서 판매하는 행위가 논란

③ 긍정적 경우 : 경우에 따라서는 묶어 팔기가 효율성을 제고

1 소비자가 이들을 묶는 것보다 생산자가 묶는 것이 더욱 효율적일 수 있음
 예 자동차의 옵션
2 여러 곳을 돌아다니면서 물건을 사지 않아도 되기 때문에 탐색비용이나 거래비용 절감
3 생산자가 상품을 유통시키는 데 지불하는 비용도 절약

③ 혼합 묶어 팔기(mixed bundling) vs. 순수 묶어 팔기(pure bundling)

※ 묶어 팔기도 넓은 의미의 가격차별 범주에 속하는 판매전략 (암묵적 가격차별)

8 독점의 후생경제학적 의미

1. 독점과 사회후생 : 기초적 논의

(1) 단기에서의 자원배분

① 완전경쟁적 시장 단기균형 : C점 (소비자잉여는 ΔAP_cC의 면적)

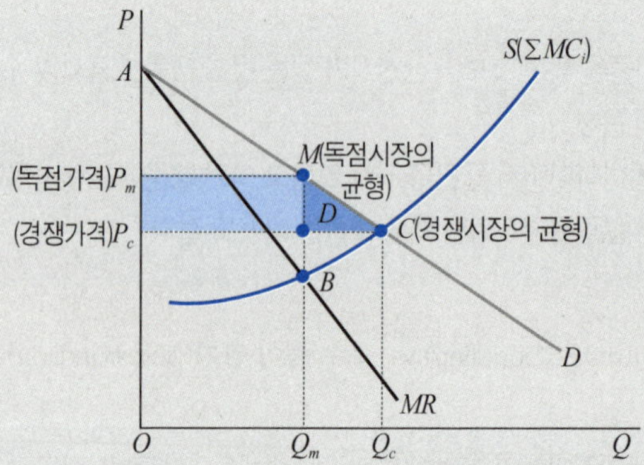

② 독점화 : B점에서 산출량 결정 후 → M점 균형 ($P>MC$)
→ 독점화로 인해 소비자의 후생이 사다리꼴 P_mP_cCM의 면적만큼 줄어듦
(사다리꼴에서 사각형 P_mP_cDM는 소비자잉여가 독점이윤으로 바뀐 부분, 나머지 부분 즉 ΔMCD가 사회적 순손실)
③ 산출량이 줄어든 데 따라 생산자잉여도 감소 → ΔBCD의 면적
④ 경쟁시장체제가 독점체제로 바뀜에 따라 발생하는 사회적 순손실 : ΔMBC의 면적
→ 후생삼각형(welfare triangle), 하버거의 삼각형(Harberger's triangle), 자중손실(deadweight loss)

(2) 장기에서의 자원배분

- 독점의 장기균형은 장기평균비용곡선의 최저점이 선택되지 않음
- 진입장벽 때문에 기존의 독점기업보다 더욱 효율적인 새로운 기업이 등장하기 어려움

(3) 분배의 측면

- 독점화의 결과 사각형 P_mP_cDM의 면적에 해당하는 소비자잉여가 독점이윤이 됨

→ 역진적(regressive)인 소득 재분배일 가능성이 큼

2. 독점의 사회적 비용 : 종합적 평가

(1) 후생삼각형의 크기

- 하버거(A. Harberger) : GDP의 0.1%에 불과
- 스티글러(G. Stigler) : 하버거의 측정방법에 문제(모든 산업에서 수요의 가격탄력성이 1이라는 가정)를 지적함

→ 대부분의 연구결과는 0.5%에서 2%에 이르는 범위 안에 집중

(2) 그 밖의 사회적 비용

① 털록(G. Tullock)

: 독점기업이 진입장벽을 구축하는 데 쏟아 붓는 낭비적인 지출 지적

② 라이벤스타인(H. Leibenstein)

: 독점기업이 X-효율성(X-efficiency)의 측면에서도 문제가 있을 수 있음을 지적

(X-효율성은 "초과적인(extra) 효율성"에 기인한 것으로 배분적 효율성과 대조되는 의미로 눈에 잘 보이지 않는 측면에서 발생, 노동자가 의욕에 차 있는가의 여부)

→ 독점기업은 경쟁의 압력이 없어 최대한 X-효율성을 추구할 유인이 없음

③ 기술혁신(innovation) 측면 논쟁

> ※ 슘페터(J.Schumpeter)는 완전경쟁체제하에서 아무런 경제적 이윤도 얻지 못하는 기업들은 과감한 R&D를 행할 능력 결여로 충분한 독점이윤을 지닌 경우에 장래가 불투명한 연구개발 투자에 과감히 투자, 사실 모든 기술혁신의 이면에는 독점이윤 획득이 내재해 있다고 주장

④ 독점체제가 분배의 측면에서 부의 편중을 심화시키는 결과

⑤ 소비자들이 누릴 수 있는 선택의 자유(freedom of choice)를 제한

(상품의 가격을 올려 소비자의 실질 구매력 하락을 가져와 선택의 자유 제한)

⑥ 비민주적 질서 : 경제력이 소수에 집중되어 사회적·정치적 권력도 이들이 장악 가능(정경유착)

9 독점의 규제

1. 독점정책의 기본구도

(1) 독점기업을 국유화(nationalization)

원천해결법으로 소유주인 정부가 사회적 관점에서 가장 바람직한 수준의 산출량과 가격 결정 (but, 공기업의 비효율성이 경종)

(2) 가격에 대한 규제(regulation)

(3) 불완전하나마 경쟁체제 도입

※ 최근 현실의 대부분은 규모의 경제에 의한 자연발생적인 성격이 많음
자연독점의 경우 기술적인 이유로 경쟁체제도입이 원천적으로 한계

2. 가격규제의 여러 방법

(1) 한계비용 가격설정

$$P = MC$$

→ 수요곡선과 독점기업의 한계비용곡선이 교차하는 점에서 독점자가 최대한으로 받을 수 있는 상한가격(price ceiling)으로 설정

→ 실질적인 수요곡선(effective demand curve)은 P_cED가 됨

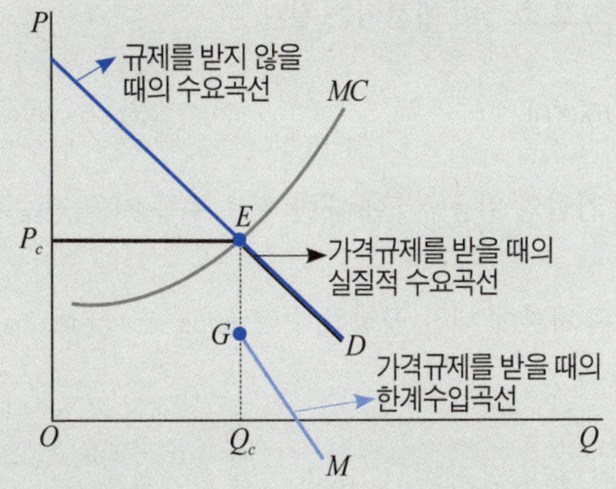

- 완전경쟁체제였다면 선택되었을 산출량, 가격의 조합과 완전히 일치
- but, 독점기업이 자연독점의 성격이면 손실을 보게 된다는 문제점

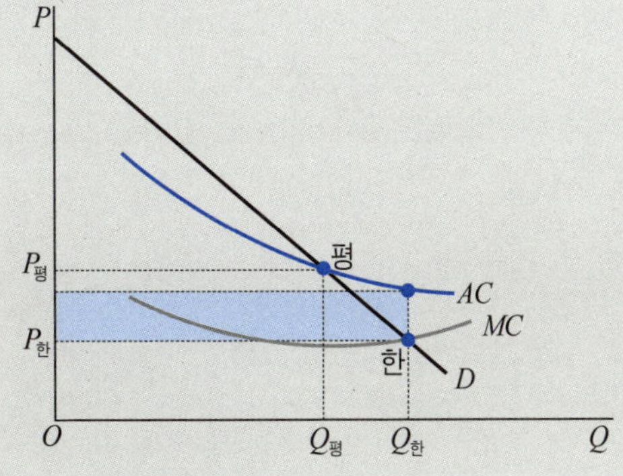

(2) 평균비용 가격설정

- 자연독점 시 차선책으로서 $P=AC$

→ 최소한 손실은 피하면서 가능한 많은 상품을 낮은 가격에 공급하도록 유도 가능

(3) 이중가격설정(two-tier pricing)

- 한계적 소비자에게는 MC에 해당하는 낮은 가격 부과하고
  기업의 손실은 다른 그룹에 속하는 소비자에게 높은 가격으로 판매해 보충
- 소비자에 따라 두 가지 다른 가격을 받을 수 있게 허용
- [문제점] 현실에서 정확하게 산정할 수 있는가와 누구를 높은 가격에 파는 대상으로 하느냐에 따라 실질적으로 소득이 이전되는 결과

(4) 수익률 규제(rate of return)

- 규제대상이 되는 기업의 비용구조에 대한 정보 부족 시 일정수준에서 수익률을 통제하는 방식 채택

→ 규제당국은 투하된 자본에 대한 공정한 수익률(fair rate of return)을 계산해 실제의 수익률을 이 수준으로 통제

> ※ 공정한 수익률을 한 경제 안에서 사용되는 자본이 평균적으로 얻는 수익률로 해석하는 것이 보통(but, 명확한 개념이 아니기 때문에 문제 유발 가능)

- 수익률이 잘못 선택된 경우 효율성과 공평성의 측면 모두에서 심각한 문제 야기

→ if 합리적으로 선택되는 경우에도, 독점기업이 일부러 비효율적으로 운영되게 만드는 유인을 제공 (비용을 절감하기 위한 열의를 보이지 않음)

10 독점적 경쟁시장에서의 가격과 생산

1. 독점적 경쟁의 특징

① 독점적 경쟁(monopolistic competition)은 완전경쟁과 독점의 성격을 나누어 가짐
② 완전경쟁과 유사 : 자유로운 진입과 퇴출이 보장
③ 독점과 유사 : 약간의 시장지배력 보유
예 음식점, 출판사, 서점, 옷가게, 이발소, 목욕탕, 세탁소, 컴퓨터 게임실

(1) 다수의 기업

① 기업의 수가 많다는 점에서 완전경쟁과 비슷
② 완전경쟁기업의 수보다는 작음

(2) 상품차별화

① 이질적인 상품[23]
② 약간의 시장지배력 보유
③ 단기에 독점기업처럼 우하향하는 수요곡선에 직면(독점보다는 완만한 기울기)
④ 밀접한 대체재가 존재해 수요의 가격탄력도가 큼

(3) 기업의 자유로운 진입과 퇴출

① 진입장벽이 존재하지 않음
② 기업들이 평균적으로 초과이윤을 누리면 신규기업들이 진입해서 장기에는 초과이윤이 사라짐(정상이윤만 누림)

(4) 비가격경쟁[24]

① 비슷비슷하면서 약간씩만 다른 상품을 생산
② 판매서비스, 품질, 광고 경쟁[25]
③ 획기적인 혁신이 아니라 상품의 크기, 색상, 디자인 등을 바꾸는 측면의 개량이 많음

23) 출판사는 책을 출판하는 기업들이지만 책의 저자, 내용, 디자인 등이 달라 이질적인 상품을 제공하고, 각 출판사는 약간의 시장지배력을 보유
24) 완전경쟁에서는 동일한 품질의 상품을 같은 가격에 얼마든지 팔 수 있어 비가격경쟁의 유인이 없고, 독점은 밀접한 대체재가 존재하지 않아서 비가격경쟁이 필요 없음
25) 독점에서의 광고는 단지 홍보적인(informative) 성격을 지님

2. 독점적 경쟁기업의 단기균형

(1) 수요곡선 형태

① 상품 차별화를 통해서 독점기업처럼 우하향의 수요곡선을 지님
② 독점의 경우에 비해서 수요곡선은 훨씬 완만한 기울기

(2) 독점적 경쟁시장의 단기균형

① 독점적 경쟁하에서는 상품의 비동질성을 가정
② 시장수요곡선을 완전경쟁시장처럼 각각의 시장가격에서 개별기업이 직면하는 수요곡선을 합해 도출할 수 없음
③ 품질이 차별화된 제품 생산에는 비용도 다름
④ 독점적 경쟁시장의 균형을 정확하게 설명하기 어렵기 때문에, 대표적 기업의 개념을 사용

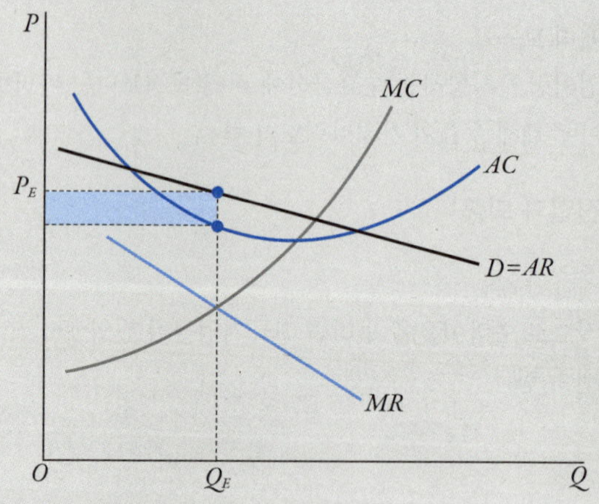

3. 독점적 경쟁기업의 장기균형

(1) 장기균형과 조정과정

① 자유로운 진입과 퇴출로 장기에는 초과이윤도 없고 정상이윤만 향유

② $P=AC=LAC=SAC$

③ 장기에 이윤극대화 조건 $MR=SMC=LMC$

④ 초과이윤 존재 → 신규기업들이 진입해 밀접한 대체재 생산 → 기존기업 수요가 감소 → 기존의 대표적 기업의 수요곡선은 차츰 이동[26] → 손실 발생 → 일부 기업들 퇴출

⑤ 수요곡선이 LAC곡선과 접할 때까지 기업의 전출입이 계속되어 정상이윤만 획득

⑥ 초과이윤이 0이라는 점만 빼고는 장기에 독점과 독점적 경쟁균형은 동일

26) 신규기업들이 너무 많이 산업에 밀려오면 수요가 분산되어 개별기업 수요 감소

(2) 그림을 통한 설명

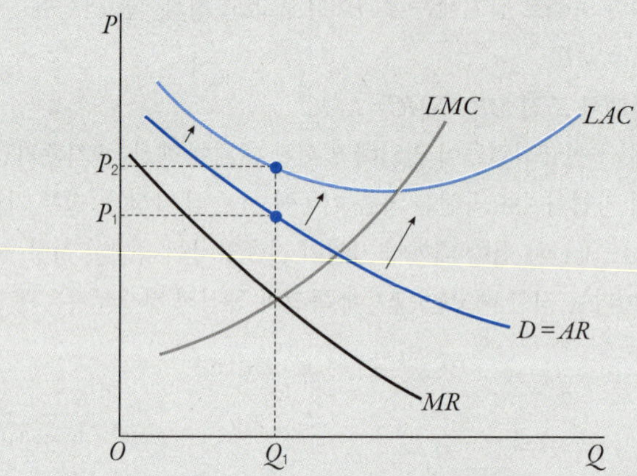
P
LMC
LAC
P2
P1
D=AR
MR
O
Q1
Q

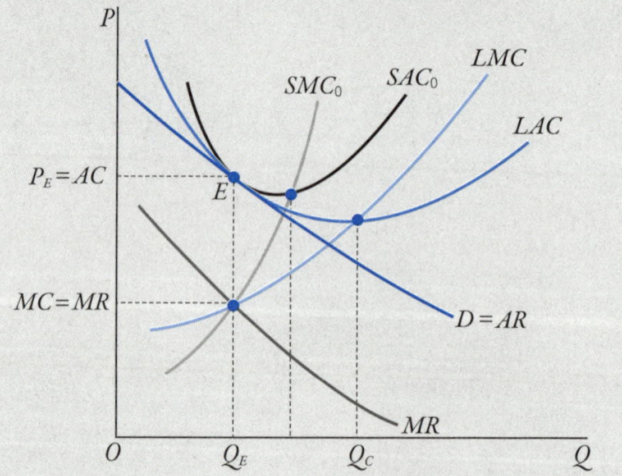
P
LMC
SMC0
SAC0
LAC
PE=AC
E
MC=MR
D=AR
MR
O
QE
QC
Q

4. 독점적 경쟁의 평가

(1) 자원배분의 효율성

① 과잉시설 존재
② $P>MR=MC$

(2) 소득분배 측면

① 많은 기업들이 장기적으로 정상이윤만을 얻으므로 독점보다는 소득의 불공평한 분배가 약함
② 공평분배의 기여는 완전경쟁에 미치지 못함

(3) 제품의 다양성 측면

① 소비자들에게 다양한 상품을 제공
② 독점적 경쟁의 비효율성이 반드시 바람직스럽지 못하다고 할 수 없음

(4) 기술혁신 측면

① 기술혁신 유인에는 부정적
② 초과이윤은 단기에 그쳐 독점과 같은 방대한 자금과 연구진을 장기적으로 활용할 수 없음
③ 비가격경쟁으로 품질이 개선되었지만, 외견상의 개량에 그치고 실질적인 기술혁신에는 이르지 못함

11 과점시장에서의 가격과 생산

1. 과점의 특성

(1) 과점의 개념과 유형

① 과점은 소수의 대기업에 의해서 지배되는 시장[27)]

② 현실경제에서 대부분의 산업이 과점으로, 껌, 아이스크림, 맥주, 설탕, 냉장고, 승용차 신용평가, 국제원유시장, 국제택배시장 등이 해당

(2) 기업 간 상호의존관계

① 소수의 기업이 존재하기 때문

② 가격이나 생산량을 결정할 경우에 다른 경쟁기업들이 어떤 반응을 보일지 고려

(3) 치열한 비가격경쟁과 가격 경직성

① 기업 간 밀접한 상호의존관계에 있어 한 기업이 가격인하를 하면 다른 기업도 가격인하로 대처해 가격경쟁이 발생

② 치열한 가격경쟁을 피하고자, 가급적 광고나 상품차별화 등 비가격경쟁에 의존하기도 함

③ 과점시장의 제품가격은 자주 바뀌지 않고 경직적인 현상을 보임

(4) 담합과 공동행위

① 상호이익을 위해서 가격경쟁보다는 비경쟁행위를 통한 공동의 이윤극대화 추구

② 카르텔[28)], 기업합동

(5) 상당한 진입장벽

① 독점과 같은 정도는 아니지만 독점적 경쟁보다는 두터운 진입장벽

② 규모의 경제, 원재료 소유[29)], 정부의 인허가[30)] 등

③ 전략적 진입장벽[31)]

27) 두 개의 기업이 전체시장을 형성하는 경우를 복점(duopoly)이라고 하고, 대한항공과 아시아나항공이 경쟁하는 국내 주요항공노선이 있음

28) 카르텔은 개별기업들이 독립성을 유지하면서 시장지배를 목적으로 일정한 협약을 통해 공공행위를 하는 경우이고, 기업합동은 참가 기업들이 독립성을 포기하고, 시장독점을 위해 하나의 독점기업처럼 행동하는 형태임

29) 가수들은 많이 있지만, 인기가수는 외모, 음색과 창법, 무대 스타일에서 독특한 원재료인 재능을 보유

30) 농기계시장, 승용차시장, 이동통신시장 등은 아무 기업이나 진입할 수 없고, 정부가 사업허가를 내주어야 함

31) 약탈적 가격설정, 이미 널리 알려진 상표, 수많은 차별화된 상표로 소비자의 다양한 기호를 이미 충족

2. 여러 가지 과점이론

※ 과점기업들은 다른 기업들이 가격과 생산량에 어떻게 반응할 것인가를 고려하는데, 반응의 형태가 다양할 수 있기 때문에 다양한 과점이론이 전개 가능

(1) 굴절수요곡선의 이론

① 어느 기업이 가격을 인하하면 따라하지만, 가격을 인상할 때는 따라하지 않는 경향
② 현재의 가격에서 꺾이는 수요곡선에 직면
③ 과점기업의 생산비가 변하면 한계비용이 MC_1~MC_2 사이에 있다면 이윤극대화 수량이 변함없음
④ (시사점) 현행수준에서 가격경직성을 설명
⑤ (한계) 왜 현재수준에서 가격이 결정되었는지 설명 못 하고, 현실에서 설명력이 약함[32)]

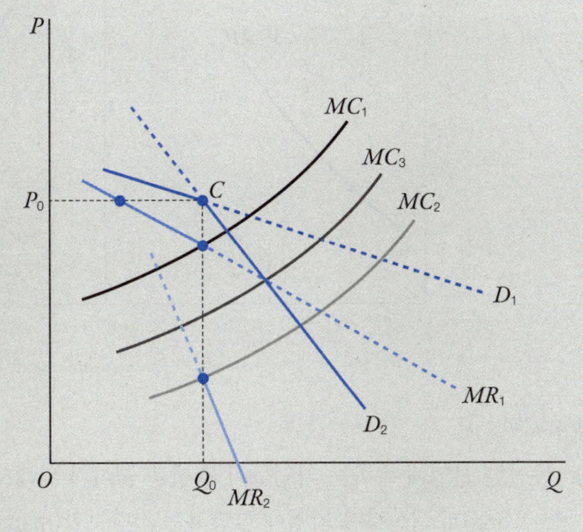

32) 어느 한 기업이 가격을 인상할 때 다른 기업이 따라서 가격을 인상하는 경우가 흔함

(2) 비가격경쟁

① 상품차별화 : 상표, 디자인, 색채, 스타일, 제품의 속성
② 광고 : 홍보적인 광고[33], 사실왜곡적인 광고[34], 전투적인 광고[35], 기업광고[36]
③ 판매조건 경쟁 : 일정기간 품질보장, AS, 경품제도, 외상 및 할부제도

(3) 담합의 이론

① 담합(collusion)은 기업들이 가격이나 생산량을 결정할 때 상의해서 공동보조를 취하는 것
② 두 기업이 담합하는 경우 한계비용곡선을 수평으로 합해서 ΣMC를 구하고, MR과 만나는 점에서 이윤극대화 생산량 결정

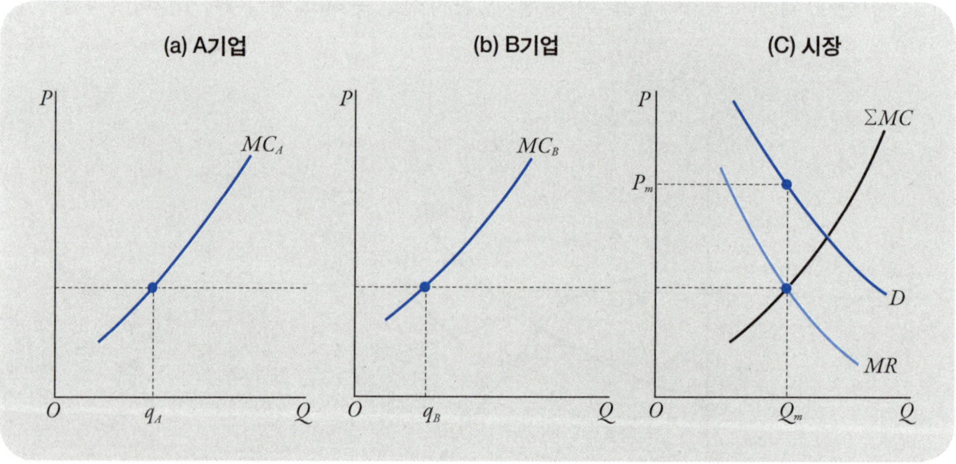

③ 다공장독점과 유사[37]
④ 카르텔(cartel) : 동일한 산업에 속하는 기업들이 경쟁을 줄이기 위해서 형성한 기업연합으로 가격고정(price fixing)과 생산량을 기업에 할당하는 시장분할(market sharing)이 있음

33) 상품의 가격, 용도, 품질, 구입 가능한 장소 등을 제공하는 informative advertisement으로 소비자에게 정보를 제공해 비용과 수고를 줄여준다는 측면에서 긍정적이지만, 다른 광고요인들은 모두 부정적인 비효율을 야기할 수 있음
34) 그릇된 환상을 심어주어 구매심리를 자극하는 fact–distorting advertisement
35) 경쟁기업이 광고를 하니까 시장점유율을 잃지 않으려고 하는 combative advertisement로 우유업계에서 서울, 매일, 남양 공동으로 우유 선전을 하지 않고 자기회사의 우유제품만 선전하는 경우
36) 특정상품광고 이외에 자기의 이미지를 높이려는 PR, 자선활동, 공익광고 등 institutional advertisement
37) 독점기업이 두 지역에서 공장을 운영하고 있는 경우의 생산량 결정과 동일

⑤ 카르텔의 불안정성 : 현실에서 카르텔에 가입하지 않은 기업은 공공연하게, 카르텔에 가입한 기업은 남몰래, 카르텔 협정가격보다 낮은 가격으로 판매하여 시장점유율을 높이고 이윤을 증대하고자 시도[38]

⑥ 카르텔 붕괴 가능성이 높은 경우[39] : 경기 침체 시, 시장진입장벽이 낮은 경우, 상품차별화의 정도가 큰 경우, 독과점 규제가 강한 경우

참고 OPEC와 석유생산담합

① 1960년에 처음 결성되어 5대 수출국인 이란, 이라크, 사우디아라비아, 쿠웨이트, 베네수엘라로 출발
② 1973년 6개국인 카타르, 아랍에미리트연합, 리비아, 알제리, 나이지리아, 인도네시아 추가
③ OPEC회원국들은 세계 전체 원유 생산량의 3/4을 생산하고 있고, 담합을 통해 유가안정을 꾀하고 있음
④ 그러나 할당된 수량보다 더 높은 양을 생산하고자 하는 유인이 존재해서 원유감산 합의사항이 잘 지켜지지 않음
⑤ 초기인 1973년부터 1985년까지 담합이 잘 지켜져 2.64달러(1972년)에서 11.17달러(1974년)으로 1981년에는 35.1달러까지 치솟게 됨
⑥ 1980년대 초반에는 생산량 할당에 다툼이 생기고, 담합유지에 금이 가기 시작해 1986년에는 12.52달러로 하락하기도 함

(4) 선도기업의 이론

① 명시적인 담합은 불법화되고 있으므로, 현실에서는 가격을 선도하는 기업이 있고, 다른 기업들은 이를 따라하는 경우가 많이 있음

② 묵시적 협약으로 모든 기업들이 같이 가격을 인상하는 효과를 통해서 개별기업들은 시장점유율을 종전과 비슷하게 유지하면서 이익을 더 얻을 수 있음

③ 미국 자동차 산업이 대표적인 사례로 GM이 새 모델에 대해서 가격을 책정하면 포드와 크라이슬러가 비슷한 가격 수준에서 새로운 모델의 가격을 책정

38) 추가적으로 카르텔 전체로 얻게 된 극대화된 이윤이 가입한 회원 기업들 사이에 어떻게 배분할 것인가의 문제가 있음

39) 카르텔 위반시 효과적인 제재조치가 마련되어 있지 않은 경우 붕괴 가능성 존재

(5) 과점의 기타이론

① 진입저지가격설정(entry−limit pricing) : 기존기업들은 새로운 기업들이 시장에 진입하려고 할 때 일시적으로 담합을 형성하여 가격을 충분히 낮게 책정해 진입을 저지하려고 함

② 비용할증가격설정(mark−up pricing) : 현실의 과점기업들은 $MR=MC$가 아닌 평균비용에 적절한 마진율을 더해 판매가격을 결정하는 경우가 많음 ($P=AC(1+m)$)

③ 기점가격제도(basing point price system) : 생산지의 가격을 기점으로 다른 지역의 가격수준을 관리하는 방법으로 미국 철강 산업에서는 피츠버그를 중심으로 수송비를 추가하는 수준으로 가격이 책정

12 과점시장

1. 과점시장의 개요

(1) 과점시장의 의의

① 소수의 기업이 지배 : 의사결정 과정에서 다른 기업의 반응을 명시적으로 고려해야 할 정도의 수

② 동질적 과점과 차별적 과점으로 분류

③ 과점의 본질은 기업들 간의 상호의존(interdependence)과 전략적 행동

④ 과점기업의 성립 : 신규기업이 진입하지 못하게 전략적으로 행동

예 진입제한 가격설정(limit pricing)[40)]

⑤ 사회후생 관점에서 결코 바람직한 것은 아님

(2) 전략적 행동

① 한 기업의 행동이 다른 기업의 행동에 영향을 미치고, 다른 기업도 이점을 감안해 행동하는 경우를 말함 → 다른 기업들의 반응을 고려하는 가운데 자신에게 최선의 행동을 선택하는 경우

② 전략 변수 : 가격, 생산량, 광고

(3) 과점시장의 균형

① 다른 기업의 반응을 고려해 전략적으로 행동하면서, 주어진 시장여건에서 개별 기업이 최선의 행동을 하고, 그 결과 어느 기업도 자신의 행동을 변경하지 않으려는 상태를 말함

② 과점기업은 기본적으로 비협조적으로 행동하지만, 묵시적으로 상대방의 전략을 수용하는 가운데 협조적으로 행동할 수도 있음

40) 신규기업이 진입하려고 하면, 기존기업들은 생산량을 대폭 늘려 낮은 가격으로 공급하겠다고 위협해 진입을 저지하는 것으로 이때 가격을 진입제한가격이라고 함

2. 과점시장의 비협조적 모형

(1) 꾸르노 모형

1 꾸르노 모형의 의의

① 다른 기업의 생산량은 주어진 것으로 간주하고 자신에게 최선의 생산량을 결정 (생산량 전략 변수)

② $CV_1 = \frac{\Delta Q_2}{\Delta Q_1}$: 추측된 변동(conjectural variation)

→ 기업 2의 반응에 대한 기업 1의 추측된 변동으로 꾸르노 모형에서는 $CV_1 = \frac{\Delta Q_2}{\Delta Q_1} = 0$, $CV_2=0$ 가정

→ 한 기업이 생산량을 변화시키고자 할 때 다른 기업의 생산량은 일정한 수준으로 고정된 상수로 간주 의미

③ 각 기업은 자신의 생산량 결정만이 아니라 다른 기업의 생산량 결정이 함께 시장공급을 결정하고, 시장가격과 이윤에 영향을 미치게 됨 (꾸르노-내쉬 균형 모형)

2 꾸르노 모형의 가정

① 꾸르노 모형은 비협조적 게임 가운데 동시게임이고, 불완전한 정보의 게임

② 과점기업은 시장수요곡선을 정확하게 알고 있음 가정 (공통의 지식)

3 꾸르노 모형 예시

① $P=h(Q)=h(Q_1+Q_2)$

② $C_1=C_1(Q_1)$, $C_2=C_2(Q_2)$

③ $\pi_1(Q_1, Q_2)=PQ_1-C_1(Q_1)=h(Q_1+Q_2)Q_1-C_1(Q_1)$

$\pi_2(Q_1, Q_2)=PQ_2-C_2(Q_2)=h(Q_1+Q_2)Q_2-C_2(Q_2)$

④ 조건부 계약생산(전략) : 두 기업 간에는 아무런 협약이 없기 때문에 각 기업은 상대방이 얼마를 생산할 것인지를 감안해 자신의 생산량을 결정

→ 반응함수(reaction function) $Q_1=R_1(Q_2)$, $Q_2=R_2(Q_1)$

→ 반응곡선 : 상대방의 생산량에 따라서 자신의 이윤을 극대화하는 생산량

⑤ 잔여수요곡선(residual demand curve)

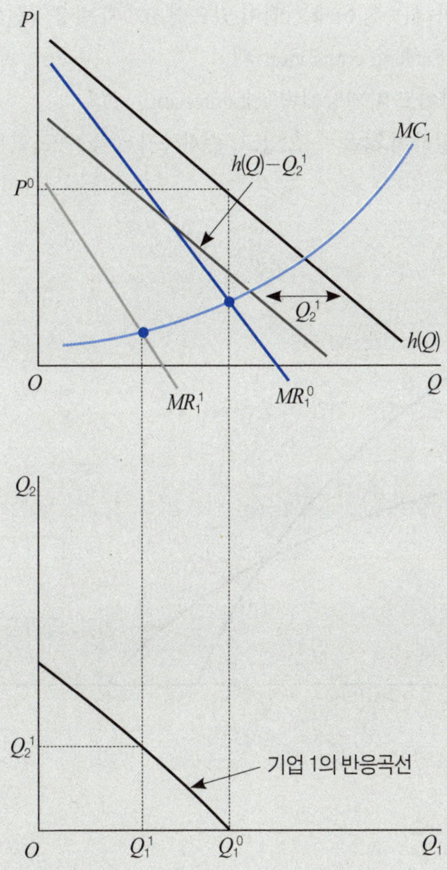

4 꾸르노 균형

① 내쉬균형으로 상대방의 생산량을 주어진 것으로 간주하고 자신에게 최선인 생산량을 결정하여, 어떤 기업도 자신의 생산량을 변경할 유인이 없는 상태를 말함

② 두 반응곡선이 교차하는 점 (n개 기업이 있으면, n개의 반응곡선이 있음)

③ 자기실현균형(self-fulfilling equilibrium)[41]

④ 전략적으로 안정적이고 자기강제력(self-enforcing) 균형

⑤ 꾸르노 균형은 유일하지 않을 수도 있고, 존재하지 않을 수도 있음

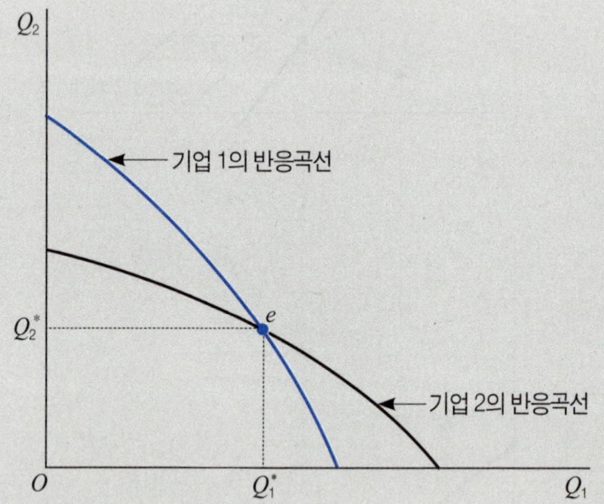

41) 실제로 예상이 적중해 어느 누구도 자신의 행동을 변경하지 않으려는 상태로 아파트 가격이 상승할 것으로 예상하고 행동한 결과 실제로 아파트 가격이 예상한 만큼 상승하는 경우

5 꾸르노 모형의 예

① $P=90-Q$

② $MC_1=MC_2=30$

③ $\pi_1(Q_1, Q_2)=PQ_1-30Q_1=60Q_1-Q_1^2-Q_1Q_2$

$\pi_2(Q_1, Q_2)=PQ_2-30Q_2=60Q_2-Q_2^2-Q_1Q_2$

→ 각 기업의 이윤은 자신의 생산량만이 아닌 다른 기업의 생산량에도 의존

④ 이윤극대화 생산량

$$\frac{d\pi_1}{dQ_1} = 60 - 2Q_1 - Q_2 = 0$$

$$\frac{d\pi_2}{dQ_2} = 60 - 2Q_2 - Q_1 = 0$$

⑤ 반응함수와 반응곡선

$$Q_1 = R_1(Q_2) = \frac{60 - Q_2}{2}$$

$$Q_2 = R_2(Q_1) = \frac{60 - Q_1}{2}$$

⑥ 꾸르노 균형

$Q_1^*=Q_2^*=20,\ P^*=50,\ \Pi_1^*=\Pi_2^*=400$

6 완전경쟁균형 및 독점균형과의 비교

■ 가격은 독점 > 과점 > 경쟁시장

생산량은 독점 < 과점 < 경쟁시장

① 시장지배력이 증가할수록 가격은 높아지고, 생산량은 적어져 사회후생은 감소

② 기업의 수가 점점 증가할수록 개별기업의 시장지배력은 점점 무시할 만한 수준으로 감소하고, 꾸르노 균형은 경쟁시장 균형으로 수렴

(2) 슈타켈버그 모형

1 슈타켈버그 모형의 의의

- 생산량을 전략변수로 하는 생산량 선도 모형(quantity leadership model)
- 선도자와 추종자 모형
  (→ 어느 기업이 먼저 생산량을 결정하는가는 각 기업의 비용구조에 의해서 내생적으로 결정될 문제로, 통상 한계비용이 낮은 기업이 선도자 행동)

2 슈타켈버그 모형의 가정과 균형

- 비협조적 게임의 관점에서 완전한 정보의 순차게임으로 부속게임 완전내쉬균형
  (→ 후방귀납법 적용)
- 모든 기업이 선도자로 행동하려는 경우를 슈타켈버그 전쟁상태(Stackelberg warfare)

3 슈타켈버그 모형의 예

① 기업 1이 선도자, 기업 2가 추종자

→ 기업 2는 기업 1의 생산량을 관찰한 후에 최선을 다해 노력하게 되는데 이를 반영한 것이 꾸르노 모형의 반응함수가 됨

→ 기업 2의 반응함수 : $Q_2 = R_2(Q_1) = \dfrac{60 - Q_1}{2}$

② 기업 1은 기업 2가 추종자로서 반응함수를 따라 행동할 것을 예상하면서(기업 2의 반응곡선 수용) 자기 마음대로 생산량 조절 가능
(기업 2의 반응곡선을 기업 1의 이윤함수에 대입)

③ $\pi_1 = PQ_1 - 30Q_1 = (90 - Q_1 - Q_2)Q_1 - 30Q_1$

$$= 60Q_1 - Q_1^2 - Q_1Q_2$$

$$= 60Q_1 - Q_1^2 - Q_1\left(\frac{60 - Q_1}{2}\right)$$

$$= 30Q_1 - \frac{Q_1^2}{2}$$

→ 선도자인 기업 1의 이윤은 자신의 생산량에 의해서만 결정

④ $\dfrac{d\pi_1}{dQ_1} = 0,\ Q_1^* = 30,\ Q_2^* = \dfrac{60 - Q_1^*}{2} = \dfrac{60 - 30}{2} = 15$

⑤ $P^* = 45,\ \pi_1^* = 450,\ \pi_2^* = 225$

※ 추종자인 기업 2의 생산량을 먼저 구하고, 이를 감안해 선도자인 기업 1의 이윤을 극대화하는 생산량 결정

(3) 베르뜨랑 모형

1 베르뜨랑 모형의 의의

- 가격을 전략변수로 사용 (가격파괴)
- 어떤 기업도 자신이 책정한 가격수준을 바꿀 의사가 없는 상태가 시장균형
- 내쉬균형의 일종 : 다른 기업들이 가격을 어떤 수준에서 책정하든 항상 이에 대해 최선의 반응을 보인다고 가정

2 베르뜨랑 모형의 예

[CASE 1] 동질적인 과점

① 동질적인 상품을 생산하는 두 기업의 한계비용이 30 ($MC_1=MC_2=30$)
② 가격을 전략변수로 한 경우 시장균형은 한계비용과 일치 ($P=MC$)
③ $P_1^*=P_2^*=30$이 유일한 균형으로 각 기업은 정상이윤만 획득

[CASE 2] 차별적인 과점

① $MC_1=MC_2=30$
② 두 재화가 서로 대체재 관계 (한 기업이 가격을 인상하면 다른 기업이 생산하는 재화에 대한 수요가 증가)

$Q_1=90-P_1+P_2$

$Q_2=90-P_2+P_1$

③ 가격을 전략변수 : 각 기업은 다른 기업의 가격을 주어진 것으로 간주하고 자신에게 가장 유리한 가격 결정
④ 이윤함수 : 각 기업의 이윤이 자신 가격만이 아닌 다른 기업의 가격에도 영향

$$\pi_1=P_1Q_1-30Q_1=120P_1+P_1P_2-P_1^2-30P_2-2{,}700$$
$$\pi_2=P_2Q_2-30Q_2=120P_2+P_1P_2-P_2^2-30P_1-2{,}700$$

⑤ 이윤극대화

$$\frac{d\pi_1}{dP_1}=120-2P_1+P_2=0$$
$$\frac{d\pi_2}{dP_2}=120-2P_2+P_1=0$$

⑥ 반응곡선

$$P_1 = R_1(P_2) = \frac{120 + P_2}{2}$$
$$P_2 = R_2(P_1) = \frac{120 + P_1}{2}$$

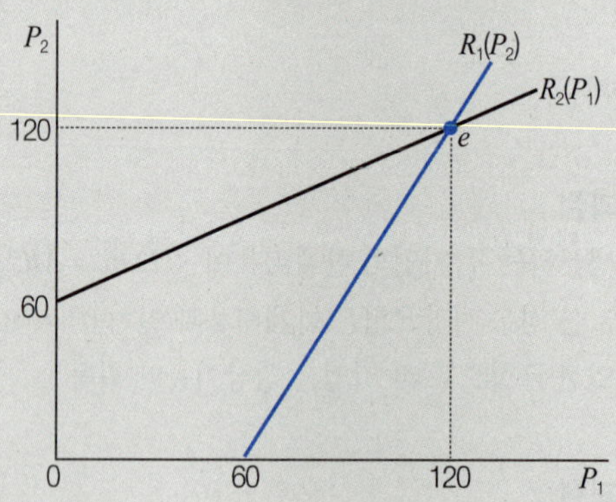

⑦ 베르뜨랑 균형

$P_1^* = P_2^* = 120,\ Q_1^* = Q_2^* = 90,\ \pi_1^* = \pi_2^* = 8{,}100$

⑧ 동질적인 과점과 비교해 볼 때, 차별적인 과점의 경우 각 기업은 한계비용에 비해 높은 가격을 책정하고, 초과이윤을 얻음

→ ∴ 후생적으로 바람직하다고 할 수 없음

(4) 가격선도 모형

1 가격선도 모형의 의의

가격을 전략변수로 선도자가 먼저 가격을 결정하면, 추종자는 이에 순응하는 모형 (기업 1이 선도자, 기업 2는 추종자)

2 가격선도 모형의 예

① 추종자의 반응함수 $P_2 = R_2(P_1) = \frac{120 + P_1}{2}$를 기업 1의 이윤에 대입

$$\begin{aligned}\pi_1 &= P_1Q_1 - 30Q_1 \\ &= (P_1 - 30)Q_1 = (P_1 - 30)(90 - P_1 + P_2) \\ &= 165P_1 - \frac{P_1^2}{2} + 4,500\end{aligned}$$

② 기업 1의 이윤극대화 조건

$$\frac{d\pi_1}{dP_1} = 165 - P_1 = 0$$

	베르뜨랑 모형	가격선도 모형
균형가격	$P_1^* = P_2^* = 120$	$P_1^L = 165$, $P_2^F = 142.5$
균형생산량	$Q_1^* = Q_2^* = 90$	$Q_1^L = 67.5$, $Q_2^F = 112.5$
이윤	$\Pi_1^* = \Pi_2^* = 8,100$	$\Pi_1^L = 9,112.5$, $\Pi_1^F = 12,656.25$

3 가격선도 모형 함의

① 가격선도 모형에서 두 기업 모두 베르뜨랑 모형보다 높은 수준에서 가격을 결정 (선도자는 더 높은 가격 책정)

② 선도자는 베르뜨랑 모형에 비해서 생산을 적게 함 (∵ 가격을 높게 책정한 결과) but, 추종자는 베르뜨랑 모형보다 더 많이 생산 (∵ 상대적으로 가격을 낮게 책정한 결과)

③ 선도자와 추종자 이익은 베르뜨랑 모형에 비해서 모두 증가 (추종자 이익이 더 많이 증가)

④ 가격선도 모형에서는 후발자의 이익 존재 (선도자가 오히려 불리)

⑤ 시장지배력이 큰 기업이 시장지배력이 약한 기업으로 하여금 선도자로 행동하도록 압력을 넣는 경우 상정할 수 있음 (추종자는 동시에 가격 설정하는 경우보다 이윤이 커진다면 충분한 유인 존재)

참고 시장수요가 $P=a-bQ$이고 $MC=c$인 경우 시장 구조에 따른 균형 비교

- 완전경쟁시장 생산량$=\frac{a-c}{b}$
- 독점시장 생산량$=\frac{a-c}{2b}$
- 꾸르노 복점 생산량$=\frac{2}{3}\frac{a-c}{b}$
- 슈타켈버그 생산량$=\frac{3}{4}\frac{a-c}{b}=\left(\frac{2}{4}\frac{a-c}{b}\right)+\left(\frac{1}{4}\frac{a-c}{b}\right)$

☞ 꾸르노 모형에서 n개의 기업이 존재하는 경우에 총생산량은 $\frac{n}{n+1}\frac{a-c}{b}$이 됨

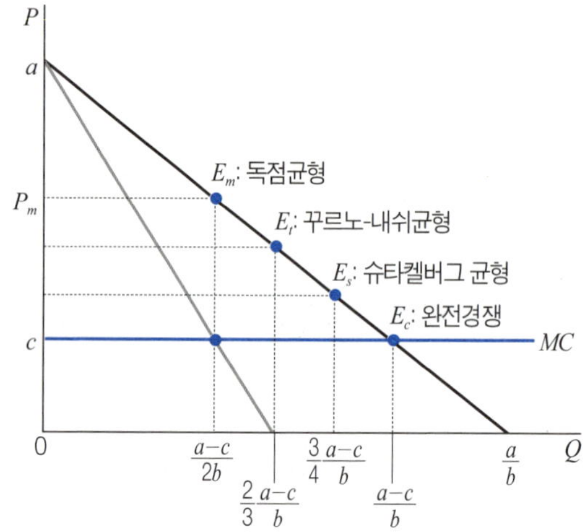

13 게임이론

※ 둘 이상의 경제주체가 상호연관관계 (전략적인 상황, strategic situation)

→ 자신의 이익을 추구하지만 어느 누구도 그 결과를 마음대로 좌우할 수 없는 경쟁적인 경쟁적 상황을 분석하는 툴 (예 : 화투놀이, 포커)

→ 자신의 행동이 상대방의 반응을 불러일으키는 전략적 상황에서 경제주체들이 어떤 행태를 보일 것인지를 분석하는 데 중점 (합리적 경제주체는 자신에게 가장 유리한 결과를 가져오는 전략을 선택하려고 하는데 상대방도 동일한 관점에서 전략을 선택)

→ 가장 그럴듯한 결과 : 게임의 균형

1. 게임이론의 기본모형

(1) 게임이론의 의의

■ 과점시장

① 전략적 상황이 많음 but, 과점 모형에 적절히 반영 어려움

② 게임이론을 통해 전략적 상황에 처한 기업들이 행태를 체계적으로 분석하려는 시도

(2) 게임이론의 기본골격

■ 몇 가지 기초개념 : 게임을 구성하는 요소

① 경기자(player)

② 전략(strategy)

③ 게임의 보수(payoff)

기업 B / 기업 A	전략 b_1(적은 광고비)	전략 b_2(많은 광고비)
전략 a_1(적은 광고비)	(8, 8)	(1, 10)
전략 a_2(많은 광고비)	(10, 1)	(4, 4)

(3) 협조게임과 비협조게임

① 협조게임(cooperative game)
: 경기자들이 공동으로 추구할 전략과 관련하여 피차의 행동을 규제할 (공식적) 계약에 대해 협상하는 것
→ 반도체 신기술 개발을 위해 공동의 투자계획
② 비협조게임(non-cooperative game)
: 서로 담합하지 않고 상대방의 행위에 대해 추측된 변화에 입각한 의사결정을 하는 게임
→ 가격, 산출량, 광고 경쟁

2. 게임의 균형

■ 각 경기자들이 선택한 전략에 의해 하나의 결과가 나타났을 때, 모든 경기자가 이에 만족하고 더 이상 전략을 변화시킬 의도가 없어지는 경우
→ 게임의 결과로서 가장 그럴듯한 것 (결과로서 나타날 가능성이 매우 높은)

(1) 우월전략균형(dominant strategy)

① 상대방이 어떤 전략을 선택할지에 관계없이 자신의 보수를 더 크게 만드는 전략
② 상대방의 모든 전략에 대해서 최적 대응이 될 수 있는 전략
③ 직관적으로 명백하나 현실에서 예를 찾기 어려움

기업 B / 기업 A	전략 b_1(적은 광고비)	전략 b_2(많은 광고비)
전략 a_1(적은 광고비)	(8, 8)	(1, 10)
전략 a_2(많은 광고비)	(10, 1)	(4, 4)

→ 기업 A의 경우 a_2, 기업 B의 경우 b_2가 우월전략임

(2) 내쉬균형(Nash equilibrium)

① 주어진 상대방의 전략에 대해서만(상대방의 전략을 주어진 것으로 보고) 최적인 전략을 가질 것을 요구하는 균형의 개념

② 상대방의 최적 전략에 대해서만 최적 대응이 될 수 있는 전략

③ 우월전략보다 약화된 개념(→ 존재가능성이 크다는 의미)으로 더 유용한 개념

④ 내쉬균형은 존재하지만 우월전략균형은 존재 안 하는 경우

기업 D / 기업 C	전략 d_1	전략 d_2
전략 c_1	**(10, 5)**	(3, 3)
전략 c_2	(3, 3)	**(5, 10)**

(3) 내쉬균형의 성격

① 꾸르노모형에서의 반응곡선은 게임이론에서의 내쉬균형전략에 해당

→ 두 반응곡선의 교차점에서 찾아지는 꾸르노균형은 두 내쉬균형전략의 짝과 같은 의미

② 엄밀하게 말하면 내쉬균형은 꾸르노균형을 한층 더 일반화시킨 개념

③ 내쉬균형은 반드시 파레토 효율적인 성격을 갖지 않음

→ 내쉬균형은 두 기업 모두 광고비를 많이 쓰는 (a_2, b_2)이지만 (a_1, b_1)의 개선가능

기업 B / 기업 A	전략 b_1(적은 광고비)	전략 b_2(많은 광고비)
전략 a_1(적은 광고비)	**(8, 8)**	(1, 10)
전략 a_2(많은 광고비)	(10, 1)	**(4, 4)**

③ 내쉬균형은 하나 이상 존재할 수 있고, 존재하지 않을 수도 있음

경기자 1 \ 경기자 2	앞면	뒷면
앞면	(1, −1)	(−1, 1)
뒷면	(−1, 1)	(1, −1)

→ 이 경우 혼합전략을 사용하면 반드시 내쉬균형이 존재

※ 순수전략(pure strategy)은 각 경기자가 하나의 전략을 선택하고, 그것을 고수하는 것
반면, 혼합전략(mixed strategy)은 여러 행동을 적절히 혼합해서 사용하는 전략

→ 모든 경기자가 순수전략만을 사용하도록 되어 있으면, 게임에 따라서 내쉬균형이 존재하지 않을 수 있지만, 혼합전략을 허용하면 반드시 내쉬균형이 존재

(4) 혼합전략균형(mixed strategy equilibrium)

[사례연구] 동전 맞추기(matching pennies) 게임

1 게임규칙

각자가 선택한 것을 비교해 둘의 선택이 일치하면 경기자 1이 이겨 1원을 따고, 서로 엇갈리게 선택했으면 경기자 2가 이겨 1원을 딴다는 것이 이 게임의 규칙

경기자 1 \ 경기자 2	앞면	뒷면
앞면	(1, −1)	(−1, 1)
뒷면	(−1, 1)	(1, −1)

2 결론

무작위로(randomly) 선택하는 것, 즉 아무렇게나 동전을 던져 여기서 나오는 면을 선택하는 것이 최상의 전략 (∵ 전략의 윤곽이 노출되지 않도록 하기 위함)

→ 1/2의 확률로 섞어 선택하는 혼합전략

3 방법

경기자 1이 각각 p와 $(1-p)$의 확률로 앞면과 뒷면을 선택한다고 가정할 때 경기자 2 기대보수

① 앞면을 선택 시 (경기자 2의) 기대보수$=p\times(-1)+(1-p)\times 1$

② 뒷면을 선택 시 (경기자 2의) 기대보수$=p\times 1+(1-p)\times(-1)$

③ 이 둘의 값이 서로 같아야만 경기자 2가 어떤 전략을 선택하든 자신이 얻을 수 있는 기대보수에 아무 변화가 없음

$\therefore p\times(-1)+(1-p)\times 1=p\times 1+(1-p)\times(-1)$

$p^* = \frac{1}{2}$($\frac{1}{2}$씩의 확률로 섞는 것이 최선의 전략)

※ 경기자 2가 먼저 선택한다고 가정 시도 마찬가지

4 의미

① 혼합균형전략도 내쉬균형의 일종

② 혼합전략균형이 균형인 이유 각 경기자가 혼합하는 확률을 다른 것으로 바꿀 유인이 없음

→ if, 경기자 1이 3/4와 1/4의 확률로 앞면과 뒷면을 선택하는 경우, 경기자 2는 뒷면을 더 자주 선택하면 유리해짐

③ 유한한(finite) 경기자수와 유한한 전략의 가짓수라는 틀 속에서 혼합전략을 허용 시, 최소한 하나의 $N.E$이 존재 입증

④ 어떤 게임에서 순수전략에 의한 $N.E.$와 혼합전략에 의한 $N.E.$이 공존하는 경우도 있음

3. 최소극대화전략과 안장점

(1) 최소극대화전략(maximin strategy)

① 일어날 수 있는 최악의 결과들을 비교하고, 가장 덜 나쁜 결과를 선택
② 최악의 경우 얻게 되는 보수를 극대화하는 관점 (보수적 전략)
③ N.E.은 모든 경제주체들이 합리적임을 전제로 한 균형 개념
→ 본인이 합리적이고, 상대방도 합리적이라는 가정
but, 상대방의 합리성에 의심이 생긴다면?
→ *N.E.*을 사용하지 않을 수도 있음

1 게임상황

① 내쉬균형은 (a_2, b_2) → 유일한 *N.E.*
② 만일 상대방(기업 *B*)이 b_1을 잘못 선택한다면, → 기업 *A*는 −100억 원 손실
③ ∴ 기업 *A*가 매우 조심스러운(보수적) 태도이고, 상대방의 상황파악능력이나 합리성에 의구심이 생기는 경우 → 안전하게 a_1을 선택해 100억 원의 손실을 회피

기업 *B* / 기업 *A*	전략 b_1	전략 b_2
전략 a_1	(1, 5)	(2, 9)
전략 a_2	**(−100, 2)**	**(3, 4)**

2 게임균형

상대방이 우월전략인 b_2를 선택하는 경우보다 보수(payoff)가 약간 작아지는 불이익이 있지만, 상대방이 비합리적인 선택을 했을 때 생기는 큰 피해만은 막을 수 있음

(2) 정합게임과 안장점

- 정합게임(constant-sum game) : 보수의 합이 항상 정해진 숫자와 일치
- 영합게임(zero-sum game) : 카드게임처럼 딴 금액과 잃은 금액을 합치면 0인 게임
- 미리 정해진 보수 중에서 서로 큰 몫을 차지하려는 경합 게임에서는 한 사람의 이득은 다른 사람의 손해를 의미하기 때문에, 협조가 애당초 불가능

[사례연구] 시장점유율을 두고 경합하는 게임

1 게임상황

① 보수의 합이 100(%)으로 고정

② 기업 C의 최소극대화전략은 c_1 선택 시 최소보수는 20, c_2 선택 시 최소보수는 40

→ 이 중에서 최대보수는 c_2의 40

(기업 D의 경우는 d_2임)

기업 D / 기업 C	전략 d_1	전략 d_2
전략 c_1	(20, 80)	(30, 70)
전략 c_2	(50, 50)	**(40, 60)**

2 게임 균형

① 두 전략의 짝은 각 기업에게 최소한의 보수를 보장 ⇨ 안장점(saddle point)

② 안장점 의미 : 기업 C의 입장에서는 기업 D의 전략이 d_2로 주어진 경우 자신의 보수를 그나마 극대화하는 전략

but, 기업 D의 입장에서는 기업 C의 전략이 c_2로 주어진 경우 보수를 극소화시키는 전략임

③ 전략 (c_2, d_2)는 안장점이자 동시에 내쉬균형 → 안장점이 없는 게임도 있음

4. 용의자의 딜레마와 카르텔 모형

(1) 용의자의 딜레마(prisoner's dilemma game)

1 게임규칙

① 두 용의자는 따로 심문 받고, 통신이 전혀 허락 안 됨

② 둘 다 자백하면 징역 2년. 한 사람은 자백했는데 다른 사람은 부인하면 자백한 사람은 방면, 부인한 사람은 12년, 둘 다 부인하면 6개월

2 보수 행렬

용의자 1 \ 용의자 2	부인	자백
부인	(−0.5, −0.5)	(−12, 0)
자백	(0, −12)	(−2, −2)

3 결론

① (자백, 자백)이 우월전략균형이자 내쉬균형

② 보다 바람직한 (부인, 부인)=(−0.5, −0.5)이 존재한다는 사실을 알고 있지만 모두 자백 선택

4 필요조건

이와 같은 결론을 도출하는 데 두 가지 사실이 중요한 역할

① 격리시켜 심문하기 때문에 상호 의사전달이 불가능(→ 협조가 불가능한 상황)

② 게임이 단 한 번만 행해지는 것으로 상정

(여러 번에 걸쳐 행해질 때는 '눈에는 눈, 이에는 이' 방식의 전략이 활용)

(2) 카르텔의 안정성

※ 카르텔의 안정성이라는 문제를 앞에서 본 용의자의 딜레마 게임과 관련시켜 분석 가능

1 게임규칙

① 두 기업이 모두 카르텔협정을 준수하면 각 기업이 8억 원씩의 이윤을 얻음

② 모두가 위반하면 4억 원 이윤을 얻음

③ 한 기업이 준수하는데 다른 기업은 위반한다면, 준수하는 기업은 1억 원, 위반하는 기업은 10억 원을 얻음

기업 1 \ 기업 2	준수	배신
준수	(8, 8)	(1, 10)
배신	(10, 1)	(4, 4)

2 결론

① 앞에서 본 용의자의 딜레마와 똑같은 보수행렬

② 두 기업이 모두 위반하는 것이 우월전략균형

③ 내재적 불안정성

(3) 반복게임

① 반복게임(repeated game)에서는 비협조적으로 나오는 상대방에게 보복을 가할 수 있어, 협조적인 전략을 채택하게 만드는 무언의 압력으로 작용

② 그러나 반복의 횟수가 유한하다면 두 경기자는 비협조적인 전략으로 일관

→ 역진귀납(backward induction)으로 입증 가능

→ 반복게임에서 특히 효율적인 전략이 될 수 있는 것은 '눈에는 눈, 이에는 이(tit-for-tat)'라는 방식의 전략

5. 순차게임

(1) 순차게임의 의미

① 한 경기자가 먼저 어떤 행동을 취한 다음, 다른 경기자가 이를 보고(조건부 전략) 자신의 행동을 취하게 되는 성격의 게임이 순차게임(sequential game)

② 전개형(extensive form) vs. 정규형(normal form). 게임나무(game tree), 결정마디(decision node)

(2) 게임 상황

① 기존의 챔피언과 신규 진입을 노리는 도전자 사이의 게임

② 우선 도전자가 진입 여부를 결정하고, 그것을 본 챔피언이 높은 산출량(H) 혹은 낮은 산출량(L)으로 대응

→ 신규진입기업은 기존기업의 반응에 관심

③ 기존기업은 어떻게든 위협을 가해서 신규기업의 진입을 억제 시도

→ 가장 그럴듯한 위협은 산출량을 대폭 늘려 가격을 떨어뜨리겠다는 의도 (얼마나 큰 신빙성이 있는가 중요)

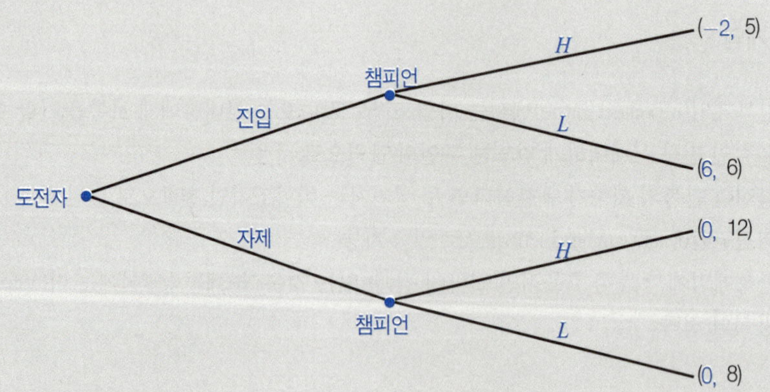

(3) 완전균형

① 챔피언의 입장에서 본 최적전략 : 만약 도전자가 진입하면 낮은 산출량(L)을 선택하고, 진입하지 않으면 높은 산출량(H)을 선택한다는 것

② 그러나 도전자의 경우에는 최적전략이라고 부를 수 있는 것이 존재하지 않음

③ 도전자가 진입하고 챔피언이 L로 대응해, 두 기업 모두 6억 원씩의 이윤을 얻는 것이 이 게임에서 하나의 균형이 될 수 있음

→ 역진귀납(backward induction)의 방법

④ 이 균형은 어느 한쪽이 독자적인 행동을 통해 자신의 보수를 더 크게 할 수 없다는 의미에서 내쉬조건(Nash condition) 충족

→ but, 그러나 순차게임에서 의미 있는 균형은 내쉬조건뿐 아니라 신빙성조건(credibility condition)이라는 추가적인 조건도 충족할 수 있어야 함

⑤ 도전자가 진입하지 않고, 챔피언이 모든 경우에서 H로 대응하는 것 역시 내쉬조건을 충족

⑥ 그런데 챔피언이 모든 경우에 H로 대응하는 전략(강한 대응)에는 신빙성이 없음

→ '헛된 위협'(empty threat)에 불과

∴ 따라서 이것은 순차게임의 합리적인 균형이 될 수 없음

⑦ 내쉬조건과 신빙성조건을 동시에 만족시키는 전략의 짝이 완전균형(perfect equilibrium)

(4) 신빙성 확보 방안 : 번복 불가한 상황 설정

① 공약(commitment)

② 사전에 어떤 조치를 취함으로써 위협을 쉽게 실천에 옮길 수 있는 여건을 구성

→ 생산시설 확장은 매몰비용을 늘려 지출한다는 의미

6. 불완전하거나 불비된 정보하의 게임 : 진입게임

(1) 불완전정보게임과 불비정보게임의 의미

① 불완전정보게임(game of imperfect information)

: 상대방이 어떤 선택을 했는지 모르는 상태(동시게임, 정보부족)에서 선택을 하는 경기자가 존재하는 게임 → 게임나무의 어느 위치에 서 있는지 모름

② 불비정보게임(game of incomplete information)

: 또한 경기자가 게임의 내용을 완전히 이해하지 못한 채 게임에 임하는 경우는 불비정보게임

→ 게임나무 그 자체의 모양을 잘 모른다는 차이

(2) 진입게임 모형

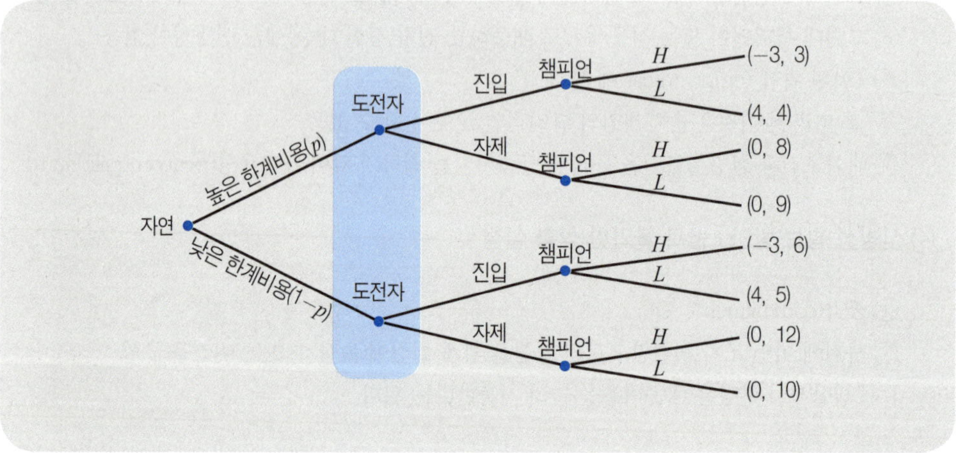

① 진입을 고려하고 있는 도전자는 챔피언이 어떤 한계비용구조를 갖는지 모름

→ 불비정보게임

② 사실 불완전정보게임과 불비정보게임 사이에 표현의 차이 이상의 본질적 차이가 있는 것은 아님

→ 불비정보게임은 '자연(nature)'이라는 제3의 경기자를 도입함으로써 쉽사리 불완전정보게임으로 전환될 수 있기 때문

③ 자연이라는 제3의 경기자가 P와 $(1-P)$의 확률로 챔피언의 비용 유형을 결정한다는 것으로 해석

→ 정보집합(information set)

(3) 게임이론 분석

1 보수행렬

① 도전자가 진입을 하기로 결정한 경우의 기대이윤은 $(7p-3)$억 원

② 진입을 자제한 경우의 기대이윤은 물론 0

> ※ 베이즈 결정 규칙 : 어떤 주관적인 확률분포를 상정하여, 이에 입각한 각 전략의 기대보수를 의사결정. 이 경우 $p\times4+(1-p)\times(-3)=7p-3$

2 진입 의사결정

① 도전자는 P가 $\frac{3}{7}$보다 크다고 판단할 경우에만 진입할 것이라고 예상 가능

② 챔피언의 한계비용이 높아 대응능력이 약할 가능성이 크다고 판단될 때에 한해 진입 의미

③ 진입을 시도하는 기업은 기존 기업의 선택을 유심히 관찰하고 여기에서 그 기업의 한계비용에 대한 정보를 얻으려고 노력

④ 이를 예상하고 있는 기존 기업은 산출량을 높이고 가격을 낮은 수준에 유지해 자신의 한계비용이 낮다는 느낌을 주는 작전 선택

예 진입제한 가격설정(limit pricing)

⑤ 값싼 말(cheap talk) : 아무 비용을 들이지 않은 위협이 되지 못하는 말

7. 경매의 이론

(1) 경매와 경매이론(auction theory)의 의의

1 개념

① 시장에 참여한 사람이 부르는 값에 기초해 (물건을 살 때와 팔 때 모두 해당)
② 자원이 어떻게 배분될 것인가
③ 가격은 어떤 수준에서 결정될 것인가를 결정하는
④ 명백한 규칙들을 갖추어 놓은 시장제도

2 필요성과 존재의의

① 표준적인 가치가 존재하지 않음
→ 정보가 완전히 갖춰지지 못한 상태에서의 전략적 행위에 대한 연구의 일종
예 그날 잡은 고기의 가격은 당시 특수한 수급조건에 따라 가격 결정 / 정부의 구매사업, 각종 권리 배분의 경우 말썽을 없애기 위함
② 어떤 교환제도가 왜 존재하고, 기존제도를 어떻게 개선할 수 있는가 하는 점에 대한 시사점 제공

(2) 경매의 여러 방식

1 공개경매(open-outcry bidding) 방식 vs. 입찰제(sealed bid) 방식

⇨ 공개경매 방식은 영국식 경매와 네덜란드식 경매
⇨ 입찰제는 최고가격입찰제와 제2가격입찰제

① 영국식 경매(English auction)
: 가장 전형적인 경매방식. 골동품이나 예술작품의 거래 → 가격은 올라감
② 네덜란드식 경매(Dutch auction)
: 가장 높은 가격으로부터 시작
예 짧은 시간 안에 경매가 끝날 수 있어 신선도 유지가 중요한 문제가 되는 꽃(우리나라, 네덜란드)이나 생선(이스라엘)의 거래에 이 방식이 자주 사용
③ 최고가격입찰제(first-price sealed-bid auction)
: 각자가 다른 사람 모르게 입찰가격을 써 내고, 이 중 가장 높은 가격을 써 내는 사람에게 낙찰되는 방식

④ 제2가격입찰제(second-price sealed-bid auction : 비크리 경매)
: 최고가격입찰제와 똑같으나, 두 번째로 높이 써 낸 금액을 지불한다는 점만 차이
(∵승자의 불행을 막기 위함)

2 개인가치 경매 vs. 공통가치 경매
① 개인가치 경매 : 개인의 기호에 따라 평가액이 달라짐 (골동품, 예술작품)
② 공통가치 경매 : 객관적 가치가 존재하지만 사람들이 정확히 모름 (광물채취권)

(3) 동등수입정리

1 영국식 경매와 제2가격입찰제의 동등성
① 이 두 경매방식이 똑같은 결과, 즉 똑같은 가격과 배분상태를 가져온다는 정리가 확립
② 제2가격입찰제의 경우, 자신의 평가액을 진실하게 써 내는 것이 우월전략(dominant strategy)
→ 자신이 써 낸 금액이 이기느냐 지느냐에만 영향을 줄 뿐 지불해야 하는 금액과 무관하기 때문
③ 영국식 경매의 경우에도 역시 자신의 진정한 평가액을 그대로 드러내는 것이 우월전략
④ 모두 우월전략을 선택할 것이 당연하다면, 이 두 경매방식하에서의 결과가 똑같을 것임
→ 가장 높은 금액으로 평가하는 사람이 이기게 되며, 그가 지불하게 되는 가격은 두 번째로 높은 평가액과 같을 것임

2 네덜란드식 경매와 최고가격입찰제의 동등성
① 전략적인 관점에서 볼 때 역시 두 경매제도가 서로 똑같음
② 최고가격입찰제의 경우, 어떤 사람이 자신의 평가액을 써낼 때 알고 있는 것은 오직 자신의 평가액과 다른 사람들의 평가액의 분포(distribution)에 국한

3 동등수입정리

① 다음과 같은 것을 가정

(가정1) 경매에 참여하는 사람은 모두 위험부담에 대해 중립적인 태도를 갖는다.

(가정2) 경매에 참여하는 사람은 모두 동질적이다.

(가정3) 경매에 이긴 사람이 지불하는 금액은 사람들이 부른 금액(bids)만의 함수다.

② 네 가지 가정 중 어떤 경매방식을 채택하더라도 '평균적으로' 똑같은 경매수입이 발생한다는 것이 바로 동등수입정리(revenue equivalence theorem)

(4) 승자의 불행

① 공통가치 경매의 경우에서 특기할 만한 점은 '승자의 불행' 현상이 일어날 수 있다는 사실

② 어떤 야산의 정확한 가치가 V로 주어져 있다고 가정. i번째 사람의 추측치가 V_i라고 하면, $V_i = V + \varepsilon_i$ (여기에서 ε_i는 그 사람의 추측오차)

③ 추측오차 V_i의 평균치가 0에 가까울 것인데, 이는 경매에서 이긴 사람이 야산의 가치를 크게 과대평가했다는 의미

14 독과점시장구조와 공공규제

1. 시장구조[42]의 측정 : 시장집중지수

(1) 상위 k기업 집중률

① 규모면에서 제일 상위에 속하는 k개 기업의 각 시장점유율[43]을 합계한 것

② $CR_k = \sum_{i=1}^{k} s_i$

③ 상위 k기업 집중률이 높을수록 시장이 불완전경쟁의 정도가 높음

④ 측정이 간단하고, 소수 대기업의 시장지배력을 직접적으로 표시해 널리 사용

⑤ CR_3를 많이 사용하고, 75% 이상인 경우 해당품목의 사업자를 시장지배적 사업자로 추정

⑥ 상위 k기업 안에서는 규모가 큰 기업이나 작은 기업이나 똑같은 비중으로 취급

(2) 허쉬만－허핀달 지수

① 시장점유율이 큰 기업에 더 큰 비중을 두기 위해 모든 기업의 시장점유율을 제곱해 합함

② $HHI = \sum_{i=1}^{k} s_i^2$

③ HHI는 CR_k에 비해서 산업 내 기업분포에 대한 정보를 많이 반영하지만, 모든 기업의 시장점유율을 알아야 하기 때문에 계산이 복잡

④ HHI에 1,000을 곱해서 1,800 이상인 산업을 고집중산업으로 분류

42) 시장이 경쟁 측면에서 볼 때 어느 상태에 있는가를 말하는 것으로 공급자인 기업의 수와 기업규모에 따라서 결정됨

43) 시장점유율은 매출액 혹은 고용자 수와 자산액을 많이 사용함

2. 유효경쟁시장과 경합시장

(1) 유효경쟁시장

① 클라크(Clark)는 완전경쟁보다 현실성이 있는 경쟁기준으로 유효경쟁시장 제시

② 유효경쟁시장 : 완전경쟁시장의 여러 조건이 충족되지 않더라도, 기업 간에 '실질적인' 경쟁이 일어나 시장가격이 한계비용과 큰 차이가 없는 시장

(2) 경합시장

① 보몰(Baumol)과 윌릭(Willig)은 기업이 자유롭게 진입과 퇴출이 가능한 시장을 제시

② 기업의 수가 적어도(설사 독점시장이어도), 언제든지 다른 기업이 들어와 치고 빠질 수 있는 경우 시장가격은 한계비용과 비슷해 초과이윤을 크게 볼 수 없음

③ 완전경쟁시장과 유사한 자원배분의 효율성 달성

④ (의의) 기업의 수에 초점을 두는 것이 아닌 진입과 퇴출장벽의 제거에 초점을 두어야 함[44]

44) 정부의 규제와 철폐 그리고 작은 정부를 주장하는 시카고학파의 주장과 일맥상통하며, 기존의 기업의 수와 시장집중지수에 입각한 독과점규제정책을 비판

제 6 장

생산요소시장과 소득분배

1 생산요소에 대한 수요

1. 기업의 이윤극대화와 생산요소에 대한 수요

- 생산요소의 고용량과 가격이 결정되는 과정
- 완전경쟁시장 가정 계속 유지

(1) 파생수요

- 상품에 대한 수요를 감안하여(파생하여) 생산요소의 수요량 결정
- 생산요소 가격 하락 시 수요량 증가 이유

① 하락한 생산요소 더 많이 사용

② 생산비용 하락은 더 많은 상품 판매 가능해 → 생산요소에 대한 수요 증가

(2) 이윤극대화 조건

$$\frac{MP_1}{w_1} = \frac{MP_2}{w_2} = \cdots = \frac{MP_i}{w_i}$$

⇨ $\frac{w_1}{MP_1} = \frac{w_2}{MP_2} = \cdots = \frac{w_i}{MP_i} = MC = MR$

: 상품 1단위를 추가로 생산하는 데 드는 비용(=MC 의미)

→ 이윤극대화 기업은 $MC=MR$

∴ $w_i=MP_i \cdot MR$

※ (좌변) 각 생산요소의 가격 (=한 단위를 추가로 고용 시 소요되는 증가분)

(우변) 생산요소 한 단위를 추가로 고용해 벌어들일 수 있는 수입의 증가분

2. 생산요소에 대한 수요

(1) 가변투입요소가 하나인 경우(노동만 유일)

- $w = MP_L \cdot MR$
  ⇨ (완전경쟁시장에서 $MR = P$) $w = MP_L \cdot P = VMP_L$
- VMP_L : 노동의 한계생산가치(Value of Marginal Product)

① 노동에 대한 수요곡선
② 유량 (주어진 기간 동안의 노동 고용량)
③ 우하향하는 이유 → 한계생산 체감의 법칙 (한 생산요소 투입량만 증가)

(2) 가변투입요소가 여럿인 경우

- 노동의 가격(w↓)하락 시

① 요소대체효과 : L↑
② 산출효과 : MC↓ → Q↑
※ 산출효과는 소비자이론의 소득효과와는 본질이 다름

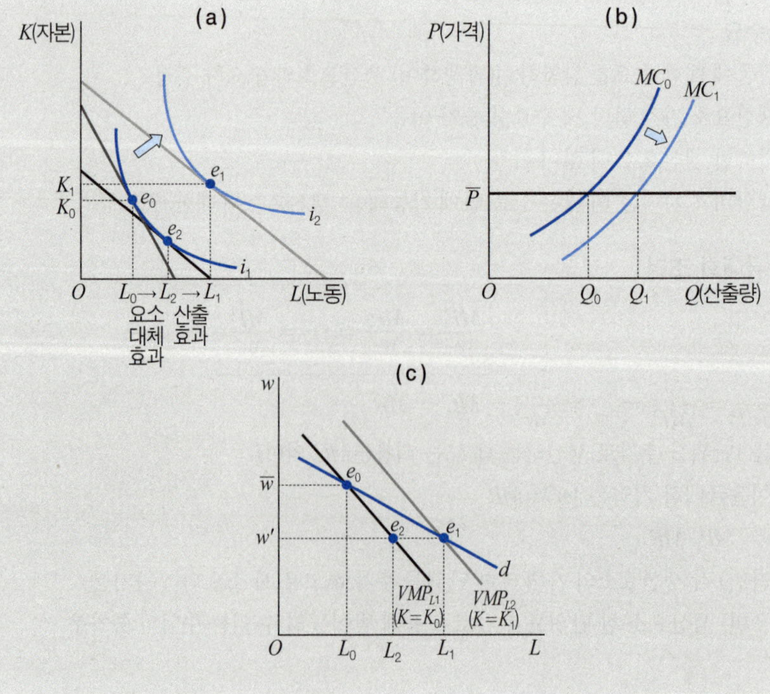

3. 시장수요곡선

※ 시장수요곡선은 개별기업의 생산요소 수요곡선을 수평으로 더해 구할 수 없음

∵ 생산요소의 가격이 변화 시 상품의 가격도 따라 변화하게 된다는 사실을 반영 못 함

■ 임금률 하락으로 산업 내 모든 기업들이 동시에 산출량이 증가하면, 상품의 가격은 하락함

→ 한계생산가치가 하락해 노동의 수요곡선은 하방이동해서 AB가 개별기업의 진정한 노동 수요곡선이 됨

→ 기업의 수가 n개인 경우 $\overline{w}$일 때 $\overline{L}$이므로 $\overline{L}m=n\overline{L}$이고 w'일 때, L'이므로 $L'm=nL'$이 되어 시장전체수요곡선은 $A'B'$임

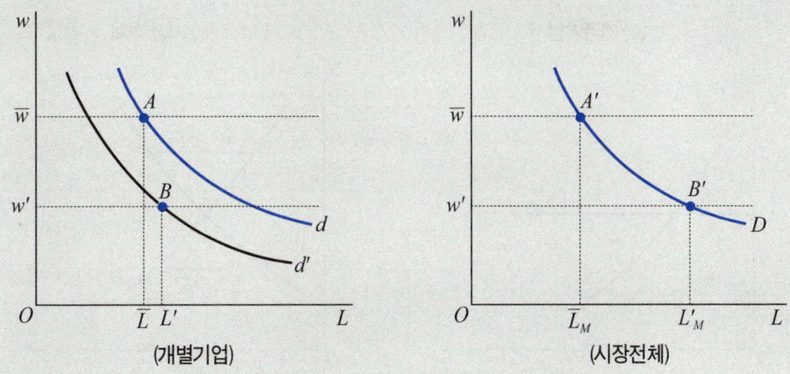

4. 생산요소에 대한 수요의 가격탄력성 결정요인

① 다른 생산요소와 대체가능성

② 상품에 대한 수요의 가격탄력성

→ 생산요소에 의해 생산되는 상품의 수요탄력성이 클수록 그 생산요소에 대한 수요탄력성도 커짐

③ 다른 생산요소 공급의 가격탄력성

→ 높을수록 요소 사이의 대체가 더욱 쉬워져, 생산요소에 대한 수요가 가격 변화에 민감

④ 고려되는 기간 길이

2 생산요소의 고용량과 가격의 결정

1. 생산요소의 시장공급곡선과 균형

① 생산요소시장의 균형은 상품시장의 경우와 동일해 $S=D$에서 이루어짐

② 〈그림〉에서 노동을 고용하는 기업이 노동에 지불하는 가격 w^*는 이 고용수준에서 수요곡선의 높이와 일치하여, 노동의 한계생산가치와 같음 (생산에 기여한 가치만큼 보수를 받음)

→ 한계생산성이론(marginal productivity theory)

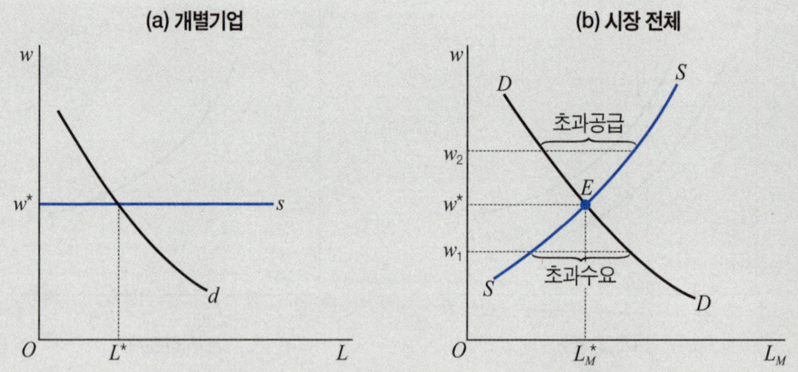

③ 모든 생산요소에 공통되는 결정원칙 같은 것을 찾아보기 어렵고, 생산요소마다 각기 다른 과정을 통해 공급이 결정되는 특징이 있음 (우상향, 수직, 후방굴절 형태 등 다양)

2. 경제적 지대와 준지대

(1) 전통적 의미의 지대

① 공급이 완전히 고정되어 있는 생산요소에 지불되는 보수
② 공급곡선이 수직선
③ 생산요소가격은 전적으로 수요측 요인이 좌우
④ 토지 단일세제 근거(H.George)
: 지대에 높은 세금을 부과해도 경제에 별다른 파급효과 없음

(2) 경제적 지대

① 생산요소를 현재의 고용상태에 붙잡아두기 위해 최소한 지불해야 하는 금액
② 전용수입(기회비용)을 초과하는 부분
③ 생산요소의 기회비용을 초과해 추가로 지불되는 보수
④ 생산요소의 공급가격이 비탄력적이므로 추가로 발생하는 소득
⑤ 전통적 지대의 개념을 일반화 (→ 전통적 지대는 생산요소의 공급량이 고정되어 있어 가격에 대해 완전히 비탄력적인 경우만 적용되지만, 경제적 지대는 모든 탄력성의 범위에 대해 신축적으로 적용 가능)
예 유명 연예인, 운동선수, 변호사

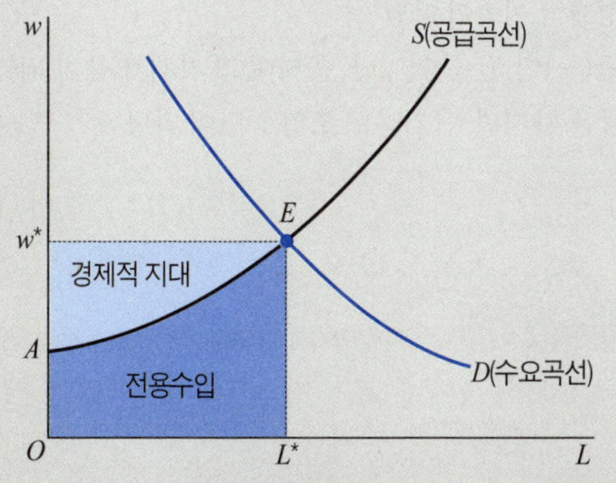

(3) 준지대

① 공장시설 같은 투입요소 대상 : 단기에서 투입규모 조정 불가능 (한계생산 개념 적용 불가)
② 경제적 지대 개념 차용 (한 생산요소가 받고 있는 수입 중에서 기회비용에 해당하는 부분을 뺀 잉여가 경제적 지대임)
→ 판매수입 중에서 가변투입요소에 지급한 보수를 뺀 나머지를 공급이 고정되어 있는 고정투입요소의 보수로 귀속
③ 일시적으로 공급이 고정되어 있는 생산요소에 귀속되는 보수를 준지대라 함

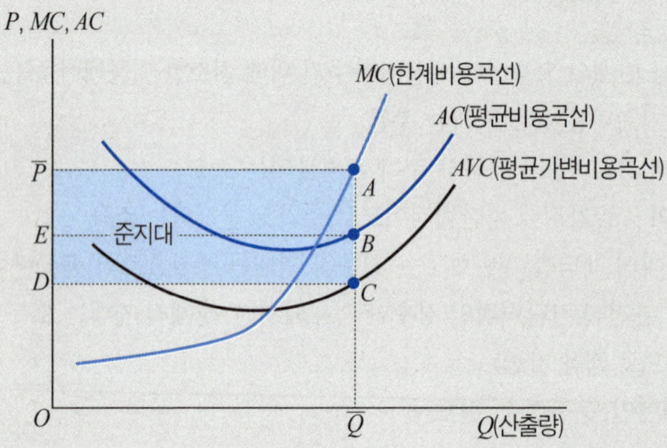

④ 준지대 전체가 경제적 이윤이 아님
(경제적 이윤은 음(−)이 될 수 있지만, 준지대 그 자체가 음이 되는 경우는 없음)
→ 준지대가 음의 값을 가지면, 단기라도 조업 중단이 타당

3 불완전경쟁과 생산요소시장

1. 상품시장에서의 불완전경쟁

- $P > MR$

  $w = MP_L \cdot P > MP_L \cdot MR = MRP_L$: 한계수입생산(Marginal Revenue Product)

2. 생산요소시장에서의 수요독점(monopsony) : 시장에 구매자 하나

(1) 수요독점의 발생원인

① 지역적 특성 : 어떤 조그만 마을에서 거의 모든 동네 사람들이 인근의 한 기업에 매달려 사는 경우 → 주민의 이동성이 작은 경우, 기업은 임금 결정과정에서 유리한 고지

② 전문화된 생산요소 : 극도로 전문화되어 다른 곳에서는 거의 쓸모없는 경우

(2) 생산요소의 공급곡선과 한계요소비용곡선

- 생산요소를 추가적으로 한 단위 증가할 때, 비용과 수입 비교

① 비용 = MFC(Marginal Factor Cost Curve)

② 수입 = MRP(완전경쟁시장인 경우) (※ 독점인 경우 MR)

(3) 생산요소의 고용량과 가격

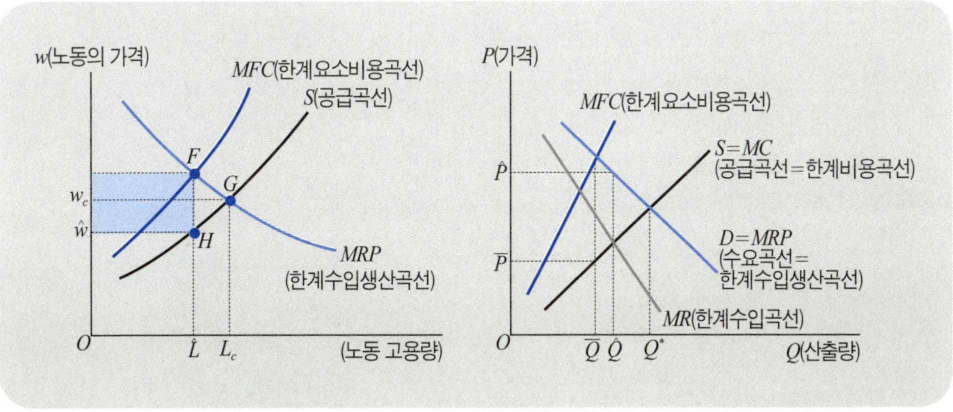

3. 쌍방독점 : 수요측과 공급측이 모두 독점

- 금광석을 캐는 광산이 하나이고, 제련기업도 하나인 경우

① 금광소유기업 : $MR = MC(S)$

② 제련회사 : $MFC = MRP(D)$

4 생산요소의 가격과 소득의 분배

※ 신고전파적 주류경제학의 분배이론

※ 기능별 소득분배 : 생산요소의 소유를 기준으로 자본가, 노동자 집단 간 분배

1. 노동시장과 자본의 상대적 몫

① 경제주체들의 최적화 행위

② 총생산함수 $Q=F(L, K)$

③ 노동과 자본의 가격

$$w=MP_L \times P$$
$$r=MP_K \times P$$

④ 노동소득(wL)과 자본소득(rK) 비율

$$\frac{wL}{rK}=\frac{MP_L}{MP_K}\cdot\frac{L}{K}$$

⑤ 생산요소시장이 균형인 경우 ⇨ 한계생산에 상응하는 보수를 받음

2. 생산요소 사이의 대체탄력성과 상대적 몫

① 생산요소의 상대가격이 변화할 때 노동과 자본이 차지하는 소득의 상대적 몫의 변화

$$\sigma=\frac{\Delta\left(\frac{K}{L}\right)\Big/\left(\frac{K}{L}\right)}{\Delta\left(\frac{w}{r}\right)\Big/\left(\frac{w}{r}\right)}$$

② 대체탄력성이 작은 경우 노동의 상대가격이 상승한다 해도 생산기술상의 특성으로 자본으로 대체하기 쉽지 않음 (노동의 상대몫 증가)

③ 콥-더글라스 생산함수인 경우

- 대체탄력성이 1
- 생산요소의 상대가격이 변해도 분배의 상대몫은 불변
- $Q=AL^{\alpha}K^{1-\alpha}$의 경우 노동분배비율은 α, 자본분배비율은 $(1-\alpha)$임

5 계층별 소득분배와 불평등지수

1. 로렌츠곡선

① 소득이 가장 낮은 사람으로부터 높아지는 순서대로 배열 후, 하위 몇 %에 속하는 사람들이 전체 소득 중 몇 %를 차지하고 있는지 나타낸 점들을 모아 놓은 곡선

② 서수적 성격

③ 곡선이 교차하는 경우에 판단 불분명

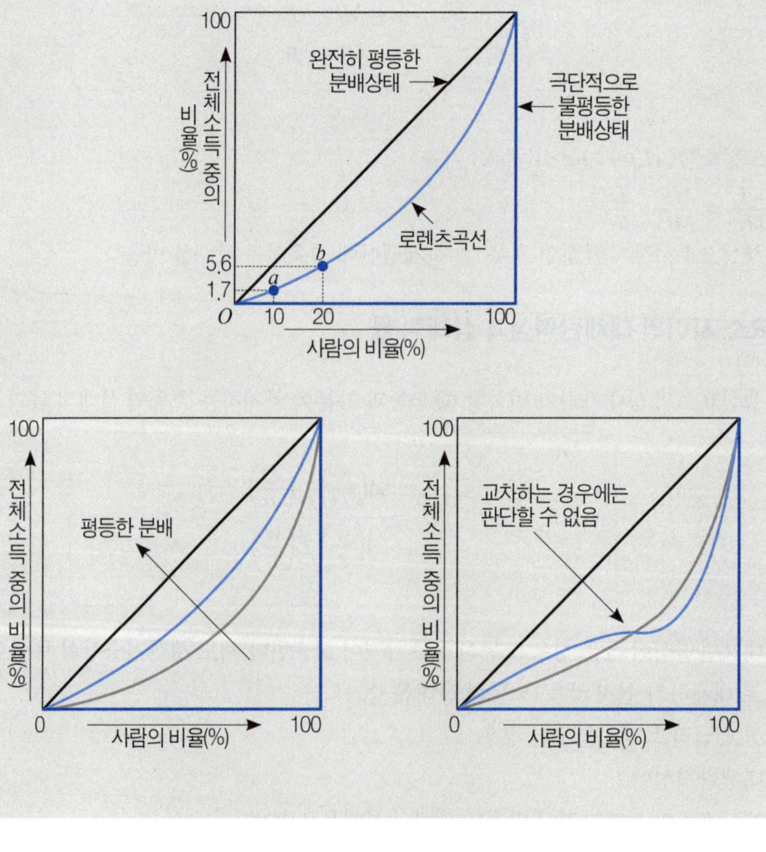

2. 지니계수

$$G = \frac{\alpha}{\alpha + \beta}(0 \le G \le 1)$$

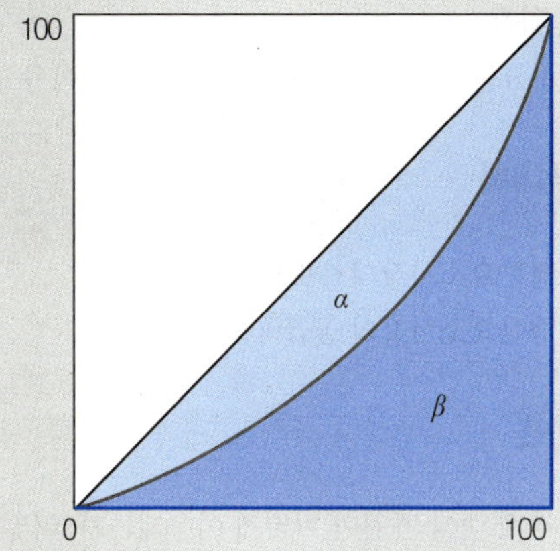

3. 십분위분배율

$$D = \frac{\text{하위 40\% 소득점유율}}{\text{상위 20\% 소득점유율}}$$

6 생산요소시장 분석의 중요성

1. 생산요소에 대한 수요의 원리 : 한계수입생산물

2. 파생수요(derived demand)

① 생산요소에 대한 수요의 크기는 투입되는 생산요소가 만들어내는 생산물에 대한 수요가 얼마나 큰가에 달려 있음

② 피자배달원에 대한 수요는 소비자들이 피자를 얼마나 많이 주문하는가에 달려 있음

3. 생산요소시장의 이윤극대화

① 이윤극대화를 통해 생산요소시장의 수요곡선 도출

② 효용극대화를 통해 생산요소시장의 공급곡선 도출

4. 생산요소의 가격결정이론

① 생산요소의 가격은 경제 내의 자원이 어떻게 이용되는가, 어떻게 활용될 수 있는가 알려주는 신호 역할

→ 섬유산업보다 정보통신산업의 근로자가 더 높은 보수를 받는다면 대학에서 정보통신학과 인기가 더 높아질 것[1)]

② 요소가격과 거래량의 결정은 생산활동으로부터 얻어지는 소득이 어떻게 분배되는가를 설명

→ 생산요소 소유자의 소득은 생산요소 단위당 가격과 요소의 거래량을 곱해 얻을 수 있음

---

1) 정부의 정책측면에서도 직종간 보수의 격차를 통해 장기적인 산업구조조정 및 인력수급정책을 고려하는 데 사용해야 할듯

7 생산요소시장 분석의 기초

1. 생산요소에 대한 수요의 원리

(1) 한계수입생산물

① MRP : Marginal Revenue Product of Factor

② 생산요소를 한 단위 더 추가적으로 고용하는 데 따르는 총수입의 증가분

$$MRP_L = \frac{\Delta TR}{\Delta Q} \times \frac{\Delta Q}{\Delta L} = MR \times MP_L$$

(2) 한계요소비용

① MFC : Marginal Factor Cost

② 생산요소를 한 단위 더 추가적으로 고용하는 데 따르는 총비용의 증가분

$$MFC = \frac{\Delta TC}{\Delta Q} \times \frac{\Delta Q}{\Delta L} = MC \times MP_L$$

2. 생산물시장과 생산요소시장의 형태

※ 생산요소에 대한 수요는 생산물에 대한 수요에 따라 일어나는 수요이므로 반드시 생산물시장과 결부시켜 보아야 함 (파생수요)

	생산물시장	생산요소시장	
	공급	수요	공급
A	완전 경쟁	완전 경쟁	완전 경쟁
B	독점	완전 경쟁	완전 경쟁
C	완전 경쟁	독점	완전 경쟁
D	독점	독점	완전 경쟁
E	완전 경쟁	완전 경쟁	독점
F	독점	완전 경쟁	독점
G		독점	독점

8 완전경쟁하에서의 요소가격과 고용

1. 생산요소에 대한 수요

(1) 경쟁기업의 요소수요

$$MRP_L = MFC_L$$

① 이윤극대화를 추구하는 기업의 최적요소고용조건[2)]

② 완전경쟁시장에서는 $MR=P$가 성립하기 때문에 $MRP_L=VMP_L=P\times MP_L$가 됨

③ 노동의 경우 $VMP_L=w$이 성립

(2) 경쟁기업의 노동수요곡선

① VMP_L은 노동의 한계생산물곡선과 같은 형태이고 수확체감의 법칙을 따름

② 노동을 계속 늘리게 되면 노동의 한계생산물은 처음에는 증가하지만 궁극적으로는 감소

③ 따라서 VMP_L은 처음에는 우상향하다가 궁극적으로는 우하향하는 형태

④ 임금률이 w로 주어진 경우에 이윤극대화를 추구하는 기업은 $w=VMP_L$이 성립하는 수준까지 노동을 고용[3)]

⑤ 경쟁시장에 직면하는 기업의 노동수요곡선은 우하향하는 노동의 한계생산물가치곡선이 됨

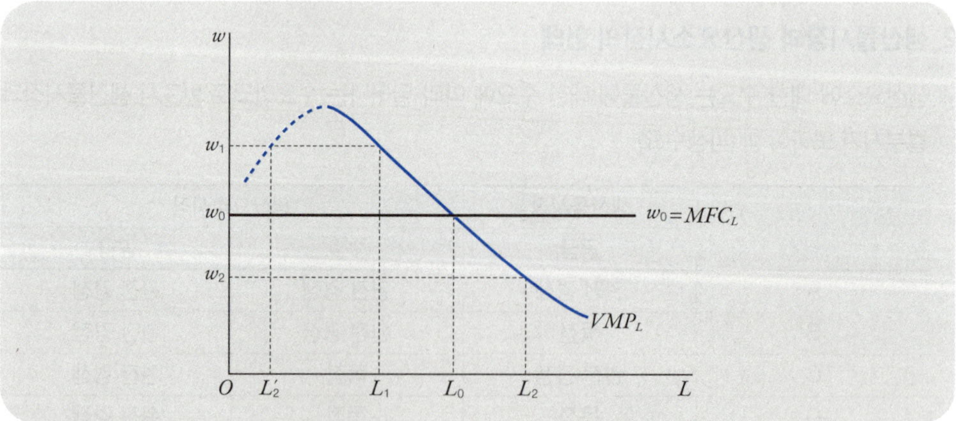

2) 이 조건은 완전경쟁시장이든 불완전경쟁시장이든 관계없이 성립

3) 여기서는 노동 이외에 가변요소가 없다고 가정해 노동을 증가시킬 때 추가적인 다른 요소의 증가로 인해 지출되는 비용이 없다고 상정함. 만일 숙련노동자를 한 명 더 추가로 고용하는 경우 옷감과 같은 원자재가 추가적으로 필요한 경우에는 $VMP_L=P\times MP_L-$추가원자재비용이 되어야 함

(3) 경쟁시장의 노동수요곡선

① 경쟁시장에서 노동수요곡선은 개별경쟁기업의 노동수요곡선을 수평으로 합한 것
② 경쟁기업의 노동수요곡선이 우하향하면 노동의 시장수요곡선도 우하향함

(4) 요소수요의 결정요인

$$VMP_L = MRP_L = P \times MP_L = \omega$$

① $P\uparrow \rightarrow VMP_L$이 우측이동
② $MP_L\uparrow \rightarrow VMP_L$이 우측이동
③ $\omega\downarrow \rightarrow$요소에 대한 수요량은 커짐(곡선 상 이동)

2. 생산요소의 공급

① 효용극대화를 추구하는 노동공급 제공자의 노동－여가 선택 문제
② 개별노동공급곡선을 수평으로 합하면 우상향하는 노동의 시장공급곡선 도출 (좀 더 완만)

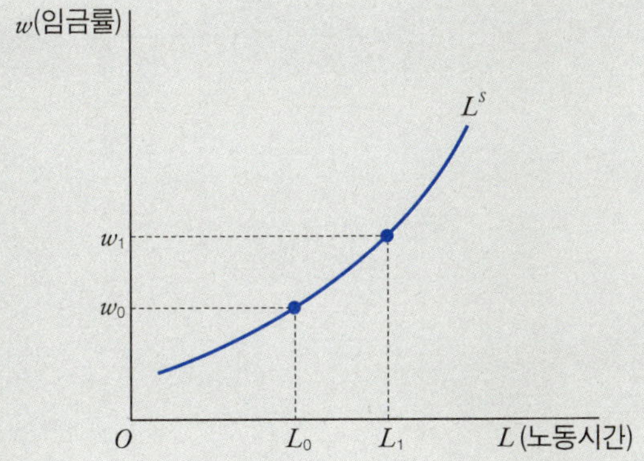

3. 생산요소의 시장가격과 고용량 결정

(1) 생산요소시장 균형

① 노동의 수요곡선과 공급곡선이 만나는 점에서 직사각형의 면적은 시장에서 받는 노동소득의 총액이 됨

② 노동시장이 완전경쟁적이라면 개별노동자들은 주어진 시장가격을 받아들이게 됨

③ 개별 노동공급자가 직면하는 생산요소의 공급곡선은 주어진 임금수준에서 수평선이 됨

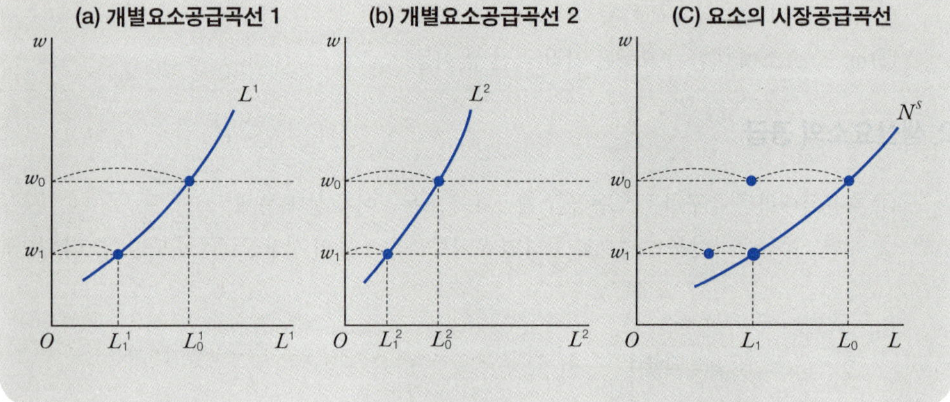

(2) 요소시장 균형의 변화

① 생산요소시장에서 요소수요가 증가하면 요소수요곡선이 우측으로 이동해서 요소의 균형가격과 균형고용량이 증가하고, 요소가 받는 총소득도 증가

② 생산요소의 시장공급이 증가하면 시장공급곡선이 우측으로 이동하고, 그 결과 균형가격은 하락하고, 균형고용량은 증가

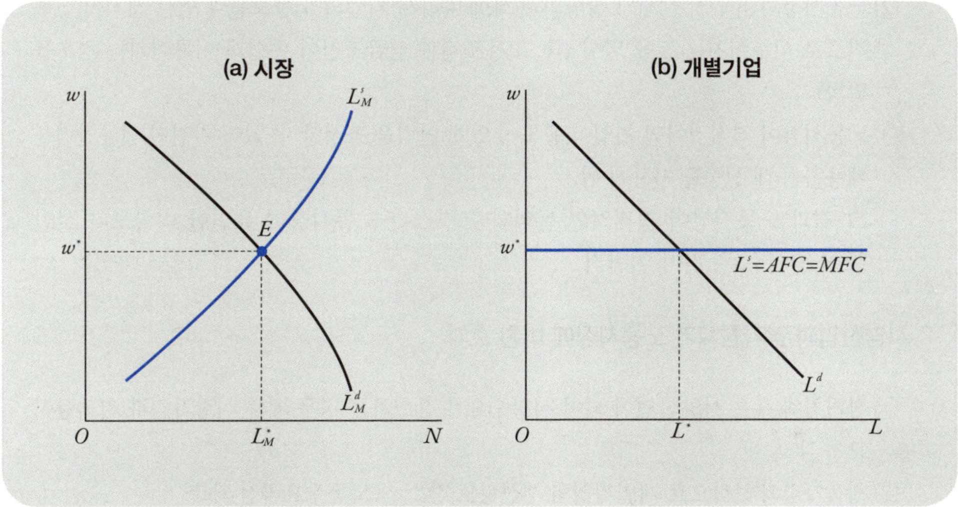

보론 1 노동시장의 유연성 : 고용조정과 임금조정

1. 노동시장의 유연성

① 1998년 이후에 노동시장의 성격이 구조적으로 바뀌어, 노동법이 개정되어 경영상의 긴박한 이유로 구조조정이 필요할 경우 기업이 근로자를 해고할 수 있게 됨

② 노동시장의 유연성은 시장 상황의 변화에 따라서 기업의 노동고용과 임금 결정이 신축적으로 이루어지는 것을 말함 (즉, 고용조정과 임금조정이 손쉽게 이루어지는 경우를 말함)

③ 노동시장이 경직적이면 기업이 융통성 있게 인력을 조정할 수 없어 기업이 신규인력을 채용하는 데 신중을 기하게 됨

→ 그 결과 노동시장이 경직적인 독일과 프랑스는 노동시장이 유연한 미국보다 실업률이 훨씬 높은 것이 일반적

2. 사양산업과 경기침체가 노동시장에 미친 효과

① 경기침체 혹은 사양산업이 되어 시장수요가 감소하는 경우 제품 시장가격과 거래량이 모두 감소

② 제품가격의 하락으로 개별기업의 생산량도 감소 → 노동수요곡선 좌측
($\because VMP\downarrow = P\downarrow \times \overline{MP_L}$)

③ 고용조정 : 이윤극대화를 추구하는 기업은 임금이 변하지 않는 경우에 고용을 종전보다 감축

④ 임금조정 : 기업이 종전의 고용수준을 그대로 유지하기 위해서 임금이 P_1으로 낮아져야 함

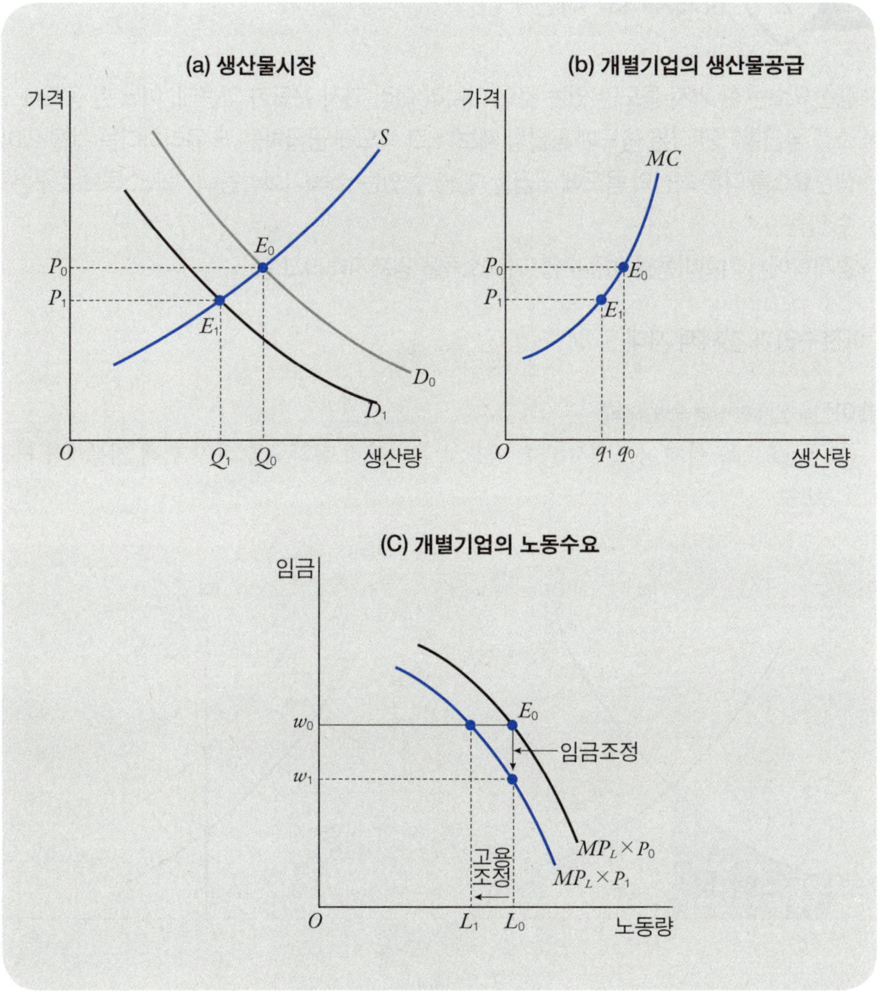
(a) 생산물시장
가격
S
E0
P0
P1
E1
D0
D1
O
Q1
Q0
생산량
(b) 개별기업의 생산물공급
가격
MC
P0
P1
E0
E1
O
q1 q0
생산량
(C) 개별기업의 노동수요
임금
E0
w0
w1
임금조정
MPL×P0
MPL×P1
고용 조정
O
L1
L0
노동량

보론 2 경제지대와 이전수입

※ 생산요소는 한 가지 용도만 있는 것이 아니라 여러 가지 용도가 있는데, 어느 한 용도에 요소를 공급한다면 다른 용도에 공급할 때보다 그 용도에 공급하는 게 유리하다는 것을 의미

※ 생산요소를 다른 최선의 용도에 공급할 때 벌 수 있는 소득(기회비용)과 가외소득으로 구분할 수 있음

→ 경제학에서 기회비용을 이전수입, 가외소득을 경제지대라고 함

1. 이전수입과 경제적 지대

(1) 이전수입(transfer eamings)

① 생산요소를 현재 용도에서 다른 용도로 옮겨가지 못하도록 하기 위해 지불해야 하는 보수

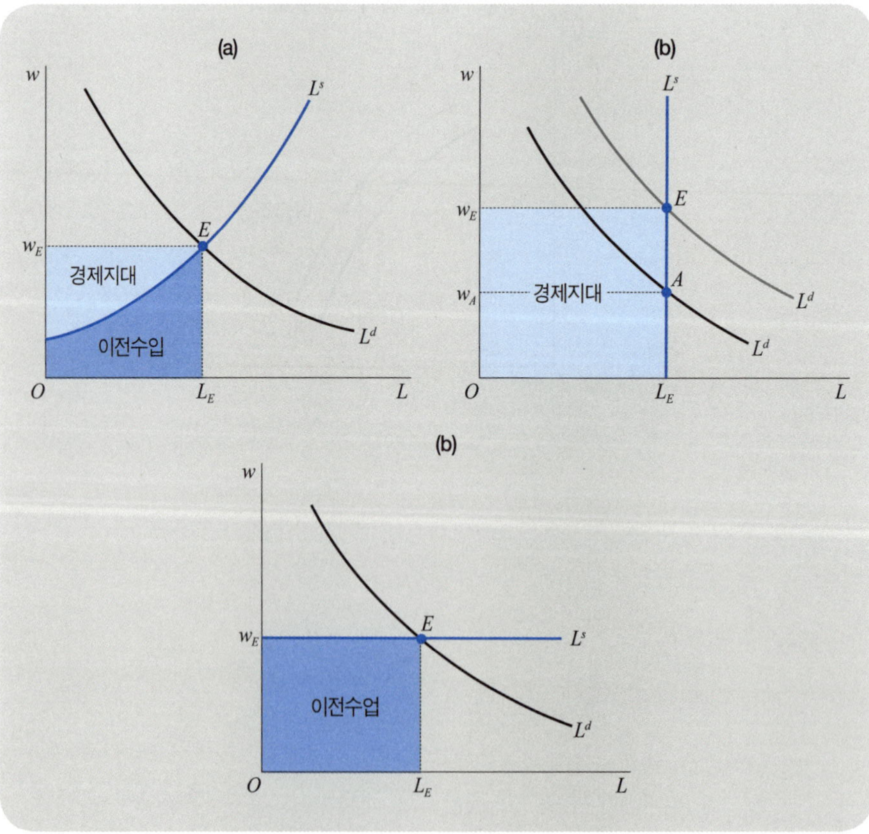

② 요소의 기회비용과 동일한 개념

③ 요소의 시장공급곡선 아래 색칠한 부분[4)]

(2) 경제지대

① 생산요소가 받는 총보수에서 이전수입을 뺀 것 (이전수입을 초과해서 요소에게 지불되는 보수)

② 경제적 지대는 요소소득의 총계 사각형에서 이전수입 사각형을 뺀 삼각형의 면적

③ 요소의 시장공급곡선의 기울기가 가파를수록 총수입에서 경제지대가 차지하는 비중이 커지게 됨

(3) 리카도와 토지

① 리카도(D.Ricardo)는 토지의 시장공급곡선이 토지 부존량 수준에서 수직이라고 봄[5)]

② 수직의 공급곡선에서 지주들은 토지를 놀리느니 아무리 낮은 지대라도 받고 (극단적으로 공짜로) 대여할 용의가 있음을 보여줌

③ 토지의 이전수입은 0이고, 지대 전체가 경제지대

(4) 헨리조지의 토지세

① 토지에 조세를 부과하면 세금액은 전적으로 지주가 부담하여 자원배분이 왜곡되지 않음

② 헨리조지(Henry George)는 토지에만 과세하여 지주들의 불로소득을 정부재원으로 삼자고 주장하는 단일세운동(single－tax movement) 전개

2. 희소성과 경제적 지대

(1) 연예인과 경제지대

① 경제지대는 요소공급이 비탄력적이기 때문에 발생하는 소득

② 요소공급이 완전비탄력적이면 모든 요소소득이 경제지대가 됨

③ 정상급 연예인이나 일류 운동선수의 보수가 높은 것은 다른 직업에서 받을 수 있는 기회비용인 이전수입은 작으나, 제한된 희소한 재능과 이들에 대한 높은 수요에 기인

4) 시장공급곡선 아래 색칠한 부분이 이 요소의 이전수입을 의미

5) 물론 특정용도 토지의 공급량은 고정되어 있지 않고 여러 용도로 활용 가능하므로 우상향함

(2) 인위적 진입제한과 경제지대

① 경제지대의 개념은 확장해서 희소성 때문에 발생하는 모든 종류의 프리미엄을 설명하는 데 적용

② 서울지역 개인택시 자격증이 대략 7천만 원 대에 거래되는데 자격증을 제한적으로 발급하기 때문에 높은 가격으로 거래

③ 의사, 변호사, 회계사 등이 고소득을 올릴 수 있는 이유는 이들의 공급이 제한되어 있기 때문

④ 수입상품대리점도 제한되어 있어 일부 수입상품은 수입원가보다 엄청 높은 가격에 판매

⑤ 지대추구행위(rent seeking behavior)란 한번 진입제한 장치가 설치된 이후에는 기득권을 가진 이익집단들이 경제지대의 유지와 보호를 위한 각종 로비활동을 말함

→ 사회 전체적으로 볼 때 낭비

보론 3 기업경영과 이윤

1. 이윤 개념

① 이윤(profit)이란 기업가가 소득에서 다른 생산요소 공급자들에게 임금, 지대, 이자를 지급하고 남은 소득을 말함

② 이윤은 정상적인 기업 활동에도 불구하고, 경기상태에 따라서 기복이 심함[6)]

2. 위험부담설

① 나이트(F.Knight)

② 자본과 노동을 이용해 기업을 경영하는 데 필연적인 위험이 따름

③ 초과이윤을 얻을 수도 있으나, 손실을 볼 수도 있음

3. 혁신설

① 슘페터(J.Schumpeter)

② 기업가는 혁신을 적극 추진하면서 기업을 발전시키는데, 이윤은 기업가의 혁신의 대한 보수

③ 혁신(innovation)은 새로운 상품의 생산, 새로운 생산방식의 도입, 새로운 시장의 개척, 새로운 자원의 사용 혹은 발견, 새로운 경영기법의 도입 등을 의미

④ 창조적 파괴의 과정(process of creative destruction) : 기업가가 혁신을 통해서 생산력을 비약적으로 향상시켜 나가는 과정으로 이윤을 창출해 결국에는 경제성장을 촉진시킴

6) 수요공급의 이론이 적용되지 않은 이유

제 7 장

일반균형이론과 시장실패

1 일반균형의 의미

1. 일반균형 의의와 조건

(1) 일반균형 의의

① 현실에서는 여러 시장이 밀접한 상호관계를 지님
② 일반균형(general equilibrium)은 경제 안의 모든 시장에서 동시에 균형이 성립되고 있다는 것 의미

(2) 일반균형 성립을 위한 조건

① (소비자) 주어진 예산 제약하에서 효용의 극대화
② (소비자) 원하는 만큼의 생산요소 공급
③ (생산자) 주어진 여건하에서 이윤극대화
④ (생산자) 원하는 만큼의 생산요소수요
⑤ 주어진 가격체계하에서 모든 상품시장과 생산요소시장의 수요량과 공급량이 일치

2. 일반균형 의미

① 4가지 조건이 충족된 상황하에서 어떤 경제주체도 현재의 상태에서 다른 상태로 변화하는 것을 원하지 않음

② 모든 시장에서 수요량 = 공급량이 되고, 가격도 현재수준이 그대로 유지됨

③ 경쟁적 상황에서 일반균형 상태는 각 경제주체가 자신의 이익만을 좇아 경제활동을 영위할 때 각자의 상충하는 욕구가 시장의 힘에 의해 조화를 이루게 된다는 것을 의미

④ 신고전파 주류경제학 이념적 기초

2 순수교환경제에서의 일반균형

1. 에지워스 상자

- 초기부존자원(initial endowment)
- 자원배분(resource allocation) : 무수히 많은 자원배분이 존재
- 실현가능 배분(feasible allocation)

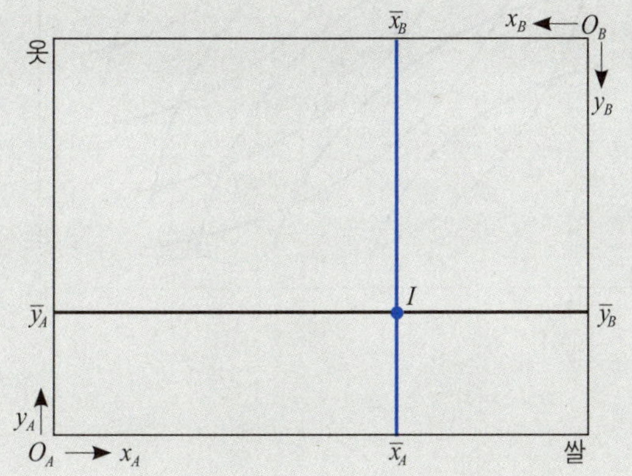

2. 교환의 발생

① 두 사람은 I점을 떠나 어떤 다른 실현가능배분을 나타내는 점으로 이동할 것인가의 문제

② I점에서 출발한 두 사람이 교환을 통해 회색으로 표시한 지역 안의 어떤 점으로 움직여가도 서로에게 이득이 되는 결과가 나타남

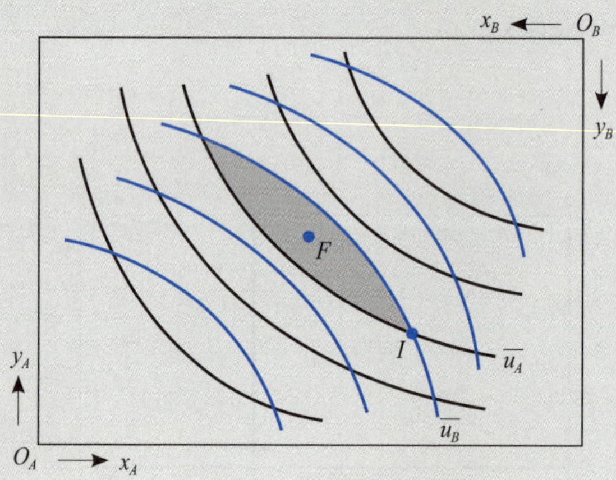

3. 계약곡선

(1) 파레토 효율성(Pareto efficiency)

① 서로에게 이득이 되는 변화가 더 이상 일어날 수 없는 배분상태에 이르러서야 그곳에 머물게 되는 것

② 더 이상의 개선이 불가능한 상태

③ 모두에게 이득이 되는 변화를 만들어낼 수 없는 상태

> **※ 파레토 효율성**
> 하나의 자원배분상태가 있다고 할 때, 어느 누구에게도 손해가 가지 않으면서 어떤 사람에게는 이득이 되도록 이를 변화시키는 것이 불가능한 경우 이러한 자원배분상태를 '파레토 효율적'인 성격을 갖는다고 한다.

(2) **계약곡선**(contract curve)

① 파레토 효율적인 배분을 나타내는 선

② 두 사람의 무차별곡선이 접하는 경우(두 *MRS*가 서로 같게 되는 점)는 '모두' 파레토 효율적 배분

4. 모색과정

(1) **경매자**(auctioneer)

① 경매자는 일단 하나의 상대가격을 제시한 다음, 각자가 교환하고자 하는 내용을 종합해 초과수요나 초과공급이 존재하는지의 여부를 판단

② 상대가격이 쌀 1단위와 옷 2단위가 맞바뀌질 수 있다는 것 의미

→ *I*점의 초기부존자원을 지닌 사람은 교환을 통해서 이 직선 위의 어떤 점으로도 마음대로 선택이 가능함

③ 옷에 대해서는 초과수요, 쌀은 초과공급

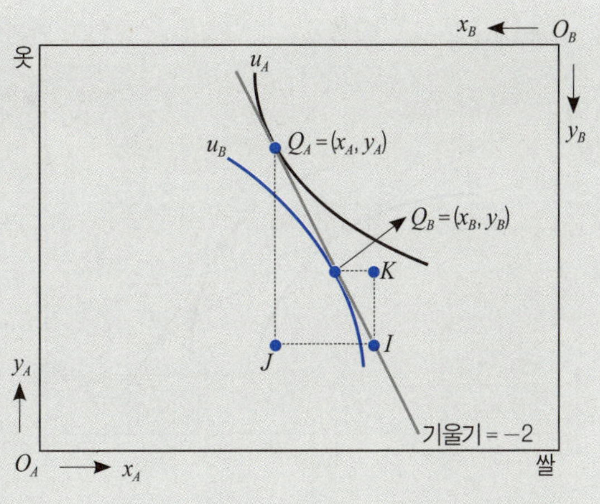

(2) 모색과정

초과수요가 있는 상품(옷)의 가격을 올리고, 초과공급이 있는 상품(쌀)의 가격은 낮추는 방식

5. 왈라스 균형

- 모색과정은 균형이 이루어질 때까지를 의미하는 각 상품에 대한 초과수요가 0이 될 때까지 계속됨
- E점을 선택한 상대가격하에서 한 사람이 공급하려는 X재(혹은 Y재)의 양은 다른 사람이 수요하려는 Y재(X재)의 양과 정확히 일치 ⇨ 왈라스 균형(Walrasian equilibrium)

※ 각 경제주체의 효용이 극대화되고, 각 상품에 대한 수요량과 공급량이 일치하고, 동시에 각 경제주체는 가격수용자라는 측면에서 일반경쟁균형(general competitive equilibrium)이 이루어진 상태로, 균형배분을 나타내는 점은 계약곡선 위에 있다는 사실로 파레토 효율적이다.

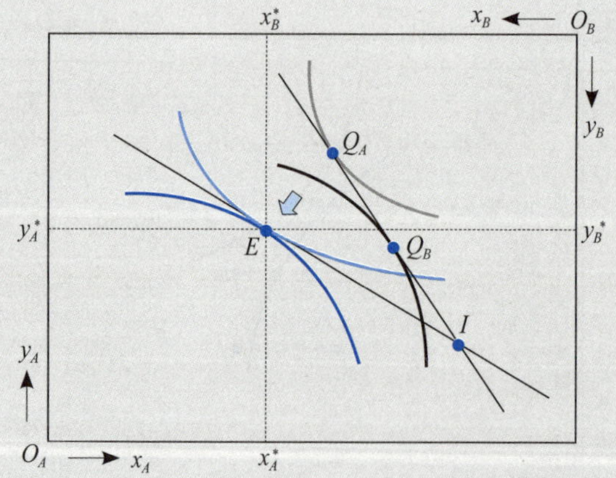

3 일반경쟁균형과 효율성

1. 후생경제학의 제1정리

(1) 제1정리의 내용

모든 소비자의 선호체계가 강단조성을 지니고, 경제 안에 외부성이 존재하지 않는 경우, 일반경쟁균형 배분은 파레토 효율적이다.

(2) 제1정리 의미

① A.Smith의 '보이지 않는 손'의 현대적 의미, 시장의 힘
② 개인의 사사로운 이익 추구는 공익과 부합
③ 일반경쟁균형의 상태는 모든 경제주체가 상품 가격을 주어진 것으로 보고 자신의 이익과 부합되는 방향으로 행동을 조정한 결과로 달성된 것
④ 소비자는 효용극대화, 생산자는 이윤극대화를 추구하고, 자신의 행동이 사회 전체에 미칠 파급효과를 전혀 고려 안 함
⑤ 그러나 시장의 힘은 각 경제주체의 상충하는 욕구를 조정해 무질서한 혼돈의 상태에 균형이란 질서를 부여하고 그 결과 사리와 공익은 조화

(3) 제1정리의 한계

① 가정의 지나친 엄격성 : 현실에서는 불완전경쟁, 외부성이 존재
② 일반경쟁균형에서 실현되는 파레토 효율적인 배분은 계약곡선 위에 존재하는 수많은 효율적 배분 중의 하나일 뿐 → 가장 바람직한 배분이라고 할 수는 없음
③ 계약곡선 상의 모서리 부분 → 한 사람이 모든 경제적 자원을 소비하는 불공평한 배분 의미

2. 후생경제학의 제2정리

(1) 내용

① 만약 파레토 효율적인 배분이 주어져 있을 경우, 일반경쟁균형이 되게 만드는 가격체계가 존재하는가의 여부 → 그렇다

② 초기 부존자원이 적절하게 분배된 상태에서, 모든 사람의 선호가 연속적, 강단조성, 볼록성을 지니면, 파레토 효율적인 배분은 일반경쟁균형이 됨

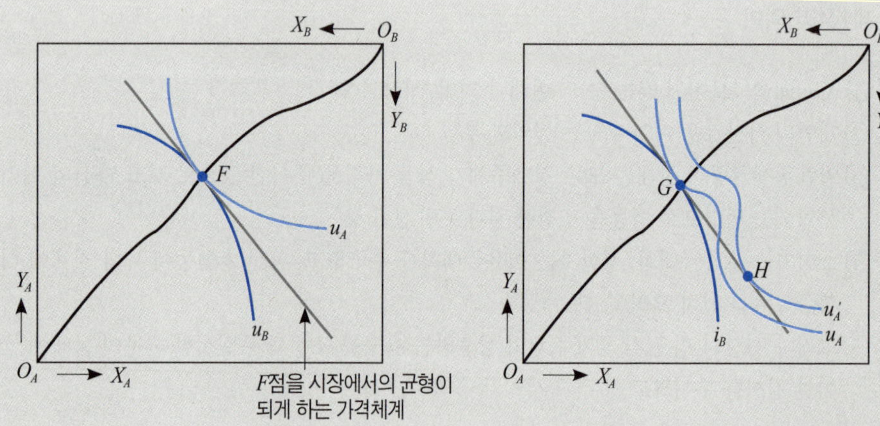

③ 두 사람의 무차별곡선이 서로 접하는 공통접선의 기울기인 가격체계가 주어질 때 F점인 배분은 일반경쟁균형의 배분

④ 가격비율이 주어지면 두 사람은 그 점을 효용이 극대화되는 점으로 선택함

⑤ 볼록성이 성립하지 않는 선호체계인 경우는 제2정리가 성립하지 못함

(2) 의미

① A에게서 필요한 만큼의 정액세(lump-sum tax)를 현금으로 거두어 B에게 이전하되, 모든 거래는 시장에서 형성되는 가격에 의해 이루어지도록 하는 방법 선택

② 초기부존자원을 재분배하여 R점에서 교환이 시작되도록 함

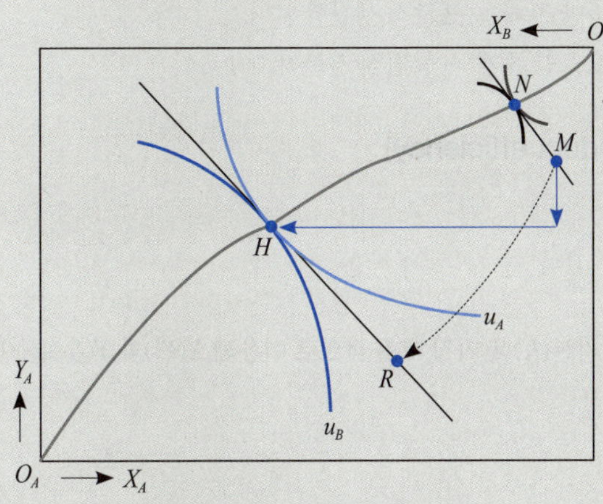

③ 재분배가 실현가능하다는 것을 이론적으로 뒷받침

④ 그러나 제2정리는 재분배를 위한 목적으로 가격체계에 어떤 손질을 가하는 것이 바람직하지 않다는 의미도 내포

⑤ 재분배 목적을 위해 가격체계에 손질을 가하면 필연적으로 비효율성 유발

4 경제적 자원의 효율적 활용

1. 분석의 기본 모형

■ 2×2×2 성격의 생산경제

① A와 B 두 사람만 존재 → 표준적 선호체계

② X와 Y재 두 상품만 존재 → 표준적 생산함수

③ L과 K 두 생산요소만 존재 → 동질적 가분적

2. 생산의 효율성(product efficiency)

(1) 배경

주어진 노동(L)과 자본(K)을 가장 효율적으로 이용해 X(쌀)와 Y(옷)를 생산

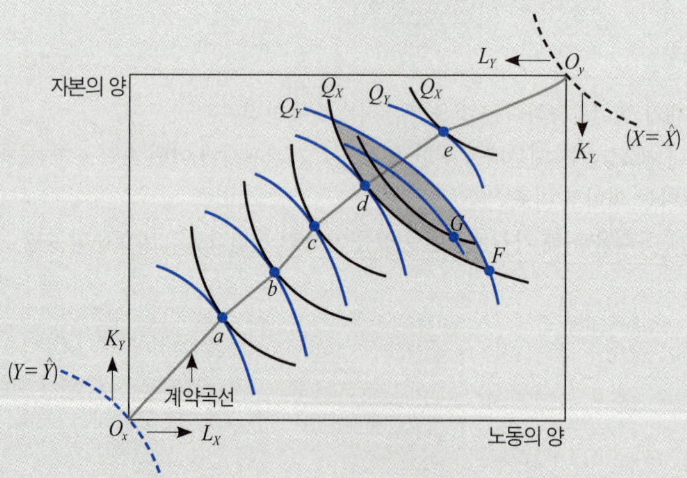

(2) 생산의 효율성

① 조건 : $MRTS_{LK}^{X} = MRTS_{LK}^{Y}$

② 계약곡선 : 주어진 노동과 자본의 부존량으로 생산할 수 있는 최대한의 쌀(X)과 옷(Y)의 집합

③ 생산가능곡선(production possibility curve=생산변환곡선)

→ 계약곡선 상의 점들을 ($X-Y$)평면으로 옮겨 놓은 것

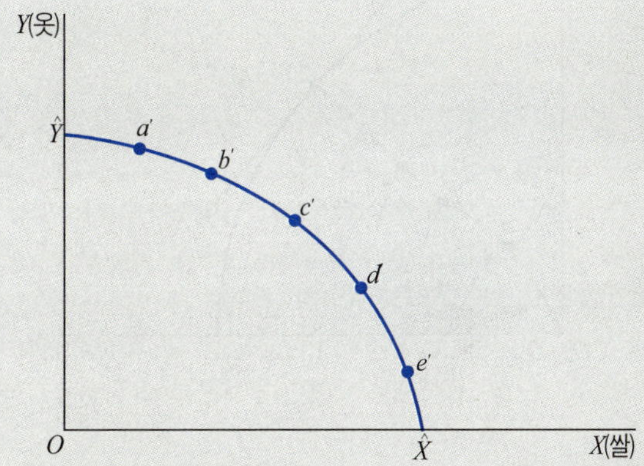

(3) 교환의 효율성(exchange efficiency)

① 생산의 효율성 달성 후 → 두 사람(A, B) 사이에 효율적 배분

② $MRS^{A}_{XY} = MRS^{B}_{XY}$

→ 계약곡선 상의 각 점은 최대한의 효용수준의 조합

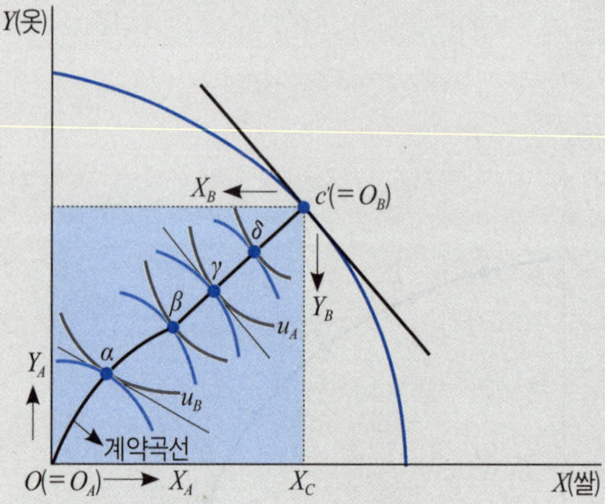

③ ($\alpha \to \beta \to \gamma \to \delta$)의 순으로 ($U_A - U_B$)의 평면으로 옮겨 놓은 그림

→ 효용가능곡선(utility possibility curve)

④ 주어진 상품의 조합을 두 사람 간에 배분 시 두 사람이 얻을 수 있는 최대한의 효용수준의 조합의 점을 모아 만든 것 (※ 무수히 많이 존재)

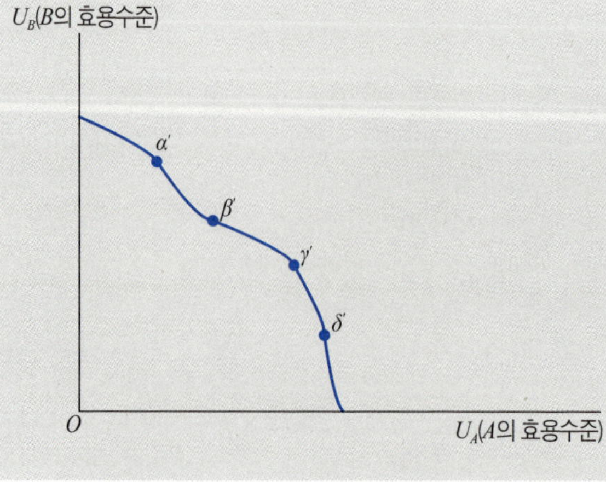

(4) 생산과 교환의 종합적 효율성

① γ점의 특수성

: 두 무차별곡선의 공통접선이 지닌 기울기가 생산가능곡선 상의 c'점의 접선 기울기와 일치 (한계변환율 MRT_{XY})

② $\therefore\ MRS^{A}_{XY} = MRS^{B}_{XY} = MRT_{XY}$

→ 교환의 효율성과 생산의 효율성이 동시에 충족

※ 생산의 효율성을 (L, K)의 결합으로 생산의 극대화인 생산요소의 결합비율과 관련한 효율성과 생산된 상품구성인 (X, Y)와 관련한 효율성과 차이가 있음

③ c'점에서 생산하고, α점에서 배분 → 비효율적

$$MRS^{A}_{XY} = MRS^{B}_{XY} = \left(\frac{MU_X}{MU_Y}\right) < MRT_{XY} = \left(\frac{MC_X}{MC_Y}\right)$$

(5) 효용가능경계

① 생산가능곡선 상의 모든 점에 대해서 각각 하나씩의 효용가능곡선 도출 가능

→ 무수히 많은 효용가능곡선의 포락선

② 한 경제에 존재하는 경제적 자원을 (생산가능곡선 상에서)

- 가장 효율적인 배분(계약곡선)했을 때
- 얻을 수 있는 두 사람의 효용수준(효용가능곡선)의
- 최대한의 효용수준 조합(포락선)

③ 3가지 효율성 조건 중에서 어느 하나를 만족시키지 못하면 효용가능경계의 안쪽에 위치

- 생산의 효율성
- 교환의 효율성
- 종합적 효율성

5 완전경쟁과 자원배분의 효율성

1. 생산의 효율성

① $MRTS_{LK}^{X} = MRTS_{LK}^{Y}$

② 완전경쟁시장에서 생산자는 경쟁시장에서 생산요소 (L, K)를 구입

$$\left(\frac{w}{r}\right)_X = \left(\frac{w}{r}\right)_Y = \left(\frac{w}{r}\right)$$

→ X재와 Y재 생산자가 직면하는 상대가격 비율은 동일

③ $MRTS_{LK}^{X} = \left(\frac{w}{r}\right) = MRTS_{LK}^{Y}$

2. 교환의 효율성

① $MRS_{XY}^{A} = MRS_{XY}^{B}$

② 완전경쟁시장에서 X와 Y재의 상대가격 비율 동일

$$\left(\frac{P_X}{P_Y}\right)_A = \left(\frac{P_X}{P_Y}\right)_B = \left(\frac{P_X}{P_Y}\right)$$

③ $MRS_{XY}^{A} = \left(\frac{P_X}{P_Y}\right) = MRS_{XY}^{B}$

3. 생산과 교환의 종합적 효율성

$$MRS_{XY}^{A} = MRS_{XY}^{B} = \left(\frac{P_X}{P_Y}\right) = MRT_{XY} = \left(\frac{MC_X}{MC_Y}\right)$$

① 완전경쟁의 상황에서 효율적인 자원배분의 3가지 조건이 성립

② 일반경쟁균형하의 자원배분은 파레토 효율적

③ but, "바람직한 배분"까지 보장은 아님

6 사회후생함수

※ 바람직한 배분 조건 = 효율성 + 공평성(가치판단)

1. 사회후생함수와 사회무차별곡선

(1) 사회후생함수

두 사람의 효용수준에 주어져 있을 때, 이를 종합하여 하나의 사회후생수준으로 표현하는 것

$$SW = f(U_A,\ U_B)$$

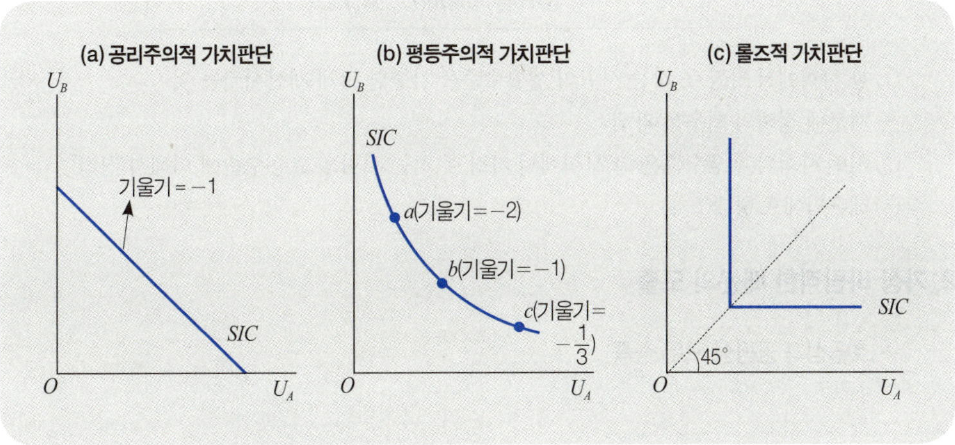

(2) 공리주의적 사회후생함수

$$SW(공) = U_A + U_B$$

① 벤담
② 개인의 효용을 단순히 더한 것 (두 사람 간 효용배분은 관계없음)
③ 만일 가중치를 감안하면, $SW = \alpha U_A + \beta U_B$
④ $U_B = -U_A + \overline{SW}$ (무차별곡선은 기울기 −1)

(3) 평등주의적 사회후생함수

$$SW(\text{평}) = U_A \cdot U_B$$

① 높은 효용수준 사람(고소득자) → 낮은 가중치 (저소득자는 높은 가중치)
② 사회무차별곡선은 원점에서 볼록한 형태
→ 효용수준이 높아질수록 부여하는 상대적 중요성이 감소
③ 소득재분배 근거

(4) 롤즈적 사회후생함수 : 최소극대화원칙(maximin principle)

$$SW(\text{롤}) = min(U_A, U_B)$$

① 한 사회에서 가장 못 하는 사람의 생활수준을 가능한 크게 개선시키는 것
→ 재분배 정책의 최우선 과제
② 어떤 사회의 후생수준은 그 사회에서 가장 못 하는 사람의 효용수준에 의해서 결정
③ 레온티에프 형태(L자)

2. 가장 바람직한 배분의 도출

※ 효율성과 공평성 모두 충족

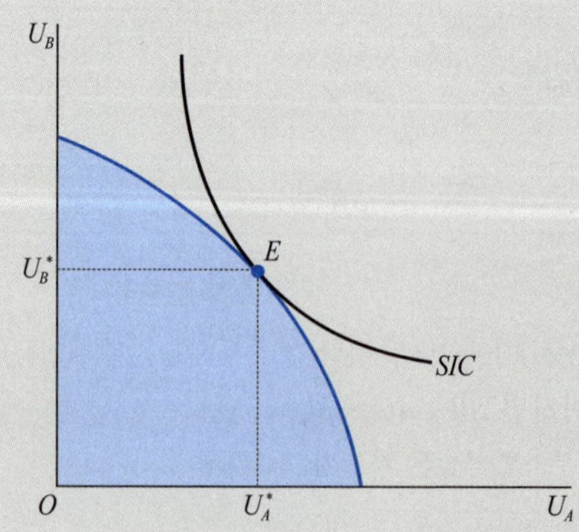

3. 불가능성 정리

(1) 애로우의 불가능성 정리 등장

① 바람직한 배분을 도출하기 위해서는 사회후생함수가 존재해야 하는데 그러한 사회후생함수가 실제로 존재하는가의 여부에 의문

② 애로우(Arrow)는 바람직한 민주적이고 합리적인 조건을 갖춘 사회후생함수가 존재하지 않는다고 증명

(2) 불가능성 정리(impossible theorem) 조건

① 완비성과 이행성 : 모든 사회적 상태 비교가 가능해야

② 파레토 원칙(Pareto principle) : 사회의 모든 사람이 $\alpha > \beta$라면, 사회도 $\alpha > \beta$ 가 되어야 함 (→ 개별구성원의 선호체계 존중)

③ 비독재성 : 사회의 어느 한 구성원이 전체 선호 좌우하면 안 됨 (→ 민주적 사회적 선호체계)

④ 제3의 선택가능성으로부터의 독립 : $\alpha > \beta$에서 γ이 끼어들어 $\alpha > \beta$의 선호순위가 깨지는 일이 없어야 함

7 시장의 실패와 자원배분

1. 시장의 성과

(1) 경제체제의 목표

① 효율적인 자원배분
② 소득과 부의 공평한 분배
③ 경제안정과 성장의 촉진

(2) 시장실패(market failure)

① 시장기구가 효율성 측면에서는 다른 경제 체제보다 우월할 수 있지만, 그렇다고 완벽한 정도의 효율성을 가져다주는 것도 아니고, 현실에서는 시장 내부에 자원의 비효율성을 야기하는 많은 요인들이 내포
② 이러한 요인들 때문에 시장기구가 자원을 효율적으로 배분하는 데 실패하는 현상을 '시장실패'라고 함

2. 시장실패의 여러 요인

(1) 불완전경쟁

① 시장기구에 의한 분권화된 자원배분이 효율성을 가진다는 결론을 도출할 수 있었던 것은 완전경쟁을 전제로 하고 있기 때문
② 불완전경쟁은 인위적인 요인과 기술적인 요인(규모수익체증)에 의해 발생

(2) 공공재

① 비경합성(non-rivalry) : 양($p>0$)의 가격을 부과하는 것이 바람직하지 않음
② 비배제성(non-excludability) : 양($p>0$)의 가격을 부과하는 것이 불가능

(3) 외부성

① 시장 테두리 밖에서 존재하는 현상

② 어떤 한 사람의 행동이 제3자에게 의도하지 않은 이득이나 손해를 가져다주는데 이에 대한 대가를 받지도 지불하지도 않을 때 발생

(4) 불확실성

① 불확실성이 개입하면 일반경쟁균형의 파레토 효율성은 성립하지 않음

② 애로우(K.Arrow)는 비록 불확실성이 존재한다고 하더라도 앞으로 일어날 수 있는 상황과 관련한 권리와 의무를 하나의 상품으로 간주하고, 일어날 가능성이 있는 모든 상황을 전부 포괄하는 완벽한 조건부상품시장(perfect contingency market)이 존재하는 경우 효율적인 자원배분이 성립할 수 있음을 보여줌

③ 현실에서 완벽한 보험이 제공되기 어려움 : 역선택과 도덕적 해이 때문

3. 시장실패와 정부의 역할

① 시장실패는 정부개입의 필요조건이지 충분조건은 아님

② 정부 개입이 효율성을 증진시킬 수 있는 경우에 한해서 개입을 시도하는 것이 현명한 대처 방식

③ 정부개입은 민간부문에 자유로운 의사결정에 교란되는 결과가 나타나기 때문에 발생하는 것으로 효율성의 상실분을 초과부담(excess burden) 혹은 자중손실(deadweight loss)이라고 함

8 공공재

1. 공공재의 정의

① 여러 사람이 공동으로 그 소비에 참여하는 특성
→ 공평한 소득분배도 하나의 공공재라 할 수 있음 (∵혜택을 사회구성원 모두가 공유 가능)
② 공공재는 그 자체의 성격에 의해 규정되어야 함 (not 공급주체 기준)
→ 민간단체가 공원이나 박물관 등 공공재를 생산하기도 함
③ 모두 동일한 양을 소비하지만, 동일한 편익을 누리는 것은 아님
(= 모든 사람의 공공재 소비량이 같다고 해서 같은 가치를 부여하는 것이 아님)
→ 국방서비스에 대한 극단적인 평화주의자

2. 공공재의 기본성격

(1) 소비의 비경합성(non-rivalry)

① 다른 사람의 소비 가능성이 줄어들지 않음
② 일정한 양의 공공재가 생산되면 모든 사람들이 바로 그만큼 공공재 소비 가능
③ 한계비용=0
(→ 사회적 관점에서 볼 때 소비하는 사람 수가 많아질수록 더 바람직하다는 의미)

(2) 배제불가능성(non-excludability)

① 대가를 지불하지 않는 사람은 그것을 소비할 수 없다는 의미 (배제의 원칙 적용 불가)
② 양(+)의 가격을 부과하려고 해도 불가능 의미
→ 비경합성의 경우는 양의 가격을 부과하는 것이 바람직하지 않다는 의미 (주의 !)

3. 불완전한(impure) 공공재

① 비경합성과 배제불가능성 중 어느 하나가 충족되지 못한 경우
② 불완전한 비경합성 → 혼잡가능공공재(congestible)
③ 배제불가능성이 불완전 → 가격을 통한 배제가 어렵고, 가능해도 비용이 막대 의미
④ 배제가능성은 생산기술의 특성에 따라서 달라질 수 있음 예 특별 장치 이용한 등대서비스
⑤ 배제가능성은 법적, 제도적 특성에 영향 받음 예 고속도로 모두 무료화

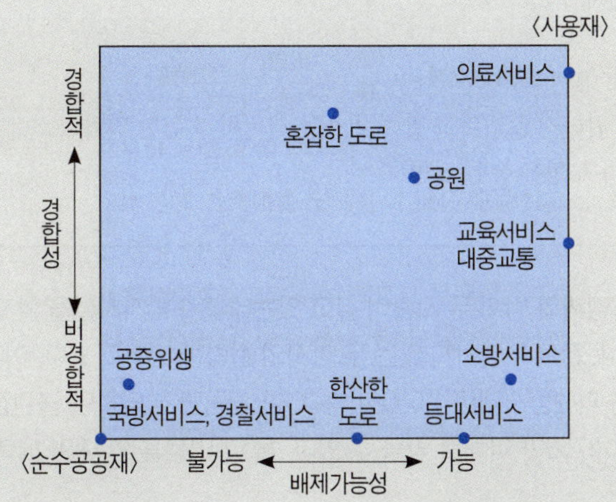

4. 공공재 최적 수준

(1) 사용재의 경우 ⇨ 수평방향의 합

① 모든 소비자가 동일한 가격에 직면하고 수요하는 양이 다름
② $MB_A = MB_B = MC$

(2) 공공재의 경우 ⇨ 수직방향의 합

① 모든 사람이 동일한 양을 소비
② $MB_A + MB_B = MC, \; MRS_A + MRS_B = MRT$

5. 무임승차 문제

(1) 무임승차 발생 이유

① 배제불가능성 때문에 발생 (not 비경합성)
② 민간부문의 자율적인 시장기구의 공공재 배분 한계 지적
→ 정부의 개입 근거 (정부는 공공재에 대한 선호를 파악하고, 강제적으로 생산비용 징수)

(2) 협상가능성의 존재

① 전략적인 행동(strategic behavior)
: 공공재를 별로 원하지 않는다고 말해 비용을 회피하기 위한 전략
② 용의자 딜레마 모형을 통한 설명

【상황】 한 마을에 김씨와 박씨 두 사람이 살고 있는데 홍수방지시설을 할지 고민이다. 각자 1,000을 부담하거나, 전혀 부담하지 않는 두 가지의 전략만 지니고 있다. 이때, 둘이 1,000을 각각 부담하면 홍수피해방지액은 1,500이 되고, 한 사람만 부담하면 불완전하게 홍수를 완전히 방지할 수 없어 750만 피해를 막을 수 있다. 둘 다 비용을 안 내면 혜택도 없고, 비용도 0이다.

		박씨	
		부담 ○	부담 ×
김씨	부담 ○	(500, 500)	(−250, 750)
	부담 ×	(750, −250)	**(0, 0)**

- 우월전략(dominant strategy) : 상대방의 행동에 관계없이 자신의 최선 전략 ⇨ 부담 ×
- 내쉬균형(Nash Equilibrium) : 둘 다 비용을 전혀 부담 안 하는 것
- 협조가능성 존재 : 모두 부담하는 전략을 선택하면 더 큰 순편익을 누릴 수 있음

9 외부성

1. 외부성의 정의와 유형

(1) 외부성의 정의

① 어떤 행위가 제3자에게 의도하지 않은 혜택이나 손해를 가져다주는데, 이에 대해 대가를 받지도 지불하지도 않을 때 외부성이 발생한다고 함

② 어떤 계약관계에 의해 꿀벌 소유자에게 요금이 지급된다면 외부성이 내부화(internalize)된 것임

③ 외부성이 존재할 때 자원배분이 비효율적임

(2) 외부성의 유형

① 이로운 외부성과 해로운 외부성

② 생산과정에서 나오는 외부성과 소비과정에서 나오는 외부성

- 가정에서 쓴 합성세제가 하천의 수질오염
- 한밤중에 큰 소리로 음악을 틀어 이웃사람에게 불편 야기

2. 외부성과 자원배분

(1) 외부성과 시장실패

① 완전경쟁시장의 경우 $MB=P=MC$

→ 사회적 관점이 아닌 소비자와 생산자의 개인적인 편익과 비용과 관련된 것임

② 사회적인 관점에서 평가한 자원배분 효율성은 $SMB=SMC$

③ 소비과정에서 해로운 외부성 발생 시 : $SMB<PMB$

④ 생산과정에서 해로운 외부성 발생 시 : $SMC>PMC$

(2) 외부성이 존재할 때 사회적 최적 배분

① 사회적 한계피해액(social marginal damage) 고려[1)]

② 외부효과가 존재할 때, $PMC \neq SMC$되거나 $PMB \neq SMB$되는 상황 발생

③ 민간부문은 경제적 결정을 내릴 때 사적인 효용극대화 혹은 이윤극대화 위해 단지 개인적인 편익과 비용(PMB, PMC)에만 관심

④ 외부성이 존재하는 경우 자원배분은 비효율적임

→ $SMB = PMB = P = SMC = PMC$가 성립하지 않기 때문

(3) 그림을 통한 설명

① 경쟁적 상황에서의 시장균형은 가격=한계비용($P = MC$)의 관계가 성립하는 F점이 균형

② 사회적으로 효율적 배분은 $P = SMC$인 G점에서 최적배분임

③ 해로운 외부성 존재 시 과잉생산

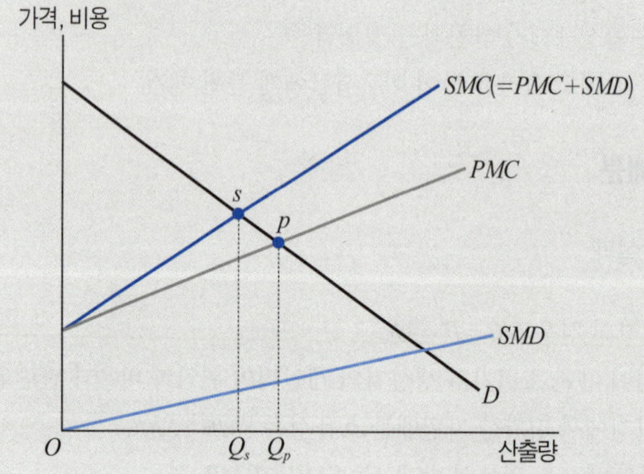

1) 예 비누를 생산하는 산업의 경우, 오염물질을 인근 하천에 방류하는데, 생산수준이 높아질수록 방출량이 증가하고, 생산물을 1단위 늘릴 때 발생하는 사회적 한계피해액(social marginal damage)은 생산수준이 높아질수록 체증 가정

3. 사회적 최적배분과 사회후생

(1) 분석

① 사회적으로 효율적인 생산량(Q^*)으로 변화시키면 발생하는 사회적 후생의 변화
② 후생손실 : 더 적은 양의 생산과 소비로 발생한 후생손실 (삼각형 $ss'p$)
→ ∴ 결국 삼각형 spp'에 해당하는 만큼의 사회적 순편익의 증대 발생

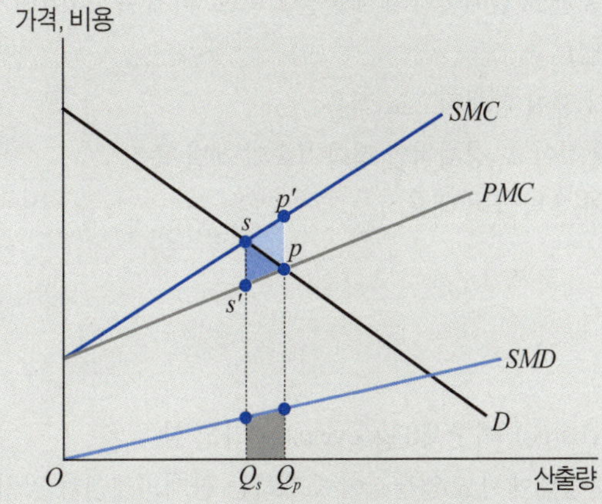

(2) 의미

① 공해물질의 배출수준이 0으로 떨어져야만 가장 효율적인 자원배분이 달성된다고 말할 수 없음
② 오염물질의 배출을 줄이기 위해 생산량을 일정 수준 이하로 떨어뜨리면, 사회적 순편익 감소의 부정적 효과가 오염물질로 인한 피해의 감소라는 긍정적인 효과보다 더 커지는 현상 발생
③ 결국 방출억제와 관련된 비용과 편익을 비교하여 가장 바람직한 수준을 선택해야 함

4. 외부성 해결방법

(1) 직접통제방식

① 확실한 환경보호 효과 (원하는 환경기준을 빠른 기간 안에 정확히 달성 가능)
② 경직적 → 예기치 않은 어려움에 봉착 가능 (오염방출자가 많은 경우 감시 어려움)

(2) 시장을 활용한 방식 : 환경세 vs. 오염허가서

① 적절한 유인을 통한 오염배출자의 배출을 스스로 억제 유도 (어떤 행동을 취하도록 직접통제하는 것이 아님)
② 요구되는 정보의 양이 상대적으로 적음
③ 장기적으로 효율적이고, 경제적인 정화기술의 개발 촉진
④ 환경세, 오염허가서 발급이 대표적

1 환경세 부과

(1) 의의
① 배출세(effluent charge), 피구세(Pigouvian tax)라고 함
② 세율을 최적배분상태에서 오염물질이 초래하는 한계피해액과 일치
③ 최적생산수준에서의 한계피해액을 세율로 하는 환경세 부과는 이윤극대화를 추구하는 생산자들이 자발적으로 최적생산수준인 Q^*을 선택하게 함

(2) 문제점
- 이론적으로 최적배분상태가 무엇이고, 가상적 배분상태에서 초래되는 한계피해액을 계산하는 것이 어려움
- 완전경쟁을 전제로 함
- 환경세를 누구에게 어떤 방식으로 부과해야 하는가도 문제
- 오염배출자의 행동에 대한 적절한 감시가 가능한가의 여부도 문제

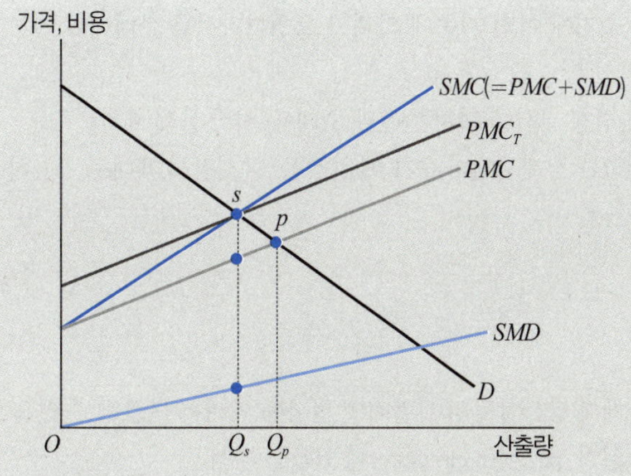

2 오염허가서 발급

(1) 의의

① 일정한 양의 오염허가서, 면허(license)를 발행하여 이를 보유하고 있는 경제주체만 오염물질을 배출할 수 있게 허용하는 방식

② 사회적인 관점에서 적절한 오염물질의 배출수준을 파악하여, 배출량이 이 수준 이내에 머물 수 있도록 허가서 발행량을 통제

(2) 장점

① 환경에 대한 진정한 선호를 표출하도록 유도하는 데 유리 (시장에서 오염허가서가 자유로이 교환되는 상황에서 선호를 거짓되게 표출 시 자신에게 손해 발생)

② 환경보전과 관련한 비용을 절약 가능

→ 더욱 효율적인 정화시설을 갖고 있는 기업으로 자체정화의 부담이 넘겨져 사회 전체의 관점에서 본 비용이 절감되는 효과 유발

③ 비교적 확실하게 환경기준 달성 가능 (환경세는 주변 여건의 변화에 따라 의도하지 않은 결과 발생)

④ 상당한 정도의 신축성 : 의식적인 노력 없이 자동적인 조정이 가능

→ 환경세를 부과하는 경우에는 인플레이션에 적용하기 위해 새로운 세율을 산정하는 등 정책당국이 변화하는 상황에 적응하기 위해 많은 노력을 투입해야 함

(3) 문제점

① 제도시행의 초기에 어떤 기준에 의해서 오염허가서를 분배해야 하는가 (오염허가서는 일종의 이권)

② 뜻하지 않게 경쟁 질서를 해치는 결과 초래 → 시장 봉쇄 효과

③ 시장에 참여하는 경제주체의 수가 매우 작음 → 시장이 제대로 기능하기 어려움

5. 코즈 정리

(1) 개념

① 외부성의 문제가 당사자들의 자발적인 협상에 의해서 해결될 수 있음을 보여줌

② 외부성의 본질이 상호성(reciprocity)에 있음을 지적

③ 환경세의 부과처럼 정부가 당사자들 중의 어느 한쪽에만 책임을 지는 방식으로 해결 반대

④ 정부는 직접적 개입을 삼가고, 당사자 사이의 협상이 원활히 진행될 수 있도록 제도적, 행정적 뒷받침을 해주는 데 역할을 한정해야 함

(2) 문제점

① 이해관계 당사자가 누구인지 판별 어려움

② 거래비용(transaction cost)이 적게 들어야 한다는 조건

③ 공정한 해결책이 가능한가 여부

→ 현실적으로 공해 문제의 피해자는 조직화되지 못한 서민들인 반면, 가해자는 자금력과 로비력을 갖춘 기업이 대부분

④ 오염물질의 배출자와 피해자가 환경에 대해서 동등한 권리를 갖는가의 문제

→ 인근 주민이 깨끗한 강물에 대한 권리를 갖고 있듯이 화학공장도 오염물질을 마음대로 내다버릴 권리를 가지고 있다는 엉뚱한 주장 가능

(3) 코즈 정리 사례

[상황] 강 상류의 화학공장이 강 하류의 양식장에 해로운 외부성을 야기하는 경우

[CASE 1] 강의 소유권이 화학공장에 있는 경우

화학공장은 $PMC=D$인 Q_p에서 생산 → 양식장은 Q_s로 감축 제안

- 화학공장이 요구하는 최소한의 보상액은 c
- 양식장이 제안할 수 있는 최대한의 보상액은 $c+d$ (오염물질 정화비용의 감소)
- 보상액이 c ~ $(c+d)$에서 결정되면 협상 가능

[CASE 2] 강의 소유권이 양식장에 있는 경우

양식장은 화학공장에 $Q=0$ 생산을 요구하나 화학공장은 Q_s로 생산 증가 제안

- 약식장이 요구하는 최소한의 보상액은 b
- 화학공장이 제시하는 최대한의 보상액은 $a+b$
- 보상액이 b ~ $(a+b)$에서 결정되면 협상 가능

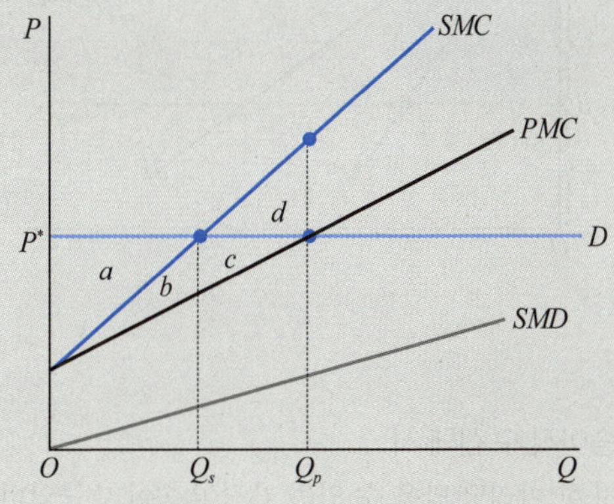

6. 소유권의 확립

(1) 공유지의 비극(tragedy of commons)

1 모형

① $MC=\alpha(=AC)$

: 송아지 한 마리를 구입하는 데 비용 α원 (= 방목되는 송아지 수를 한 마리 늘리는 데 소요되는 한계비용으로 송아지 가격과 같음)

② AP우하향

: 평균생산 하락 (한정된 땅에 많은 수의 송아지 방목으로 성장이 느려지고 1년 후 받게 되는 가격이 하락)

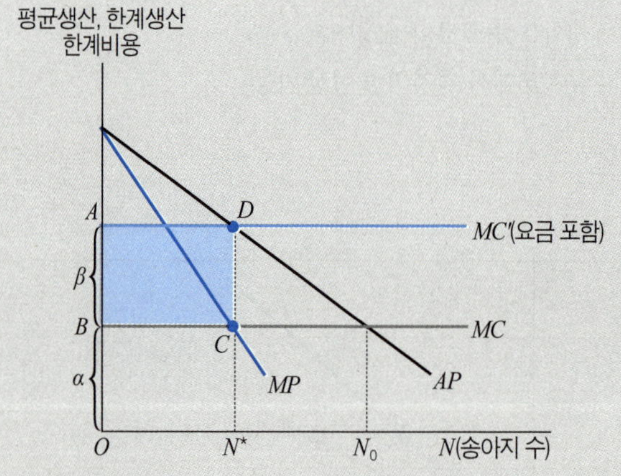

2 분석

개인적인 관점에서 송아지 수 선택 시

① 1년을 키운 송아지 한 마리당 받을 수 있는 가격이 송아지 구입비용을 초과하는 한 추가적인 송아지 구입·방목에서 이득을 얻을 수 있음

② $AP=MC$인 N_0에서 균형 (마을 전체의 잉여는 0 ⇨ 명백하게 비효율적)

③ 개인 송아지 한 마리를 더 구입해 방목하기로 결정한 행위가 다른 주민들에게 외부성 야기

3 극복방법

- 목초지 주인에게 일정한 요금 부과(β)

→ 한계비용은 ($\alpha+\beta$)로 증가

(2) 소유권 확립의 효과

① 화학공장과 물고기 요리 전문 음식점

② 소유권이 어느 한 사람에게 통합된 상황에서 오염물질의 배출이 더 이상 외부성의 원인이 되지 않음 → 소유권의 재배분은 외부성의 내부화를 가져옴

③ 현실적 타당성은 희박 (∵ 피해를 입은 당사자들이 주변의 음식점이라면 적용 가능하지만, 수많은 주민들의 식수가 영향을 받는 경우라면 쉽지 않음)

제 8 장

정보경제학과 행동경제학

1 정보경제학의 등장

1. 정보재

① 정보는 경제적 자원

→ 사람들이 갖기를 원하지만 희소하다는 의미로, 상당한 대가를 지불할 용의가 있음

② 정보경제 이론

: 정보가 완비되지 못한 상황을 감안해 좀 더 현실적인 경제모형 설정

2. 비대칭정보

(1) 비대칭정보 상황

정보가 한쪽만 존재하고, 다른 한쪽에는 존재하지 않는 상황이 주된 관심사

→ 비대칭적 정보 분포 (보험회사, 보험가입자 / 주주와 경영자 / 고용주와 피고용인)

(2) 감추어진 특성과 감추어진 행동

① 감추어진 특성은 중고차 시장처럼 사고를 일으킬 위험성이 높은 사람인지 아니면 낮은 사람인지 특성이 감추어져 있다는 의미

② 감추어진 행동은 대리인(근로자)이 정말로 열심히 일하는지의 여부를 파악하기 어렵기 때문에 발생하는 것으로 근로자가 쏟는 노력의 정도를 의미

2 역선택과 숨겨진 특성

1. 역선택 문제 개념과 사례

(1) 역선택의 개념

① 역선택(adverse selection)은 정보가 비대칭적으로 분포된 상황에서
② 정보를 갖지 못한 측의 입장에서 볼 때
③ 바람직하지 않은 상대방과 거래를 할 가능성이 높아진 현상

(2) 역선택의 특성

① 감추어진 특성 때문에 발생
② 정보를 가진 측의 자기선택(self-selection)과정 현상
→ 나쁜 질의 차 보유자는 자발적으로 팔려고 내놓고 좋은 질의 소유자는 스스로 판매 포기

(3) 역선택 사례 : 개살구(lemon) 시장

1 모형

	2020년 소나타	Seller	Buyer
참살구	50대	(min) 300	(max) 350
개살구(lemon)	50대	(min) 100	(max) 150

■ 참살구의 거래가격 범위 : 300 ~ 350
개살구의 거래가격 범위 : 100 ~ 150

2 Buyer의 측면

① 구매자 입장에서는 구매하려는 소나타가 어떤 유형인지 모르기 때문에 매우 조심스러운 태도

→ 어떤 금액의 기대치(expected value)가 지불할 용의의 금액이 됨

→ 250 (= 1/2 × 350 +1/2 × 150)

② 참살구 소유자는 300 (최소한 받으려는 금액)보다 작아 판매 포기

3 균형

시장에서는 개살구들만 거래 (참살구는 전혀 거래가 안 됨)

① 시장실패

② 부정적 외부성 : 개살구를 팔려고 내놓음으로써 참살구를 가진 사람에게 의도하지 않은 피해를 유발

→ 나쁜 중고차 소유자 행위가 외부성 원인

③ 중고차의 질이 연속적으로 분포된 현실적 상황에도 적용 가능

2. 보험시장에서의 역선택

(1) 보험시장 모형

① 역선택 현상이 존재하는 보험시장에서 평균적인 사고 발생의 확률에 기초해 보험료 책정

② 보험회사 반드시 손실 (∵평균수준 이상의 사고발생 확률자가 주로 가입)

③ 보험회사 손실 막기 위해서 보험료 인상

④ 사고확률이 한층 더 높은 사람만 보험에 가입

(2) 대응책

① 사전 신체검사 요구

② 탄력적 보험료 제도 : 사고의 위험성이 큰 집단에 속한 사람 가입을 어렵게 함

③ 단체의료보험제도 : 모두 강제적으로 한 보험 프로그램에 가입해야 한다면 건강이 나쁜 사람만 가입하는 현상은 배제 가능

(3) 파레토 개선 가능

① 역선택 현상이 존재하는 상황에서 강제적 보험 도입은 "모두"에게 더 좋은 결과
② 사람들의 선택 가능성을 제한하는 강제보험 프로그램 도입이 모든 사람에게 이득 (→역설적)
③ 선택의 제약이 파레토 개선 유도 (∵ 외부성 문제)
④ 정부가 운영하는 건강보험과 연금보험제도의 정당성 근거 (→ 외부성 문제 해결을 통한 효율성 증대 가능)

3. 상품시장과 역선택

(1) 상품시장에서 역선택

① 싼 게 비지떡
② 겉모양만 그럴듯한 상품을 만들고, 약간 싼 가격을 붙여 소비자들을 현혹하는 생산자를 비꼬는 말

(2) 해결책

① 겉모양만 그럴듯한 물건 만들어 파는 행위 통제 (→ 소비자와 양심적 생산자 보호)
② 품질보증: *KS*, *Q*
③ 친환경 표시
④ 제조물책임법(product liability law)
: 과실의 유무와 관계없이 생산자가 보상의 책임 부여
⑤ 소비자의 선별노력 : 평판, 소비자 관련 단체 자료 정보

3 역선택 해결방안 : 신호발송과 선별

1. 신호발송과 선별

(1) 신호(signal)

① 정보를 가진 측이
② 자신의 감추어진 특성에 대한 관찰 가능한 자료를
③ 정보로 전달

(2) 선별(screening)

① 정보를 갖지 못한 측이
② 상대방의 감추어진 특성을 판별하고자 노력
→ 예를 들어 독점자의 가격차별에서 구매자의 유형을 직접 판별하기 위해 간접적 수단을 이용

2. 노동시장의 신호발송과 선별

(1) 상황

① 능력 있는 사람은 대학교육을 받고, 능력 없는 사람은 스스로 대학 진학을 포기하는 경우
② 자기 선택과정
③ 기업의 대학교육을 받은 사람을 높은 능력의 소유자로 간주하는 선별방식이 정당화

(2) 전제조건

① 능력 있는 사람이 대학교육 받는 데 더 적은 비용
② 교육기관이 기업보다 더 싼 비용으로 개인 능력 평가 가능

(3) 의의

① 교육은 능력에 관한 신호를 보내는 역할만
② 교육에 대한 후생 경제학적 평가는 부정적 (생산성 향상과 관련 없음)
③ 교육은 소득격차를 벌려 놓은 바람직하지 않은 결과 초래
④ 인적자본이론(human capital theory)과 정면 배치

4 도덕적 해이 : 본인-대리인 문제

1. 도덕적 해이

(1) 기본적 성격

① 비대칭정보하에서 감추어진 행동에서 발생
② 대리인은 본인과 다른 이해관계를 지님
(→ 대리인은 자신의 이익을 추구하기 위해 본인의 이익에 해로운 행동을 할 가능성이 있음)
③ 유인(incentive) 문제
→ 대리인이 본인의 이익을 위해 최선의 노력을 기울일 유인이 결여로 문제
④ 대리인은 자신의 행동이 상대방에 의해 정확히 파악될 수 없음
→ 자신의 이득을 추구하는 행동할 유인
→ 바람직하지 않은 행동
⑤ 대리인은 본인의 이익을 위한 최선을 다할 약속(명시적 or 묵시적)을 위배

(2) 현실의 사례

주주와 경영자, 국민과 정치인, 소송의뢰인과 변호사

2. 보험시장의 도덕적 해이 해결방안

: 사고 발생 시 가입자 자신도 피해의 일부 부담
① 공동보험(co-insurance) : 손실의 일부만 보상 (피해액의 80%만 보상)
② 초기공제 도입 : 손실액 중 처음 얼마는 가입자 본인이 부담하고, 초과부분에 대해서만 보상

5 행동경제학 등장 배경

1. 전통경제학의 가정과 한계

(1) 신고전학파 경제이론의 가정

① 경제주체가 이기심(self-interest)과 합리성(rationality)을 지닌 경제인 가정
→ 현실과 부합하는지의 여부와 상관없이 이기심과 합리성의 가정은 인간의 행동을 설명하는 데 유용한 가정이 될 수 있다는 믿음
② 이타적이거나 비합리적인 행동은 예외적인 현상일 뿐
③ 사회적 진화론 측면에서 이기심, 합리성을 따르지 않으면 자연도태 가능성

(2) 신고전학파 경제이론의 한계

① 현실에서는 비합리적인 행동을 함
② 현실에서는 이기심과 합리성의 가정을 재검토해야 한다는 비판 제기

2. 행동경제이론(behavior economics) 등장

① 초기에는 심리학적인 실험결과나 현실의 특이현상에 초점
② 사이먼(H.Simon)이 현실 여건상 인간이 무제한적으로 합리성을 추구할 수 없음 지적
→ 인식능력과 정보, 지식의 한계
→ 제한된 합리성 제시
③ 본격 발전은 두 심리학자인 트버스키(A. Tversky)와 카네만(D. Kahneman)의 공이 큼

6 행동경제학 이론

1. 합리성과 이기심의 가정 수정

(1) 휴리스틱(heuristic)

① 주먹구구식 판단과 의사결정
② 예 중년층의 심장마비 발병위험을 평가할 때, 객관적 통계자료를 활용하는 것이 아닌 자신들이 알고 있는 사람들 중에 심장마비가 발병한 사례를 기억에 떠올리고 판단 내림

(2) 인식의 편향(cognitive bias)

인간이 주변 상황을 인식할 때 엄격한 객관성을 유지하지 못하고, 특정한 편향(잘못된 판단)을 보임

(3) 이타적 행동

① 심리학적 실험 결과 인간은 자신의 이익에만 관심을 보이는 것이 아님
② 최후통첩게임(ultimatum game) : 미리 정해진 금액의 돈을 두 사람 사이에서 어떻게 나누어 갖는지가 문제의 핵심
③ 공공재 게임(public goods game)
④ 인간은 기본적으로 자신의 이익을 중시하되, 맹목적으로 이것만 극대화하지 않고, 공익을 위해서 자신의 이익을 포기하거나 공정하다고 생각되는 결과를 가져오기 위해서 개인적 비용을 지불하는 경우도 있음

2. 소비자 선호체계의 성격

(1) 부존효과(endowment effect)

① 어떤 물건을 소유하는 사람이 그것을 포기하기 싫어하는 성향이 있기 때문에 나타나는 효과
② 같은 물건인데도 소유하고 있는 것을 팔 때 받으려는 금액(willingness to accept : *WTA*), 소유하지 않은 상황에서 구입 시 지불하려는 금액(willingness to pay : *WTP*) 간에 차이가 발생
③ $WTA > WTP$
(∵ 자신이 소유하고 있는 물건을 포기하기 싫어하기 때문에 상대적으로 더 높은 가치 부여)
④ 무차별곡선의 가역성이 깨짐 ⇨ 비가역성 현상(*MRS*를 어느 방향으로 재는가에 따라서 달라짐)

(2) 틀짜기효과(framing effect)

① 사람들이 의사결정 시 특정한 결정틀(decision frame)을 사용함→ 인식의 틀
② 월급을 받지 못하게 된 상황을 이득이 감소한 것으로 볼지, 손실이 증가한 것으로 볼지 인식 차이
③ 인식의 틀이 바뀜에 따라서 결정을 바꾸게 됨

(3) 심적회계방식(mental accounting)

① 사람들이 마음속에 여러 개의 계정들을 설정하고 있음
② 복권에 당첨되었거나, 노름에서 딴 돈을 정상적인 수익과 다른 계정이라고 봄
③ 지출 측면에서도 생활비에 쓸 돈과 오락비와 휴가비에 쓸 돈을 구분

3. 기대효용이론의 현실설명력

(1) 알레의 역설(Allais' paradox)

① 기대효용이론이 실제 상황에서 사람들의 선택행위를 설명하기에 적합한 분석수단이 아니라고 주장

→ 기대효용이론은 불확실한 상황하에서 사람들이 기대효용을 극대화하는 방식으로 선택행위함

② 알레는 현실에서의 선택행위를 관찰한 결과에 기초해 기존이론의 현실 설명력을 재검토함

(2) 카네만과 트버스키 논의

① 사람들은 최종적인 결과가 아닌 변화(change)에 주로 관심

② 평가의 기준이 되는 점인 준거점(point of reference)을 설정하고, 여기에 비해서 어떻게 변화했는지에 관심 초점을 둠

③ 같은 크기라고 할지라도 이득이 생겼을 때의 효용증가폭보다 손실이 생겼을 때의 효용감소폭이 더 크다고 인식

→ 손실에 대해서 보다 민감하게 반응 (손실기피적 태도)

④ 전망이론을 대안으로 제시

4. 전망이론

(1) 배경설명

카네만과 트버스키는 기대효용이론이 현실의 불확실한 상황에서 사람들이 보이는 행동을 제대로 설명해 주지 못함을 지적하고 대안으로 전망이론이라는 새로운 틀을 제시

(2) 불확실성하의 선택과 관련해 나타나는 특이현상

① 확실성 효과(certainty effect)

: 사람들이 확실한 결과에 대해 이례적(이해하기 힘들 만큼 높은 가중치)으로 높은 가중치를 부여

② 반사효과(reflection effect)

: 절대금액은 같지만 부호만 반대인 경우 선택 관련

【사례연구】

[study 1]

(a) 확실하게 300만 원을 얻는 경우와 (b) 0.8의 확률로 400만 원을 얻는 경우의 선택

→ (a) 더 선호 (이득에 관해서는 위험기피적)

[study 2]

(a) 300만 원을 잃는 경우와 (b) 0.8의 확률로 400만 원을 잃는 경우

→ (b) 더 선호 (손실에 관해서는 위험선호적)

(3) 위험에 따른 태도의 4가지 양상

① 이득에 관해서는 위험기피적, 손실에 관해서는 위험선호적인 경우는

→ 중간에서 높은 정도의 확률에 해당

② 낮은 확률인 경우

→ 이득은 위험선호적(A), 손실은 위험기피적(B) 태도를 지님

	낮은 확률	중간에서 높은 정도 확률
이득	A 위험선호적	B 위험기피적
손실	C 위험기피적	D 위험선호적

③ 효용을 결정하는 주요인은 최종적인 재산의 크기가 아닌 재산의 변화폭임

→ 현재의 상황에서 관심의 초점은 현재의 상황에서 얼마만큼의 이득이나 손실이 발생하는가의 문제

(4) 이득과 손실에 대한 비대칭적 태도

【상황 1】 이득 보는 상황

대안 A: 0.25의 확률로 600만 원 얻음

대안 B: 0.25의 확률로 400만 원 얻고, 0.25의 확률로 200만 원 얻음

⇨ B 더 선호

$\pi(0.25)v(600) < \pi(0.25)[v(400)+v(200)]$

⇨ 가치함수 V가 오목(concave) 의미

⇨ $v(600) < v(400)+v(200)$

【상황 2】 손실 보는 상황

대안 C: 0.25의 확률로 600만 원 상실

대안 D: 0.25의 확률로 400만 원 잃고, 0.25의 확률로 200만 원 잃음

⇨ 가치함수 V가 볼록(convex) 의미

⇨ $v(-600) > v(-400)+v(-200)$

① 비교적 작은 확률에 대해서는 상대적으로 큰 가중치를 부여하고, 큰 확률에 대해서는 작은 가중치를 부여함

② 복권을 사면서 보험에 가입하는 행동 체계적으로 설명 가능

- 보험을 구입하는 사람은 사고가 발생할 아주 작은 확률을 과대평가한 나머지 가치함수의 손실과 관련한 부분에서 볼록성에서도 불구하고 위험기피적인 선택을 한 것이라고 해석 가능
- 복권을 구입한 경우는 이번에는 당첨될 확률이 아주 작은 확률을 과대평가해서 가치함수의 오목성에도 불구하고 위험선호적인 선택을 함

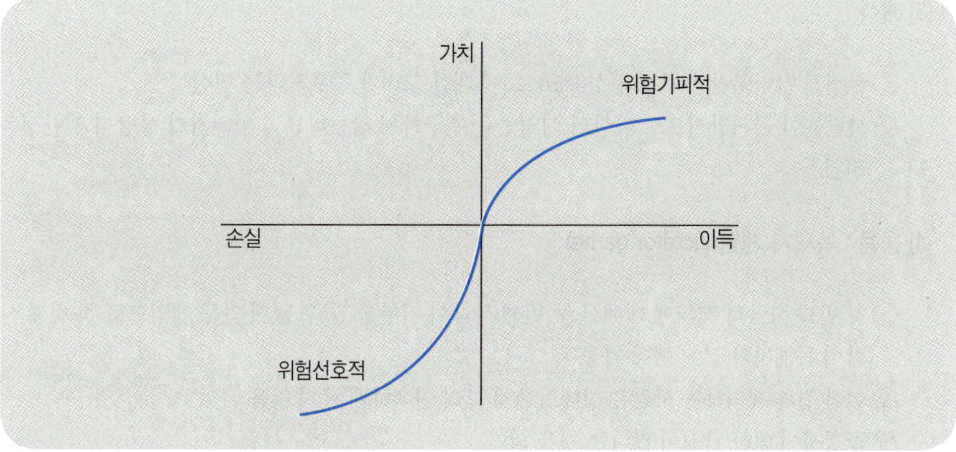

5. 행동게임이론 : 최후통첩게임

(1) 게임의 규정

① 사람들이 언제나 자신의 이익만을 근시안적으로 추구하는지의 여부를 알려는 목적에서 실시

→ '싫으면 말고(take-it-or-leave-it)' 식 제의

② (게임 룰) 주어진 금액을 나누는 게임에서, 한 사람이 나누어 제안할 때 다른 사람은 받아들이거나 거절할 수 있는데, 거절하면 두 사람 모두 아무것도 얻지 못하는 상황

(2) 게임 결과

① 전통적 접근에 의하면 참여하는 사람 모두 이기적이고 합리적인 경우, 가장 적은 금액(ε)의 제의도 수락하게 됨

② 실제 실험에서는 사람들이 실제로 보이는 행동은 자신의 이익에만 관심을 갖는 가정하에서 예상과 크게 다르다는 사실을 공통적으로 발견

③ 많은 사람들의 경우 상대방에게 40%의 몫을 제의하는 관대함 보임

④ 제안을 받아들이는 사람도 대략 자신의 몫이 20% 미만인 경우는 제의를 거부

(3) 해석

① 금전적 이익뿐만 아닌 공정성(fairness)에 대한 고려가 중요하다는 인식
② 사람들이 근시안적으로 자산의 이익만을 추구하지 않는다는 실험결과가 상당히 일반성을 지님

(4) 응용 : 독재자 게임(dictator game)

① 첫 번째 사람의 제의에 대해서 두 번째 사람이 거부를 할 수 없게 만든 게임으로 첫 번째 사람이 독재자와 같이 행동 가능
② 실험 결과 제의하는 사람은 상대방에게 그리 인색하게 굴지 않음
③ 공정성에 대한 관심이 많다는 것을 의미

제9장

거시경제변수와 국민소득결정이론

1 거시경제학의 정의와 경제의 순환

1. 거시경제학의 정의와 내용

(1) 거시경제학의 개념과 거시경제변수

① 거시경제학 : 개별경제주체들로 구성된 경제의 총제적인(aggregate) 현상을 연구대상
② 거시경제변수 : 총생산, 총소득, 총고용, 물가, 통화량, 금리, 재정, 경제성장, 국제수지 등
→ 거시경제변수들은 수많은 개별경제주체들의 결정을 나타내는 변수들의 합계
③ 거시경제학은 거시경제변수들이 어떻게 결정되고 서로 어떤 영향을 주고 받으며 정부의 각종 정책이 이 변수들에 어떤 영향을 미치는가 연구하는 학문
④ 거시경제변수들의 연관성
한 나라의 총생산 증가 → 국민소득 증가 → 고용이 증가 → 실업률 하락, 투자소비 증가

(2) 거시경제의 목표

① 국민소득과 총고용은 높을수록 ② 환율과 국제수지는 안정을 이룰수록 ③ 인플레이션과 실업률은 낮을수록	➡	바람직함

(3) 거시경제학의 관심 주제

① 왜 경제는 호황과 불황을 번갈아 경험하는가?

② 한 나라의 경제성장을 결정하는 요인은 무엇인가?

③ 실업과 인플레이션의 원인은 무엇이며 상호관계는 어떤가?

④ 세계경제체제와 국제관계가 한 나라의 경제에 미치는 영향

⑤ 정부의 거시경제정책은 언제 사용될 수 있고, 어떻게 사용되어야 하는가?

2. 경제의 순환

(1) 총생산과 총소득

① 사회 전체적으로 볼 때 생산활동 자체가 사회구성원들의 소득을 창출하고, 이 소득으로 사회구성원들은 생산물을 구입·소비하여 차기에 다시 생산활동을 수행할 수 있게 됨

② 경제는 외부적인 간섭이 없이도 계속적·자생적 순환이 가능

③ 생산이 있는 곳에 생산물의 가치에 상응하는 소득이 창출되어 "총생산= 총소득"

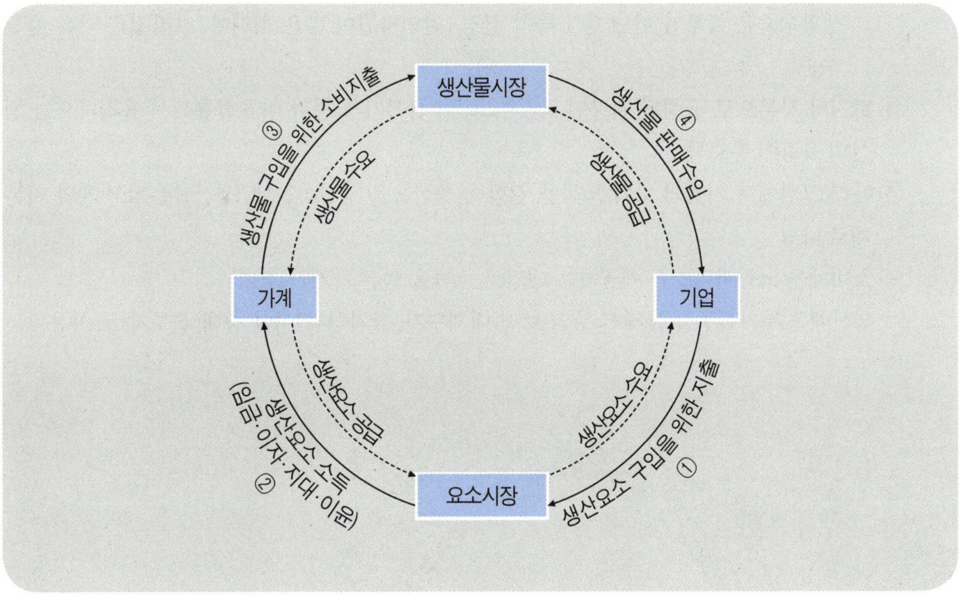

(2) 총생산 = 총소득과 국부

① 소득은 일정기간 동안(유량)에 벌어들이는 화폐액이고 부는 일정시점(저량)에 축적되어 있는 재산액을 의미

② 국부(national wealth) : 한 나라 전체의 부를 말하고, (자연이 준) 토지와 자원, (사람이 만든) 자본재로 구성됨

→ 자본재는 "실물자산"으로 건물, 기계시설 등 사람이 만든 것

③ 국부보다 총생산과 총소득에 관심

예 1997년에 비해 1998년의 국부가 갑자기 줄어든 것은 아니지만, 심각한 경기침체를 경험

∴ 생활수준은 국부가 아닌 총소득이 결정 (천연자원이 많은 러시아, 브라질은 낮은 생활수준)

④ 토지와 자본으로 구성된 저량이 국부이고, 이 국부가 노동과 상호작용해서 흘러나오는 생산의 유량이 총소득

⑤ 아래 그림에서 기업의 부와 노동을 결합해 생산물을 생산하는데, 생산물은 소비재와 자본재로 나뉨

→ 소비재는 노동서비스를 제공하는 대가로 소득을 얻은 가계가 소비
생산재는 투자활동을 통해서 부의 보전(대체투자, 감가상각)이나 증대(신투자)로 사용

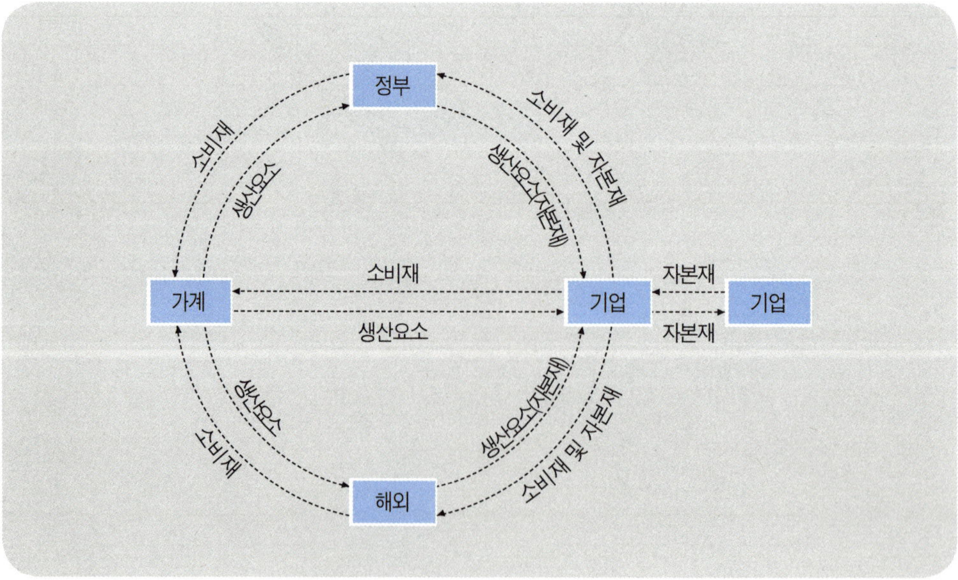

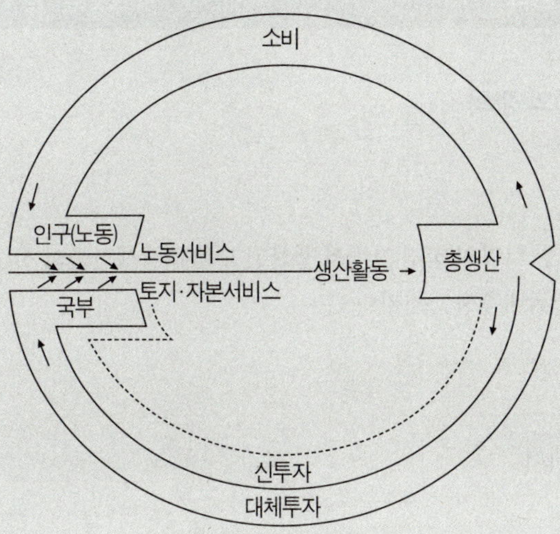

⑥ 위의 그림은 생산된 생산물을 가지고 얼마나 소비와 투자에 할당할지 결정
→ 투자를 많이 할수록 현재 소비는 줄어들고, 미래의 생산의 흐름이 커져, 미래 소비는 증가
⑦ 총투자 = 총생산 − 소비
⑧ (주의) 개개인의 부의 총합 ≠ 국부
(∵ 개인이 소유하고 있는 금융자산(현금, 주식, 회사채, 은행예금 등)은 개인의 부로 계산되지만, 실물자산에 대한 청구권(소유권)일 뿐, 실물자산이 아니므로 국부가 아님)

2 총생산·총소득

1. 국내총생산(GDP)의 정의

(1) 개념

일정기간 동안에 한 나라의 국경 안에서 생산된 모든 최종생산물의 시장가치
→ 국내총생산액, 국내총생산물 가치

(2) 일정기간 동안에

(3) 한 나라 국경 안에서

(4) 최종

① 최종생산물 본래의 형태 그대로 수명을 다할 때까지 최종용도에 사용되는 생산물
② 소비재와 자본재는 모두 최종생산물
→ 공장시설, 기계 등의 자본재는 기업의 생산이라는 최종용도에 사용
③ 중간생산물 생산과정에 사용된다는 의미에서 중간생산물의 가치를 중간소비라고 함
④ 총산출, gross output = GDP + 중간소비
→ 자동차에 사용되는 강판은 중산생산물이고 완제품인 자동차가 최종생산물

(5) 생산물

유형의 재화, 무형의 서비스 모두 최종생산물이면 GDP에 포함

(6) 시장가치

① 시장에서 거래되는 생산물 가치만이 원칙적으로 GDP에 포함
② 시장'가치'는 각 생산물이 시장에서 평가되는 화폐액
③ 생산물의 종류와 물리적 단위가 다르기 때문에 필요

2. 명목 *GDP*와 실질 *GDP*

(1) 명목 *GDP*

① 한 나라의 생산량을 당해연도의 시장가격으로 평가한 것(nominal *GDP*)
② 당해연도의 경제활동규모, 산업구조변동 분석에 활용

(2) 실질 *GDP*

① 한 나라의 생산량을 기준연도의 가격으로 평가한 것(real *GDP*)
② 가격의 변화에 영향을 받지 않고 생산량이 기준연도에 비해 얼마나 변동했는가 알 수 있음
③ 국민경제가 장기적으로 어떻게 변동하고 있는가, 경제성장률 분석에 활용

3. 실제 *GDP*와 잠재 *GDP*

(1) 잠재 *GDP*

① (개념 1) 완전고용 *GDP*, 완전고용국민소득
: 한 나라 국경 안에 존재하는 모든 생산요소를 정상적으로 고용할 경우 생산가능한 모든 최종생산물의 시장가치
② (개념 2) 자연생산량, 자연실업률
: 인플레이션을 가속시키지 않고 실현할 수 있는 최대한의 *GDP*
③ 노동과 자본이 정상적으로 고용된 경우나, 인플레이션을 가속시키지 않는 상태를 정확히 파악하기 어렵지만, 실업률이 5~6%정도면 완전고용상태이거나 자연실업률 상태라고 함

(2) *GDP*갭 = 잠재 *GDP* − 실제 *GDP*

4. *GDP*의 측정

※ 3면 등가의 법칙
① 생산접근방법
② 지출접근방법
③ 분배(소득)접근방법

(1) 생산접근방법과 *GDP*

① 모든 기업들이 해당기간 중에 생산한 최종생산물의 가치를 직접 합한 것
② 기업들을 산업별로 분류하여 측정 (농임어업, 광공업, 사회간접자본 및 기타 서비스)
→ 사회간접자본(Social Overhead Capital: *SOC*)은 기업 생산활동에 간접적으로 혹은 공통적으로 필요한 도로, 항만, 철도, 수도, 전력 등 시설을 말함
③ 부가가치 접근법 : 부가가치는 생산과정에서 새로 창출된 가치

부가가치 = 총산출 − 중간소비 − 감가상각
= 임금 + 지대 + 이자 + 이윤

④ 최종생산물의 시장가치(2만 원) = 부가가치(1만 5천 원) + 감가상각액(5천 원)
⑤ *GDP* = 국내순생산(Net Domestic Product : *NDP*)[1] +감가상각액

생산 및 유통단계	생산액	중간소비	감각상각	부가가치
원재료	4,000			4,000
밀(농부)	10,000	4,000	2,000	4,000
밀(도매상)	11,000	10,000		1,000
밀가루(제분업자)	15,000	11,000	1,000	3,000
빵(제빵업자)	20,000	15,000	2,000	3,000
합계	60,000	40,000	5,000	15,000

⑥ (부가가치 접근법의 의의) 각 생산부문의 중요도를 가늠할 수 있게 해줌
예 철강의 경우 최종생산물의 가치는 총생산액에 비해서 너무 낮게 평가될 수 있으나, 중간생산물로 사용되는 부문이 높기 때문에 국민경제에 기여하는 부분은 크다고 할수 있음

1) 모든 생산단계에서의 부가가치를 국민경제 전체에 걸쳐 합산한 것

(2) 지출접근방법과 *GDP*

※ 최종생산물의 흐름과는 반대방향으로 최종생산물의 가치에 상당하는 화폐의 흐름이 있는데, 이 지출을 추계하여 국민총생산을 얻을 수 있음

1 민간소비지출

① 내구소비재(자동차, 냉장고, 가구), 비내구소비재(의류, 식품) 서비스(주택전세, 교통, 오락)
② 가계에는 일반소비자뿐만 아니라 비영리단체(노동조합, 종교단체, 사립학교 등) 포함 개념
③ 국내총지출 항목 중 가장 큰 비중 차지

2 국내총투자

① (국내총투자) : 국내총자본형성 = 국내민간투자 + 정부투자
② 국내민간투자 (민간자본형성)
- 공장, 기계 등 자본재는 기업의 생산활동을 하는 데 서서히 마모
- but, 원재료와 달리 생산과정에서 다른 형태로 변형되지 않고, 완전소멸 전까지 본래의 모습이 유지된다는 점에서 최종생산물

③ 정부투자
- 정부도 한국철도공사, 한국도로공사, 조달청 등 공기업/정부기관을 통해 최종생산물 생산 위해 기계, 설비를 사들임

④ 고정투자와 재고투자
- 총투자 = 총고정투자 + 재고투자
- 재고투자 : 기말의 생산물 재고가 기초에 비해 증가한 액수
- 재고투자는 재고증감이라고 하며, 총투자에 포함

(∵ 비록 중간생산물이지만 (당해 기간 중에 다른 재화의 생산에 사용되지 않고) 생산된 형태 그대로 남아 있다는 점에서 적어도 당해기간에는 최종생산물이라 할 수 있고, 현재소비에 사용된 것이 아니므로 총투자에 포함)

⑤ 투자와 자본
- 투자는 실물을 늘리는 실물투자를 의미
- 구 주식, 기존 채권을 구입하는 경우는 (실물을 늘리지 않고, 과거에 생산된) 자본재에 대한 소유권의 이전이므로 투자가 아님
- 대출을 받아 신규주택을 지으면 투자에 포함되나, 기존주택을 사면 투자가 아님

■ 국내총투자 = 대체투자 + 신투자

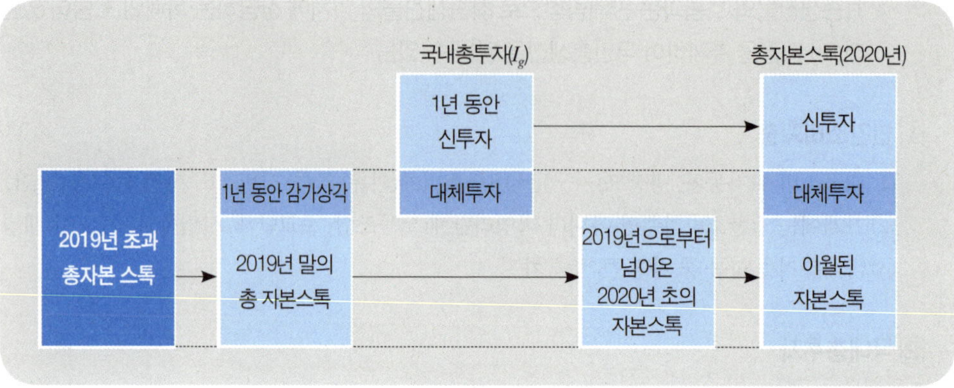

3 정부소비지출

① 정부가 외교, 국방, 치안, 교육, 사회복지 등 공익을 위한 고유업무를 수행하기 위해 최종생산물을 구입하는 지출

② 이전지출은 정부총지출에는 포함되지만, 최종생산물에 대한 지출이 아니므로 *GDP*에 포함 안 됨

(3) 3면 등가법칙

① 국내총생산은 만들어서(생산), 쓰고(지출), 나누어 갖는(분배)양이 모두 같아짐

② 생산,지출, 분배 간에는 시차가 존재하고, 측정상 부정확할 수 있어 통계상 불일치(오차 및 누락)로 조정

(4) 최근 명목 *GDP*

① (지출측면) 민간소비지출, (소득측면)은 피용자보수가 가장 큰 항목

② (2016년) 수출의존도(42.2%), 수입의존도(35.4%)의 합인 무역의존도는 77.6%

③ 순수출은 *GDP*의 6%에 불과하지만, 수출과 수입의 합은 *GDP*의 78%을 상회해 해외경기에 크게 영향을 받음

2017년 중 국내총생산(잠정치, 당해년가격 기준)

(단위: 조 원)

생산		분배		지출	
농림어업	34.0	피용자보수	767.6	민간최종소비지출	832.2
광공업	479.9	영업잉여	449.2	정부최종소비지출	265.3
(제조업)	(477.1)	고정자본소모	331.7	총고정자본형성	538.5
전기가스수도업	47.5	생산세 및 수입세	187.3	재고증감	−0.8
건설업	93.2	(공제)보조금	5.4	재화와 서비스 수출	745.6
서비스업[1]	914.4			(공제)재화와 서비스 수입	652.2
총부가가치 (기초가격)	1,569.0			통계상 불일치	1.6
순생산물세	161.4				
국내총생산 (시장가격)	1,730.4	국내총생산	1,730.4	국내총생산	1,730.4

*주: 반올림 등으로 인해 일부 수치 간 불일치가 있을 수 있음.

1) 도소매 및 음식숙박업, 운수 및 보관업, 금융 및 보험업, 부동산 및 임대업, 정보통신업, 사업서비스업, 공공행정 및 국방, 교육서비스업, 보건 및 사회복지서비스업, 문화 및 기타서비스업을 포함

5. 기타 총생산·총소득 지표

(1) *GNI*

① 국민총소득(*GNI*)은 내국민에 의해 국내외를 막론하고 취득한 소득의 합계

② *GNI* = *GDP* + (국외수취요소소득－국외지급요소소득) = *GDP* +국외순수취요소소득

③ 국가 간 장벽이 낮아져, *GDP*는 생산활동을 잘 나타내는 지표이고, *GNI*는 한 나라 국민의 소득을 잘 나타내는 총량 지표

④ *GDP* > *GNI* : 우리나라 사람들이 해외에서 생산활동으로 번 돈보다 다른 나라 사람들이 우리나라에서 번 돈이 더 많다는 것 의미

(2) 저축과 투자의 관계

① $Y=C+I+G+(X-M)$

$Y-C-G=I+(X-M)$

② S=I+국외투자

(폐쇄경제) 국외투자=0이므로 $S=I$

(개방경제)

- 국외투자>0 : 국내총투자에 필요한 재원보다 더 많이 저축해 그 차액을 해외에 투자한다는 의미로 국외투자 이름이 붙음
- 국외투자<0 : 해외저축

③ 국외투자 = 경상수지 흑자

6. 총생산 개념의 유용성과 한계

(1) *GDP* 개념의 유용성

① 경제성장률은 실질 *GDP* 성장률과 동의어
(→ 실질 *GDP*가 증가하면 → 생산, 고용, 소비 증가 → 경제활동수준 증가)
② 한 나라 국민 개개인의 평균적인 생활수준을 나타내는 지표로는 1인당 *GNI*가 더 많이 사용

(2) *GDP* 개념의 한계

※ 측정상의 여러 가지 문제와 생활의 윤택함과 쾌적함을 반영하는 복지개념으로 미흡
① 추계방법이 전체적인 일관성을 결여
예 귀속임대료(imputed rent)는 시장에서 거래 안 되지만 포함되나, 주부활동은 배제
→ 남자가 파출부와 결혼하면?
② 여가를 충분히 반영 못 함
예 여가시간을 테니스로 '흠뻑' 즐기는 경우, *GDP*에는 코트 사용료만이 반영
③ 생산과정에서 발생한 부작용(공해, 자연파괴, 교통체증, 범죄증가)은 반영 안 됨
→ 생활의 질을 중시하는 요즘 외부비경제효과를 반영해야
④ 상품의 질을 반영 못 함
예 컴퓨터 성능, 라면 가격규제로 양이 줄어드는 현상
⑤ 지하경제(사채, 부동산 투기, 밀수, 마약, 탈세 등) 반영 못 함

(3) 순경제후생지표

① 경제후생지표(Measure of Economic Welfare : *MEW*)를 토빈(Tobin)과 노드하우스(Nordhaus)가 기존의 *GDP*개념을 보완해 진정한 의미의 경제적 후생을 측정하려고 시도
② (방법) 가정주부의 서비스와 여가의 가치를 더하고, 공해비용을 뺌

3 물가와 인플레이션

1. 물가지수의 의의와 종류

(1) 물가지수 개념

① 물가(물가수준, price level) : 수많은 상품들의 가격변동을 종합해서 일반적인 가격동향으로 파악하고자 하는 개념

② 물가지수(price index) : 수많은 상품들의 가격을 평균하여 작성한 지표로 기준시점의 물가를 100으로 정해 비교함 (상품수량을 고정시켜 상품가격의 변동에 관심)

(2) 생산자물가지수(Producer Price Index : *PPI*)

① 국내생산자가 판매하는 상품의 평균적인 가격변동을 측정

② 국내 거래비중이 큰 대략 900여 개(재화 800개, 서비스 100개) 품목을 조사 산출

→ 가공단계별로는 대략 원재료(6%), 중간재(60%), 최종재(34%)

(3) 소비자물가지수(Consumer Price Index : *CPI*)

① 도시가계가 소비하는 상품들의 가격변동을 측정 (5년 주기)

② 소비재와 각종 서비스만 포함 (전국 38개 주요 도시지역에서 일반소비재 460여 개의 소비자 구입가격을 시장거래액 비중에 따라 다른 가중치를 적용)

③ 원재료, 중간재, 최종자본재 등은 생산자 품목으로

④ 농어촌가계가 소비하는 상품들의 가격은 따로 특수물가지수를 산출해 제외됨

⑤ 생활물가지수 : 소비자물가 조사품목 중에서 일반소비자들이 자주 구입하는 기본 생필품 141개 선정

소비자물가지수 기본분류 가중치 및 연평균지수

(2015=100)

분류	가중치	2014	2015	2016	2017
총지수	1,000.0	99.298	100.0	100.97	102.93
식료품 및 비주류음료	137.7	98.377	100.0	102.31	105.78
주택, 수도, 전기 및 연료	170.2	100.645	100.0	99.19	100.87
교통	111.0	108.508	100.0	97.79	101.29
교육	97.0	98.312	100.0	101.64	102.80
음식 및 숙박	129.4	97.722	100.0	102.51	104.97

(4) *GDP* 디플레이터(*GDP* deflator)

① 국민소득 추계 결과 사후적으로 계산되는 종합물가지수

$$GDP\text{디플레이터} = \frac{\text{명목}GDP}{\text{실질}GDP} \times 100$$

② 기준연도에는 명목 *GDP* ＝실질 *GDP*

③ *GDP*에서 유래되어 한 나라 안에서 생산된 모든 최종생산물의 평균가격을 나타내는 포괄지수

(5) *CPI*와 *GDP*디플레이셔의 산정방식 차이

① *CPI*, *PPI*는 고정된 상품조합을 사용하고(라스파이레스 지수), *GDP* 디플레이터는 상품조합이 *GDP*구성의 변화에 따라 달라짐(파셰지수)

② *CPI*, *PPI*, *GDP* 디플레이터의 변화는 대체로 같은 방향이나 크기는 다름 (∵ 가중치가 다름)

③ *GDP* 디플레이터에는 신축된 주택과 신축 사무실은 포함되나, 기존 주택이나 토지의 투기에 의한 부동산 가격의 폭등은 포함되지 않음

→ if, 주택가격 인상으로 임대료가 상승하면 그 부분만 반영

	CPI	*PPI*	*GDP* 디플레이터
소비재, 서비스 가격	○	×	○
원재료, 자본재 가격	×	○	○
석유파동(해외충격)		직접적	
수입품가격	○	×	×
부동산(주택, 토지)가격	×	×	○

2. 인플레이션의 의의와 측정

(1) 인플레이션과 인플레이션율

① 인플레이션(inflation) : 물가수준이 상승하는 현상
② 물가지수를 통해 증가여부, 증가폭에 따라 인플레이션의 존재 판단
③ 인플레이션율(물가상승률) : 물가가 몇 %나 올랐는가 보여줌
예 기준연도 2015년을 *CPI*가 100이라고 할 때, 2018년이 109.7이고, 2019년이 112.8이라고 하면, 2019년 인플레이션율은 2.8% ($= \frac{112.8 - 109.7}{109.7} \times 100$)

(2) 디플레이션

① 물가수준이 하락하는 현상
② 인플레이션율이 음(−)인 경우

(3) 물가지수의 한계

① 인플레이션은 어느 물가지수를 기준으로 하는가에 따라 다름 (대상품목, 가중치의 차이)
② 품질향상 반영 안 됨 (상품가격은 그대로인데 상품의 무게나 질이 하락→ 상승효과)
③ 대체가능성 배제 (*CPI*, *PPI*는 고정된 상품조합) → 대체를 고려하면 실질적인 비용은 작아짐
④ 지수물가 ≠ 체감물가(장바구니 물가)

(4) 지수물가와 체감물가가 차이가 나는 이유

① 토지와 주택의 가격이 물가지수 산정에서 제외
(부동산 투기는 물가의 오름세 심리를 자극하는 항목이 되지만 공식물가지수에는 포함 안 되고, 단지 결과로 나타난 집세의 변동에 의해서만 반영)
예 집세의 가중치가 10%에 불과해 집세가 20% 상승한다면 소비자물가지수는 실제로 2.0%만 상승
② 개개인의 소비구조 차이 (소득계층별 소비자물가지수로 보완가능)
③ 억압형 인플레이션(repressed inflation) : 가격통제를 실시하는 경우, 공식적인 물가는 별로 오르지 않지만, 상품의 무게와 질이 하락하고, 암시장이 생기면 체감물가는 크게 상승

4 기타 주요 거시경제변수들

1. 단순화 가정

(1) 생산물시장과 노동시장

① 거시경제학은 개별시장의 차이를 무시하고 경제 전체적으로 큰 그림을 그려 분석
② (생산물시장)은 실질 *GDP*, *GDP*디플레이터가 생산량과 형성된 가격 역할
③ (노동시장)은 이질성을 제외하고, 하나의 큰 노동시장 상정

(2) 화폐시장

① 현실에서는 수많은 금융자산과 실물자산이 있지만, 화폐와 채권(bond) 2가지만 상정
② 화폐는 일상 거래의 매개수단으로 편리하지만 이자가 없고, 채권은 일상거래에 편리하게 사용할 수 없으나 이자가 붙음
③ 이자는 화폐보유의 기회비용
④ 금리(이자율)는 이자의 원금에 대한 비율

$$\text{명목이자율} = \frac{\text{이자}}{\text{원금}}$$

이자율은 화폐 1원을 일정기간 동안 빌리는 대가로 지불하는 화폐액

예 연 이자율이 0.1(=10%)이라면 100만 원을 1년 동안 빌리는 대가로 지불하는 화폐액이 10만 원(100만 원이 원금, 10만 원이 이자, 이자율은 10%)

(3) 실질이자율

① (화폐가치) 100만 원을 빌려주는 사람이 1년 후에 받는 10만 원의 이자가 1년 전의 10만 원과 가치가 동일할까?
→ 물가상승률에 따라 달라짐 (물가가 10% 상승했다면 화폐의 상품 구매력이 10%만큼 감소)
② 실질이자율은 이자의 상품구매력을 의미

$$\text{실질이자율} = \text{명목이자율} - \text{물가상승률}$$

참고 **피셔방정식**

$1+i_t=(1+r_t)(1+\pi_t)$ → $i_t=r_t+\pi_t$ [2)]

① 실물부문의 경제분석에서 중요한 것은 실질이자율임

② 사전적 실질이자율 : 예상물가수준에 기초한 기대인플레이션율(π_t^e)을 사용해서 계산된 실질이자율

$$r_t^e=i_t-\pi_t^e$$

③ 사후적 실질이자율 : 실제 관측된 인플레이션율(π_t)을 사용해서 계산된 실질이자율

$$r_t=i_t-\pi_t$$

(4) 실질변수

① 합리적인 경제주체는 명목가격변수가 아닌 실질가격변수에 관심이 있음

② 돈을 빌려주거나 받을 때, 무역업자, 노동자, 기업은 모두 실질환율, 실질임금에 관심을 지님

2) $1+i_t=1+r_t+\pi_t+r_t\pi_t$에서 $r_t\pi_t$는 충분히 작아 $i_t\approx r_t+\pi_t$

2. 물가지수의 계산 사례

	2015년(기준연도)		2019년(비교연도)	
	가격	생산량	가격	생산량
쌀	50	10 가마	70	11 가마
옷	1	100 벌	2	120 벌
TV	200	2 대	280	3 대

	2015년(기준연도)		2019년(비교연도)		
	명목생산액	품목별 가중치	명목생산액	품목별가중치	실질생산액
쌀	$50 \times 10 = 500$	$0.5(=\frac{500}{1,000})$	$70 \times 11 = 770$	$0.42(=\frac{770}{1,850})$	$50 \times 11 = 550$
옷	$1 \times 100 = 100$	$0.1(=\frac{100}{1,000})$	$2 \times 120 = 240$	$0.13(=\frac{2,400}{1,850})$	$1 \times 120 = 120$
TV	$200 \times 2 = 400$	$0.4(=\frac{400}{1,000})$	$280 \times 3 = 840$	$0.45(=\frac{8,400}{1,850})$	$200 \times 3 = 600$
합계	$\Sigma P_0Q_0 = 1,000$	1	$\Sigma P_1Q_1 = 1,850$	1	$\Sigma P_0Q_1 = 1,270$

(1) 2019년 파셰 지수$= \frac{\Sigma P_1Q_1}{\Sigma P_0Q_1} \times 100 = \frac{1,850}{1,270} \times 100 = 145.6$

2019년 GDP 디플레이터$= \frac{\text{명목 } GDP}{\text{실질 } GDP} \times 100 = \frac{1,850}{1,270} \times 100 = 145.6$

(2) 2019년 라스파이레스 지수$= \frac{\Sigma P_1Q_0}{\Sigma P_0Q_0} \times 100 = \frac{1,460}{1,000} \times 100 = 146$

	P_0Q_0	P_1Q_0
쌀	$50 \times 10 = 500$	$70 \times 10 = 700$
옷	$1 \times 100 = 100$	$2 \times 100 = 200$
TV	$200 \times 2 = 400$	$280 \times 2 = 500$
합계	$\Sigma P_0Q_0 = 1,000$	$\Sigma P_1Q_0 = 1,460$

5 국민소득결정이론의 개요

1. *GDP*의 중요성

① *GDP*규모를 알면 총소비, 총저축, 총투자, 정부지출 등의 규모를 대강 짐작 가능
② *GDP*규모에서 민간소비는 50~60%, 총저축(총투자)은 25~35%, 정부소비는 10~15% 수준
③ 국민소득은 다른 모든 거시경제변수들과 밀접한 관계

2. *GDP* 결정모형

(1) 고전학파 모형

(공급측면 중시) 실질국민소득은 자본량, 노동공급(노동자들의 근로 · 여가선호), 생산기술 등이 결정

(2) 케인즈학파 모형

(수요측면 중시) 실질국민소득은 경제주체들이 생산물을 얼마나 수요하는가에 의존

(3) 현실경제

(공급+수요 통합) 현실경제에서는 공급측면과 수요측면의 상호작용에 의해 결정

6 고전학파의 국민소득결정이론

1. 고전학파의 의의

① 케인즈의 『일반이론』에서 거시경제학을 기존의 전통적 경제학(미시경제학)으로부터 독립시킴
② (정부개입과 규제 반대) 창의성을 저해하고 관료주의적 특성으로 비효율적
③ 최소정부가 최상의 정부 (Least government is the best government)
④ (균형국민소득 결정) 노동시장에서 자율적으로 고용수준이 결정되고, 생산함수와 결합되어 총공급을 결정하며, 총공급에 의해 국민소득이 결정됨

2. 고전학파 모형의 기본가정

(1) 세이의 법칙

① 공급은 수요를 창조(Supply creates its own demand)
② 공급이 되면 생산물 가치만큼 소득의 창출로 이어지고, 이 소득이 수요로 나타나 일반적인 과잉생산 없이 수요될 수 있음 의미
③ 생산 → 소득 → 지출 → 생산의 순환관계가 전반적인 과잉생산을 유발하지 않고 원활하게 진행

(2) 물가와 (명목)임금의 완전신축적

다른 경제변수들의 변화에 부응하여 상하로 자유롭게 변할 수 있음

(3) 노동의 수요와 공급은 실질임금의 함수

① 실질임금은 명목임금을 상품의 가격(일반적으로 물가수준)으로 나눈 값
② 명목임금과 물가가 신축적이므로 실질임금도 당연히 신축적

(4) 노동시장은 항상 균형

① 노동시장의 불균형(초과공급량, 초과수요량)은 명목임금의 신축성으로 신속히 조정
② (완전고용량) 균형임금수준에서 일하고자 하는 모든 사람들이 정상적으로 고용된 상태

참고 **세이의 법칙**

- 세이(1767~1832)는 프랑스의 경제학자로 세이 자신이 "정치경제학에서 가장 중요한 진리 중의 하나"로 규정
  - 산업혁명 이후 생산이 엄청나게 늘어나면서 주기적으로 판매가 생산을 따라 가지 못하고, 실업이 생기는 경기침체가 일어나기도 함
- (학계의 우려) 대다수 상품에 대한 전반적인 과잉생산의 문제 우려
- (세이의 반박)
  ① 상품의 생산 그 자체가 저절로 상품가치와 같은 구매력을 창출하는 경향이 있고, 부분적인 과잉생산은 일시적으로 일어날 수 있으나, 전반적인 과잉생산이 일어날 수 없음
  ② 기업 간의 경쟁으로 인해 항상 모든 생산요소가 완전고용되는 수준까지 생산이 확장되는 경향이 있음
- (케인즈의 반박) 1930년대의 대공황을 전반적인 과잉생산이라고 해석해 세이의 법칙 부정
- (결론) 세이의 법칙은 단기에는 몰라도 장기에는 성립한다고 봄

3. 총생산함수

(1) 단기생산함수와 노동의 한계생산물

$$Y = F(L, \overline{K})$$

① 노동은 동질적
② 노동의 한계생산물 체감
③ (단기총생산함수) 자본량, 생산기술이 일정한 채 노동의 고용수준이 변함에 따라 실질총생산이 어떻게 변하는가를 보여주는 기술적 관계

(2) 그림

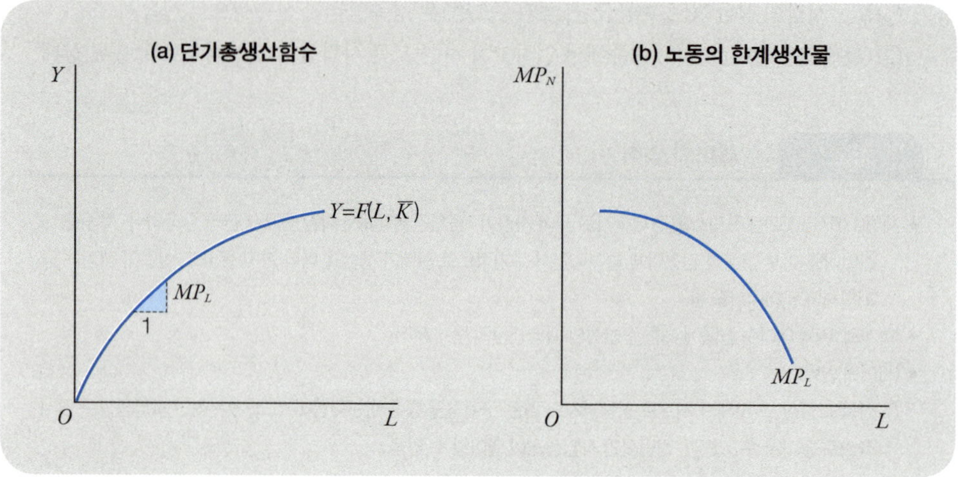

4. 노동시장

(1) 노동총수요곡선

① 노동을 수요하는 주체는 상품을 생산하는 기업

② 노동의 한계생산물(MP_L)=실질임금($\frac{W}{P}$)

③ 노동의 한계생산물곡선이 개별기업의 노동수요곡선임

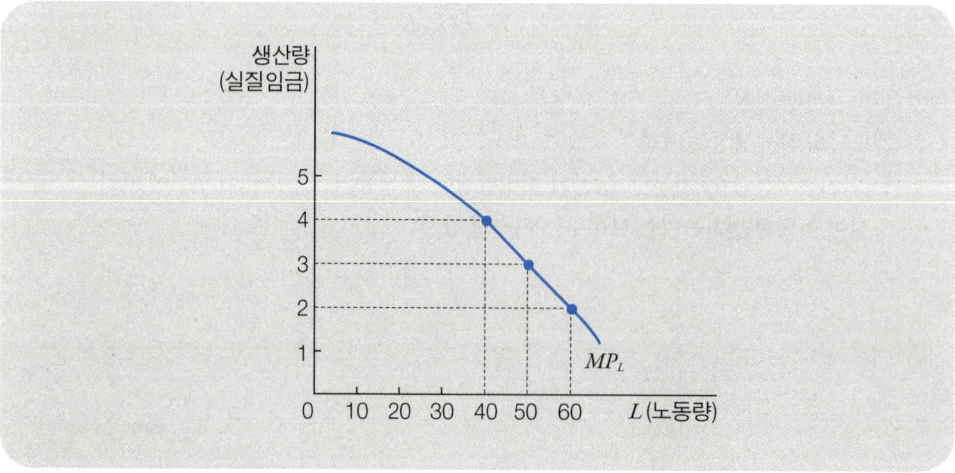

(2) 노동의 총공급곡선

① 여가와 노동의 선택의 문제 → 여가와 소득의 선택의 문제
② 노동총공급이 실질임금의 증가함수
③ 물가와 명목임금이 비례적으로 변해 실질임금이 변하지 않으면 노동의 공급량도 변하지 않음

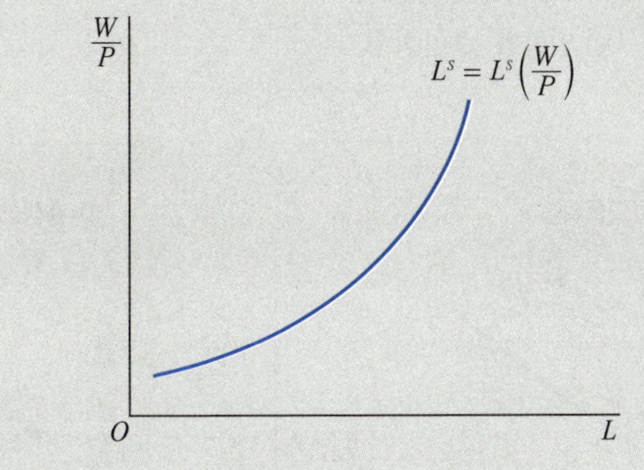

(3) 노동시장의 균형

① 노동시장이 완전경쟁적이면 노동시장의 균형은 노동수요량=노동공급량에서 결정
② 노동시장에 불균형이 생기면 신축적인 임금의 조절로 조만간 균형을 회복
③ 균형총고용량은 완전고용량(완전고용수준)으로 균형실질임금수준에서 일하고자 하는 모든 사람들이 정상적으로 다 고용된 상태 의미

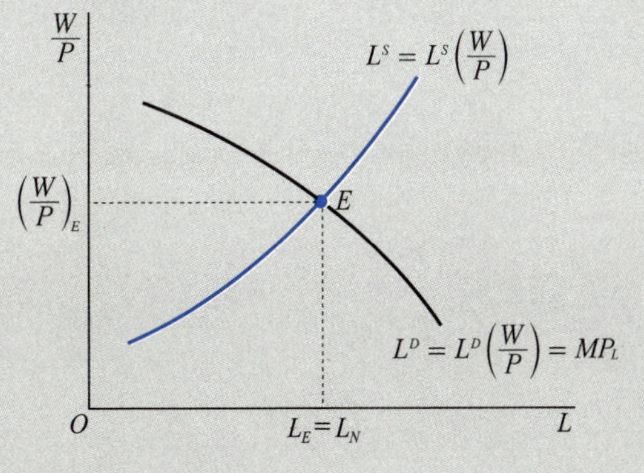

5. 균형국민소득의 결정

① 총생산함수와 노동총수요곡선 및 노동총공급곡선이 결정되면 국민경제의 균형총고용량과 균형총생산이 자동적으로 결정

② 총생산함수는 자본량이 변하거나, 기술수준이 변하면 이동

③ (초창기) 경제성장이 일어나는 초창기에는 자본량, 인구, 생산기술수준, 여가－노동 선호가 변해 균형국민소득(Y_N)이 변할 수 있음

→ 수요측 요인은 아무런 영향을 못 미침

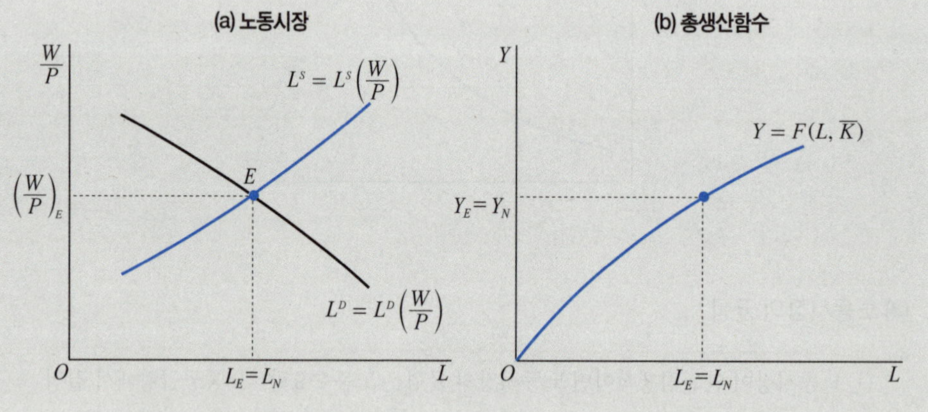

7 케인즈의 국민소득결정이론

1. 케인즈 이론의 등장 배경

(1) 대공황 상황

① 1929년 3%인 실업률이 1933년에 25%까지 육박하였고, 그 이후 1940년까지 10% 이상 지속
② (고전학파) 기존 경제학자들은 현행임금수준에서 노동보다 여가를 선택한 자발적인 실업만 존재한다고 주장
→ 효과적인 실업 대책을 제시할 수 없음

(2) 케인즈의 등장

① (실업 원인 진단) 극심한 실업은 생산물의 총수요가 부족해서 발생한 것으로 파악
② 생산물총수요 부족 → 재고 발생 → 생산, 고용 감소 → 소비, 투자 위축 → 총수요 감소
③ (처방) 정부가 공공사업을 일으켜 정부지출을 증대시키고, 조세를 감면하는 적극적인 재정정책이 필요하다고 주장

2. 케인즈 단순모형의 기본가정

(1) 잉여생산능력

① 일반적인 잉여생산능력(excess production capacity)이 존재해 공급능력은 충분한 상황 상정
② 수요가 없어 생산설비가 충분히 활용되지 못해 수요가 늘면 생산은 얼마든지 늘어날 수 있음
③ 수요가 공급을 창조

(2) 물가수준 불변

수요가 증가 시 물가의 상승을 초래하지 않고 생산(공급)이 얼마든지 늘어날 수 있음

3. 생산물 총수요 : 소비수요와 투자수요

① 생산물총수요(aggregate demand)는 가계, 기업, 정부, 해외부문의 최종생산물에 대한 수요를 모두 합계한 것
② (단순화) 가계와 기업만 존재하는 경우

4. 소비수요

(1) 민간소비지출 vs. 민간소비수요

① 민간소비지출은 사후적으로 실현된 소비이고, 민간소비수요는 사전적으로 계획된 소비를 말함

② 여기서는 구매력이 있는 소비로 동일한 개념으로 사용할 것임

③ 소비는 상당히 안정적인 경제변수

(2) 소비함수

① 소비함수는 소비에 영향을 미치는 요인들과 소비수준 사이의 함수관계

② (소비영향 요인) 소득수준, 이자율, 재산, 장래의 경기에 대한 전망, 소비자 선호, 정부정책

③ 케인즈는 가장 중요한 것이 당기소득의 절대수준(current & absolute income level)

$$C=f(Y;\ \bar{r},\ \overline{Y^e},\ \overline{T},\ \overline{policy})$$

(3) 한계소비성향과 평균소비성향

① 한계소비성향(Marginal Propensity to Consume : MPC) : $MPC=\dfrac{\Delta C}{\Delta Y}$

② 평균소비성향(Average Propensity to Consume : APC) : $APC=\dfrac{C}{Y}$

(4) 소비함수의 예

$$C=f(Y)=a+bY\ \ (a>0,\ 0<b<1)$$

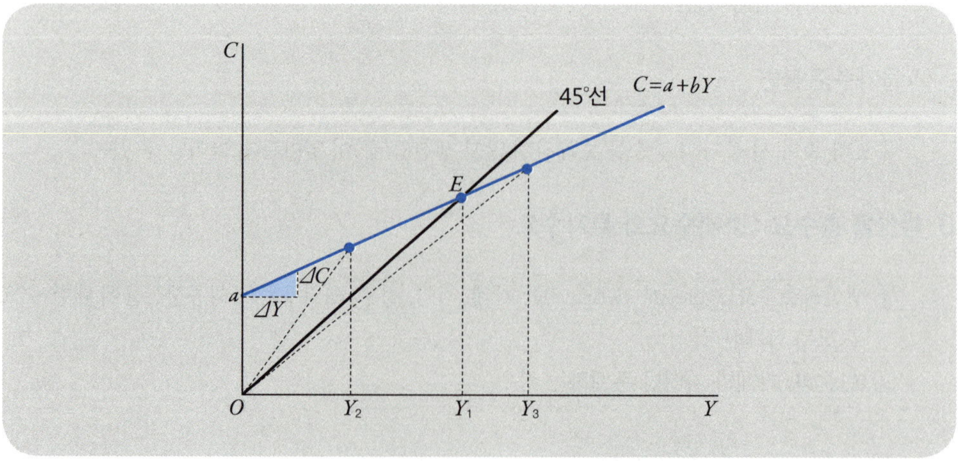

① a는 절대소비, 기초소비

② 한계소비성향 : $\frac{\Delta C}{\Delta Y} = b$ (접선의 기울기)

③ 평균소비성향 : $\frac{C}{Y} = \frac{a+bY}{Y} = \frac{a}{Y} + b$ (원점에서 기울기)

④ $MPC < APC$: 소득이 증가함에 따라 APC 감소

5. 투자수요

(1) 투자수요 vs. 투자지출

① 투자수요(investment demand)는 사전적으로 계획된(의도된) 투자이고, 투자지출(investment expenditure)은 사후적으로 실현된 투자

② 투자 = 총고정자본형성 + 실현된 재고증가

투자수요 = 계획된 총고정자본형성 + 계획된 재고증가

→ 고정자본형성은 기업이 계획대로 추진할 수 있으나, 재고증가는 소비자의 구매에 달림

③ (예상한 만큼 물건이 팔리지 않으면) 실현된 재고증가 > 계획된 재고증가

→ 투자 > 투자수요

(2) 독립투자 vs. 유발투자

① 독립투자수요(autonomous) : 이자율이나 국민소득과 관계없이 이루어지는 투자수요

② 유발투자수요(induced) : 이자율에 (−), 소득에 (+)의 영향을 받는 투자수요

(3) (단순한) 투자함수

$$I^D = I_0$$

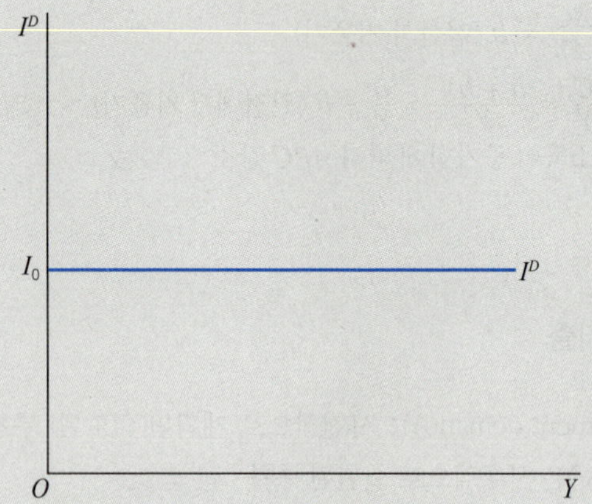

6. 균형국민소득의 결정

(1) 케인즈의 단순모형 ($Y^D = Y$)

$$Y^D = C + I$$
$$C = a + bY \qquad (a > 0,\ 0 < b < 1)$$
$$I = I_0$$
$$Y = Y^D$$

① $Y_E = \dfrac{1}{1-b}a + \dfrac{1}{1-b}I_0$

② 유효수요의 원리 : 케인즈의 단순모형에서 국민경제에 잉여생산능력이 있어 생산은 얼마든지 할 수 있어 문제가 되는 것은 총수요의 크기가 됨

③ 결국 균형국민소득의 크기를 결정하는 것은 유효수요의 크기가 된다는 의미

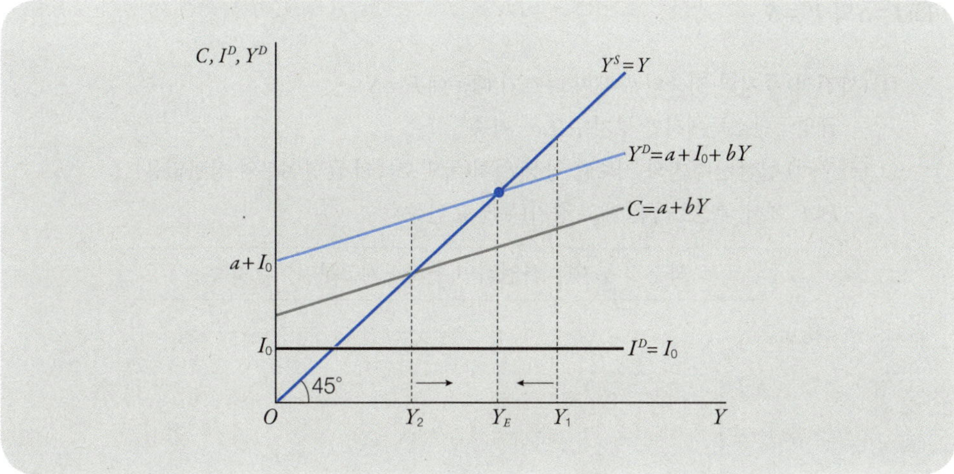

(2) 케인즈 단순모형의 다른 표현 ($I^D = S$)

$$C = a + bY \qquad (a > 0,\ 0 < b < 1)$$
$$S = -a + (1-b)Y$$
$$I^D = I_0$$
$$S = I^D$$

① $Y_E = \dfrac{1}{1-b}a + \dfrac{1}{1-b}I_0$

② 누출 = 주입 : 계획된 주입이 누출과 같을 때 균형이 성립

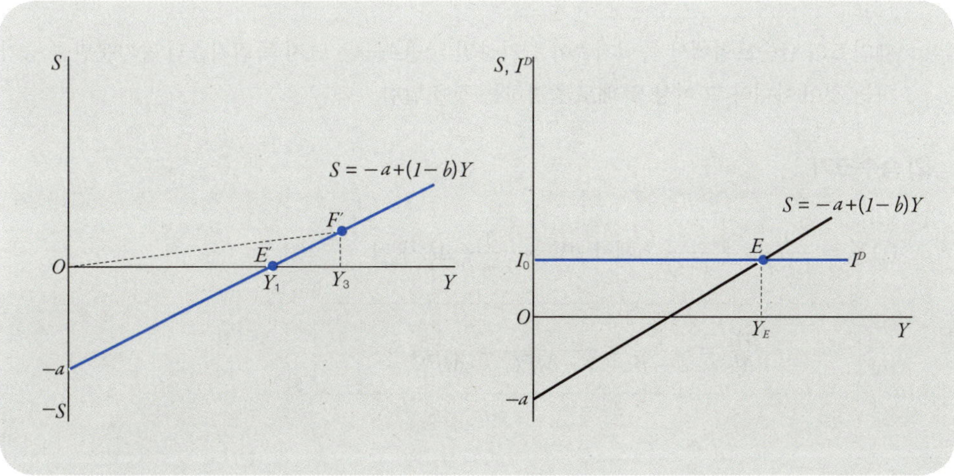

(3) $I = S$와 $I^D = S$

① (사전적) 투자와 저축의 주체가 다르기 때문에 $I^D \neq S$
→ 균형국민소득에서만 투자수요 = 저축

② (사후적) 실현된 투자와 저축은 항상 일치(국민소득의 균형여부와 상관없음)
→ $I < I^D$에서 국민소득은 재고 증가(투자로 간주)

사후적 투자(=사전적인 투자+재고투자) = 저축

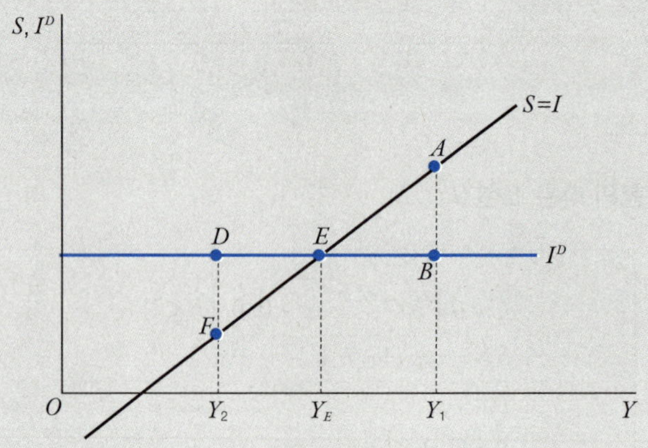

7. 승수이론

(1) 승수효과(multiplier effect)의 개념

케인즈의 단순모형에서 독립지출이 증가하면 국민소득은 단지 독립지출의 증가분만큼 증가하는 것이 아니라 그 이상 몇 배로 증가하는 것을 말함

(2) 승수크기

① $Y_E = \frac{1}{1-b}a + \frac{1}{1-b}I_0$에서 $\Delta Y_E = \frac{1}{1-b}\Delta I_0$가 됨

$$\frac{\Delta Y_E}{\Delta I_0} = \frac{1}{1-b} = \frac{1}{1-MPC} = \frac{1}{MPS}$$

② 한계소비성향이 클수록(한계저축성향이 작을수록) 투자승수는 커짐

소득증가분		소득증가 계산식
1단계	5,000	5,000
2단계	4,000	$5{,}000 \times 0.8$
3단계	3,200	$5{,}000 \times 0.8 \times 0.8 = 5{,}000 \times 0.8^2$
⋮	⋮	⋮
n단계		$5{,}000 \times 0.8^{n-1}$
⋮	⋮	⋮
총계	25,000	$\Delta Y = 5{,}000 \times \frac{1}{1-0.8} = 5{,}000 \times 5 = 25{,}000$

8. 절약의 역설

(1) 개념

개인적으로 근검절약하는 노력이 국민소득의 감소를 통해서 국민경제 전체적으로는 저축을 전혀 증가시키지 못하는 것

(2) 발생원인

① 고전학파 모형에서는 절약의 역설이 발생하지 않음

② but, 케인즈 모형에서는 개개인의 저축증대가 총수요와 국민소득의 감소로 연결됨

(3) 근검절약의 개념

① 근검절약을 절대소비가 감소하는 것으로 생각하면 저축곡선의 상방이동

② 근검절약을 한계저축성향 증가(한계소비성향 감소)로 이해하면 저축곡선의 수직축은 불변이고 기울기 증가

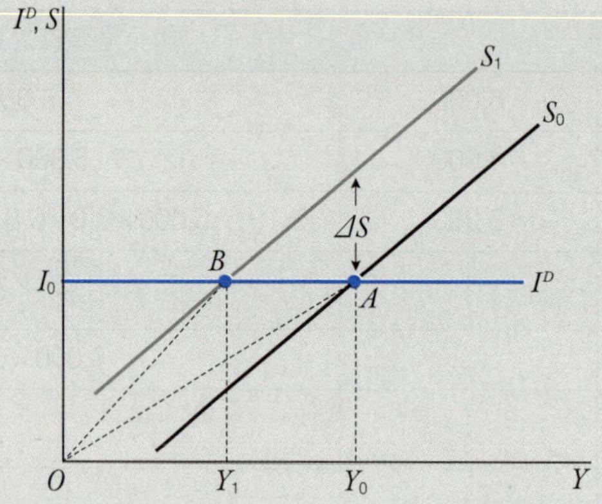

9. 인플레이션 갭과 디플레이션 갭

(1) 고전학파 모형과 케인즈 모형

① (고전학파 모형) 항상 완전고용에서 균형을 이룸

② (케인즈 모형) 불완전고용(과소고용)에서 균형을 이룸

→ 현실에서는 항상 실업이 존재하고 완전고용은 아주 특수한 경우에나 예외적으로 성립 (선진자본주의 경제에서는 일반적으로 경기침체 갭이 존재한다고 봄)

③ (국민소득 증가 한도) 케인즈는 국민소득이 자본 및 기타 자원을 모두 (정상적으로 고용하여) 생산할 수 있는 완전고용국민소득 이상으로 증가할 수 없다고 봄

(2) 인플레이션 갭 vs. 디플레이션 갭

① 인플레이션 갭(inflation gap) = Y_F에서의 실제총수요$-Y_F$=Y_F에서 초과수요

② 디플레이션 갭(deflation gap) = Y_F-Y_F에서의 총수요 = Y_F에서의 수요부족

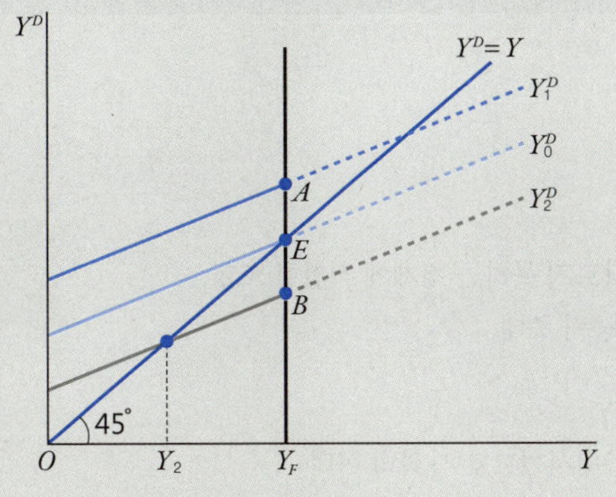

(3) *GDP*갭과 경기침체 갭

$$\text{승수} = \frac{GDP\text{갭}}{\text{경기침체갭}}$$

① (과소고용상태에서 균형) 케인즈는 일부 노동이 실업상태에 있음에도 불구하고, 생산물시장이 균형상태에 있기 때문에 Y_2는 불완전고용균형국민소득이라고 함

② 경기침체갭만큼 총수요를 늘리면 승수효과에 의해서 *GDP*갭이 사라짐

→ 적극적인 총수요관리정책의 이론적 근거

8 고전학파 모형과 케인즈 단순모형의 평가

1. 고전학파 모형

(1) 공급 중시

① 공급이 수요를 따르지 못하는 경제에 적합한 모형

② (정책방향) 공급능력 증대

(2) 저축 미덕

① 저축은 투자를 증대시키므로 사회의 미덕

② 저축 증대는 투자 증대로 공급능력 증대 가능

(3) 이자율 결정

① 생산물시장에서 결정

② 공급측면에서 Y_N가 결정되면 총수요가 Y_N에 일치하게끔 이자율이 신축적으로 조정

③ (세이의 법칙) 이자율의 조정기능 $Y_N = C(r) + I(r)$

(4) 장기모형

2. 케인즈학파 모형

(1) 수요 중시

① 생산설비와 공급능력은 많은데 유효수요가 부족한 경제에서 적합한 모형

② (정책방향) 유효수요 증대

(2) 소비 미덕

① 저축이 투자로 연결된다는 보장이 없어, 저축은 누출

② 소비, 투자수요, 정부지출, 순수출의 확대를 통한 유효수요증대 중시

(3) 이자율 결정

① 화폐시장에서 결정

② 가격변수(임금, 이자율) 고정

(4) 단기모형

보론 1 고전학파적 접근방법

1. 노동시장의 균형과 완전고용

(1) 노동수요곡선

① 노동의 한계생산가치와 명목임금을 비교

② $VMP_L = P \times MP_L = W$

(2) 노동공급곡선

① 노동과 여가의 선택

② 임금상승은 여가의 기회비용을 상승시켜 노동시간 증가

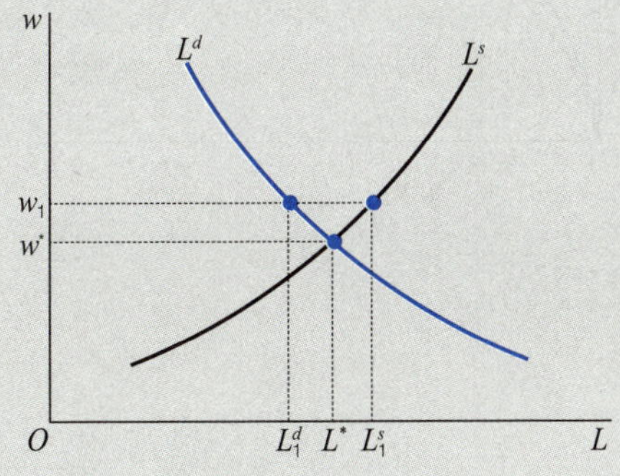

(3) 실업의 원인 견해 : 고전학파

① (고전학파) 실업의 원인이 지나치게 높은 실질임금 때문

→ 실질임금이 신축적으로 조정되면 실업은 단지 일시적인 현상일 뿐

② 임금인하 경쟁은 실질임금 하락을 야기해 고용 증가로 노동의 초과공급 해소

③ (완전고용 달성) 노동시장이 균형을 이룬 상태에서는 일할 능력과 의사를 동시에 갖춘 사람들은 모두 고용됨

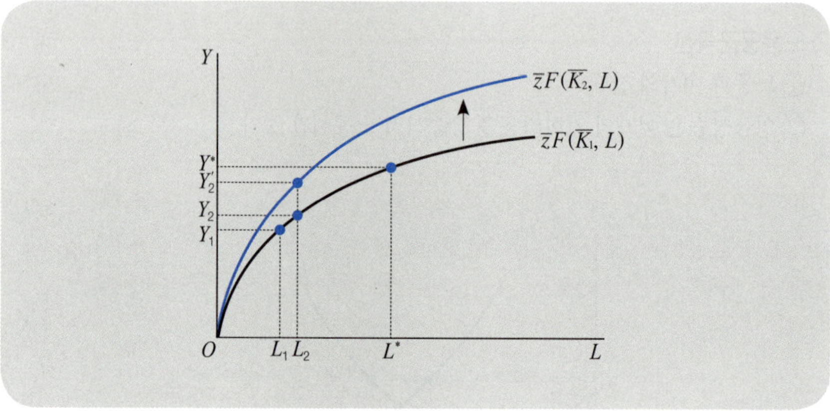

2. 균형국민소득의 결정

(1) 단기총생산함수

$$Y = zF(K, L)$$

① 단기에는 자본과 기술수준이 불변

② 노동투입량과 산출량 간에 양(+)의 관계 성립

③ 수확체감의 법칙(law of diminishing returns) : 한계생산물 체감

④ 완전고용수준의 *GDP* : 한 경제가 사용 가능한 모든 노동과 자본을 활용했을 때 생산할 수 있는 최대생산량

⑤ (고전학파 경제성장 원천) 자본의 증가는 총산출량의 증가를 가져오므로, 경제성장을 위해서는 자본형성이 필요

(2) 세이의 법칙

① 공급이 스스로 그 자신의 수요를 창출한다는 법칙

② 생산하는 과정에서 얻어진 소득은 반드시 모두 지출

③ 일부 생산물 시장에서 초과공급이 생긴다 해도 이것은 다른 시장에서 초과수요를 의미하므로 (경제 전체로 볼 때) 총공급은 총수요와 항상 일치

④ *GDP*는 항상 완전고용수준의 *GDP* 또는 잠재적 *GDP*를 의미

3. 물가수준의 결정 : 화폐수량설

(1) 화폐수량설(quantity theory of money)

① 통화량과 물가수준의 관계에 초점

② (피셔의 교환방정식)

$$MV=PY$$

(좌변) 단순히 실질 *GDP*를 구성하는 재화나 서비스의 구매에 사용된 화폐의 양

(우변) 실질 *GDP*를 구성하는 재화나 서비스의 매출액 (화폐소득)

(항등식) 재화나 서비스의 구매에 사용된 통화의 양은 언제나 재화와 서비스의 매출액과 같음

③ (유통속도)는 일정기간 동안에 실질 *GDP*를 구성하는 재화나 서비스를 구매하기 위해 화폐 한 단위가 평균적으로 얼마나 많이 사용되는가를 나타내 줌

(2) 화폐수량설의 가정과 의미

① (유통속도 일정 가정) 사회의 지불관습, 거래와 관련된 금융제도와 통신 및 교통수단 등이 단기에는 비교적 일정

② (실질 *GDP* 일정 가정) 경제에 존재하는 자본과 노동이 최대한 이용되어 실질 *GDP*가 언제나 완전고용수준의 *GDP*와 같게 됨

③ (인플레이션 원인) $\overline{V}$, $\overline{Y}$ 이라면, P는 M과 비례관계가 되어 인플레이션의 원인은 통화량의 급격한 증가임

4. 이자율의 결정 : 대부자금설

(1) 고전학파의 이자율 결정 모형

① 대부자금시장(loanable fund market)에서 자금에 대한 수요와 자금이 공급에 의해서 결정

② 자금의 수요 : 투자하려는 이들과 정부에 의해 발생

→ 정부는 정부지출(G)을 위해 조세(T)로 충당하려는 부분 이상의 양인 재정적자($G-T$)를 조달

③ 자금의 공급 : 저축(S)

(2) 대부자금설

① 대부자금공급(=저축)은 이자율의 증가함수

② 대부자금수요(=투자+재정적자)는 이자율의 감소함수

③ (실물적 이자율이론) 균형실질이자율은 대부자금의 수요와 공급이 일치하는 수준에서 결정

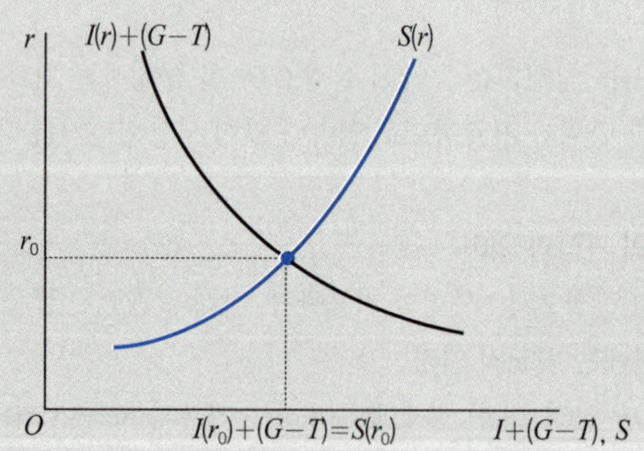

5. 고전학파적 거시이론체계와 거시경제정책

※ 고전학파는 모든 가격은 신축적으로 조정되어, 물가나 실질임금이 수요와 공급에 따라 자동조정되어 세이의 법칙에 의해서 일단 생산된 것은 모두 판매되며, 수요부족상태가 장기적으로 지속되지 않는다고 함

(1) 화폐중립성(neutrality of money)

① 통화량이 증가하면 모든 실질변수들은 불변이고, 명목변수들만 비례적으로 증가

② $MV=PY$에서 V가 일정하고 M이 결정되어 있다면 P, Y는 역의 관계

③ 총공급곡선은 완전고용수준에서 수직선

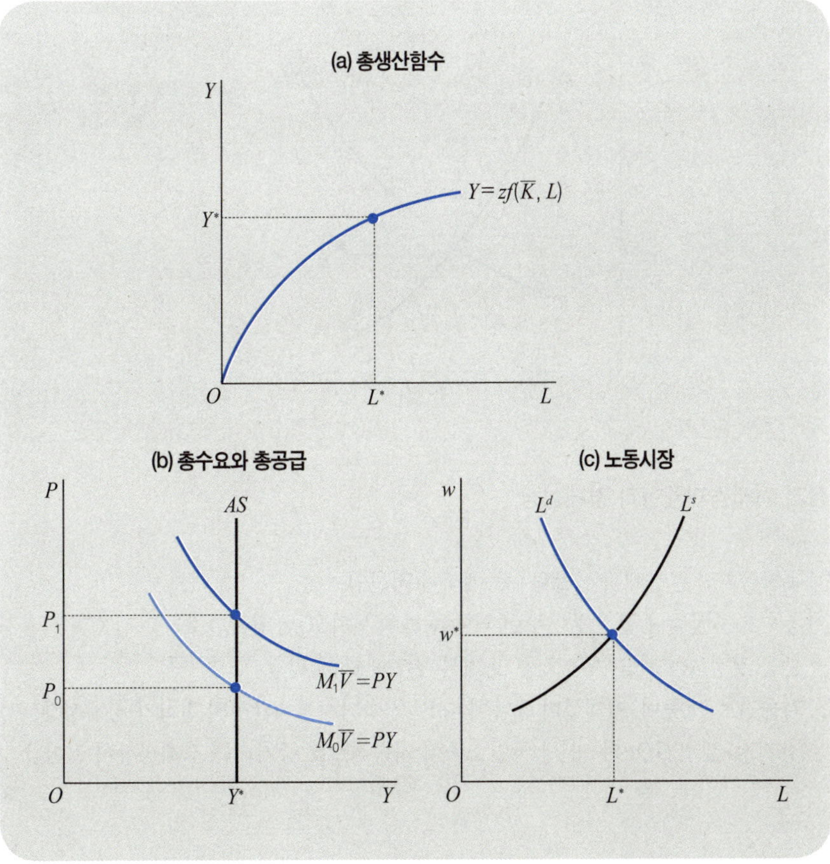

(2) 고전학파 모형에서 정부지출의 증가

$$C(r)+S(r)+T=C(r)+I(r)+G$$

① 정부지출의 증가는 균형이자율 상승을 통해서 민간 소비와 투자를 구축

② $C(r)+S(r)+T<C(r)+I(r)+G$

③ 정부의 개입은 민간의 소비와 투자를 구축하고 경제활동수준에는 아무런 영향을 못 미침

④ (구축효과) 정부지출의 증가가 (이자율을 상승시켜) 민간부문의 소비와 투자를 구축함

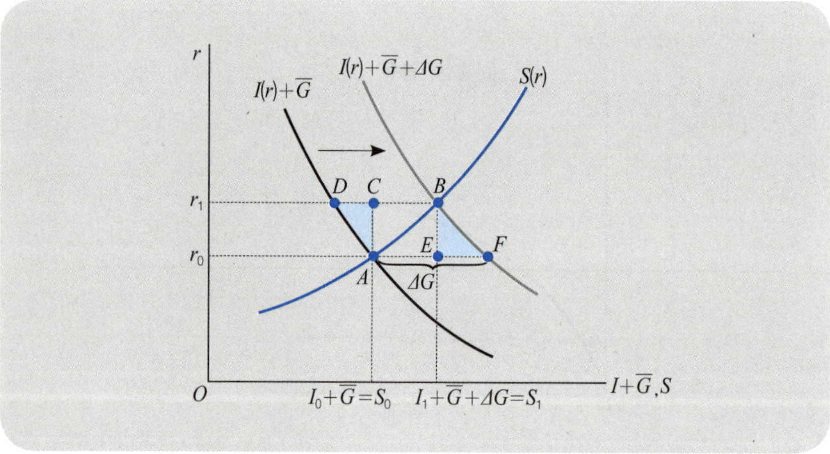

6. 장기 거시경제균형과 경제성장

① 총공급곡선은 잠재적 산출량수준에서 수직선임

② 총수요는 산출량 결정에 아무런 역할을 하지 못하고, 균형국민소득은 잠재적 산출량수준을 결정하는 기술수준, 노동 및 자본 투입에 의해 결정

③ 기술진보, 노동력, 기계설비 증가에 따른 장기 거시경제균형의 변화가 경제성장 (장기적) 실질 *GDP*와 1인당 국민소득이 지속적으로 증가하는 경제성장이 일어남

보론 2 케인즈적 접근방법

1. 개요

(1) 고전학파 주장

① (고전학파)는 대규모의 실업은 실질임금 인하로 완전고용을 유지 가능하다고 봄

② 물가수준을 결정하는 (통화량이 안정적)이라면 화폐임금의 인하는 자동적으로 실질임금을 인하

(2) 케인즈의 반박

① (하방경직성) 경험적으로 노동조합이 강해져 화폐임금의 하방신축성 결여

② (실질임금 불변) 노조가 화폐임금 인하를 허용해도 물가하락으로 실질임금이 불변 유지 가능

2. 총수요 · 총공급과 균형국민소득의 결정

(1) 케인즈의 국민소득 결정이론

① 총공급측면과 총수요측면을 동시에 고려

② (수요측면 중시) 자본주의 경제에서 생산 담당주체는 기업이고, 기업은 이윤을 목표로 하는데, 이윤은 구매자들의 수요에 기반을 둠

(2) 케인즈의 단순모형에서 총수요곡선

① 총수요곡선 (가계와 기업만 존재)

$$AE(Y)=C(Y)+I=cY+I$$

② 총수요곡선의 기울기는 한계소비성향에 의해 결정

③ (투자 결정요인)인 기대수익률이나 이자율은 총수요곡선을 상하방으로 이동

(3) 총공급곡선

① (45도 총공급곡선) 재화나 서비스에 대한 수요가 있게 되면 공급은 자동적으로 충족된다는 것을 의미

② 국민소득수준이 잠재적 국민소득수준에 도달하면 총공급곡선은 수직선이 됨

(4) 불완전고용균형

① 균형국민소득은 한계소비성향이 1보다 작은 한 총수요곡선과 총공급곡선이 만나는 Y_0에서 안정적인 균형을 이룸

② (불완전 고용상태 균형) 균형국민소득이 완전고용수준인 잠재적 국민소득보다 작을 가능성이 언제나 존재

→ 총수요가 부족하면 총산출갭(output gap)이 언제나 벌어질 수 있음

(5) 승수효과(multiplier effect)

① 독립지출 변화의 일정 배수만큼 국민소득이 변화

② (소득·지출 승수)

$$\Delta Y = \Delta\bar{I} + c\Delta\bar{I} + c^2\Delta\bar{I} + \cdots\cdots = (1 + c + c^2 + \cdots)\Delta\bar{I} = \left(\frac{1}{1-c}\right)\Delta\bar{I}$$

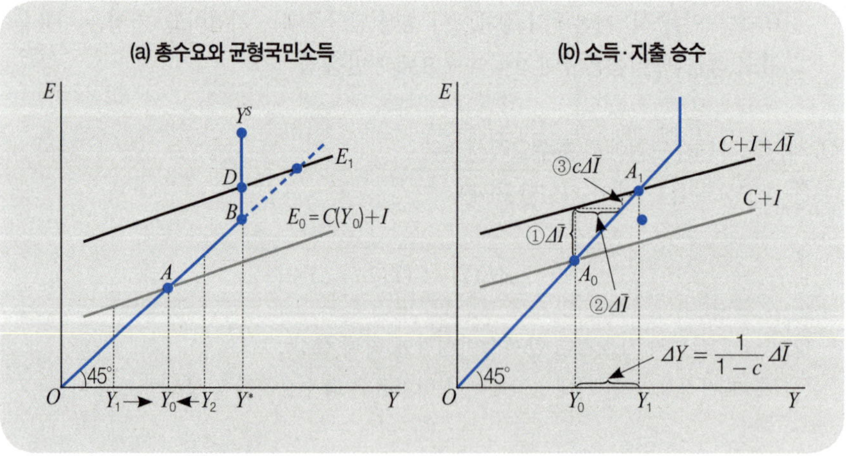

3. 총수요의 부족과 실업

① (케인즈의 처방책) 대량실업의 원인은 총수요의 부족에 있기 때문에, 총수요를 증대시켜 균형국민소득과 잠재적 국민소득 간의 격차를 없애고, 생산이 증대하고 기업이 고용을 늘리도록 유도해야 한다고 주장

② (총수요 증대로 실질임금 하락 가능) 총수요 증대는 화폐임금은 인상되지 않으면서 물가가 상승해서 실질임금의 하락효과를 가져와 기업들의 노동수요 증가 야기

→ (∵ 화폐임금은 완전고용수준에 접근해야 비로소 상승하는데, 물가는 유휴시설이 있더라도 다른 요인(생산증가, 한계비용상승 등)에 의해 상승할 수 있음)

③ 총수요증대 → $\overline{W}$, P ↑, L ↑

4. 인플레이션 갭

① 제2차 세계대전 후 실업은 크게 감소했지만, 전시 후 인플레이션이 중요 문제로 대두

② 케인즈는 『전비조달방안(How to Pay for the War)』에서 인플레이션 갭을 소개

③ 경제주체들이 잠재적 국민소득보다 더 많이 수요하는 경우(생산능력<재화나 서비스 구매),인플레이션 갭(inflation gap)이 발생가능

5. 이자율의 결정 : 유동성 선호설

(1) 저축함수

① 저축은 총수요에 의해 결정되는 국민소득의 증가함수라고 봄

② (고전학파) 저축함수가 $S(r)$이라고 할 때는 소득이 항상 완전고용국민소득수준이므로 따로 고려할 필요가 없음

③ (케인즈) 노동시장의 임금의 조정실패에 따라서 완전고용수준 이하에서 균형을 이룰 수 있어 일반적으로 소득수준을 고려해야 함

(2) 유동성 선호설(liquidity preference hypothesis)

① 이자율은 화폐시장에서 결정 : 화폐적 이자율이론, 유동선선호설

② 결정된 이자율수준은 투자를 통해 총수요와 균형국민소득에 영향을 줌

6. 케인즈적 거시이론체계와 거시경제정책

(1) 케인즈의 거시경제 모형

① 생산요소가 완전고용되지 않은 상황을 극복하는 방법은 총수요 증대를 통해서 기업의 생산의욕을 고취시키는 것

② 노동시장에서 화폐임금의 경직성은 비자발적 실업을 유발

③ 생산물시장에서 초과수요는 인플레이션을 유발

(2) 케인즈의 거시경제이론 체계

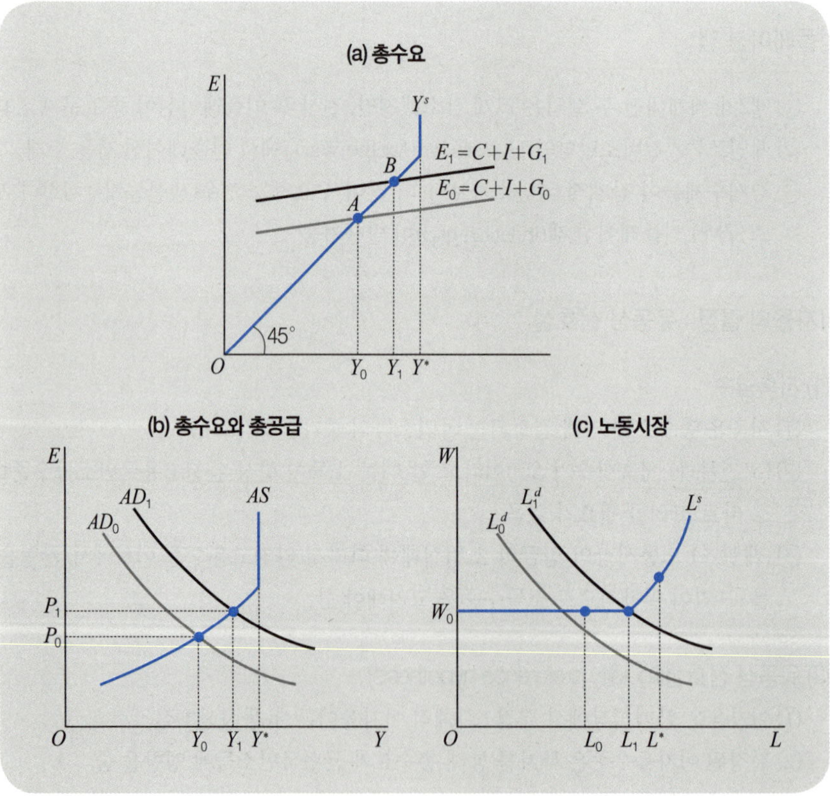

7. 단기 거시경제균형과 경기변동

(1) 경기변동과 정부의 역할

① (케인즈 일반이론 기여) 거시경제학의 중심이 고전학파의 장기적 경제성장 문제에서 경제 전체의 단기적 경기불안으로 옮겨짐

② (경기변동) 총생산은 단기적으로는 투자, 화폐공급량의 변화와 같은 총수요 충격 또는 국제유가 상승과 같은 총공급 충격 등 여러 가지 요인들에 의해 결정

→ 완전고용산출량보다 크거나 작음

③ (정부의 역할) 경기가 지나치게 침체되거나 과열되지 않도록 경기변동의 진폭을 완화

(2) 비례세를 고려한 승수

① 비례세를 고려하면 $T=tY\ (0<t<1)$

$$Y=C(Y-tY)+I+G=c(1-t)Y+I+G$$

② 균형국민소득은 $Y=\dfrac{1}{1-c(1-t)}(I+G)$

③ 정부부문이 도입되기 이전 승수보다 작은데, 조세증가가 일부 누출되어 가처분증가분이 축소됨

제 10 장

재정정책과 소비투자함수

1 재정과 재정정책

※ 정부부문을 도입하여 정부지출과 조세수입이 균형국민소득의 결정에 어떤 영향을 미치는지 분석
※ (단기) 재정정책은 정부지출과 조세를 조정하여 총수요를 조절하고 나아가 국민소득에 영향을 미치고자 하는 것

1. 재정의 의의와 기능

(1) 정부

① (작은 정부) 국민의 생명과 재산을 지켜주는 국방, 치안, 소방, 계약위반에 대한 제재 등의 기본적 역할
② (폭넓은 기능) 시장실패를 보완하고, 경제발전과 국민복지 향상

(2) 본예산과 추가경정예산

① 정부는 재정을 꾸려나가기 위해 매년 예산을 편성하고, 세입과 세출 계획을 세움
② (본예산) 회계연도 개시 전에 정상적인 절차에 따라서 편성된 예산
③ (추가경정예산) 회계연도가 진행되는 도중에 국내의 경제정세의 변화나 천재지변과 같은 돌발사태 등으로 예산을 변경할 필요가 있는 경우에 추가예산 편성 가능

(3) 지출과 세입

① 세입 : 경상수입(조세수입+세외수입), 자본수입
- 조세수입 : 세금
- 세외수입 : 수수료, 입장료, 벌과금
- 자본수입 : 정부가 소유하는 토지나 건물 등을 팔았을 때, 얻는 수입 (가장 큰 비중)

② 세출 : 정부가 행하는 지출

(4) 재정적자와 재정흑자

① 재정적자 $= T-G < 0$

② 보전재원항목 : 균형재정이 아닌 경우 세입과 세출의 차이를 메워주는 것
→ (3가지) 중앙은행에서 빌리는 방법, 국공채를 발행, 외국에서 돈을 빌리는 방법

2. 재정정책

(1) 재정정책과 안정화 정책

① 재정정책(fiscal policy)은 세출이나 세입을 변경시켜 국민경제의 안정적 성장과 복지증대를 도모하는 정책

② 단기에 재정정책은 총수요관리정책의 기능을 수행 가능

③ 세출에서 가장 큰 비중을 차지하는 것은 정부소비지출이고, 세입에서 가장 큰 비중을 차지하는 것은 조세수입

④ 안정화정책(stabilization policy, 총수요관리정책)은 경제의 생산능력에 맞춰 지출을 조절하는 정책

(2) 정부의 예산제약식과 순수한 재정정책

$G-T$=통화공급증가+정부채발행 증가+해외차입증가 → **정부의 예산제약식**

① 재정적자는 돈을 더 발행하거나, 국내에서 정부채를 추가로 발행하거나, 해외에서 차입하여 메울 수 있음

② (순수한 의미의) 재정정책은 통화공급의 변화를 초래하지 않는 정부지출이나 조세의 변화를 의미 (if, 통화공급으로 보전되면 재정정책과 통화정책의 혼합)

2 재정정책과 케인즈 모형

1. 케인즈 단순모형의 틀

(1) 정부부문 도입 모형

① 총수요는 C, I, G로 구성되고, 총소득은 C, S, T로 (처분)됨

② $Y^D = C + I^D + G = C + S + T = Y$

③ (의도된 주입 = 누출) $I^D + G = S + T$

→ 정부지출이 조세수입보다 많으면($G - T > 0$) 재정적자가 되고, 균형을 위해서는 민간저축이 투자수요보다 커야 함

(2) 조세와 조세의 유형

① 조세는 총수요의 직접적인 구성요소는 아니지만, 소비나 투자수요에 영향을 미쳐 간접적인 구성요소라고 할 수 있음

② (가계부문) 세금이 부과되면, 처분가능소득을 감소시켜 소비감소 → 총수요감소 초래

③ (기업) 자본재를 구입할 때 구입비의 일부를 조세에서 감면해준다면 투자비용이 감소하여 → 투자수요증가 → 총수요증가

④ 조세의 유형

- (정액세) lump-sum tax, 소득의 크기과 관계없이 일정한 금액을 부담해야 하는 세금
  예 주민세, 방범비 등 인두세
- (비례세) proportional tax, 세율이 일정한 세금
  예 주세, 전화세
- (누진세) progressive tax, 소득이 높을수록 높은 세율이 적용되는 세금
  예 근로소득세, 법인세
- (역진세) regressive tax, 과세대상의 가격이나 수량이 클수록 낮은 세율이 적용되는 세금

(3) 정부부문을 고려한 케인즈 모형

$$Y^D = C + I^D + G$$
$$C = a + b(Y - T),\quad (a>0,\ 0<b<1)$$
$$I^D = I_0$$
$$G = G_0$$
$$T = T_0$$
$$Y^D = Y$$

$Y_E = \dfrac{1}{1-b}(a + I_0 + G_0 - bT_0)$

① 투자승수 : $\dfrac{\Delta Y_E}{\Delta I_0} = \dfrac{1}{1-b} = \dfrac{1}{1-MPC}$

② 정부지출승수 : $\dfrac{\Delta Y_E}{\Delta G_0} = \dfrac{1}{1-b} = \dfrac{1}{1-MPC}$

③ 정액세 승수 : $\dfrac{\Delta Y_E}{\Delta T_0} = \dfrac{-b}{1-b} = \dfrac{-MPC}{1-MPC}$

2. 케인즈 단순모형과 재정정책

※ 경기침체(실업 높고, 유효수요 부족 시) : 확장적 재정정책 ($G\uparrow$, $T\downarrow$)

(1) 재량적 재정정책

① (불완전고용하에서 균형국민소득) 케인즈 모형에서 총수요=총공급인 국민소득은 일반적으로 완전고용국민소득보다 작음

② (재량적) 재정정책(discretionary fiscal policy) : 정부가 의도적으로 정부지출이나 조세를 변동시켜 국민소득을 변동시키고, 경제안정을 이루고자 하는 정책

③ (확장적) 재정정책 : 정부지출을 늘리거나, 조세를 감면하는 정책 ↔ 긴축적 재정정책

(2) 정부지출과 총수요관리

경기침체 갭 ×정부지출승수 = *GDP* 갭

① 경제를 완전고용국민소득에 도달하도록 하기 위해서는 정부지출을 경기침체 갭만큼 증가시켜 주면 됨
② (주의) 정부지출증가에 의한 승수효과가 완료될 때까지 조세를 징수하지 않아야 함
→ 조세를 증가시키면 소비감소로 정부지출의 승수효과가 작아짐
③ 조세는 그대로 두고, 정부지출을 증가시키면 재정적자가 늘어남
→ 민간은 정부가 발행한 정부채를 정부지출증가분만큼 더 많이 보유하게 됨
④ 케인즈는 균형재정이 항상 재정의 건전성을 나타내는 지표는 아니라고 주장

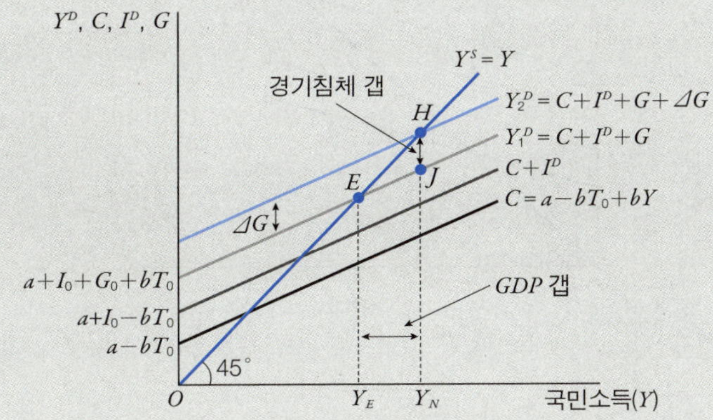

(3) 인플레이션 갭과 정부지출 긴축

① 총수요가 완전고용국민소득수준을 초과하는 경우, 초과수요가 존재

② 단기에 국민소득을 Y_F수준 이상으로 증가시킬 수 없기 때문에 초과수요는 물가를 상승시킴

③ (인플레이션 갭) 완전고용국민소득수준에서의 총수요의 증가분

④ (재량적 재정정책) 케인즈는 경기가 침체에 빠져있을 때나 과열상태에 있을 때에는 정부지출을 경기침체 갭만큼 늘리거나 인플레이션 갭만큼 줄임으로써 총수요를 완전고용수준으로 관리하여 완전고용국민소득을 유지할 수 있다고 함

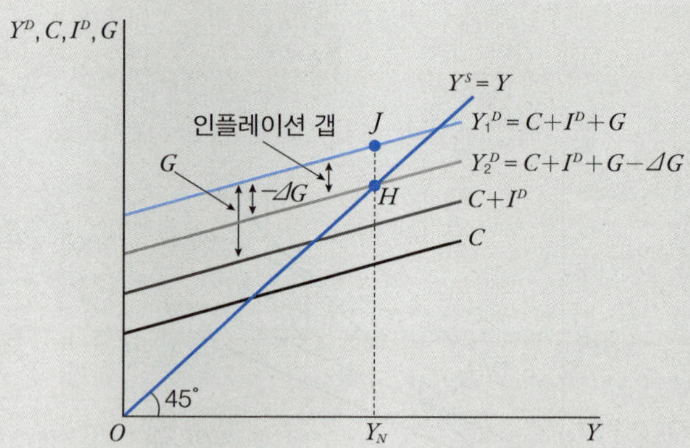

(4) 정액세와 비례세인 경우

① 정액세를 고려한 소비함수는 $C=a+b(Y-T_0)$

$$\frac{\Delta Y_E}{\Delta T_0} = \frac{-MPC}{1-MPC}$$

② 비례세인 경우 $T=tY(0<t<1)$인 경우 $C=a+b(Y-tY)=a+b(1-t)Y$

$$Y_E = \frac{1}{1-b(1-t)}(a+I_0+G_0)$$

$$\frac{\Delta Y_E}{\Delta I_0} = \frac{\Delta Y_E}{\Delta G} = \frac{1}{1-b(1-t)}$$

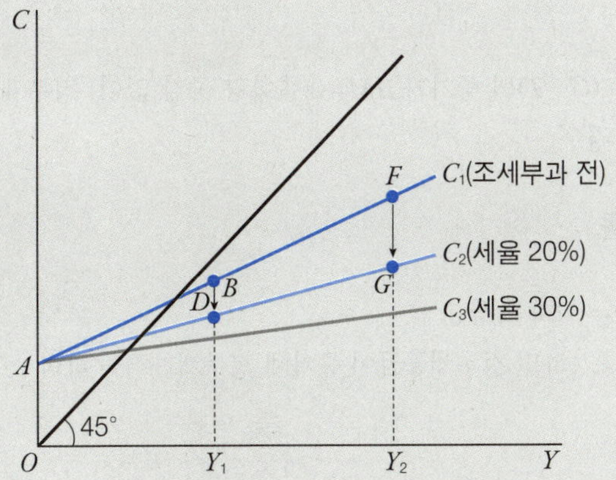

(5) 균형재정승수

① 처음 균형재정에서 $\Delta G=\Delta T$만큼 늘어난 후에도 여전히 균형재정은 유지

② $\Delta G=\Delta T$을 동시에 같이 증가시키는 경우에 균형국민소득은 정부지출이 증가한 만큼 증가

$$\frac{\Delta Y_E}{\Delta G} + \frac{\Delta Y_E}{\Delta T} = \frac{1}{1-MPC} + \frac{-MPC}{1-MPC} = 1$$

3 재정정책과 고전학파 모형

1. 고전학파의 재정정책

(1) 고전학파 재정정책

① 고전학파는 재정정책이 총수요관리정책으로 무력하다고 함

② (세이의 법칙) 신축적인 이자율의 총수요조절기능으로 총수요는 항상 총공급과 일치

(2) 정부의 예산제약식

$$G - T = \frac{\Delta M}{P} + \frac{\Delta B}{P} \quad (M\text{은 통화량}, B\text{는 정부 부채잔액})$$

① G와 T는 당해연도가격으로 표시되는 명목변수가 아닌 기준연도가격으로 표시된 실질변수임

② (확장재정정책) $(G-T)$의 증가가 $\Delta M=0$(통화량 증감 없이) 정부채의 증가(ΔB)를 통해서만 이루어지는 경우

(3) 채권가격과 이자율

① 채권가격 하락 = 이자율 상승

② 정부채발행이 증가하면 정부채공급이 증가해 정부채가격이 하락 → 이자율 상승

(4) 고전학파의 확대재정정책효과와 구축효과

① ΔG 증가 시 $I^D+\Delta G$가 되어, $r\uparrow \rightarrow C\downarrow, I\downarrow$

② $\Delta G=\Delta C+\Delta I$

→ 정부지출을 증가시키면 이자율의 상승을 초래하여 정부지출의 증가분과 똑같은 크기로 투자수요와 소비를 감소시켜 총수요에 전혀 영향을 미치지 못함

③ 구축효과(crowding−out effect) : 확장재정정책이 이자율을 상승시켜 민간소비와 투자활동을 위축시키는 효과 (구축효과의 크기가 고전학파와 케인즈학파의 견해차)

④ (고전학파)는 확장재정정책으로 단기에 총수요가 증가한다고 해도 총공급능력은 고용, 자본, 기술 등이 변화하지 않는 한 불변이므로, 국민소득은 증가하지 않고 물가만 상승하게 됨

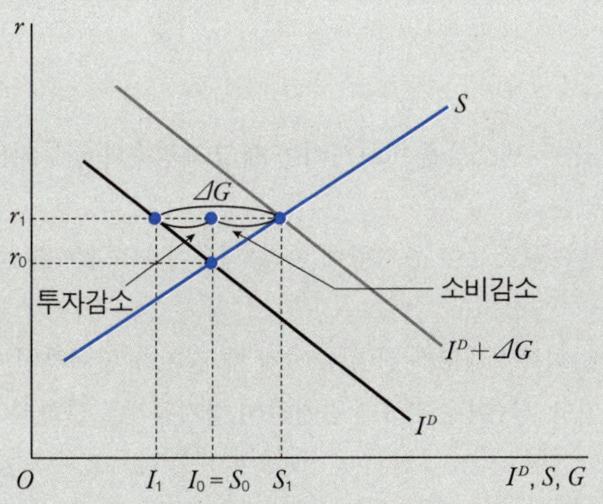

4 경기변동과 재정의 경제안정화 기능

1. 재정의 자동안정화 기능

(1) 재정의 자동안정화 기능

① automatic stabilizers, built－in stabilizers : 정부가 재량적 재정정책을 일부러 쓰지 않아도 자동적으로 경기변동폭을 줄이고 경제를 안정시키는 장치가 재정에 있다는 것

예 소득세, 실업보험, 사회보장이전지출

② Y_1인 경우 : 조세수입이 증가해 재정은 자동적으로 흑자

: $T\uparrow \rightarrow (Y-T)\downarrow$, $C\downarrow \rightarrow AD\downarrow$ (경기과열 억제)

③ 자동안정화장치는 재량적 재정정책과 대립되는 개념

(2) 자동안정화 정도

① 자동안정화 정도는 국민소득을 변화시키는 데 조세징수와 정부지출이 얼마나 강하게 작용하는가에 달려 있음

② 한계세율이 커질수록(소득이 증가함에 따라 세율이 높아질수록) 자동안정화장치는 더욱 커짐

예 실업보험과 사회복지제도가 잘 갖추어질 때 경기가 침체하면 실업보험, 사회복지지출이 증가해 처분가능소득이 급격하게 증가하여 경기침체를 완화시킴

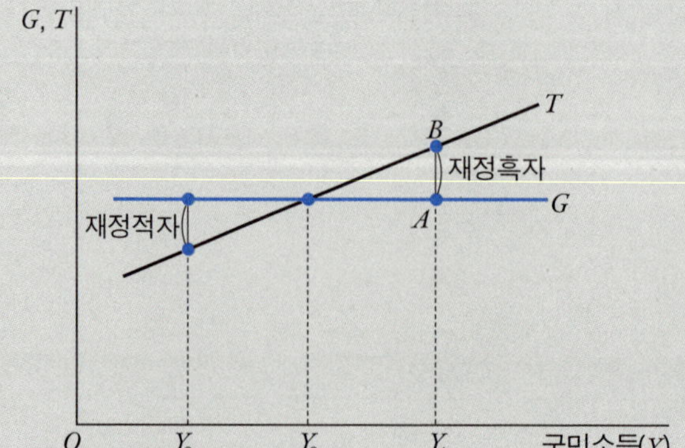

2. 균형재정과 정책함정

① 정책함정(policy trap)은 경제가 불황에 있을 때 균형재정을 추구해 경기가 더욱 침체에 빠지게 되는 현상

② 균형재정이 항상 좋은 것도 아니고, 재정적자가 항상 나쁜 것도 아님

③ (불황일 때) 균형재정을 밀고 나가는 것은 경기를 더욱 불황에 빠뜨리기 쉬움

→ 재정지출을 지나치게 늘려 재정적자의 규모가 누적적으로 확대되면 '빚 얻어 빚 갚기 식'의 재정운용으로 재정이 경직화되고, 결국 재정파탄에 이르게 됨

5 리카도 대등정리

1. 정부의 예산제약식과 재원조달방식

(1) 정부의 예산제약식

① 정부는 정부지출의 필요한 재원조달을 위해서 정액세를 거두거나, 국채를 발행가능
② 제1기와 제2기의 정부예산제약식

$$G_1 = T_1 + B$$
$$G_2 + (1+r)B = T_2$$

③ 정부의 예산제약식 : 현재가치로 나타낸 정부지출의 합 = 현재가치로 나타낸 정액세의 합

$$G_1 + \frac{G_2}{1+r} = T_1 + \frac{T_2}{1+r}$$

④ 미래전망적 소비자들은 평생효용을 극대화하기 위해 시점 간 소비선택에 영향을 주는 정부의 예산제약식을 고려
⑤ 초기부존소득은 E_1이고, 시점 간 최적소비선택은 A점

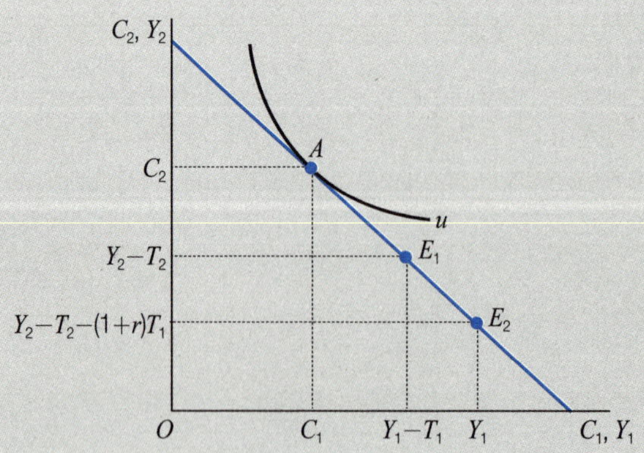

(2) 정부의 재원조달방법 변경

① 정부는 T_1만큼 삭감하고, 1기 재정적자를 국채를 발행해 조달한다면, 2기에 국채를 상환하기 위해서 원리금에 해당하는 $T_1(1+r)$만큼 조세를 더 거두어야 함

② 평생조세부담은 불변 : 정부의 재원조달방식의 변경은 초기부존소득만 E_1에서 E_2로 변화시킬 뿐이고 평생조세부담은 불변

$$-T_1 + \frac{T_1(1+r)}{1+r} = -T_1 + T_1 = 0$$

③ 시점 간 최적소비점 A도 변하지 않고, 저축의 크기만 변화

④ 국채를 발행할 경우 저축을 (Y_1-C_1)으로 증가시켜 2기에 발생할 조세증가에 대비하므로 소비결정에는 영향이 없고, 실질이자율도 불변

2. 리카도 대등정리 모형

(1) 리카도 대등정리 시사점

① 재원조달방법의 무력성 : 정부지출의 재원조달방법을 조세 또는 국채로 변화하는 것은 민간부문의 경제활동에 아무런 영향도 주지 못한다는 점에서 재정정책의 무력성을 시사

② 국채의 순자산성 : 민간 보유 국공채는 민간의 미래 조세부담을 의미해 민간부문의 순자산이 아님

→ 민간 보유 영구국공채 B에서 발생하는 이자비용 rB를 조세를 통해서 상환한다면, B는 조세부담의 현재가치와 동일

$$PV = \frac{rB}{(1+r)} + \frac{rB}{(1+r)^2} + \cdots\cdots = \frac{rB}{r} = B$$

(2) 리카도 대등정리 가정

① 신용시장의 완전신축성

: 저축과 차입이 자유롭고, 저축이자율과 차입이자율이 동일해야 함

② 경제활동인구의 증가율이 0%

: 경제활동인구[1] 증가율이 양(+)인 경우에 미래 조세부담액의 현재가치가 작아져 소비자들은 조세감면에 대응하여 소비를 증가

③ 근시안적인 소비행태를 보이지 않아야 함

: 먼 미래의 조세증가는 현재의 조세감소에 비해 소비에 미치는 영향이 작을 수 있음

④ 정부지출수준이 일정해야 함

: 지난 수십 년간 정부가 현재가치로 환산한 균형예산을 유지한 경우는 전 세계적으로 거의 없음

(3) 리카도 대등정리 실증분석

① 국채를 발행해 재원을 조달하게 되면 조세감면만큼 저축을 증가시켜 대부자금 공급은 증가하고, 국채발행을 통한 대부자금 수요는 증가

② 대부자금의 수요와 공급이 모두 증가해 변화폭이 동일하면 이자율은 종전과 같은 수준에서 결정

1) 조세부담을 지는 경제주체

3. 유동성 제약과 리카도 대등정리

(1) 유동성 제약

① 미래전망적 소비이론은 소득을 획득하는 시점보다는 매기 소득의 현재가치 합으로 결정되는 평생 부가 소비를 결정하는 주요 요인

② 완전신용시장을 가정해서 자금을 미래에서 차입하거나 미래로 이전시키는 데 아무런 어려움이 없음을 의미

③ 현실에서 저축과 차입을 가로막는 장애요인이 있을 수 있음[2)]

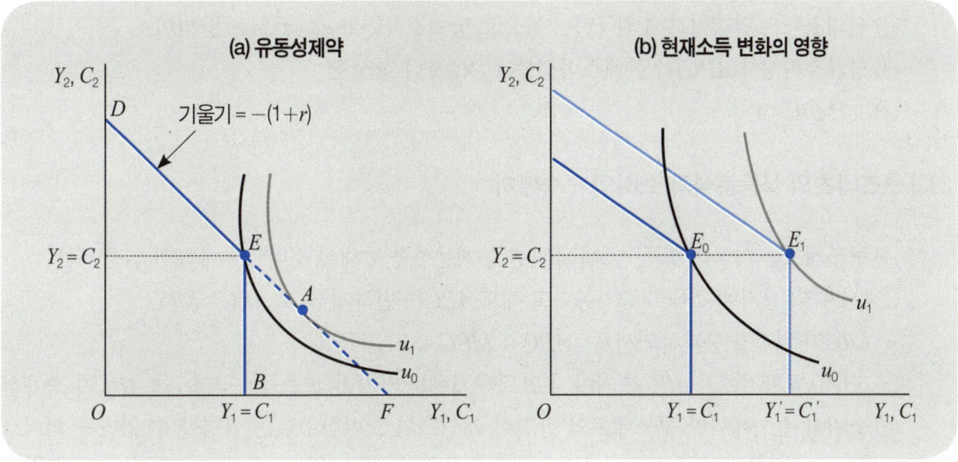

(2) 유동성 제약과 현재소비 민감성

① 유동성 제약이 존재하는 경우에 모든 소비자가 영향을 받는 것은 아니고, EF영역에서 최적 선택을 하는 소비자만 영향을 받게 됨

② A를 선택했던 음(−)의 저축자는 유동성 제약으로 차입이 어려워 E점을 선택

③ 리카도 대등정리가 성립하지 않는다는 의미

2) 이를 유동성 제약(liquidity constraint) 또는 차입 제약(borrowing constraint)에 직면해 있다고 함

6 소비이론

1. 절대소득가설과 소비의 수수께끼

(1) 절대소득가설 형태

$$C=a+bY$$

① 소비의 크기가 주로 소득의 절대적 크기에 의존한다는 주장
② 절대소득은 일정기간에 취득한 소득으로 당기소득(current income)을 의미
③ 평균소비성향(APC)가 한계소비성향(MPC)보다 항상 큼
④ $0<MPC<1$

(2) 쿠즈네츠의 실증분석과 소비의 수수께끼

① 쿠즈네츠는 미국의 소득·소비에 관한 통계분석을 통해서 소비함수에 대한 실증분석
② (시계열) 장기에 소득이 증가한다고 해도 APC는 변하지 않고, $APC=MPC$
→ LRC가 원점을 통과하면서 $0<APC=MPC<1$
③ (단기) 호황기에는 APC가 작아지고, 불황기에는 커지며, 고소득가구일수록 APC가 작아짐
④ 소비의 수수께끼란 쿠즈네츠의 발견이 케인즈의 소비함수로는 설명할 수 없다는 의미로 불리었고, 이후 다양한 소비함수가설이 등장하게 됨

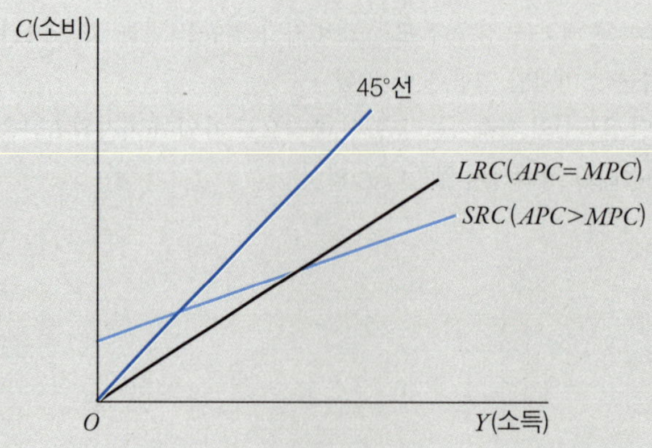

2. 프리드먼의 항상소득가설

(1) 항상소득가설(permanent income hypothesis)

① 프리드먼은 소비가 장기적인 기대소득의 항상소득에 의해 결정된다고 주장
② 소비는 임시소득과는 아무런 상관이 없음

$$C=mY_P \quad (0<m<1)$$

(2) 항상소득과 임시소득

① 실제소득(Y)은 항상소득(Y_P)과 임시소득(Y_T)으로 구성 ($Y=Y_P+Y_T$)
② 항상소득 : 평생 동안 벌어들일 것으로 기대되는 소득의 매기 평균규모 또는 장기적인 평균소득
③ 임시소득 : 장기적으로 예견되지 않은 일시적인 소득으로 양(+)일 수도 있고, 음(−)일 수도 있고, 0일 수도 있음

(3) 평균소비성향

$$\frac{C}{Y}=m\left(\frac{Y_P}{Y}\right)=m\left(\frac{Y-Y_T}{Y}\right)=m\left(1-\frac{Y_T}{Y}\right)$$

① 평균소비성향은 Y_T가 Y에서 차지하는 비중($\frac{Y_T}{Y}$)이 클수록 작아짐
② 임시소득은 대부분 소비되지 않고 저축된다는 의미

(4) 소비 수수께끼 설명

① (단기적) APC와 MPC는 일치하지 않음
② (장기적) $APC=MPC$
③ 단기에는 $Y_T>0$이면 $\frac{C}{Y}<m(=MPC)$가 되고, $Y_T<0$이면 $\frac{C}{Y}>m$가 됨
→ but, 그러나 장기에는 $Y_T=0$이 되고 $Y=Y_P$가 되어 $\frac{C}{Y}=m$이 성립

(5) 의미

① 호황기에는 불황기에 비해서 임시소득이 많아 임시소득이 실제소득에서 차지하는 비중 ($\frac{Y_T}{Y}$)은 호황기에 더 크게 됨

② ($\frac{Y_T}{Y}$)이 커질수록 APC는 작아짐 (불황기의 APC > 호황기의 APC)

③ 항상소득가설에 의하면 케인즈가 매우 효과적이라고 주장한 단기의 재정정책(조세정책)은 무력해짐

④ 단기에 세율을 조정하면 임시소득만 변화시킬 뿐 항상소득은 변화하지 않게 되어 소비와 총수요에 별다른 영향을 주지 못함

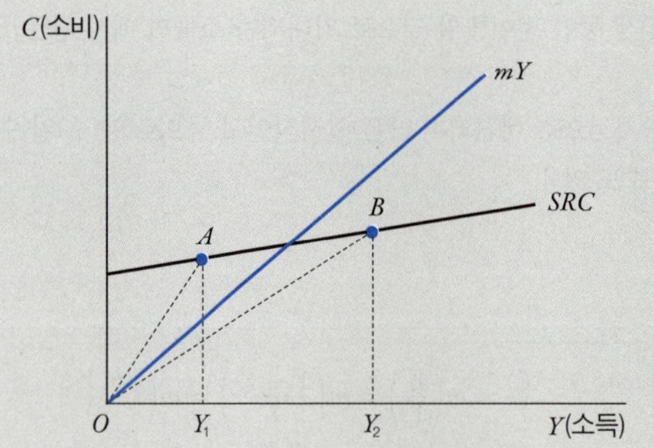

3. 안도-모딜리아니의 생애주기가설

(1) 생애주기가설(life-cycle income hypothesis)

① 사람들은 남은 평생을 염두에 두고 현재와 미래의 소비를 결정

② 소득의 흐름은 인생 초기와 말기에는 낮고, 중년기에 높아 전 생애에 걸쳐 고르지 않고 불안정

③ 소비의 흐름은 전 생애에 걸쳐 거의 일정하거나 약간씩 증가하는 것으로 표시

④ 생애소비흐름의 현재가치는 생애소득흐름의 현재가치를 초과하지 못한다는 제약이 있음

(2) 단기설명

① 사람들의 소득-소비 저축에 관한 횡단면분석은 고소득층(중년층)의 *APC*가 낮고 저소득층(청년층과 노년층)의 *APC*는 높게 나타남

② 단기적으로 $APC > MPC$

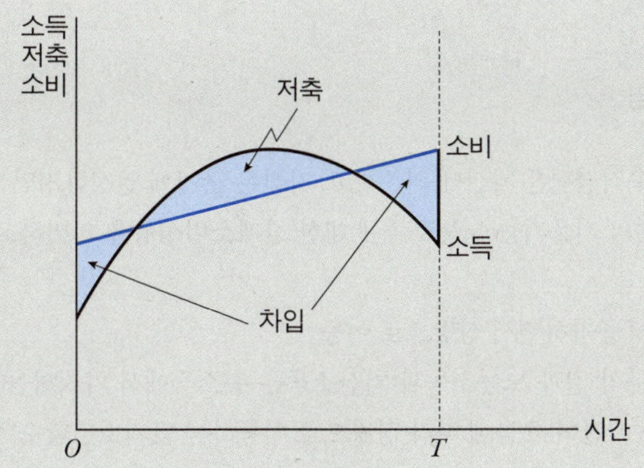

③ 총소득을 노동소득과 자산소득으로 나누어 표현하면 C_t는 t기의 소비수준, Y_t는 남은 여생 동안 벌어들일 수 있는 근로소득의 현재가치, A_t평생기대자산소득의 현재가치로 기의 자산을 의미

$$C_t = \alpha A_t + \beta Y_t$$

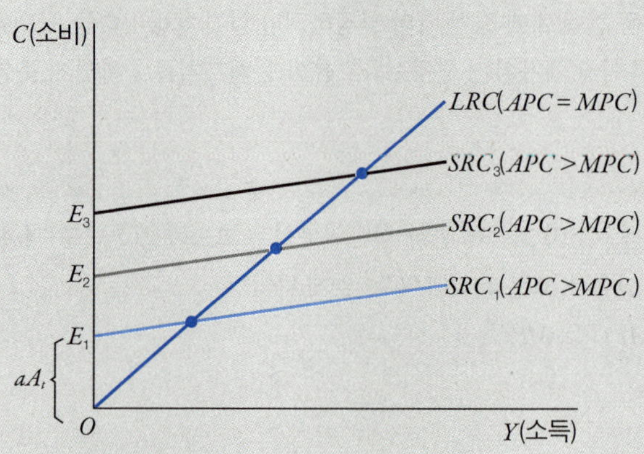

(3) 그림을 통한 설명

① 소비함수의 수직절편은 자산에 의존하고, 자산은 단기에 일정하지만 장기에는 커짐
② 단기소비함수의 기울기는 노동소득에 대한 한계소비성향을 의미하고, 장기적으로 자산은 증가함
③ 장기에 자산이 증가하면서 상방으로 이동
④ 장기에 실증분석 결과 노동소득과 자산소득은 총소득에서 차지하는 비중이 같으므로, 장기소비함수는 시간이 흐름에 따라 상방으로 이동하는 단기소비함수 상의 점들을 추적하여 원점을 지나는 직선으로 얻을 수 있음

(4) 의미

① 생애주기가설은 장기소득개념을 사용하여 항상소득가설과 유사한 시사점을 지님
② 소비가 당기소득에 의존하지 않아 단기적인 재정정책과 세율변화는 소비와 총수요에 별다른 영향을 미치지 못함

4. 듀젠베리의 상대소득가설

(1) 상대소득가설(relative income hypothesis)

소비가 본인과 타인, 또는 현재와 과거 사이에서 성립하는 상대소득의 함수

(2) 소비의 상호의존성

① (소비의 상호의존성) 소비에 영향을 주는 요인으로 본인의 현재소득 이외에 본인의 과거소득과 타인의 소득이 영향을 미침

② (소비의 전시효과) 소비자는 자신이 속해 있는 사회적 계층(peer group)에 의존관계

③ (소비의 비가역성) 소득이 증가함에 따라서 일단 높아진 소비수준은 소득이 감소해도 쉽게 낮아지지 않는다는 것으로, 현재의 소비가 과거의 최고소비수준에 의해서 영향을 받게 됨

(3) 톱니효과

① (소득증가) 장기적으로 사회적 평균소득이 증가하면 소비수준은 A, B, D점으로 결정되어 LRC는 장기소비함수가 됨

② (톱니효과) 그러나 소득이 감소하는 경우에 $B \rightarrow F \rightarrow A$로 조정되어 이동경로가 마치 톱날 같이 되어 소비는 과거의 최고소득에 영향을 받게 되는 비가역성을 보임

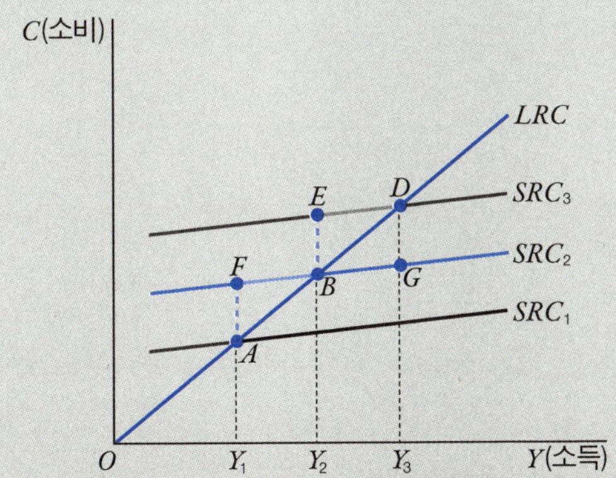

5. 소비이론의 요약

(1) 다양한 소비함수 의의

① 케인즈의 소비이론의 한계를 보완하기 위해 등장한 대체가설들은 소득이 소비를 결정하는 가장 중요한 요인이라는 점과 장기적으로 $APC=MPC$라는 점을 설명 (여러 소비함수들은 상호배타적인 것이 아니라 상호보완적)

② 항상소득가설은 미래소득에 대한 기대형성을 반영하여 동일한 크기의 소득변화가 있더라도 영구적인가 일시적인가에 따라 소비에 다른 영향을 미침

③ 생애주기가설은 저축동기[3]에 포인트를 두고, 소비함수에 자산도 포함시켜야 하는 이유를 제시하고, 이자율이 상승하면 단기에 소비가 감소하고, 저축이 증가해 자산이 빠르게 증가하므로 고전학파의 입장에도 부합

(2) 소비함수의 현실적용

① 선진국은 항상소득가설과 생애주기가설을 통합한 소비함수를 상정

$$C_1=\alpha A_t+mY_t^P$$

② (유동성 제약) 단기에 케인즈의 절대소비함수가 설명력이 높은 경우가 많이 존재하는데, 대표적인 경우가 차입 제약에 빠진 유동성 함정(liquidity constraint)에 직면한 경우

③ 개발도상국은 전시효과와 과소비가 풍미해 상대소득가설이 설득력이 있음

3) 주어진 소득에서 소비하고 남은 부분이 저축이므로, 여러 소비가설은 저축가설이라고 볼 수도 있음

7 투자이론

※ 투자수요는 고정투자와 재고투자로 구분되고, 고정투자는 대체투자와 신투자로 나누어짐. 재고투자는 총판매액의 일정비율을 재고로 유지하려고 하고, 대체투자는 총자본의 일정비율인 감가상각률만큼 이루어진다고 가정

1. 고전학파의 현재가치법

(1) 의의

① 기업이 투자할 때 비용은 당장 들어가지만 수익은 장래에 서서히 실현됨

② 어떤 투자 프로젝트가 당장 C의 투자비용이 투입되지만, 수익은 n년 동안 R_1, R_2, $\cdots$ R_n으로 수익이 기대되는 경우

③ 이자율이 r인 투자의 총수익의 현재가치는 다음과 같이 계산됨

$$PV = \frac{R_1}{(1+r)} + \frac{R_2}{(1+r)^2} + \cdots\cdots + \frac{R_n}{(1+r)^n}$$

④ 투자의 현재가치법은 투자금액과 기대수익의 현재가치를 비교하여 투자의 실시여부를 결정하는 것

(2) 투자의 결정요인

① $PV > C$인 경우에 이 프로젝트를 실시

② 다른 조건이 불변인 경우에 시장이자율 r이 상승하는 경우 투자수익의 현재가치는 하락

③ 이전에 $PV > C$인 프로젝트들의 일부가 $PV < C$가 되어 투자를 철회하게 됨

④ 투자는 이자율의 감소함수 $\left(I = f(r),\ \frac{\Delta I}{\Delta r} < 0\right)$

2. 케인즈의 내부수익률법

(1) 의의

① 투자의 한계효율과 이자율에 의해서 투자가 결정된다는 투자이론
② 투자의 한계효율(Marginal Efficiency of Investment : *MEI*)은 투자로 인해 예상되는 미래의 총기대수익의 현재가치와 투자액을 일치시키는 할인율로 내부수익률이라고도 함

$$C = \frac{R_1}{(1+m)} + \frac{R_2}{(1+m)^2} + \cdots\cdots + \frac{R_n}{(1+m)^n}$$

(2) 투자의 결정기준

① $m>r$이면 $PV>C$가 성립하여 투자하는 것이 타당
② 순현재가치(Net Present Value : NPV)가 $NPV=PV-C$라면, 투자의 한계효율은 $NPV=0$으로 만드는 할인율

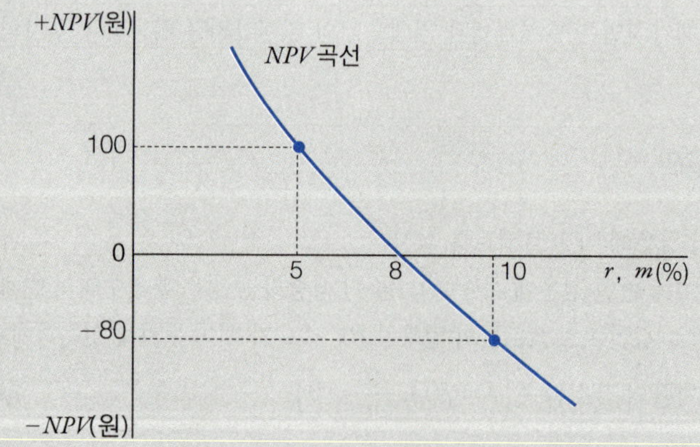

③ 그림에서 투자의 한계효율은 8%이므로, 실제 이자율(r)이 10%라면 $NPV<0$이 되어 손실이 발생하게 되어 투자하지 않게 됨
④ 투자가 이자율의 감소함수 : 이자율이 상승하게 되면 $NPV>0$인 일부 프로젝트들이 $NPV<0$로 바뀌게 되어 투자가 감소하게 됨

제10장 재정정책과 소비투자함수

(3) 적용과 한계

① 하나의 투자대상을 놓고 투자여부를 결정할때는 현재가치법과 내부수익률법이 동일한 결론

② 여러 가지 투자 대상들 중에서 선택하는 경우에는 결과가 다를 수도 있고, 이때는 현재가치법을 적용하는 것이 타당

③ 투자의 한계효율은 n차 방정식의 해로 최고 개의 여러 개의 서로 다른 값을 가질 수 있음

④ 그림에서 투자대상 A, B가 있을 때, 내부수익률에 의하면 $m_1 < m_2$가 되어 한계효율이 큰 B를 선택할 것이나, 이자율이 r_0를 기준으로 큰 경우는 B의 순현재가치가 A의 순현재가치보다 커서 B를 선택하는 것이 유리하나, r_0보다 작은 경우는 A를 선택하는 것이 유리함

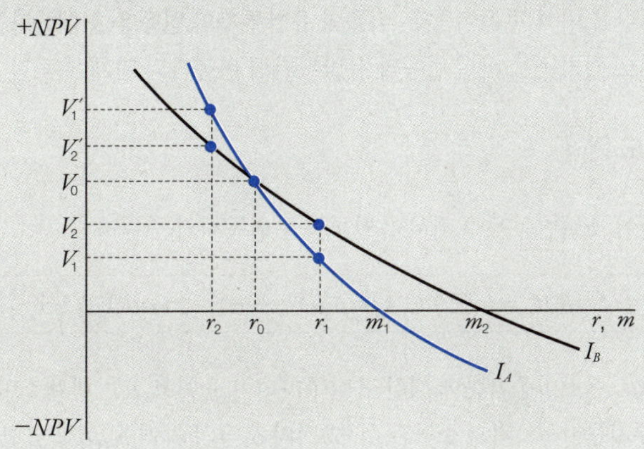

3. 가속도 원리에 의한 투자결정

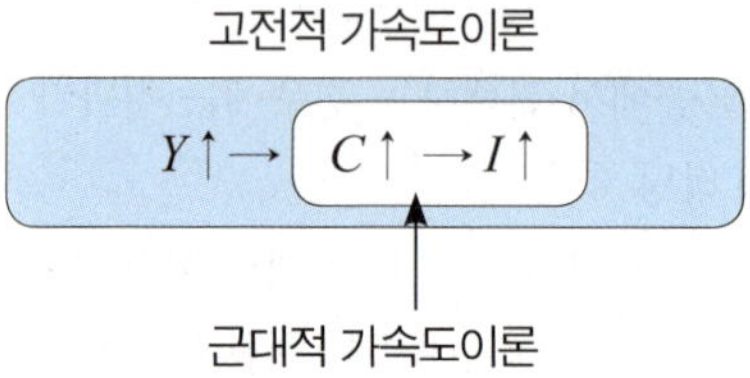

(1) 고전적 가속도 원리

① 유발투자는 소득의 증가가 소비증가 → 생산증가 → 투자수요증가

② 자본재의 불가분성으로 인해 유발투자의 증가율은 소비의 증가율보다 큼[4)]

③ 가속도 원리란 소비의 변동이 높은 비율의 유발투자의 변동을 초래한다는 것

④ 고전적 가속도 원리는 소비의 변동과 유발투자의 변동과의 관계에 초점

(2) 근대적인 가속도 원리

① 소득의 변동이 소비변동을 통해서 유발투자를 변동시키는 원리

$$I_t=\beta\Delta C_t=\beta(C_t+C_{t-1})=\beta(\alpha Y_{t-1}-\alpha Y_{t-2})=\alpha\beta(Y_{t-1}-Y_{t-2})$$

② 가속도계수(β)는 소비증가분에 대한 유발투자의 비율이고, α는 한계소비성향

③ t기의 유발투자는 ($t-1$)기의 소득과 ($t-2$)기의 소득의 차액에 $\alpha\beta$를 곱한 값으로 결정

④ 근대적 가속도계수($\alpha\beta$) $<$ 고전적 가속도계수(α)

⑤ 가속도 원리는 소비나 소득의 변화율보다 투자수요의 변화율이 훨씬 큰 현상을 설명

⑥ (한계) 가속도계수가 변할 수 있다는 점을 간과하고 있고, 생산시설이 완전가동하고 있다는 전제를 깔고 있는데, 생산시설이 일부 가동되고 있지 않은 경기회복단계는 설명하기 어려움

4) 기계 1대가 100개씩 생산할 수 있는 경우에 110개를 생산하기 위해서는 기계를 분할할 수 없어 추가적으로 1대 더 구입해야 하므로 소비증가 10%에 대응해 기계는 100% 증가하게 됨

4. 자본스톡조정모형

(1) 의의

① 기업은 자본의 한계생산물(MP_K)이 임대료(r)와 같아질 때까지 자본을 임대
② 바람직한 자본스톡이 K^*인 경우에 현재의 자본스톡수준에서 조정비용을 감안해 갭을 줄여 나감
③ 신고전학파 투자수요이론으로 가속도 원리를 포괄함

(2) 모형

$$I_t = K_t - K_{t-1} = \lambda(K^* - K_{t-1}),\ (0 < \lambda < 1)$$

① I_t는 t기의 신투자로 K^*와 K_{t-1}의 갭에 일정비율인 λ를 곱해서 신투자가 이루어짐
② $(K^* - K_{t-1})$이 작아지면 t기의 신투자는 작아짐 (신축적 가속도원리)
③ 바람직한 자본스톡(K^*)은 실질임대료가 하락할수록 증가하고, 기업의 목표생산량이 높을수록 증가

5. 토빈의 q이론

(1) 의의

① 토빈은 신투자의 변동이 증권시장의 변동과 밀접한 관련이 있다고 생각
② 주가가 높은 기업은 수익성이 높은 투자기회를 많이 가지고 있다는 것을 의미
③ 다른 투자이론들보다 우월하다고 평가됨

$$q=\frac{\text{기업보유자본의 시장가치}}{\text{기업보유자본의 대체비용}}=\frac{\text{주식시장에 평가되는 기업발행주식가치}+\text{기업부채}}{\text{자본재시장에서 평가되는 기업보유자본의 가치}}$$

(2) 토빈의 q

① (분자) 자본은 노동력을 뺀 기업이 보유한 공장, 사무실, 땅, 기계, 원자재 등 모두 포함하는 것으로 이 자본이 증권시장에서 얼마에 평가받고 있는가 의미
→ 주식을 발행해 재원 조달한 경우라면 기업이 발행한 주식의 시장가치로 평가되고, 회사채도 같이 발행했다면 회사채의 시장가치도 포함될 것
② (분모) 자본이 갑자기 천재지변으로 소멸된 경우 다시 복구하는 데 들어가는 비용이 자본대체비용 (자본재시장에서 기업보유자본이 어떻게 평가되는가 반영)
③ ($q>1$ 의미) 기업이 보유하는 자본의 시장가치가 자본의 대체비용보다 큰 것을 의미
→ 기업은 자본을 더 많이 사들여 기업주식의 시장가치를 증가시킬 수 있음

제 11 장

화폐수요공급과 통화정책

1 화폐의 기능과 측정

1. 화폐의 기능

(1) 일반적인 교환의 매개수단(general medium of exchange) : 본원적 기능

① 물물교환(직접교환)의 경우 쌍방의 욕구가 동시에 일치(double coincidence of wants)가 필요
② 물물교환의 불편은 화폐라는 매개수단을 사용하면 쉽게 해결 가능
③ 화폐를 통한 교환을 화폐적 교환 또는 간접교환이라고 함

(2) 회계의 단위(unit of account)

① 화폐적 교환경제에서 모든 상품들의 가치는 화폐단위로 표시되어 가치를 쉽게 비교 가능
② 통일된 기준은 상품거래의 표준이자, 회계의 단위가 됨

(3) 장래 지불의 표준(standard of deferred payments)

상품을 외상으로 구입하거나, 돈을 빌리는 경우

(4) 가치의 저장수단(means of store of value)

① 가치저장수단은 화폐의 기능만이 아님 (주식, 채권, 부동산 등)
② (전제조건) 화폐의 가치가 안정적이어야 함

2. 화폐의 형태와 발달

(1) 화폐의 진화과정

물품화폐 → 금속화폐 → 지폐 → 예금화폐 → 전자화폐

(2) 물품화폐(상품화폐, commodity money)

① 물물교환의 불편을 제거하기 위해서 화폐로 사용하기로 한 물품
② 담배, 소금, 곡물, 모피, 가축, 금, 은 등
③ (한계) 운반, 저장, 분할, 동질성 등 불편

(3) 금속화폐(metallic money)

① (금, 은) 물품 중 내구성이 강하고, 동질적이며, 분할과 휴대의 편리성을 지님
② 상품으로서의 가치(소재가치)와 화폐로서의 가치(명목가치)가 같음

(4) 법화(legal tender, fiat money)

① 중앙은행제도 : 중앙은행이 지폐발권업무를 독점하면서 주조이익(seigniorage) 독점
② 지폐는 소재가치와 명목가치가 다름
③ 지폐는 법으로 강제 통용력을 부여받아 화폐의 기능을 담당
④ (지폐의 한계) 내구성에 한계, 거액 거래 시 휴대의 편리성, 안전성 면에서 불리하고, 일정 금액 단위로 발행되어 가분성도 문제

(5) 예금화폐(deposit money)

① (지폐의 한계극복) 금융기관에 맡긴 예금을 기초로 발생되는 수표(check)
② 관습화폐(custom money) : 법화가 아니고, 상거래의 편리성을 추구하는 관습에서 비롯됨
③ (수표의 한계) 소지자가 은행을 통해 대금을 회수하는 데 시간이 걸리고, 발행자가 예금 없이 발행할 경우(부도수표) 대금 회수 불가, 통용지역이 제한

(6) 신용카드와 전자화폐

① 신용카드회사라는 공신력 있는 금융기관을 통해 신용카드가 지불수단 노릇
② 전자화폐(electronic money)는 IC카드(integrated circuit card)나 네트워크 장비 등 전자매체에 가치를 저장해 지불수단으로 쓰는 것

3. 통화량의 측정 : 4가지 통화지표

(1) 통화지표

① 어디까지 일반적인 지불수단으로 볼 것인가의 문제
② 통화량(통화) : 시중에 통용되고 있는 화폐를 어느 시점(저량)에서 측정한 총액
③ 통화지표 : 통화량의 크기와 변동을 측정할 수 있는 지표

(2) 협의통화(M_1)

① 화폐의 지불수단으로서의 기능 중시
② M_1=현금통화+결제성예금(요구불예금+수시입출식 저축성예금)
=현금통화+예금통화
③ 현금통화 : 지폐와 동전
④ 요구불예금(demand deposit) : 고객이 요구할 때 즉시 지불해 주어야 하는 예금 (당좌예금, 보통예금)
⑤ 수시입출식예금 : 입금와 출금이 자유로운 금융상품 (저축예금, 시장금리부 수시입출식 예금(Money Market Deposit Account : MMDA)

(3) 광의통화(M_2)

① M_2=M_1+저축성예금+각종 수익성 금융상품
=M_1+준예금통화
② 저축성예금(savings deposit) : 일정기간 지나야 찾을 수 있는 예금 (정기예금, 정기적금, 상호부금)
③ 각종 수익성 금융상품 : 시장형 금융상품(*CD*(양도성예금증서), *RP*(환매조건부채권), 표지어음), 실적배당형 금융상품, 금융채, 발행어음, 신탁형 증권저축
④ 저축성예금과 각종 수익성 금융상품은 지불수단으로 직접 사용되지 않음
→ but, 이자소득만 포기하면 언제든지 꺼내 쓸 수 있어 광의통화로 봄

(4) 금융기관유동성(Liquidity aggregates of Financial institutions : *LF*)

(5) 광의유동성(Liquidity aggregates : L)

금융기관유동성에 국채, 지방채, 회사채와 같은 채권, 그리고 기업어음 같은 유동성 금융상품까지 포괄한 가장 광의의 지표

			광의유동성(L)
		금융기관유동성(Lf)	정부, 기업 발행 채권 등
	광의통화(M_2)	금융기관 기타 예수금 및 수익성 금융상품 등	(좌동)
협의통화(M_1)	준예금통화	(좌동)	(좌동)
예금통화	(좌동)	(좌동)	(좌동)
현금통화	(좌동)	(좌동)	(좌동)

2 금융과 금융제도

1. 금융과 금융시장

(1) 금융

① 금융(finance) : 화폐의 융통 → 돈(자금)을 빌려주거나 빌려 쓰는 것을 금융이라고 함
② 금융거래는 화폐와 증서(증권)가 교환
③ 직접금융(direct finance) : 주식이나 채권을 발행하여 자금을 조달하는 것 (본원적 증권)
④ 간접금융(indirect finance) : 중개기관(금융기관)을 사이에 두고 자금의 수요와 공급이 연결

(2) 금융시장

① 금융시장은 금융이 이루어지는 시장
② 이자율 : 자금거래에 중요한 영향을 미치는 가격변수는 이자율(금리)로 자금의 가격을 의미
③ 단기금융시장(1년 미만) : 콜시장과 할인시장
④ 장기금융시장(1년 이상) : 장기대부시장과 증권시장

(3) 콜시장(call market)

① 만기가 하루~2주 정도까지 최단기금융시장
② 금융기관 상호 간에 일시적인 유휴자금이 거래되는 금융시장
③ 콜론(call loan)은 콜시장에서 거래되는 자금을 공급자측에서 본 것이고, 콜머니(call money)는 수요자측에서 부른 것이고, 콜머니에 대한 금리를 콜레이트(call rate)이라고 함

(4) 할인시장(discount market)

① 어음, 통화안정증권, 양도성예금증서, 환매조건부태권, 재정증권 등이 거래되는 시장

② 어음 : 상품을 외상으로 사거나 돈을 빌린 사람이 일정기간 후에 대금을 지불할 것을 약속하는 증권

- 상업어음(진성어음) : 상품의 매매대금으로 발행한 어음
- 융통어음 : 상품 매매 없이 순전히 자금을 융통하기 위해 발행한 어음 (큰 비중 차지), 기업어음(Commercial Paper : *CP*)이 대표적

③ 통화안정증권 : 통화량을 조절하기 위해 한국은행이 발행하는 단기증권

④ 양도성예금증서(Certificate of Deposit : *CD*) : 정기예금을 무기명으로 발행하여 다른 사람에게 팔 수 있게 한 것

⑤ 환매조건부채권(환매채, Repurchase Agreement : *RP*) : 금융기관이 보유하고 있는 채권을 고객에게 판 후 고객이 원할 때 언제든지 일정한 수익을 얹어 다시 사들이는 채권

(5) 증권시장(자본시장)

장기 자금의 조달수단인 주식·채권이 발행, 유통되는 시장

참고 **신용카드와 직불카드**

◆ 신용카드

① 신용카드는 지불수단으로 폭넓게 쓰이나 화폐는 아님

② 현금 같은 법화가 아니므로, 상점에서 신용카드로 대금 결제하는 것이 거절될 수 있음

③ 통화는 금융기관 부채에 기록되는데, 신용카드 사용액은 금융기관의 자산란에 기록되는 여신(대출)상품임

④ 신용카드를 쓰면, 카드 사용자는 사용액을 갚아야 함 (지불을 연기하는 수단)

⑤ 신용불량자가 될 수 있어, 선진국에서는 발급을 까다롭게 함 (2000년 초반 카드대란)

◆ 직불카드

① 체크카드(check card), 선불카드(prepaid card)

② 직불카드는 상품 구입 즉시 은행예금계좌에서 상점계좌로 사용금액이 자동이체되어 결제가 이루어지는 카드

③ 은행에 잔고가 있어야 함

④ 성격상 화폐 (은행 부채란에 기록되는 수신상품을 기초로 사용되므로)

(6) 외환시장과 파생금융상품시장

① 금융시장은 전통적으로 단기와 장기로 구분 → 최근에는 금융상품의 특성을 고려한 외환시장과 파생금융상품시장 추가

② 파생금융상품은 기초상품이 곡물·금속이 아닌 주식·채권 등 금융상품임

③ 금융상품의 가격변동위험과 신용위험 등 위험관리를 위해 고안된 파생상품이 거래되는 시장

2. 금융제도

(1) 금융제도의 기능

금융거래에서 일어나는 비대칭정보의 문제를 완화하고 거래비용을 줄여 금융거래를 원활하게 하는 제도적 장치

(2) 금융제도의 유형

① 직접금융과 간접금융의 중요성을 기준

- 시장중심금융제도(market-based financial system) : 주식과 채권이 거래되는 자본시장이 금융의 중요한 역할을 담당하는 제도
- 은행중심금융제도(bank-based financial system) : 은행이 금융의 중추적인 역할을 담당하는 제도

② 금융기관의 업무 영역을 제한하는 정도 기준

- 전업주의(specialized banking) : 은행, 증권, 보험 등 여러 금융서비스가 해당 전문 금융기관에 의해서만 제공되는 방식 (미국, 일본, 우리나라)
- 겸업주의(universal banking) : 은행, 증권, 보험 등 여러 금융서비스를 함께 취급할 수 있는 방식 (독일)

(3) 최근 세계금융제도의 변화의 특징

① 금융규제완화(financial deregulation), 금융자유화(financial liberalizaion)

: 1980년대부터 규제에 따른 금융부문의 비효율을 바로잡기 위해 실물부문의 규제완화에 발맞추어 각종 금융규제를 완화하기 시작 (신종금융상품 등장, 금융겸업화)

② 금융의 증권화(securitization)

: 직접금융의 비중이 높아지는 현상 (겸업주의 경향도 증가)

③ 방카슈랑스(bancassurance)

: 2003년 9월부터 은행에서 보험업무를 취급가능

④ 금융국제화

: 1990년대 이후에 국경을 초월한 금융거래가 크게 늘고, 대외자산 비중이 현저히 높아지며 금융시장이 점차 통합되는 모습을 보임

⑤ 금융의 재규제(reregulation)

: 금융의 규제완화와 증권화가 초래한 금융위기의 재발을 막고자, 금융당국은 투명성을 높이는 조치

(4) 경제발전과 금융심화

① 금융심화(financial deepening)

: 경제가 발전하면서 한 나라의 실물자산액에 대한 금융자산액의 비율은 상승하는 것

② 금융연관비율(Financial Interrelation Ratio : *FIR*)

: 실물자산액 측정이 어려워 실물자산액 대신 명목 *GNI* 사용 (우리나라는 2.6(1970년대 초)에서 최근에는 대략 9로 높아졌고, 미국은 10, 일본은 12 정도임)

$$\text{금융연관비율} = \frac{\text{금융자산잔액}}{\text{명목}GNI}$$

3 화폐공급

1. 중앙은행의 본원통화공급을 통한 현금통화공급

※ 화폐공급, 통화공급(money supply), 통화량 : 시중에 유통되는 화폐의 총량
※ 화폐공급 = 본원통화(중앙은행이 독점적 공급) + 신용창조(예금취급기관)

(1) 본원통화의 의의

① 중앙은행의 창구를 통해서 시중에 나온 현금
(조폐공사가 찍어 한국은행 금고에 보관하는 현금은 아직 통화가 아님)
② 현금통화 : 민간의 수중에 남아있는 본원통화
③ 예금은행 지급준비금 = 예금은행 시재금 + 중앙은행 지급준비예치금

본원통화		
현금통화	예금은행 지급준비금	
현금통화	예금은행 시재금	중앙은행 지급준비예치금
화폐발행액		중앙은행 지급준비예치금

(2) 지급준비금

① 민간의 예금을 은행은 대출(유가증권 투자)로 수익을 얻기 때문에 가능한 많이 대출하려고 함
② 법정지급준비율(legal reserve ratio, 필요지급준비율) : 예금인출에 부응하지 못하면 은행의 공신력이 실추되므로, 예금액의 일정비율을 준비금으로 반드시 보유해야 함
→ 현재 필요지급준비율은 요구불예금이 7%, 저축성예금은 2%
→ 필요지급준비금은 예금은행의 금고에 현금으로 보유되기도 하나 대부분 중앙은행에 예치됨
③ 초과지급준비율(excess reserve ratio) : 다소 여유있게
④ 지급준비예치금 : 중앙은행 창구를 통해 나간 본원통화 중의 일부가 다시 중앙은행에 들어온 것
⑤ 화폐발행액 : 현금통화와 예금은행이 금고에 가지고 있는 시재금

(3) 본원통화의 공급경로

① 본원통화는 중앙은행의 대변(부채)

② 중앙은행이 자산을 구입하면 본원통화는 증가

차변(자산)	대변(부채)
국내여신 (Domestic Credit) 대정부여신 대민간여신 대외순자산(Net Foreign Asset) 외화, 외화표시 유가증권	본원통화 통화안정증권 발행규모

2. 기타 예금취급기관의 신용창조와 예금통화공급

(1) 기본가정

① 저축성예금은 없음 (요구불예금만 존재)
② 은행 밖으로 현금누출은 없음
③ 유가증권에 투자 안 함 (은행은 대출로만 자금 운용)
④ 초과지급준비금은 없음 (필요지급준비금만 존재)

(2) 본원적 예금(primary deposit)

① 예금은행조직 밖에서 예금은행조직으로 최초로 흘러들어온 예금
예 장농 속에 내내 놓아두었던 현금 10만 원을 A라는 예금은행에 요구불예금으로 예치하는 경우
② 본원적 예금(S)이 들어왔어도 M_1은 불변
($\because \overline{M_1}$ = 현금통화 ↓ + 예금통화 ↑)

(3) 신용창조

① 필요지급준비율이 20%인 경우 예금 → 대출 → 예금 → 대출...이 계속 반복되는 경우
② 예금창조액$=10+8+6.4+\cdots\cdots$

$$=10+(10\times0.8)+(10\times0.8^2)+\cdots\cdots$$
$$=10\times(1+0.8+0.8^2+\cdots\cdots)$$
$$=10\times\frac{1}{1-0.8}$$
$$=10\times\frac{1}{0.2}$$
$$=50$$

③ 총예금창조액$(D^G)=S\times\frac{1}{z}$

④ 파생적 예금(derivative deposit) : 본원적 예금(S)으로 인해 추가로 창출된 요구불예금

$$D^N = D^G - S = \frac{S}{z} - S = \frac{1-z}{z}S$$

A은행

자산		부채	
지급준비금	+ 20,000	요구불예금	+100,000
대　　출	+ 80,000		
합　　계	+100,000	합　　계	+100,000

B은행

자산		부채	
지급준비금	+16,000	요구불예금	+80,000
대　　출	+64,000		
합　　계	+80,000	합　　계	+80,000

C은행

자산		부채	
지급준비금	+12,800	요구불예금	+64,000
대　　출	+51,200		
합　　계	+61,000	합　　계	+64,000

은행	요구불예금(1)	대출(2)	필요지급준비금(3)
A	100,000	80,000	20,000
B	80,000	64,000	16,000
C	64,000	51,200	12,800
D	51,200	40,900	10,200
E	⋮	⋮	⋮
F	⋮	⋮	⋮
⋮	⋮	⋮	⋮
합계	500,000 (총예금창조액)	400,000 (순예금창조액)	100,000 (본원적 예금)

(4) 신용승수

① 신용승수(credit multiplier) : 본원적 예금이 요구불예금을 몇 배 이상 창출하는 경우, 그 몇 배를 말함 → 현금누출이 없고, 초과지급준비금이 없는 경우 신용승수는 $\frac{1}{z}$ (필요준비율의 역수)

② 순신용승수(net credit multiplier) : $\frac{1-z}{z}$

③ $\frac{1}{z} > \frac{1-z}{z}$

3. 화폐공급함수

(1) 화폐공급함수(통화공급함수, money supply function)

① 본원통화와 협의통화와의 관계 ($M=mH$)
② 현금통화와 예금통화에 직·간접적으로 영향을 미치는 것이 바로 (본원통화)
③ 고성능화폐(high-powered money) : 본원통화는 통화량을 배 이상 증가시키는 승수효과 유발
④ $M^S=mH$

(2) 화폐승수(통화승수, money multiplier)

$$m = \frac{M}{H}$$

① 현금누출과 초과지급준비금이 없다는 가정을 완화
② 통화(M) = 현금통화(C)+예금통화(D)
③ 본원통화(H) = 현금통화(C)+지급준비금(R)
④ $c(=\frac{C}{D})$은 현금통화와 예금통화의 비율, $z(=\frac{R}{D})$은 지급준비율($z=z_l+z_e$)
⑤ c는 사람들이 얼마나 현금통화를 보유하고 있는가로 관습에 주로 의존 (경제가 발달하면서 낮아지는 경향을 보임)

$$m = \frac{M}{H} = \frac{C+D}{C+R} = \frac{C/D+1}{C/D+R/D} = \frac{c+1}{c+z}$$

⑥ 통화승수는 c, z이 커질수록 작아짐

(3) 통화량의 결정

① 중앙은행 : 본원통화의 공급(H), 필요지급준비율(z_l)
② 예금은행 : 초과지급준비율(z_e)
③ 일반대중 : 현금예금비율(c)
※ c, z_e가 불변이면 중앙은행이 H, z_l를 조정해 통화량을 조절할 수 있음

4 화폐수요

※ 화폐수요(money demand) : 사람들이 어떤 한 시점에서 수중에 보유하고자 하는 화폐의 총량을 화폐에 대한 수요(demand for money)라고 함

① 화폐는 저량 : 화폐수요량

② 화폐는 수익성이 없는 금융자산

→ 무수익성 금융자산인 화폐 보유 이유는?

1. 고전학파의 화폐수요이론 : 화폐수량설

(1) (총거래액) 교환방정식(equation of exchange)

$$MV^T = PT$$

① 일정기간 동안 생산물 총거래액은 그 기간 중 화폐지불액과 같음

② 통화량×화폐의 거래유통속도=물가×생산물 총거래량

③ 화폐의 거래유통속도(transaction velocity of money) : (화폐의 매개수단 강조)
일정기간 동안 일어난 모든 생산물 거래에서 화폐의 각 단위가 평균적으로 몇 번씩 사용되었는가 하는 횟수

④ V^T는 사후적으로 생산물 총거래액을 통화량으로 나눈 $\frac{PT}{M}$으로 측정되어 항상 성립하는 항등식이 됨

(2) (최종생산물) 교환방정식

$$MV = PY$$

① 총거래량 대신에 중간생산물을 제외한 최종생산물만 고려

② PY : 명목 GDP로 PT(총거래액)보다 작음

③ (소득유통속도) : 일정기간의 최종생산물 거래에 사용된 화폐 각 단위의 평균회전수

④ PY는 화폐의 수요에 해당하고, MV는 화폐의 유통량이므로 화폐의 공급 의미

(3) 화폐수량설(quantity theory of money)

① 교환방정식에서 V가 일정하여 M이 변할 경우에 이에 비례해서 명목국민소득이 변한다는 것
② 고전학파는 $\overline{V}$, $\overline{Y}$ 이므로, 통화량이 물가수준을 결정하게 됨
③ (원래) 물가와 명목국민소득 관계만 설명할 뿐 화폐수요에 대한 명시적인 언급 아님
but, $M = \frac{1}{V}PY$로 정리하면, 화폐수요가 명목국민소득의 일정비율로 결정된다는 것을 시사함
④ (화폐기능 중 교환의 매개수단으로서 기능) 총거래량, 명목국민소득이 늘어남에 따라서 경제주체들이 일반적인 교환의 매개수단인 화폐를 더 많이 찾게 되어 화폐수요가 비례적으로 증가

(4) 현금잔고방정식(real cash balance equation)

$$M^D = kPY, \quad \frac{M^D}{P} = kY$$

① 마샬(A.Marshall)이 명시적으로 화폐수요함수를 제시
② 명목국민소득의 일정비율을 현금으로 보유
(현금잔고방정식) 실질통화수요($\frac{M^D}{P}$)는 실질소득(Y)의 일정비율(k)로 결정
③ 소득의 수입시점과 지출시점이 일치하지 않고, 채권의 매매에는 비용이 따르므로, 사람들은 금융자산을 모두 채권으로 보유하지 않고 일부를 현금으로 보유
④ $\frac{M^D}{P}$: 실질통화잔고(real money balance), 실질화폐수요로, 실제로 구입할 수 있는 재화와 서비스의 양으로 나타낸 통화량

(5) 고전학파 화폐수요

① 교환방정식과 현금잔고방정식의 공통점

: V가 일정하여 화폐수요가 국민소득의 크기에 의해서 결정된다고 봄

→ 반면 케인즈의 유동성 선호설은 V가 이자율에 민감하게 변한다고 보아 화폐수요는 소득과 이자율의 함수라고 인식

② 교환방정식과 현금잔고방정식 비교

교환방정식	현금잔고방정식
화폐교환의 매개수단	화폐의 가치저장 수단 화폐를 다른 재화(공채, 유가증권)와의 선택행위에서 수요된다고 봄
유량 개념	저량 개념
단기에는 V가 고정	V가 이자율, 미래의 기대물가, 기대이자율이 단기에 쉽게 변할 수 있고, 화폐보유율인 k에 영향을 미쳐 화폐수요에 영향을 줄 수 있다고 해석

참고 마샬의 k와 화폐의 유통속도

(1) $k = \frac{M^D}{PY}$

① k는 명목국민소득 1원을 거래시키는 데 필요한 통화량 또는 명목국민소득 가운데 통화의 잔고로 보유하고자 하는 비율

② k는 사회의 거래관습에 의해서 결정되어 특별한 경우 아니면 일정

③ k가 일정하다는 의미는 V가 일정한 것과 동일 (k는 V의 역수)

(2) k=6이란 의미

① 협의통화 각 단위가 1년에 평균 6번 사용되어 6번 다른 사람들의 손을 거쳤다는 것을 의미

② $k = \frac{1}{V} = \frac{1}{6}$은 협의통화 각 단위가 한 사람의 수중에 평균 1/6년 (2개월) 동안 머물러 있었다는 의미

(3) 화폐의 유통속도에 대한 견해

① 고전학파

- 유통속도가 그 경제의 지불습관과 경제구조에 관습적으로 결정
- 화폐유통속도 일정 가정하고, Y는 완전고용수준에서 일정해 통화량과 물가 사이에 안정적 상관관계

② 케인즈

- 화폐의 유통속도가 매우 불안정적이라고 주장
- 케인즈는 이자율은 화폐보유의 기회비용으로 이자율이 화폐유통속도에 영향을 미친다고 주장
- 이자율 상승 → 화폐보유 기회비용 증가 → 유통속도 증가

2. 케인즈의 화폐수요이론 : 유동성 선호설

(1) 유동성(liquidity)

① 자산이 가치의 손실 없이 얼마나 빨리 교환의 매개수단으로 교환될 수 있는가 하는 정도
② 일반적으로 금융자산은 유동성이 크고, 부동산은 유동성이 작음
③ 모든 종류의 자산 중에서 화폐가 유동성이 가장 큼 (화폐 그 자체가 교환의 매개수단)
④ 케인즈는 화폐수요 = 유동성 선호(liquidity preference)라고 함
⑤ 유동성 선호의 동기 = 거래적 동기 + 예비적 동기 + 투기적 동기

(2) 거래적 화폐수요(transactions motive)

① 가계와 기업은 일상의 거래인 소득동기와 영업동기를 위해 화폐 보유
② 수입과 지출 사이에 존재하는 시차를 메우기 위함
③ 소득의 증가함수

(3) 예비적 화폐수요(precautionary motive)

① 장래에 돌발적으로 일어날지 모르는 지출을 위함
② 소득의 증가함수

(4) 투기적 화폐수요(speculative motive)

① 기회를 보아 채권을 살 목적으로 화폐를 보유하는 것을 말함
② 거래적 동기와 예비적 동기에 의한 활성잔고[1] 이상으로 화폐를 보유하는 초과보유분은 채권을 사기 위함
③ 화폐는 유동성이 크지만 수익성은 없고, 채권은 유동성은 작으나 수익성이 높음
④ 자본이득(capital gain)을 위해 채권을 산다는 것은 유휴잔고(투기적 화폐수요) 감소 의미
⑤ 이자율의 감소함수

1) 활성잔고(active balance)는 일상생활에 필요하기 때문에 보유하는 화폐로, 거래적 용도와 예비적 용도에 필요한 화폐를 말하고, 유휴잔고(idle balance)는 활성잔고 이외에 더 보유하는 화폐를 말함

(5) 투기적 동기 화폐수요와 이자율

① 이자율이 최고수준(r_2)이면 채권가격이 아주 낮으므로 유휴잔고를 모두 동원하여 채권 매입
→ 투기적 화폐수요는 0
② 이자율이 최저수준(r_1)으로 떨어지면, 채권가격이 최고로 높아져, 모든 채권을 매각
→ 투기적 화폐수요는 최대
③ 유동성 함정(liquidity trap) : 투기적 화폐수요가 이자율에 대해서 무한탄력적
→ 최저이자율수준에서는 투기적 화폐수요곡선이 수평이 되고, 유휴자금의 증가분이 모두 투기적 화폐수요로 흡수된다는 것을 의미

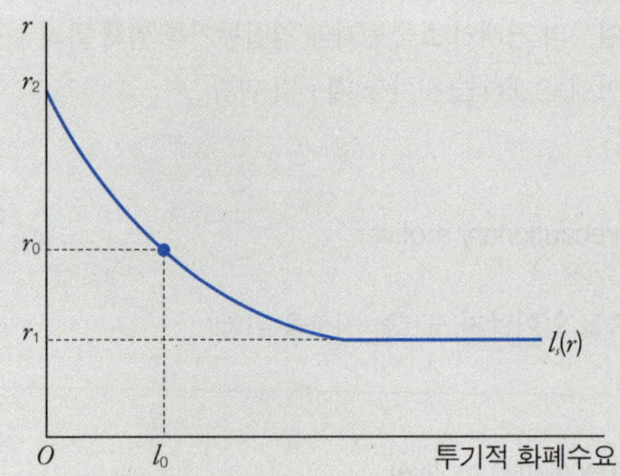

(6) 화폐수요함수

$$\frac{M^D}{P} = L(Y, r) = l_t(Y) + l_s(r)$$

① 유동성 선호설에 입각한 화폐수요는 거래적·예비적 화폐수요는 소득의 증가함수이고, 투기적 화폐수요는 이자율의 감소함수
② 실질소득이 증가하거나, 이자율이 하락하면 실질화폐잔고수요는 증가
③ 케인즈는 당시 물가가 일정하다고 보아 화폐수요와 소득이 실질개념인지 명목개념인지 확실히 하지 않음
→ 명목화폐잔고가 2배로 오른 경우, 물가도 2배 올랐다면 실질화폐잔고수요인 $L(Y, r)$은 불변

3. 프리드먼의 화폐수요이론 : 신화폐수량설

(1) 신화폐수량설(restatement of quantity theory of money)

$$\frac{M^D}{P} = kY = k(r_b, r_e, \pi)Y$$

① (관심출발점) 화폐를 보유하려는 수요동기보다 화폐의 크기를 결정하는 요인이 무엇인가에 의문

② 고전적 화폐수량설에서 유동속도가 일정하다는 가정을 완화

③ 화폐를 일종의 상품이나 자산으로 인식

→ 상품액이 아닌 상품량에서 효용을 얻는 것처럼 화폐수요 시 명목화폐가 아닌 실질화폐에 초점

④ 효용극대화 원리 적용

→ 화폐를 상품으로 인식해 효용극대화 원리를 적용하여 소득, 가격, 선호 등이 분석에 도입

⑤ 마샬의 k가 채권과 주식의 예상수익률, 예상물가상승률[2] 등에 의해 영향을 받는다고 봄

⑥ (가치저장수단 강조) 모든 형태의 자산예상수익률을 고려해 화폐를 자산선택의 일부로 보유

$r_b \uparrow, r_e \uparrow, \pi \downarrow$ 대체자산 더 매력적 → 화폐수요 감소

(2) 신화폐수량설과 케인즈 화폐수요이론

① (공통점) 화폐수요가 이자율의 감소함수

② (차이점) 수익률(이자율)이 $l_s(r)$에 미치는 영향이 미미해 실질화폐수요는 거의 실질소득이 결정

→ 여기서의 실질소득도 당기의 실질소득이 아닌, 장기적인 기대소득(항상소득)이라고 봄

2) 화폐에는 이자가 없어 화폐의 명목수익률은 0인데, "(예상)실질수익률 = 명목수익률 − 인플레이션율"을 고려하면, 화폐의 실질수익률은 $-\pi$가 된다. 따라서 인플레이션이 일어나면 실물자산의 수요가 증가하고, 금융자산(화폐)의 수요는 감소

5 이자율 결정에 관한 이론

※ (고전학파) 이자율이 생산물시장에서 결정
(케인즈) 이자율은 화폐시장에서 결정

1. 케인즈의 이자율 이론

(1) 이자율은 화폐의 수요와 공급에서 결정

① (이자율은 화폐적 현상) 케인즈는 이자율이 화폐시장에서 화폐의 수요와 공급에 의해 결정되는 화폐적 현상이라고 봄

② 화폐수요 : $M^d = P \times L(Y, r)$

③ 화폐공급 : $M^s = mH = \frac{c+1}{c+z}H$

→ 현금예금비율, 지급준비율, 본원통화가 주어지면 화폐공급도 주어짐

$$\frac{M^D}{P} = L(Y, r)$$

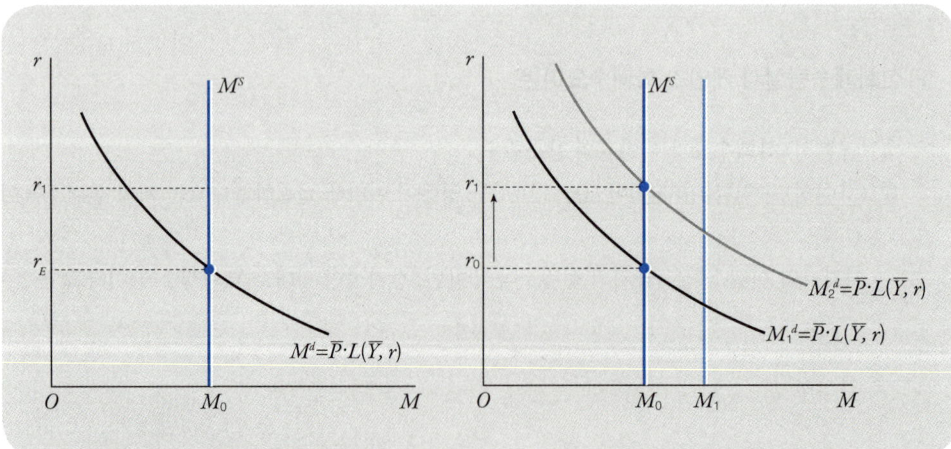

④ r_1인 경우에 $\frac{M^S}{P} > L(Y, r)$가 되어 이자율이 떨어져 투기적 화폐수요가 증가하면서 화폐시장의 초과공급은 감소

(2) 화폐시장의 충격과 이자율 조정과정

① 물가 상승, 실질국민소득 증가 → 화폐수요곡선 우측이동 → 이자율 상승
② 화폐공급 증가 → 화폐공급곡선 우측이동 → 이자율 하락

(3) 케인즈의 이자율과 금융시장

① 케인즈는 화폐 대체수단으로 금융자산 중 채권만 상정
② 화폐시장의 초과수요는 채권시장의 초과공급 의미
③ 케인즈의 이자율은 화폐시장과 채권시장을 동시에 포괄한 금융시장에서 결정되는 현상으로 봄

2. 고전학파의 이자율 이론

(1) 대부자금설(theory of loanable fund)

① 자금을 빌려주고 빌리는 대부자금시장의 수요와 공급에서 이자율이 결정
② 총자금수요는 대부자금 총수요로, 총자금공급을 대부자금 총공급으로 해석
③ 총자금수요(총투자수요) = 총자금공급(총저축)

(2) 의도된 주입 = 누출과 유사

$$I^D(r)=S_N=S_p(Y,r)+(T-G)$$

① 고전학파 모형에서는 물가변동을 제거한 실질투자수요와 실질저축이 이자율을 결정
② 근검절약하는 저축의욕이 고취되는 경우, S 우측이동 → r 하락

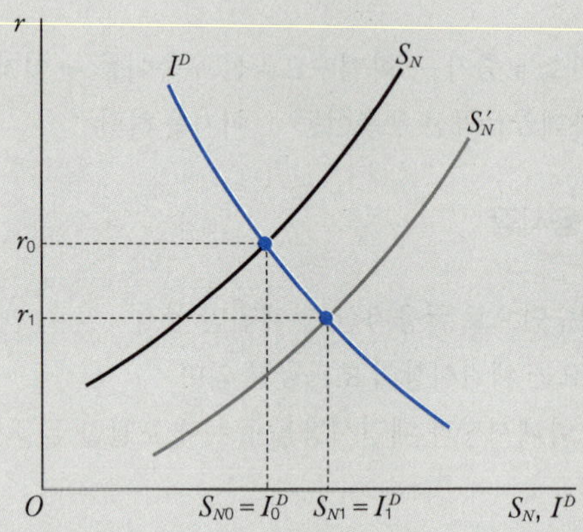

3. 일반균형모형에 의한 이자율 이론

(1) 이자율 결정의 부분균형모형

① 케인즈는 화폐시장만 고려하고, 고전학파는 생산물시장(대부자금시장)만 고려

② 어느 한 시장만을 떼어 분석한 것으로, 실질국민소득과 물가가 주어져 있다고 가정

(2) 이자율 결정의 일반균형모형

① 생산물시장, 화폐시장 더 나아가 생산요소시장까지 상호작용하여, 실질국민소득, 물가, 이자율이 한꺼번에 결정

② 총수요−총공급 모형 : 주요 거시경제변수들이 서로 영향을 주고 받는 것을 명시적으로 고려

보론 1 통화량 증가와 이자율 효과

1. 통화량 증가가 이자율에 미치는 효과

(1) 유동성효과

① 통화량의 증가는 화폐의 초과공급 현상 → 이자율하락

(2) 소득효과

① 통화량 증가는 경제를 확장시켜 소득과 재산을 증가시킴

② 통화량 증가 → 소득 증가 → 더 높아진 소득수준에 반응해 → 이자율 상승

(3) 물가효과

① 통화량 증가는 물가 수준을 상승시킴

② 통화량 증가 → 물가 상승 → 더 높아진 물가수준에 반응 → 화폐수요증가 → 이자율 상승

(4) 기대인플레이션 효과

① 통화량 증가는 미래에 물가가 더 오를 것으로 예상해 기대인플레이션 상승

② 통화량 증가 → 기대인플레이션 상승 → 더 높아진 기대인플레이션에 반응해 → 이자율 상승

2. 통화량 증가의 실증연구 결과

① 전통적 통화량과 이자율 관계 : 통화량이 증가하면 이자율이 하락

② 깁슨의 역설 : 19세기 깁슨의 실증연구는 의해 통화량과 이자율이 양(+)의 관계 제시 (Gibson's paradox) ⇨ 유동성효과 + 소득효과 < 피셔효과

[case A]	[case B]	[case C]
유동성 효과>다른 효과	유동성 효과<다른 효과+기대인플레이션이 느리게 조정되는 경우	유동성 효과<다른 효과+기대인플레이션이 빠르게 조정되는 경우

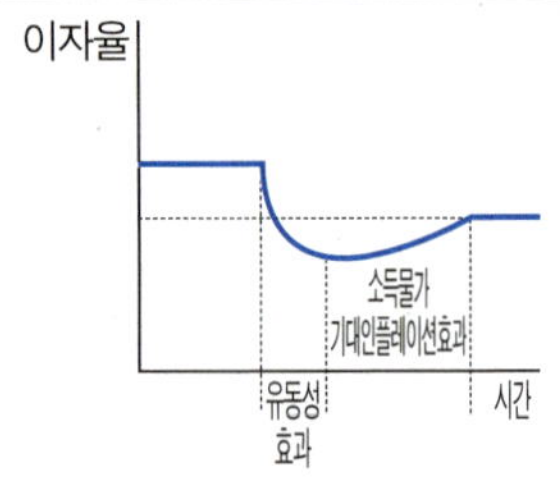

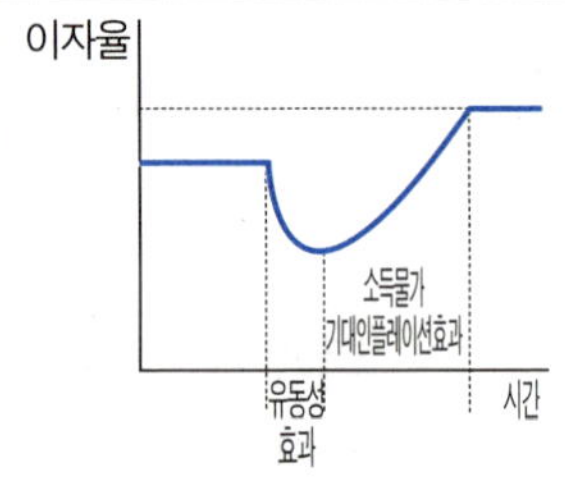

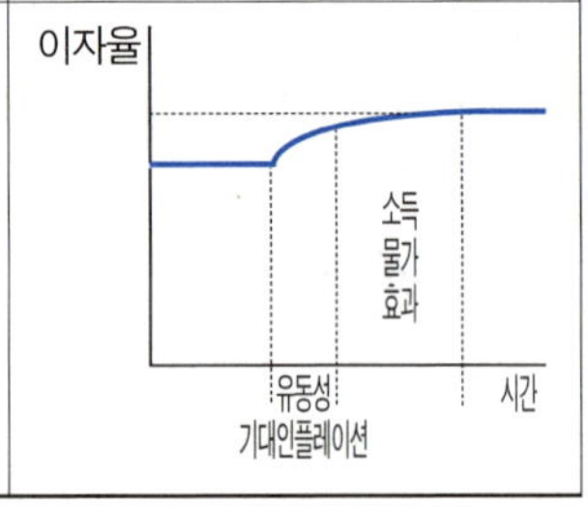

3. 먼델토빈효과와 피셔효과

(1) 먼델-토빈효과

① 기대 인플레이션의 상승으로 인한 총수요증대효과는 *IS*를 우측이동시킴

② but, 완전히 기대인플레이션이 반영되지 못해 명목이자율이 낮은 상황

(2) 피셔효과와 피셔방정식 : $i=r+\pi^e$

① 기대 인플레이션과 명목이자율의 1:1 관계로 통화증가로 인한 향후 물가상승률이 명목이자율에 그대로 반영되는 결과 초래

② 합리적 기대하의 피셔효과 장기적으로 먼델-토빈 효과가 사라져 물가는 추가적으로 상승해 E'''에서 균형을 달성하고, 통화증가로 인한 기대인플레이션은 피셔효과로 명목이자율에 완전히 반영

③ 결국 피셔 이자율이론은 케인즈의 유동성 이론과 대조되어 통화 공급량의 증가로 인해 물가가 상승하면 장기적으로 명목이자율이 상승하지만, 실질이자율에는 영향을 미치지 못한다는 것

④ 단기에는 유동성 효과가 커서 명목이자율이 하락하지만, 장기에는 소득효과와 피셔효과에 의해 명목이자율이 상승

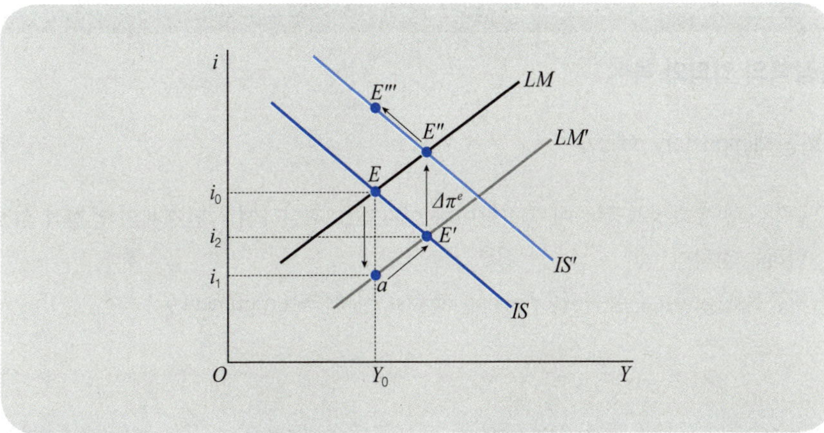

i
LM
E'''
E''
LM'
E
i_0
$\Delta\pi^e$
i_2
E'
i_1
a
IS'
IS
O
Y_0
Y

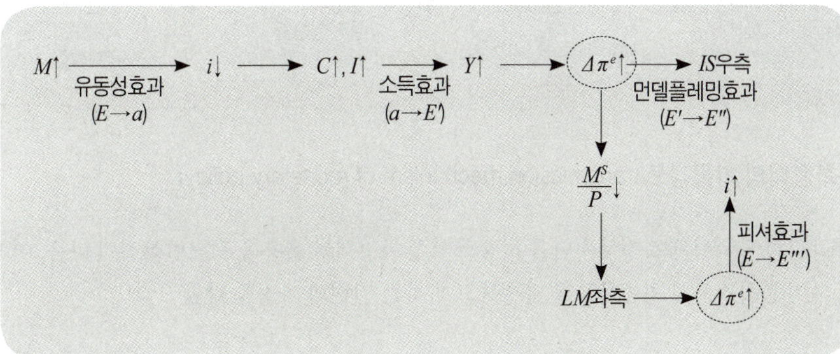

M↑
유동성효과
(E→a)
i↓
C↑, I↑
소득효과
(a→E')
Y↑
$\Delta\pi^e$↑
IS우측
먼델플레밍효과
(E'→E'')
$\frac{M^S}{P}$↓
i↑
피셔효과
(E→E''')
LM좌측
$\Delta\pi^e$↑

6 통화정책의 의의와 정책수단

1. 통화정책의 의의와 목적

(1) 통화정책(monetary policy)

① 중앙은행(통화정책당국)이 통화량이나 이자율을 조절하여 국민경제의 안정적 성장을 실현하는 정책

② 최종목표(goals), 운용목표(operating targets), 정책수단(instruments)

통화정책수단	➡	통화정책의 운용목표	➡	명목기준지표	➡	통화정책의 최종목표
• 공개시장조작 • 재할인율정책 • 지급준비율정책		• 단기금리 • 지급준비금		• 통화량 • 환율 • 물가상승률		• 물가안정 • 완전고용 • 국제수지균형 • 경제성장

(2) 통화정책의 파급경로(transmission mechanism of monetary policy)

통화정책 당국이 통화정책수단을 사용하여 통화정책의 운용목표를 변화시킨 다음, 이 변화를 통하여 통화정책의 최종목표를 달성하고자 하는 일련의 과정을 말함

2. 화폐금융정책의 파급경로

(1) 금리경로

1 개요

① 화폐공급 → 단기금리 인하 → 장기금리 인하, 은행금리 인하 → 기업투자↑, 가계소비↑ → 총생산 증대

② [1단계] 화폐금융정책이 단기금리, 장기금리, 은행금리를 순차적으로 낮추는 과정

③ [2단계] 전반적인 금리변화가 소비, 투자 등 실물부문으로 파급

2 금리경로 장애물

① 신용할당(credit rationing) : 은행대출이 균형금리에서 결정되는 적정수준의 대출보다 과소 공급

② 은행대출은 정보의 비대칭성에 직면[3)]

3 신용할당

① 대부자금의 가격인 이자율은 자금의 수요곡선과 자금의 공급곡선이 일치하는 수준에서 결정

② r_1의 이자율에서 차입자는 건전한 투자안을 지닌 사람과 이자비용을 감당하기 어려운 위험한 투자안을 지닌 사람도 다수 포함

③ 정보비대칭성에 직면한 은행은 r_1으로 이자율을 낮추는 대신에 기존 신용거래내역이나 담보물의 가치 등을 고려해 L_2만큼 대출하기로 결정 (초과수요 발생)

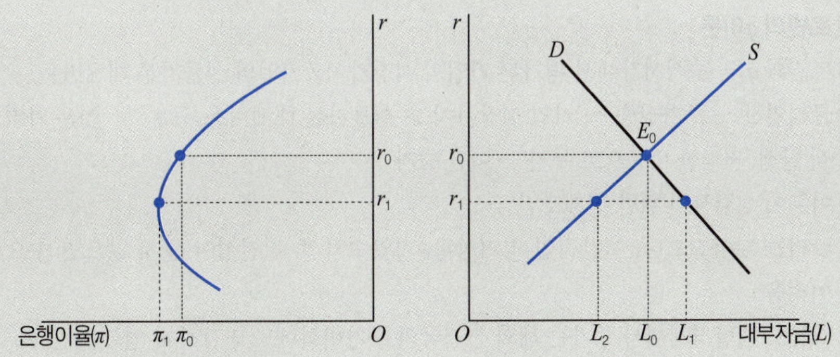

④ L_2만큼 대출하는 것이 은행의 이윤극대화에 부합

⑤ 신용할당은 대부자금시장에서 금리경직성을 설명

3) 은행은 차입자의 신용도를 정확하게 알 수 없고, 그것을 알아내는 데 비용이 수반

(2) 자산가격경로

1 개요

① 화폐금융정책 → 자산(주식, 부동산) 가격에 영향 → 실물경제 영향

② 소비와 투자가 주가와 부동산 가격의 영향을 받게 됨

③ 통화주의 : 화폐공급 증가 → 경제주체들은 적정수준 이상의 유동성 보유→ 과잉 유동성 처분과정에서 주식 구입→ 주식수요 증가로 주가 상승

④ 케인지안 : 화폐공급 증가 → 금리 하락 → 채권가격 상승 → 주식수요 증가→ 주가 상승

2 부의 효과

① 일반인들이 보유한 주식의 가격이 상승 → 부의 상승 → 소비 증가

② 개인들은 부동산 가격 상승으로 부유해졌다고 생각 → 소비지출 증가, 대출 용이 (∵담보가치 증가)

3 토빈의 q이론

① 토빈의 q = 주식시장에서 평가된 기업의 시장가치 / 기업의 실물자본 대체비용

② 금리인하 → 주가상승 → 기업 시장가치 > 실물자본 대체비용 → q↑ → 높은 가격으로 주식 발생, 저렴한 비용으로 투자 → 이윤 증가

③ 이론이 성립하기 위한 전제조건

- 금리는 낮아졌으나, 전반적인 경기상황, 기업수익성, 건전성이 좋지 않으면 수요 회복이 어려움
- 소규모 개방경제에서 주가는 해외 선진국의 주가변화에도 민감하게 영향을 받음
- 주가는 단기적 등락이 심하지만, 투자는 투자결정에서 실행에 이르기까지 상당한 시간이 필요

(3) 환율경로

1 개요

① 자유변동환율제도에서 국내금리의 변화 → 환율 변화 → 실물 경제(수출, 수입) 영향
② 국내금리 하락 → 달러수요 증가 → 원화가치 하락

2 환율인상의 파급경로

① 환율 인상 → 수입품 가격 상승 → 수출 증가 → 경상수지 개선
② 환율 인상 → 수입품 가격 상승 → 국내물가 상승
③ 환율 인상 → 해외부채 많은 기업 상환부담 증가 → 수익성 악화

(4) 신용경로

1 개요

① 화폐금융정책이 은행대출에 영향을 미침 (금융시장 가격변수 영향 ×)
② 최근 금융자유화로 인해 은행 자금조달방식의 다양화로 중요성이 줄어드는 추세
③ 그러나 중소기업, 가계대출이 증가하고 있어 여전히 영향력이 큼

2 화폐공급 축소 효과

① 화폐공급 축소 → 은행예금 감소 → 대출 감소, 채권보유 감소[4] → 차입 기업의 대출 상환 의무 → 신용이 취약한 중소기업, 개인들은 자금부족으로 허덕 → 전반적 경제 위축
② 기업의 대차대조표 경로와 유사하게, 가계의 주택 구입 및 내구재 소비지출에도 영향

3 금융가속기 이론

① 화폐금융정책 → 가계와 기업의 대차대조표(자산상태, 부채상태)를 변동 → 소비, 투자에 영향
② 부채비율이 높은 기업 → 긴축 금융정책 → 금리 상승 → (금융비용 증가) 현금흐름 악화 → 투자위축, 기업도산 가능 증가
③ 인플레이션이 우려되어 확장적 금융정책을 추구하려고 해도 기업의 부채비율이 높으면 실행하기 어려움

4) 은행은 신용위험이 낮고 유동성이 높은 국공채를 보유하는 것을 선호해 대출을 줄이는 것 선호

화폐금융정책의 파급경로

<table>
<tr><th></th><th colspan="2">파급경로</th><th>금융외환시장</th><th colspan="2">실물경제</th></tr>
<tr><td rowspan="5">화폐금융
정책
(콜금리,
통화량)</td><td colspan="2">금리경로</td><td>단기금리→장기금리, 은행여수신금리</td><td>소비, 투자</td><td rowspan="5">총수요
생산
물가
경상수지</td></tr>
<tr><td rowspan="2">자산
가격
경로</td><td>q이론</td><td>주가→토빈q</td><td>투자</td></tr>
<tr><td>부효과</td><td>주가, 부동산 가격→개인의 부</td><td>소비</td></tr>
<tr><td colspan="2">환율경로</td><td>금리→환율</td><td>수출, 수입</td></tr>
<tr><td colspan="2">신용경로</td><td>은행예금, 대출, 대차대조표→리스크 프리미엄</td><td>소비, 투자</td></tr>
</table>

3. 통화정책의 수단

(1) 일반적 정책수단(general control) vs. 선별적 정책수단(selective control)

- 일반적 정책수단 : 공개시장조작, 지급준비율, 재할인율 정책
- 선별적 정책수단 : 대출한도제, 금리규제정책

(2) 공개시장조작정책(open market operation)

① 중앙은행이 채권시장에서 기관투자가나 민간을 대상으로 정부채를 매입하거나 매각하여 본원통화와 통화량을 조절하고 이자율에 영향을 미치는 정책수단

공개시장에서 정부채 매입 → 통화량 증가, 이자율 하락

② 선진국에서 많이 사용 (금융시장의 고도화, 금융자산 다양화, 금리 자유화)

③ (우리나라) 정부채가 아닌 중앙은행이 발행한 통화안정증권, 환매조건부 정부채가 많이 활용

④ 통안증권(통화안정증권) : 자금조달을 목적으로 발행하는 다른 증권과 달리 시중 통화량을 조절하기 위해서 한국은행이 발생하는 단기증권 (이자부담이 막대해 이자지급 자체가 통화증발요인으로 작용해 최근에는 *RP*를 많이 씀)

⑤ 환매조건부채권(Repurchase Agreements : *RP*) 한국은행이 정해진 기간 내에 정부채를 다시 매각한다는 약속을 하고 금융기관으로부터 정부채를 매입하는 거래

→ 정부채 매입은 시중에 통화량 증대

(3) 지급준비율정책

필요지급준비율 인하 → 예금은행의 초과지급준비금 증가 → 통화승수 증가 → 통화량 증가

(4) 재할인율 정책

① 재할인(rediscount) : 예금은행이 자금을 대출하면서 고객으로부터 받은 상업어음을 중앙은행에 제시하여 자금을 차입하는 것 (재할인률)

② 재할인율정책(rediscount rate policy) : 중앙은행이 금융기관에 자금을 빌려줄 때 금리를 높이거나 낮춰 차입 자금규모를 조절하는 것

예 예금은행이 고객에게 받은 10억 상당의 약속어음을 중앙은행에 제시하고 할인받아 자금을 차입할 경우, 재할인율이 10%라면 차입금액은 9억 원
but, 20%로 상승하면, 차입가능한 금액이 8억 원

재할인율 인하 → 통화량 증가

③ 총액한도대출제도 : 1994년에 재할인제도를 폐지하고, 은행별 대출한도를 정해 그 한도 내에서 자유롭게 빌려쓰는 방식(→ 재할인율정책은 한국은행대출정책, 재할인율은 금융중개지원대출금이라고 할 수 있음)

(5) 대출한도제(ceiling system)

① 국내여신한도제가 대표적

② 국내여신에 대해서 최고한도를 책정하여 국내여신이 그 이상을 초과하지 못하도록 규제하는 제도

③ 국내여신(Domestic Credit : *DC*) 정부와 민간에 대한 예금취급기관의 여신총액

(6) 금리규제

① 통화당국이 금융시장의 각종 이자율을 규제해 신용규모와 배분, 통화량 조절

② 경제발전 초기단계에서 전략산업에 싼 이자율로 자금 집중 배분

7 통화정책의 운영방식

※ 통화정책 운영방식 : 중간목표관리제, 물가안정목표제

(1) 중간목표관리제

① 최종목표를 달성하기 위한 중간목표를 설정하고, 중간목표를 우선적으로 달성하려고 노력

② 중간목표와 최종목표 간에 밀접한 관계 있어야

③ 중간목표 대리변수 : 이자율, 통화량, 환율

• (1950년대~1960년대) 이자율 : 진성어음주의[5)]

• (1970년대~1980년대) 통화량 : 통화목표관리제(monetrary targeting)

(2) 물가안정목표제

① 최종목표를 물가안정으로 단일화 (중간목표 없이)

② 다양한 거시경제변수들을 활용

③ 1990년대부터 여러 나라 채택

1. 통화목표관리제

(1) 프리드먼 주장

① 적정수준의 이자율은 파악하기 어렵고, 이자율은 관리하기도 어려우며 매우 불완전한 정보 제공

② (시차문제) 시중이자율이 높은 경우, 통화량 증가시킬 경우 이자율에 미치는 효과가 느리게 반응할 수도 있음

③ 시중이자율이 적정수준보다 높으면 경제활동이 위축되고, 낮으면 통화량이 증가하여 물가 상승

(2) 통화공급목표의 설정

① 어떤 통화지표를 중간목표로 삼을지는 나라와 시대마다 다름

② (EC방식) 통화지표의 증가율을 사용

$$\frac{\Delta M}{M} = \frac{\Delta P}{P} + \frac{\Delta Y}{Y} - \frac{\Delta V}{V}$$

(통화공급목표 증가율)=(목표인플레이션율)+(자연성장률)−(예상소득유통속도 증가율)

5) 기업이 발행한 진성어음을 은행에 제시하면 은행은 고정된 이자율로 얼마든지 할인해주는 정책으로, 민간이 수요하는 화폐를 얼마든지 고정된 이자율로 공급

2. 이자율목표제

(1) 이자율목표제 vs. 통화량목표제

① 통화량목표제인 경우에는 통화공급곡선이 수직

② 이자율목표제인 경우에는 통화량을 탄력적으로 조정해 이자율수준을 맞추어야 하므로, 통화공급곡선은 수평선

③ 이자율조정정책은 통화량조정정책과 사실상 동일한 효과

(2) Poole의 중간목표 선정기준 제안

실물경제가 불안정하면 통화량을, 금융경제가 불안정하면 이자율을 중간목표로 선정하는 것이 바람직하다고 제안

(3) 최근 동향

① (1960~1970년대 인플레이션의 원인 진단) 중간목표인 이자율을 적절하게 조정하지 않았기 때문으로 평가

② 1980년대 금융산업의 발전과 금융혁신으로 통화수요 예측하기 어려워짐

→ 불안정한 통화와 물가의 관계를 중심으로 통화를 직접 관리하기보다는 이자율 조절을 통한 총수요 조절로 선회

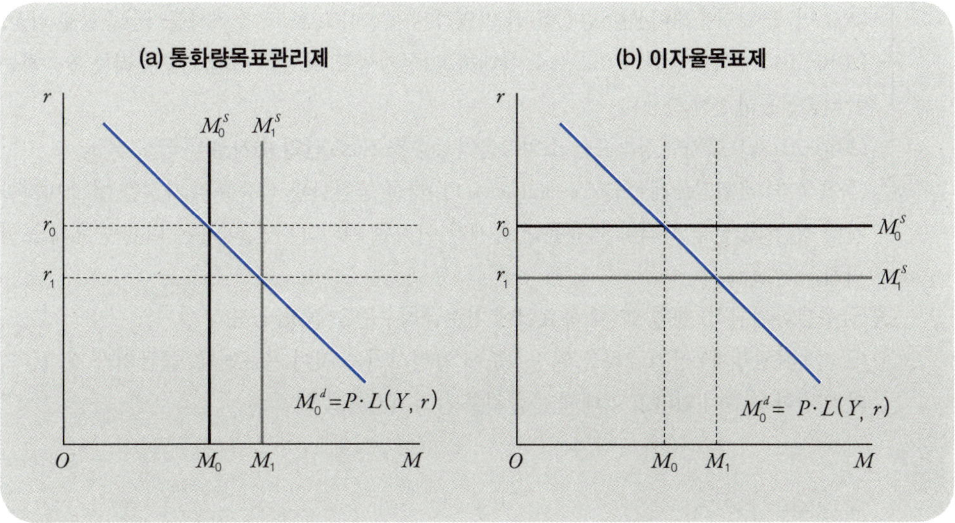

3. 물가안정목표제

(1) 개념과 도입

① 물가안정을 최우선목표로 삼는 것이 장기에 더 만족스러운 최종목표들의 조합을 달성하는 것으로 인식

② 1990년대 들어와 뉴질랜드(1990), 캐나다, 영국, 스웨덴, 핀란드, 호주, 스페인 등 도입

③ (중간목표 없이) 일정기간 동안 달성할 물가목표치를 미리 공표하고, 이를 직접 달성 시도

④ (정보변수, information variables) 인플레이션을 예측하는 데 다양한 거시경제변수(통화량, 금리, 환율, 기대인플레이션, 자산가격 등) 활용

→ 통화량과 금리가 가장 중요하지만 특정 목표를 정하지 않는다는 점이 이전과 다름

⑤ (장점) 불확실성을 감소시켜 안정적인 경제 환경을 조성 가능

→ 물가가 인플레이션 억제 목표를 넘어서면, 경기과열을 막기 위해 긴축정책을 취할 것 예상 가능

(2) 우리나라의 물가안정목표제

① (1979년부터) M_2를 중간목표로 채택

- (1990년대 후반) 통화지표 유용성이 떨어져
- (1997년 말) 물가안정목표제 도입해 1998년부터 운용
- (2004년부터) 중기 물가안정 목표제(3년 단위) 대략 평균 3±0.5%를 근원인플레이션 목표치로 정함
- (2006년) 근원인플레이션이 현실을 잘 반영하지 못한다고 보고, 소비자물가상승률로 바꿈
- (2010~2012년 목표범위) 3.0±1%로 확대하고, 물가목표 달성을 위해 기준금리를 활용하는 금리중시통화정책 사용
- (2016~2018년) 물가안정목표는 소비자물가상승률 2%로 단일 숫자로 바꿈

② (목표물가) 근원인플레이션(core inflation) : 비곡물 농산물과 석유류의 가격을 뺀 소비자물가의 상승 (농산물 가격과 석유류는 통제가 어려워 제외하지만, 곡물은 너무 중요해 포함시킴)

③ (금융통화위원회) 매월 2번째 목요일에 기준금리수준을 결정, 공표

④ (금리목표관리제) 장기금리를 일정수준에 안정시키는 것이 목표인데, 콜금리가 장기금리와 밀접한 관련이 있다고 기대해 콜금리를 안정시키려고 함

운영방식	운영체계
통화목표 관리제	정책수단 (공개시장조작 · 재할인정책) → 운용목표 (단기금리 · 본원통화) → 중간목표 (통화량) → 최종목표 (물가안정 · 경제성장 · 완전고용 · 국제수지 균형)
물가안정 목표제	정책수단 → 운용목표 → 최종목표 (물가안정) ↑ 정보변수 (통화량 · 환율 · 금리 · 가산 가격 등)

참고 **글로벌 금융위기**

(1) 금융위기(financial crisis)

① 금융기관이 보유하고 있는 자산의 가치가 급격히 떨어지면서 경제위기를 맞는 상황

② (원인) 은행 파산, 투기적 거품 붕괴, 외환위기[6)]

(2) 글로벌 금융위기(global financial crisis)

① 2007년 미국 주택거품이 붕괴, 부동산 담보대출과 부동산 관련 금융자산(주택저당증권) 파산

② 주택가격 폭락, 주식시장 붕괴, 신용경색, 대형금융기관 연쇄적 파산, 마이너스 성장 등 초래

(3) 글로벌 금융위기 원인

① 미연준의 저금리정책 (2002~2004년 상반기까지 장기간 낮은 정책금리)

→ 낮은 비용으로 신용을 공급하고, 위험자산에 대한 투자 늘리는 역할

② 주택담보대출[7)]의 증가와 규제 미흡

→ 주택담보대출의 유동화, 증권화는 주택을 담보로 대출해준 금융기관과 이 대출채권을 소유한 금융기관이 분리되어 주택담보대출에 대한 관리 및 대출의 위험에 대한 평가를 어렵게 만듦

③ 주택담보대출에 대한 위험의 저평가

→ 파산위험이 높은 대출자까지 주택담보대출을 받을 수 있어 주택수요증가, 주택가격 상승으로 거품

④ 거품(버블)[8)]은 꺼지게 마련이므로 주택가격이 하락하게 되고, 주택대출금리가 오름에 따라서 주택담보대출자들의 상환이 어려워짐 (대출부도, 대출담보 채권 상환불능)

6) 외환위기는 외화유동성 부족으로 자국화폐의 약세→외화부채 많은 금융기관이나 기업이 파산

7) 원래 대출은 채권처럼 시장에서 거래될 수 없는데, 주택을 담보로 한 대출은 "장기"라는 점으로 다른 금융기관에 매각해 현금을 확보하기도 함. 이런 대표적인 예가 주택저당증권(Mortgage Backer Security)으로, 주택담보대출을 기반으로 발행되는 채권의 일종임

8) 거품(버블)은 자산(주식, 부동산)의 시장가격이 내재가치(fundamental value)를 과도하게 넘어선 상황으로 내재가치와 무관하게 자산의 시장가격이 급격하게 상승할 것이라는 기대로 투기현상이 만들어짐

참고 이자율 하한과 양적완화정책

(1) 일본의 유동성 함정과 이자율 하한

① 일본은 1991년부터 이자율이 하한으로 생각되는 0의 근처(zero bound)에서 유지

② 더 이상 이자율을 낮출 수 없는 상황이 된 유동성 함정(liquidity trap)에 빠짐

(2) 버냉키의 3가지 해결책

1 이자율 기대에 영향

① 상당기간 단기이자율을 낮게 유지할 것이라는 신호와 믿음을 주어 장기이자율을 낮게 유지

② 단순히 단기이자율 조정만으로 소비와 투자에 영향을 줄 수 없음

2 중앙은행의 자산구성 변경

① 공개시장에서 단기채권 대신 장기채권을 매입

② 장기채권 매입은 장기채권 가격을 높여 장기이자율을 낮추게 됨

③ 중앙은행의 대차대조표에는 변화가 없으나, 자산이 단기채권에서 장기채권 위주로 변화

3 중앙은행 대차대조표의 자산규모 확대

① 중앙은행이 화폐를 발행해 공개시장에서 채권 매입

② 중앙은행 대차대조표의 규모 증가 (채권매입은 자산 증가, 화폐발행은 부채 증가)

③ 양적완화정책 : 전통적 통화정책이 무력한 경우 경제를 활성화시키는 비전통적인 통화정책으로 이자율이 거의 0에 가까운 경우에 실시

→ 중앙은행이 금융자산을 매입해 미리 정해인 양만큼 "직접" 본원통화를 주입하는 것

→ 2007년에는 국채 이외에 위험자산도 적극 매입해 시중에 통화량 직접 공급

→ 일본의 양적완화는 은행에 대출증가를 통해서 통화량을 "간접" 공급해 차이

④ 양적완화정책은 인플레이션 우려가 있어 "출구전략(exit strategy)" 중요

보론 1 풀의 아이디어와 테일러 준칙

1. 풀(Pool)의 아이디어

(1) 실물부문이 불안정한 경우

*IS*곡선의 위치가 불확실해져 통화량이 중간목표로 할 때 생산량 변동성이 감소

(2) 금융부문이 불안정한 경우

*LM*곡선의 위치가 불확실해져 이자율이 중간목표인 경우 생산의 변동성이 감소

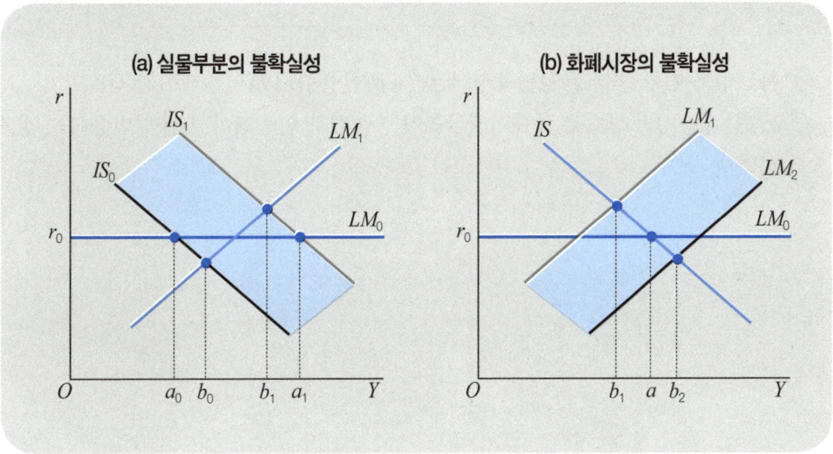

2. 테일러 준칙

(1) 개념

① 프리드먼의 K% 준칙인 고정준칙이 아닌 경제의 흐름에 따라 반응하는 준칙(feedback rule)

② 경제의 실제상황이나 예상상황에 반응하는 방식을 준칙으로 설정

(2) 준칙

$$r = r^* + \alpha\left(\frac{Y - Y^*}{Y^*}\right) + \beta(\pi - \pi^*)$$

① 목표명목정책금리=균형명목정책금리+α(산출갭)+β(인플레이션 갭)

② α, β는 양(+)의 상수로 목표정책금리가 산출갭과 인플레이션 갭에 반응하는 정도를 나타냄

보론 2 자산가격의 결정

1. 자산가격의 결정 기본이해

(1) 특정 자산의 가격

특정 자산을 무한기간 보유하는 경우 현재시점(t)에서 가격(p_t)은 해당 자산으로 발생하는 미래소득흐름($d_{t+i+1}(i=0, 1, 2, \cdots)$)의 기대현재가치의 합

(2) 측정 방법

$$p_t = E_t\left[\frac{d_{t+1}}{1+r} + \frac{d_{t+2}}{(1+r)^2} + \frac{d_{t+3}}{(1+r)^3} + \cdots\right] = E_t\sum_{i=0}^{\infty}\frac{d_{t+i+1}}{(1+r)^{i+1}}$$

(E_t는 현재(t기)까지의 정보에 기초한 조건부 기대치(conditional expectation)를 의미)

(3) 해석

① d_{t+i+1}이 불변인 경우에 이자율 r이 상승하면 현재가치는 감소

② r이 고정되어 있는 경우에 매번 받게 되는 소득흐름 d_{t+i+1}이 증가하면 현재가치도 함께 증가

2. 채권가격의 결정

(1) 채권가격 결정

① 채권은 만기일, 액면가, 이표채(coupon bond)의 경우 쿠폰금액 등이 결정되면 특정 채권 보유에 따른 소득흐름이 확정

② 만기 1년에 액면가는 1,000원인 할인채(discount bond)를 보유 시, 지금부터 1년 후에는 1,000원을 받게 되는 경우 이 채권의 현재가치는 $\left(\frac{1,000}{1+r}\right)$원이 됨

(2) 채권가격의 현재가치와 시장가격 관계

① 채권가격 < 채권의 현금흐름에 따른 현재가치

→ 사람들은 채권을 구매하려고 함

→ 채권가격 상승

② 시장균형은 채권가격이 현금흐름의 현재가치와 같은 상태 도달

(3) 채권가격과 만기수익률

① 만기수익률(yield to maturity) : 채권으로부터 발생하는 현금흐름의 현재가치와 채권의 시장가격을 일치하게 만드는 내부수익률(internal rate of return)

② 현재시점(t)에서 만기가 N년인 이표채의 가격 $p_{t,N}$이 주어진 경우에 만기수익률 계산

$$p_{t,N} = \frac{C}{1+r} + \frac{C}{(1+r)^2} + \cdots + \frac{C}{(1+r)^{N-1}} + \frac{C+F}{(1+r)^N}$$
$$= \sum_{j=1}^{N} \frac{C}{(1+r)^j} + \frac{F}{(1+r)^N}$$

(단, C는 쿠폰금액, F는 액면가, N은 채권만기)

③ 할인채는 쿠폰금액이 0인 특수한 이표채로 $C=0$인 경우 할인채의 만기수익률은 다음 식을 만족하는 r이 됨[9)]

$$p_{t,N} = \frac{F}{(1+r)^N}$$

9) r이 만기수익률이 되는 이유는 현재시점(t)에서 만기 N년인 할인채의 가격이 $p_{t,N}$이므로 1원으로 매입할 수 있는 N년 만기 할인채의 수량은 $\frac{1}{p_{t,N}}$이 되고, N년 후에 채권 1장당 액면가로 F원을 받으면 N년 후의 수익금은 $\frac{F}{p_{t,N}}$(=액면가×보유 채권의 수)가 되어 $\frac{F}{p_{t,N}} = (1+r)^N$이 된다. 현재시점에서 만기 N년인 할인채의 N년 후 수익금$\left(\frac{F}{p_{t,N}}\right)$이 $(1+r)^N$이므로 채권을 만기까지 보유할 때의 연 수익률은 r이 된다.

보론 3 이자율의 위험구조와 기간구조

1. 이자율의 위험구조

(1) 의의

① 대부자금설과 유동성 선호설에서는 대표금리로 채권이자율을 상정하고, 채권시장과 화폐시장 분석

② 현실에서는 다양한 금리가 존재하고, 채권이자율도 단기와 장기로 나뉨

③ 다양한 금융수단(대출, 채권)에 대한 이자율에 미치는 영향 : 만기, 채무불이행 위험, 유동성, 정보비용, 세금조건(taxation)

④ 이자율의 위험구조 : 만기가 동일한 금융수단들의 이자율 간의 위험구조[10)]

⑤ 이자율의 기간구조 ; 만기만 다르고 다른 조건이 동일한 금융수단들의 이자율 간의 관계

(2) 채무불이행 위험과 이자율

① 채무불이행 위험(default risk premium)은 신용위험(credit risk)이라고 하며 채무불이행 위험이 있는 채권을 보유하는 대가로 요구하는 추가적인 이자율

② 경기 악화 예상 시, 국채를 회사채보다 더 선호하게 되면 국채 수요는 증가하고, 회사채 수요는 감소(금융투자자들의 안전자산 선호행위)

(3) 유동성과 이자율

① 유동성이란 어떤 금융수단을 현금으로 전환하는 데 들어가는 거래비용으로 유동성이 클수록 투자자들은 그 금융수단을 선호

② 회사채는 거래범위가 좁아 유동성이 낮고, 이를 보상하기 위해 유동성 프리미엄의 크기인 회사채와 국채 간의 이자율 차이는 증가함

(4) 정보비용

① 국채는 채무불이행 위험이 없어 정보비용이 가장 낮음

② 덜 알려진 채권발행자들에 대한 정보획득에는 비용이 더 높아 프리미엄이 커짐

10) 만기가 동일한 금융수단 사이의 이자율 차이를 이자율 스프레드라고 하는데 이는 각 금융수단에 내재된 특징들인 채무불이행 위험, 유동성, 정보비용, 세금조건에 대한 시장 참여자들의 예상과 평가가 반영된 결과라고 할 수 있다.

(5) 세금조건

① 투자자들은 비과세 채권에 대한 낮은 이자율을 받아들임

② 비록 세전 이자소득은 낮더라도 세후 이자소득이 높을 수 있음

2. 이자율의 기간구조

(1) 수익률곡선

① 수익률곡선(yield curve) : 이자율의 기간구조를 그림으로 나타내 수익률의 각 점은 해당 자산의 만기와 이자율의 관계를 나타냄

② 장고단저의 이자율 패턴(우상향하는 수익률곡선) : 만기가 짧은 금융상품의 이자율은 낮고, 만기가 길수록 이자율은 상대적으로 높음

→ 그림과 같이 우하향할 수 있으나, 이 경우는 비정상적인 경우로 간주

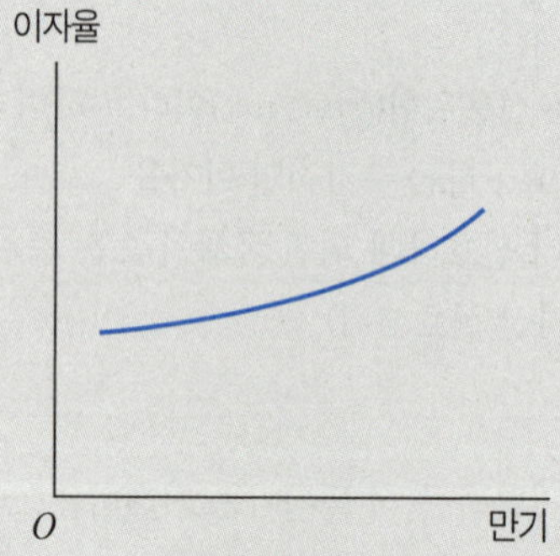

(a) 우상향하는 수익률곡선

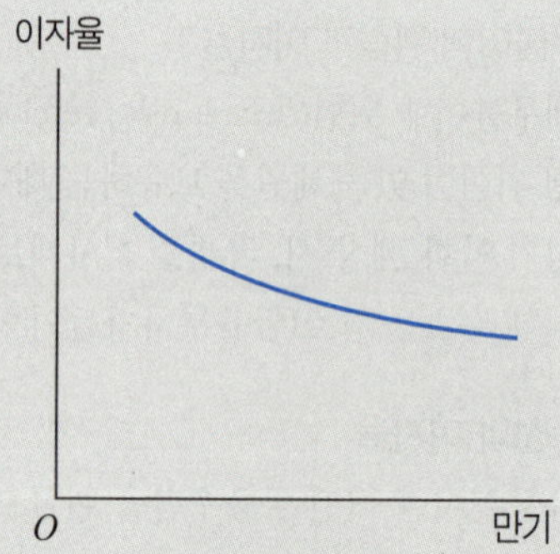

(b) 우하향하는 수익률곡선

(2) 이자율의 기간구조이론

	우상향 수익률곡선 설명 여부	장단기 동반변화 설명 여부 (수익률곡선의 상하 평행이동)
기대이론	×[11]	○[12]
시장분리이론	×	×
특정만기선호이론	×	○[13]
유동성프리미엄이론	○	○

3. 기대이론

(1) 가정

기대이론은 채무불이행 위험, 유동성, 정보비용, 과세조건이 동일하기만 하면 만기와 상관없이 모든 채권은 완전대체관계에 있다고 가정

(2) 전략

[전략1] 2년 만기 채권을 사서 계속 보유하는 방식 (buy-and-hold strategy)

[전략2] 1년 만기 채권을 구입 후 1년 만기 후에 수익금으로 다시 1년 만기 채권을 보유 (roll-over strategy)

(3) 시장균형

① 전략1과 전략2 사이의 수익의 차이가 완전히 사라지는 상황에서 균형달성

② 2년 만기 채권의 수익은 투자자가 현재 예상하는 1년 후의 1년 만기 채권의 수익에 의존[14)]

$$(1+i_{0,2})^2 = (1+i_{0,1})(1+i_{1,1})$$

$$1+i_{0.2} \fallingdotseq \frac{(i_{0,1}+i^e_{1,1})}{2}$$

③ 장기이자율의 크기와 수익률곡선의 형태는 투자자들이 미래의 단기이자율을 어떻게 예상하고 있는지에 따라 결정

→ 장기채권의 이자율은 그 기간을 구성하는 현재의 단기이자율 및 미래의 단기이자율 기대치의 평균치

11) 기대이론에 의할 때 우상향하는 수익률곡선이 관찰되는 경우는 단기이자율이 상승할 것으로 예상되어야 하는데 실제로 이자율이 상승할 것으로 예상되는 시기도 있으나 하락하는 시기도 있기 때문이다.

12) 역사적으로 단기이자율은 상당한 기간 동안 한 방향으로 움직여 오는 것이 관찰된다. 현재 단기이자율이 상승하기 시작하면 기대이론에 따라서 시장 참여자의 단기이자율 예상치도 상승하는 방향으로 조정된다. 그 결과 현재 장기이자율도 상승하게 되는데 이것이 바로 장단기 이자율의 동반 변동을 의미한다.

13) 각 만기별 시간 프리미엄이 비교적 안정이란 가정을 전제로 해야 한다.

14) 이 식은 $(1+i_{0,2}) = \sqrt{(1+i_{0,1})(1+i_{1,1})}$ 인 기하평균이 되는 것으로 투자자들은 만기가 다른 채권들을 완전대체재로 간주하면, 차익거래를 통해서 시장균형에서는 2년 만기 채권의 연간 이자율이 1년 만기 채권의 0기 이자율과 1기에서의 이자율의 기대치의 기하평균이 된다. 이때 2년 만기 채권의 수익은 투자자가 현재 예상하는 1년 후의 만기 채권의 수익에 의존하고, $i_{1,1}$은 1기에 성립하는 이자율로 초기에는 직접 관찰할 수 없고, 예상만 할 수 있다는 점에서 기대(expectations)이론이라고 한다.

④ 수익률곡선 형태 해석

형태	상황	해석
우상향	$i_{0,1}<i^e_{1,1}$인 경우, $i_{0,1}<i_{1,2}$가 되어 수익률곡선이 우상향 형태	1기에서의 1년 만기 채권수익률($i_{1,1}$)이 현재 0기에서의 1년 만기 채권수익률($i_{0,1}$)보다 높아질 것으로 기대 시 시장에서 현재 관찰되는 2년 만기 채권의 수익률($i_{0,2}$)은 1년 만기 채권의 수익률($i_{1,1}$)보다 높아짐

[CASE]

[가정] 현재

- 1년 만기 채권의 이자율 $i_{0,1}=4\%$
- 2년 만기 채권의 이자율 $i_{0,2}=5\%$
- 3년 만기 채권의 이자율 $i_{0,3}=6\%$
- 4년 만기 채권의 이자율 $i_{0,4}=7\%$

[기대이론에 따른 1년 만기이자율 예상치 계산 결과]

- 1년 이후에 성립되리라 기대되는 1년 만기 채권의 이자율 예상치 $i^e_{1,1}=6\%$
- 2년 이후에 성립되리라 기대되는 1년 만기 채권의 이자율 예상치 $i^e_{2,1}=8\%$
- 3년 이후에 성립되리라 기대되는 1년 만기 채권의 이자율 예상치 $i^e_{3,1}=10\%$

[계산과정]

- $i_{0,2} = 5\% ≒ \dfrac{(i_{0,1}+i^e_{1,1})}{2} = \dfrac{(4\% + i^e_{1,1})}{2}$
- $i_{0,3} = 6\% ≒ \dfrac{(i_{0,1}+i^e_{1,1}+i^e_{2,1})}{3} = \dfrac{(4\% + 6\% + i^e_{2,1})}{3}$
- $i_{0,4} = 7\% ≒ \dfrac{(i_{0,1}+i^e_{1,1}+i^e_{2,1}+i^e_{3,1})}{4} = \dfrac{(4\% + 6\% + 8\% + i^e_{3,1})}{4}$

[의미]

① 기대이론에 의하면 단기이자율이 점차 상승할 것으로 기대되는 경우에는 수익률곡선이 우상향

② 수익률곡선이 현재 4%에서 수평인 경우에 1년 만기 채권 이자율은 앞으로 3년 동안 변동하지 않고 4%에 머물 것으로 해석

③ 단기이자율이 점차 하락할 것으로 예상되는 경우에는 수익률곡선이 우하향
→ 현재의 1년 만기, 2년 만기, 3년 만기, 4년 만기 채권 이자율들이 각각 4%, 3.5%, 3%, 2.5%라면 앞으로 1년 이후의 1년 만기 이자율 예상치는 3%, 2년 이후의 1년 만기 이자율 예상치는 3%, 3년 이후 1년 만기 이자율 예상치는 1%임을 의미

4. 시장분리이론

① 단기채권시장과 장기채권시장은 완전히 별개의 분리된 시장으로 간주
② 단기이자율에 대한 기대가 장기이자율에 아무런 영향을 주지 못함
③ 단기채권에 대한 수요가 장기채권에 비해서 증가하면 단기채권 가격이 상승해 단기채권 금리 하락 → 수익률 우상향 형태
④ (한계) 단기채권과 장기채권 금리들이 왜 동일한 방향으로 움직이는지, 수익률곡선이 일반적으로 우상향하는 이유 설명 못 함

5. 특정만기 선호이론

① 특정만기선호이론(선호서식지이론 : preferred habitat theory) : 선호하는 만기구조의 금융상품은 낮은 이자율이 가능하지만 비선호만기에는 높은 수익률을 요구
② 만기가 다른 채권 사이의 불완전대체성을 가정
③ 5년 만기 채권에 투자하고 싶어 하는 투자자(5년 후 정년퇴직 예상 시)는 5년 만기 채권을 가장 선호하고, 1년 만기 채권이나 10년 만기 채권에 투자하도록 유인하려면 기간 프리미엄(term premium)이란 보상을 제공해야 함[15)]

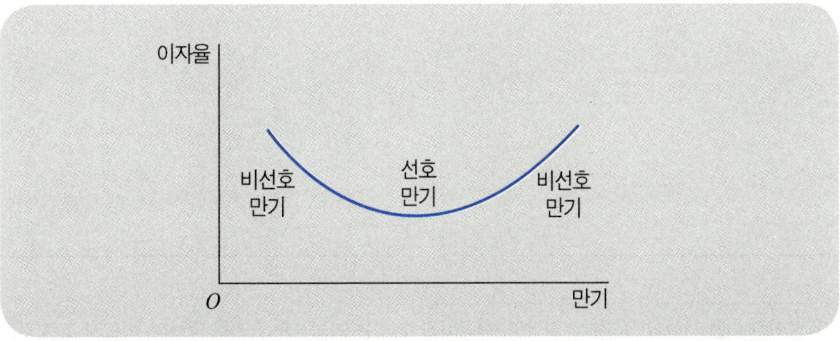

15) 기대이론에서는 만기가 다른 채권들이 완전대체관계에 있다고 보기 때문에 기간 프리미엄은 언제나 영(0)이 된다.

6. 유동성 프리미엄이론

① 만기가 짧은 채권은 유동성이 크고, 만기가 길면 유동성이 작음[16)]

② 투자자들은 단기 채권을 선호하므로 장기이자율에는 단기이자율의 평균치에 기간 프리미엄인 유동성 프리미엄(liquidity premium)을 가산해야 장기 채권을 구입함

③ 차입자는 장기채권 발행을 선호하여 유동성 프리미엄을 지급하고서라도 장기적으로 차입하기를 원함[17)]

④ 만기가 길어질수록 유동성 프리미엄이 증가해 유동성 프리미엄의 크기는 수익률곡선의 기울기 결정

⑤ 〈그림〉에서 수익률곡선은 유동성 프리미엄이 존재하지 않을 경우인 점선보다 유동성 프리미엄이 존재할 경우의 실선은 장기채권일 경우에 더 큰 이자율 차이가 존재

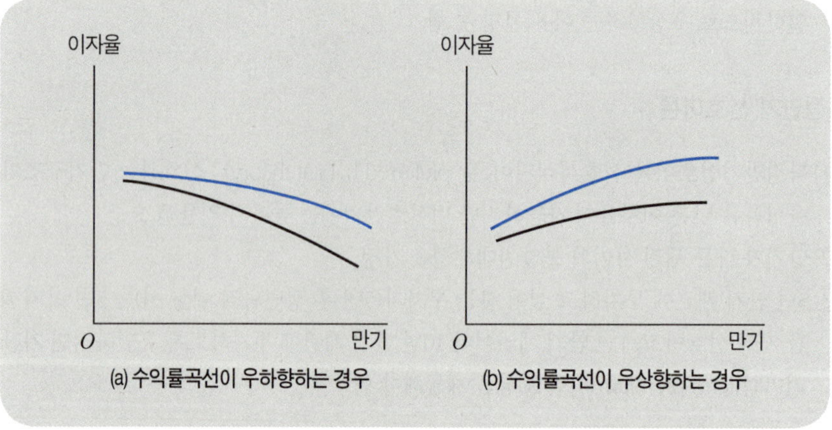

16) 유동성이란 어떤 자산이 그 자본손실 없이 현금화될 수 있는 가능성의 크기를 말하며, 반드시 그런 것은 아니지만, 일반적으로 사람들은 미래보다 현재를 더 선호하므로 다른 조건이 같다면 만기가 짧은 채권일수록 제값을 받고 팔 수 있는 가능성이 그만큼 크다고 볼 수 있다.

17) 차입자는 단기채권을 발행한 후에 만기에 이를 상환하고 그 미래 시점에서 다시 더 높은 이자율로 단기채권을 발행해야 할지도 모르는 위험을 무릅쓰기보다는 유동성 프리미엄을 지급하고서라도 장기적으로 차입하기를 원한다.

⑥ 수익률곡선의 형태 해석

형태	시장 해석	이유
수평선	단기이자율이 점차 약간씩 감소하리라는 시장의 예상을 반영	만기가 길어지면서 유동성 프리미엄이 조금씩 증가하기 때문
우상향	시장의 단기이자율 예상에 대해 한 가지로 단정하기 어려움	만기가 길어지면서 유동성 프리미엄이 얼마나 증가하는지에 달려있음
우하향	단기이자율이 향후 하락할 것으로 시장에서 예상한다고 해석(기대이론과 공통점)	단기이자율의 하락 예상 정도를 유동성 프리미엄을 감안하여 기대이론의 해석보다 더 크게 잡음(기대이론과 차이점)

제 12 장

AD-AS모형과 경제안정화정책

1 총수요의 이론 : IS-LM 모형

1. IS-LM모형은 케인즈의 완결모형

: IS-LM모형은 총수요측면을 중시하면서 생산물시장과 화폐시장의 상호작용을 종합적으로 분석함으로써 케인즈의 단순모형을 확대보완

① 노벨경제학상 수상자인 힉스(Hicke)가 1937년에 개발

② IS는 I(투자) = S(저축)의 생산물시장의 균형조건을, LM은 화폐수요(L) = 화폐공급(M)의 화폐시장균형조건의미

2. 기본가정

① IS-LM모형은 물가수준이 외생적으로 주어져 고정

② 생산물시장에서 이자율을 제외한 모든 변수는 실질변수이고, 화폐시장에서 통화와 이자율은 명목변수

3. 다른 모형과 차이점

① (케인즈 단순모형과 비교) 투자함수에서 차이

: 케인즈의 단순모형은 투자수요가 소득과 이자율에 영향받지 않는 독립투자를 상정했으나, IS-LM에서는 독립투자 이외에 이자율에 영향을 받는 유발투자를 상정

② (고전학파와 비교) 소비함수에서 차이

: 고전학파는 소비를 이자율의 감소함수로 보고, 독립투자만 있어도 이자율이 변해 소비변동에 영향을 미쳐 생산물시장의 균형달성이 가능하지만, 케인즈는 소비가 주로 소득의 함수로 보아 이자율이 소비에 아무런 영향을 못 주기 때문에 투자에 이자율을 반영

1. 생산물시장의 균형조건 : *IS*곡선

(1) *IS*곡선의 개념

① 생산물시장을 균형시켜 주는 이자율과 (실질)국민소득의 모든 조합을 연결한 곡선[1)]
② *IS*곡선을 기준으로 상방 영역은 생산물시장의 초과공급인 상태로 불균형

(2) *IS*곡선의 도출

$$Y=C+I(r)+G$$

① 직관적인 설명: 이자율 하락 → 투자수요 증가 → *AD* 증가 → 국민소득 증가

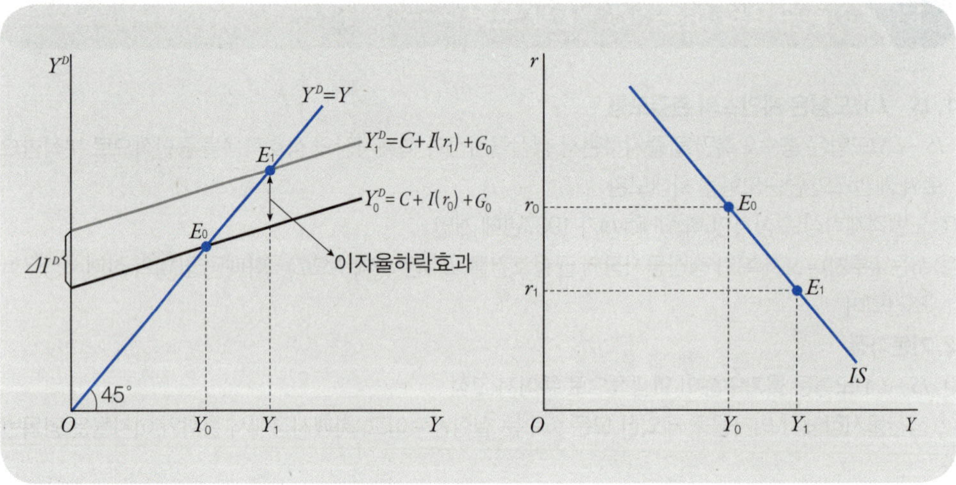

1) 이런 개념정의는 케인즈 모형에서만 정확하게 적용되는데, 총생산이 수동적으로 총수요에 맞춰 총수요가 바로 균형 국민소득이 되기 때문임. 고전학파나 일반적인 케인즈학파 모형에는 노동시장과 총생산함수를 고려한 총공급까지 고려해야 함

② 누출=주입

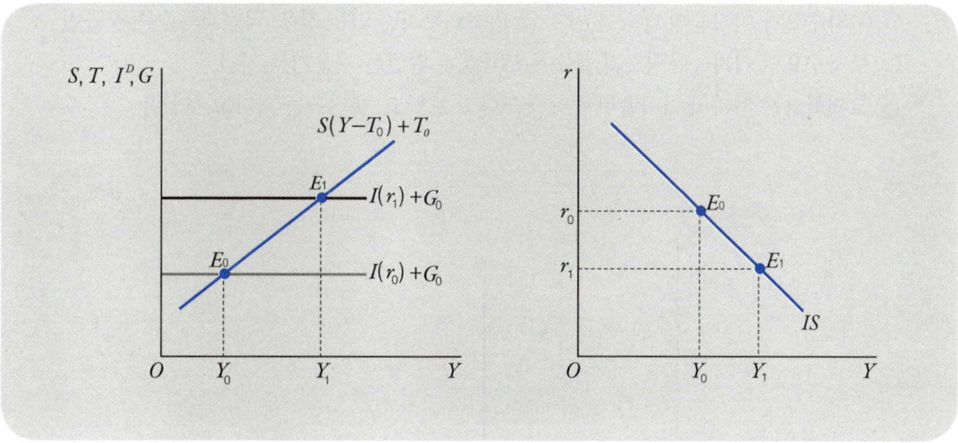

(3) *IS*곡선의 이동

① 이자율이 주어진 경우, 소득이 주어진 경우

② 정부지출 증가, 조세감소, 절대소비, 독립투자 증가 → *IS* 우측(상방)이동

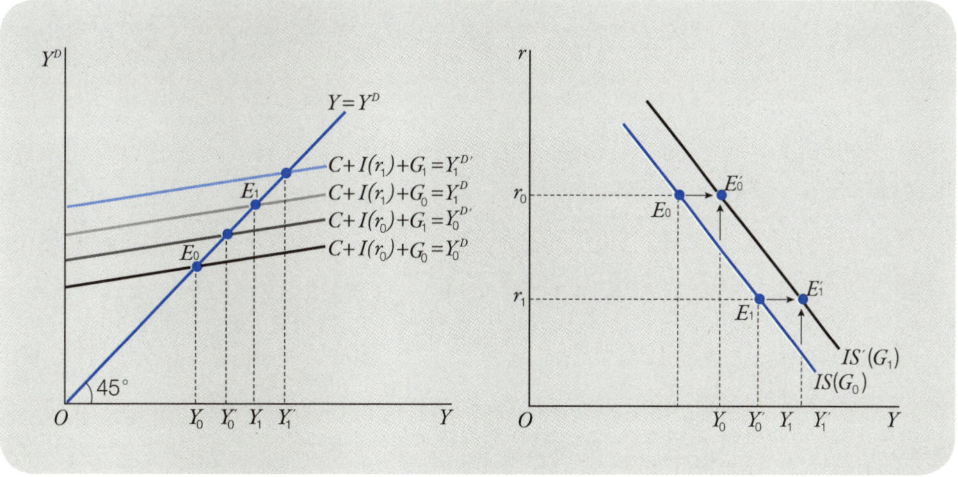

(4) *IS*곡선의 기울기

① 투자수요가 이자율의 영향을 받지 않고 독립투자만 있는 경우, 국민소득수준은 불변

② 투자수요의 이자율탄력도가 클수록 *IS*곡선은 완만한 기울기를 지님

③ 고전학파는 투자의 이자율탄력도가 크다고 보았고, 케인즈는 작다고 보았음

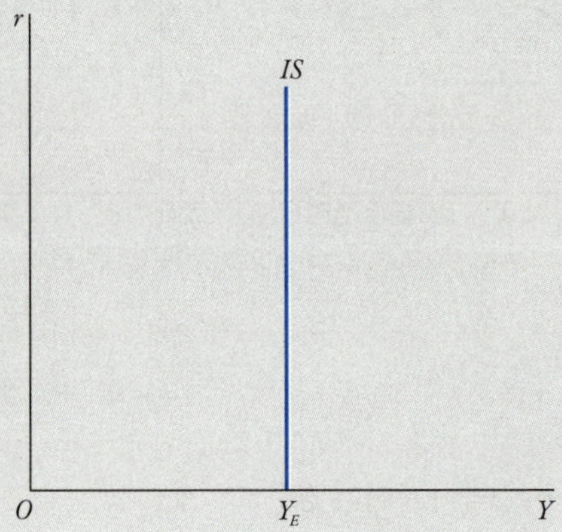

보론 1 생산물시장 균형과 *IS*곡선

1. *IS*곡선

$$Y = c(1-t)Y + (\overline{I} - br) + \overline{G} \qquad (0 < c < 1, 0 < t < 1, b > 0)$$

① 생산물시장 균형 : 생산물에 대한 수요와 생산물의 공급이 일치하여 생산물시장에 초과수요 또는 초과공급이 존재하지 않는 상태

② *IS*곡선 : 생산물시장의 균형식을 소득과 이자율의 조합(Y, r) 평면에 표시한 것

2. *IS*곡선의 도출

① 이자율이 하락할 때 소득이 증가해야 생산물시장의 균형이 회복

$$r = \frac{\overline{I} + \overline{G}}{b} - \frac{1-c(1-t)}{b}Y$$

② 기울기$=\dfrac{1-c(1-t)}{b}$, 절편$=\dfrac{\overline{I}+\overline{G}}{b}$

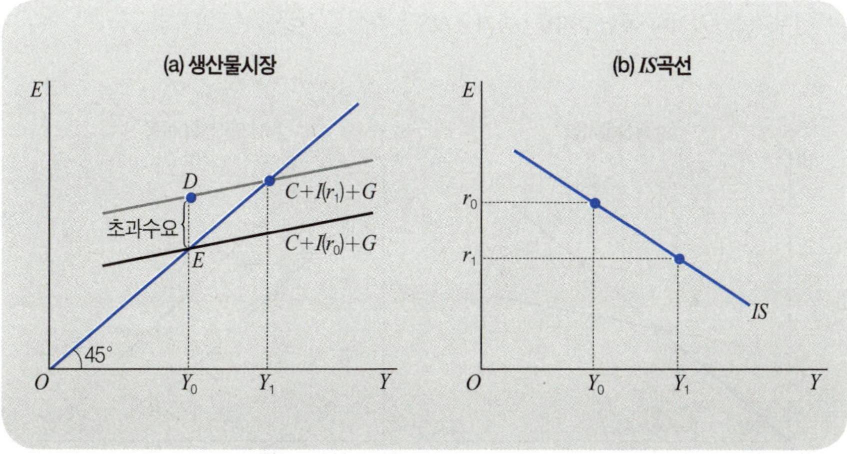

3. *IS*곡선의 기울기

① *IS*곡선의 기울기는 납세 후 한계저축성향 $[1-c(1-t)]$이 클수록 가팔라짐
② 투자가 이자율에 덜 민감하게 반응할수록(b가 작을수록) *IS*곡선은 가팔라짐
③ (고전학파) 투자가 이자율에 탄력적 → *IS* 완만
④ (케인즈) 투자가 이자율에 비탄력적 → *IS* 가파
⑤ *IS*곡선의 기울기는 재정정책과 화폐금융정책이 상대적 유효성을 분석하는 데 중요

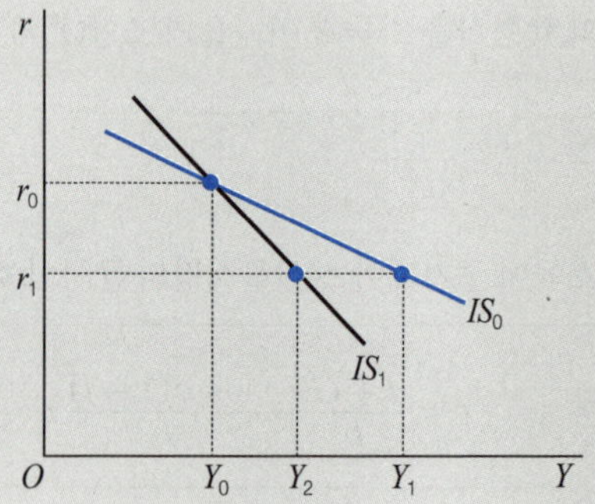

4. *IS*곡선의 이동

정부지출($\overline{G}$)이나 독립투자($\overline{I}$) 증가 → *IS* 우측이동 (기울기는 변함없음)

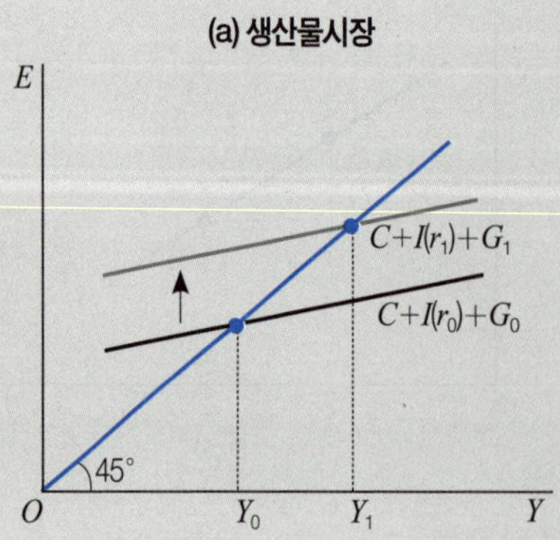

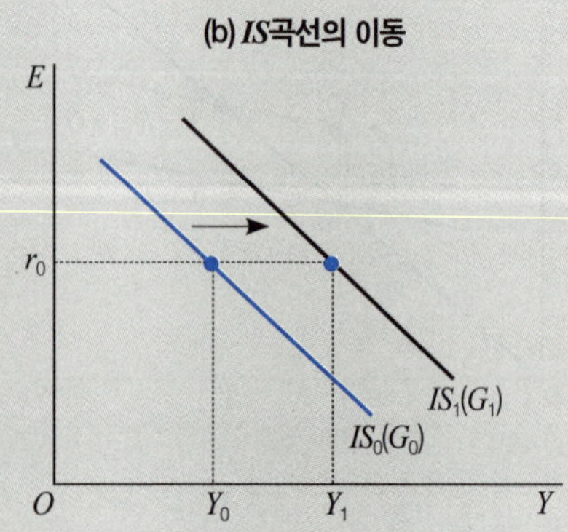

2. 화폐시장의 균형조건 : *LM*곡선

(1) *LM*곡선의 개념

① 주어진 물가수준에서 화폐시장을 균형시켜 주는 이자율과 실질국민소득의 조합을 연결한 곡선

② *LM*곡선 상을 기준으로 상방에 위치한 영역은 화폐시장의 초과공급인 불균형 상태

(2) *LM*곡선의 도출

$$\frac{M^S}{P} = l_t(Y) + l_s(r)$$

① 실질소득이 증가하면 거래적 동기와 예비적 동기에 의한 화폐수요가 증가하여 화폐시장의 균형을 맞추기 위해서는 이자율이 상승해 투기적 동기에 의한 화폐수요를 줄여야 함

② 소득 증가 → 화폐수요 증가 → 이자율 상승

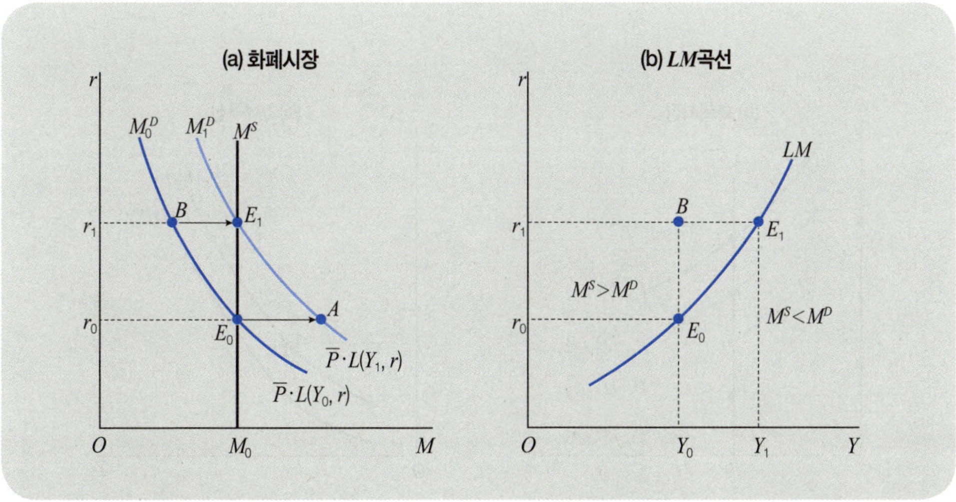

(3) *LM*곡선의 이동

① 통화량 증가 → LM 우측이동

② 물가의 하락 → LM 우측이동

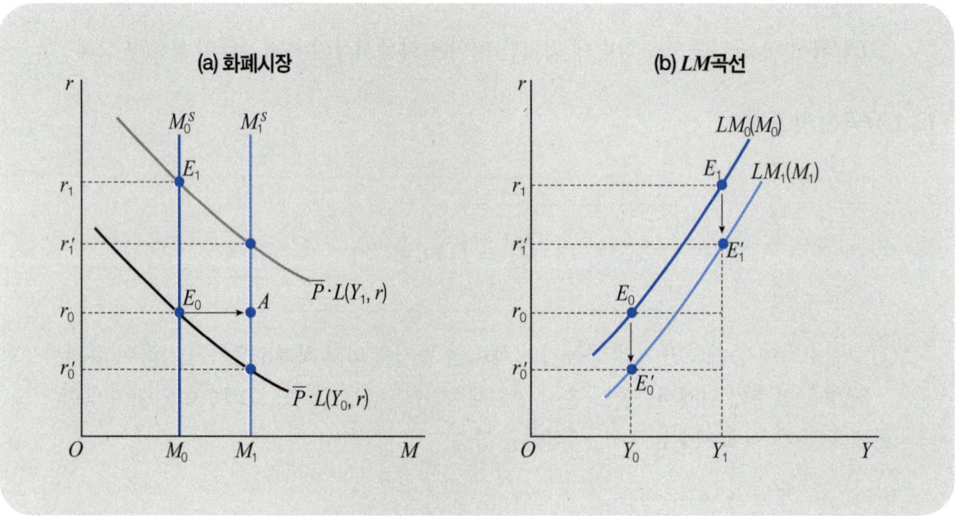

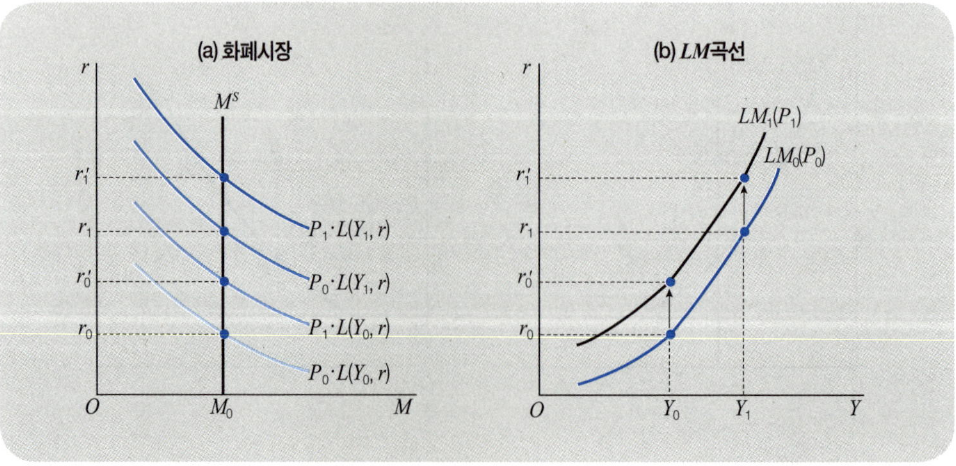

(4) *LM*곡선의 기울기

① *LM*곡선의 기울기는 화폐수요함수의 기울기에 달려 있음

② 화폐수요가 이자율에 비탄력적일수록(화폐수요곡선의 기울기가 가파를수록) *LM*곡선의 기울기는 가파르게 됨

③ (고전학파) 화폐수요가 이자율에 완전비탄력적이므로 *LM*곡선은 수직

$$M^S = \overline{M} = kPY, \ \ Y = \frac{1}{k}\left(\frac{M^S}{P}\right)$$

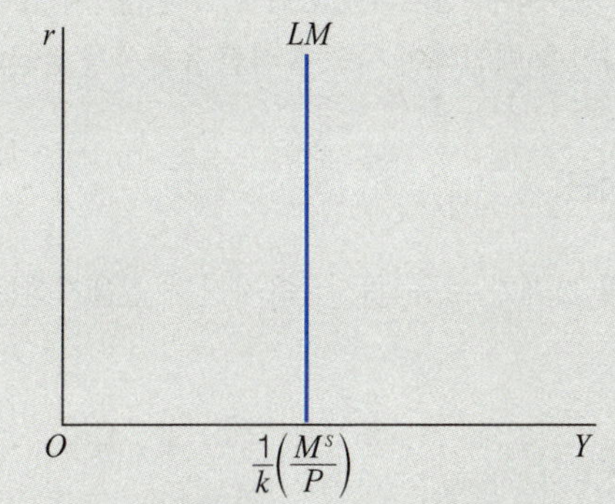

④ (케인즈학파) 화폐수요가 이자율에 완전탄력적이므로 *LM*곡선은 수평 → 유동성 함정[2)]

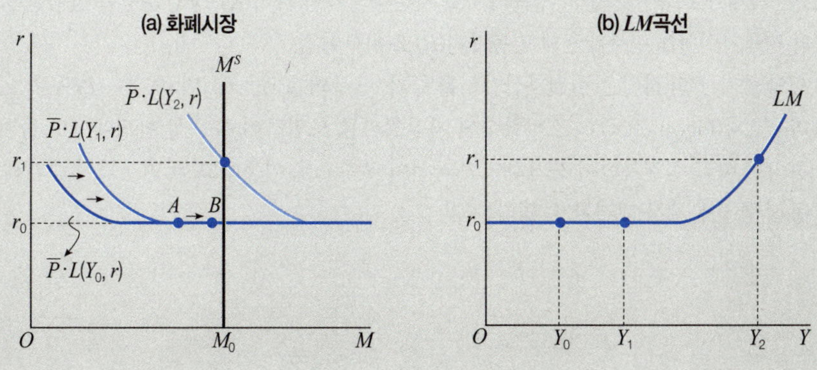

2) 유동성 함정인 경우는 소득이 증가 시 명목화폐수요가 우측이동하지만 이자율은 그대로 유지되어 동일한 이자율수준에서 화폐시장 균형을 가져오는 소득이 둘 이상 존재해 *LM*곡선은 수평

보론 2 유동성 함정과 거시경제정책

1. 유동성 함정과 양적완화

① (현실1) 1930년대 세계대공황과 1990년대 일본의 장기침체기에 극심한 디플레이션과 더불어 (명목)이자율이 제로 수준으로 떨어지면서 유동성 함정이 나타남

② (현실2) 2008년 글로벌 금융위기와 경기침체에 대응하여 선진국은 기준금리를 낮춰 미 연준은 금리를 0~0.25%로 설정하고 유지 중

③ 양적완화(Quantitative Easing : QE)
미연준을 포함한 유로존, 일본, 영국의 중앙은행 등을 정부채권 및 주택담보증권(MBS) 등 민간부문의 특정자산을 매입하여 시중에 직접 유동성을 공급하는 정책 시행

2. 실질자산효과 (전통적 접근)

① 소비는 가처분소득과 가계가 보유하는 금융자산과 실물자산(부)의 실질가치에 영향 받음

$$C = c(Y-T) + \alpha\left(\frac{A}{P}\right) \quad (\alpha > 0)$$
$$A = K + M + B$$

② α는 부의 실질가치 변화에 대한 소비의 반응, P는 물가수준
A는 가계가 보유한 자산의 명목가치로 자본량의 측정가치(K), 중앙은행이 발행한 통화의 명목가치(M), 정부채권의 명목가치(B)로 이루어짐

③ M의 증가, P의 하락은 실질자산가치를 증가 → 부의 효과 → 소비 증가 → IS 우측

④ 피구효과(Pigou effect) : 소비함수에 자산효과를 도입하여 유동성 함정에서도 물가의 하락에 따라 실질자산이 증가하여 IS곡선이 우측으로 이동하고, 국민소득이 증가해 유동성 함정 문제를 해결할 수 있다는 것

⑤ 피구효과 의미 : 유동성 함정에서도 화폐금융정책이 유효하다는 의미

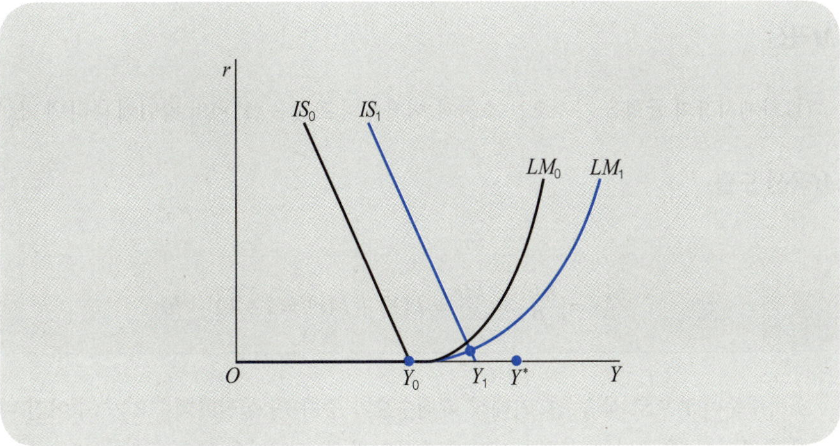

3. 양적완화정책의 기대효과

① (기본목적) 금리인하를 통한 경기부양이 여의치 않을 경우에 직접적인 유동성 공급을 통해서 경제활동을 진작시키고 디플레이션을 억제하는 것

② (신용창출경로) 본원통화의 공급 ↑ → 은행 대출 증가를 포함한 신용창출 → 소비와 투자 촉진

③ (자산가격 상승경로) 중앙은행의 자산매입 → 자산가격 상승 → 가계의 부(wealth) 증가시켜 소비 진작

보론 3 화폐시장의 균형과 *LM*곡선

1. *LM*곡선

① 화폐시장의 균형을 가져오는 소득과 이자율의 조합을 (Y, r)의 평면에 나타낸 곡선

2. *LM*곡선 도출

$$\frac{M^S}{P} = \frac{M^d}{P} = \frac{\overline{M}}{P} = l_t(Y) + l_s(r) = \bar{l} + kY - hr$$

소득수준이 Y_1으로 상승 → 거래적 화폐수요가 증가 → 실질화폐수요는 (주어진 이자율 수준에서) 우측이동 → 화폐시장 초과수요 발생 → 이자율 상승

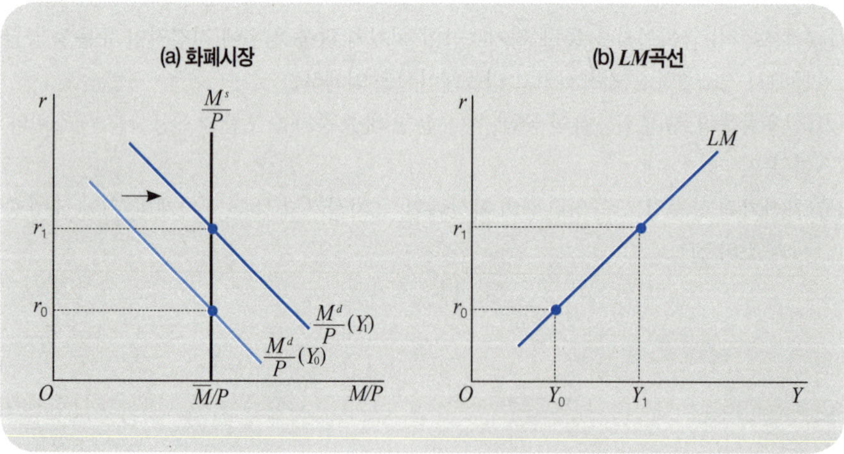

3. LM곡선 기울기

$$r = \left(\frac{1}{h}\right)\left(\bar{l} - \frac{\overline{M}}{P}\right) + \left(\frac{k}{h}\right)Y$$

① 기울기는 $\frac{k}{h}$이므로 거래적 화폐수요의 소득탄력성(k)이 작을수록, 투자적 화폐수요의 이자율탄력성(h)이 클수록 완만해짐

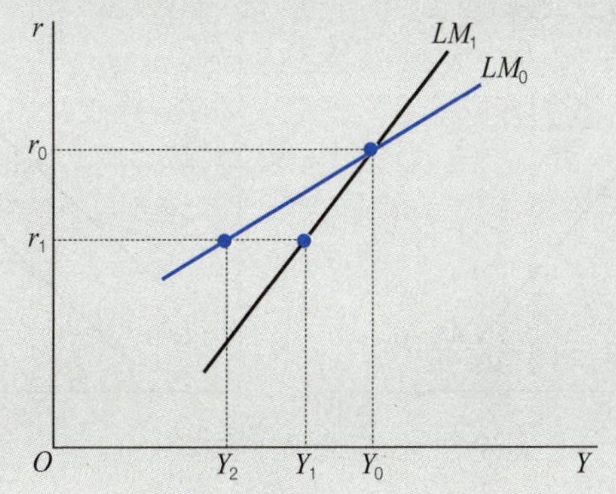

② (고전학파) 투자적 화폐수요가 거의 존재하지 않으므로(이자율이 변해도 화폐수요는 별로 변화하지 않으므로) LM곡선의 기울기는 매우 가파름

③ (케인즈학파) 투자적 화폐수요가 당연히 존재하고, LM곡선의 기울기는 완만

→ 극단적인 경우에 이자율 수준이 너무 낮아 모든 사람들이 이자율이 곧 상승(채권가격이 하락)할 것으로 생각하면, 투자적 화폐수요가 무한히 증가해 LM곡선이 수평

④ (유동성 함정)

화폐를 시장에 아무리 많이 공급해도 즉각적인 화폐수요의 증가로 모두 흡수되어 유동성이 부족해지는 현상

4. *LM*곡선의 이동

① 통화량 증감

② 물가변동 : 물가수준의 하락 → 실질통화량 증가 → *LM* 우측

※ 물가수준의 변화는 실질화폐수요($\frac{M^d}{P}$)의 변화를 통해 *LM*곡선을 이동시키지 못함

∵ 실질화폐수요를 소득과 이자율의 함수로 가정해서 $\frac{M^d}{P} = l(Y, r)$, P의 변화는 그에 비례해 명목화폐수요인 M^d만 변화시킬 뿐, 실질화폐수요는 변화하지 않기 때문

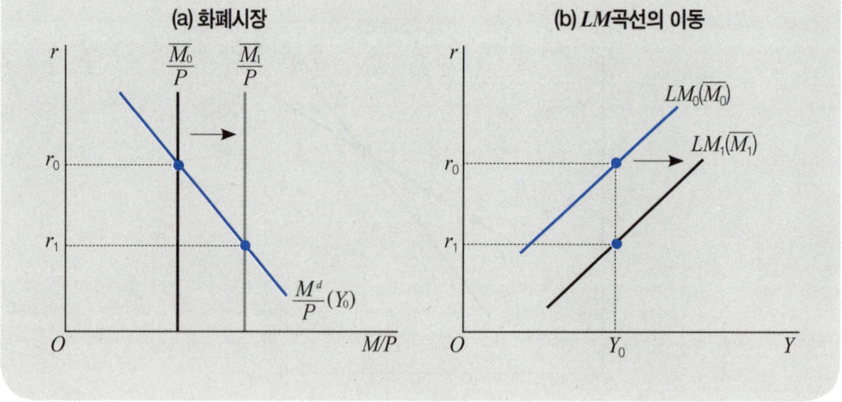

참고 **일본의 유동성 함정**

① 일본은 1992년부터 2002년까지 경기침체를 겪으면서 '잃어버린 10년'을 경험함

② 1999년 기준금리인 금융기관 간 무담보 콜금리를 2000년 8월에 0.25%에서 0%(제로금리)로 낮추었음 (2차대전 후 세계적으로 유례가 없음)

③ but, 소비와 투자가 살아나지 않음 (유동성 함정에 빠짐)

④ 통화정책은 효과가 없어, 확대재정정책을 실시

⑤ but, 확대재정정책도 보잘 것 없었음 (∵구조조정 부진, 땅값과 주가 거품 붕괴, 노령화 등)

→ 미래에 대한 불확실성이 커져 민간소비와 투자가 위축되었기 때문

3. 생산물시장과 화폐시장의 동시균형: *IS*−*LM*모형

(1) 케인즈의 아이디어가 반영된 *IS*−*LM*

① (케인즈 가정) 1930년 대공황시대를 배경으로 생산능력은 얼마든지 있고, 유효수요가 부족한 경제를 상정

② (수요 중시) 케인즈 아이디어를 기반을 두면 총공급은 독자적으로 일어나는 것이 아니라 총수요에 맞추어 일어나므로 총수요가 균형국민소득임

③ (*IS*−*LM* 반영) 물가가 주어져 있다는 가정하에 모형을 전개

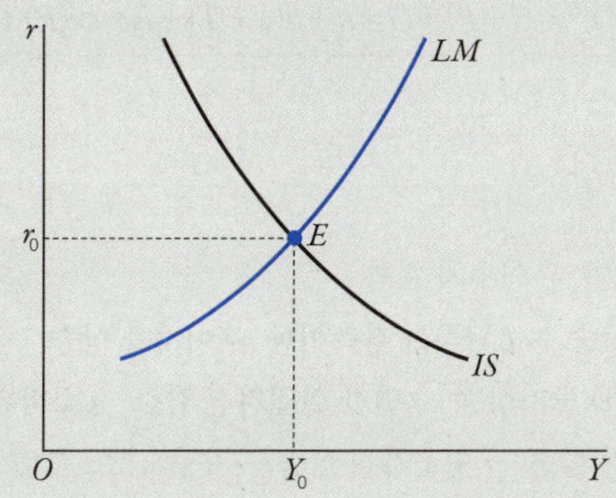

(2) 단순화된 고전학파와 케인즈 모형

고전학파(장기)	케인즈(단기)
IS: $I(r)+G=S(Y-T)+T$ LM: $\frac{M^S}{P}=l_t(Y)+l_s(r)$	
$Y=\overline{Y}=Y_N$	$P=\overline{P}$

4. 총수요곡선

(1) 총수요곡선의 개념

① 각각의 물가수준에 대응하여 한 나라 생산물에 대한 실질총수요를 보여주는 곡선
② 한 나라 생산물에 대한 총수요 : 물가수준이 명시적으로 나타나지 않음

$$Y^D = C + I^D + G = a + b(Y - T) + I_0 - cr + G$$

③ (해결) 물가가 총수요에 직접적인 결정요인으로 나타나지 않으나, 이자율의 변동을 통한 간접적인 결정요인이 됨

$$Y^D = C + I^D + G = a + b(Y - T) + I_0 - cr(P) + G$$

(2) 총수요곡선의 도출

① 이자율 효과, 자산효과, 무역수지 효과
② (이자율 효과) 물가상승 → LM곡선 좌측이동 → 이자율 상승 → 투자 감소 → 총수요 감소
③ (부의 효과, 자산효과) 물가상승 → 민간 실질자산 감소 → 소비위축
④ (무역수지 효과) 물가 상승 → 수출가격 상승 → 수출 감소, 수입 증가 → 총수요 감소
⑤ (화폐시장의 균형식 활용) P와 Y의 관계 포착

$$\frac{M^S}{P} = l_t(Y) + l_s(r)$$

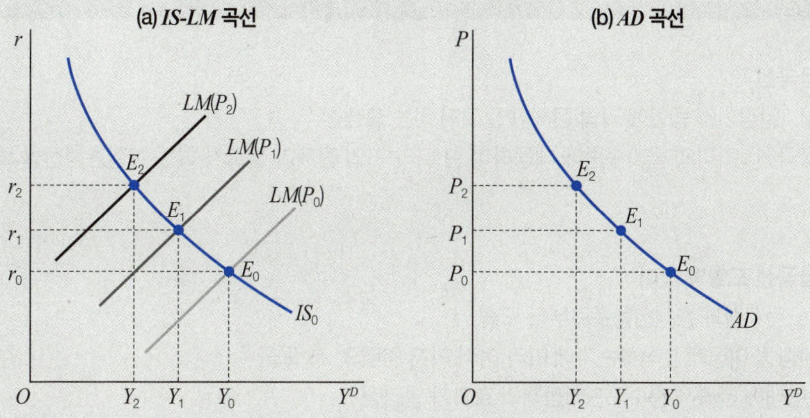

(3) 총수요곡선의 이동

① 물가 이외에 총수요에 영향을 미칠 만한 요인들은 모두 일정하다고 가정해 다른 요인들이 변하면 총수요곡선 자체가 이동

② *IS*곡선이나 *LM*곡선을 우측이동시키는 요인들은 *AD*곡선을 우측이동시킴

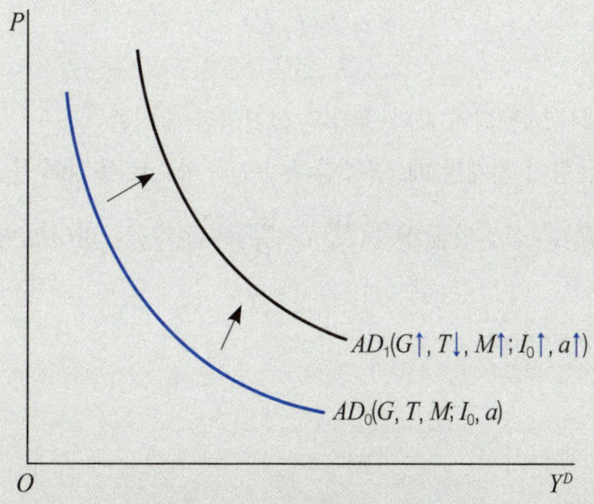

2 총공급의 이론

※ 총공급곡선

① 총공급 : 일정기간 동안에 기업 전체가 팔고자 하는 총생산

② 총공급곡선 : 각각의 물가수준에 대응하여 한 나라 기업 전체가 팔고자 하는 실질총생산을 보여주는 곡선

※ 총공급곡선 도출과 의미

① AS는 노동시장과 총생산함수로부터 도출

② 노동시장을 어떻게 분석하는가에 따라 여러 가지 형태의 AS 도출

③ AS의 형태에 따라서 총수요관리정책의 효과가 달라짐

④ 거시경제학은 고전학파와 케인즈학파로 나뉘는데 상이한 기울기를 갖는 AS에서 비롯

1. 고전학파의 총공급곡선

(1) 고전학파 AS도출

$$L^S = L^S\left(\frac{W}{P}\right)$$
$$L^D = L^D\left(\frac{W}{P}\right) = MP_L$$
$$Y = F(L, \overline{K})$$

① 고전학파모형에서 노동의 수요와 공급은 실질임금에 의존

② 노동시장에 불균형이 존재할 때, 명목임금이 신축적으로 움직여 불균형을 신속하게 해소

③ 물가하락($P_0 \rightarrow P_1$)은 실질임금 상승($\frac{W_0}{P_0} \rightarrow \frac{W_0}{P_1}$)해 초과공급량($ab$) 발생

→ 명목임금 하락

→ $\frac{W_0}{P_0} = \frac{W_0}{P_1}$ 될 때까지 하락

④ 노동시장 균형이 물가하락 이전의 완전고용수준으로 다시 회복되고 완전고용국민소득을 생산할 수 있게 됨

⑤ (의미) 물가변화가 노동시장의 균형고용량에 전혀 영향을 미치지 않으므로 생산량도 불변

⑥ (조정속도) 물가수준이 변해도 완전고용 및 완전고용국민소득이 그대로 유지

→ *AS*가 완전고용국민소득수준에서 수직선

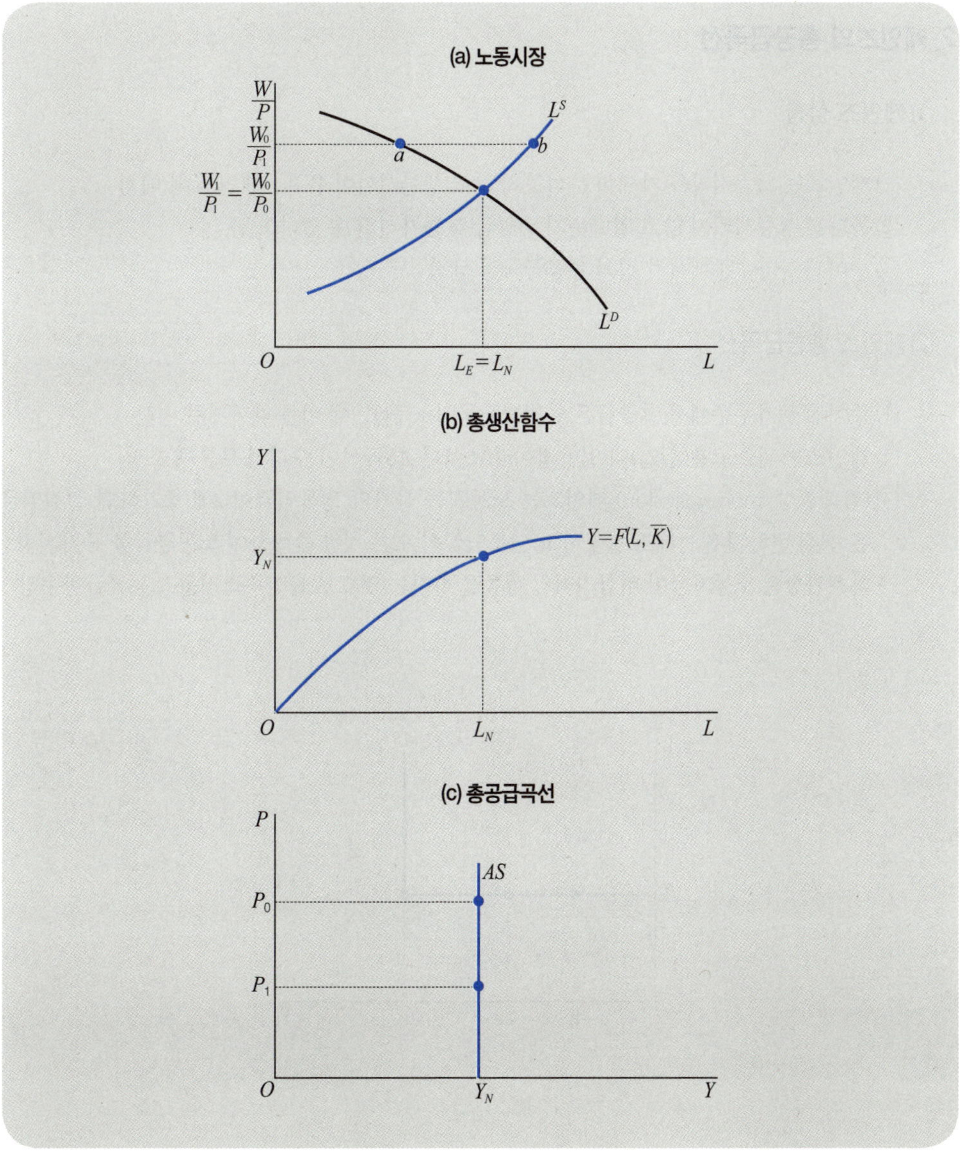

(2) 고전학파 *AS*곡선 이동과 의미

① 수직의 *AS*곡선이 우측이동하는 경우는 기술혁신에 의한 생산성의 증가, 자본축적, 노동력의 증가인 경우

② (고전학파 공급측면 이론의 핵심) 명목임금이 물가에 맞추어 완전신축적으로 움직이면 항상 완전고용과 완전고용국민소득을 달성함

2. 케인즈의 총공급곡선

(1) 케인즈 상황

① 케인즈는 노동시장을 자세히 분석하지 않고 생산시설이 유휴상태인 불황 배경

② 물가를 상승시키지 않고 얼마든지 총공급을 증가시킬 수 있다고 봄

③ 주어진 물가수준에서 수평의 총공급곡선 상정

(2) 케인즈 총공급곡선

① 주어진 물가수준에서 총공급은 완전고용국민소득(Y_N)에 이를 때까지 수평선

② 케인즈는 과소고용(실업)이 일반적이라고 보아 *AS*곡선이 수평인 부분에 초점

③ (화폐환상, money illusion) 케인즈는 노동자는 물가와 명목임금이 2배 증가하면 실질임금은 전혀 변하지 않는데도 불구하고 명목임금이 오른 것만 주목하여 노동공급을 증가시킴

→ 화폐환상은 노동자들이 비합리적인 행동을 한다는 것으로 불만족스러운 노동공급함수임

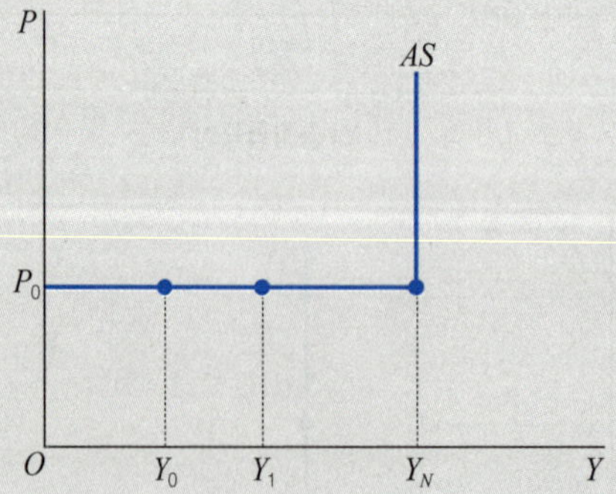

3. 현대의 총공급곡선

(1) *AS*곡선의 두 가지 접근방법

① 장단기 기준

■ (단기) 물가가 변하지 않는 기간, 수평의 *AS*곡선(케인즈)

■ (장기) 물가와 명목임금이 완전신축적인 경우, 수직의 *AS*(古)

② 루카스 공급함수

$$Y = Y_N + \alpha(P - P^e),\ \ \alpha > 0$$

단기에 정상적인 조업도를 초과하여 생산요소들을 가동시켜 자연생산량을 초과하여 생산할 수 있음

(2) 루카스 공급함수의 도출

① 노동공급이 실질임금의 함수가 아닌 예상실질임금$\left(\frac{W}{P^e}\right)$의 함수로 가정

② (현실적) 임금계약을 할 때, 계약기간 동안(1년 동안) 명목임금은 미리 결정되는 반면, 그 기간 동안의 물가수준은 정확히 알 수 없다는 점에 착안

→ 과거 물가수준의 동향을 참작하여 예상할 뿐

③ P가 상승하면, 노동수요곡선인 $MRP_L(=MP_L \times P)$가 우측으로 이동

④ 노동수요량 증가하고, 총생산함수를 통해 총공급이 증가 → 우상향 *AS* 도출

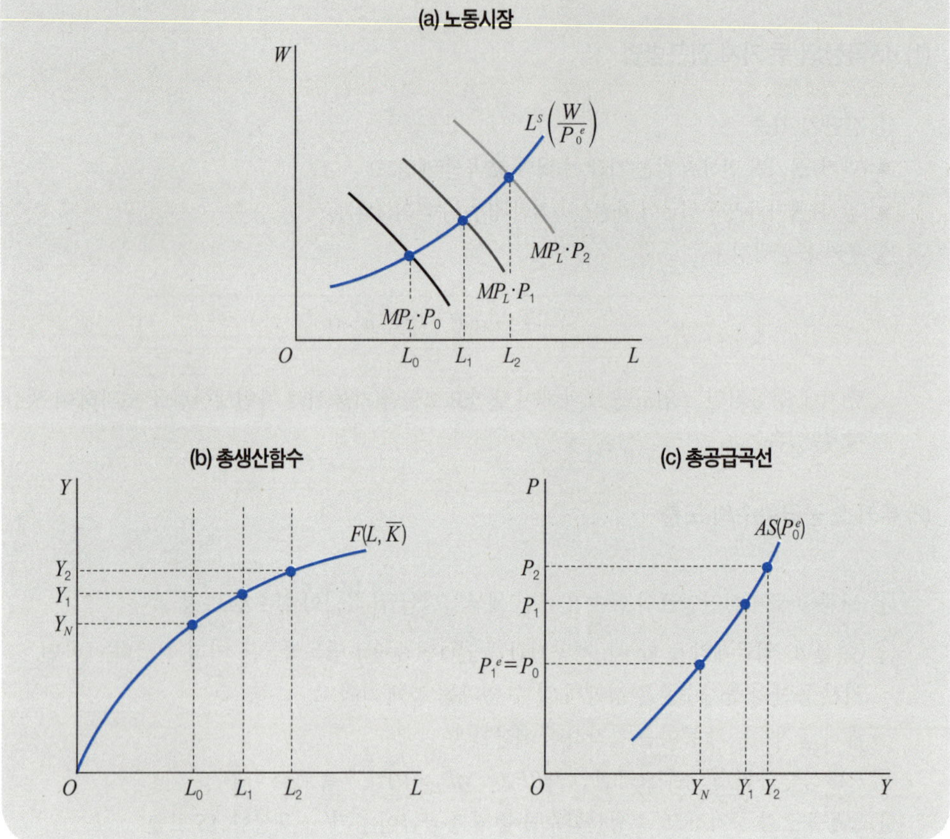

(3) 노동자들의 예상물가 상승

① 노동자들의 예상물가(P^e)가 상승하면 AS가 왼쪽(상방)으로 이동

② (얼마나 이동) $P = P^e$수준에서 고용수준이 자연고용량이 되도록 노동공급곡선이 좌측(상방)이동

③ 각각의 물가수준에서 균형고용량이 감소해 총생산이 감소해 AS 좌측이동

(4) 루카스 공급곡선 의미

① (단기) 사람들이 물가를 정확히 예상하지 못하지만

② (장기) 시행착오과정을 거쳐 물가를 정확히 예상 $P=P^e \rightarrow Y=Y_N$

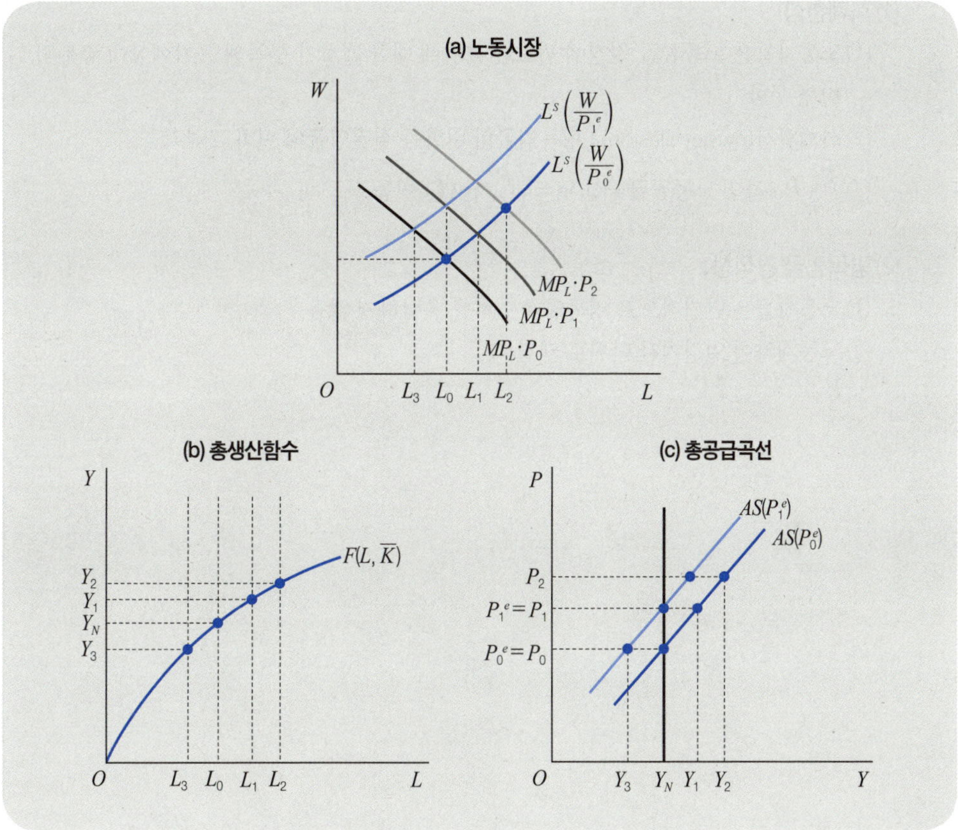

보론 4 물가수준과 공급측면의 균형

1. 케인즈의 노동시장의 단기 특징

(1) 화폐환상

① 노동자들은 노동공급 결정에 필요한 물가에 대한 정보가 부족해 물가예상에 충분히 반영 못함

② 화폐환상(money illusion) : 명목임금의 변화를 실질임금의 변화로 착각

③ $\overline{P^e}$, P ⇕하면 노동공급곡선 $w = \left(\frac{P^e}{P}\right)g(L)$ 이동

(2) 명목임금 경직성

① 노동자들은 단기적으로 명목임금 인하를 용납하지 않음

② 노동계약이 일정기간 단위로 체결

2. 노동자 예상착오모형[3)]

(1) 완전화폐환상 가정

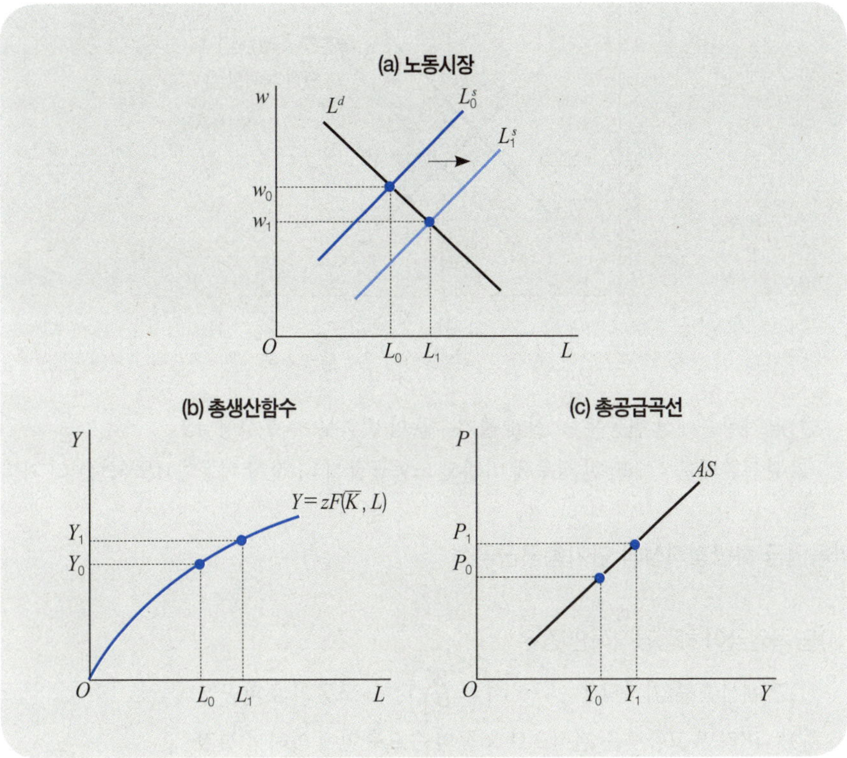

① 노동자의 화폐환상과 단기총공급곡선 : 노동자들이 정보부족으로 예상물가를 전혀 바꾸지 않는 경우($\overline{P^e}$)

② 물가상승($P\uparrow$) → L^d는 고정, L^S 우측이동[4)]

③ 노동자들이 화폐환상에 빠져 물가상승에 따른 명목임금의 상승을 실질임금의 상승으로 착각하여 노동공급 증가시킴

④ 물가상승이 국민소득 증가시켜 우상향하는 단기총공급곡선 도출

3) 물가에 대한 정태적 기대를 가정한 노동자의 화폐환상모형을 말함

4) 노동수요곡선은 $w = MP_L$이고, $w = \left(\frac{P^e}{P}\right)g(L)$이므로 주어진 w하에서 $P\uparrow \rightarrow g(L)\uparrow$

(2) 부분화폐환상 가정

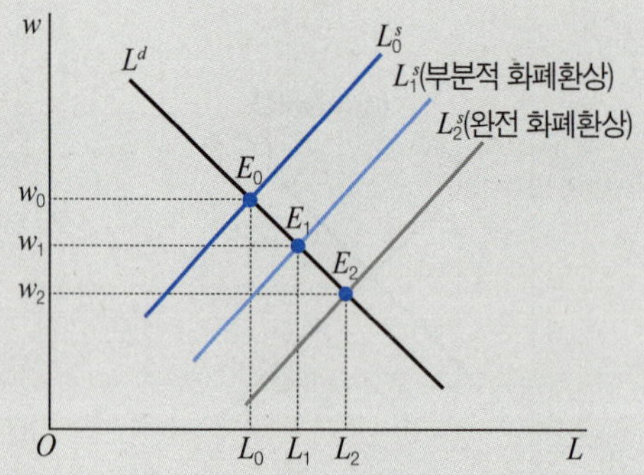

① 물가상승예상 변동분 < 실제 물가수준의 변화분 → 우상향 AS

② 완전화폐환상에 빠진 경우에 비해서 노동공급이 더 작게 이동해 AS곡선은 더 가파름

3. 명목임금 하방경직성과 단기총공급곡선

(1) 명목임금이 하방경직적인 경우

① P_0에서 → 물가하락($P\downarrow$) → $w\left(=\dfrac{W}{P\downarrow}\right)\uparrow$ → 노동의 초과공급

② if $\overline{W}$라면 고용량은 전적으로 노동의 수요측면에 의해서 결정

③ $L\downarrow$ (비자발적 실업 발생) → $Y\downarrow$

④ 우상향하는 단기총공급곡선 도출

(2) 명목임금이 상방신축적인 경우

① P_0에서 → 물가상승($P\uparrow$) → $w\left(=\dfrac{W}{P\uparrow}\right)\downarrow$ → 노동의 초과수요

② 명목임금의 상방경직성이 없는 경우 → $W\uparrow$ → 원래 L_0, Y_0로 회복

③ 단기총공급곡선 수직

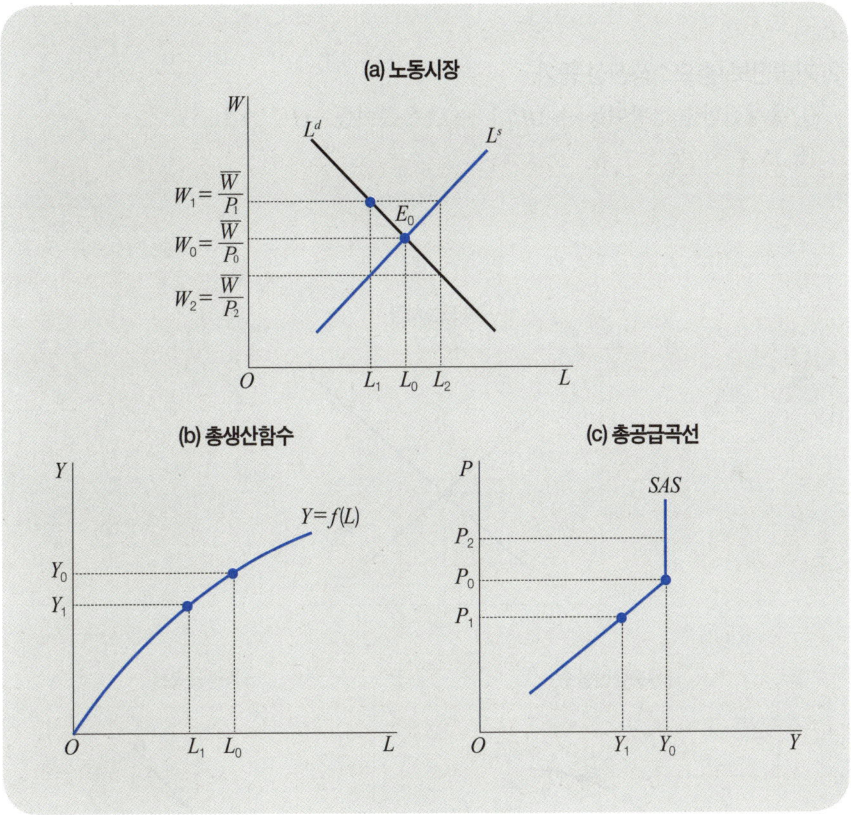

4. 단기총공급곡선 이동

(1) 노동공급 감소

① 산업별 노조(노동조합)에 의해 노동공급 감소 → 노동공급 상방(좌측)이동

② $\overline{P}$에서 $L\downarrow \rightarrow Y\downarrow$

③ AS 좌측이동

(2) 기술진보, 총요소생산성 증가

① 총생산함수 상방이동 → $MP_L\uparrow \rightarrow L^d$ 우측이동 → $L\uparrow, Y\uparrow$

② AS 우측이동

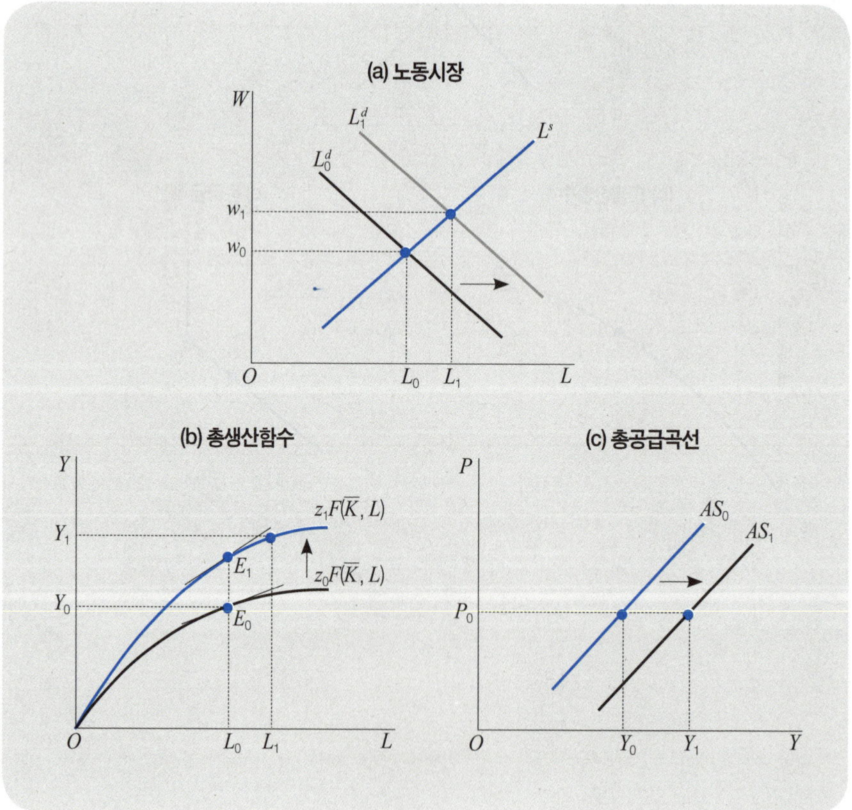

5. 장기총공급곡선

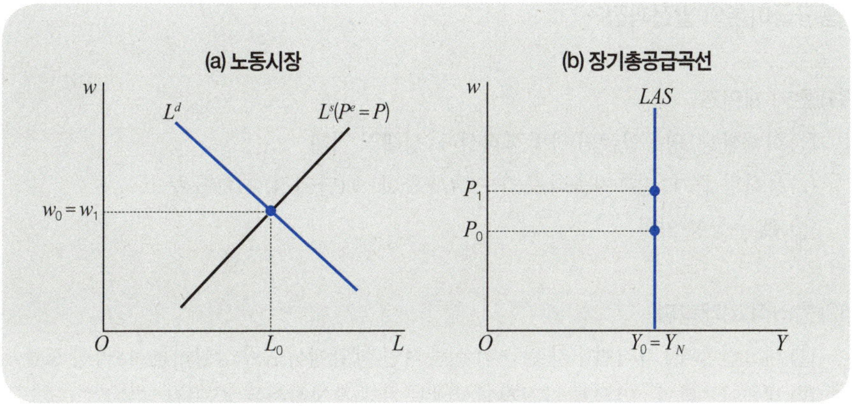

① 장기에는 화폐환상도 없는 완전정보 또는 완전예견(perfect foresight), 명목임금도 신축적

② 물가하락($P\downarrow$) → $P=P^e$

③ L^d, L^s 불변

④ Y_N

⑤ $LRAS$는 수직 (고전학파의 총공급곡선)

보론 5 합리적 기대와 총공급이론의 성립

1. 총공급이론의 발전과정

(1) 초기 케인즈

① 화폐환상, 명목임금의 하방경직성 + 정태적 기대

② 통화량 증가, 정부지출의 증가 → *AD* 확대 → (단기적) 시차를 두고

③ *AS* 우상향 의미

(2) 합리적 기대학파

① 새고전학파 : 가격변수가 완전히 신축적인 상황에서도 우상향하는 *AS*곡선 도출

② 새케인즈학파 : 임금과 가격경직성에 근거해 우상향하는 *AS*곡선 도출

2. 물가예상착오와 총공급곡선

(1) 합리적 기대

① 노동공급 관련된 이용가능한 모든 정보를 활용해 물가수준을 예상

② 물가예상을 즉각적으로 갱신하고, 과거의 예상치와 실제치 사이의 체계적인 오차를 미래의 물가예상에 반영

③ 루카스는 합리적 기대가 반영된 총공급곡선을 도출[5)]

5) 총수요곡선에 해당하는 기업의 의사결정은 직접 경영하는 상황을 상정해서 노동자와 경영자 사이에 정보의 비대칭성이 존재하지 않는다고 생각

(2) 개별기업의 공급곡선

$$Y_i = Y_i^* + \alpha(P_i - P) \quad (\alpha > 0)$$

① 생산 결정에 중요한 것은 다른 기업 상품가격과 자사의 상품가격의 차이인 상대가격
② 시장에서 $P<P_i$인 경우 → 그 개별기업 $L\uparrow$ → $Y_i>Y_i^*$
③ 개별기업 입장에서는 일반물가수준의 변동과 개별기업 제품의 상대가격 변동을 구별
④ 시장에서 $P=P_i$인 경우 → 동반 상승 → 생산 늘릴 요인 없음
⑤ 예상치 못하게 일반 물가수준이 상승하면, 개별기업은 자기 제품의 선호 증가로 가격만 상승한 것으로 착각해서 합리적 기대를 하더라도 생산량을 늘릴 수 있음

(3) 루카스 공급곡선(새고전학파 총공급곡선)

$$Y^{AS} = Y_N + \alpha(P - P^e) \quad (\alpha > 0)$$

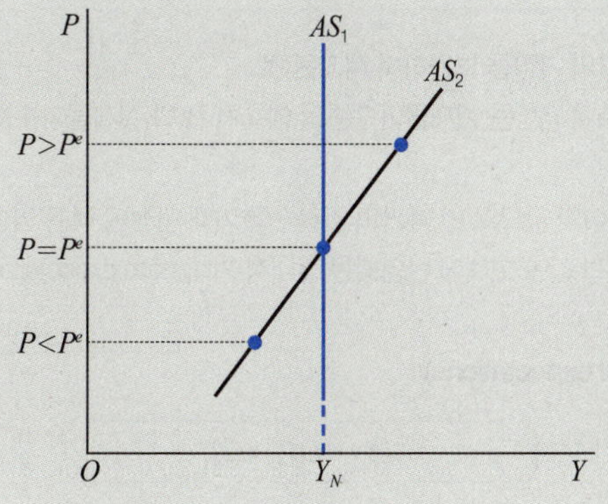

① 개별기업의 공급곡선을 모두 합해서 경제 전체의 공급곡선을 도출

② Y^{AS}는 각 기업의 실제산출량의 합(경제 전체의 총공급), Y^*는 각 기업의 정상산출수준의 합으로 잠재적 총생산, γ는 개별기업의 가격변화에 대한 반응정도로 단순화를 위해 모든 기업이 동일하다고 가정

③ (의미) 예상치 못한 일반 물가수준의 상승이 총공급 증가로 연결

→ 물가에 대한 정보의 불완전성으로 산출수준이 변할 수 있음 (화폐환상, 가격의 경직성 배제)

④ $P=P^e$라면, $Y^{AS}=Y^*$가 되어 Y^*에서 수직의 총공급곡선이 도출

⑤ $P>P^e$라면, $Y>Y^*$가 되어 우상향하는 총공급곡선 도출

참고 **기대이론**

(1) 완전예견(perfect foresight)

$$P_t^e = P_t$$

(2) 적응적 기대(adaptive expectations)

$$P_{t+1}^e = P_t^e + \alpha(P_t - P_t^e) = \alpha P_t + \alpha(1-\alpha)P_{t-1} + \alpha(1-\alpha)^2 P_{t-1} + \cdots$$

① 비현실적인 완전예견의 가정을 보완하여 제기된 것

② 미래물가수준의 예측치 P_{t+1}^e는 현재물가수준의 예측치 P_t^e와 실제물가수준 P_t의 차이를 반영하여 결정

③ 가중치 α는 0과 1 사이의 값으로 먼 과거의 값일수록 기대 형성에 적은 영향을 미침

④ $\alpha=1$이면 바로 전기의 값만 기대에 반영되는 정태적 기대(static expectations)가 됨

(3) 합리적 기대(rational expectations)

$$P_{t+1}^e = E[P_{t+1}|\Omega_t]$$

① 예측은 과거의 경험에만 의존하는 것이 아님

② 경제주체들은 현재 이용가능한 모든 정보를 활용하여 미래의 물가수준을 예측

③ Ω_t는 t기에 이용가능한 모든 정보의 집합이고, $E[P_{T+1}|\Omega_t]$는 미래물가수준 P_{T+1}에 대한 조건부기대치(conditional expectation)

④ 합리적 기대가 완전예견을 의미하는 것은 아니고, 주어진 정보를 최대한 이용해도 정보가 불완전하면 예측오차는 발생할 수도 있음

⑤ 체계적인 오차는 막을 수 있음

3. 가격경직성과 총공급곡선

※ 케인즈학파는 임금이 하방경직적이라는 점을 근거로 접근
but, 왜 경직적인지의 여부를 설명 못 함

※ 새케인즈학파 : 독점적 경쟁기업의 최적화된 행위의 결과로 가격변수 경직적

(1) 메뉴비용이론

① 기업이 가격을 변화시킬 때 수반되는 비용을 은유적으로 표현 (가격변화와 관련한 유무형의 모든 비용을 포괄)

② 사소해 보이는 메뉴비용의 존재가 재화가격의 경직성 유발 → 경기변동 발생

③ (의의)

- 가격을 변화시킬지의 여부는 모두 합리적 이윤극대화 행동의 결과
- 총수요 변화 후에도 가격을 유지하기로 결정하면(경직적), 산출량 변동폭은 가격을 조정할 때보다 훨씬 커짐

(2) 새케인즈학파의 총공급곡선

① (두 부류의 기업 존재) 그룹 1은 경제상황에 따라서 신축적으로 가격을 조정하는 기업
기업 2는 합리적으로 예상한 물가수준에서 가격을 설정한 후에 국민소득 수준의 변화에 대해서 가격을 조정하지 않음

$$P_1 = P + \alpha(Y - Y^*) \quad (\alpha > 0)$$

② P_1은 기업 1이 부과하는 상품가격, P는 일반물가수준, α는 기업의 상품가격이 Y^* 대비해 Y의 변화에 반응하는 정도

③ $P_2 = P^e$ (생산계획을 세울 때 일반물가수준을 예측하고, 그에 따라 적절한 가격을 정하고 일정하게 유지)[6]

④ 기업 그룹 1이 시장에서 차지하는 비율은 $(1-s)$, 기업 그룹 2가 차지하는 비율은 s

⑤ (경제 전체 물가수준) 가격을 경직적으로 정하는 기업들이 존재하는 경우 경제 전체의 총공급곡선

6) 이후에 일반물가수준의 변동이나 국민소득수준의 변화에 대해 전적으로 생산량의 변화$(Y - Y^*)$로 대응할 뿐 가격을 변화시키지 않음

$$P = (1-s)P_1 + sP_2 = (1-s)[P + \alpha(Y - Y^*)] + s\overline{P^e}$$

$$P = \overline{P^e} + \alpha\left(\frac{1-s}{s}\right)(Y - Y^*) \quad (\alpha > 0)$$

⑥ 가격을 경직적으로 유지하는 기업 비율인 s가 커질수록 AS곡선의 기울기 완만

3 총수요·총공급의 이론

1. 고전학파 *AS*

① (공급측 국민소득결정이론) 국민소득은 총수요곡선에 관계없이 총공급곡선만으로 결정
② 총수요곡선은 총공급곡선과 결합하여 물가수준만 결정
③ 장기모형 : 활황기에 수직의 *AS*가 설득력

2. 케인즈학파 *AS*

① (수요측 국민소득결정이론) 국민소득은 주어진 물가수준에서 총수요곡선에 의해 결정
② 총공급곡선이 주어진 물가수준에서 완전고용국민소득에 이를 때까지 수평
③ 물가수준이 일정하다는 가정하에 국민소득결정을 *IS*–*LM*만으로 분석가능
④ 단기모형 : 극심한 불황기에 수평의 *AS*가 설득력 지님

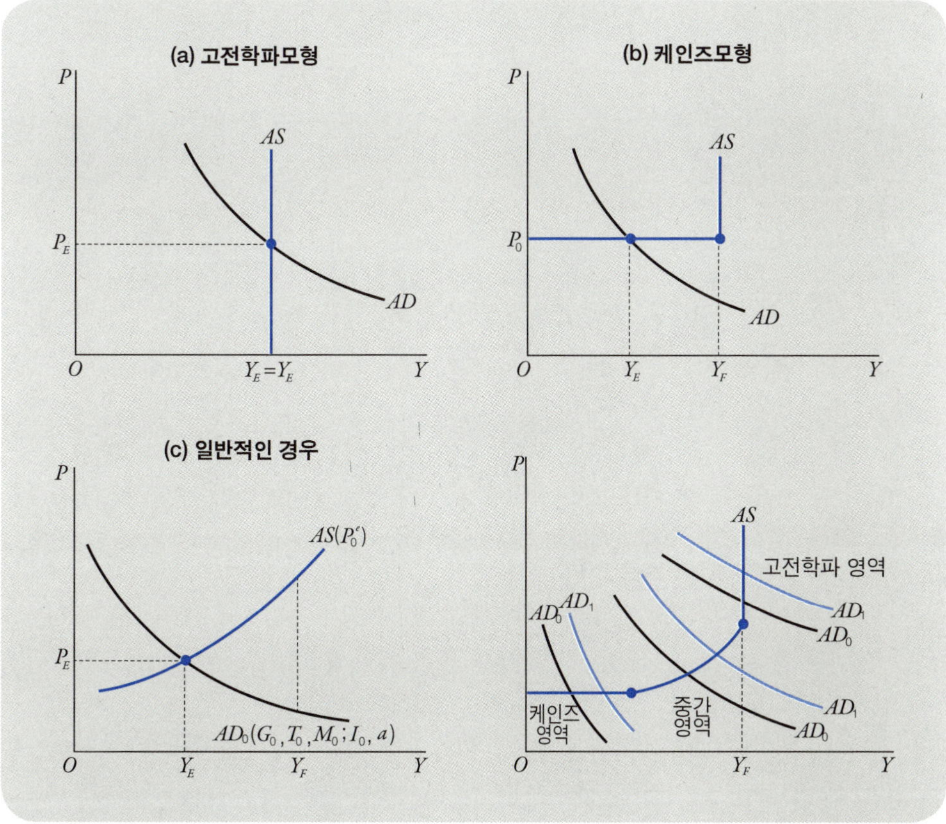

3. 루카스 *AS*

① 예상물가수준이 주어져 있을 때 우상향의 곡선

② 수요측이나 공급측 어느 하나만으로 결정되지 못함 (두 측면이 상호작용)

보론 6 총수요·총공급 균형과 거시경제정책

※ 〈그림〉에서 Y, L, P, r, e의 내생변수를 지닌 연립방정식 체계

→ 물가수준에 대해서 우하향하는 *AD*곡선과 화폐환상 가정하에서 우상향하는 *AS*곡선을 이용하여 재정정책과 화폐금융정책의 효과를 폐쇄경제와 개방경제하에서 살펴봄

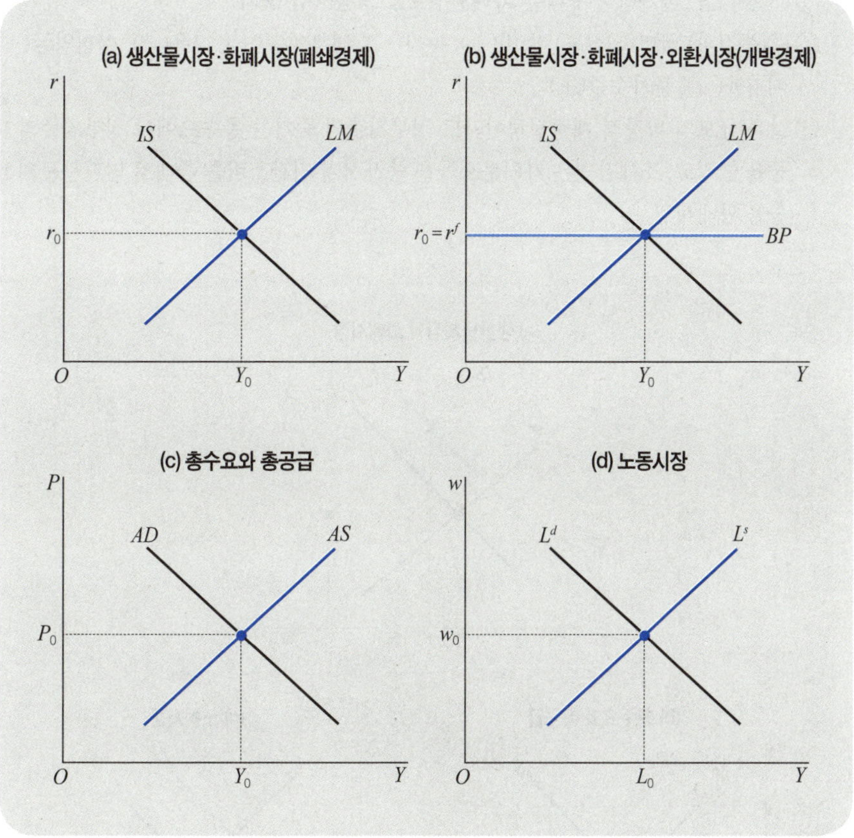

보론 7 재정정책

1. 폐쇄경제

① 확장적 재정정책 → IS 우측이동 → AD 우측이동

② (AD곡선) AD 우측이동으로 물가상승 → LM 좌측이동 (실질화폐공급감소)

③ (노동시장) 물가상승에 따른 화폐환상으로 노동공급 증가

④ (최종결과) 국민소득(+), 소비(+), 투자(−), 정부지출(+), 고용(+), 실질임금(−), 이자율(+), 물가수준(+)

⑤ 같은 규모의 확장적 재정정책이라도 정부지출의 증가는 총수요에서 정부지출의 비중을 늘리고, 조세감면은 가처분소득을 증가시켜 민간소비를 증대로 민간부문의 비중을 확대시킴

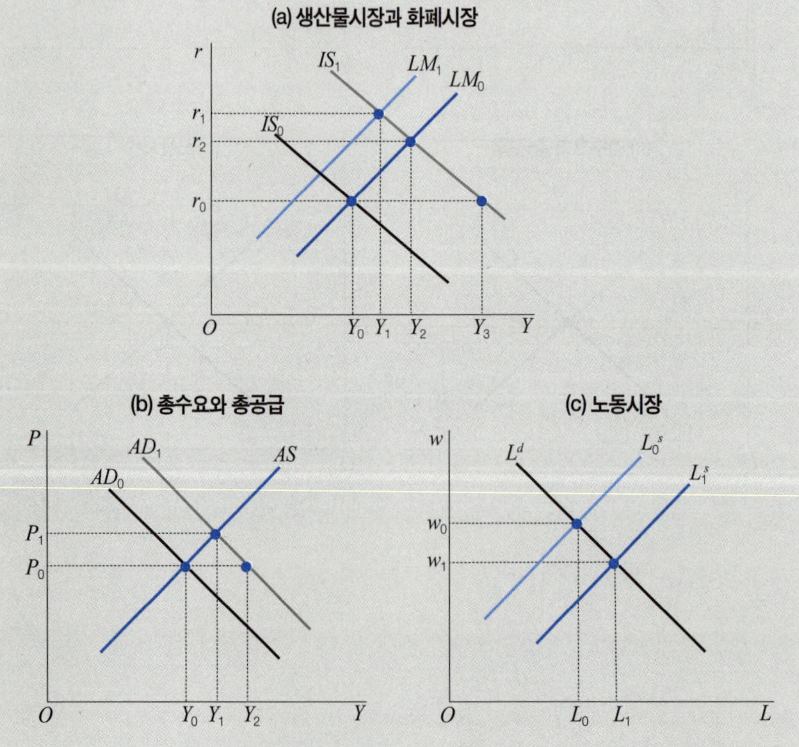

2. 개방경제(변동환율제도)

① IS 우측이동 → $r > r_f$로 해외자본이 유입 → 환율 하락 → NX 감소 → IS 다시 좌측

② AD 불변 (물가수준 불변)

③ 노동시장 불변

④ 균형국민소득에 아무런 영향을 미치지 못함

but, 재정적자와 경상수지 적자가 동시에 발생 (쌍둥이 적자, twin deficits)

$\overline{Y} = \overline{C} + \overline{I} + G\uparrow + NX\downarrow$

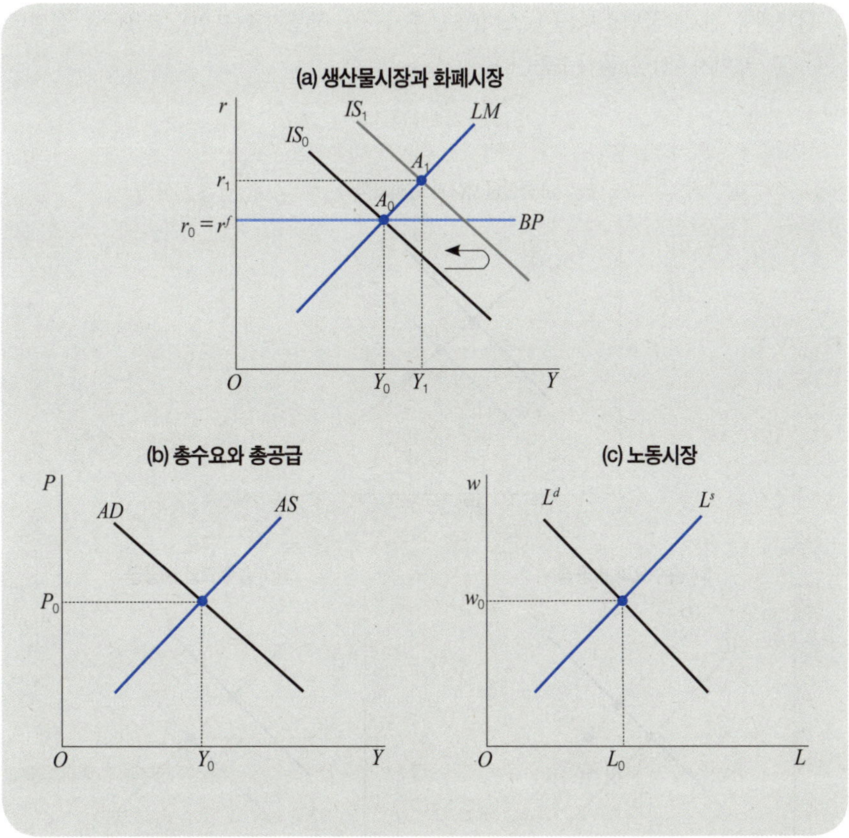

보론 8 화폐금융정책

※ 통화량 증대 → ***LM***곡선이 우측이동 → 이자율 하락, 투자 증대, 총수요 증가

1. 폐쇄경제

① (총수요측면) LM 우측이동 → AD 우측이동 → P 상승
② ($IS-LM$ 측면) LM 좌측이동 → r 상승 → 민간 투자 일부 감소
③ (노동시장) P 상승 → (부분적인 화폐환상) 노동공급 우측이동 → 노동공급 증가
④ (최종 결과) 국민소득(+), 소비(+), 투자(+), 정부지출(불변), 고용(+), 실질임금(−), 이자율(−), 물가수준(+)

(a) 생산물시장과 화폐시장

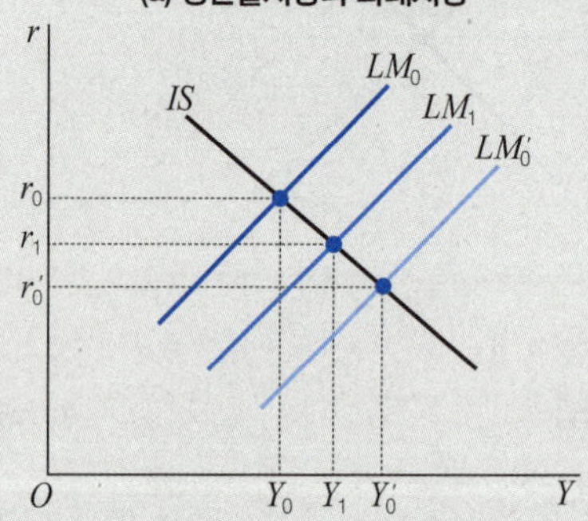

(b) 총수요와 총공급

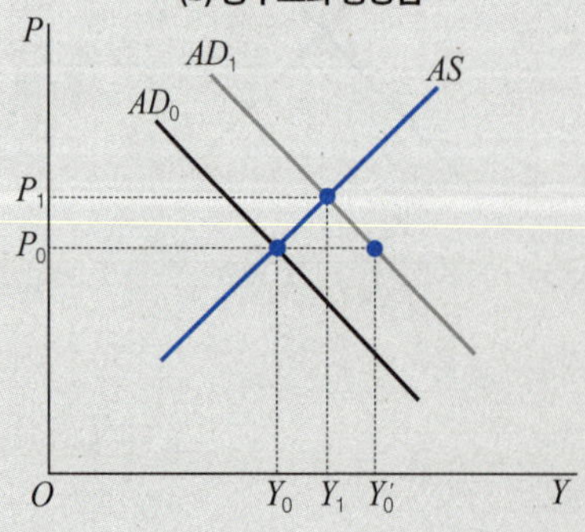

(b) 총수요와 총공급

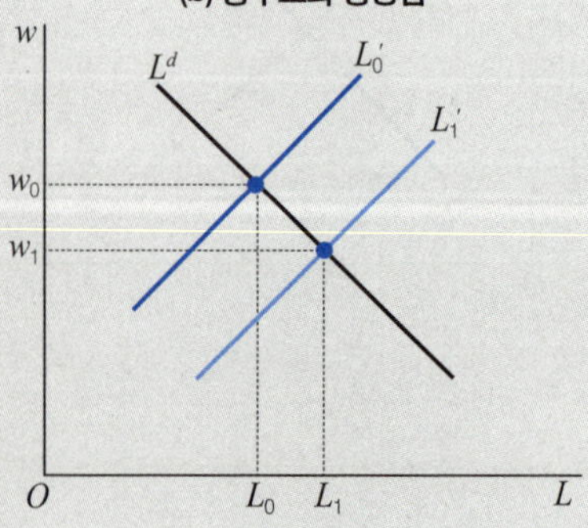

⑤ (확장적 재정정책과 비교)

- 확장적 재정정책은 이자율 상승으로 민간투자를 위축시키지만, 확장적 화폐금융정책은 이자율을 하락시켜 민간투자를 촉진
- 확장적 화폐금융정책은 정부지출이 변하지 않아, 정부부문의 비중이 확대되지 않고, 민간부문의 비중이 확장적 재정정책보다 커짐

실증 연구 **화폐적 경기변동 예측과 데이터**

- 모형에서 물가수준이 경기순응적이고, 실질임금이 경기역행적인 모형의 예측은 실제 데이터와 맞지 않음을 확인할 수 있음
- 경기순응적인 물가수준은 통화량 변화에 따른 총수요곡선 이동의 결과이고, 경기역행적인 실질임금은 노동자의 화폐환상에 기인

화폐환상모형의 화폐적 경기변동 예측과 데이터

거시경제지표	데이터	모형
소비	경기순응적	경기순응적
투자	경기순응적	경기순응적
고용	경기순응적	경기순응적
실질임금	경기순응적	경기역행적
실질이자율	경기역행적	경기역행적
물가수준	경기역행적	경기순응적
화폐공급	경기순응적	경기순응적

2. 개방경제(변동환율제도)

① 통화 팽창 → LM 우측이동 → $r<r_f$ → 국내자본 유출, 환율 상승 → 순수출 증가 → IS 우측이동 → AD 우측이동

② (AD 우측이동) P 상승 → 수출 감소, 실질화폐공급 감소 → IS곡선 좌측, LM곡선 좌측

③ (노동시장) (폐쇄경제보다 큰) P 상승 → (폐쇄경제보다 큰) 화폐환상 → 노동공급곡선 우측 큰 이동

④ (최종결론) 국민소득(+), 소비(+), 투자(불변), 정부지출(불변), 순수출(+), 고용(+), 실질임금(−), 이자율(불변), 환율(+), 물가수준(+)

⑤ (국민소득 지출측면)

- 국민소득(Y) 증가 → C 증가
- 국제이자율 불변이라면 최종균형에서 I 불변
- 환율 상승 → NX 증가
- 물가 상승, 소득 증가 → NX 감소
- $Y=C+I+G+NX$에서 $Y\uparrow > (C+I+G)\uparrow$ 이므로 $NX\uparrow$

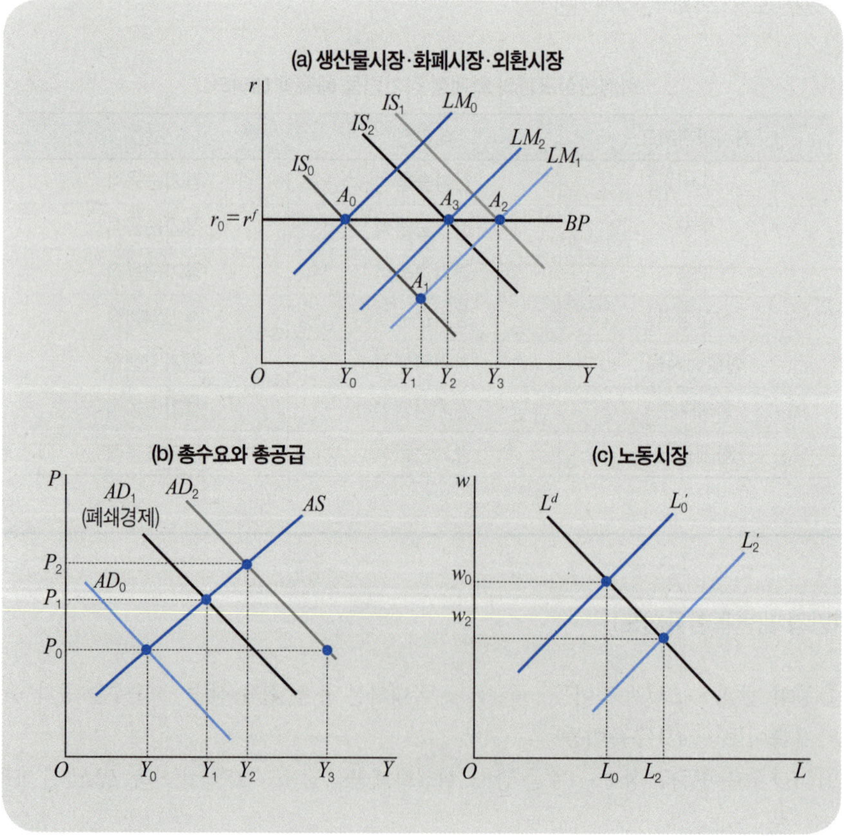

보론 9 IS-MP모형

1. *IS-MP*모형

(1) 등장배경

① 테일러 준칙이 등장한 이후에 중앙은행의 이자율 준칙을 거시경제모형의 한 부분으로 포함시키게 되었고, *LM*관계식을 이자율 준칙으로 대체

② 그러나 통화공급과 이자율의 역의 관계는 여전히 성립

③ 단지 통화정책의 운용목표는 통화량이 아닌 이자율이므로, 이자율 목표가 정해지면, 중앙은행은 목표치를 달성하기 위해서 통화량을 그에 맞춰 조절하게 됨

(2) *IS-MP*모형

① *IS-MP*모형은 (산출갭, 이자율)$=(\widetilde{Y}, r)$의 평면에 정의

$$(IS\ 곡선)\quad \widetilde{Y}_t = -\alpha(r_t - \bar{r}) + \varepsilon_t$$
$$(MP\ 곡선)\quad r_t = \bar{r} + \gamma(\pi_t - \pi^*)$$

② 우하향하는 *IS*곡선은 총수요충격이 가해질 경우 좌우로 이동

③ 인플레이션과 인플레이션 목표가 변하는 경우 *MP*곡선은 상방과 하방으로 이동

④ *IS-MP*모형은 *LM*관계식을 이자율 준칙으로 대체하여 통화정책을 내생화

⑤ 산출갭을 실질이자율의 감소함수로 나타내고, α는 산출갭이 이자율에 반응하는 정도, 산출갭에 영향을 주는 다른 요인들은 ε에 반영

⑥ 예를 들어 소비, 투자심리 개선으로 내수 증가 혹은 세계경제 호황으로 순수출 증가는 ε을 증가

(3) 산출갭을 이용한 *IS*곡선

① 수평축은 실질*GDP* 대신 산출갭

② 가로축의 0을 기준으로 좌측은 산출갭이 음(−)인 불황이고 우측은 양(+)인 호황의미

③ 수직선인 $Y=Y_N$은 산출갭이 0인 상태로 잠재*GDP* 달성

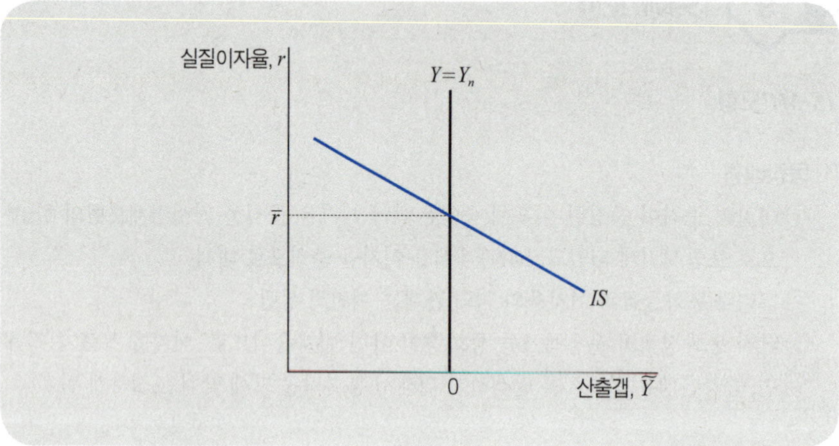

(4) *MP*곡선

① *MP*곡선은 중앙은행이 어떤 수준으로 실질이자율을 선택하는지 보여줌

② (a)는 $\overline{r}$ 수준으로 이자율을 정한 경우 의미

③ (b)에서 인플레이션율이 상승하거나 인플레이션 목표를 하향 조정하면 *MP*곡선은 상방이동

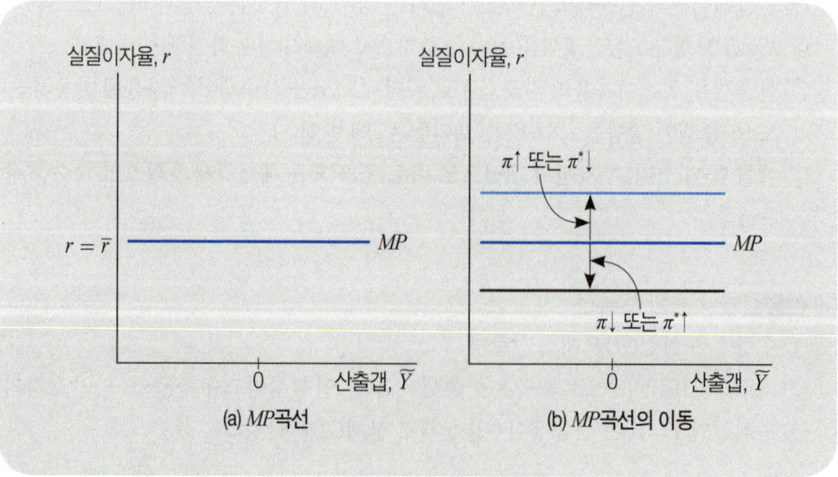

(5) *IS-MP*장기균형

① *IS*곡선과 *MP*곡선은 산출갭 0인 수준에서 만남

② 중앙은행은 장기균형실질이자율 수준으로 이자율을 정하고 인플레이션 목표를 달성

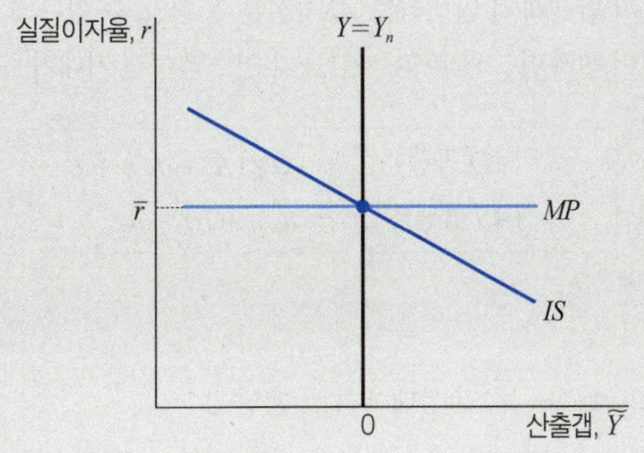

2. *AD-AS*모형

(1) *AD*곡선

① *AD*곡선은 (산출갭, 인플레이션)=($\widetilde{Y}$, π)평면에 정의

② 인플레이션이 상승하면 통화당국이 준칙에 따라서 이자율을 상승시키고, 이자율 상승에 따라서 총수요가 감소

③ *AD*곡선은 ($\widetilde{Y}$, π)평면하에서 우하향

④ 총수요충격이 발생하거나 목표 인플레이션이 변경되면 *AD*곡선이 좌우로 이동

⑤ *A*점은 산출갭과 인플레이션갭이 모두 0인 상태

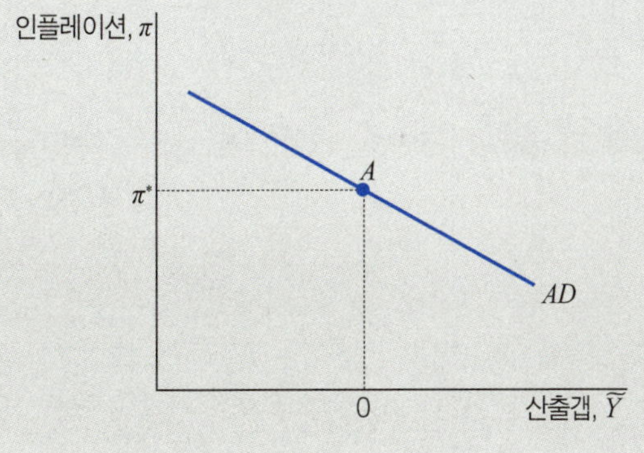

(2) *AS*곡선

① *AS*곡선은 현재기의 인플레이션이 전기의 인플레이션(예상 인플레이션)과 현재기의 산출갭에 의존하며, $(\widetilde{Y}, \pi)$ 평면에서 우상향

② 총공급충격이 발생하면 *AS*곡선이 아래위로 이동

③ 총공급충격이 발생하지 않더라도 *AS*곡선은 움직일 수 있는데, 어떤 요인에 의해서 인플레이션이 변하면 그에 따라 사람들의 인플레이션 기대가 수정되기 때문

(*AD* 곡선) $\widetilde{Y}_t = -\alpha\gamma(\pi_t - \pi^*) + \varepsilon_t$

(*AS* 곡선) $\pi_t = \pi_{t-1} + h\widetilde{Y}_t + v_t$

(3) *AD-AS*균형

산출갭이 0이고, $\pi_{t-1} = \pi^*$인 상태에서 균형 달성

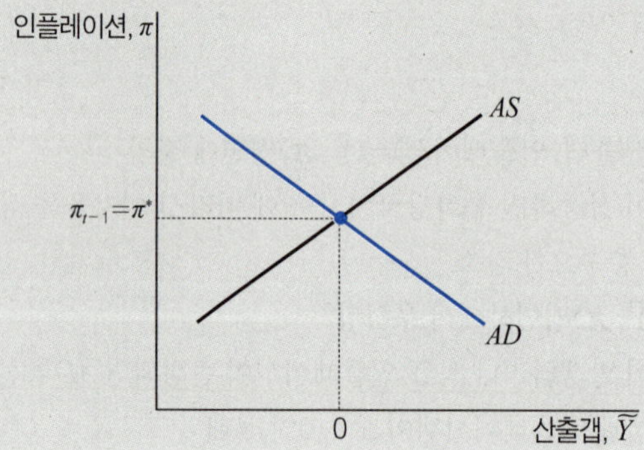

3. 균형 조정 과정

① 총수요충격이나 총공급충격에 의해서 소득이 자연산출량 수준(Y_N)을 이탈한 경우, 인플레이션이 변동하면서 *AS*곡선과 *MP*곡선은 서서히 이동

② 동태적 과정을 거쳐 인플레이션 조정이 마무리되면 다시 경제는 새로운 장기균형을 찾아감

(1) 인플레이션 충격

① 인플레이션 충격은 *AS*곡선 상방이동($A \rightarrow B$)

② 인플레이션 억제를 위해 *MP*준칙에 입각해 이자율 인상

③ 경제 침체와 인플레이션은 점차 하락

④ *AS*곡선은 아래로 조금씩 이동해 다시 *A*점 회귀

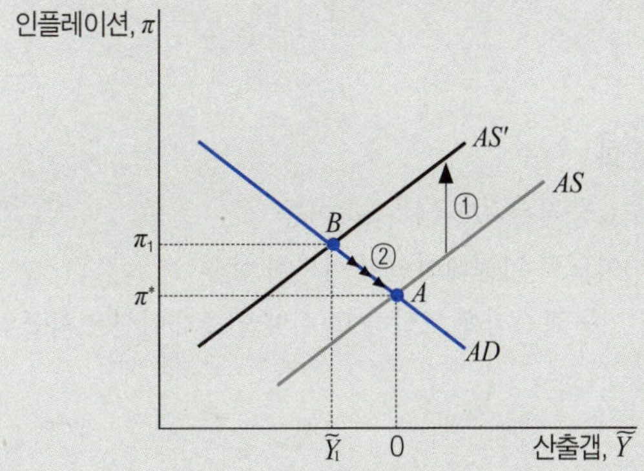

(2) 디스인플레이션 효과

① 인플레이션 억제정책으로 AD곡선 좌측이동($A \rightarrow B$)

② 경기침체로 인플레이션 점차 하락해 AS곡선 아래로 이동

③ 최종적으로 C점으로 이동해 새로운 균형에서 하향 조정된 목표인플레이션 π^{**}달성

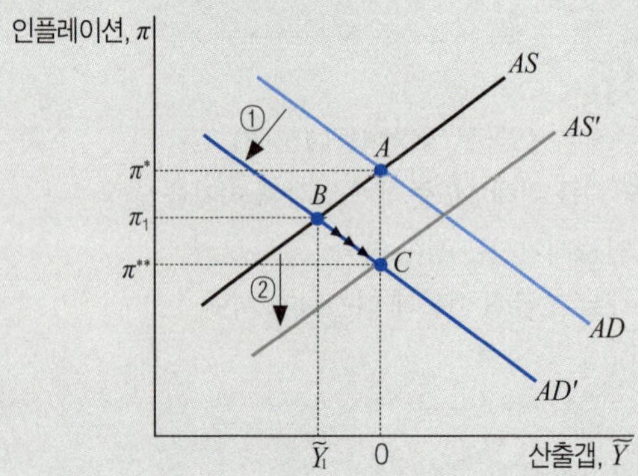

(3) 총수요충격의 효과

① 양(+)의 총수요충격은 AD곡선 우측이동

② 산출갭이 (+)이므로 인플레이션이 서서히 상승

③ AS곡선 상방 이동해 C점에 도달하고, 이때 인플레이션은 목표인플레이션을 상회

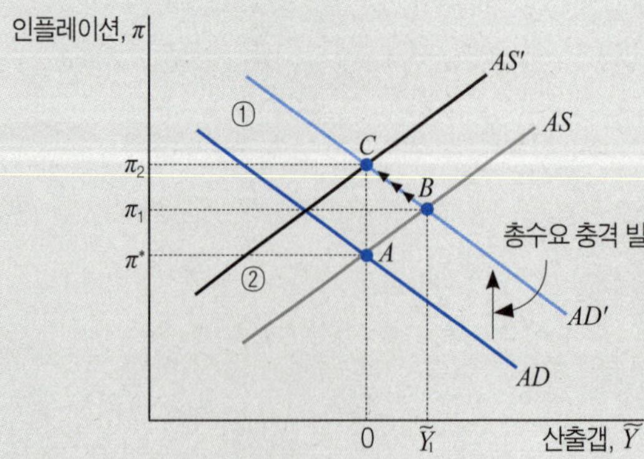

④ 수요충격은 오래 지속되지 못하고, 다시 원래 상태로 복귀 (D점)
⑤ 호황을 누리던 경제는 수요충격이 소멸되면서 침체를 경험
⑥ 인플레이션은 서서히 하락하면서 AS곡선은 아래로 서서히 이동 (A점)
⑦ 목표수준의 인플레이션으로 회귀
⑧ 수요측면의 호황은 반드시 경기침체를 수반하게 됨

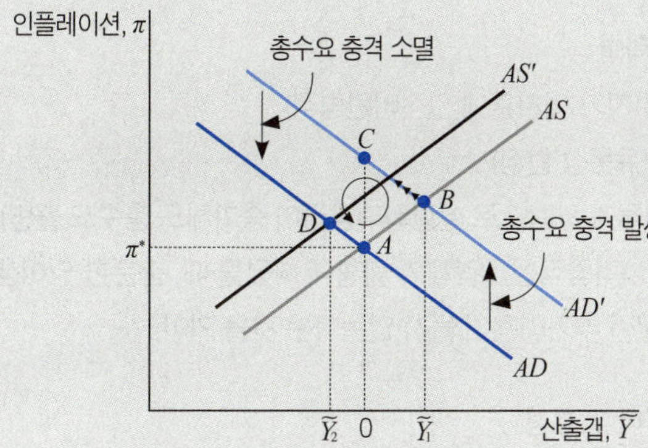

보론 10 고전학파 VS. 케인즈학파

※ 고전학파

① 완만한 IS곡선 (투자의 이자율탄력성이 큼)

② 수직의 LM곡선 (거래적 화폐수요만 고려)

③ 수직의 AS곡선 (화폐환상이 존재하지 않음 + 신축적 명목임금 조정)

※ 극단적인 케인즈학파

① 수직의 IS 곡선 (투자가 이자율에 완전비탄력적)

② 수평의 LM 곡선 (유동성 함정)

③ 수직의 AD 곡선 (물가 하락으로 실질화폐공급이 증가해도 총수요 불변)

④ 수평의 AS 곡선 (가격경직성) : 경제가 불황에 빠졌을 때, 충분한 잉여생산능력이 존재해 생산 증가 시 아무런 추가비용이 들지 않는다는 것을 의미

1. 재정정책의 상대적 유효성

(1) 고전학파

- 수직의 LM, 완만한 IS
- 확장적 재정정책은 완전한 구축효과로 총수요를 증가시키지 못하고, 균형국민소득도 증가시키지 못함 (총수요)
- 총수요 구성항목 중에서 정부부문의 비중을 높이고, 민간부문의 비중을 낮추는 효과

(2) 케인즈학파

- 유동성 함정(LM 수평), 투자 함정(IS 수직)
- 확장적 재정정책은 구축효과를 유발하지 않고 큰 폭의 총수요 증가 효과 (G 증가는 이자율 상승을 유발하지 않고, I가 감소하지 않음)
- AD 증가는 수평인 AS곡선의 특성으로 인해서 AD 증가폭과 동일한 수준의 AS 증가를 야기

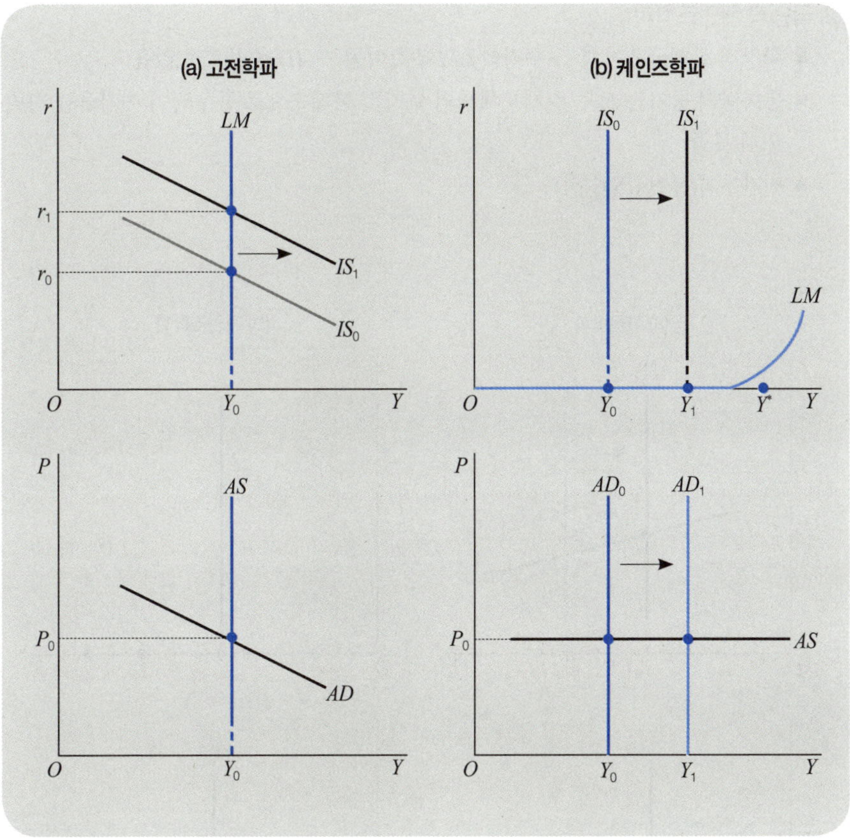

2. 화폐금융정책의 상대적 유효성

(1) 고전학파

- 확장적 화폐금융정책 → *LM* 우측 → *AD* 우측
- (수직의 *AS*) 화폐환상이 없고, 명목임금이 상하신축적인 노동시장에서 완전고용이 항상 달성
- 확장적 화폐금융정책 → 물가만 상승 → *LM* 좌측이동해 원래 위치로 복귀 → 이자율도 원래 수준 회복
- 화폐의 중립성(neutrality of money) : 총수요의 구성항목 간 비중 변화도 없음 (실질변수에 아무런 영향도 없음)

(2) 극단적 케인즈학파

- 확장적 화폐금융정책 → 수평의 LM 우측이동 → AD 증가효과 없음
- 통화량의 증가는 모두 경제주체들의 투자적 화폐수요로 흡수되어 이자율을 하락시키지 못함
- 민간투자 불변 (IS 수직)

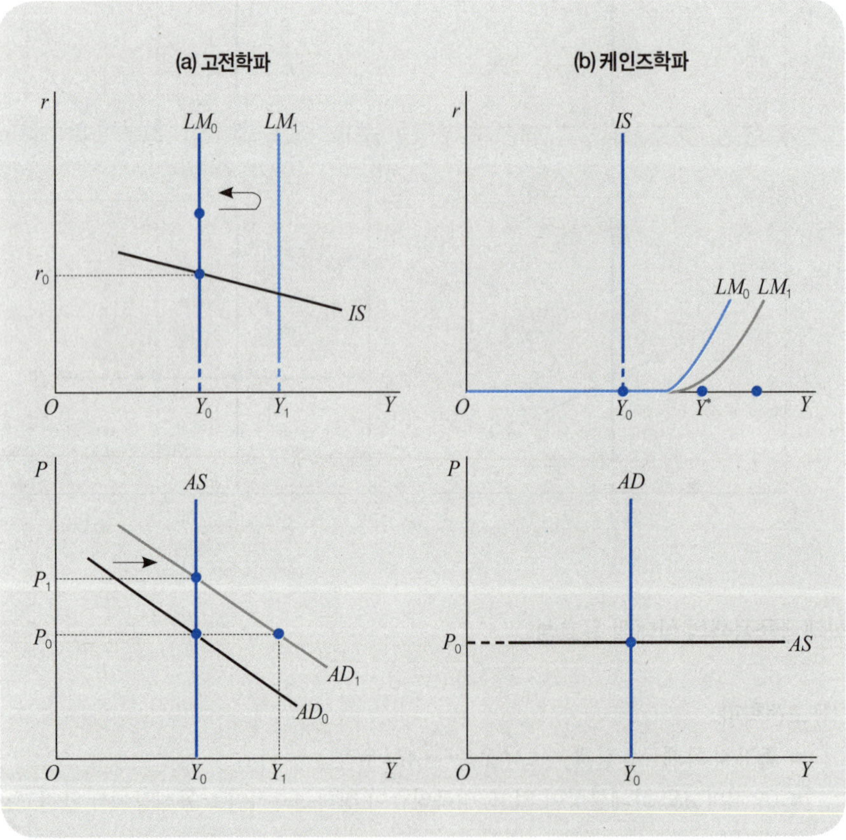

보론 11 새고전학파 VS. 새케인즈학파

※ 고전학파와 케인즈학파의 견해 차이는 총공급측면에 대한 관점의 차이에 기인 (AS곡선 기울기)

1. 루카스 공급곡선과 정책무력성 명제

① 새고전학파

- 불완전한 정보 속에서 경제주체들이 미래에 대한 합리적 예상 가정 +미시적 최적화
- 즉각적인 시장청산(market-clearing) 달성

② 루카스 공급곡선

$$Y = Y_N + \alpha(P - P^e) \quad (\alpha > 0)$$

③ 확장적 재정정책 → AD 우측 → 정부지출이 예상된 경우라면 기대에 반영 ($P=P^e$) → $Y=Y_N$

④ AS 수직 → 예상된 확장적 재정정책 → P만 상승시키고, Y는 단기에서조차 증가 못 시킴

⑤ 정책무력성 명제(policy ineffectiveness proposition) : 예상된 정책은 단기에서조차 실물부문에 아무런 영향을 줄 수 없음

⑥ 예상치 못한 경우 ($P>P^e$) → $Y<Y_N$

→ but, 오래 지속될 수는 없음 (물가예상이 실제 물가수준을 반영해 AS 상방이동해 효과 사라짐)

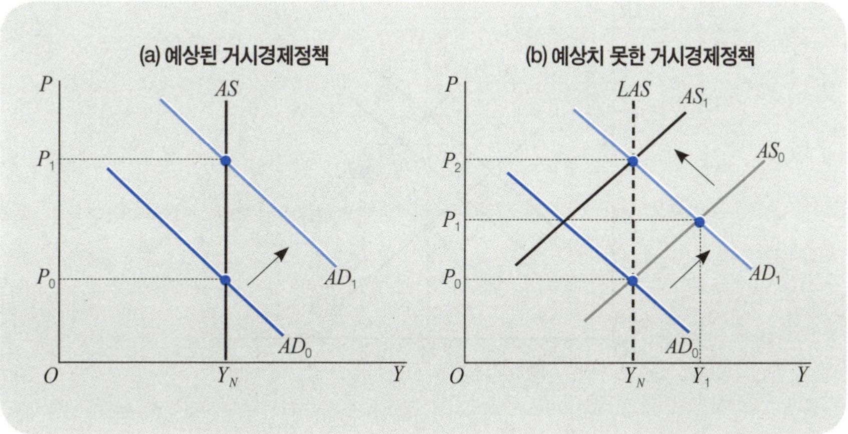

⑦ 루카스 공급곡선에서 α가 클수록 AS 기울기가 완만해져 정책효과가 커짐

→ α의 크기는 경제주체들의 착각의 정도를 반영하는 것

⑧ 민간의 물가예상이 조정되는 데 어느 정도의 시간이 필요한가 중요

→ 합리적 기대하에서는 체계적인 오류를 범하지 않아 예상오류의 조정이 신속하게 이루어지면 예상치 못한 정책도 효과는 지극히 일시적일 뿐

2. 새케인즈학파의 거시경제정책

① 새케인즈학파 : 합리적 기대 + 동태적 최적화 + 가격경직성

② 합리적 기대나 동태적 최적화를 수용해도 경제에 명목(실질)변수의 경직성이 존재하면 얼마든지 거시경제정책이 효과를 가질 수 있다고 봄

③ 정부의 '예상된' 확장정책 → 합리적 기대 경제주체들은 물가상승을 고려한 최적화 행동

but, 가격변수가 빠르게 조정되는 것이 아님 (일부기업들이 가격을 경직적으로 유지한다면)

→ AS가 소폭 이동

④ 예상 여부와 관계없이 단기적으로 정부의 확장적 정책은 실물부문에 영향을 줄 수 있음

but, 장기적으로는 모든 기업들이 가격을 상향조정하면 AS 좌측이동 → 물가만 상승, $Y=Y_N$

⑤ 새케인즈학파의 세계에서도 장기총공급곡선은 Y_N에서 수직

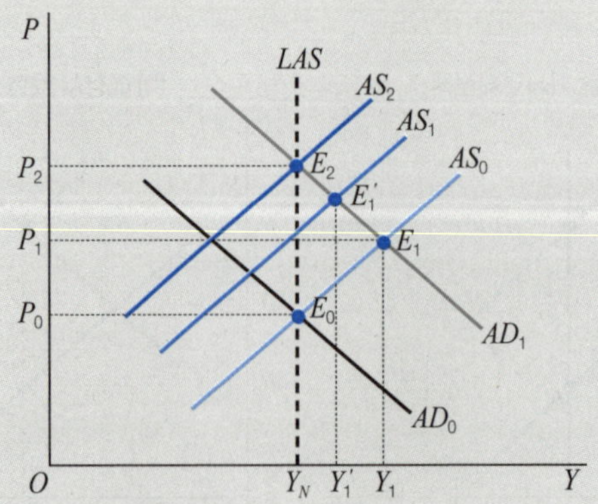

보론 12 총수요 충격과 경기변동

1. 총수요측면의 경기변동

① 1940~1970년대 초 경기변동이론

② 승수이론과 가속도이론

총수요 충격 —승수이론→ 소득 변동 —가속도이론→ 투자변동

2. 독립투자의 증가

① 미래에 대한 기업들의 낙관적 기대 예상

② 기계설비 투자 증가 (*IS* 우측) → *AD* 우측

③ P ↑ → *LM* 좌측

④ r(실질이자율) ↑ → 투자 감소 (*IS*곡선 상 이동)

⑤ (최종효과) 독립투자 증가 효과 + 실질이자율 상승 투자 감소 효과 = 투자 증가

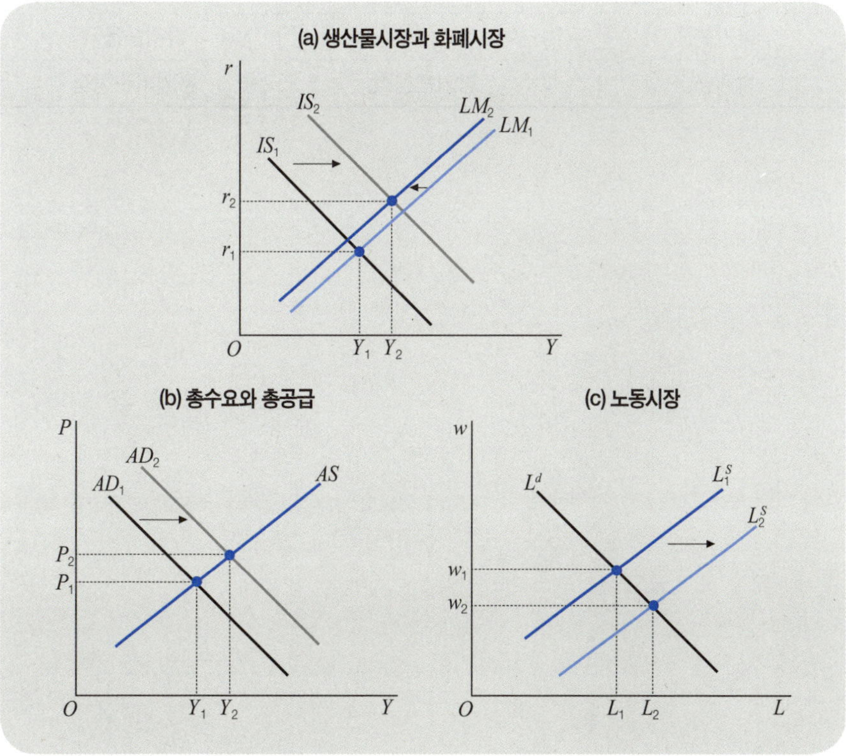

3. 노동시장

① $P\uparrow \rightarrow$ 부분적인 화폐환상 $\rightarrow$ 노동공급곡선 우측이동

② $w\downarrow \rightarrow L\uparrow$

4. 화폐환상모형의 예측과 실증분석

화폐환상모형의 예측과 데이터

거시경제지표	데이터	모형
소비	경기순응적	경기순응적
투자	경기순응적	경기순응적
고용	경기순응적	경기순응적
실질임금	경기순응적	경기역행적
실질이자율	경기역행적	경기순응적
물가수준	경기역행적	경기순응적
화폐공급	경기순응적	경기비순응적

보론 13 총공급 충격과 경기변동

1. 총공급 충격 개요

① 총공급관리정책은 경제활동의 조정을 위한 수시로 사용하는 정책이라기보다는 장기적인 관점에서 추진하거나 비상시 일시적으로 사용하는 정책의 성격이 강함

② 총요소생산성 향상

③ 예 정부의 시설투자 장려, 연구 · 개발 지원

2. 생산성 향상 충격 효과분석 : 실물적 경기변동

① $\overline{P}$, 노동생산성 향상(MP_L↑) → 노동수요곡선 우측 → L↑ → Y↑

② AS 우측이동 → Y↑

③ ($IS-LM$곡선 영향) P↓ → LM 우측 → r↓

④ (노동시장) 물가하락에 대한 부분적인 화폐환상 → L^S 상방 → L↓

⑤ (최종효과) L↑, Y↑, P↓, r↓

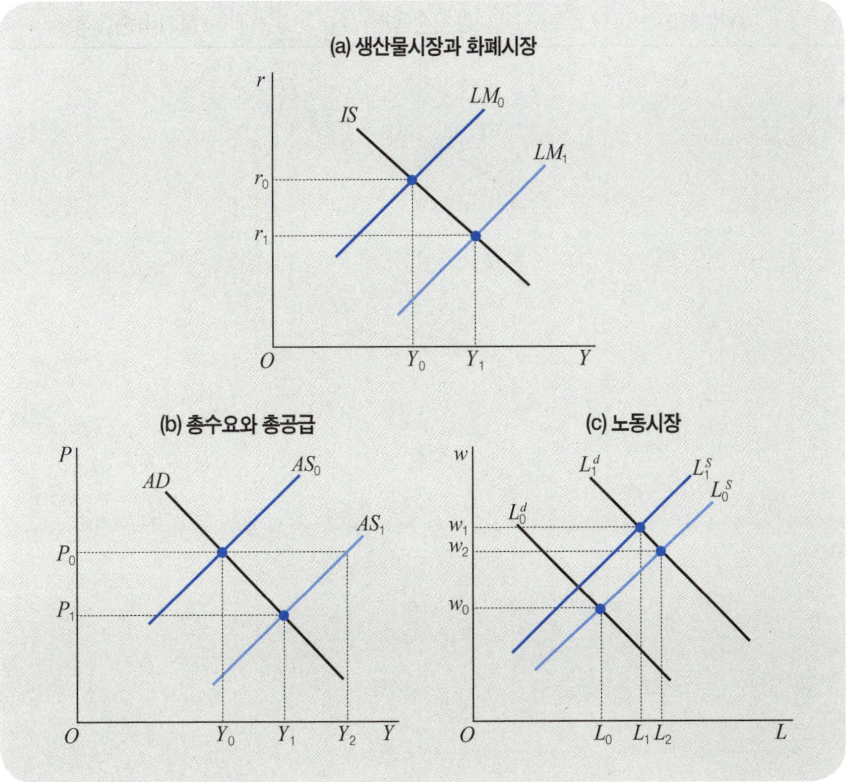

3. 화폐환상모형의 예측과 실증결과

① 생산성의 변화도 경기변동의 주요 원인으로 여겨짐

② 화폐공급의 경기순응성을 제외하고는 잘 부합

→ 특히 물가수준의 경기역행성을 잘 설명

화폐환상모형의 실물적 경기변동 예측과 데이터

거시경제지표	데이터	모형
소비	경기순응적	경기순응적
투자	경기순응적	경기순응적
고용	경기순응적	경기순응적
실질임금	경기순응적	경기순응적
실질이자율	경기역행적	경기역행적
물가수준	경기역행적	경기역행적
화폐공급	경기순응적	경기비순응적

4 경기변동

1. 경기변동의 의의

(1) 경기변동(경기순환) 개념

경제활동이 확장국면과 수축국면이 반복되어 나타나는 현상

(2) 경기변동 과정

① 성장추세선(trend growth path)은 경기변동이 없는 경우 정상적인 성장경로

② 호황은 경기가 성장추세선을 넘어 정상까지 진행되는 상태를 말하고, 불황은 성장추세선 이하로 경기가 하강하는 것을 말함

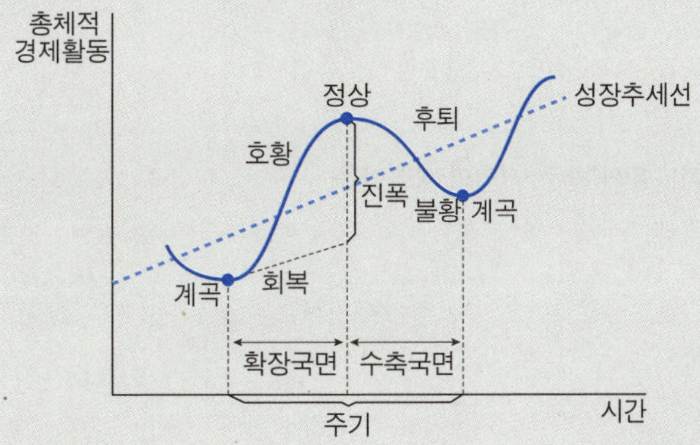

※ 호황국면 특성

① 총체적인 경제활동이 상승

② 투자와 소비뿐만 아니라 고용과 소득도 증가

③ 출하가 호조를 보이고, 재고는 감소하고, 기업의 이윤율이 상승

④ 물가와 임금도 상승

⑤ 은행대출이 증가하고, 이자율도 오르며, 주가도 상승

2. 경기변동의 특징

① 반복적이고 비주기적 : 확장국면과 수축국면이 번갈아 되풀이되고, 주기와 진폭이 다름
② 지속적 : 일단 확장이나 후퇴가 시작되면 상당기간 지속
③ 비대칭적 : 확장국면과 수축국면의 강도와 기간이 다름
④ 공행(comovement, 공동변동) : 많은 거시경제변수들이 총체적인 경제활동(실질 *GDP*, 산업생산활동)과 같이 움직임
→ 거시경제변수들의 변동 형태를 방향과 시간의 측면에서 구분할 수 있음[7)]

3. 경기변동의 종류

※ 현실적으로 경기변동의 파동을 정확하게 구분하기는 어려워 짐작할 수 있을 뿐이고, 일반적으로 경기변동이라고 하면 단기파동을 의미함
(중기파동은 경기변동을 연구하는 학자들의 관심대상이고, 장기파동은 그 규칙성에 대해 이의를 제기받기도 함)

(1) 단기파동

① 키친파동
② 2.5~5년
③ 통화공급, 이자율의 변동, 기업의 재고변동

(2) 중기파동

① 주글라 파동
② 8~10년
③ 기업의 설비투자 변동

7) 방향 관련해서 경기순응적(procyclical), 경기역행적(countercyclical)이라 하고, 시간과 관련해서 생산활동의 전환점을 기준으로 어떤 변수의 전환점이 빠르면 경기선행변수, 비슷하면 경기동행변수, 느리면 경기후행변수라고 함

(3) 장기파동

① 콘트라티에프파동(Kondratiev wave)

② 기술혁신이나 신자원의 개발

	기간	원인
제1파동	1785~95－1844~51	섬유와 직물을 중심으로 한 산업혁명
제2파동	1844~51－1890~96	증기기관과 철강에 의한 철도건설
제3파동	1890~96－1939~48	전력 · 자동차 · 화학공업에 의한 산업발전
제4파동	1939~48－1990~(?)	반도체 · 컴퓨터 · 생명공학 · 신소재 · 텔레커뮤니케이션 등 신기술

(4) 한국의 경기변동 과정

① 통계청이 공식적으로 편제

② 각 경기변동마다 주기가 다르고, 확장국면이 대개 수축국면보다 긴 비대칭성

	기준순환일			지속기간(개월)		
	저점(연월)	정점(연월)	저점(연월)	확장	수축	주기
1	1972. 3	1974. 2	1975. 6	23	16	39
2	1975. 6	1979. 2	1980. 9	44	19	63
3	1980. 9	1984. 2	1985. 9	43	19	60
4	1985. 9	1988. 1	1989. 7	28	18	46
5	1989. 7	1992. 1	1993. 1	30	12	42
6	1993. 1	1996. 3	1998. 8	38	29	67
7	1998. 8	2000. 8	2001. 7	24	11	33
8	2001. 7	2002.12	2005. 4	17	18	43
9	2005. 4	2008. 1	2009. 2[1)]	33	13	46
10	2009. 2	2011. 8	2013. 3	30	19	49
11	2013. 3	-	-	-	-	-
	제1-10 순환 평균			31	18	49

1) 잠정치임.
자료: 통계청(www.kostat.go.kr), 「경기종합지수」 가이드.

(5) 경기변동 이슈

① 경기변동 현상이 시장실패의 증상인가? vs. 계절같이 자연적인 흐름인가?

② 경기변동을 축소·제거하기 위해 정부가 적극 개입해야 하는가의 여부

보론 14 경기변동을 촉발시키는 외부충격에 대한 견해

1. 실물적 충격(케인즈)

① 민간기업의 투자지출 변화에 의한 총수요측면의 충격(aggregate demand shock)

② 기업가의 미래수익에 대한 기대

2. 화폐적 충격(프리드먼, 루카스)

① 통화량 변화와 같은 화폐적 충격(monetary shock)

② (프리드먼) 시장경제는 본질적으로 안정적이나, 통화당국의 자의적인 통화량 조정으로 경기변동이 나타남 → (시계열 분석) 통화량의 변화가 *GDP*의 변화에 선행한다고 판단

③ (루카스) 불완전정보하에서 경제주체들의 합리적 기대 ＋ 예상치 못한 화폐금융정책

→ ∴ 물가수준의 변화를 정확히 예측할 수 없다고 전제

→ 예상착오로 명목임금의 변화를 실질임금의 변화로 착각하여 노동공급 변화와 경기변동 촉발

3. 공급측 요인 : 기술이나 생산성 변화

① (슘페터) 생산요소의 새로운 결합 또는 기술혁신

② 실물경기변동이론(real business cycle theory)

4. 최근

① 국제적 전파(international transmission of business cycle)

: 해외부문의 충격, 세계 각국 경기변동이 서로 높은 상관관계

② 정치적 경기변동이론(political business cycle theory)

: 선거와 같은 정치적인 변수

보론 15 비자발적 실업과 임금경직성모형

※ 케인즈는 정부의 최저임금제도를 통해서 명목임금 경직성을 가정하고 비자발적인 실업 가능성을 전개

1. 명목임금 경직성 : 중첩임금계약 모형

① 명목임금 경직성의 미시적 근거 → 노동시장의 상호의존성 반영

② 중첩임금계약(staggered wage contracts)

: 개별기업들의 임금계약 시점이 상이하여 기업 간 임금계약 유효기간이 중첩[8]

③ (모형의 설명력 한계) 중첩임금계약 모형에서는 명목임금이 경직적일 때 실질임금[9]은 경기역행적이나 현실에서는 경기순응적인 결과가 나타나 이론과 실제가 충돌

※ 동시임금계약

① 4월 1일 예기치 못한 총수요 증가 → 물가 상승($P\uparrow$), $\overline{W} \rightarrow \left(\frac{W}{P}\right)\downarrow$ 실질임금 하락

② 다음 해 1월 1일 총수요 증가에 따른 고용증대효과 소멸

(∵명목임금 상승 요구로 실질임금 동일 수준 유지)

→ 총수요 증대효과가 명목임금에 완전하게 반영

※ 중첩임금계약

총수요 증대효과가 명목임금에 불완전하게 반영되어, 여러 기간에 걸쳐 점진적(sluggish)조정

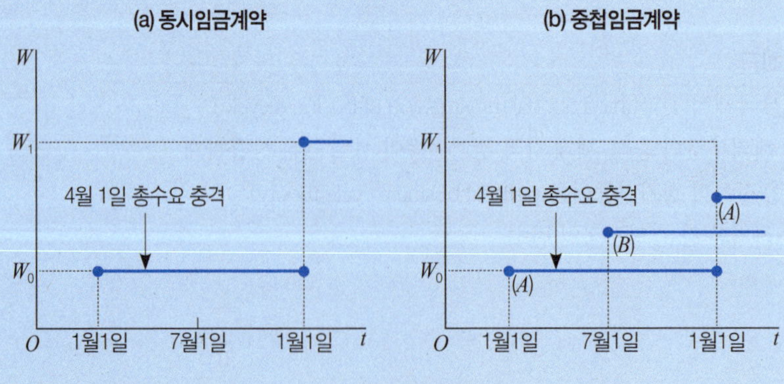

8) 동시임금계약(synchronized wage contracts)방식은 경제 내 모든 기업들이 동일한 시점에 일제히 임금계약을 체결해 기업 간 임금계약 유효기간이 겹치지 않음

9) 총수요 증가(호황) → $P\uparrow \rightarrow \left(\frac{W}{P}\right)\downarrow$

2. 효율성임금가설(efficiency wage hypothesis)

① 실질임금 상승이 노동자의 생산성과 근로의욕(work effort) 상승을 결정한다고 가정

② 노동이직모형(labor turnover model)

: 높은 임금은 노동자의 이직유인 감소로 이직비용 최소화(turnover cost)[10]

③ 태업방지모형(shirking model)

: 높은 임금으로 태업의 기회비용을 높여 노동자의 도덕적 해이 문제 해소

④ 역선택모형(adverse selection model)

: 개별 노동자 각각의 생산성을 파악하지 못해 평균적 생산성에 따라 실질임금 제시하면 평균적 생산성 이하의 노동자들만 직장에 잔류하게 됨

3. 내부자-외부자 모형

① 내부자(insider)는 취업자로 기업과 임금협상을 하는 사람이고, 외부자(outsider)는 실업자로 기업과 임금협상 자격이 없는 사람

→ 여기에서는 외부자가 생산성이 더 낮다고 가정

② 실질임금 경직성

: 노동조합은 기업과 단체협상에서 외부자 이익을 고려하지 않고, 자신의 높은 생산성에 대한 높은 실질임금을 요구

→ 내부자의 독점적 협상력 때문에 노동이직비용을 고려한 기업은 노조가 요구하는 수준의 실질임금을 계속 지급

③ 비자발적 실업 발생

: 외부자는 계약된 실질임금보다 낮은 실질임금수준에서 일할 의사가 있으나 고용되지 못함

④ 실업의 지속성

: 실업의 이력현상(hysterisis)과 기억효과

10) 노동자들은 좀 더 높은 보수, 쾌적한 작업환경을 찾아 이직하는데 숙련된 기술자들의 이직률이 높아지면 신규채용 비용 부담이 커짐

5 안정화정책의 필요성 논쟁

※ 가능하다면 경기변동의 진폭이 없이 경제가 성장추세선을 따라서 성장을 지속해 나가는 것이 바람직스러운 일 (호황이면 물가상승, 불황이면 실업문제)
→ 정부가 안정화정책을 쓰는 이유는 경기변동의 진폭을 가급적 줄여 안정적 성장을 도모 목적

1. 안정화정책의 효과 : 장단기 논쟁

(1) 고전학파와 케인즈학파의 합의

① (단기) 고전학파도 경기가 침체되었을 경우 확대재성성책이나 확대동화정책이 생산과 고용을 증가시킨다는 점을 인정
② (장기) 케인즈학파도 생산과 고용에 별다른 영향을 주지 못하고 물가에만 영향을 미친다는 점을 인정
③ (쟁점) 단기와 장기의 길이
안정화정책의 효과 자체에는 고전학파와 케인즈학파 간의 차이는 없고, 안정화정책의 효과가 지속된다고 보는 단기를 얼마나 짧게 보고, 길게 보는가의 차이만 있을 뿐

(2) 경기침체와 안정화정책의 유무

① (침체 발생) 최초의 균형점 E_0에서 기초소비, 독립투자, 수출수요 등이 갑자기 위축
→ 총수요 좌측이동 → 고용 감소, 실업 증가

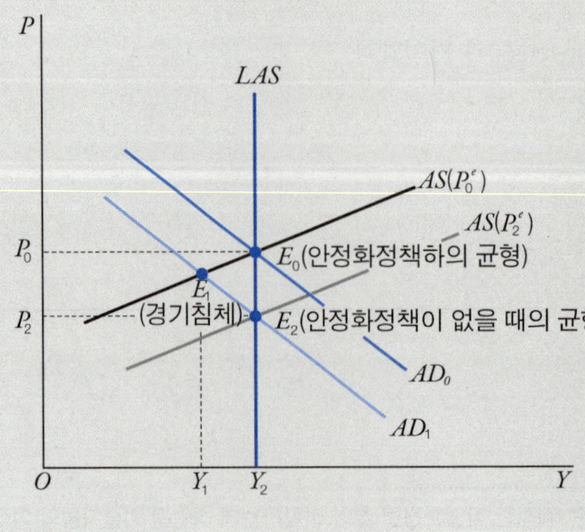

② (고전학파 대응) 정부가 안정화정책을 쓰지 않아도 새 균형점 E_2로 복귀
→ 경기침체, 물가하락 → 근로자들이 기대물가수준 하락 → 단기총공급곡선(하방이동 → 자연산출량 달성

③ (케인즈학파 대응) 정부의 방임은 E_2로 회귀하는 데 너무 오랜 시일이 걸려 경기침체(실업) 고통이 불필요하게 오래 지속 → 확대재정정책, 확대통화정책 → 총수요곡선 우측이동 (AD_0) but, 기회비용 발생 (항구적인 물가상승)[11)]

2. 안정화정책의 효과: 재정정책 vs. 통화정책

(1) 재정정책과 통화정책

① 경기가 크게 위축되어 고전학파도 안정화정책을 써야 할 필요성에 마지못해 동의하는 경우
② 케인즈(확대재정정책) vs. 통화주의(확대통화정책)

- 투자수요와 화폐수요의 이자율탄력도
- 안정화정책 전파경로

(2) 두 학파가 보는 투자수요곡선과 화폐수요곡선

① (케인즈학파) 투자수요의 이자율탄력도가 작고, 화폐수요의 이자율탄력도가 큼
② (통화주의) 투자수요의 이자율탄력도가 크고, 화폐수요의 이자율탄력도가 작음

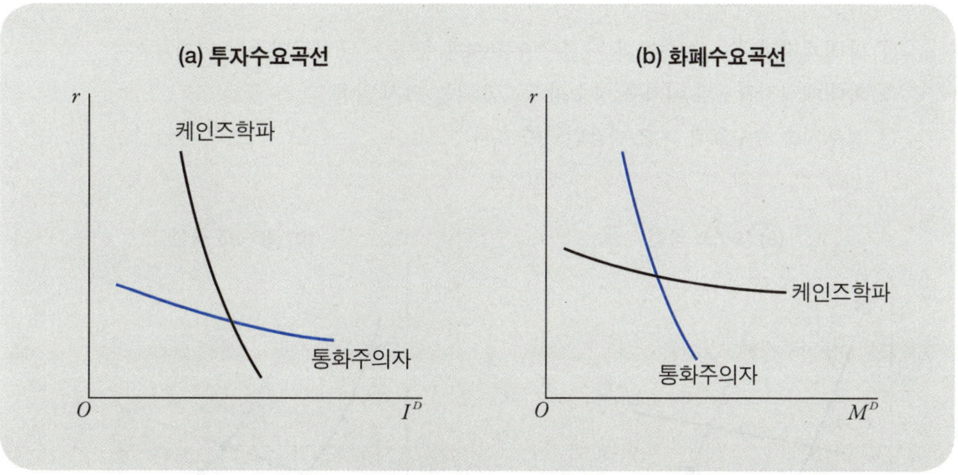

11) 케인즈학파는 이러한 기회비용을 치르는 것이 경기침체와 높은 실업이 오래 지속되는 것보다 낫다고 판단

(3) 두 학파가 보는 *IS*－*LM*곡선

① (케인즈) 가파른 투자수요곡선 → 가파른 *IS*곡선
완만한 화폐수요곡선 → 완만한 *LM*곡선

② (통화주의) 완만한 투자수요곡선 → 완만한 *IS*곡선
가파른 화폐수요곡선 → 가파른 *LM*곡선

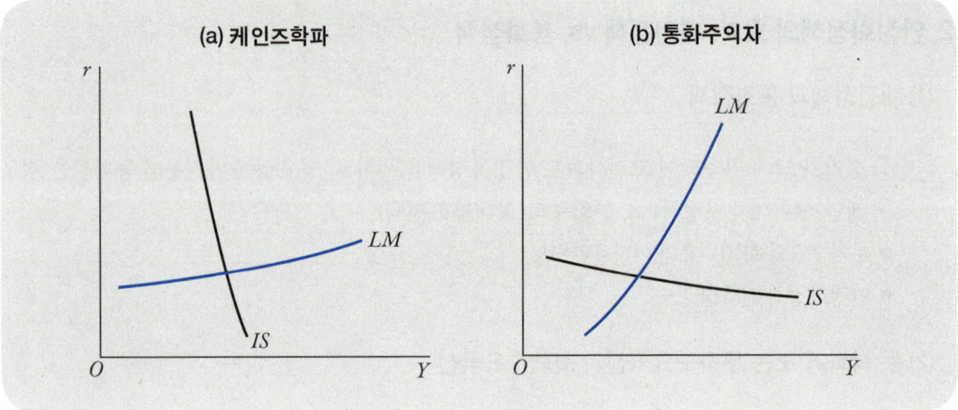

3. 재정정책효과

(1) 케인즈학파의 재정정책효과 분석

① 확대재정정책 → 승수효과 → 총수요를 크게 증가 → 균형국민소득 크게 증가

② 확대재정정책으로 이자율 상승의 구축효과는 크지 않음

③ 정부지출 승수효과 > 조세감면 승수효과

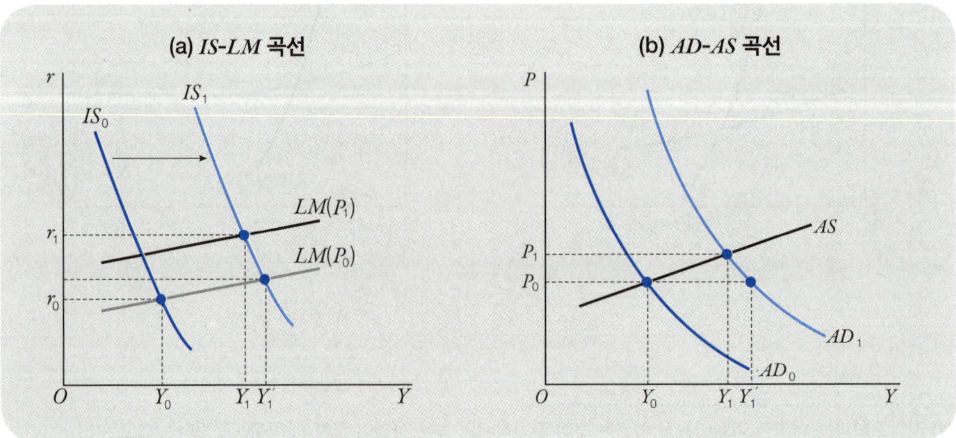

(2) 통화주의자의 재정정책효과 분석

① (고전학파) 확대재정정책의 효과를 완전히 상쇄할 만큼 구축효과가 커서 재정정책이 국민소득과 고용량에 전혀 영향을 미치지 못함

② (통화주의) 재정정책이 단기에 국민소득과 고용량에 약간의 영향을 미치는 것은 인정하지만, 약간의 긍정적인 효과에 비해 구축효과의 부작용은 크다고 보아 부정적

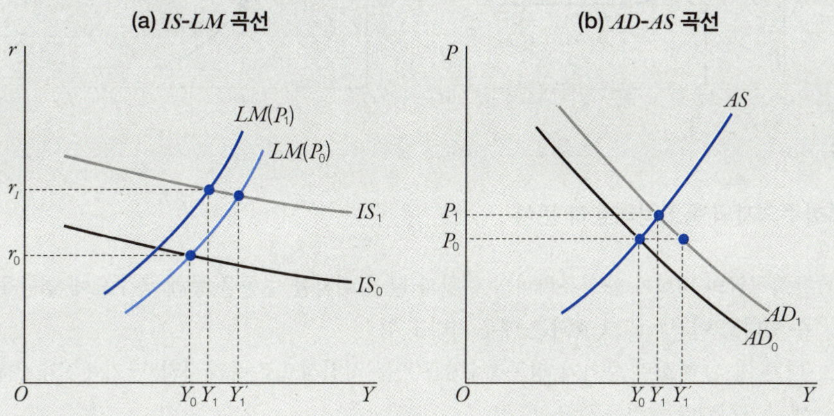

4. 통화정책효과

(1) 케인즈학파의 통화정책효과 분석

① 확대통화정책의 크기에 비해서 총수요 증가폭은 상대적으로 작음

② 추가적으로 물가가 상승함에 따라 LM곡선이 상방이동하면 그 효과는 더욱 작아짐

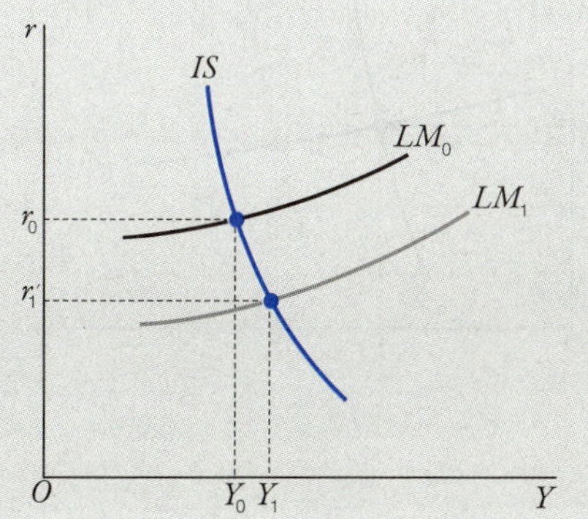

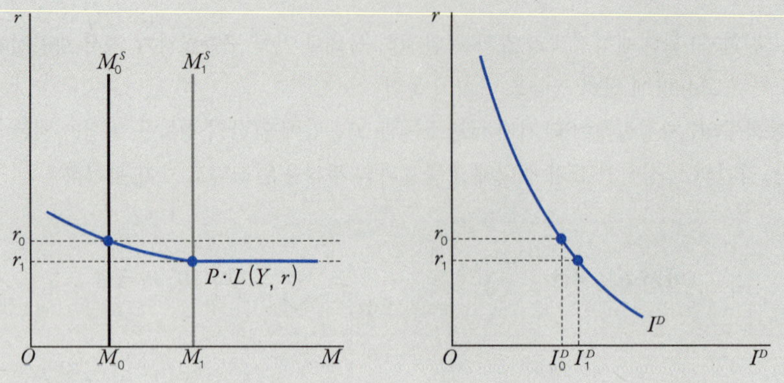

(2) 통화주의자의 통화정책효과 분석

① 통화공급의 변화가 케인즈학파의 주장과 달리 이자율 변동을 통해 총수요에 영향을 미칠 수 있다고 인정 but, 그 효과는 매우 작다고 봄

② (다른 경로) 통화량 증가가 명목총수요(PY)를 직접적으로 증가시켜, 단기에 Y와 P를 동시에 증가시킨다는 것을 강조

③ $M=k(r)PY$: $M\uparrow \rightarrow r\downarrow \rightarrow k\nearrow$(미약)[12)]

④ 통화정책이 강력한 효과를 발휘한다는 점에서 "화폐만이 중요하다(Money only matters)"로 표현

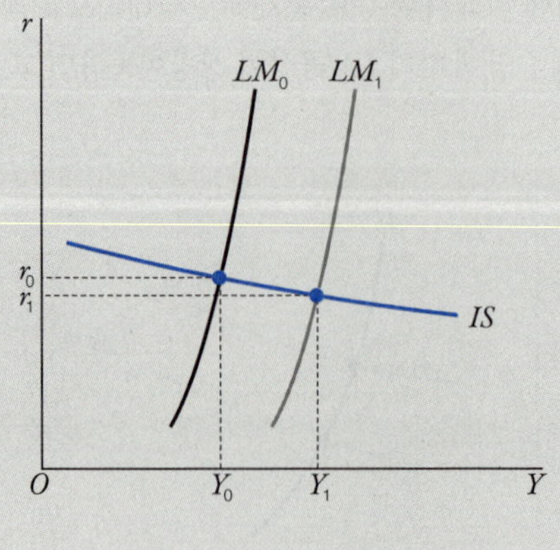

12) 케인즈는 이자율하락이 k를 거의 같은 수준으로 상승시켜 PY 증가를 제약

5. 합리적 기대와 체계적인 안정화정책의 효과 논쟁

(1) 합리적 기대

① 새고전학파 등장 : 1970년대 고전학파 경제학자들은 거시경제모형에 합리적 기대를 도입
→ 루카스, 사전트, 왈라스, 배로우

② 합리적 기대(rational expectation) : 경제주체들이 미래의 경제변수를 예측할 때, 그 변수에 영향을 미치는 정부정책과 관련변수[13] 등 이용가능한 모든 정보를 활용하여 합리적으로 예측한다는 것

③ 변동하는 물가를 평균적으로 정확하게 예측

④ 예측오차가 발생할 수 있으나, 오차의 (+)와 (−)가 상쇄되어 평균적으로 예측오차가 0이 됨

(2) 정책무력성 명제

① 정책무력성 명제(policy ineffectiveness proposition)
: 루카스 공급함수에서 평균적으로 $P=P^e$라면 안정화정책에 관계없이 단기에 총공급은 평균적으로 $Y=Y_N$이 되어 안정화정책이 무력

② 정부의 확대정책으로 물가가 상승하는 것을 노동자들은 알기 때문에 예상물가가 상승하고, AS곡선이 상방으로 이동

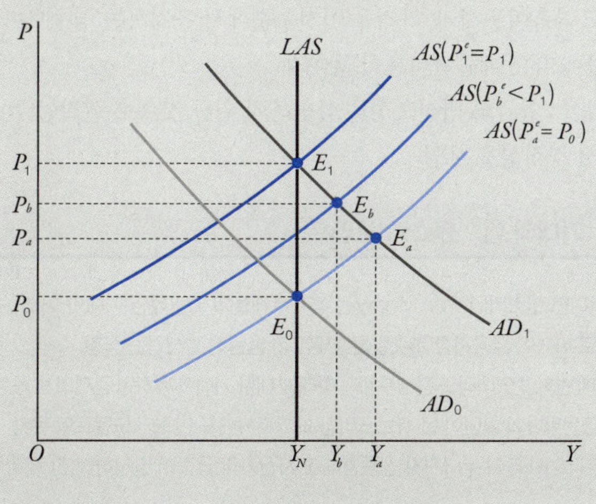

13) 앞으로 물가를 예상할 때 미래 물가에 영향을 미칠 수 있는 정부의 통화정책과 재정정책, 그리고 물가와 상호연관관계에 있는 이자율, 임금, 해외원자재 가격동향, 경기상태 등의 변수들 모두 포함

③ 총수요관리를 위한 확대재정통화정책은 장기에는 물론 단기에도 국민소득에 영향을 미치지 못하고 물가만을 상승시킴

④ but, 깜짝정책(suprise policy)으로 $P \neq P^e$인 경우에 안정화정책의 효과가 나타남

예 정부가 공약한 통화공급목표를 갑자기 초과하여 통화를 공급하거나 예산을 초과하여 재정을 집행하는 등, 일반국민이 기대했던 이상으로 비체계적인 확대정책을 쓸 경우에 효과는 있음

but, 국민이 다음에 정부의 발표를 곧이 곧대로 믿지 않고 정부의 의도를 넘겨짚게 되면 정책에 대한 신뢰(confidence)에 금이 가게 되어 정부의 평판(reputation)만 나빠지게 됨

⑤ 깜짝정책은 단기적으로는 유효하지만, 나중에 부작용이 크게 나타나 국민경제적인 관점에서 바람직스럽지 않게 됨

(3) 새케인즈학파의 안정화정책 필요성 명제

① 합리적 기대를 기반으로 할지라도 물가, 임금 등의 가격변수들이 단기에 완전신축적으로 변하지 않는 경우 → 안정화정책이 유효하고 필요함

② 엇갈리는 가격설정모형 : 현실에서 독과점기업들이 가격을 모두 똑같은 날에 조정하지 않는다는 사실에 주목

③ 차림표비용모형 : 가격변경에 따르는 비용 때문에 불완전경쟁기업들은 시장수요의 변동에 따라 가격을 즉각적으로 변경하지 않는다는 것

예 경기가 나빠 수요가 감소하는 경우에 가격을 낮추어야 하는데, 수요곡선 좌측이동은 한계수입곡선도 좌측이동시켜, 가격을 이전수준에서 유지하는 경우보다 이윤은 증가

but, 가격인하에 따른 메뉴판비용이 들어감

④ 효율성임금가설 : 임금의 비신축성을 설명하기 위한 것으로 실질임금이 균형실질임금보다 높은 상태에서 경직성을 보임

참고 기대의 힘 – 민스키 모멘트

◆ 미국의 경제학자 하이먼 민스키(Hyman Minsky)는 경제주체들의 낙관적인 기대가 어느 순간 어떤 일을 계기로 갑자기 비관적 기대로 바뀌어 금융시장이나 실물경제에 큰 혼란이 발생하는 상황

① 경제의 펀더멘털에 변화가 없더라도 경제주체의 미래에 대한 기대가 변하면 경제의 변동성이 커질 수 있다는 말

② 2008년 글로벌 금융위기의 발단이 된 서브프라임 모기지사태도 민스키 모멘트와 유사

③ 어느 순간에 낙관적 기대감이 무너지자 신용경색과 자산가격 급락이 발생하여 전 세계적으로 빠르게 확산되는 것

④ 기대의 변화가 경제에 미치는 영향은 매우 큼

⑤ 한국은행에서 발표하는 소비자심리지수(Consumer Sentiment Index : CSI), 기업경지실사조사(Business Survey Index : BSI), 기대 인플레이션지수 등

6 안정화정책의 시행방법 논쟁 : 준칙 vs. 재량

1. 안정화정책효과와 시차문제

(1) 케인즈학파의 안정화정책

① 케인즈는 시장경제가 기본적으로 불안정하다고 보는데, 실물부문 중에서는 민간소비, 투자수요(신투자수요)는 불안정하다고 인식하고, 금융부문은 실물부문보다 더 불안정하다고 봄

② 경제의 불안정성과 과소고용은 시장경제에 내재하는 시장실패이므로 정부개입 필요

③ 재량정책(discretionary policy)

(2) 통화주의

① 경제불안정의 주요 원인은 정부부문의 지나친 개입 때문이지 민간경제의 가변성에 있는 것은 아님

② 준칙주의 : 정부가 개량적 시장개입은 경제의 불안정성이 축소되는 게 아닌 확대

(3) 시차문제

① (프리드먼 연구) 통화공급의 증가가 총생산 증가효과로 연결되는 데는 3개월에서 18개월까지 길고 다양하게 가변적

② 내부시차(inside lag) = 인식시차(recognition lag) + 실행시차(inplementaion lag)

③ 외부시차 : 재정정책은 외부시차가 짧고, 금융정책은 김

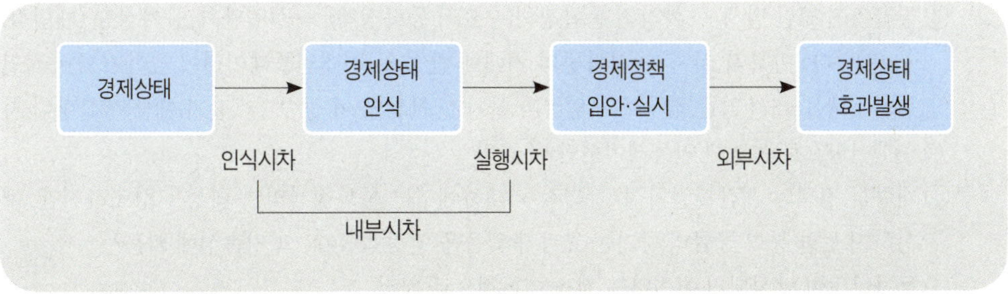

(4) 현실경제와 동태적 승수효과

① 시간의 흐름에 따라 안정화정책이 어떤 방식으로 효과를 나타내는가
② 거시경제에 대한 지식이 불완전하여 안정화정책의 길고 가변적인 효과를 사전에 제대로 파악할 수 없고, 동태적인 승수효과도 알 수 없음
③ 결국, 안정화정책을 재량껏 적극적으로 사용한다는 것은 정책당국의 선의의 의도와 상관없이 소기의 목적을 달성할 수 없음
④ 준칙 : 재정적자나 흑자의 *GDP* 비중에 대한 비중을 매년 일정한도 이내로 유지하는 것이 준칙의 예

2. 최적정책의 동태적인 비일관성과 신뢰성

(1) 개념

① 최적정책의 동태적인 비일관성, 시간비일관성(time inconsistency of optimal policy)
② 케인즈학파가 주장하는 재정정책이 그때그때에는 최적일지라도 길게 보아서는 비최적 (단기에는 최적인 듯이 보이는 재량정책이 장기에는 최적이 아닌 경우)
③ 키들랜드(F. Kydland), 프레스콧(E. Prescott)

(2) 한 번만 더 딜레마

① 아이가 나쁜 짓을 할 때마다 혼내주는 준칙이 (단기)에는 고통스러울지 몰라도 부모의 결연한 의지를 보이는 신뢰성 있는 정책으로서 (장기)에는 착한 아이를 만드는 더 나은 방법
② 몸값을 요구하는 무장단체와 협상 : (단기)에는 즉각적인 협상이 최적이지만 (장기)동태적인 측면에서는 최적이 아님
③ 공급측면 교란 발생 → 확장적 통화정책(수요적 통화정책) → 실업완화, 물가상승 (매력적) → (때마다) 반복적 실시 → 사람들의 기대에 반영 → 기대인플레이션이 높아져 수용적인 통화정책을 쓰지 않을 경우보다 임금과 물가가 훨씬 높이 상승 → (장기)에는 생산량이 자연생산량으로 복귀해 인플레이션만 더 높임
④ 재량적 정책의 시간불일치성: 합리적 기대하에서는 통화정책의 무력성을 강조하지만, 예상하지 못한 통화 공급의 증가는 효과가 있음을 인정 ⇨ but, 그 지속성에 의문?
⑤ 물가안정이 달성되기 어렵다는 것을 이론적으로 지적
⑥ 만성적인 인플레이션율이 높은 국가의 중앙은행이 신뢰회복이 어려움

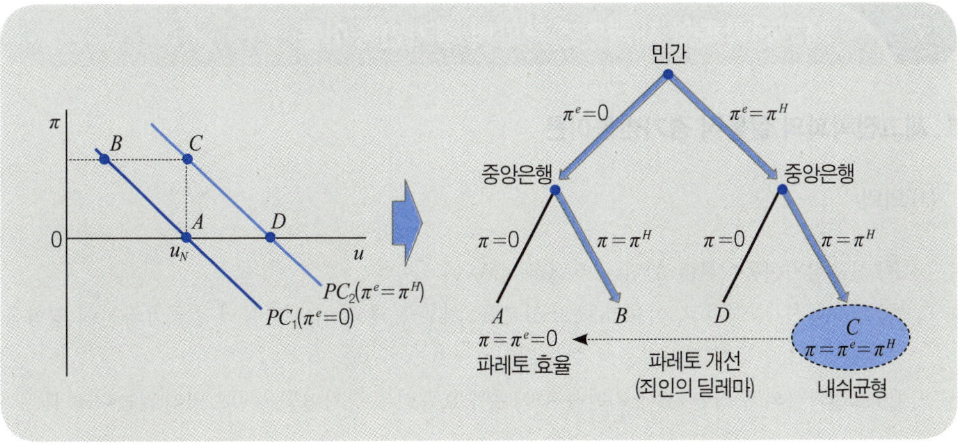

(3) 준칙과 재량의 개념 변화

① (종전의 케인즈 구분) 재량은 신축성, 준칙은 비신축성
② (신개념) 준칙은 구속력 있는 계약(binding contract), 재량은 구속력 없는 계약
③ 구속력 있는 계약은 앞으로 취하게 될 행위를 미리 명시하는 것 (신뢰할 수 있는 약속)

(4) 안정화정책적 측면에서 의의

① (새고전학파 주장) 최적정책의 동태적 비일관성은 재량정책의 이론적 기반을 취약하게 함
② (새케인즈학파 주장) 평소에 준칙에 따라 행동해 평판을 쌓은 다음 결정적인 때 딱 한 번만 재량정책을 사용한다면 계속 준칙을 사용할 때보다 더 나음

(5) 정치적 경기변동(political business cycle)

① 민주사회에서 정치가들은 자신이 선거에서 승리할 가능성을 높이는 방향으로 정책 추진
② 선거 전에는 성장이 고용을 증가시키는 의도적인 팽창정책을 쓰고, 선거 후부터 임기 중반까지는 팽창정책의 부산물인 인플레이션에 관심

7 새고전학파와 새케인즈학파의 경기변동이론

1. 새고전학파의 실물적 경기변동이론

(1) 의의

① 실물경기변동이론(real business cycle theory)
② 기술혁신, 경영혁신, 석유파동, 노사분규, 기후 등과 같이 생산물의 총공급곡선에 영향을 미치는 요인들이 경기변동의 주요 원인
③ 고전학파의 수직인 *AS*에 기반을 두어 총수요측면은 경기변동을 일으키지 않는다고 봄

(2) 주창자

새고전학파 (프레스콧, 킹, 플로써 등)

(3) 경로 과정

① 반도체부문 기술혁신, 경영혁신 붐 → 노동의 한계생산물 증가 → 노동수요곡선 우측이동 → 실질임금 상승, 고용 증가 → 총생산 증가 → 총저축, 총소비 증가 → 총투자 증가 → …
② 고용, 소비, 저축, 투자, 실질임금이 경기순응적

2. 새케인즈학파의 경기변동이론

(1) 총수요측면 강조

① 케인즈학파의 전통을 이어받아, 경기변동의 주요 원인을 경제의 총수요측면이라고 봄
② 민간소비, 투자수요, 순수출, 화폐수요 등에서 교란과 충격이 발생 시
③ 기업의 동물적 감각에 의한 투자붐
④ 총수요곡선 우측이동으로 생산증가와 물가상승
⑤ 생산증가는 고용증가, 소비, 저축, 투자 증가로 이어짐

(2) 총공급측면 일부 수용

현실의 실용적인 측면을 좀 더 인정

제 13 장 인플레이션과 실업

※ 인플레이션과 실업은 역(−)의 관계가 있었는데, 1970년대 스태그플레이션이 일어나면서 높은 인플레이션과 실업이 공존하여 역의 관계가 깨짐

→ (결론) 단기에는 역(−)의 관계가 있지만, 장기에는 아무런 관계가 없음

1 인플레이션

1. 인플레이션의 원인과 대책

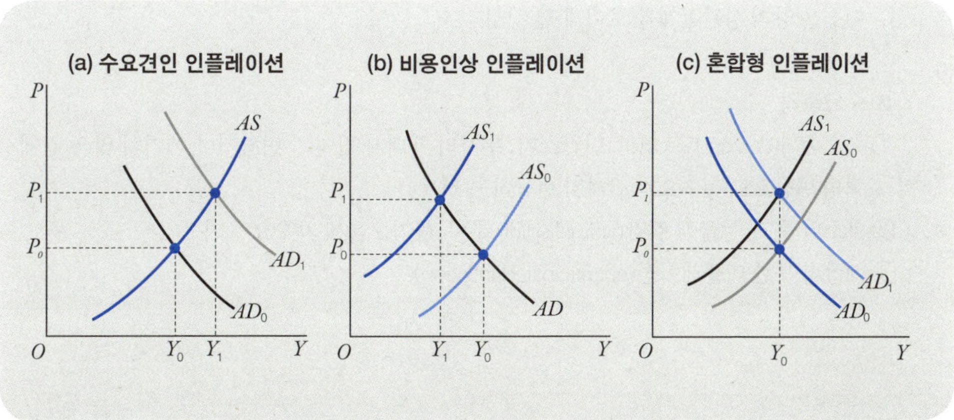

(1) 수요견인 인플레이션(demand−pull inflation)

1 과도한 통화공급 증가

① 통화공급 증가 → AD 우측

② 고전학파와 통화주의자

③ 교환방정식 ($MV=PY$), 화폐수량설

④ 신화폐수량설 ($MV(r)=PY$)

$$\frac{\Delta P}{P}+\frac{\Delta Y}{Y}=\frac{\Delta M}{M}+\frac{\Delta V}{V}$$

⑤ 통화주의자는 $\frac{\Delta V}{V}$는 상당히 안정적이라고 생각했고, 장기에는 국민소득 증가효과는 사라지기 때문에 "인플레이션은 언제나 어디서나 화폐적인 현상"이라고 함

2 확대재정정책

① 정부지출의 확대, 세율의 인하 → 재정적자 야기

② 케인즈학파의 단기정책

③ "재정적자가 수요견인 인플레이션을 야기한다?"

→ 장기에는 맞지만, 단기에는 불분명 (∵경기침체와 통화긴축으로 조세수입 감소로 발생 가능)

④ 장기에 재정적자를 통화공급이나 정부채의 증발[1]로 보전하면 장기에 재정적자와 인플레이션은 양의 상관관계를 보이게 될 것임

3 수요충격

① 수요충격(demand shock) : 민간소비, 투자의 행태가 갑자기 변하거나 예기치 않은 경제정책의 변동으로 총수요가 갑자기 변동하는 것

② 과소비 풍조, 동물적 직감(animal spirit) 투자, 물가오름세 가수요 증가

③ 예상치 못한 인플레이션(unanticipated inflation)

1) 정부채 증발은 이자율상승으로 구축효과를 야기해 총수요의 감소로 물가를 떨어뜨리게 되지만 물가를 상승시키는 힘보다는 크기가 작고, 정부채를 증발하더라도 중앙은행이 공개시장에서 매입하면 통화공급의 증가로 귀결

(2) 비용인상 인플레이션(cost push inflation)

① 총공급곡선은 모든 기업들의 한계비용곡선과 밀접한 관계를 가지고, 생산요소 비용이 변하면 이동하게 됨 (생산요소비용의 증가는 기업들의 공급가격을 상승시킴) → AS 상방이동

② (케인즈학파 모형) 예상물가수준이 상승하면→ 예상실질임금($w^e\downarrow = \frac{W}{P^e\uparrow}\downarrow$) 하락 → 노동공급 감소 → AS 상방이동

③ 에너지, 원재료 가격상승, 노동생산성 하락(태업, 파업), 예상치 못한 불리한 공급충격

④ [단기 대처방안] 소득정책 : 임금가이드라인(wage guideline), 임금－물가통제(wage－price control)

[장기 대처방안] 공급능력향상 (기술향상, 연구개발) : AS 우측이동

(3) 혼합형 인플레이션(mixed inflation)

① 수요와 공급측 요인이 같이 작용

② 임금물가의 악순환(wage－price spiral)

> 불리한 공급충격(노조의 과도한 임금인상요구, 자원파동) → 생산감소, 실업증가 → 정부가 확대정책 → 물가상승 → 임금상승 → 물가상승…(지속되면서) 사람들의 기대인플레이션도 높아짐 → AS 상방이동 → 정부 확대정책 →…(반복)

③ (주의!) 비용인상인플레이션을 정부가 통화공급을 증가시켜야만 임금물가의 악순환이 일어남

④ 통화주의자의 입장을 지지 → 통화공급으로 뒷받침되는 확대재정정책이 임금과 물가의 악순환을 초래[2]

2) 정책혼합(policy mix)은 재정정책과 통화정책을 같이 실시하는 것으로, 통화주의자들의 주장에 의하면 1970년대 여러 나라들은 실업 감소라는 목표를 단기간에 달성하기 위해서 확대재정정책과 확대통화정책을 같이 사용하는 정책혼합으로 사상 유례 없는 높은 인플레이션을 경험했다고 함

2. 인플레이션의 영향

※ 인플레이션은 화폐가치의 하락을 의미하기 때문에 생활수준이 낮아질 것으로 생각하지만, 상품가격만 올라가는 것이 아니라 노동과 자본서비스의 가격도 상승하므로 소득도 상승함
→ 소득이 물가보다 더 많이 증가하면 인플레이션이 있어도 생활수준은 향상될 수 있음

(1) 예상치 못한 인플레이션

1 소득과 부의 재분배

① 인플레이션은 생산과정을 통하지 않고 사회구성원 사이에 소득과 부를 재분배시킴
② 금융자산[3]을 가진 사람과 채권자[4]는 손해를 보고, 실물자산 보유자와 채무자는 이득
③ 인플레이션 조세(inflation tax) : 물가상승에 의한 화폐가치의 하락은 화폐라는 세원(tax base)에 부과하는 조세와 같음
④ (역사적 경험 1) 1960~1970년대 경제개발과정에서 재원의 조달이 인플레이션 조세의 형태로 이루어졌는데, 가계부문은 자금공급부문이고, 기업은 자금수요부문이므로 인플레이션으로 가계부문이 손해를 보고, 기업부문이 이득을 봄 (빚이 많을수록 유리)
⑤ (역사적 경험 2) 당시 많은 기업들의 자본축적이 인플레이션 시대에 이루어짐 (물가상승으로 가격이 올라가는 토지, 빌딩, 주택 등 실물자산 보유자가 혜택을 많이 봄)

2 불확실성의 증대로 경제 효율성 저해

① 예상치 못한 인플레이션은 일시적으로 생산과 고용을 증가
② but, 지속되면 미래 인플레이션에 대한 예상을 어렵게 만들고, 안정된 소비와 투자계획을 세우기 어렵게 됨

(2) 예상된 인플레이션

① 예상된 인플레이션하에서는 채권자로부터 채무자로 소득이 재분배되는 효과는 없음
(∵ 인플레이션 프리미엄을 통해 화폐가치의 하락을 보상 가능)
but, 다음과 같은 비용이 발생

- 메뉴비용(menu cost) : 메뉴판을 바꾸는 데 드는 비용
- 구두창비용(shoe－leather cost) : 화폐를 가급적 적게 보유하면서 은행을 자주 드나드는 데 구두바닥이 닳아지는 비용

---

3) 현금, 예금, 정부채, 어음 등으로 금융자산은 물가가 상승하면 그만큼 실질가치인 실물자산에 대한 구매력이 하락
4) 인플레이션을 제대로 예상하지 못하는 경우 화폐가치의 하락을 보상받지 못하기 때문에 채권자가 손해

② 피셔가설 성립 : 인플레이션이 예상되면 그만큼 명목이자율이 올라가 실질이자율은 불변

$$명목이자율 = 실질이자율 + 예상인플레이션율$$

③ 예상된 인플레이션은 생산과 고용에 별다른 영향을 미치지 못함
(∵ 루카스 공급함수에서 물가가 예상물가만큼 오르면, 총생산 불변이고, 기업이 파는 제품의 가격만 오르는게 아니라 기업이 구입하는 각종 생산요소가격도 상승해 총수입 증가가 총비용 증가와 같아져 이윤은 불변)

④ 금융기관의 명목이자율이 예상인플레이션을 반영한다면 금융저축에는 영향이 없게 됨

⑤ 인플레이션에 따라 명목소득이 비례적으로 오르는 경우 납세 전 실질소득은 변함없으나, 세율이 고정되어 있는 경우 (세율이 조정되지 않으면) 명목소득에 부과하는 세금은 인플레이션으로 인해 종전보다 많아져 납세 후 실질소득은 감소할 수 있음

예상 인플레이션율	명목이자율	납세 전 실질이자율	세율	납세 후 명목이자율	납세 후 실질이자율
0	4	4	30%	2.8	2.8
10	14	4	30%	9.8	−0.2

⑥ 예상된 인플레이션이 지속되면 국민경제의 효율성이 낮아짐 (조세회피를 위해 부동산, 귀금속, 골동품, 외환 등을 구입) → 초인플레이션(hyperinflation)하에서 심각해짐[5)]

참고 **테일러 룰(Taylor's Rule)**

◆ 테일러 룰은 1993년 스탠포드 대학 교수인 테일러(J. Taylor)에 의해서 제안된 것
① 중앙은행이 물가와 경기를 감안하여 단기목표금리(정책금리)를 결정한다는 이론

$$정책금리\ 수준 = a \times (실제실질성장률 - 잠재성장률) + b \times (실제인플레이션율 - 목표인플레이션율)$$

② 실제인플레이션율이 목표인플레이션율보다 높은 경우 정책금리를 올림
③ 실제성장률이 잠재성장률보다 높으면 정책금리를 올림
④ 반인플레이션 정책을 중시하면 a에 높은 가중치 부여

5) 장기계약이 체결되지 않고 물물교환의 형태로 거래가 이루어져 화폐를 교환의 매개수단으로 이용하는 교환경제가 파괴됨

2 실업

1. 실업의 정의와 측정

(1) 실업의 정의

① 실업이란 일할 의사와 능력을 가진 사람(경제활동인구)이 일자리를 갖지 못한 상태

② 실업률은 경제활동인구에서 실업자 수가 차지하는 비율

③ 경제활동인구란 15세 이상의 인구인 생산가능인구 중에서 일할 의사와 능력이 있는 사람

④ 경제활동인구[6] = 취업자[7] + 실업자

⑤ $\text{실업률} = \dfrac{\text{실업자수}}{\text{경제활동인구}} = \dfrac{\text{실업자수}}{\text{실업자수} + \text{취업자수}}$

6) 주부나 학생들은 원래 경제활동인구에 포함되지 않지만, 파출부와 같이 가사를 돌보며 부수입을 올리는 일을 하거나 학생인데 신문배달을 하면 경제활동인구로 잡히고, 취업자로 분류됨

7) 취업자는 수입을 목적으로 주당 1시간 이상 일하는 사람이나, 직접 수입이 없어도 가구주의 사업을 도와 주당 18시간 이상 일하는 가족종사자를 말함

제13장 인플레이션과 실업

(2) 측정의 방법

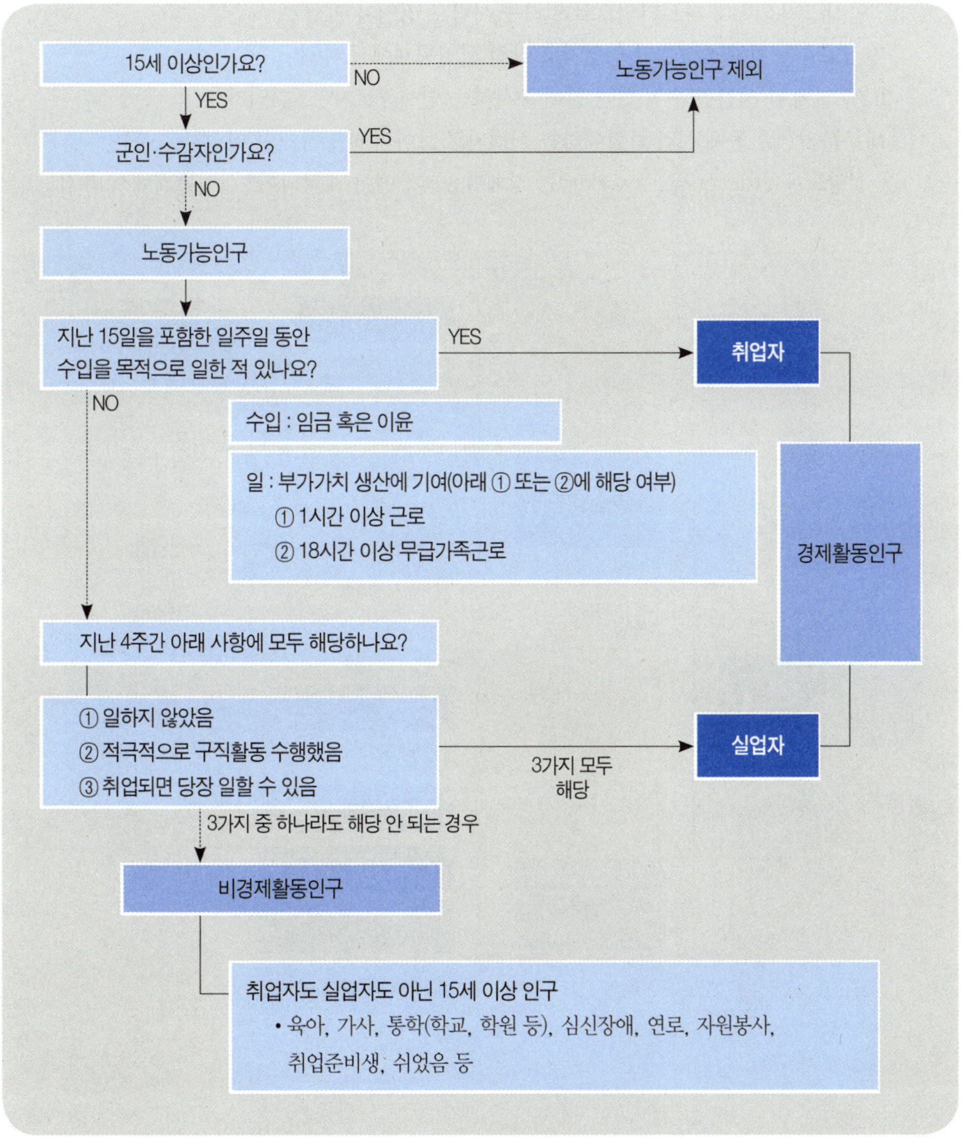

(3) 측정의 한계

① 임시 고용되거나 파트타임으로 일하는 사람도 취업자
: 정식고용을 원하고 있지만 취업자로 잡혀 실업통계에서 빠짐
② 1주일에 한 시간만 수입 있는 일에 종사하는 임시근로자[8]도 취업자
: 대부분 구직활동에 시간을 할애하는 실업자로 보아야 타당하지만 취업자로 분류
③ 실망노동자(discouraged worker)는 경제활동인구에서 제외되어[9] 실업통계에서 빠짐

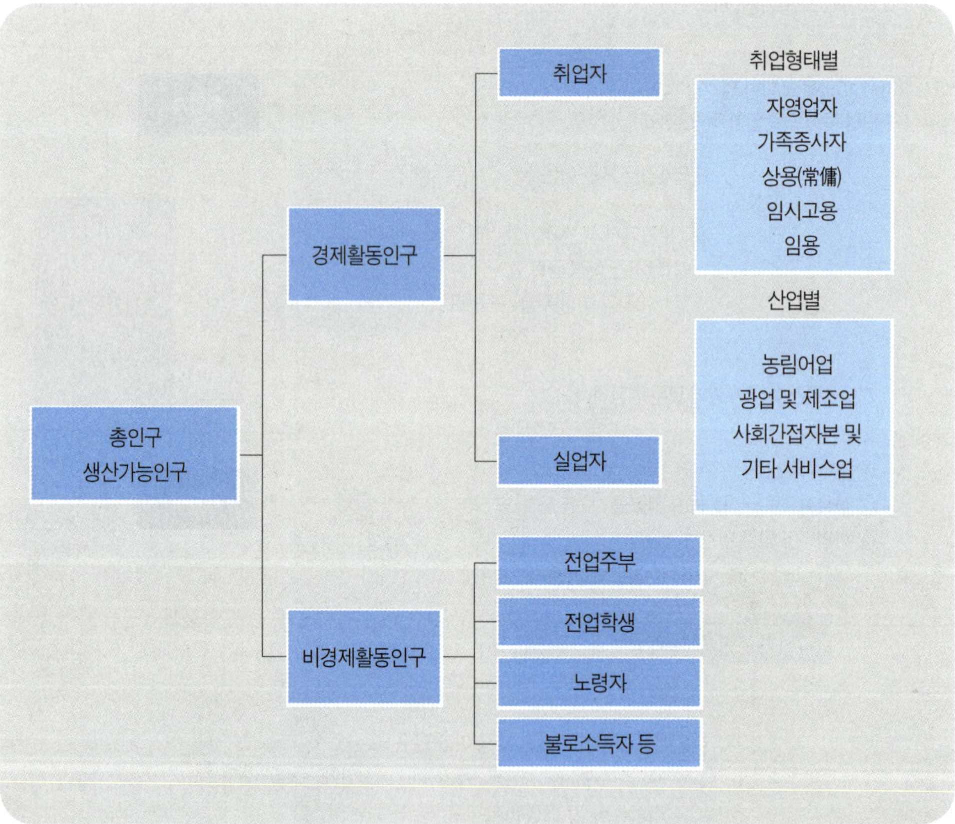

8) 고용계약기간이 1년 이상이면 상용(regular employee), 1개월 이상 1년 미만이면 임시고용(temporary employee), 1개월 미만이면 일용(daily employee)으로 분류하고, 흔히 말하는 비정규직 근로자는 임시고용과 일용을 말함
9) 오랫동안 일자리를 찾아다니다가 지쳐서 당분간 구직활동을 포기했지만, 일할 의사가 없다고 보아 경제활동인구에서 제외

2. 실업의 형태

(1) 자발적 실업

① 일할 능력이 있으나 "현재의 임금수준에서" 일할 의사를 가지고 있지 않은 상태

② 예 마찰적 실업은 직업을 바꾸는 과정에서 일시적으로 생기는 실업으로 대부분 더 나은 일자리를 찾는 과정에서 발생하는 탐색적 실업이라고도 함[10)]

③ 마찰적 실업은 역동적인 사회에서 항상 존재하고, 인위적으로 줄이기 쉽지 않음

④ 마찰적 실업은 경제활동인구의 연령별, 성별, 직업별 분포와 경제변화 속도 등에 의해 영향을 받음

⑤ 마찰적 실업은 개인적인 효용극대화 차원에서 직업변경 및 탐색의 한계비용과 한계편익이 같을 때 멈추게 됨

⑥ 고전학파의 완전고용은 실업이 0을 의미하는 것은 아님 (자발적 실업의 존재를 인정하는 개념)

⑦ 자발적 실업은 별 문제가 없으므로 정부가 개입할 필요가 없으나, 만일 개입한다면 고용기회에 대한 원활한 정보의 제공, 탐색과정을 촉진시키는 정책을 세워야 함

(2) 비자발적 실업

① 일할 능력과 "현재의 임금수준에서" 일할 의사를 지니고 있으나 일자리를 얻지 못하는 상태

② 사회경제적으로 문제

예 경기적 실업, 구조적 실업[11)]

③ 경기적 실업은 경기침체에 수반되어 발생하는 실업이고, 구조적 실업은 기술혁신 등으로 사양 산업에서 일자리를 잃게 되어 발생하는 실업

④ 경기적 실업은 경기가 회복되면 해소되지만, 구조적 실업은 산업구조의 재편, 새로운 인력 훈련이 뒷받침되어야 해결될 수 있어 구조적 실업이 경기적 실업보다 상대적으로 오래 지속됨

---

10) 자발적 실업과 비자발적 실업으로 구분하는 기준은 케인즈가 제시했고, 마찰적 실업은 frictional unemployment, 탐색적 실업은 search unemployment

11) 경기적 실업은 cyclical unemployment, 구조적 실업은 structural unemployment

3. 학파별 실업 이론과 대책

(1) 케인즈학파의 접근

① 임금의 하방경직성을 도입

② 경기침체 → $P\downarrow$ → $\dfrac{\overline{W}}{P\downarrow}\uparrow$ → 노동 초과공급

③ 근로자들은 물가가 하락한다고 해서 명목임금 인하를 용인하지 않음

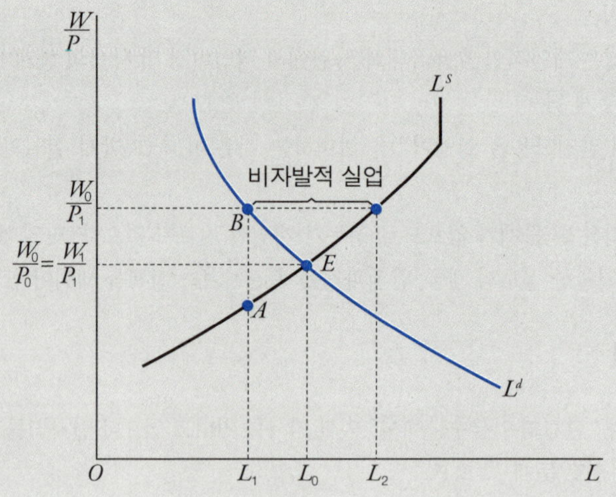

④ 처방책

- 확대재정통화정책→총수요 증가 → 물가 상승 → 실질임금 하락 → 노동수요량 증가 → 실업 감소
- 노동조합 견제 → 노동시장의 유연성과 경쟁도를 제고 → 경영권 보장, 해외인력 수입 자유화

(2) 고전학파 접근[12)]

① 구조적 실업을 자발적 실업으로 인식[13)]

→ ∵ 용접기술을 가진 숙련공이 로봇의 등장으로 일자리를 잃고 집에서 놀고 있는 경우, 특별한 기술이 필요하지 않은 노동(공사판 막노동, 포장마차, 행상 등)을 할 수 있는데 하지 않았다는 점에서 자발적임

② 정부의 안정화정책에 반대 : 자연실업률 이론 신봉[14)]

∵ 확대정책이 단기에는 실업을 감소시킬 수 있을지 모르지만, 인플레이션을 일으키게 됨[15)]

(3) 자연실업률 이론

① 자연실업률[16)]

- 모든 노동시장에 걸쳐 구인자 수와 구직자 수가 맞아 떨어지면 완전고용이라고 보고 이 수준에서 형성되는 실업률을 자연실업률이라고 함[17)]
- 현재 진행되는 인플레이션을 가속시키지도 않고 감속시키지도 않게 해 주는 실업률수준[18)]

② $u<u_N$→ 구인자 수<구직자 수 → 현재 진행되는 임금상승률을 더 높이는 힘이 작용되어 현재 인플레이션율을 평균적으로 더 높게 만듦

③ 자연실업률수준에서만 현행 인플레이션율이 높아지지도 않고, 낮아지지도 않으며 지속될 수 있음

④ 장기에 어떤 특정 수준의 인플레이션율과 대응하는 게 아닌 어느 인플레이션과 대응할 수 있음

⑤ 자연실업률 이론 : 정부가 안정화정책을 쓰든 쓰지 않든 간에 자연실업률수준은 변하지 않음 (실업을 감소시키기 위한 안정화정책이 부질없음)

---

12) 고전학파 계통인 통화주의와 새고전학파는 자발적 실업과 비자발적 실업의 구분이 자의적이라고 보아 다른 방법으로 새롭게 구분하였고, 경기변동 과정에서 발생하는 실업을 감소시키기 위해 정부가 안정화정책을 쓰는 것에 반대

13) 고전학파는 모든 실업은 정도의 차이는 있으나 기본적으로 자발적 실업이라고 인식함. 실업상태에 있다면 자기 적성에 맞지 않거나 격과 보수가 낮다고 생각하는 일자리를 택하지 않은 채 좀 더 나은 일자리를 탐색하기 때문이므로 구조적 실업도 경제활동인구로 남아 있는 한 탐색적 실업으로 인식

14) 고전학파는 케인즈학파의 비자발적 실업이 설득력 없다고 생각함. 왜냐하면 실질임금이 고정되어 있을 이유가 없다고 보는데, 그 이유는 균형실질임금에서 추가로 고용이 증가하면 노동자에게도 좋고 기업에게도 좋아지는 파레토개선의 교환기회를 포기하는 셈이기 때문

15) 실업은 개인적인 차원에서 보면 어느 정도 자발적으로 선택한 요소가 있으나, 인플레이션은 개인의 선택과는 관계없이 소득분배와 자원배분을 왜곡시키게 되어 실업보다 인플레이션을 더 큰 해악으로 인식

16) 통화주의자는 고전학파가 말하는 완전고용의 개념을 현대적으로 발전시켜 자연실업률이라는 개념을 정립

17) 현실경제에서 이질적인 노동이 많은 시장에서 거래되는데 단기에 이 모든 시장이 균형은 아니지만, 현실을 감안하여 경제 전체적으로 구인자 수와 구직자 수가 균형을 이루면 일부 산업에서 노동수급에 불균형이 있어도 장기적으로 보면 큰 문제가 되지 않음

18) 구인자 수 혹은 빈자리 수를 통계로 정확하게 측정하기 어렵기 때문에 약간 바꾸어 정의 내림

(4) 탐색적 실업

① 직장탐색이론은 일자리에 관한 완전한 정보를 가지고 있지 못해서 일자리를 탐색하게 되고, 실업자와 기업이 합리적인 방법으로 탐색을 한다고 가정하는 "최적 실업"

② 직장탐색의 한계비용[19] : 시간, 돈, 일자리를 일찍 잡지 않아 포기하게 된 소득

③ 직장탐색의 한계편익 : 앞으로 얻을 직장에서 더 받게 되리라고 예상되는 임금과 실업수당의 합

④ 직장탐색의 한계편익 > 한계비용 → 탐색활동 계속

⑤ 최적탐색시간 : 개인적인 차원에서 최적탐색시간이 감소할수록 경제 전체적으로 실업이 감소

⑥ 탐색적 실업이 감소하는 요인(탐색의 MC 상방이동, 탐색의 MB 하방이동)

- 예상치 못한 인플레이션[20]
- 실업수당 감소[21]
- 직업정보의 증대[22]

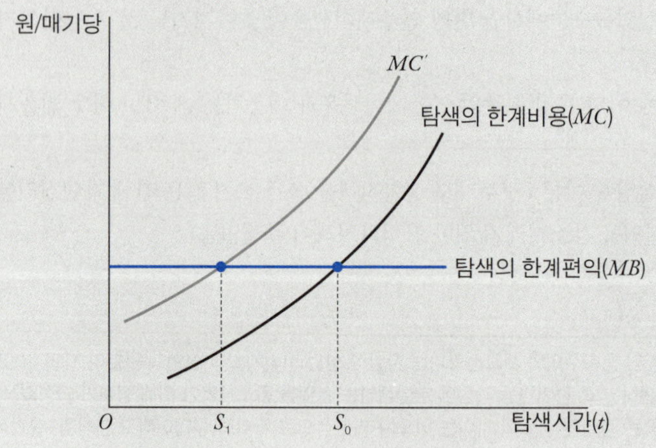

19) 탐색시간이 길어지면 일찍 취직해서 벌 수 있었을 소득이 증가해 탐색의 한계비용이 증가

20) 예상보다 경기가 좋아 예상 이상의 보수나 양호한 근로조건을 제의받을 기회가 많은 경우 이를 포기하면 탐색의 한계비용이 증가

21) 실업수당을 줄이면 탐색의 한계편익곡선이 하방이동

22) 노동시장정보의 흐름을 원활하게 하는 방법

⑦ 정책적 시사점 : 정부는 준칙, 작은 정부를 표방하고, 노동시장의 정보 흐름을 원활하게 하고, 실업수당을 내리는 방법뿐[23)]

(5) 새케인즈학파 실업이론

① 고전학파 계통의 비판인 실질임금이 고정되어 있어야 하는 이유에 대해 진지한 이유 모색
② 효율임금이론
③ 내부자-외부자이론
④ 이력현상(hysterisis) : 경제충격이 사라진 후에도 장기적이고 지속적인 영향을 미치는 현상

- (발생) 고전학파 계통은 실업의 대부분이 탐색적 실업이라고 했으나 1980년대부터 지금까지 유럽 연합국가들의 평균실업률이 10%에 육박했는데, 이를 탐색적 실업으로 모두 설명하는 데는 무리가 있다고 판단
- (경과) 석유파동 + 유럽경기 침체 + 실업보험제도 → 탐색적 실업을 높여 실업률 높임
  → 이후 1990년대 경제침체 후유증이 사라짐 → 유럽의 1980년대 높은 실업률이 1990년대 이후 높은 실업률에 기여함
- (자연실업률 변화) 지속된 높은 실업률이 자연실업률도 높이고, 이력현상에 의해 이후 실업률과 자연실업률도 높이게 됨[24)]
- (발생이유) 고실업으로 실업보험과 부모의 도움으로 실업상태에 적응하고 있다는 점과 내부자 -외부자이론이 잘 적용될 정도로 강성노조가 득세하고 노동시장의 유연성이 없다는 점

23) 정부의 확대재정통화정책은 예상된 인플레이션을 야기하기 쉬운데 예상된 인플레이션은 실업감소와 아무런 관계가 없음
24) 고전학파 계통은 자연실업률이 일정불변이라고 암묵적으로 가정했는데 자연실업률도 변할 수 있다는 점을 지적

3 필립스곡선과 스태그플레이션

1. 최초의 필립스곡선

(1) 개념

① 인플레이션과 실업의 관계를 나타내는 곡선

② 원래 임금상승률과 실업률 사이의 관계를 표시했으나 현재 인플레이션율과 실업률 사이의 관계로 표시

$$\pi = -\alpha(u - u_N),\ \ \alpha > 0$$

③ $u < u_N \rightarrow \pi > 0$

$u = u_N \rightarrow \pi = 0$

④ α는 인플레이션율이 실제실업률과 자연실업률 간의 격차에 얼마나 반응하는가를 나타내는 반응계수

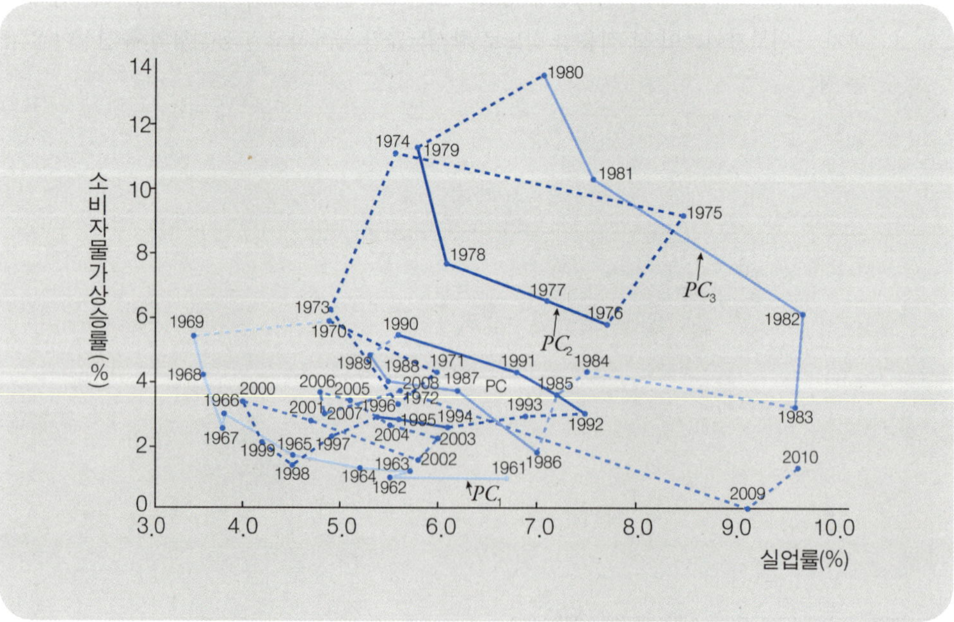

(2) 필립스곡선과 *AS*곡선

① 우하향하는 필립스곡선은 우상향하는 *AS*곡선과 표리 관계[25]

② 필립스곡선이 수직이면 *AS*곡선도 수직

③ *AS*는 단기에 우상향하는데, 최초의 필립스곡선은 우상향의 *AS*곡선을 실증적으로 밝혔다는 데 의미

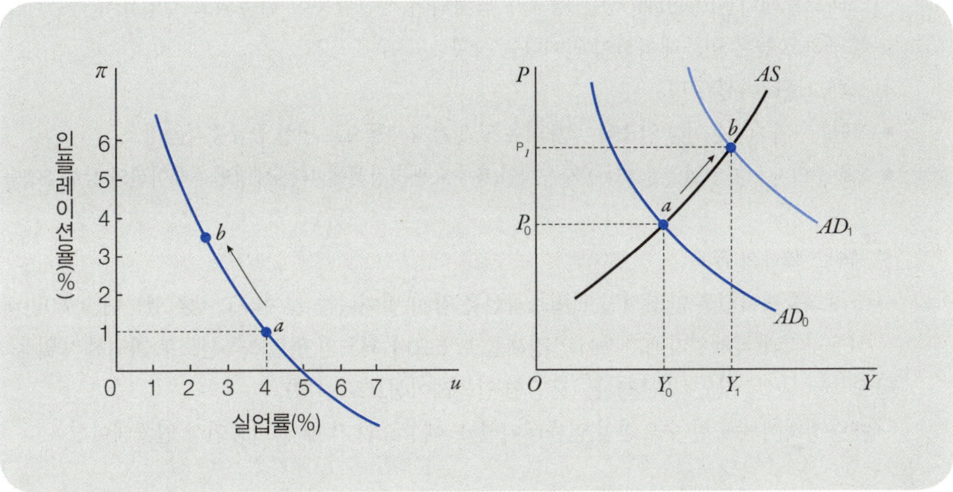

(3) 필립스곡선 형태

① 실업률이 높을 때는 기울기가 완만하지만, 실업률이 낮을 때 기울기가 급해짐

② 실업률이 낮은 경우는 높은 경우보다 실업을 줄이기 위해 감수해야 할 물가상승률의 증가가 훨씬 크다는 의미

(4) 정책적 함의

① 우하향의 필립스곡선은 케인즈학파에게 재량적인 안정화정책의 당위성을 부여

② 실증적 검증을 통해 도출된 초기 필립스곡선은 총수요관리정책을 채택해 필립스곡선을 따라 운행하면 낮은 인플레이션율하에서 완전고용을 유지할 수 있을 것이라고 주장

25) 필립스곡선에서 인플레이션율 상승, 실업률 하락은 총공급곡선에서의 물가상승, 생산증가로 나타남

2. 스태그플레이션과 새로운 필립스곡선

(1) 스태그플레이션

① 1970년대 들어서면서 인플레이션과 실업률의 음(−)의 관계가 깨져 높은 인플레이션과 높은 실업률이 공존

② 케인즈학파의 총수요관리정책이 흔들림[26)]

③ 스태그플레이션(stagflation)은 경제가 침체되어 생산활동이 위축되고 실업률이 높음에도 불구하고 높은 인플레이션이 일어나는 상황

④ 스태그플레이션 설명

- 케인즈학파 : (비용인상 인플레이션) 석유 및 원자재 파동으로 인한 공급충격을 강조
- 통화주의자 : (자연실업률 이론) 지속적인 총수요관리정책에 따른 예상인플레이션의 상향조정을 강조

⑤ 케인즈학파의 굴욕

→ 스태그플레이션은 안정적인 필립스곡선을 잠시 벗어나는 것이라고 생각했는데, 1980년대 석유가격과 국제원자재가격이 안정세를 보였으나 최초의 필립스곡선으로 회귀하지 않음

⑥ 오늘날 통설 : 자연실업률이론 (혼합형 인플레이션으로 설명)

→ 재량정책이 주도한 수요견인 인플레이션 + 예상요인 가세 + 비용인상 인플레이션

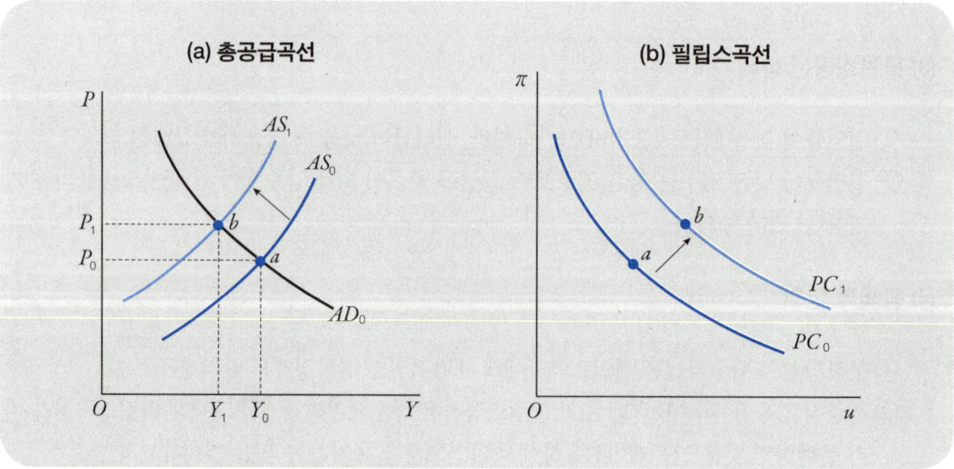

26) 스태그플레이션 현상을 총수요관리정책으로 설명하지 못하자, 로빈슨은 경제학의 제2의 위기라고 표현

(2) 프리드먼–펠프스 필립스곡선 : 자연실업률 이론

① 프리드먼과 펠프스가 1960년대에 자연실업률 가설 제시

② 예상인플레이션이 상승하면 필립스곡선이 예상인플레이션율만큼 상방이동

③ 재량정책에 관계없이 장기필립스곡선은 자연실업률수준에서 수직[27)]

④ 기대부가필립스곡선(expectation augmented Phillips curve)

: 최초의 필립스곡선이 실제 인플레이션율과 실업률 간에 음(−)의 관계가 있다고 보는 데 반해서, 기대부가필립스곡선은 예상치 못한 인플레이션율과 실업률 간에 음(−)의 상관관계가 있음

$$\pi = -\beta(u - u_N) + \pi^e, \quad \beta > 0$$

⑤ $\pi^e = 0$라면 최초의 필립스곡선이 됨

⑥ 기대부가필립스곡선의 시사점

- 스태그플레이션을 설명 가능
- 단기필립스곡선은 사람들의 인플레이션 기대심리가 변하면 이동
- 단기를 제외하고는 재량정책이 실업률을 감소시킬 수 없다는 점을 시사

⑦ 장기필립스곡선은 $\pi = \pi^e$가 성립하는 점들을 연결한 수직선이 되어, 실업률을 자연실업률 이하로 낮추기 위한 총수요확대정책은 가속적인 물가상승을 일으킨다고 봄[28)]

⑧ 단기에는 인플레이션과 실업이 상충관계에 있지만, 장기에는 아무런 관계가 없다는 것을 의미

⑨ 총수요확대정책은 장기에 기대물가의 상승을 통해 물가만 상승시킬 뿐이며, 생산 및 고용을 증대시키지 못하고 실업은 장기적으로 자연실업률수준에 머무르게 됨

---

27) 단기에 예상물가수준이 주어져있을 경우에 *SAS*는 우상향하지만, 장기에 예상물가수준이 정확히 예상되므로 *LAS*는 자연생산량수준에서 수직선이 됨

28) 이런 측면에서 자연실업률가설을 가속적 인플레이션가설(accelerated inflation hypothesis)이라고도 함

(3) 기대부가필립스곡선의 설명

① 초기 경제에 인플레이션율이 0%이고, 실업은 자연실업률수준(u_N)에 있을 때, 단기필립스곡선(SPC)은 u_N을 통과

→ 정부는 자연실업률수준이 너무 높다고 보아 u_1 수준으로 낮추기 위해서 확대정책을 실시

→ AD 우측이동해 생산 증가, 물가 상승

→ 새로운 단기균형점(E_1)에서 실업이 줄고 인플레이션 발생

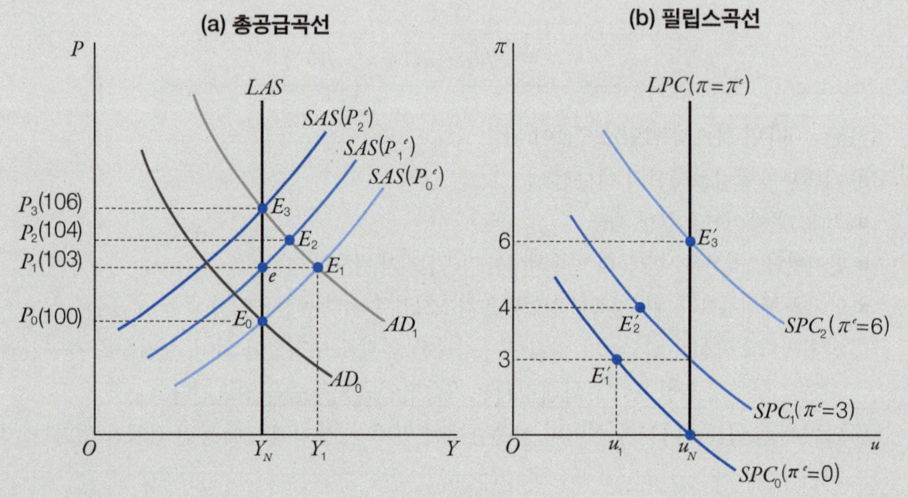

② (단기) 실제 물가는 3% 오르는데 근로자들은 0%로 그대로 유지될 것으로 생각

→ 실질임금하락 → 기업의 노동수요 증가 → 고용증가 (실업률 감소)

(장기) 기대물가상승률이 0%에서 3%로 상향조정되어 단기총공급곡선이 상방이동

→ 장기에는 실제물가가 기대물가와 같아져 자연실업률수준으로 회복

(4) 자연실업률 가설에 대한 학파별 주장

① 자연실업률가설은 1960년대 후반 이후 지금까지 선진국에서 보이는 실업률과 인플레이션의 상호관계를 잘 설명해 주는 모형으로 판단

② 케인즈학파 경제학자들도 자연실업률 이론을 수용하지만, 시장기구가 제 기능을 못 하는 기간이 너무 오랫동안 지속되는 경우 큰 고통을 수반하므로 단기적인 처방책이 필요하다는 주장 계속함

(5) 자연실업률의 결정요인과 실증분석

① 자연실업률은 생산물시장의 불완전경쟁정도, 구인기업과 구직자의 탐색비용, 노동의 이동가능성, 최저임금제, 노조의 역할, 효율임금 등 시장의 구조적인 특성에 의해 결정

② 미국의 자연실업률은 4%(1960년대), 5~6%(1970년대)수준이고, 유럽선진국은 9%(1980년대)로 추계

③ 우리나라는 3%(외환위기 이전)였으나, 사회보장제도 확충[29], 여성의 경제활동참가율 증가, 경제구조 고도화로 직업을 바꾸거나 좋은 직업을 탐색하는 인구가 증가할 것으로 생각되어 4~5%로 높아질 것으로 예상

29) 탐색의 한계비용이 감소해 탐색적 실업이 증가

	고전학파계통	케인즈학파계통
노동시장	• 노동수요는 실질임금의 함수 • 노동공급은 예상실질임금의 함수	• 노동수요는 실질임금의 함수 • 노동공급은 예상실질임금의 함수
총공급곡선	• 단기에는 우상향 • 장기에는 자연생산량수준에서 수직	• 단기에는 우상향 • 장기에는 자연생산량수준에서 수직
투자수요	• 이자율 탄력도가 큼 → 완만한 *IS*곡선	• 이자율 탄력도가 작음 → 가파른 *IS*곡선
화폐수요	• 이자율 탄력도가 작음 → 가파른 *LM*곡선 • 안정적	• 이자율 탄력도가 큼 → 완만한 *LM*곡선 • 불안정적
재정정책	• 구축효과가 크고 완만한 *IS*곡선과 가파른 *LM*곡선 때문에 안정화정책으로서의 효과가 작음	• 총수요에 직접 영향을 미치고, 가파른 *IS*곡선과 완만한 *LM*곡선 때문에 안정화정책으로서의 효과가 큼
통화정책	• 명목총수요에 직접 영향을 미치고, 완만한 *IS*곡선과 가파른 *LM*곡선 때문에 단기에는 안정화정책으로 효과적 • 장기에는 화폐의 중립성 성립	• 총수요에 간접적으로 영향을 미치고, 가파른 *IS*곡선과 완만한 *LM*곡선 때문에 단기적으로 효과가 작음 • 장기에는 화폐의 중립성 성립
정책기조	• 준칙	• 재량
경제관	• 시장경제는 기본적으로 효율적이며 외부충격에 대하여 자율적인 조정 능력을 가짐 • 경기변동은 자연스런 경제의 흐름	• 시장경제는 내재적으로 불안정 • 경기변동은 시장실패의 증상
인플레이션과 실업	• 인플레이션이 더 큰 해악 • 인플레이션은 화폐적 현상	• 실업이 더 큰 해악 • 인플레이션은 실물부문과 금융부문의 혼합현상
통화가명목 국민소득(*PY*)에 주는 영향	• 생산물시장에 나타나는 즉각적인 명목총수요의 변동을 통해서	• 금리를 통해서
정부관	• 정부의 실패는 시장의 실패보다 훨씬 더 큰 문제 • 작은 정부 선호(비개입주의)	• 정부의 실패는 시장의 실패에 비해 별 문제가 안 됨 • 큰 정부 선호(개입주의)

보론 1 기억효과와 필립스곡선

1. 자연실업률 가설과 정책효과

① 자연실업률 가설론자들은 자연실업률을 초과하는 실업률이 관측되어도 적극적인 거시경제정책을 사용하는 것을 비판

→ 장기적으로 자연실업률 이하로 실업률을 낮추기 어렵고, 확장적 거시정책이 민간의 기대인플레이션율만 상승시킬 수도 있음

② (반론) 새케인즈학파는 거시경제정책이 단기와 장기에 실업률에 영향을 미칠 수 있다고 주장

2. 기억효과 (새케인즈학파 주장)

① 유럽의 장기적으로 높은 실업률을 자연실업률 가설은 만족스럽게 설명하지 못함

② 영국은 대처 집권 당시 18% 인플레이션율을 경험하고 있었으나[30] 긴축정책으로 5%까지 낮춤 → 인플레이션이 진정되었으므로 자연실업률로 복귀되어야 함 → but, 복귀하지 않고 자연실업률이 더 높아짐 (자연실업률 자체 상승)

③ 기억효과(이력현상, hysteresis) : 한번 경제에 충격이 왔을 때, 그 효과가 사라지지 않고 경제시스템 내부에 각인되는 현상으로 실업의 비용이 지속적으로 발생할 수 있는 현상

3. 기억효과 발생 이유

① 불황이 해고된 사람들의 생산성에 계속 영향을 줌 (학습기회 박탈, 열등하다는 신호)

② 실망실업자(discouraged worker)[31]는 실업기간이 장기화되면서 노동의욕과 성취욕 감소

③ 한번 외부자가 된 노동자는 다시 내부자가 되기 어려워 계속 실업자로 남게 됨

30) 1980년대 유럽의 여러 나라들 특히 영국은 자연실업률을 상회하는 높은 실업률이 장기간 지속되었는데, 1970년대 3.4%였던 실업률이 1980년대 9.4%에 육박

31) 실망실업자는 실질적인 실업자로 단지 더 이상 직장을 구하지 않는다는 이유로 비경제활동으로 분류되어 실제실업률을 과소평가하는 문제 발생

4. 기억효과와 자연실업률 변화

① 초기에 A점 균형 → 불황으로 B점으로 이동

② (자연실업률 가설) 기대인플레이션의 하락으로 다시 C로 돌아와 자연실업률수준에서 균형

③ (기억효과 가설) 자연실업률 자체가 높아져 D에서 균형을 이루어 장기필립스곡선은 AD를 연결한 수직이 아닌 직선

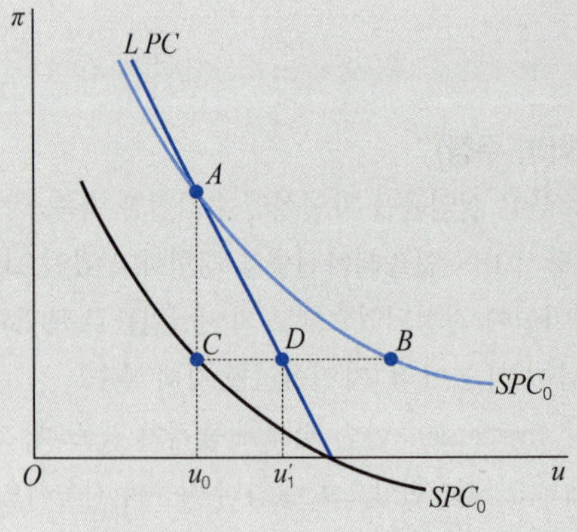

보론 2 최적정책의 동태적 비일관성

※ 현재시점에서 수립된 최선의 미래정책이 미래가 도래되었을 때 더 이상 최선의 정책이 아니라면 이 정책은 동태적 일관성이 없는 것

※ 민간이 정책의 비일관성을 합리적으로 예상하면 정책당국은 최적정책을 변경해도 아무런 효과를 얻지 못하고 사회후생만 감소됨

1. 화폐금융정책의 최적비일관성

① 통화당국이 인플레이션 억제정책을 공표한 후 물가가 안정되면 예상치 못한 통화량 증가로 고용을 증대시켜 사회후생을 증가시킬 유인을 지님

② 합리적 기대하의 필립스곡선 + 오쿤의 법칙 = 루카스의 동태적 총공급곡선

$$Y = Y_N + \gamma(\pi - \pi^e),\ \ \gamma > 0$$

③ 사회후생함수

$$W = (Y - Y_N) - \frac{1}{2}\alpha\pi^2,\ \ \alpha > 0$$ [32]

④ 루카스 공급곡선을 이용한 사회후생함수

$$W = \gamma(\pi - \pi^e) - \frac{1}{2}\alpha\pi^2$$

⑤ $\pi = \pi^e = 0 \rightarrow W = 0$

32) α는 사회후생함수에서 인플레이션의 역기능에 대한 가중치를 의미

⑥ $\pi^e = 0$으로 고정되어 있을 경우

: 목적함수 극대화는 $\pi = \frac{\gamma}{\alpha}$[33]에서 $W = \frac{\gamma^2}{2\alpha}$로 이전보다 후생증가

⑦ $\pi^e = \frac{\gamma}{\alpha}$로 합리적으로 예상하는 경우[34]

: $\pi = \frac{\gamma}{\alpha}$에서가 $W = -\frac{\gamma^2}{2\alpha}$되어 사회후생은 오히려 감소

⑧ 결국 합리적인 기대를 하는 경우에 재량적 통화정책보다는 준칙에 따른 일관성을 유지하는 것이 경제주체들에게 신뢰를 주어 최선의 결과를 얻을 수 있음

2. 신뢰성보강 장치

(1) 평판

① 정부는 민간과 지속적인 관계를 고려하여 단기적으로 예상치 못한 통화량 증가는 기대인플레이션의 상승이라는 대응으로 이어져 효과 없음을 인식

② 평판적 접근방식(reputational approach)

: 구속장치로서 평판의 역할을 고려

③ (2기간 확장된 사회후생함수)

2기의 후생수준을 시간할인하여 1기의 후생수준에 더한 것으로 다음과 같이 나타낼 수 있음

$$W = W_1 + \beta W_2, \quad (0 < \beta < 1)$$

$W_t = \gamma(\pi_t - \pi_t^e) - \frac{1}{2}\alpha\pi_t^2, (t = 1, 2)$, β는 시간할인요소

④ (정부의 방안 1)

t=1기에 $\pi_1 = 0$으로 설정해 $\pi^e = 0$으로 유도한 후 t=2기에 $\pi_2 = \frac{\gamma}{\alpha}$로 설정해 산출량 증가

$\rightarrow W = \frac{\beta\gamma^2}{2\alpha}$

33) 사회후생함수를 π로 미분한 뒤에 0으로 놓으면 $\gamma - \alpha\pi = 0$이 되어 $\pi = \frac{\gamma}{\alpha}$에서 극대화

34) 민간이 최적정책의 변경을 사전에 합리적으로 예상할 수 있는 이유는 정부의 정책이 사전적인 구속장치가 없을 경우 통화량을 증가시킬 유인이 높다는 것을 반영하기 때문임

⑤ (정부의 방안 2)

$t=1$기에 $\pi_1 = \dfrac{\gamma}{\alpha}$으로 설정하고, $t=2$기에 적절하게 조정해 산출량 증가

$\rightarrow W = \dfrac{(1-\beta)\gamma^2}{2\alpha}$

⑥ 결국 β의 크기에 따라서 더 나은 방식이 결정

만일 정부가 미래지향적이어서 $\beta \fallingdotseq 1$이 된다면 첫 번째 방식이 더 높은 후생을 가져다 줌

⑦ 한 번의 산출량 증가 이익(방안 1)과 앞으로 지속될 높은 인플레이션 비용(방안 2)을 비교해 후자가 더 큰 경우에 사전적 최적정책인 0% 인플레이션율을 약속대로 실현

→ 당국의 정책행위가 1회적으로 경제에 영향을 줄 뿐만 아니라, 미래의 기대형성에도 지속적으로 영향을 줄 수 있음

(2) 입법과 계약

① 입법에 의한 계약장치(legislative approach) : 정책목표를 물가안정으로 단일화해서 법으로 명시하고, 준칙을 준수하도록 함

② 계약에 의한 접근방식(contractual approach) : 주인인 정부가 대리인인 통화당국에게 대리인의 보수체계를 물가안정과 연계시켜 준칙을 준수하도록 함

제 14 장

경제성장

1 경제성장의 개요와 정형화된 사실

※ 경제성장(economic growth) : 총체적 생산수준인 실질국내총생산의 지속적인 증가와 1인당 실질*GDP*로 측정한 생활수준의 지속적인 향상을 의미

※ (원동력) 인구증가를 통한 노동력의 증가, 투자에 의한 물적자본 축적, 교육에 의한 인적자본 축적, 기술진보

1. 소득수준의 지속적 증가

(1) 산업혁명 이전

① 18세기 산업혁명이 일어나기 전까지 세계 여러 나라의 생활수준은 오랜 기간 동안 크게 변하지 않음

② (이유) 실질*GDP*의 증가는 인구증가에 기인하는 경우가 큼

③ 농경사회인 당시에는 토지의 크기와 생산성이 성장률을 결정하는데, 경작가능한 토지의 공급이 제한되어 있어 수확체감현상이 발생

(2) 산업혁명 이후

① 인구는 폭발적으로 증가하였으나, 1인당 *GDP*로 측정한 평균 생활수준은 크게 향상

② 특히, 중국과 인도 등 개도국의 경제가 빠르게 성장

2. 국가 간 소득수준의 차이

(1) 국가 간 소득수준 차이 발생

① 지난 250여 년간 1인당 평균소득수준은 지속적으로 증가했으나, 부유한 국가와 가난한 국가의 소득격차는 줄어들지 않고 있음
② 부유한 국가들의 소득이 가장 가난한 국가들의 소득보다 약 30배나 높음

(2) 1인당 소득수준과 성장률 사이의 관계

① (문제제기) 일반적으로 가난한 국가는 부유한 국가를 따라 잡을 수 있는가?
② 1인당 소득수준과 성장률 간에는 아무런 관계가 없음을 제시
③ 세계 각국의 1인당 소득이 장기적으로 수렴하지 않고 있다는 것

2 경제성장의 정형화된 사실

※ 산업혁명 이후 국가의 경제성장 과정에서 밝혀진 칼도(Kaldor)의 정형화된 사실

① 1인당 소득과 자본량 및 생산성이 지속적으로 증가

② 1인당 소득과 투자율 간에 양(+)의 상관관계

③ 1인당 소득과 인구성장률 간에 음(−)의 상관관계

④ 산업혁명 이후부터 1950년까지 국가별 1인당 소득수준의 차이가 지속적으로 커짐

⑤ 1960년 이후 1인당 소득과 경제성장률 간 상관관계는 없음

⑥ 국가 간 생산성 증가율에는 차이가 큼

⑦ (기타) 자본수익률과 자본계수(K/Y)가 대체로 일정

⑧ (기타) 총소득 중 노동소득과 자본소득의 비중이 대체로 일정

3 경제성장의 요인 : 성장회계

1. 경제성장의 요인

(1) 생산요소 투입량

① 생산요소 투입량이 증가하면 총생산은 증가 (한계생산은 체감)
② (요소부존도와 경제성장) 자본에 비해 노동이 상대적으로 풍부한 나라는 자본 1단위에 대해 적어도 1단위 이상의 노동이 결합되므로 자본의 한계생산이 노동의 한계생산보다 큼 (자본이 성장에 큰 역할)

(2) 기술진보

① (광의의 기술 개념) 기술은 생산기술뿐만 아니라 판매나 소비, 사회조직이나 운영, 기타 모든 부문의 기술 및 지식의 진보를 의미
② 기술진보는 새로운 자본설비에 체화되어 풍부한 자본은 빠른 기술진보의 밑거름이 됨

(3) 외연적 성장 vs. 내연적 성장

① 외연적(extensive) 성장 : 생산요소 투입의 증가에 따른 경제성장
② 내연적(intensive) 성장 : 생산성의 증가에 따른 경제성장

2. 성장회계방정식

(1) 총생산함수

$$Y = AF(K, L) = AK^{\alpha} L^{1-\alpha}$$

(2) 성장회계

① 각 변수를 변화율 간의 관계로 나타내면

$$\frac{\Delta Y}{Y} = \frac{\Delta A}{A} + \alpha \frac{\Delta K}{K} + (1-\alpha)\frac{\Delta L}{L}$$

$$\%\Delta Y = \%\Delta A + \alpha(\%\Delta K) + (1-\alpha)(\%\Delta L)$$

② α는 총소득 중에서 자본소득분배율을 나타내고, $(1-\alpha)$는 총소득 중에서 노동소득분배율을 의미 (자본증가율과 노동증가율 1%의 상대적 성장기여도 의미)

③ 성장회계(growth accounting)는 경제성장에 기여하는 상대적 크기를 비교함으로써 경제성장요인의 중요도를 살펴보는 것

예 Y는 6%, K와 L은 각각 5%, 3%씩 성장했으며, $\alpha=0.4$인 경우에 A는 2.2%만큼 기여

④ 기술진보율은 측정하기 어려워, 자본과 노동투입 증가율을 뺀 잔여항(residuals)으로 측정

(3) 총요소생산성 (Total Factor Productivity : *TFP*)

① 자본과 노동 투입 이외에 경제성장에 기여하는 기술수준, 산업구조, 경제제도를 포함

② 자본과 노동의 생산성에 공통적으로 영향을 미침

(4) 인적자본과 경제성장

① 최근 자본, 노동, 총요소생산성 이외에 인적자본에 대한 투자인 교육수준이 그 나라의 생활수준을 결정하는 주요 요인으로 지적

② 인적자본이 포함된 총생산함수

$$Y_t = A_t K_t^{\alpha} L_t^{1-\alpha} \quad (\text{단, } L_t = Q_t H_t)$$

(총노동투입은 단위노동의 질적수준인 인적자본(Q_t)와 양적인 노동투입(H_t)의 곱으로 정의)

③ 성장회계방정식으로 나타내면

$$\%\Delta Y = \%\Delta A + \alpha(\%\Delta K) + (1-\alpha)(\%\Delta Q + \%\Delta H)$$

보론 1 성장률의 정의와 측정

- 경제성장이론은 시간의 흐름에 따라 경제변수가 어떻게 변화하는가에 관심을 가지고 있음
- 시간의 흐름에 따른 변화를 측정하는 방법은 이산적인 경우와 연속적인 경우로 나눔

1. 이산 시간

① 이산 시간(discrete time)에서 두 기간의 변화량을 측정하는 것으로 차분(difference)을 이용

$$\Delta x_t = x_t - x_{t-1}$$

② 어떤 변수 x의 증가율은 $\frac{x_t - x_{t-1}}{x_{t-1}} = \frac{\Delta x_t}{x_{t-1}}$로 나타낼 수 있음

2. 연속 시간

① 연속시간(continuous time)에서 시간에 대한 도함수를 계산하는 것으로 연속적으로 측정되는 어떤 변수인 x_t의 시간에 대한 도함수는 $\frac{dx_t}{dt} = \dot{x}_t$로 나타냄

② 증가율은 $\frac{\dot{x}_t}{x_t} = \frac{\frac{dx_t}{dt}}{x_t} = \hat{x}_t$

3. 자연로그와 증가율 표현

(1) 자연로그 시간에 미분

① 어떤 변수 x_t에 자연로그를 취하고 시간에 대해 미분하면 연속시간에서의 증가율로 나타낼 수 있음

$$\frac{d}{dt}(ln\,x_t) = \frac{d(ln\,x_t)}{dx_t}\frac{dx_t}{dt} = \frac{1}{x_t}\frac{dx_t}{dt} = \frac{\dot{x}_t}{x_t} = \widehat{x_t}$$

② $x_t y_t$의 증가율은 $\widehat{x_t} + \widehat{y_t}$이 되어 각 변수의 증가율의 합으로 표시됨 ($ln\,x_t y_t = ln\,x_t + ln\,y_t$)

③ $\frac{x_t}{y_t}$의 증가율은 $\widehat{x_t} - \widehat{y_t}$이 되어 각 변수의 증가율의 차로 표시됨 ($ln\frac{x_t}{y_t} = ln\,x_t - ln\,y_t$)

④ 생산함수가 $Y_t = A_t K_t^{\alpha} L_t^{1-\alpha}$인 경우 증가율은 로그를 취한 후에 양변을 시간에 대해 미분하면 생산량의 증가율로 변환 가능

$$ln\,Y_t = ln\,A_t + \alpha\,ln\,K_t + (1-\alpha)\,ln\,L_t$$
$$\frac{\dot{Y}_t}{Y_t} = \frac{\dot{A}_t}{A_t} + \alpha\frac{\dot{K}_t}{K_t} + (1-\alpha)\frac{\dot{L}_t}{L_t}$$

(2) 자연로그와 성장률

① 자연로그 성질 중에서 $ln(1+g) \approx g$ (단, g는 0과 가까운 수)

② x_t의 증가율은 $\frac{x_t - x_{t-1}}{x_{t-1}}$로 이를 g로 표시

$$\frac{x_t - x_{t-1}}{x_{t-1}} = g$$
$$x_t = (1+g)x_{t-1}$$

③ 양변에 로그를 취해 정리하면 변수 x_t의 증가율은 lnx_t의 차분(log difference)으로 근사됨

$$ln\,x_t = ln(1+g) + ln\,x_{t-1}$$
$$ln\,x_t - ln\,x_{t-1} = ln(1+g) \approx g$$

참고 고령화와 경제성장

1. 인구고령화와 성장잠재력

(1) 인구고령화의 영향

① 인구고령화는 경제 전반에 영향을 주어 성장을 저해하는 요소로 작용
② 한국의 잠재성장률을 1.6%(2030년), 0.74%(2050년) 수준까지 감소시킬 듯

(2) 이유

① 인구고령화는 노동인구의 양과 질을 떨어뜨림
② 고령 노년층 인구의 증가
③ 저출산으로 젊은층 노동력은 지속적으로 감소
④ 젊은층 노동력은 상대적으로 새로운 지식과 기술을 습득한 인력

(3) 대책

① (노동인구의 양 확대) 여성 노동참여율의 증진, 해외 노동인력 유입, 정년 연장과 같은 방안
② (노동의 질 증대) 인적자본 투자 확충

2. 인구고령화와 저축

① 인구고령화의 지속으로 사회 전체의 저축이 감소해 자본축적 감소
② (생애주기 가설) 젊을 때 순저축을 해서 노년층 소비에 필요한 자산을 확보
③ (베이비부머) 장년층인 베이비부머들이 노후 소비를 위해 자산을 대거 처분하게 되면 자산시장에 영향을 주게 되고, 자본축적을 변화시킬 것으로 봄

3. 선진국 사례

① (단기) 효율적인 노동공급이 크게 감소하여, 1인당 실질GDP가 줄어듦
② (장기) 인적자본에 대한 투자의 증가로 노동생산성 증가와 함께 1인당 실질GDP가 증가하는 효과가 발생

4 외생적 성장이론 : 솔로우 모형

※ 해로드-도마 모형(Harrod-Dormar model)
① 솔로우 모형 이전의 케인즈의 총수요이론을 동태화시킨 모형
② (가정) 자본과 노동 간 대체가 불가능
③ 완전고용에서 균형성장이 가능하기는 하지만 달성되기 어려움
④ 균형에서 한번 이탈되면 회복하기 어렵기 때문에, 자본주의 성장경로가 기본적으로 불안정

※ 솔로우 모형
① 자본주의 경제를 안정적인 성장경로로 이끄는 어떤 내재적인 힘이 작용
② (내재적인 힘의 원천) 자본과 노동 등 생산요소 간 기술적 대체가능성과 생산요소가격의 신축적 조정
③ 한계수확체감법칙
④ 신고전학파적 전제를 수용하여 경제성장을 생산요소가격의 신축적 조정에 따른 완전고용 균형성장의 결과로 인식

1. 자본의 축적

(1) 솔로우 모형의 생산함수

① 총생산함수를 규모에 대한 수익불변인 콥-더글라스 생산함수 가정

$$Y=F(K, L)$$

② 규모의 수익불변이므로 $\lambda Y = f(\lambda K, \lambda L)$이 되어 $\lambda = \frac{1}{L}$이라면 다음이 성립

$$\frac{Y}{L} = F(\frac{K}{L}, 1)$$

③ 1인당을 소문자로 쓰면 $y=f(K)$이고, 1인당 생산함수의 기울기는 자본의 한계생산을 의미[1]

1) ① $y = f(k)$는 $Y = Lf(\frac{K}{L})$로 표현되고, 이를 K로 미분하면 $\delta Y/\delta K = L(\partial f/\partial k)(1/L) = \partial f/\partial k$가 되어 $MP_K = MP_k$가 성립. 총생산함수에서의 자본의 한계생산성과 1인당 생산함수에서 1인당 자본의 한계생산성은 일치

④ 자본의 한계생산은 체감해서 1인당 생산곡선은 오목한 형태를 지님

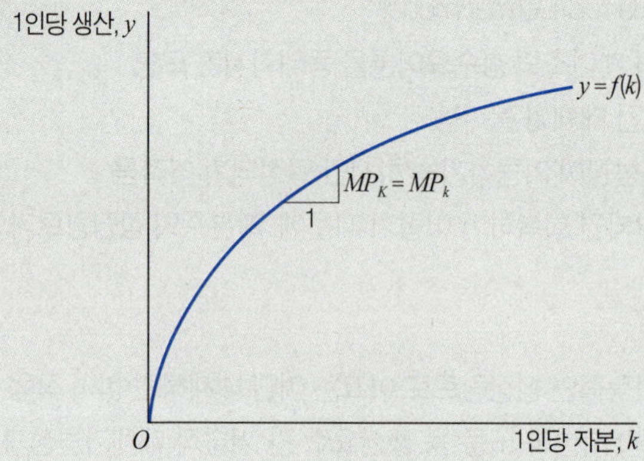

(2) 1인당 생산, 소비, 투자

① 생산과 마찬가지로 소비, 투자도 1인당으로 표현하게 되고, 정부부문이 없다면, 1인당 생산물의 수요는 $y=c+i$로 나타낼 수 있음

② 1인당 소비는 $c=(1-s)y$로, s는 저축성향[2)]으로 $0<s<1$ (케인즈 가정 수용)

③ 투자와 저축은 일치하여 총수요와 총저축은 항상 균형: $I=S(=sY)$ (고전학파의 견해 수용)

④ 매 시기마다 총수요와 총공급은 일치한다고 가정하므로 시간이 지남에 따라서 생산이 얼마나 증가할 수 있는지가 핵심(생산요소인 자본과 노동이 시간이 지남에 따라 얼마나 증가할지 관심)

2) s는 저축성향으로 1인당 저축과 혼동하면 안 됨

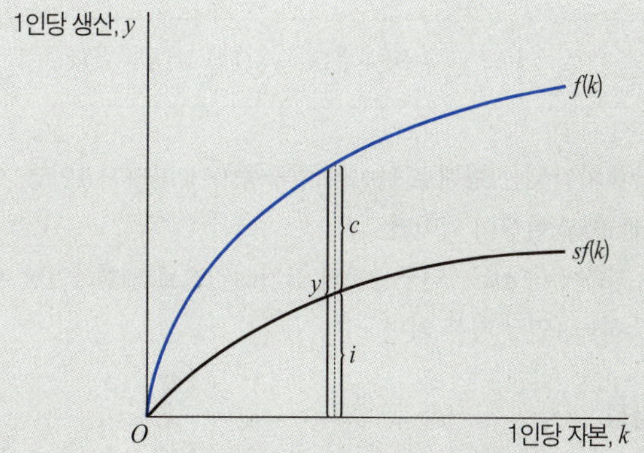

⑤ 〈그림〉에서 1인당 자본 k가 주어지면 1인당 산출 $y=f(k)$를 얻을 수 있고, 1인당 산출은 저축률 s에 의해서 투자와 소비에 $s:(1-s)$의 비율로 배분

⑥ 1인당 투자(저축)는 $i=sf(k)$이고, 1인당 소비는 $c=f(k)-sf(k)$임

(3) 1인당 자본의 축적

■ 총자본의 축적: 투자와 감가상각(depreciation)에 의해서 결정

$$\frac{dK}{dt} = \dot{K} = I - \delta K = sY - \delta K$$ [3)]

$$\frac{\dot{K}}{K} = \frac{I}{K} - \delta = s\frac{Y}{K} - \delta$$

$$\frac{\dot{K}}{K} = \frac{\dot{k}}{k} + \frac{\dot{L}}{L} = \frac{\dot{k}}{k} + n$$ [4)]

$$\frac{\dot{k}}{k} = s\frac{y}{k} - (n+\delta) = \frac{sf(k)}{k} - (n+\delta)$$

3) 자본의 순증가분은 총투자(I)에서 감가상각분(δK)을 뺀 값을 의미한다. 감가상각분은 이미 존재하는 총자본량인 K에 감가상각률인 δ을 곱한 것을 의미

4) 1인당 자본 ($k = \frac{K}{L}$)의 증가율은 $\frac{\dot{k}}{k} = \frac{\dot{K}}{K} - \frac{\dot{L}}{L}$이 되고, 여기에 인구증가율은 $n = \frac{\dot{L}}{L}$로 정의

■ 1인당 자본의 순증가분

$$\dot{k} = sy - (n + \delta)k = sf(k) - (n + \delta)k$$

① 인구증가율 n이 차감되는 형태로 들어가 인구증가에 따라서 1인당 자본이 줄어드는 자본 희석(capital dilution) 현상이 일어남

② $sf(k)$는 1인당 저축, $(n+\delta)k$는 인구증가와 감가상각으로 인한 1인당 자본의 감소분으로 자연적으로 감소하는 1인당 자본 의미

(4) 균제상태 조정과정

① $sf(k)>(n+\delta)k$인 경우 : 1인당 저축이 1인당 자본의 자연적 감소분을 초과하면 $\dot{k} > 0$이므로 1인당 자본은 순증가

② 축적된 자본은 생산에 투입되고 산출물은 증가하게 되고, 그 결과 저축이 증가하므로 다시 자본은 축적됨

③ 그러나 자본의 한계생산이 점차 감소하여 소득 증가가 둔화되고 저축의 증가분도 점차 감소하게 됨

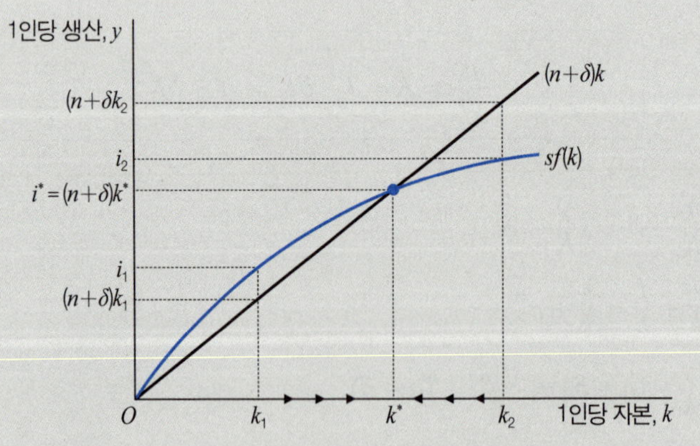

(5) 균제상태

① 솔로우 모형의 균제상태(steady state)혹은 균형성장경로(balance growth path)는 자본과 소득이 인구증가율과 같은 일정한 비율로 증가하는 경우를 말함

② 1인당 자본이 k^*수준에 도달하게 되면($\Delta k^*=0$), 1인당 자본과 1인당 소득은 더 이상 증가하지 않게 됨

→ 1인당 자본이 k^*수준보다 낮은 데서 출발하면 1인당 소득은 점차 증가하고, 1인당 자본이 k^*수준에 도달하면 1인당 소득이 정체될 수 있음

③ 경제성장수준이 멈추는 것은 아니고 경제 전체의 자본과 소득은 인구증가율만큼 증가

$$\frac{\dot{k}}{k} = \frac{\dot{y}}{y} = 0$$

$$\frac{\dot{K}}{K} - \frac{\dot{L}}{L} = \frac{\dot{Y}}{Y} - \frac{\dot{L}}{L} = 0$$

$$\frac{\dot{K}}{K} = \frac{\dot{Y}}{Y} = n$$

참고 균제상태의 도달 예시

(가정)

① 생산함수 $Y = \sqrt{LK}$

② 생산량의 30%를 저축하고 자본량의 10%가 매년 감가상각되며, 인구증가율은 0%, 1인당 자본이 4단위에서 시작

③ $y = \sqrt{k}$, $s = 0.3$, $\delta = 0.1$, $n = 0$, $k = 4$

(균제상태 도달과정 : 제1단계)

① 첫 번째 기에는 k=4에서 생산과 분배의 과정

② $y = \sqrt{k}$ 이므로 y=2 (노동자 1인당 자본 4단위를 가지고 노동자 1인당 생산량 2단위 생산)

③ i=0.6, c=1.4 (생산량의 30%는 저축해서 투자하고, 70%는 소비)

④ δk=0.4 (자본량의 10%는 감가상각)

⑤ $\dot{k} = \Delta k = 0.2$ (투자는 0.6, 감가상각은 0.4일 때의 자본량의 변화)

⑥ 두 번째 기에는 k=4.2 에서 시작해 계속 반복

⑦ 균제상태는 $\dot{k} = 0$인 경우로 다음과 같은 과정으로 확인할 수 있음

$\dot{k} = sf(k^*) - \delta k^*$에서 $\dot{k} = 0 = 0.3\sqrt{k^*} - 0.1k^*$에서 $k^* = 9$

연도	k	y	c	i	δk	$\dot{k} = \Delta k$
1	4.00	2.00	1.40	0.60	0.40	0.20
2	4.20	2.04	1.43	0.61	0.42	0.19
3	4.39	2.09	1.46	0.62	0.44	0.18
:	:	:	:	:	:	:
10	5.60	2.36	1.65	0.71	0.56	0.15
25	7.32	2.70	1.89	0.81	0.73	0.08
100	8.96	2.99	2.09	0.89	0.89	0.02
∞	9.00	3.00	2.10	0.90	0.90	0.00

2. 균제상태의 변화

- 균제상태인 $y^*=f(k^*)$에서 1인당 국민소득이 일정하게 되나, s, δ, n이 균제상태에 영향

(1) 저축률 증가 효과

① 저축률이 s_1에서 s_2로 증가[5]하는 경우 $sf(k)$곡선이 상방이동

② 초기의 자본량 k_1^*수준에서 $sf(k_1^*)>(n+\delta)k_1^*$이므로 1인당 자본이 순증가해 새로운 균제상태의 자본량인 k_2^*에 도달

③ 저축률이 높게 되면 자본량이 크고 생산도 많아지며, 저축률이 낮으면 자본량이 작고 생산도 작아짐[6]

④ 저축률이 낮은 상태에서 증가하면 자본축적으로 경제는 빠르게 성장(고성장은 새로운 균제상태에 도달하지 이전까지만 가능)

⑤ 새로운 균제상태에 도달하면 아무리 저축률이 높다고 해서 높은 수준의 소득을 유지할 수 있을 뿐, 1인당 소득으로 측정한 소득성장률은 멈추게 됨(수준효과는 있으나 성장효과는 없음)

⑥ 균제상태에서도 경제 전체적으로 인구증가율만큼 성장할 수 있음

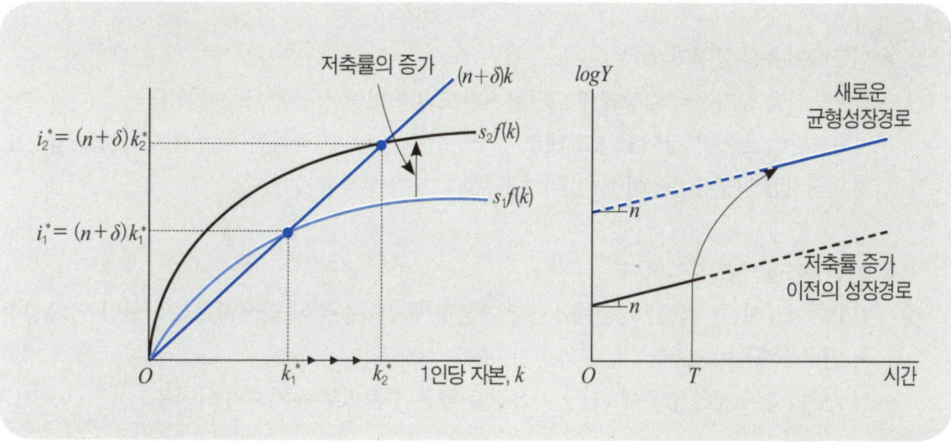

5) 평균수명 연장으로 인한 저축성향의 증가를 예로 들 수 있음

6) 저축률의 증가는 1인당 자본축적으로 이어지고 1인당 저축(투자) 증가로 연결. 1인당 자본량의 증가는 1인당 소득을 증가. 또한 재정정책과 관련해서 정부의 재정적자는 총저축을 감소시키고 투자를 구축하게 됨. 저축률의 감소에 따른 장기적인 결과는 자본량의 감소와 더불어 국민소득의 감소로 연결. 이 점이 지속적인 재정적자에 대한 비판 근거이기도 함

(2) 인구증가율 증가 효과

① 인구증가율이 증가[7]하면 균제상태에서 1인당 자본은 감소[8]

② 인구증가율이 n_1에서 n_2로 증가하면 $(n+\delta)k$선이 상방으로 이동하고 균제상태에서 1인당 자본량은 k_1^*에서 k_2^*로 감소

③ 새로운 장기균형에 이르는 과정에서 음(−)의 경제성장을 보임

④ 균제상태에 이르면 경제성장률은 다시 0으로 회귀(지속적인 성장이 아님)

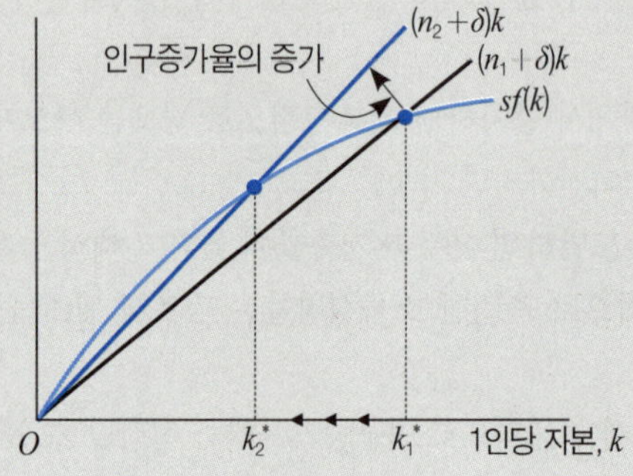

■ 인구증가율의 긍정적 효과

– 인구증가율 증가는 균제상태에 도달할지라도 지속적인 성장을 가능하게 함

– 비록 1인당 소득은 정체된다고 해도 인구증가율이 0%인 국가는 국가 전체의 경제규모도 정체되지만 인구증가율이 1%인 국가는 매년 1%씩 성장할 수 있음

■ 인구증가율의 부정적 효과

– 인구증가율이 증가하는 경우에 1인당 자본량과 소득수준이 낮아지므로 가난한 국가일수록 인구증가율이 높음

– 인구증가율이 높은 경우에 1인당 자본량을 높은 수준으로 유지하기 어려움

7) 아동교육비 지원정책으로 출산율이 높아지는 경우를 예로 들 수 있음

8) 감가상각은 자본이 마모되면서 k를 감소시키는 반면에 인구증가는 1인당 공급되는 자본량을 줄여 k를 감소시킴

시간 단위당 k의 변화는 $\frac{dk}{dt} = \frac{d\left(\frac{K}{L}\right)}{dt} = \left(\frac{1}{L}\right)\left(\frac{dK}{dt}\right) - \left(\frac{K}{L^2}\right)\left(\frac{dL}{dt}\right)$가 되고 $\frac{dK}{dt} = I - \delta K$, $\frac{\left(\frac{dL}{dt}\right)}{L} = n$로 대체하면 $\dot{k} = sf(k) - (n+\delta)k$를 도출할 수도 있음

3. 솔로우 모형과 소득격차

(1) 균제상태의 1인당 소득수준

① 콥-더글라스 생산함수 가정해 $Y = AK^{\alpha}L^{1-\alpha}$인 경우 1인당 생산함수는 $y = Ak^{\alpha}$

② $\dot{k} = \Delta k = sAk^{\alpha} - (n+\delta)k = 0$

③ 균제상태의 1인당 자본과 1인당 소득은 다음과 같음

$$k^* = \left(\frac{sA}{n+\delta}\right)^{\frac{1}{1-\alpha}}$$
$$y^* = Ak^{*\alpha} = A\left(\frac{sA}{n+\delta}\right)^{\frac{\alpha}{1-\alpha}} = A^{\frac{1}{1-\alpha}}\left(\frac{s}{n+\delta}\right)^{\frac{\alpha}{1-\alpha}}$$

(2) 균제상태와 소득격차

저축률만 다른 두 국가가 존재하는 경우 1인당 소득의 비율은 다음과 같음[9]

$$\frac{y_A^*}{y_B^*} = \left(\frac{s_A}{s_B}\right)^{\frac{\alpha}{1-\alpha}}$$

(3) 균제상태로 가는 과정의 비교

① 균제상태에 도달한 국가 간의 비교도 의미가 있으나, 균제상태 이전에서 출발한 국가가 균제상태로 수렴하는 과정에서 특징도 의미가 있음

② 소득수준은 같으나, 저축률이 다른 경우 : 저축과 투자를 빠르게 증가시키는 국가일수록 (저축률이 높을수록) 성장률이 높음

③ 저축률은 동일하지만 소득수준이 서로 다른 경우 : 소득이 작은 국가는 한계생산이 높아 성장이 더욱 빠름

9) 국가 A의 투자율이 40%, 국가2의 투자율이 10%, 자본소득 분배율 $\alpha = \frac{1}{3}$인 경우라면 $\frac{y_A^*}{y_B^*} = \left(\frac{0.4}{0.1}\right)^{\frac{1/3}{1-1/3}} = (4)^{\frac{1}{2}} = 2$ 되어 투자율이 높은 국가 A의 1인당 소득은 국가 B의 2배가 됨

4. 자본축적의 황금률

(1) 개념과 도출

① 여러 균제상태에서 어떤 균제상태가 가장 바람직한가의 문제

② 자본축적의 황금률(golden rule)이란 소비가 극대화되는 상태

③ 1인당 소득은 $y=c+i$, 1인당 소비는 $c=y-i=f(k)-sf(k)$로 균제상태의 $sf(k^*)=(n+\delta)k^*$를 대입

$$c^* = f(k^*) - (n+\delta)k^*$$

④ c^*를 극대화하는 k^*는 $f(k^*)$의 기울기와 $(n+\delta)k^*$의 기울기가 같은 지점

$$\frac{dc^*}{dk^*} = f'(k^*) - (n+\delta) = 0$$
$$f'(k^*) = n+\delta$$

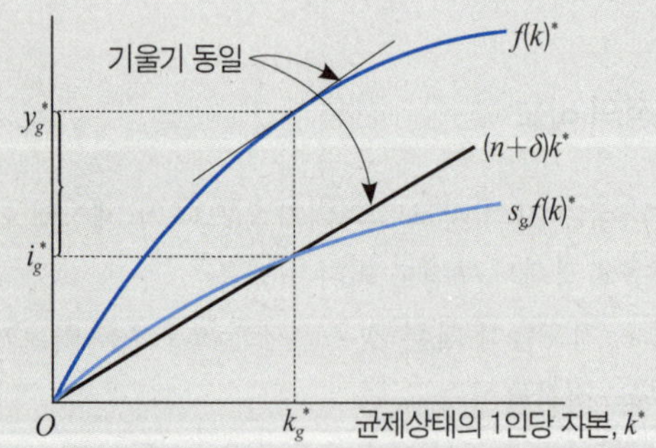

참고 황금률 안정 상태 : 숫자 예시

(가정)

생산함수는 $y = \sqrt{k}$ 이고, $\delta = 0.1, n = 0$인 경우 자본축적의 황금률은 $f'(k_g^*) = n + \delta$에서 $\frac{1}{2\sqrt{k_g^*}} = 0.1$이므로 $k_g^* = 25$

(황금률 도달과정)

s	k^*	y^*	δk^*	c^*	MPK	$MPK-\delta$
0.0	0.0	0.0	0.0	0.0	∞	∞
0.1	1.0	1.0	0.1	0.9	0.500	0.400
0.2	4.0	2.0	0.4	1.6	0.250	0.150
0.3	9.0	3.0	0.9	2.1	0.167	0.067
0.4	16.0	4.0	1.6	2.4	0.125	0.025
0.5	25.0	5.0	2.5	2.5	0.100	0.000
0.6	36.0	6.0	3.6	2.4	0.083	−0.017
0.7	49.0	7.0	4.9	2.1	0.071	−0.029
0.8	64.0	8.0	6.4	1.6	0.062	−0.038
0.9	81.0	9.0	8.1	0.9	0.056	−0.044
1.0	100.0	10.0	10.0	0.0	0.050	−0.050

(2) 황금률 상태로 전환

저축률이 높고 자본축적이 많다고 무조건 좋은 것은 아님
→ 저축률이 낮으면 자본가 생산이 적어 소비도 적고, 저축률이 너무 높으면 생산량은 많지만 저축하고 남은 소비가 적어짐

■ 과다자본에서 시작하는 경우 : $k^* < k_g^*$

① 경제가 황금률 수준보다 많은 자본을 가지고 출발하는 경우 시간이 지나면서 1인당 생산량, 소비량, 투자에 나타나는 변화
② t_0에서 저축률이 감소하면 즉각적으로 소비를 증대시키며 동일한 양만큼의 투자를 감소
③ 시간이 지나면서 자본량이 감소하며, 생산량, 소비, 투자도 감소
④ 과다자본 균제상태보다 황금률 균제상태에서 소비는 더 높아짐
⑤ 소비수준은 이전의 균제상태와 비교할 때 새로운 균제상태에서뿐만 아니라 균제상태로 도달되는 전 과정에서 모두 더 높다는 점에 주목

■ 과소자본에서 시작하는 경우 : $k_g^* < k^*$

① 저축률의 증대는 즉각적으로 소비를 감소시키고 동일한 양만큼의 투자를 증가시킴
② 시간이 지나면서 자본량이 증가하며 생산량, 소비, 투자도 증가
③ 과소자본 균제상태보다 황금률 균제상태에서 소비는 더 높아짐
④ 미래세대의 소비증가는 현재세대의 소비감소라는 희생을 기반

과다자본인 경우	과소자본인 경우
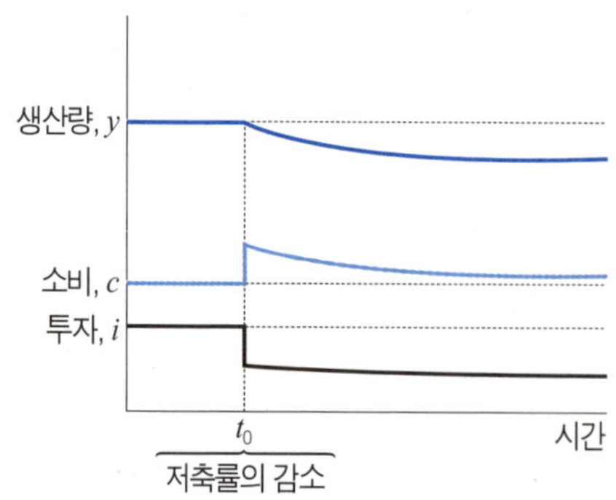	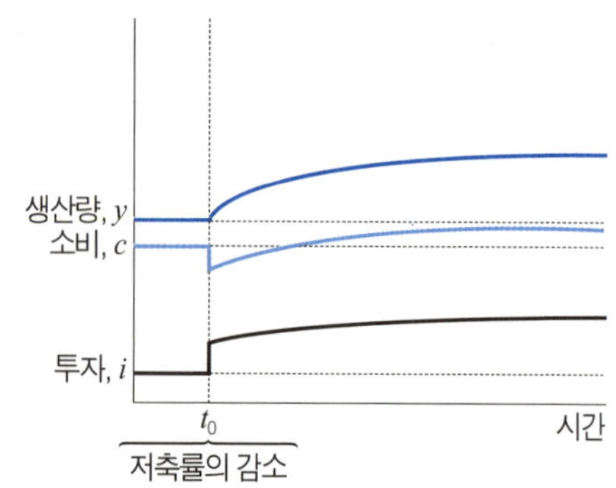

5. 기술진보와 솔로우 모형[10)]

(1) 일시적 기술진보[11)]효과

① 기술진보로 1인당 생산함수가 상방이동하게 되면 1인당 저축곡선도 상방이동

② 저축률이 이전과 동일하더라도 1인당 저축과 자본의 양은 증가

③ 새로운 균제상태에 도달하면 1인당 자본은 k_2^*에서 멈춤

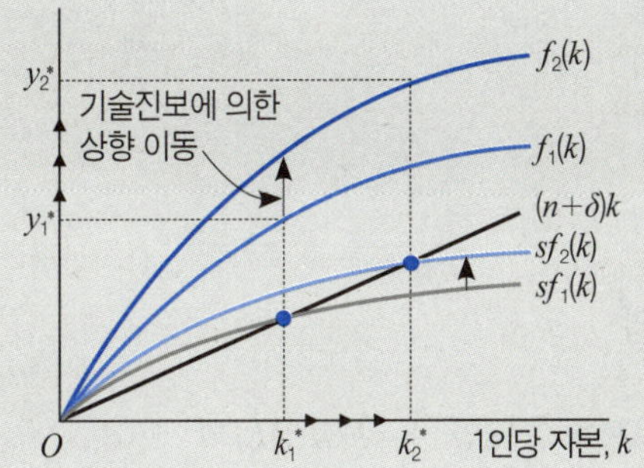

④ (경제성장률 경로) 일시적 기술진보의 발생으로 경제성장률이 인구증가율(n)을 넘어서지만, 성장률이 점차 감소하면서 다시 새로운 균제상태로 도달하면서 다시 인구증가율로 되돌아옴

⑤ (1인당 소득증가율 경로) 일시적 기술진보로 1인당 소득증가율이 0을 넘어서나, 증가율이 점차 감소하면서 다시 새로운 균제상태에 도달하면 1인당 소득은 다시 정체됨
→ 새로운 균제상태에 도달하기 전까지만 1인당 소득이 증가

10) 솔로우 모형에서는 기술진보를 명시적으로 고려하지 않아 경제성장의 원동력은 자본축적이 됨. 그러나 균제상태에 도달하면 1인당 자본은 더 이상 증가하지 않고 경제는 인구증가율만큼만 성장하게 되어 인구증가율이 0%인 경우 경제성장률도 0%가 됨

11) 기술진보란 같은 양의 생산요소를 투입할 때 이전보다 더 많은 산출물을 생산한다는 것을 의미하고, 생산함수가 상방이동

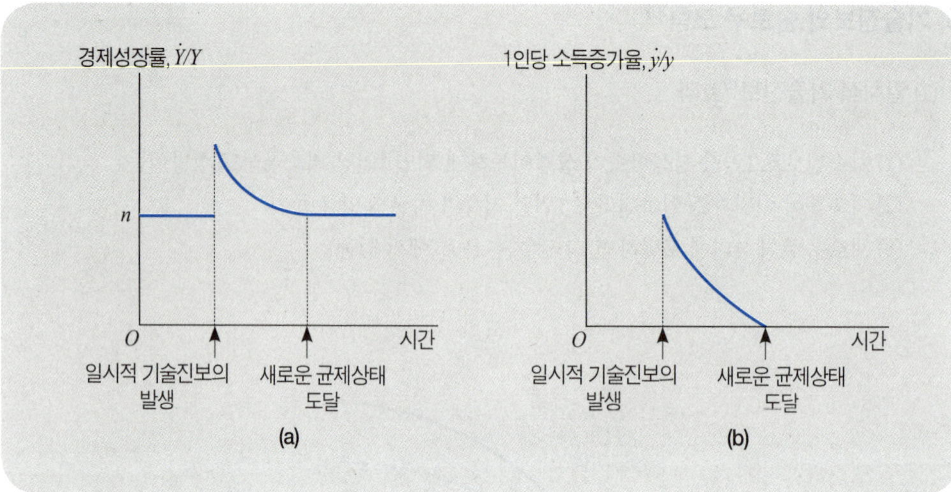

(2) 지속적인 기술진보 도입

① 노동증가형 기술진보[12] 함수 도입 : $Y=F(K, AL)$ [13]

② A는 총요소생산성이 아닌 노동의 효율성(efficiency of labor)

③ 같은 양의 노동 L을 투입하더라도 A값이 커지면 생산량이 늘어남

④ AL은 노동량(L)과 노동의 효율성(A)을 같이 고려한 효율노동(efficient labor) 의미

⑤ 노동 L은 n율로, 노동 1단위당 효율성은 g율로 증가하는 경우 효율노동(AL)은 $(n+g)$율로 증가

---

12) 노동증가형(labor augmenting) 기술진보란 노동의 효율성이 증가하는 형태로 기술진보를 가정하는 것으로 노동의 효율성 A가 일정한 증가율인 $g(=0.02)$로 증가하는 경우에 노동 L의 각 단위는 매년 2%씩 더 효율적이 되고 이는 마치 노동력이 2% 증가한 것과 같다는 것을 의미

13) 일반적으로 생산함수를 $Y=AF(K, L)$로 정의하는 경우에 A가 커지는 기술진보를 힉스 중립적(Hicks neutral) 기술진보라고 함. 힉스는 자본－노동비율이 일정하다는 전제하에서 기술진보 문제를 다루었고, 자본－노동비율이 일정할 때 자본과 노동의 한계생산성은 모두 A에 비례. 그런데 솔로우 모형에서는 다르게 노동증가형 기술진보를 고려한 생산함수를 사용한 이유는 경제성장의 정형화된 사실에서 1인당 소득($\frac{Y}{L}$)과 1인당 자본스톡($\frac{K}{L}$)은 계속 증가해왔는데, 자본계수 $\frac{K}{Y}$는 대체로 일정하다는 역사적 사실을 반영하기 위해서임. 1인당 소득은 $\frac{Y}{L}=\frac{Y}{K}\times\frac{K}{L}$이므로 자본계수($\frac{K}{Y}$)가 일정할 때 1인당 소득과 1인당 자본은 같은 속도로 증가하게 되고 노동의 효율성 또한 같은 속도로 증가. 예를 들어 생산함수가 $Y=K^{\alpha}(AL)^{1-\alpha}$인 경우, 자본계수 $\frac{K}{Y}=\frac{K}{K^{\alpha}(AL)^{1-\alpha}}=\left(\frac{K}{AL}\right)^{1-\alpha}=\left(\frac{1}{A}\times\frac{K}{L}\right)^{1-\alpha}$가 되어 1인당 자본 $\frac{K}{L}$와 노동의 효율성인 A가 같은 속도로 증가하면 자본계수인 $\frac{K}{Y}$는 일정하게 됨

(3) 기술진보를 고려한 솔로우 모형

① 노동증가형 기술진보를 고려하는 경우 노동을 L이 아닌 AL의 관점에서 접근

② 효율노동 1단위당 자본은 $k = \frac{K}{AL}$, 효율노동 1단위당 산출은 $y = \frac{Y}{AL}$ [14)]

$$\dot{k} = sf(k) - (n + \delta + g)k$$

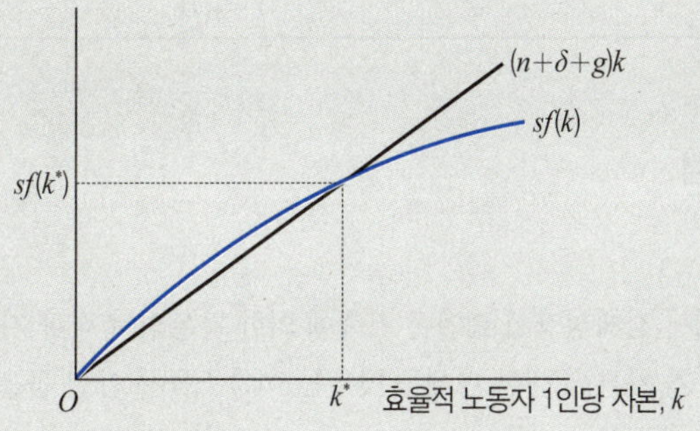

③ 균제상태에서 효율노동 1단위당 자본과 생산량은 일정

- $\frac{\dot{k}}{k} = \frac{\dot{y}}{y} = 0$
- $\frac{\dot{k}}{k} = \frac{\dot{K}}{K} - \frac{\dot{L}}{L} - \frac{\dot{A}}{A} = \frac{(\dot{K/L})}{K/L} - g$ → 1인당 자본증가율$=g$
- $\frac{\dot{y}}{y} = \frac{\dot{Y}}{Y} - \frac{\dot{L}}{L} - \frac{\dot{A}}{A} = \frac{(\dot{Y/L})}{Y/L} - g$ → 1인당 소득증가율$=g$
- 경제 전체 성장률은 $\frac{\dot{Y}}{Y} = n + g$

④ 기술진보를 고려하면 1인당 소득이 지속적으로 증가하는 현상을 설명 가능[15)]

14) 노동의 효율성 $A=1$이라면 이전과 같은 형태가 되어 이전과 유사한 형태가 되지만, A가 변할 경우에 k, y는 실제의 1인당 자본이나 소득을 더 이상 의미하는 것은 아님

15) 기술진보를 고려하지 않는 솔로우 모형에서는 높은 저축률을 통한 1인당 소득은 균제상태에 도달하기 이전까지만 가능. 그러나 기술진보를 고려하면 균제상태에 도달한 이후에도 1인당 소득은 지속적으로 증가. 따라서 생활수준을 지속적으로 향상시키기 위해서는 저축으로만은 불가능하고 오직 기술진보만이 가능하게 할 수 있음

⑤ 기술진보를 고려한 황금률 수준은 자본의 순한계생산물($=MP_K-\delta$)이 총생산량의 성장률($=n+g$)과 같은 경우임

변수	기호	균제상태 성장률
효율적인 노동자 1인당 자본	$k=\frac{K}{AL}$	0
효율적인 노동자 1인당 생산량	$y=f(k)=\frac{Y}{AL}$	0
노동자 1인당 생산량	$\frac{Y}{L}=yA$	g
총생산량	$Y=yAL$	$n+g$

6. 경제성장의 시사점

① 솔로우 모형에서 경제성장의 요인은 저축에 의한 자본의 축적과 기술진보임

② 저축률은 정부가 자본에 대한 과세를 낮추는 이자소득세 감면 등을 이용할 수 있으나 한계가 있음

③ 따라서 기술진보(생산성 증가)를 위한 사회간접자본과 인적자본에 대한 투자와 같은 연구개발(R&D)이 중요

보론 2 노동증가형 기술진보를 고려한 솔로우 모형

① 생산함수 $Y = F(K, AL)$

② 효율노동 1단위당 생산함수 $\frac{Y}{AL} = F\left(\frac{K}{AL}, 1\right) \rightarrow y = f(k)$

③ 효율노동 1단위당 자본의 축적 : 경제 전체의 자본축적은 경제 전체의 투자와 감가상각에 의해 결정

$$\dot{K} = I - \delta K = sY - \delta K$$ [16]

$$\frac{\dot{K}}{K} = \frac{I}{K} - \delta = s\frac{Y}{K} - \delta$$

④ 효율노동 1인당 자본 $k = \frac{K}{AL}$의 증가율 : $\frac{\dot{k}}{k} = \frac{\dot{K}}{K} - \frac{\dot{A}}{A} - \frac{\dot{L}}{L} = \frac{\dot{K}}{K} - g - n$

⑤ 따라서 $\frac{\dot{k}}{k} = s\frac{Y}{K} - \delta - g - n$이 되고, $\frac{Y}{K} = \frac{y}{k}$이므로 다음이 성립

$$\frac{\dot{k}}{k} = s\frac{y}{k} - (n + \delta + g) = s\frac{f(k)}{k} - (n + \delta + g)$$
$$\dot{k} = sf(k) - (n + \delta + g)k$$

⑥ 효율노동 1단위를 일정하게 유지($\dot{k} = 0$)하기 위한 필요한 투자(=저축, $sf(k)$)는 인구증가와 감가상각으로 인해 감소하는 부분을 보전하는 부분과 기술진보에 의해 가상적으로 증가하는 효율적 노동자에게 제공되는 부분으로 나눌 수 있음

- nk : 새로운 노동자에 공급
- δk : 감가상각된 자본을 대체
- gk : 기술진보로 창출된 효율적 노동자에게 공급

⑦ 기술진보를 포함시켜도 안정상태에 관한 분석은 변함없음
→ 효율적인 노동자 1인당 자본 및 생산량이 일정해지는 k^*는 경제의 장기균형 의미

16) 경제 전체의 자본축적식은 기술진보의 가정 여부와는 무관하게 동일. 따라서 총자본의 증가율 역시 동일

5 경제성장의 수렴성

1. 성장원동력의 외생성

① 생산함수가 한계수확체감의 법칙을 가정해 저축률의 증가나, 인구증가율의 감소는 새로운 균제상태에 이르기까지만 (일시적)으로 1인당 자본량과 소득을 증가시킴

② 균제상태에 이르면 1인당 자본량과 소득의 성장률은 결국 0이 됨

③ 지속적인 경제성장은 지속적인 기술진보가 전제되어 있어야 하는데, 기술진보를 외생변수로 취급

2. 경제성장의 수렴성 논쟁

(1) 절대적 수렴성

① 수렴성(convergence) : 자본축적 정도가 상이한 두 나라도 결국 균제상태에 이르면 동일한 1인당 자본량과 소득을 가지게 됨 (한계수확체감의 법칙 때문)

→ 소득수준이 낮은 가난한 나라가 소득수준이 높은 부유한 나라를 따라 잡을 수 있다는 예측 가능

② 1인당 자본량이 적은 가난한 나라의 한계생산성이 더 높아, 자본축적할 유인이 커지고, 자본축적 속도도 더 빠르게 됨

$$k_p < k_r \rightarrow (k_{p,t+1} - k_{p,k}) > (k_{r,t+1} - k_{r,t})$$

③ 절대적 수렴(absolute convergence) : 국가 경제의 기본구조에 관계없이 1인당 소득이 수렴한다는 주장

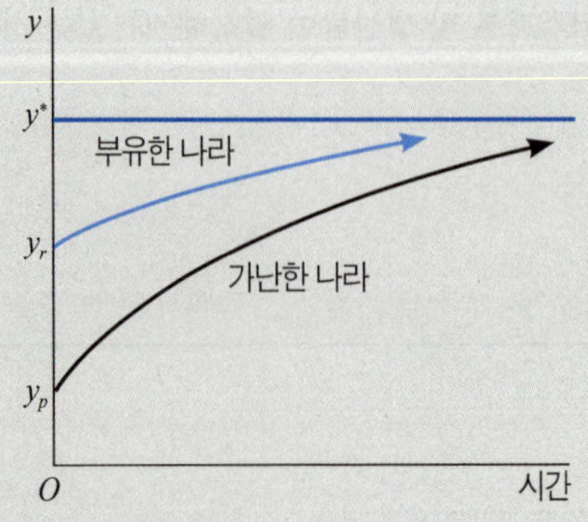

④ 솔로우 모형과 수렴성 : 솔로우 모형에서는 부유한 국가들과 가난한 국가들 간의 지속적인 소득격차를 설명하지 못함

→ (이유) 국가 간 경제의 구조적인 차이 (생산함수, 저축률, 인구증가율의 차이)

⑤ 실증연구 결과 : 보몰(W. Baumol)은 절대적 수렴 지지 vs. 드롱(B. Delong)은 반대[17)]

(2) 조건부수렴

① 조건부수렴(conditional convergence) : 국가 간 경제의 기본구조가 같은 경우 1인당 소득의 수렴현상이 발생할 수 있음

② 국가 간 지속적 소득격차의 구조적 요인

- 생산함수의 차이
- 저축률의 차이
- 인구증가율의 차이

3. 경제성장 수렴이 성립하지 않는 이유

(1) 저축률의 차이

① $s_p < s_r$이므로 $g(k_t\,;\,s_r)$, $g(k_t\,;\,s_p)$의 1인당 자본축적을 지닌 경우, 균제상태에서 1인당 자본량은 $k_p^* < k_r^*$이 성립

② 자본량이 상대적으로 적은 가난한 나라의 자본축적 속도가 부유한 나라의 자본축적 속도보다 느리면 1인당 소득이 수렴하지 않게 됨

$$(k_{p,t+1} - k_{p,k}) < (k_{r,t+1} - k_{r,t})$$

17) 보몰은 OECD 16개국을 대상으로 1870년 당시 1인당 소득수준이 낮은 나라일수록 110년 동안 연평균 1인당 소득 증가율이 높게 나타나고, 국가 간 소득격차가 줄어들고 있다는 점을 들어 절대적 수렴 가설을 지지하였으나, 드롱은 보몰의 연구는 소수 OECD국가에만 적용되고 경제여건이 서로 다른 선진국과 후진국 간에는 일반적으로 수렴 가설이 성립하지 않는다고 주장함

(2) 기술수준의 차이

① 개별국가들의 기술수준과 총요소생산성이 서로 다르면[18] 국가 간 소득수준의 수렴이 발생하지 않게 됨

② 부유한 나라가 가난한 나라보다 더 높은 기술수준을 보유($z_r > z_p$)하면

→ 균제상태에서 $k_r^* > k_p^*$, $y_r^* > y_p^*$ 으로 1인당 소득수준은 장기적으로 수렴하지 않음

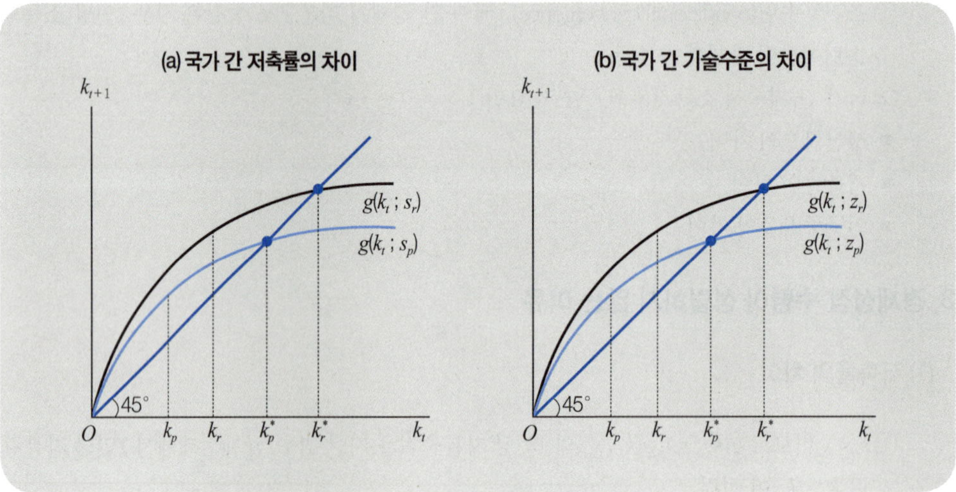

18) 국가 간의 기술수준 차이가 발생하는 이유는 ① 새로운 기술을 통해 배우는 기간(learning by doing)이 국가마다 차이, ② 신기술도입에 대한 장벽(노동조합, 무역제한조치, 정부보조금이 기술도입 방해)이 국가마다 차이, ③ 기업들 간 생산투입요소들의 효율적인 배분(부정부패, 후진적 금융시장)이 국가마다 차이가 있음

이론과 실제 솔로우 모형과 피케티의 『21세기 자본론』

■ **피케티 주장의 핵심**

① 자본에 대한 수익률 > 경제성장률

② 자본의 소유자인 최상위계층으로 부의 집중은 필연적

③ 최상위소득자들은 대부분 자본소유자들로 소득의 대부분을 저축, 재투자해 자손에게 상속하여 소득이나 부의 불평등은 심화

■ **피케티 이론적 모형의 2가지 법칙**

– 자본주의 제1기본법칙 : $\alpha = \frac{rK}{Y}$

– 자본주의 제2기본법칙 : $\frac{K}{Y} = \frac{s}{g}$

① [제1법칙] 자본소득비율(α)이 장기간에 U자형으로 변화

② [제2법칙] 자본이 축적되면서 국민소득 대비 자본스톡비율($\frac{K}{Y}$)이 상승하고, 성장률(g)이 하락하면서 자본의 소유집중도가 더욱 심화 (40년 이사의 장기간에 걸쳐 미국, 영국, 프랑스, 독일 등에서 확인됨)

■ **피케티의 제2기본법칙과 솔로우 균제상태**

① 피케티의 제2기본법칙 변형

$$sy = (n+d)k$$

$$s = (n+d)\frac{k}{y} = (n+d)\frac{\frac{K}{L}}{\frac{Y}{L}} = (n+d)\frac{K}{Y}$$

② 국민소득 대비 자본량비율($\frac{K}{Y}$)은 장기적으로 $\frac{K}{Y} = \frac{s}{n+d} = \frac{s}{g}$로 수렴

③ 1인당 자본량이 일정한 균제상태에서 국민소득성장률(g)은 인구증가율(n)과 감가상각률(d)의 합

④ 저축률이 12%이고, 성장률이 2%에서 1.5%로 하락 시 장기적인 자본/소득비율인 $\frac{K}{Y}$는 6(=12%/2%)에서 8(=12%/1.5%)로 증가

■ **피케티 모형의 현실 반영**

① 유럽 국가들은 1인당 소득증가율이 1.5~2%이고, 인구증가율이 0%, 총성장률이 1.5~2%

→ 저축률이 12%일 때 국민소득의 6~8배에 해당하는 자본량을 축적

② 자본축적은 자본집약적인 경제가 되지만, 자본비율 증가로 자본소유주에게 돌아가는 몫이 커짐

→ ∴ 소득불평등 심화

6 내생적 경제성장이론

※ 기술진보와 총요소생산성 증가
- 연구 및 개발(*R&D*)
- 교육, 직장 내 훈련(on-the-job training)
- 실행에 의한 학습(learning by doing)

→ 이들 공통점은 연구개발 보조금, 공교육에 대한 정부지출 규모, 경제성장 촉진 정부 성장전략 등 경제여건의 변화에 대한 선택

※ 한계생산체감을 극복하는 요소
- 인적자본[19], 지식자본
- 지식자본의 외부성
- 학습효과

1. 내생적 성장이론의 등장

(1) 솔로우 성장모형의 문제점과 극복

① 원점에 대해 오목한 1인당 생산함수가 지속적으로 상방이동

: 한계수확체감의 법칙을 인정하면서 기술진보가 내생적, 지속적으로 유도되는 모형

② 광의의 자본 개념 도입

: 실물자본, 인적자본, 지식자본 등을 넓은 의미의 자본 개념에 포함시켜, 균제상태에서 한계수확체감이 발생하지 않도록 모형 설계

19) 인적자본은 가계부문의 교육과 실행학습을 통해 노동자의 지식과 기술을 무한정 증가시켜 유효노동력의 증가를 가져옴 → 노동력은 실질적으로 고정투입요소가 아니므로 인적자본의 증가는 한계생산체감 없이 장기적으로 경제성장을 가능하게 함

(2) 내생적 성장이론(endogenous growth theory)

■ 각국의 지속적인 성장률 격차는 모형의 내생변수 간 상호작용 때문이라는 설명

1 *R&D* 모형 : 한 국가의 기술진보가 연구·개발부문(*R&D* sector)에 의해 내생적으로 결정

2 인적자본모형

① 가계부문의 교육과 실행학습 등 인적자본에 대한 지식축적과 기술(skill)습득이 기술진보와 총요소생산성을 증가시킨다는 주장

② 비경합성을 갖는 지식과 기술을 무한정 증가시켜 유효노동력의 지속적인 증가

③ 인적자본투자는 실질적으로 고정투입요소를 제거해 자본의 한계생산이 체감하지 않고 한계생산불변 가정

2. *R&D* 모형의 기술진보율

(1) 의의

기술수준이 연구·개발부문에 투입되는 자본과 노동에 의해 결정되는 모형

(2) 기술진보율

① 로머(Paul Romer), 아기온(Philippe Aghion)과 하윗(Peter Howitt)

② 기술진보율 : 재화부문의 1인당 생산함수를 $y_t = A_t f(k_t)$인 경우 기술수준(A)이 발전속도

$$\frac{A_{t+1} - A_t}{A_t} = a(L_{At}, K_{At}) \quad (a_{L_A} > 0, a_{K_A} > 0)$$

③ A가 지속적으로 상승

: $f(k_t)$가 수확체감법칙을 따르더라도 최적화 결과로 투입된 노동(L_{At})과 자본(K_{At})에 의해 내생적으로 결정되는 기술진보의 속도인 $a(L_{At}, K_{At})$가 일정수준을 유지하면 A가 지속적으로 상승

④ 솔로우 모형과 유사점

: 한계수확체감의 법칙, 경제성장의 원동력으로 기술진보 인정

⑤ 솔로우 모형과 차이점

: 기술진보를 경제주체들의 최적화 행위의 결과로 보고 내생변수로 간주

(3) 기술진보의 특성

① 기술진보는 지식(knowledge)의 축적으로 자본과 노동의 생산성을 향상시켜 동일한 자본과 노동을 투입해도 종전보다 더 많은 생산가능

② 지식의 비경합성

→ 가난한 나라도 부유한 나라의 기술을 상당부분 습득이 가능해 지속적인 경제성장률 격차 설명이 어려움

→ 대안 : 기술전파 어려움 추가가정

→ 선진국 기술이 후진국의 경제구조에 적합하지 않거나, 후진국이 기술습득을 위해서는 충분한 수용능력(absorptive capacity)이 있어야 한다는 가정 추가

③ 지식의 배제가능성

→ 지식은 재산권·특허권으로 배제가 가능해, 지대를 추구하려는 경우 지식축적이 빠르게 진행가능

3. 루카스의 인적자본모형

(1) 의의

① 어느 한 시점에서 생산가능인구 중 상당수는 실제로 고용되어 재화와 서비스를 생산하고 일부는 학교에 다니며 교육을 받고, 일부는 실업자로 구직활동을 함

② 축적된 지식, 기술 즉 인적자본수준이 높을수록 주어진 교육투자의 효율성이 상승해 국가경제 성장률 높아짐

(2) 인적자본모형의 시사점

① (지속성장) AK 모형의 한 예로 자본의 한계생산성이 체감하지 않아, 국가 간 1인당 자본량과 1인당 산출량은 비수렴

② 초기 인적자본수준이 다른 경우 초기 보유인적자본이 상대적으로 높은 나라는 영구적으로 높은 소득과 소비를 누림

③ 초기 인적자본수준이 같은 경우 높은 교육열, 높고 효율적인 교육정책을 운영할수록 영구적으로 높은 경제성장 달성

④ 인적자본의 이전 어려움 : 선진국의 노동자와 기계에 체화된 기술(embodied technology)을 가난한 나라에서 아무 대가 없이 흡수하기 어려움

4. 실행학습모형

(1) 모형의 아이디어

① 실행학습(learning-by-doing)이란 노동자들이 직접 생산활동을 통해 지식과 기술 등 인적자본을 습득하는 것을 말함

② 실행학습을 통한 인적자본(h)은 노동자가 생산하는 재화의 산출량(y)과 사용하는 물적자본(k)의 함수로 나타낼 수 있음 (L은 노동투입, $h(y, k)L$은 유효노동투입)

③ 초기 자본량 k_0에 관계없이 1인당 자본량이 지속적으로 증가

(2) 시사점

① 저축률(s)이 장기성장률에 영향을 미칠 수 있음

② 저축률은 수준효과 외에 성장효과도 지님

③ 국가 간 경제성장의 비수렴성을 설명 가능

심화학습 1 *AK*모형으로 추가

1. 등장배경과 가정

(1) 배경

① 내생적 성장모형의 하나로 성장의 원동력을 모형 내 변수인 내생변수에서 찾음

② 자본을 복합자본(composite capital)로 상정하여 물적자본, 인적자본과 지식자본을 포함한 포괄적인 자본개념 도입

③ 자본의 한계생산이 체감하지 않고 일정

(2) 가정

① 생산함수를 $Y=AK$로 상정

② 자본의 한계생산은 $MP_K = \frac{\Delta Y}{\Delta K} = A$로 일정

③ 1인당 생산함수는 $y=Ak$가 되어 지속적인 자본축적이 일어나 1인당 소득의 지속적인 증가 가능

2. 모형

(1) 균제상태

① $y = Ak$에서 $\frac{\Delta y}{y} = \frac{\Delta A}{A} + \frac{\Delta k}{k}$가 되어 A는 상수이므로 $\frac{\Delta y}{y} = \frac{\Delta k}{\Delta k}$인 1인당 소득의 증가속도는 1인당 자본축적 속도와 동일

② MP_K가 체감하지 않기 때문에 k는 지속적으로 축적되고 y도 지속적으로 증가

③ $\Delta k = sy - (n+\delta)k = sAk - (n+\delta)k$에서 $\frac{\Delta k}{k} = sA - (n+\delta)$가 됨

④ $sy > (n+\delta)k$인 경우에 지속적인 자본축적으로 통해서 지속적인 1인당 소득 증가 가능

⑤ 저축률이 상승하게 되면 $\frac{\Delta y}{y}$가 증가하는 성장효과(growth effect) 지님

(2) 그래프를 이용한 설명

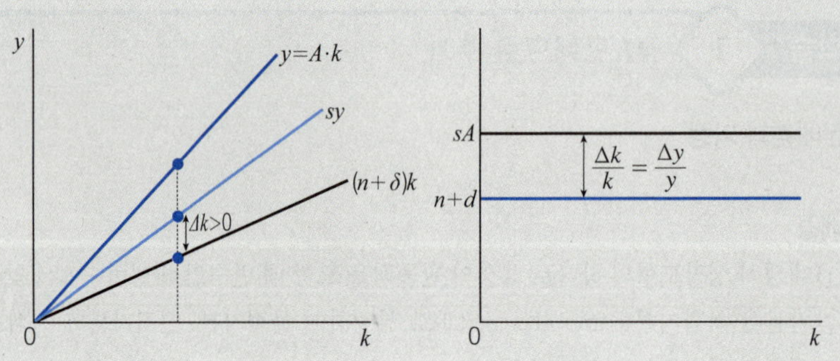

7 장기적 경제성장의 여러 문제와 경제성장정책

1. 금융과 경제성장

(1) 금융이 성장에 미치는 경로

① 금융중개기관(금융시장)은 소규모 저축들을 모아 생산성이 높은 대규모 투자에 필요한 자금을 공급해 물적자본 축적에 기여

② 교육에 자금을 공급하여 인적자본 축적을 촉진시켜, 소득불평등, 세대 간 경제적 이동성에 영향

③ 투자비용 감소로 자원배분의 효율성 증진

(2) 경제성장이 금융발전에 기여

① 경제성장으로 금융에 대한 수요증가로 금융의 성장 촉진

② 금융연관비율(=금융시장/*GDP*)의 지속적인 증가추세에도 반영

③ 기술(technology)과 금융(finance)의 융합으로 핀테크는 실물부문의 *IT*혁신이 금융발전을 촉진

2. 고령화와 경제성장

■ 고령화가 경제성장을 저해하는 이유

→ 세계경제의 성장에 기여했던 인구통계학적 요인이 사라질 가능성이 높음[20)]

(1) 고령화는 노동인구의 양과 질을 떨어뜨림

① 고령 노동자 수 증가, 저출산으로 젊은 노동력 감소

② 젊은층의 노동력은 상대적으로 새로운 지식과 기술을 습득한 인력

③ 여성노동참여율 증진, 해외노동인력 유입, 정년연장

(2) 고령화는 저축감소로 자본축적 감소

① 젊은층은 양(+)의 저축, 고령층은 음(−)의 저축이 일반적

② 장년층이 노후 소비를 위해 자산 처분 시 자산시장에도 영향

20) 많은 국가들은 이미 전체 인구 중 노동가능인구(15~64세) 비중이 증가하여 노동력과 소비가 증가하면서 경제성장을 견인하는 인구보너스 현상이 약화되고, 반대인 인구오너스(demographic onus)현상이 나타나고 있음

3. 소득불평등과 경제성장

(1) 소득불평등과 경제성장 지속기간의 음(−)의 상관관계

① 소득불평등 정도가 심할수록 성장의 지속기간이 짧게 나타남
② 경제성장의 지속기간에 영향을 미치는 요인으로 소득불평등도가 커짐

(2) 물적자본 축적

① 소득이 높아지면 저축률이 상승해 경제성장에 긍정적
② 소득불평등도가 높아지면 (고소득자 소득/총소득)이 상승하여 총저축과 물적자본 축적이 증가
③ (자본시장 개방) 국내저축 이외에 해외자본으로 투자자금 조달이 가능해 소득불평등이 저축을 촉진하는 효과는 약해짐

(3) 인적자본 축적

① 가난한 사람(1인당 투자량이 작은 사람)의 한계생산성은 부유한 사람(1인당 투자량이 큰 사람)의 한계생산성보다 큼
② 부유한 사람에서 가난한 사람으로 소득이전을 하면 전체 인적자본의 축적이 증가할 것
(∵부자는 물적자본투자를 줄이고, 빈자는 인적자본투자를 높이게 되기 때문)
③ (시사점) 소득불평등은 인적자본 축적에 해가 될 수 있음
④ but, 경제발전단계에 따라서 다른 영향을 미침
(과거에는 물적자본이 중요했으나, 최근에는 인적자본이 중요해졌으므로, 소득불평등이 인적자본 축적을 낮춰 경제성장에 해악이 될 수 있음)

(4) 생산성

① 소득불평등으로 소득재분배에 대한 욕구가 높아지면 조세가 증가
② 조세는 각종 비효율을 야기해 경제성장능력을 떨어뜨림
③ 소득불평등으로 정치경제적 불안이 심해지면 생산활동 위축

(5) 계층 간 이동가능성

① 소득불평등보다 계층 간 이동가능성(경제신축성 반영)이 더 중요
② 교육을 많이 받으면, 성장친화적인 정책과 제도에서 인종, 종교적 차별이 적을 경우 계층 간 이동가능성은 높아짐

(6) 소득불평등 완화를 위한 재정정책

① 소득재분배정책 : 조세보다는 현금이전(cash transfer)이 바람직
→ 높은 수준의 조세는 투자유인 감소, 노동공급 감소 유발
→ 소득재분배 불평등 완화는 정치사회적 불안감 감소, 저소득층 교육, 건강 증진
② 포용적 성장(inclusive growth) : 기회의 균등으로 소득불평등과 관련

참고 환경과 경제성장

(1) 환경쿠즈네츠 곡선

① 환경과 경제성장과의 관계를 나타낸 곡선
② 경제발전 단계에서는 환경이 악화되지만, 일정수준 소득을 넘어서면 환경개선과 소득증대가 같이 이루어짐

(2) 공유지의 비극(tragedy of commons)

① 자원과 환경에는 가격기능이 제대로 작동하지 않고, 종종 진정한 가격보다 매우 낮게 책정되는 경우가 많음
② 미래세대에 미치는 외부효과를 고려하지 않고, 자원의 외부효과에 대한 가격책정이 이루어지지 않아서 문제 발생
③ 자원고갈을 막는 방법

- 지속가능발전(sustainable development) : 소비를 축소
- 녹색발전론(green development) : 가격합리화와 연구개발 활동을 통해 자원한계 극복

제 15 장

국제무역

1 국제무역의 이익

1. 절대우위와 비교우위

※ 국제무역(international trade)은 재화의 수출과 수입을 말하며 쌍방이 이익을 얻기 위해서 무역이 발생

(1) 절대우위

① 절대우위(absolute advantage) : 한 경제주체가 어떤 활동을 다른 주체들보다 더 잘할 때 절대우위에 있다고 함

② (기준) 같은 상품을 생산하는데 싼 비용으로 생산

③ 미국이 쌀과 밀에서 한국보다 모두 절대우위에 있음

(2) 비교우위

① 비교우위(comparative advantage) : 한 경제주체가 수행하는 어떤 활동의 기회비용이 다른 주체들보다 쌀 때 그 주체는 그 활동에 비교우위가 있다고 함

② 미국이 모두 절대우위에 있더라도 무역을 통해 양국이 이익을 얻을 수 있음

③ 두 나라의 기회비용이 똑같지 않은 한, 어떤 나라가 한 상품에 대해 비교우위를 가지면 다른 나라는 다른 상품에 대해 비교우위를 가지게 됨

	상품단위당 생산비(노동량)	
	쌀	밀
한국	10단위	20단위
미국	8단위	1단위

	상품단위당 기회비용	
	쌀(포기된 밀 수량)	밀(포기된 쌀 수량)
한국	1/2단위	2단위
미국	8단위	1/8단위

2. 비교우위와 무역의 이익

(1) 생산가능곡선

① 생산가능곡선 : 한 나라가 모든 생산요소를 전부 투입하여 생산할 수 있는 두 상품의 조합을 표시

② [예시] 한국과 미국이 모두 40단위의 노동을 보유

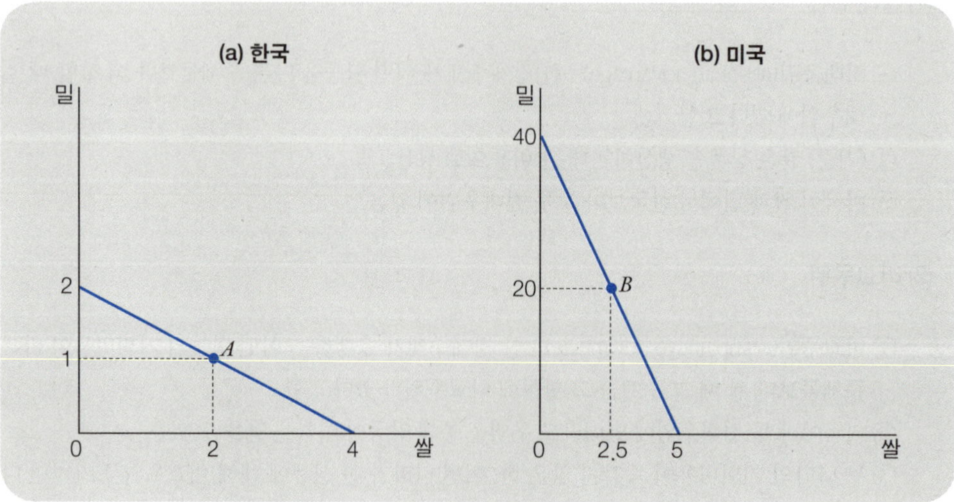

③ 폐쇄경제[1]하에서는 생산가능곡선 = 소비가능곡선

1) 외국과 무역을 하지 않는 상황을 자급자족(autarky)이라고 함

④ 생산가능곡선의 기울기는 기회비용을 반영함 (한국은 *PPC*가 1/2이므로, 쌀 생산의 기회비용이 1/2이 되고, 미국은 기회비용이 8이 됨)
⑤ 생산가능곡선이 직선이면 기회비용은 생산량에 관계없이 일정불변임

(2) 무역의 이익

① 한국과 미국이 무역을 할 경우 쌀 1단위의 국제적 상대가격이 밀 1/2단위와 8단위 사이에 결정
② 만일 3으로 결정되었을 때, 무역 이익 확인
③ (무역 전) 한국은 쌀 2단위, 밀 1단위 생산·소비하고 있고, 미국은 쌀 2.5단위와 밀 20단위 생산·소비
④ 한국은 비교우위가 있는 쌀 생산에 특화하여, 노동 40단위를 모두 쌀 생산에 투입해 쌀 4단위를 생산한 후, 이 중 1단위를 미국에 수출하고, 밀 3단위를 수입

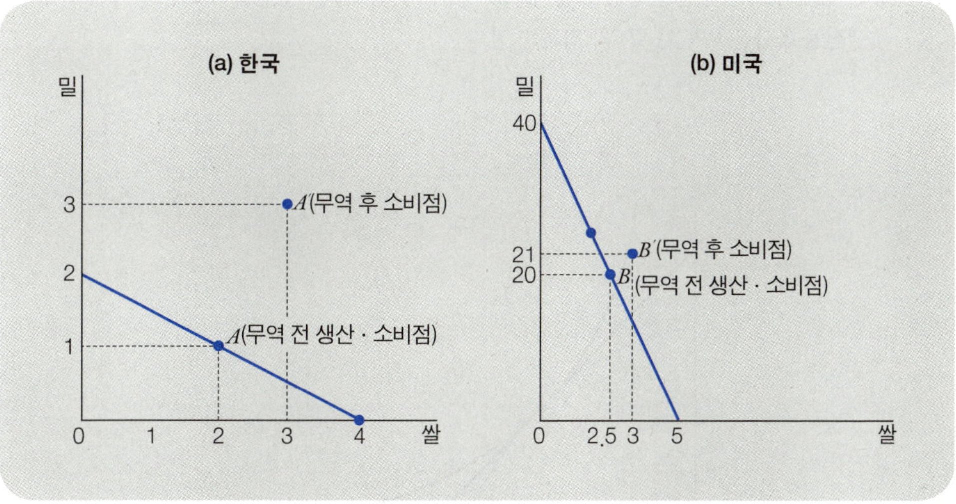

⑤ 두 나라는 상대적으로 낮은 기회비용을 가진 상품에 특화하여 양국의 총생산량이 증가하게 되고, 이 증가된 생산으로 인해 이득을 모두 누림
⑥ 양국의 기회비용이 다른 경우 무역을 통해 각국의 기회비용보다 낮은 가격으로 상품을 구입하여 서로에게 이득 가능

⑦ 한국은 완전특화, 미국은 부분특화[2)]

	무역 전	무역 후			
	생산 · 소비	생산	무역	소비	무역의 이익
한국	쌀 2단위 밀1단위	쌀 4단위 밀 0단위	쌀 1단위 수출 밀 3단위 수입	쌀 3단위 밀 3단위	쌀 1단위 밀 2단위
미국	쌀 2.5단위 밀 20단위	쌀 2단위 밀 24단위	쌀 1단위 수입 밀 3단위 수출	쌀 2단위 밀 21단위	쌀 0.5단위 밀 1단위

3. 일반적인 비교우위이론

(1) 기회비용체증의 생산가능곡선과 최적조건

① 기회비용체증을 반영한 PPC는 원점에 대해 오목한 형태

② 한 경제의 모든 자원을 가장 효율적으로 사용하면서 사회구성원들의 효용을 극대화시키는 생산물 조합은 PPC와 SIC가 접하는 점

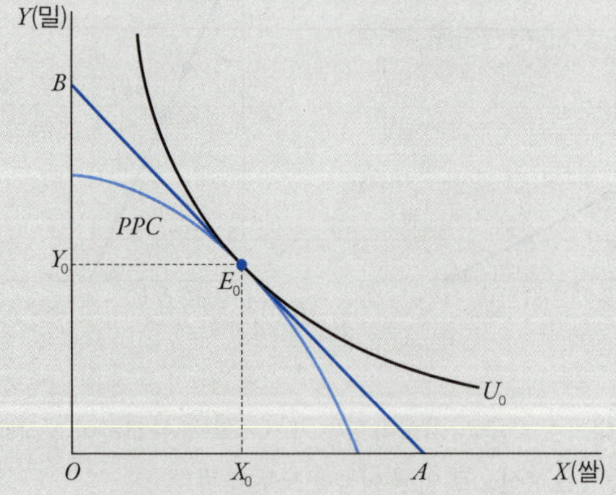

2) 완전특화(complete specialization)는 비교우위에 있는 상품만을 생산하는 것이고, 부분특화(partial specialization)는 비교우위에 있는 상품을 좀 더 많이 생산하는 것으로 비교열위에 있는 상품도 일부 생산함

③ PPC의 접선의 기울기를 한계전환율(MRT_{XY})

④ SIC의 접선의 기울기를 한계대체율(MRS_{XY})

$$MRT_{XY} = \frac{P_X}{P_Y} = MRS_{XY}$$

(2) 부분특화와 무역의 이익

① 한국은 쌀(X)에 비교우위가 있고, 미국은 밀(Y)에 비교우위가 있음

② 쌀의 국제적인 상대가격$\left(\frac{P_X}{P_Y}\right)_w$은 국내상대가격$\left(\frac{P_X}{P_Y}\right)_d$보다 높음

③ 무역을 하게 되면 쌀의 상대가격이 국제수준에 맞추어 높아짐

④ 자발적인 무역을 통해서 모두 이득 (파레토 우위)

⑤ 비교우위를 지닌 상품에 부분특화

⑥ 한국은 쌀을 X_0X_1만큼 더 생산하고, 밀을 Y_0Y_1만큼 덜 생산함

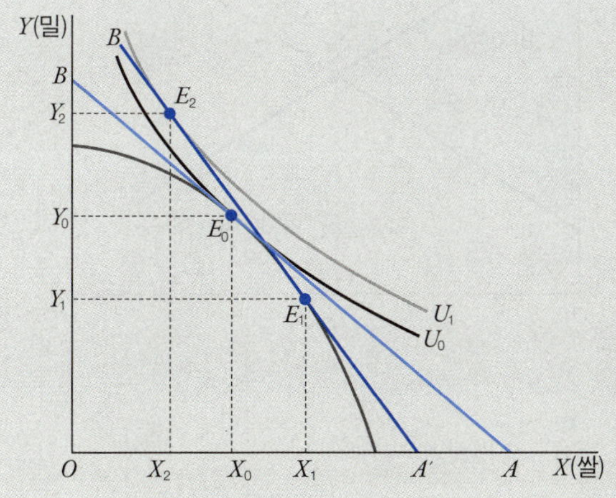

2 국제무역의 결정과 소득분배

※ 비교우위론의 한계는 무역을 통한 이득이 경제주체들에게 어떻게 분배되는지 설명 못 함

※ (학습과제)

① 자동차 무역으로 누가 이득을 보며 누가 손실을 보는가

② 관세를 부과할 경우 경제적 효과

※ (가정) 자동차가 한 종류만 있고, 품질은 국산과 외제가 동일

1. 국제무역이 없는 경우의 균형

① 완전경쟁시장 가정

② 총잉여 = 소비자잉여 + 생산자잉여

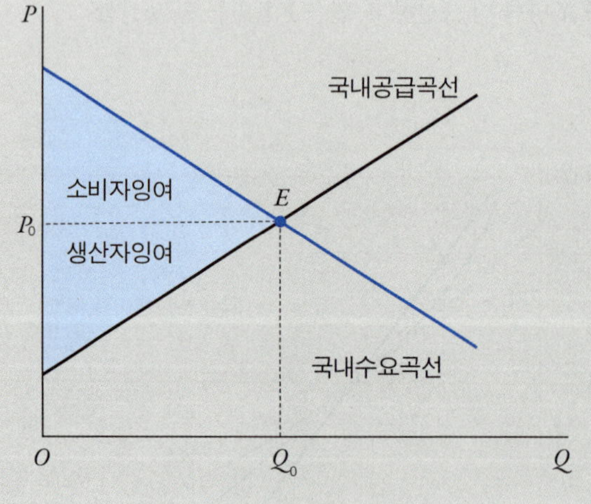

2. 국제무역의 이득과 손실

(1) 가정

① 우리나라는 세계 자동차시장에서 가격수용자로 행동

② 국제가격(world price)은 국제시장에서 형성된 가격

③ $P_d<P_w$: 수출국

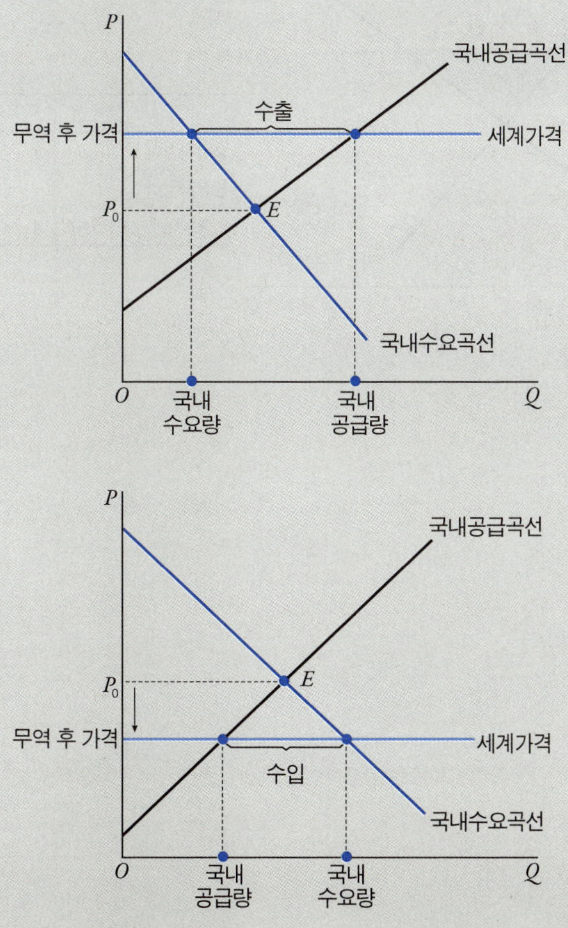

(2) 수출국의 이득과 손실

① 자유무역으로 국내가격이 세계가격으로 상승

② 자유무역하에서 수출국은 그 상품의 국내생산자가 이득을 보고, 소비자는 손실을 봄

③ 생산자들의 이득 > 소비자들의 손실 → 총잉여는 증가

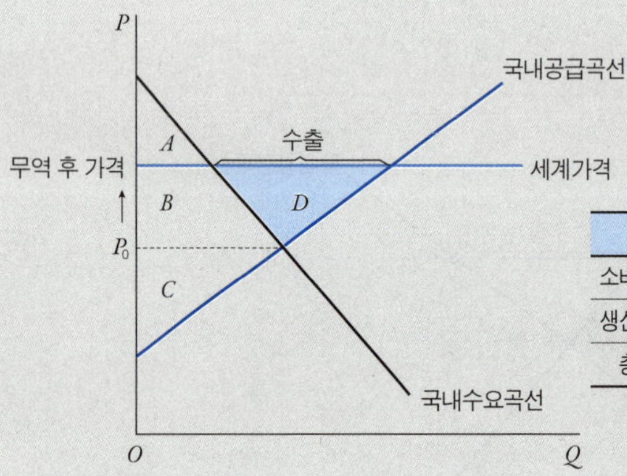

	무역 전	무역 후	변화분
소비자잉여	$A+B$	A	$-B$
생산자잉여	C	$B+C+D$	$B+D$
총잉여	$A+B+C$	$A+B+C+D$	$+D$

(3) 수입국의 이득과 손실

① 자유무역으로 국내가격이 세계가격으로 하락

② 자유무역으로 수입국은 국내소비자들이 이득을 보고, 국내생산자들은 손실을 봄

③ 소비자들의 이득 > 생산자 손실 → 총잉여 증가

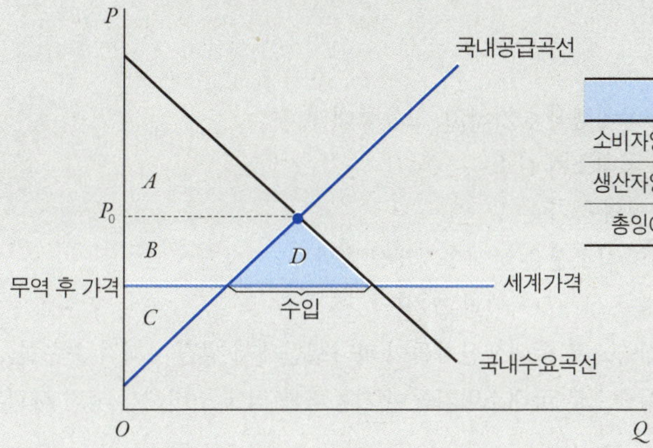

	무역 전	무역 후	변화분
소비자잉여	A	$A+B+D$	$+(B+D)$
생산자잉여	$B+C$	C	$-B$
총잉여	$A+B+C$	$A+B+C+D$	$+D$

(4) 의의

① 자유무역이 모든 사람에게 이득이 되지 않음

② 이득을 보는 사람이 손실을 보는 사람들을 보상할 수 있다면 자유무역은 모든 사람들에게 이득이 될 수 있음

③ 그러나 현실적으로 보상이 어렵다는 것을 감안하면 자유무역은 모든 사람들에게 이득이 되지 않을 수 있음

3. 관세의 경제적 효과

(1) 관세

① 수입상품에 대해서 부과하는 세금
② 관세 부과로 국내 자동차 가격이 상승 → 국내 자동차 공급량 증가, 자동차 수요량 감소
③ 수입은 감소

(2) 관세의 효과

① 생산증가 효과 : 관세부과로 국내생산 증가하고, 고용증대 효과
② 소비억제 효과 : 관세부과로 국내소비 감소
③ 재정수입증가 효과 : 관세수입의 증가
④ 국제수지개선 효과 : 수입액의 감소분은 국제수지개선 효과
⑤ 소비자후생 및 사회후생의 순손실 : $(D+F)$의 크기[3]
→ D는 관세부과로 인한 가격상승으로 국내생산자들이 과다생산해서 생긴 사회적 순손실
→ F는 관세부과로 인한 가격상승으로 국내소비자들이 자동차를 적게 소비해서 생긴 사회후생의 순손실을 의미

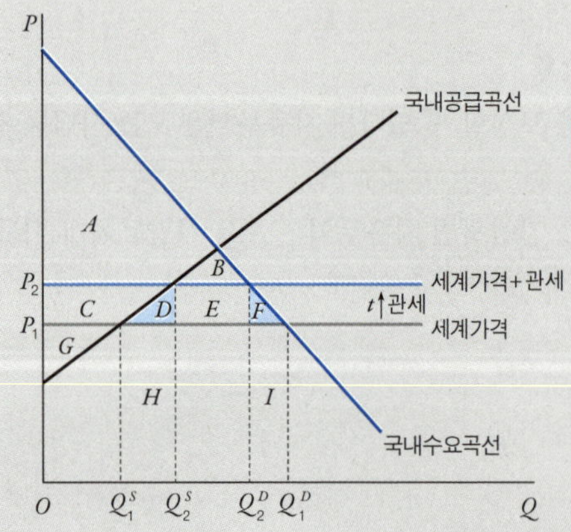

	관세부과 전	관세부과 후	변화분
소비자잉여	$A+B+C+D+E+F$	$A+B$	$-(C+D+E+F)$
생산자잉여	G	$C+G$	$+C$
정부수입	0	E	$+E$
총잉여	$A+B+C+D+E+F+G$	$A+B+C+E+G$	$-(D+F)$
국내생산량	Q_1^S	Q_2^S	$+(Q_1^SQ_2^S)$
국내소비량	Q_1^D	Q_2^D	$-(Q_2^DQ_1^D)$
수입량	$Q_1^SQ_1^D$	$Q_2^SQ_2^D$	$-(Q_1^SQ_2^S+Q_2^DQ_1^D)$

3) 관세도 조세의 일종으로 사회후생의 순손실을 발생시킴

3 무역정책의 이론

※ 무역을 자유롭게 방임하면 세계 각국이 각자 비교우위에 있는 상품을 생산하여 교역하기 때문에 자원의 효율적인 배분과 국제 분업의 이익이 실현[4]

1. 보호무역론의 근거

※ 보호무역론 : 한 나라의 산업을 보호·육성하기 위하여 국가가 적극적으로 수입을 규제하여야 한다는 이론으로 19세기 중반에 독일의 역사경제학자인 리스트(F. List)가 제기

(1) 유치산업 보호

① 국제경쟁력 측면에서 비교열위에 있는 설립한 지 얼마되지 않아 유아기에 있는 산업
② 국제 경쟁력을 갖추기까지 일정기간 보호
③ (한계) 실제 운용 시 보호기간 설정문제와 지대추구행위로 보호막을 치우기 어려움

(2) 경제안정과 국가안보

국민경제의 안정과 국방을 위해 꼭 필요한 기간산업이나 방위산업을 보호 육성해야 함

(3) 국내고용 안정

① 자유무역으로 수입을 통해 국내가격이 하락하고 국내생산이 줄면 국내고용이 줄고 실업 증가
② 그러나 비교우위를 가지고 수출하는 산업의 일자리는 증가
③ 직업전환에 따른 일시적인 고통은 있으나, 자유무역이 장기적으로 반드시 국내고용을 감소시키는 것은 아님

(4) 전략적 차원에서 수입규제

다른 나라가 *A*산업에 보조금을 주어 수입품 가격이 싸진다면, 보조금을 철폐할 때까지 *A*산업의 수입품에 관세를 부과해 수입을 줄이는 것

4) 자유무역론이란 국가가 수출을 통제하거나 수입을 제한하지 않고 자유롭게 방임하는 것이 국가적으로나 국제적으로나 모두 이익이 된다는 이론으로, 역사적으로 볼 때 자유무역론이 지배적인 시대도 있었고, 보호무역론이 지배적인 시대도 있었음

2. 보호무역을 위한 정책 수단

(1) 관세장벽

① 관세장벽(tariff barriers) : 수입을 억제하기 위해 높은 관세율을 부과하는 것

② 후진국들이 소비억제를 목적으로 사용하기도 하지만, 수입억제를 통한 국내 산업을 보호할 목적으로 많이 사용

③ 탄력관세제도는 관세율의 범위를 정하여 놓고 필요에 따라 관세장벽의 높이를 변경할 수 있음

- 상계관세(countervailing duties) : 수출국이 지원하는 수출장려금, 보조금을 상쇄하기 위해 부과
- 보복관세(retaliatory duties) : 수출상품에 차별대우하는 경우 상대국으로부터 수입되는 상품에 대해 부과하는 관세
- 반덤핑관세(antidumping duties) : 생산원가 이하로 덤핑하는 수출국의 수출품에 부과하는 관세
- 긴급관세 : 수입으로 국내 산업이 심각한 손해를 보게 될 때 행정부가 입법절차를 거치지 않고 긴급하게 관세를 부과
- 물가평형관세 : 특정상품이 수입가격이 국내가격보다 지나치게 낮거나 높은 경우 이를 조정하는 관세
- 관세할당제도 : 물가수급의 원활을 기하기 위해서 일정량의 수입물량에 관세 조정

(2) 비관세장벽

① 수입허가제 : 원칙적으로 수입을 자유화하고, 예외적으로 수입금지품목과 제한품목을 열거하는 방식인 제한품목열거방식(negative list system)[5]을 채택

→ 수입자유화율[6]은 99.9%로 거의 완전한 수입자유화가 이루어짐

② 수입할당제(import quota system) : 최대수입수량을 정함

③ 수입과징금 : 관세 이외에 추가적으로 일정액을 부과

④ 수입담보금 : 수입신청액의 일정비율에 해당하는 금액을 은행에 적립

⑤ 수출입링크제 : 제품의 수출을 전제로 제품의 원료를 수입 허가

⑥ 구상무역 : 자국의 수출범위 내에서 상대국으로부터 수입을 허가하는 것 (무역균형)

5) 반대가 자유품목열거방식(positve list system)으로 원칙금지, 예외자유라고 하고, 수입규제의 강도가 제한품목열거방식보다 강함

6) 수입자유화율은 자동승인품목수가 전체 수입품목수에서 차지하는 비율

⑦ 협정무역 : 당사국 간에 무역상품의 종류나 수량을 정해두고 그 범위 내에서 무역

⑧ 수출자율규제(*VER*)와 수출질서유지협정(*OMA*) : 회색지대조치(gray area measure)로 자율규제와 질서유지라는 명분으로 *GATT*의 기본원칙을 우회

⑨ 국영무역(state trading)과 정부구매(government procurement)

3. 자유무역과 공정무역을 위한 국제기구

(1) 자유무역과 *GATT*

① *GATT*(General Agreement on Tariffs and Trade) : 자유무역을 촉진시켜 세계경제 번영을 꾀하고자 1947년 맺어진 「관세 및 무역에 관한 일반협정」

② 최혜국대우원칙(most－favored－nation treatment) : 한 국가에 주어지는 무역상의 혜택은 자동적으로 다른 회원국 모두에게 똑같이 적용되어야 한다는 무차별원칙

③ 내국민대우원칙(national treatment) : 회원국이 수입품을 국산품과 동등하게 취급해야 한다는 원칙 (국산품과 차별대우하면 실질적인 무역확대가 어려움)

④ 수량제한철폐원칙 : 원칙적으로 인정된 관세수단 이외에 어떤 수량규제(수량할당, 수입허가 등) 금지

(2) *OECD*(경제협력개발기구)

① 선진국 중심으로 1961년 파리에 본부 두고 설립

② 20개 회원국으로 출발하여 지금은 34개국 (29번째로 한국 가입)

③ 전 세계 상품생산의 2/3를 차지하고 있어 세계경제에서 막강한 영향력 행사

④ 기존 회원국의 초청이 있어야 가입할 수 있는 동질성이 강한 모임

⑤ 만장일치 의사결정이고, *OECD* 기본헌장은 형식상으로는 국제조약이 아니지만, 사실상 법적인 구속력을 지님

(3) *UNCTAD*(*UN*무역개발회의)

① 선진국과 후진국의 경제적 격차인 남북문제를 해소
② 선진국은 후진국에게 무상이나 장기저리 원조 등 후진국 개발에 적극 참여해야 함
(∵빈부격차의 원인이 식민지정책의 소산이기 때문)
③ 선진국은 후진국에서 들어오는 수입상품에 관세를 철폐 혹은 경감해야 함
(∵1차 농산물과 2차 공산품 거래는 무역수지 불균형 초래)
④ (성과) *UNCTAD*목소리는 선진국 간 무역불균형 힘겨루기에 의해서 가려지고, 1980년대 개도국의 외채위기 때 선진국과 후진국의 갈등 심화로 *UNCTAD*가 적절히 대처하지 못해 유명무실해짐
→ *UN*개발계획(United Nations Development Program : *UNDP*)을 *UN*산하에 두어 2005년 말 현재 141개국이 가입

4. 우루과이 라운드의 타결과 *WTO*체제의 출현

(1) *UR*의 등장배경

① 1947년 *GATT* 창설 이후에 공산품의 관세율 인하에 초점을 맞춰 7차례 다국간 협상 진행
② but, 농산물이나 서비스는 교역규모가 작아 협상대상에서 제외
③ 1980년대 이후에 농산물, 서비스, 지적재산권 등 공산품 이외의 분야에서 교역 비중이 크게 높아지자 새로운 다자간 협상이 필요함
④ 1986년 우루과이에서 제8차 다자간 협상의 개시를 선언했으나, 협상의 난항을 겪다가 1993년 타결되어 1995년 발효

(2) *UR*협정의 주요내용

① *GATT*가 다루지 못했던 섬유, 농산물 등 다자간 협상체제로 복귀시키고, 서비스, 지적재산권 같은 새로운 분야도 포괄
② 세계무역기구(World Trade Organization : *WTO*)를 설립해 *UR*협정이 발표되는 1995년 *GATT*와 통합해 *WTO*체제 출범
③ 내용

- 공산품 관세 인하
- 농산물시장의 수입개방
- 서비스시장의 대폭 개방
- 반덤핑기준의 강화

- 보조금·상계관세의 기준 강화
- 회색지대조치의 철폐와 긴급수입제한조치의 규정 명료화
- 섬유류 무역규제의 완화
- 지적재산권의 보호강화 : 컴퓨터 프로그래밍을 저작물로 보호하고, 보호기간을 50년 이상으로 연장, 집적회로는 물론 이를 내장한 반도체칩과 최종제품까지도 지적재산권으로 보호
- 분쟁해결의 일원화 : 모든 무역분쟁은 *WTO*산하의 분쟁해결기구가 관장, 상소제도 신설, 분쟁해결구조를 일원화

(3) 도하개발어젠다 출범

① (*WTO* 위기)

2008년 현재 *WTO*가입회원국은 모두 153개국이나, 공산품분야에서 상당한 무역장벽이 남아 있고, 최근 몇몇 나라끼리 관세 및 비관세 장벽을 없애는 자유무역협정(Free Trade Agreement : *FTA*)[7)]을 맺는 추세가 확산되어 *WTO* 신뢰성 위기

② 2001년 카타르 도하에서 새로운 다자간 무역협상 출범

③ 농산물에 대한 보호장벽 낮추고, 농업보조금을 단계적으로 축소하는 것 등을 논의

④ 세계화와 정보화가 갈수록 심해질 21세기 자유무역은 불가피한 시대적 추세임

5. 변화하는 세계경제환경과 새로운 국제경제질서

(1) 세계경제환경 변화

① *WTO*체제의 정착과 새로운 교역질서의 형성

→ 재화 중심의 하드웨어 경쟁에서 지식, 두뇌, 제도운영 등 소프트웨어의 경쟁시대로 전환 환경문제, 경쟁정책, 노동기준, 반부패 등 세계경제의 주요 현안으로 점차 확산

② 지역경제통합의 가속화 : 유럽연합, *NAFTA*, *MERCOSUR*(남미공동시장) 등

→ 지역경제통합체는 이에 속하지 않는 경제에 대해서는 배타적이지만, 참여국 간에는 교역장벽의 철폐를 통한 경제통합이라는 점에서 개방적인 교역의 확대로 해석 가능

③ 경제의 네트워크 확산과 *IT*기술의 보급으로 시장경제권의 확대

④ 기업활동의 세계화로 전략적 제휴가 활성화되어 국적기업의 의미 상실

7) 2개 이상의 국가가 무역을 할 때 관세 및 수입제한을 철폐, 통상을 자유화하려는 협정으로 *FTA*체결로 당사국 간에는 관세율이 0으로 낮아지고 무역장벽도 사라져 상품, 투자, 서비스 등 시장이 상호 개방

(2) 대응방안

① 세계화 추세를 선도하는 *WTO* 체제를 강화하는 데 적극적으로 참여해야 함
② 무역과 환경, 투자, 경쟁정책, 노동기준, 반부패 등을 연계하는 새로운 통상과제에 대비
③ 도도한 지역주의에 적극 대응하여 개방적인 자세와 전략적인 자유무역협정으로 동북아 경제협력을 주도해야 함

참고 경제통합의 유형

통합유형	내용	특징	대표적인 경제블럭 또는 협정
자유무역협정 (Free Trade Agreement)	가맹국 상호 간 상품이동에 관한 일체의 무역장벽을 없애고 자유무역을 보장하는 한편, 비가맹국에 대해서는 각국이 독자적인 관세 및 무역정책을 실시	역외관세가 낮은 회원국을 통해 수입된 제3국의 제품이 역외관세가 높은 회원국으로 재수출되는 무역굴절(trade deflection)현상을 방지하기 위해 원산지규정 등 공동의 시장운용규칙의 제정이 필요	• 유럽자유무역연합(EFTA) • 북미자유무역협정(NAFTA)
관세동맹 (Customs Union)	역내 자유무역에 더하여 비가맹국에 대해 공통의 관세 및 무역정책을 실시	공통관세의 실시로 무역굴절현상을 방지할 수 있으며 가맹국 간의 교역조건은 대체로 단일국 내 지방 간 교역과 유사	• 베네룩스 관세동맹
공동시장 (Common Market)	관세동맹보다 더욱 강화된 통합형태로서 역내 나라 간 노동 · 자본 등 생산요소의 자유로운 이동이 보장	생산요소의 자유이동은 역내 자원배분의 효율성을 극대화시켜 역내 전체의 후생은 증진될 수 있으나 국별산업의 비교우위에 따라 일부 가맹국의 후생은 통합 전보다 악화될 수 있음	• 1993년 이후 EC • 남미공동시장
경제동맹 (Economic Union)	공동시장에 더하여 가맹국 간 산업 · 재정 · 통화정책 등 경제 전반에 걸쳐 공동정책을 실시	경제면에서는 단일국가에 접근한 경제통합형태로서 가맹국들은 사실상 독자적인 경제정책을 포기해야 함	• 유럽연합(EU)
완전한 경제통합 (Complete Economic Integration)	가맹국 상호 간에 초국가적 기구를 설치하여 각 가맹국의 사회 · 경제정책 통합 실시	완전한 경제통합은 각국의 국가주권이 포기된 사실상의 정치적 통합을 의미	

4 현대무역이론

1. 헥셔-올린 정리

(1) 헥셔-올린 정리 의의

① 비교우위이론은 비교우위 원천이 생산비의 차이에 있다는 점을 알려주지만, 생산비의 차이가 왜 발생하는가에 대해서는 언급이 없음
② 생산비에 차이가 발생하는 이유는 생산의 자연적·기술적 조건인 생산함수가 다르기 때문
③ 만일 생산함수가 동일하다면 생산요소의 부존량(요소집약도)이 다르기 때문
④ (제1정리) 상대적으로 풍부한 생산요소를 집약적으로 사용하는 상품에 비교우위를 지님
⑤ (제2정리) 요소가격균등화정리 : 생산요소가 이동하지 않더라도 상품이 이동하면서 두 국가 간 생산요소의 상대가격이 동일해짐

(2) 레온티에프 역설

① 레온티에프는 미국 자료를 분석해 본 결과 헥셔-올린 정리에 배치되는 결과
② 상대적으로 자본이 풍부한 나라로 생각되는 미국이 자본집약적인 상품을 수입
③ (설명 1) 미국 노동자의 높은 생산성
(설명 2) 자본풍부국을 판정하는 기준을 헥셔-올린은 요소가격으로 판단했으나, 레온티에프는 요소부존량으로 판단해 역설적 결과 발생[8]
④ (의의) 비교우위를 판정함에 있어서 요소가격만을 기준으로 할 수 없다는 점을 부각시켜 *HO* 정리에 대한 연구와 검토 유발

8) 생산요소 간 대체가 쉬운 경우에 최적상태에서 이자율이 상승하면 자본집약적인 상품생산이 노동집약적인 상품생산으로 전환될 수 있는데, 이를 요소집약도의 역전(factor intensity reversal)이라고 함

2. 제품사이클 이론

① 버논(R. Vernon), 첨단산업의 신제품 대상

② 신제품은 생물같이 신생기 → 성장기 → 성숙기(노쇠기) 과정을 거치는 동안 국제적 분업

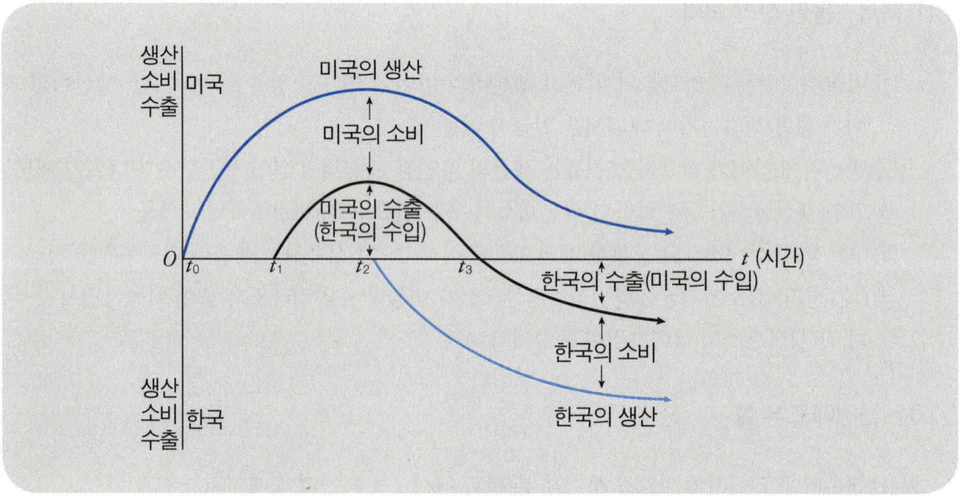

③ 신생기 : 신제품생산 초기이므로 이자율이 낮은 선진국에서 자본집약적인 제품 개발

④ 성장기 : 규모의 경제와 대량생산으로 경쟁이 격화

⑤ 성숙기 : 표준화로 저임금노동이 중요한 역할

⑥ (의의와 한계) *HO*모형이 잘 설명할 수 없는 첨단산업에 있어서 무역패턴을 잘 설명하지만, 전체에서 첨단산업제품이 차지하는 비중이 작아 일반적인 무역이론으로 채택 어려움

3. 신무역이론

① 산업내무역(intra-industry trade)으로 선진국 간 무역 설명
② 자동차산업 내에서 중형차와 대형차, 특수목적차 등 다양한 차종 간 무역
③ 크루그먼은 비교우위가 아닌 규모의 경제로 인한 신무역이론(new trade theory) 제기
→ 비교우위이론이 수확체감법칙과 완전경쟁시장을 가정하는 데 비해, 신무역이론은 규모의 경제와 불완전경쟁시장을 상정해 차별화된 상품이 다양하게 거래되는 현상을 설명
④ (특화선택 예측불가) 비교우위 개념에 의존하지 않아, 어느 나라가 어느 품목에 특화를 할지 사전에 알 수 없음
⑤ (무역마찰) 고부가가치제품과 저부가가치제품 중에서 고부가가치제품을 생산 수출하는 나라가 더 이득이 크므로 무역마찰 발생 가능

4. 중력모형

① 중력모형(gravity model)은 국가 간 무역이 당사국 간의 경제력과 거리에 의존
② 경제력이 커질수록, 양국 간 거리가 가까울수록 양국 간 무역이 증가
③ 경제력 변수는 실질 *GDP*, 인구, 1인당 소득
④ 이론적 깊이는 없으나, 현실에 쉽게 적용할 수 있어 많이 활용

제 16 장

국제금융론

1 국제수지표

1. 국제수지 개념과 작성원칙

(1) 국제수지표의 개념

① 국제수지표란 일정기간 동안 거주자와 비거주자 사이에 발생한 모든 경제적 거래를 체계적으로 기록한 표로 마치 국가 전체의 대외거래 가계부와도 같음

②「일정기간 동안」: 일정기간 중에 발생한 거래를 집계

③「거주자와 비거주자」: 경제활동에 있어 주된 경제적 이익의 중심(center of predominant economicinterest)이 어디에 있느냐를 기준

→ 개인의 경우 외국인이 1년 이상 우리나라에 거주하면서 생산활동에 참여할 때는 주된 경제적 이익의 중심이 우리나라에 있는 것으로 보아 거주자로 구분

④「모든 경제적 거래」: 상품 및 서비스, 소득, 이전, 금융 등 모든 형태의 거래를 포함한다는 의미

⑤「체계적으로 기록한 표」: 국제수지표가 국제적으로 통일된 기준에 의해 체계적으로 기록된다는 의미

(2) 국제수지표 작성원칙

① 거래의 계상시점은 발생주의

: 경제적 가치가 생성, 변화, 교환, 제공, 이전 또는 소멸된 시점을 거래의 계상시점으로 함. 채권과 채무는 소유권이 변동되었을 때 발생하는 것으로 인식

② 모든 거래는 거래당사자 간에 합의된 실제가격(시장가격)으로 평가하는 것을 원칙

③ 회계원칙은 복식부기원칙(double entry book-keeping system)

→ 복식부기원칙은 모든 개별거래를 동일한 금액으로 대·차 양변에 동시에 계상하는 것[1)]

④ 미달러화·유로화·엔화 등 다양한 통화로 표시된 국제거래를 계산단위통화로 환산(우리나라의 경우 '미달러화')할 때 거래 당일의 실제 시장환율을 적용함을 원칙

⑤ 거래금액을 계상할 때 경상수지와 자본수지는 총액으로, 금융계정은 순액으로 기록[2)]

2. 국제수지표의 구성

- 국제수지표는 거주자와 비거주자 간의 거래를 그 유형에 따라 경상수지와 자본수지 및 금융계정으로 나누어 기록
- 경상수지에는 거주자와 비거주자 간의 상품 및 서비스 거래, 배당·이자 등의 소득거래, 대가 없이 이루어지는 이전거래가 계상
- 자본수지에는 자본이전과 비생산·비금융자산의 취득과 처분이, 금융계정에는 거주자와 비거주자 간의 직접투자, 주식·채권 등 증권투자, 파생금융상품거래, 대출·차입 등 기타투자, 준비자산 증감거래가 계상

1) 복식부기원칙에 따라 작성되는 국제수지표는 모든 대변항목의 합계와 모든 차변항목의 합계가 일치하게 되어, 국제수지표 전체의 순수지(net balance)는 원칙적으로 '0'이 됨. 그러나 동일한 거래라 하더라도 대변과 차변에 해당하는 자료가 서로 다른 제공처에서 입수되기 때문에 집계 결과 대변과 차변의 합계금액이 서로 일치하지 않아 순차변 잔액 또는 순대변 잔액이 생기는 경우가 있음. 이 경우 반대부호를 갖는 같은 금액의 「오차 및 누락」 계정을 설정하여 대차를 일치시키게 됨

2) 경상수지와 자본수지는 모든 거래에 대해 수입(收入)과 지급(支給)을 상계하지 않고 대변(credit, '+')과 차변(debit, '-')에 각각 기록. 예를 들어 여행 항목의 대변에는 여행수입(收入)을, 차변에는 여행지급(支給)을 각각 기록. 그러나 금융계정은 세부항목별로 자산항목은 자산의 증가액에서 감소액을 차감한 순자산증감액을, 부채항목은 부채의 증가액에서 감소액을 차감한 순부채증감액을 각각 기록. 예를 들면 외국인의 국내증권투자 항목에는 일정기간 동안 투자액에서 회수액을 차감한 순투자액이 기록

(1) 경상수지

① 경상수지는 상품수지, 서비스수지, 본원소득수지 및 이전소득수지의 4개 세부항목으로 나뉨

② 상품수지는 상품의 수출액과 수입액의 차액을 말함

■ 수출이 수입보다 크면 수지(차액)는 흑자(+)가 되며 반대로 수입이 수출보다 큰 경우 수지(차액)는 적자(−)

③ 서비스수지는 외국과의 서비스거래로 수취한 돈과 지급한 돈의 차이를 말함

→ 우리나라의 선박이나 항공기가 상품을 나르고 외국으로부터 받은 운임, 외국관광객이 국내에서 쓴 돈, 국내기업이 외국기업으로부터 받은 특허권 사용료 등이 서비스수입이 됨

→ 반대로 우리나라가 외국에 지급한 운임, 해외여행 경비, 해외 광고비 등은 모두 서비스지급으로 나타남

④ 본원소득수지는 급료 및 임금 수지와 투자소득수지로 구성

→ 급료 및 임금 수지는 거주자가 외국에 단기간(1년 미만) 머물면서 일한 대가로 받은 돈과 국내에 단기로 고용된 비거주자에게 지급한 돈의 차이

→ 투자소득수지는 거주자가 외국에 투자하여 벌어들인 배당금·이자와 국내에 투자한 비거주자에게 지급한 배당금·이자의 차이

⑤ 이전소득수지는 거주자와 비거주자 사이에 아무런 대가 없이 주고받은 거래의 차를 말함

→ 해외에 거주하는 교포가 국내의 친척 등에게 보내오는 송금, 우리나라에서 장기간(1년 이상) 일하는 외국인근로자가 본국 친척 등에게 송금한 금액, 정부 간에 이루어지는 무상원조 등이 기록

(2) 자본수지

① 자본수지에는 자본이전 및 비생산·비금융자산거래가 기록

② 자본이전은 자산소유권의 무상이전, 채권자에 의한 채무면제 등을 포함

③ 비생산·비금융자산거래에는 상표권, 영업권 등 무형자산의 취득과 처분이 기록

(3) 금융계정

① 금융계정은 직접투자, 증권투자, 파생금융상품, 기타투자 및 준비자산으로 구성

→ 금융계정의 자산 항목은 거주자의 해외투자를 의미하는 반면, 부채 항목은 비거주자의 국내투자를 의미

② 직접투자는 직접투자관계에 있는 투자자와 투자대상기업 간에 일어나는 대외거래를 계상

→ 직접투자관계에는 투자대상기업에 대해 10% 이상의 의결권을 보유하는 일차적

→ 직접투자관계, 연쇄출자 등을 통하여 간접적으로 영향력을 행사할 수 있는 경우, 모기업을 공유하지만 상호 간에 직접투자관계가 없는 동료기업관계 등이 포함

③ 증권투자는 거주자와 비거주자 간에 이루어진 주식, 채권 등에 대한 투자를 의미

④ 파생금융상품은 파생금융상품거래로 실현된 손익 등을 기록

⑤ 준비자산은 중앙은행의 외환보유액변동분 중에서 이자수익 등의 운용수익, 운용 관련 수수료 지급 등 거래적 요인에 의한 것만 포함 (환율변동 등 비거래적 요인에 의한 것은 제외)

보론 1 국제수지표 작성 실례

국제수지표는 복식부기원칙에 따라 하나의 대외거래가 발생하면 대변과 차변에 각각 동일한 금액을 계상한다. 즉, 차변에는 상품수입, 서비스지급,이자·배당금 지급이나 금융자산 증가, 금융부채 감소 등을 기록하고 대변에는 상품수출, 서비스수입, 이자·배당금 영수, 금융자산 감소, 금융부채 증가 등을 계상한다.

복식부기원칙에 따른 국제수지 거래의 기장

	차변	대변
경상수지	상품수입(실물자산 증가)	상품수출(실물자산 감소)
	서비스지급	서비스수입
	본원소득지급	본원소득수입
	이전소득지급	이전소득수입
자본수지	자본이전지급	자본이전수입
	비생산 · 비금융자산 취득	비생산 · 비금융자산 처분
금융계정	금융자산 증가	금융자산 감소
	금융부채 감소	금융부채 증가

거주자와 비거주자 간에 다음과 같은 거래가 발생하였다고 가정하고 앞에서 설명한 국제수지표의 작성방법을 적용해 국제수지표를 직접 작성하여보자.

〈거래 예〉

거래 1. 자동차 90백만 달러를 수출하고 대금은 현금으로 받음
거래 2. 철강재 10백만 달러를 6개월 후에 대금을 받는 조건으로 수출
거래 3. 원유 80백만 달러를 수입하고 대금은 현금으로 지급
거래 4. 고철 5백만 달러를 3개월 후에 대금을 지급하는 조건으로 수입
거래 5. 국내 해운사가 수출화물 운송대가로 외국으로부터 20백만 달러를 받음
거래 6. 거주자가 중국여행경비(한중 간 항공운임 제외)로 17백만 달러 사용
거래 7. 거주자가 외채이자로 외국에 13백만 달러 지급
거래 8. 거주자가 해외교포로부터 2백만 달러를 송금 받음
거래 9. 비거주자가 국내 A기업의 주식 10%를 50백만 달러에 취득
거래 10. 국내기업이 해외에서 외화증권 30백만 달러 발행(비거주자가 전액 매입)
거래 11. 비거주자가 국내에서 원화증권 77억 원을 발행(거주자가 전액 매입, 달러 환산 시 7백만 달러)
거래 12. 거주자가 외국으로 이민가면서 이주비용으로 15백만 달러를 송금
거래 13. 국내기업이 특허권을 외국기업에 매각하고 현금 3백만 달러를 받음
거래 14. 외환보유액에 대한 외화증권이자 6백만 달러를 현금으로 받음

위의 거래를 국제수지표에 기록하기 위해 분개하면 다음과 같다. 먼저 〈거래 1〉의 상품수출 90백만 달러는 대변(실물자산 감소)에, 이에 따른 수출대금의 입금은 대외자산의 증가이므로 차변(금융자산 증가)에 90백만 달러를 계상한다. 〈거래 8〉의 경우 해외교포로부터 송금받은 2백만 달러는 외화자산의 증가로 차변에 계상함과 동시에 이전소득수입(收入)으로 대변에 2백만 달러를 계상한다. 한편 국내기업이 해외에서 외화증권을 발행하여 자금을 조달한 〈거래 10〉의 경우 외화증권 발행분 30백만 달러는 대변(금융부채 증가)에, 유입된 30백만 달러는 대외자산 증가로 차변에 계상한다. 〈거래 12〉와 같은 이민자의 이주비나 재산반출·입은 거래가 아닌 비거래변동(한 주체의 거주성 변동으로 인한 자산의 국경 간 이동)으로 국제수지표에 계상하지 않는다.

〈분개〉

(단위: 백만 달러)

	차변		대변	
거래 1	현금	90	상품수출(輸出)	90
거래 2	무역신용(자산)	10	상품수출(輸出)	10
거래 3	상품수입(輸入)	80	현금	80
거래 4	상품수입(輸入)	5	무역신용(부채)	5
거래 5	현금	20	서비스수입(收入)	20
거래 6	서비스지급(支給)	17	현금	17
거래 7	본원소득지급(支給)	13	현금	13
거래 8	현금	2	이전소득수입(收入)	2
거래 9	현금	50	직접투자(부채)	50
거래 10	현금	30	증권투자(부채)	30
거래 11	증권투자(자산)	7	현금	7
거래 12	-		-	
거래 13	현금	3	서비스수입(收入)	3
거래 14	준비자산	6	본원소득수입(收入)	6

동 분개내용을 국제수지표에 옮겨 적으면 다음 〈표〉와 같이 되는데 복식부기원칙에 따라 대차 양변에 동일한 금액이 계상되었기 때문에 경상수지 및 자본수지에서 금융계정을 차감하면 '0'이 된다. 그러나 실제로는 '0'이 되지 않는 경우가 있는데 이때 그 차이를 「오차 및 누락(errors and omissions)」이라는 항목을 설정하여 균형이 되도록 조정하게 된다. 「오차 및 누락」이 발생하는 것은 국제수지표 작성의 기초자료인 통관통계, 외환수급통계, 서베이 자료 등에서 계상시점 및 평가방법상의 차이, 기초통계 자체의 오류, 통계작성 과정상의 보고 실수나 누락 등이 발생할 수 있기 때문이다.

〈국제수지표 작성 실례〉

(단위: 백만 달러)

경상수지(A)	지급	수입	수지(수입－지급)
상품수지	80[3] 5[4]	90[1] 10[2]	15
서비스수지	17[6]	20[5] 3[13]	6
본원소득수지	13[7]	6[14]	－7
이전소득수지		2[8]	2
소계	115	131	16
금융계정(B)	**자산**	**부채**	**순자산(자산－부채)**
직접투자		50[9]	－50
증권투자	7[11]	30[10]	－23
파생금융상품	－	－	－
기타투자	90[1] 10[2] －80[3] 20[5] －17[6] －13[7] 2[8] 50[9] 30[10] －7[11] 3[13]	5[4]	83
준비자산	6[14]		6
소계	101	85	16
차이(A－B)	－	－	0
오차 및 누락	－	－	0

주 : 숫자 위의 첨자는 본문 '예'의 거래번호임.

3. 경상수지 흑자의 영향

(1) 경상수지 흑자의 긍정적 효과

① 상품과 서비스를 외국에 수출하면 그만큼 수요가 증가하여 생산증대를 유발함으로써 일자리가 늘어나고 소득도 증가

② 상품이나 서비스를 외국에서 수입하면 그만큼 국내 상품과 서비스에 대한 수요가 줄어듦에 따라 국내기업의 생산활동이 위축되어 급여 또는 일자리가 감소 (상품 및 서비스 수지는 소득 및 고용과 연관관계가 높음)

③ 경상수지가 흑자면 외국에 판 상품과 서비스가 사들인 것보다 많으므로 수출을 통해 늘어나는 소득과 일자리가 수입을 통해 줄어드는 소득과 일자리를 상회하게 되어 전체적으로는 국민소득과 고용이 늘어나는 효과가 있음

④ 경상수지 흑자로 유입되는 외화는 외국으로부터 차입한 빚을 갚아 외채를 줄이거나 국외투자를 통해 배당 및 이자 등 새로운 소득을 얻을 수도 있음

⑤ 경상수지 흑자는 경제정책수단의 선택폭을 넓혀 보다 건실한 거시경제의 운영을 가능하게 할 수도 있음

⑥ 국내공급 부족 등으로 물가상승 압력이 있을 경우에는 수입을 늘려 물가안정을 도모할 수 있고, 금리인하 등 경기부양책을 추진하는 경우에는 총수요확대로 수입증가를 유발하여 대외균형이 크게 악화되지 않을 수 있기 때문

(2) 경상수지 흑자의 부정적 효과

① 경상수지 흑자가 국내 통화량 증가요인으로 작용하여 통화관리를 어렵게 함

② 흑자를 내고 있는 교역상대국으로 하여금 우리나라의 수출품에 대한 수입규제를 유발시키는 등 무역마찰을 초래할 가능성이 커지기 때문

③ 경제의 해외의존도가 높은 우리나라와 같은 국가는 외부충격에 대한 복원력을 높이고 국민소득과 고용을 안정시키기 위해 적정한 수준으로 경상수지 흑자를 유지하는 것이 바람직

(3) 한국의 경상수지 현황

① 우리나라는 1998년 외환위기 이후 상품수지의 흑자에 힘입어 경상수지가 흑자를 지속
② 2010년 이후에는 상품수지뿐만 아니라 본원소득수지도 흑자로 전환
③ 서비스수지는 적자를 지속하고 있으며, 최근 들어 적자폭이 확대
→ 2000년대 들어 *GDP* 대비 경상수지 흑자 비율은 2% 내외를 유지해왔으나, 2013~2017년 기간에는 5%를 상회
→ 최근 이 비율이 높은 수준을 나타내는 것은 유가하락의 영향으로 상품수입이 크게 감소한 가운데, 정보통신기술의 신규수요 및 해외생산 확대 등으로 스마트폰, 반도체 등 일부 품목의 수출이 상대적으로 양호함에 따라 상품수지 흑자가 확대된 데 주로 기인

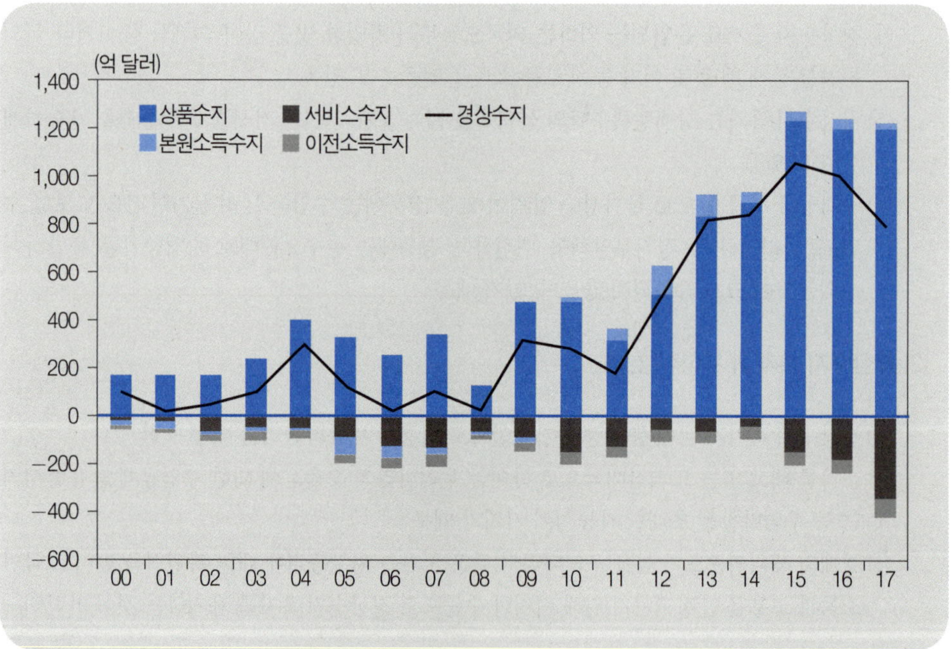

4. 국제수지균형의 개념

(1) 자율적(독자적) 거래와 보정적 거래

① 자율적 거래는 경상계정의 상품 및 서비스 수지와 소득수지, 자본금융계정의 금융계정(투자수지)이 해당

② 보정적 거래는 준비자산 증감

③ 사전적으로 국제수지 균형여부는 독자적 거래만을 고려하지만, 사후적으로 보정적 거래를 포함하게 되면 항상 균형을 이룸 (∵복식부기 원리)

(2) 종합수지

① 종합수지(overall balance)는 경상수지[3]와 자본수지의 합으로 정의

$$BP=(X-M)+F$$

② $(X-M)$는 순수출을 의미하는 경상수지를 뜻하고, F는 순자본유입[4]을 의미하는 자본수지를 의미

③ $BP>0$이면 국제수지가 흑자이고, $BP=0$이면 국제수지가 균형상태라고 함

3) 이전소득수지가 제외되거나, 비중이 매우 작은 좁은 의미의 경상수지로 수출에서 수입을 뺀 순수출을 말함

4) 순자본유입은 거래결과 발생한 수입과 지급을 기준으로 한 것이고, 순해외투자(Net Foreign Investment : *NFI*)와 순외화자산(Net Foreign Asset : *NFA*)은 자산의 유입과 유출 자체를 기준으로 한 개념

5. 국제수지와 국민소득계정 및 화폐공급

(1) 국민소득 순환모형과 자금순환표

$$(S-I)+(T-G)=X-M\equiv \Delta NFA$$

① $(S-I)+(T-G)$: 민간 및 정부의 초과저축

② $(X-M)$: 경상수지 흑자 (순수출)

③ ΔNFA : 순해외자산, 순외화자산(Net Foreign Asset : NFA)의 변화 규모

(2) 순해외자산의 변화와 본원통화

① 중앙은행의 대차대조표에서 대변(부채)의 본원통화(H)는 차변(자산)의 국내여신(Domestic Credit : DC)과 순외화자산(NFA)의 합과 같음

자산	부채
국내여신(DC) 순외화자산(NFA)	본원통화(H)

② 국내여신(DC)의 변화가 없다면 순외화자산의 변화(ΔNFA)는 동일한 규모의 본원통화변화(ΔH)로 영향을 줌

③ 정부지출 100억($G\downarrow$) → $S_N\uparrow$ → $(X-M)\uparrow$ → $\Delta NFA\uparrow$[5] → $H\uparrow$

5) 순수출이 100억 원 증가하면 수출업자는 100억 원의 외화를 추가적으로 벌어들여 보유한 외환을 중앙은행에 떠넘겨 동일 금액의 원화로 바꿔 본원통화는 100억 원 증가

6. 경상수지와 자본수지

(1) 경상수지와 저축 및 투자 : 경상수지 = 국민저축 − 국내총투자

① $GDP = C + I + G + NX$
② $GNI = GDP +$ 국외순수취요소소득
③ $GNDI = GNI +$ 국외순수취경상이전[6)]
④ $S = GNDI - C - G = I + NX$
⑤ $S = S_p + S_g = I + NX$
⑥ 쌍둥이 적자(twin deficit) : 재정적자와 경상수지 적자가 동시에 나타나는 경우

(2) 경상수지와 자본수지

경상수지 + 자본수지 = 0

① $S > I$인 경우 차액만큼 국외투자가 되고, 이를 순해외투자(Net Foreign Investment : *NFI*)라고 하며, 외화가 밖으로 나가기 때문에 자본수지 적자가 됨
② 국외투자 (+) = 순해외투자 (+) = 경상수지 (+)

경상수지 + 자본수지 + 오차 및 누락 +준비자산증(−) 감(+) = 0

③ 준비자산 증(−) 감(+)은 준비자산이 증가하면 앞에 음의 부호를, 감소하면 양의 부호를 붙임

6) *GNI*는 국민총소득이고, *GNDI*는 국민총처분가능소득을 말함

(3) 준비자산 증감과 외환보유액

① 대외채권 : 일정시점[7]에 다른 나라에 대해서 가지고 있는 확정금융자산

② 대외채무(외채) : 확정금융채무

③ 순대외채권 = 대외채권 − 대외채무

④ 외환보유액 : 대외채권 중 즉시 현금화가 가능한 공적 대외준비자산

⑤ 1998년부터 2010년까지 경상수지는 13년간 흑자를 기록해 만성적인 채무국에서 벗어나 1999년부터 채권이 되었고, 2010년 말에 외환보유액은 3천억 달러에 달함

⑥ 2016년 말 만기가 1년 이내인 단기외채는 1,052억 달러로 단기외채가 외환보유액에서 차지하는 비율은 28.3%임

⑦ 1997년과 2008년 우리나라 단기외채비율은 286%와 74%임

→ *IMF*는 단기외채비율이 60% 미만이면 안정수준이고, 60%~100%이면 경계수준, 100%를 초과하면 위험수준으로 분류

7) 국제수지는 유량인데, 대외채권채무는 저량으로 경상수지가 흑자면 대외채권이 증가하거나 대외채무가 감소해 순대외채권은 증가함

2 환율의 결정이론

1. 환율

(1) 환율의 개념

① 환율(exchange rate) : 국가 간 경제적 거래 시 발행하는 외환시장에서 화폐 간 교환비율을 말함

② $e = \frac{1{,}000₩}{1\$}$: 자국의 화폐로 표시한 외국화폐 1단위의 가격 (외환의 가격)

③ 환율상승 의미 : 환율이 1달러당 1,000원에서 1,100원으로 상승한다는 것은 원화의 가치가 하락한다는 의미

④ 환율제도는 정부의 외환시장 개입 여부를 기준으로 고정환율제도와 변동환율제도, 중간 형태인 크롤링고정환율제도(crawling peg)[8]와 목표환율대제도로 나뉨[9]

⑤ 명목환율은 화폐 간의 교환비율로 $e = \frac{P}{P_f}$이고 실질환율은 재화 간 교환비율로 $E = \frac{eP_f}{P}$

→ 실질환율의 상승은 외국재화가 상대적으로 비싸진다는 의미로 자국재화는 경쟁력을 지님

(2) 고정환율제도

① 고정환율제도(fixed, pegged exchange rate system)는 환율을 특정 단일통화나 복수통화에 대해 일정수준으로 고정시키는 제도

② 금본위제도(금), 브레튼우즈체제(달러)[10]

③ 국제수지 적자 영향

④ 중화정책(sterilization policy, 불태화정책) : 외화매입에 따른 통화량 증가를 방지하기 위해서 국공채를 매각하는 공개시장조작정책을 통해 국내여신(DC)의 감소로 상쇄하는 정책

> $BP < 0$ → 외환시장 초과수요 → (고정환율제도 유지 위해) 중앙은행의 외환부족액만큼 외화 공급[11] → … (지속) … 외환보유액 바닥 → 평가절하(devaluation)[12]

8) 고정된 기준환율이 국가 간 인플레이션 격차 등을 고려해 이따금씩 조정되는 형태

9) 기준환율을 정해놓고 상하 일정한 한도 내에서만 환율이 변동하도록 하며 이 한도를 벗어날 때는 개입을 하게 됨 (pegged within horizontal band)

10) 새로운 국제통화질서 확립을 위해서 1944년 미국 브레튼우즈에서 44개국 대표들이 모여 *IMF*를 창설하고 새로운 국제통화제도인 브레튼우즈체제를 출범시킴

(3) 변동환율제도

① 변동환율제도(flexible, floating exchange rate system) : 중앙은행의 개입 없이 외환의 수요와 공급을 일치시키는 제도
② 브레튼우즈체제의 붕괴[13)]
③ 환율의 즉각적인 조정에 의해서 국제수지는 항상 균형이 되는 자동안정화장치 역할 담당
④ 환율의 변동위험으로 국제무역과 투자 위축 가능

2. 환율의 결정

(1) 외환의 수요와 공급

① 환율은 외환의 가격
② 외환의 수요는 우리나라 사람이 외국의 상품이나 자산을 구입할 때 발생
③ 외환의 공급은 외국인이 우리나라 상품이나 자산을 구입할 때 일어남
④ 외환의 수요는 자국통화의 공급이 되고, 외환의 공급은 자국통화의 수요가 됨

(2) 환율상승 의미

① 환율상승은 우리나라 사람이 부담해야 할 수입품의 가격이 종전보다 비싸짐
② 100달러짜리 옷을 구입할 때 환율이 1,000원이라면 10만 원을 주면 되지만, 환율이 1,100원으로 상승하게 되면 11만 원을 지불해야 함
③ 환율 상승 → 외국상품의 가격 상승 → 외국상품에 대한 수요량 감소 →외환의 수요량 감소

11) 외환을 팔고 원화를 사면 통화량이 감소
12) 브레튼우즈체제의 고정환율제도에서는 외환보유액이 바닥날 듯하면 고정환율수준을 인상시키는 평가절하를 예외적으로 허용
13) 1973년 만성적인 국제수지 적자를 겪었던 미국은 보유하던 금의 절반을 팔고 달러를 환수했으나 달러가치를 유지할 수 없어 평가절하와 고정환율제도의 종언을 선언해 브레튼우즈체제는 붕괴됨

(3) 균형환율

① 자본자유화가 이루어지지 않은 경우에는 경상거래가 대부분이므로 균형환율수준에서는 경상수지가 균형

② 자본자유화가 이루어진 경우에는 자본거래도 이루어지므로 균형환율수준에서는 종합수지가 균형

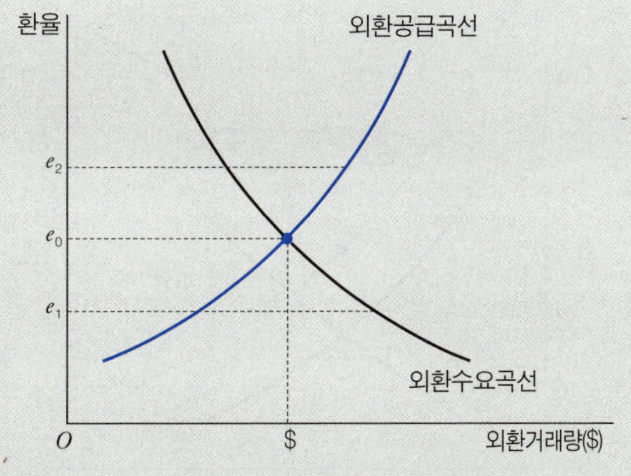

3. 환율의 변동

(1) 국내 물가변동 (해외 물가변동)

① P↑ → 수출품 가격 상승 → 수출 감소 → 외환공급 감소 → 외환공급곡선 좌측
② P↑ → 수입품 가격 하락 → 수입 증가 → 외환수요 증가 → 외환수요곡선 우측
③ 국내물가와 환율은 같은 방향으로 이동
④ 외환거래량의 변동방향은 미리 알 수 없음

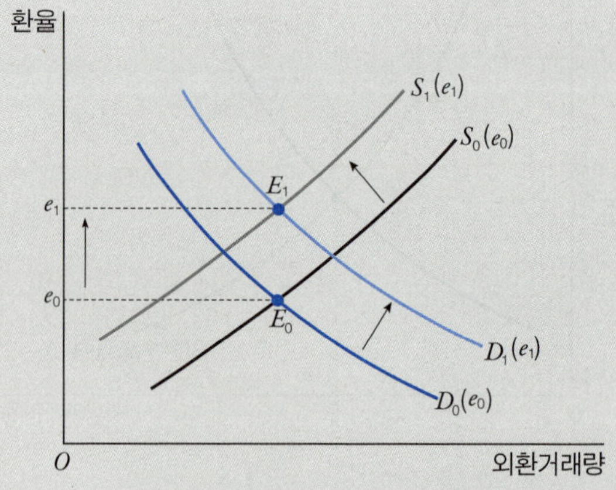

$P=P_f \times e$ → $e = \dfrac{P}{P_f} = \dfrac{1/P_f}{1/P}$

⑤ 환율상승률(=원화절하율)은 국내물가상승률과 해외물가상승률의 차이

$P=P_f \times e$ → $\dfrac{\Delta P}{P} = \dfrac{\Delta P_f}{P_f} + \dfrac{\Delta e}{e}$

(2) 국내외 경기

경기 호황 → 총소득 증가 → 수입 증가 → 외환수요 우측이동 → 환율 인상

(3) 이자율

① r↑ → 소비와 투자 감소 → 수입 감소 → 외환수요 감소 → 외환수요곡선 좌측

② r↑ → 자본 유입 → 자본수지 개선 → 외환공급 증가 → 외환공급곡선 우측

③ 세계이자율이 하락하면 국내이자율이 상승한 것과 같은 효과

(4) 통화정책과 재정정책

① 확대통화정책 → r↓ → e↑

② 확대재정정책 → r ↑ → e↓

→ P↑, Y↑ → e↑ (단기에는 이자율효과가 더 큼)

(5) 예상

① 예상의 자기충족적(self-fulfilling) 현상

② e_e↑ → 수출은 늦추고, 수입은 당기는(leads and lags) 현상이 일어나 → 외환공급 감소, 외환수요 증가 → e↑

4. 환율결정이론

※ 환율결정이론은 외환에 대한 수요와 공급이 어떤 변수에 의해서 영향을 받으며 그런 변수들 사이에 어떤 관계가 있는지를 설명하는 이론

- (1960~1970년대) 국제적 자본이동이 직접적으로 통제되어 국제수지는 경상수지에 더 큰 영향
- (1973~1970년대 말) 브레튼우즈체제는 붕괴되었으나, 경상수지의 변화가 큰 영향
- (1980년대) 국제 간 자본이동이 활발해지면서 규모도 증가해 자본수지 역할이 더 커짐

※ 구매력평가설은 경상수지를 중시하고, 이자율평가설은 자본수지에 초점

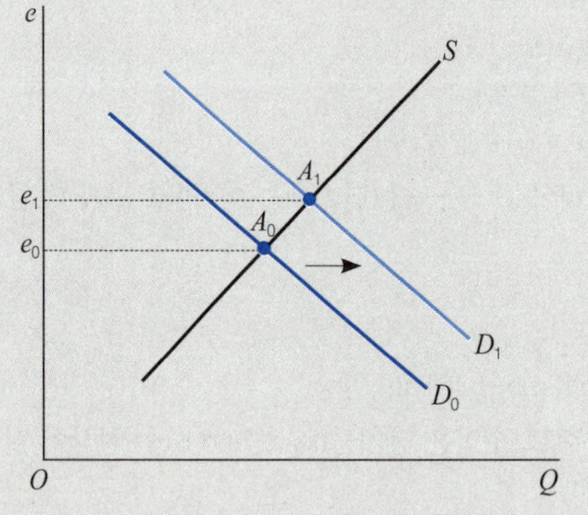

(1) 구매력평가설(***PPP*** theory)

① 구매력평가설(Purchasing Power Parity theory)이란 환율이 화폐의 구매력인 물가수준의 비율에 의해서 결정된다는 이론

② 일물일가의 법칙(law of one price)을 전제

: 교역이 자유로운 상황에서 동일한 재화의 시장가격은 유일하다는 것

예 사과가 개당 한국에서는 1,500원에 거래되고, 미국에서는 개당 2달러에 거래되는 경우, 1,500원=2달러로 1달러의 원화가격은 1,500(원)/2(달러)=750(원)/1(달러)

③ 실제로는 개별재화의 가격이 아닌 일반적인 물가수준을 이용해 환율은 물가수준의 비율로 나타냄

$$e = \frac{P}{P_f}$$

④ 해외가격이 P_f인 외국사과를 수입하면 국내에서 eP_f의 가격으로 팔게 되는데, 수입재의 국내가격은 국산품 가격과 같아져 차익거래에 의한 수익은 0이 됨

⑤ (실제환율 > 균형환율) $eP_f > P$가 되어 수입은 줄고, 수출은 증가 (경상수지 흑자) → 환율 하락

⑥ 물가상승은 화폐가치의 하락으로 환율의 변화율은 국내 인플레이션율과 외국 인플레이션의 차이와 일치

$$\frac{\Delta P}{P} - \frac{\Delta P_f}{P_f} = \frac{\Delta e}{e}$$

⑦ (한계)

- 관세 등 무역장벽으로 자유로운 교역 제한
- 이질적 상품
- 비교역재(서비스)의 존재

⑧ (의의) 무역장벽이 낮고, 거래비용이 낮은 선진국들 사이에는 구매력평가설이 장기적으로 잘 적용

(2) 이자율평가설(*IRP* theory)

① 이자율평가설(Interest Rate Parity theory)은 국가 간 자본이동에 아무런 제약이 없는 경우에 환율은 두 나라의 이자율 차이에 의해 결정된다는 것

② (전제조건) 국가 간 자본이동이 자유로워 정부개입도 없고, 거래비용도 없는 상황 (하나의 금융시장처럼 단일화된 경우)

③ (차익거래 불가능) 투자자는 국내통화를 국내에 투자하든 달러로 미국에 투자하든 수익률은 같아야 한다는 것

- (1원을 국내에 투자) 다음 기에 $(1+r)$원 받음
- (1원을 미국에 투자) 1원을 달러로 환전하면 $\frac{1}{e_t}$을 받고, 이를 미국에 투자하면 다음 기에 $\frac{1}{e_t}(1+R_f)$ 달러를 받음 → 이를 다음 기의 예상환율로 환전하면 $\frac{e^e_{t+1}}{e_t}(1+r_f)$ 원을 받게 됨
- (수익률 동일) 1원을 국내에 투자하든 미국에 투자하든 수익률은 같음[14)]

$$(1+r) = \frac{e^e_{t+1}}{e_t}(1+r_f)$$

④ (의미) 국가 간 자본이동에서 이자율 차이뿐만 아니라 환율변동이 매우 중요하다는 의미

→ $r > r_f$ 일지라도 항상 해외자본이 국내로 유입되는 것은 아님[15)]

→ 환율변동을 감안한 $\left(r - \frac{\Delta e^e}{e}\right) > r_f$ 인 경우에만 자본이 유입

⑤ 이자율평가설과 환율과 이자율의 관계

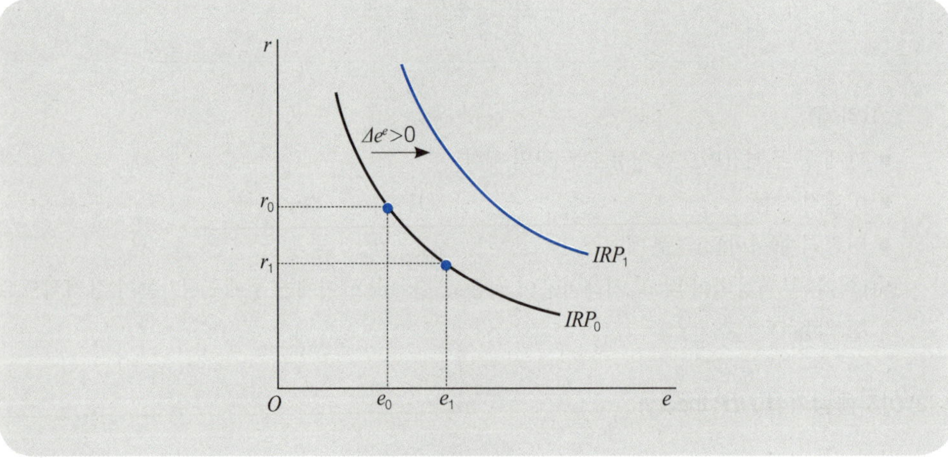

- 주어진 예상환율과 국제이자율하에서 환율과 이자율은 음(−)의 상관관계
- 주어진 예상환율(e^e_{t+1})의 상승은 *IRP*곡선을 우측이동

⑥ (적용) 이자율평가설이 현실에 부합하는 정도는 국가 간 자본이동이 얼마나 자유로운가와 금융자산이 얼마나 동질적인가에 따라 달라짐

14) $\frac{e^{t+1}}{e_t} = 1 + \frac{\Delta e}{e}$가 되어 $(1+r) = \left(1 + \frac{\Delta e}{e}\right)(1+r_f) = 1 + r_f + \frac{\Delta e}{e} + \frac{\Delta e}{e} r_f$가 되고, $\frac{\Delta e}{e} r_f$는 무시가능

15) 국내명목이자율이 해외명목이자율보다 높더라도 환율이 크게 상승하면 국내 투자수익을 달러로 교환하는 과정에서 큰 손해를 볼 수 있음

참고 이자율평가설과 오버슈팅 이론

① 환율의 오버슈팅(overshooting) 이론이란 환율이 단기적으로 구매력평가설의 예측보다 훨씬 더 급격하게 반응한다는 것을 말함

② (모형 가정) 단기에는 물가수준이 경직적이므로, 장기적으로는 구매력평가설이 성립함
이때, 투자자들은 합리적으로 기대하고, 이자율평가설이 성립

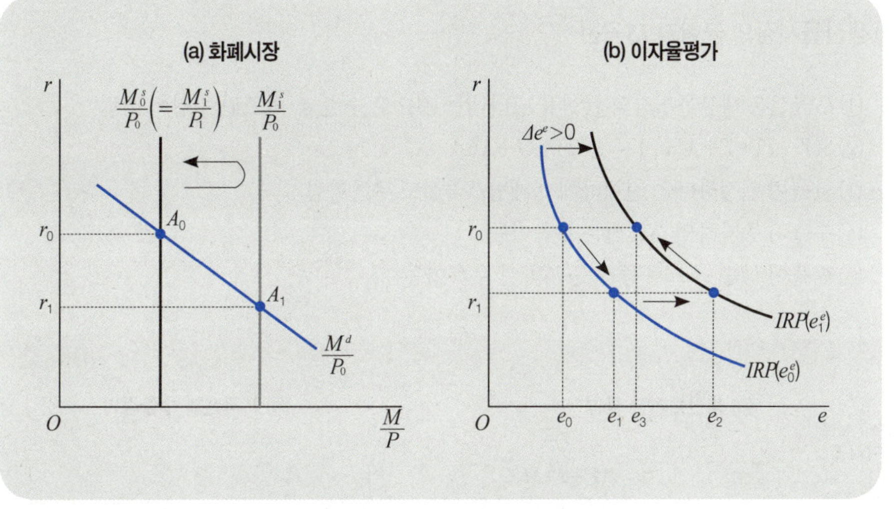

③ (설명) A_0에서 통화량 증가 → 이자율 하락(A_1) → 기대환율이 주어진 경우(e_0^e) 환율 상승($e_0 \rightarrow e_1$) → 합리적 기대 투자자는 미래 예상물가수준 상승 → 구매력평가설에 따라서 기대환율 상승($e_0^e \rightarrow e_1^e$) → IRP 우측이동 → 장기적 물가상승해 실질화폐공급 이전수준 회복($\frac{M_1^S}{P_1}=\frac{M_0^S}{P_0}$) → 이자율 원래수준 회복되어 장기균형환율은 e_3

④ 기대환율 변화가 반영된 단기환율수준인 e_2는 물가수준의 조정을 거친 장기환율수준인 e_3보다 높다는 점에서 환율의 오버슈팅이 발생한 것임

⑤ (의의) 환율이 장기균형 환율수준에서 얼마나 이탈하는지, 얼마나 빨리 균형으로 되돌아오는지는 경제주체들의 기대형성 방식과 가격경직성의 정도에 따라서 달라짐

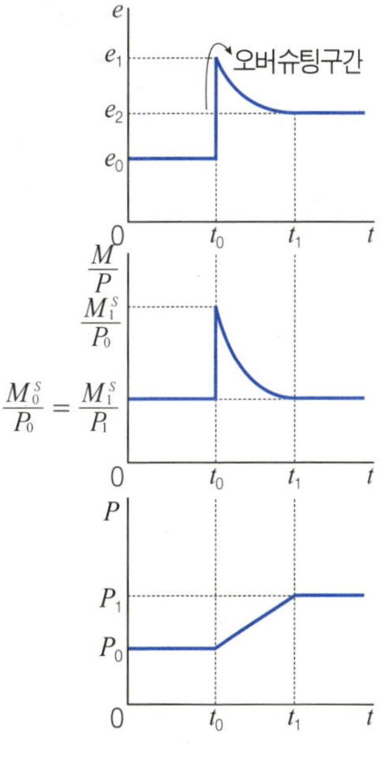

3 개방경제와 경제정책의 효과

※ 유량접근 모형에 속하는 먼델-플레밍 모형을 약간 변형하여 안정화정책 효과 분석 → 개방 $IS-LM$ 모형

1. 개방 $IS-LM$ 모형

(1) 생산물시장의 균형과 IS곡선

① IS곡선은 생산물시장의 균형을 나타내는 것으로 누출 = 의도된 주입이 성립

② $S(Y-T)+T+M(e, Y)=I^D(r)+G+X(e)$

③ 환율이 일정하다는 전제하에서 개방IS곡선도 우하향함

④ 수출이 증가하면 IS곡선은 우측이동

⑤ 환율이 상승 → 수출증가 → IS곡선 우측이동

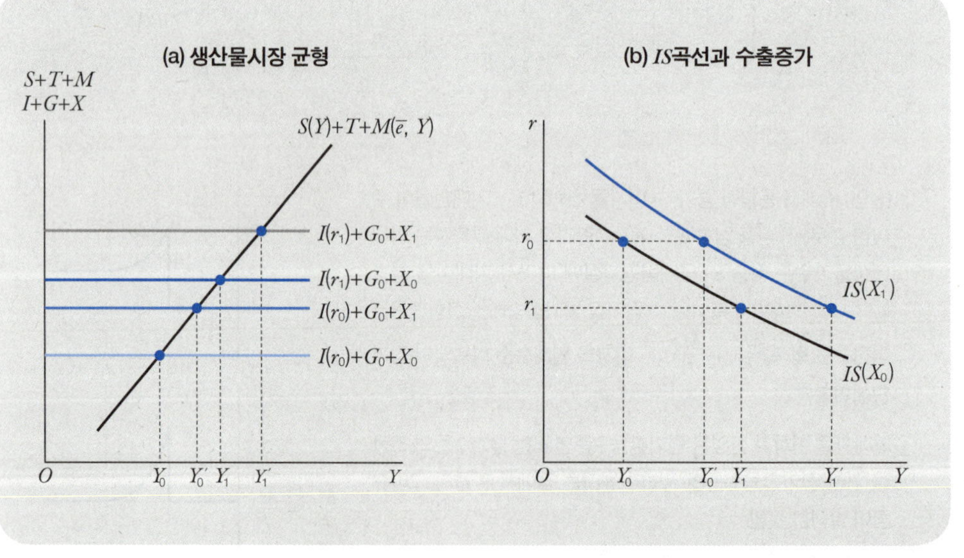

(2) 화폐시장의 균형과 *LM*곡선

① 개방경제의 화폐시장균형은 폐쇄경제의 경우와 동일

② $M^S=M_0=P\cdot L(Y, r)$

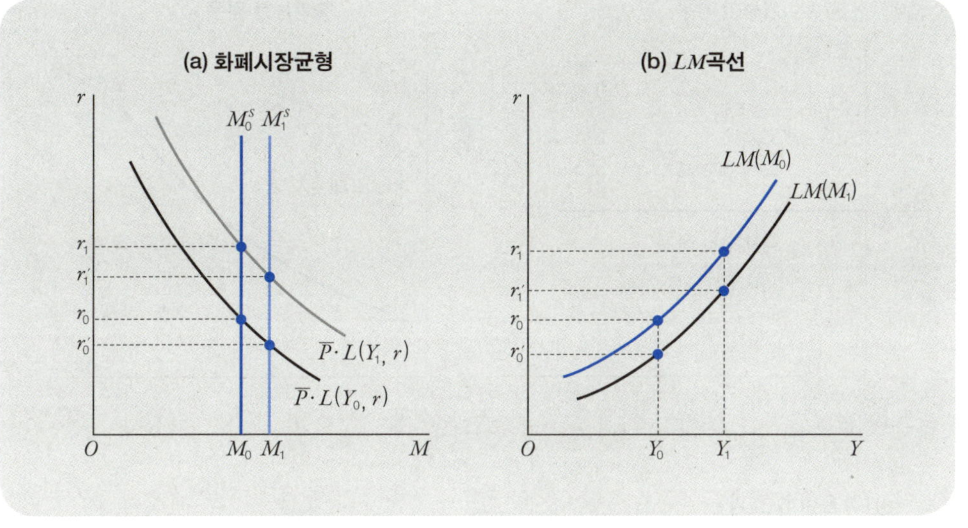

(3) 대외균형과 *BP*곡선

① 경상수지 + 자본수지 = 0

② 경상수지 : $X-M=X(e)-M(e, Y)=NX(e, Y)$

자본수지 : $F=F(r, r_f)$

$$BP=NX(e, Y)+F(r, r_f)=0$$ [16)]

③ 환율상승 → 수출 증가, 수입 감소 → 경상수지 증가

④ 국민소득 증가 → 수입 증가 → 경상수지 감소

⑤ $r\uparrow, r_f\downarrow$ → 자본유입 증가, 자본유출 감소 → 자본수지 증가

⑥ 대외균형을 나타내는 식을 *BP*곡선이라고 함

16) 대외균형식으로 항등식이 아니라 균형식이므로 균형값에서만 등식으로 성립하게 되는 균형조건식임

⑦ 자본의 완전이동이 가능한 경우에는 BP곡선이 수평선[17]이고, 완전이동이 어느정도 불가능한 경우 BP곡선은 우상향[18]하는 형태를 지님

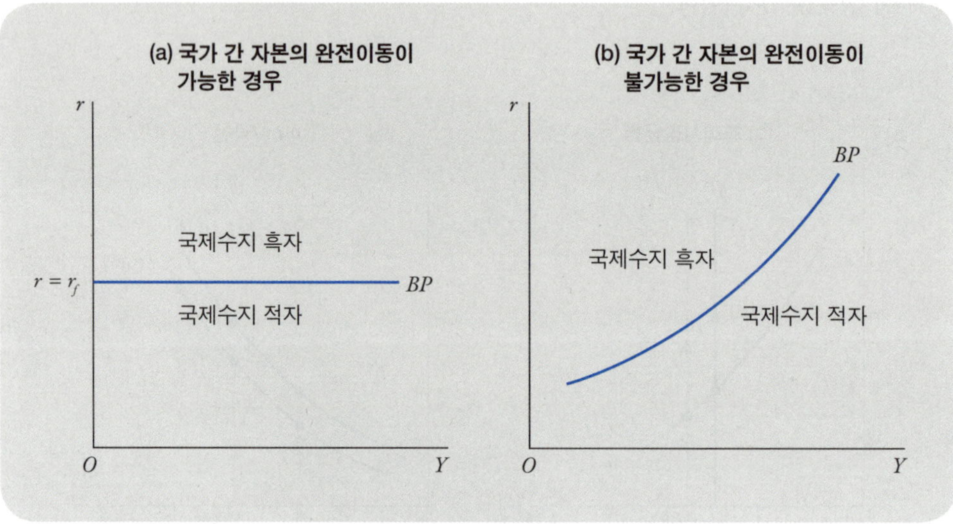

⑧ (환율변화 효과)

국제수지 균형상태 → 환율인상 → 수출증가, 수입감소 → 국제수지 흑자 → 국민소득증가로 국제수지 균형 조정 → BP 우측이동

17) $r = r_f$가 약간이라도 다른 경우에 즉각적으로 금리차익을 노리는 대량의 자본거래가 발생하여 $r = r_f$ 수준에서 수평이 되고 항상 일치하게 됨

18) 국제수지가 균형상태에서 국민소득의 증가는 수입증가로 인해 국제수지 적자가 됨. 이때 국제수지 균형을 회복하기 위해서는 자본수지가 증가해야 하는데 바로 이자율 상승으로 조정하게 됨

(4) *IS*−*LM*−*BP*곡선의 이동

① $e \updownarrow \rightarrow \overline{LM}, IS \updownarrow, BP \updownarrow$

② 외자도입 촉진 → 국제수지 직접 개선 → *BP*우측이동, $\overline{IS}$

환율	*IS*곡선	*LM*곡선	*BP*곡선
상승	우측이동	불변	우측이동
하락	좌측이동	불변	좌측이동

(5) 개방경제의 대내균형과 대외균형

① 대내균형은 생산물시장과 화폐시장이 동시에 균형을 이루는 것을 의미

② 대외균형은 국제수지균형을 의미

③ 결국 *IS*−*LM*−*BP*가 만나는 점에서는 대내균형과 대외균형이 동시에 달성

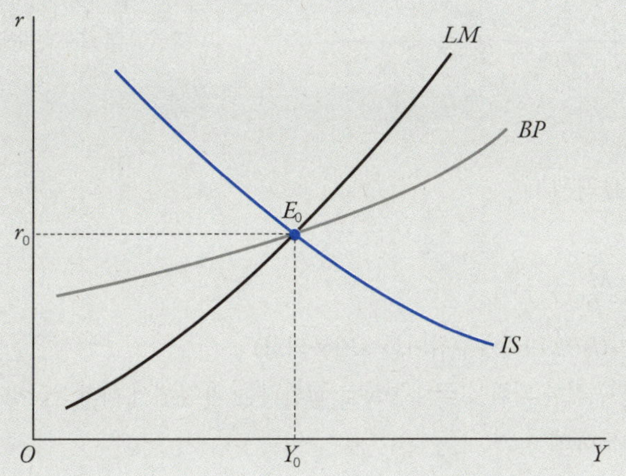

보론 2 개방경제의 생산물시장과 화폐시장의 균형

1. 개방경제의 *IS*곡선

■ $Y = C(Y-T) + I(r) + G + X\left(Y^f, \frac{eP^f}{P}\right) - M\left(Y, \frac{eP^f}{P}\right)$

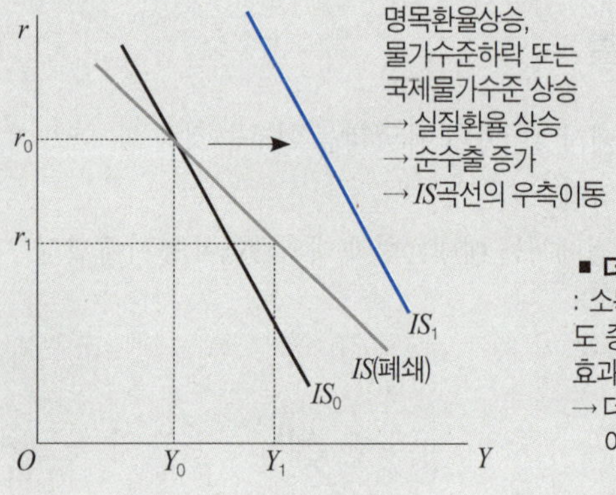

■ **더 가파른 기울기**
: 소득이 증가하면 외국에서 수입도 증가하여 국내의 총수요증가분 효과가 감소
→ 더 많은 투자증대가 요구되어 이자율이 더 크게 하락해야 함

2. 개방경제의 *LM*곡선

■ $\frac{M^s(BP)}{P} = \frac{M^d}{P}(Y, r)$

: 국제수지 흑자($BP>0$) → (수취외화 > 지불외화)

→ 내국인들이 수취한 외화를 국내통화로 교환하는 과정에서 화폐공급량이 증가

■ 변동환율제도하에서

: 환율에 의해서 외환의 수요와 공급이 항상 일치해

→ 외환매입 시 감소하는 국내통화량과 외환매도 시 증가하는 국내통화량이 항상 일치
(국내통화량은 국제수지 불균형에 영향을 받지 않음)

→∴ 개방경제 *LM*곡선 = 폐쇄경제하의 *LM*곡선

■ 고정환율제도하에서

: 화폐공급은 국제수지 불균형에 영향을 받음

국제수지 흑자($BP>0$) → 중앙은행의 자국통화 매도, 외화 매입 → 통화량 증가 → LM 우측이동

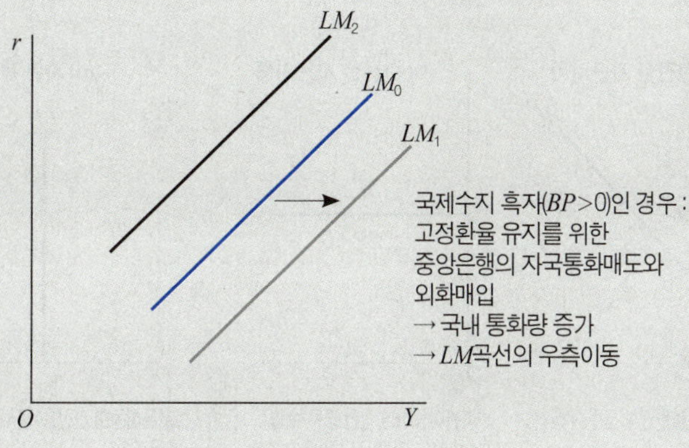

보론 3 국제수지 균형 : *BP*곡선

$$F = F(r - r^f)$$
$$BP = X\left(Y^f, \frac{eP^f}{P}\right) - M\left(Y, \frac{eP^f}{P}\right) + F(r - r^f)$$

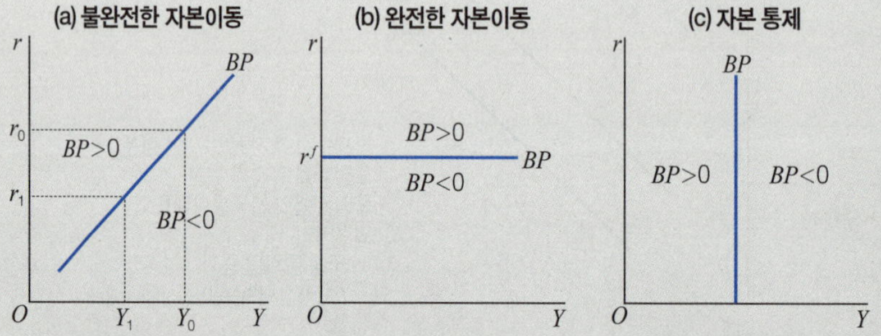

자본이동이 불완전한 경우-우상향 : 소득의 증가
수입증가에 따른 경상수지의 악화 자본수지의 호전에 의해 국내수지 균형을 회복하기 위해 국내이자율이 상승해야 한다.

자본이동이 완전한 경우-수평
: 국내와 국제이자율이 일치할 때 국제수지균형
주어진 국제이자율(r^f)수준에서 수평

자본이동이 완전통제된 경우-수직선
: 국제수지 = 경상수지이므로 이자율에 영향을 받지 않는다. 따라서 *BP*곡선은 이자율에 관계없이 경상수지를 0으로 만드는 소득수준에서 수직이다.

〈IS〉 $Y = C(Y-T) + I(r) + G + X\left(Y_f, \frac{eP^f}{P}\right) - M\left(Y, \frac{eP^f}{P}\right)$

〈LM〉 $\frac{M^s(BP)}{P} = \frac{M^d}{P}(Y, r)$

〈BP〉 $BP = X\left(Y_f, \frac{eP_f}{P}\right) - M\left(Y, \frac{eP_f}{P}\right) + F(r - r^f)$

4 환율제도와 대외정책

1. 변동환율제도

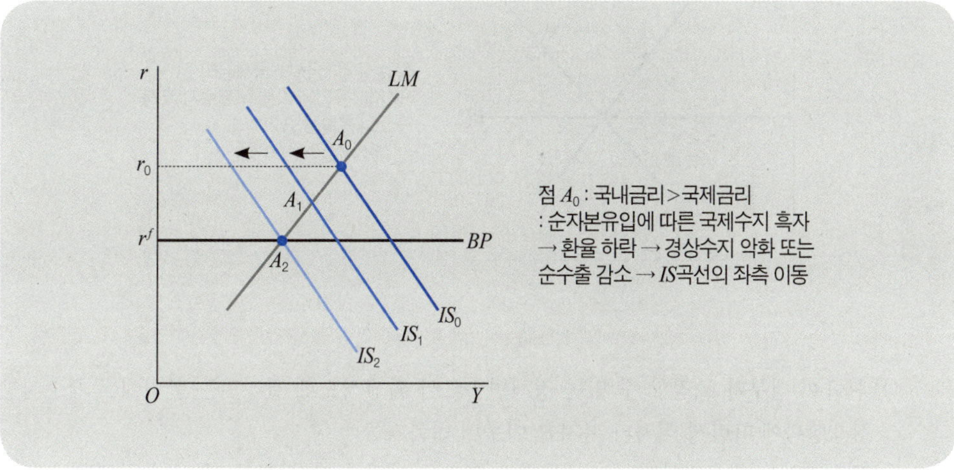

■ 변동에서는 환율이 내생적으로 결정되어 국제수지는 항상 균형을 이루어 $BP=0$의 수준에서 변하지 않음

→ 해외부문이 국내통화량에 영향×

→ 환율이 순수출에 영향을 미쳐 *IS*곡선이 내생적으로 변화함

2. 고정환율제도

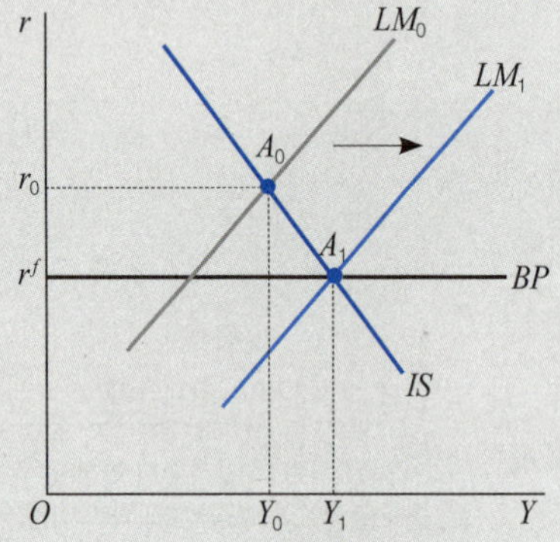

점 A_0 : 국내금리>국제금리
: 순자본유입에 따른 국제수지 흑자
→ 국내통화량 증가
→ LM곡선의 우측이동

① 환율이 정부가 조정할 수 있는 정책변수로서 외생적으로 결정되는 반면에 국제수지는 경제상황에 따라서 적자나 흑자를 이루며 변화가능

② 변동에서는 환율변화만이 대내균형에 영향을 미치나 고정에서는 환율과 국제수지가 모두 대내균형조정에 영향을 미침

자본통제가 존재할 때 고정환율제도

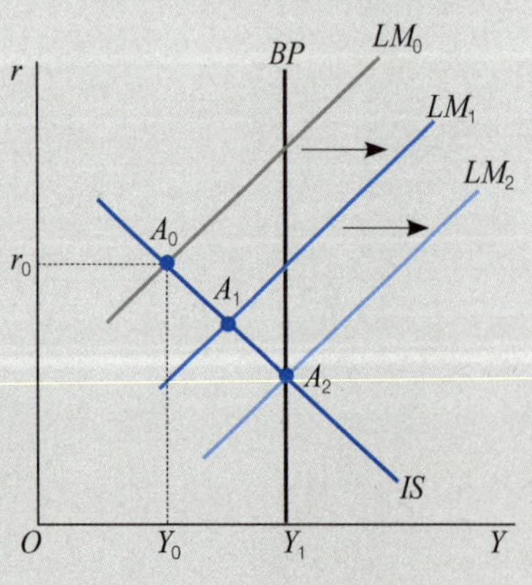

국제수지 흑자(자본통제하에서)
: 국내 통화량의 증가
→ LM곡선의 우측 이동

- $BP = X\left(Y^f, \frac{eP^f}{P}\right) - M\left(Y, \frac{eP^f}{P}\right)$

: 소득(Y)에만 의존, r은 ×

5 개방경제의 거시경제정책

1. 변동환율제도

(1) 재정정책

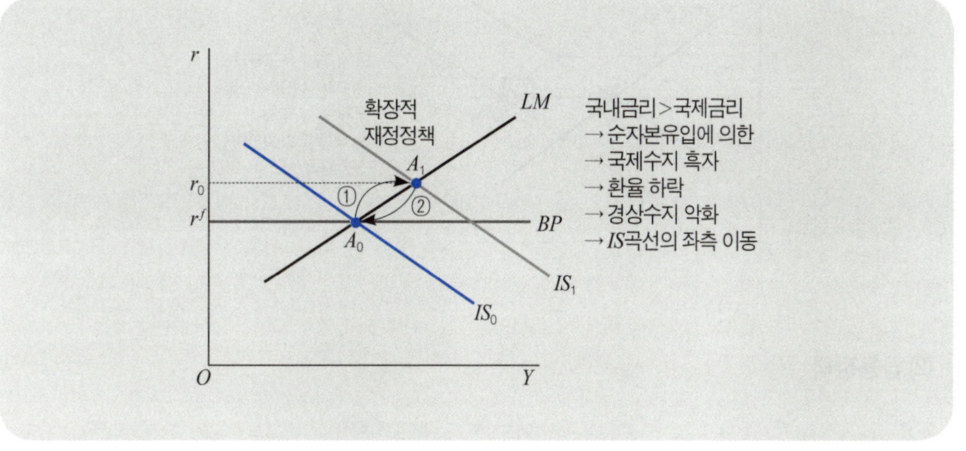

(2) 금융정책

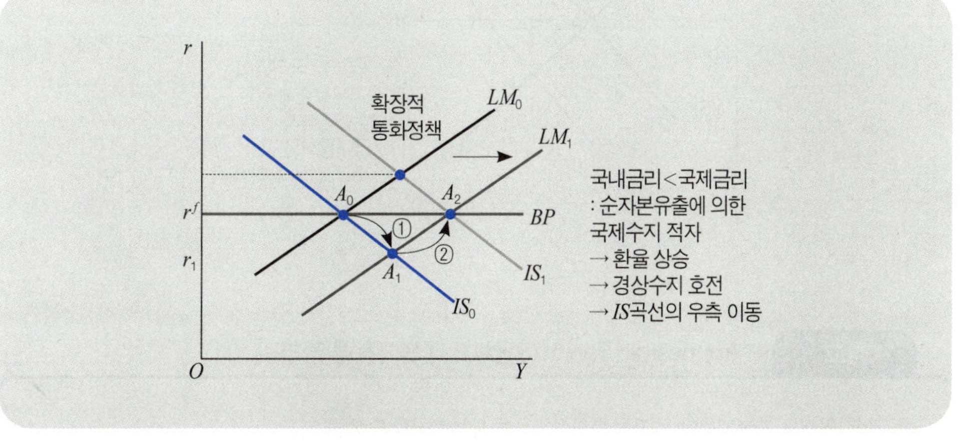

2. 고정환율제도

(1) 재정정책

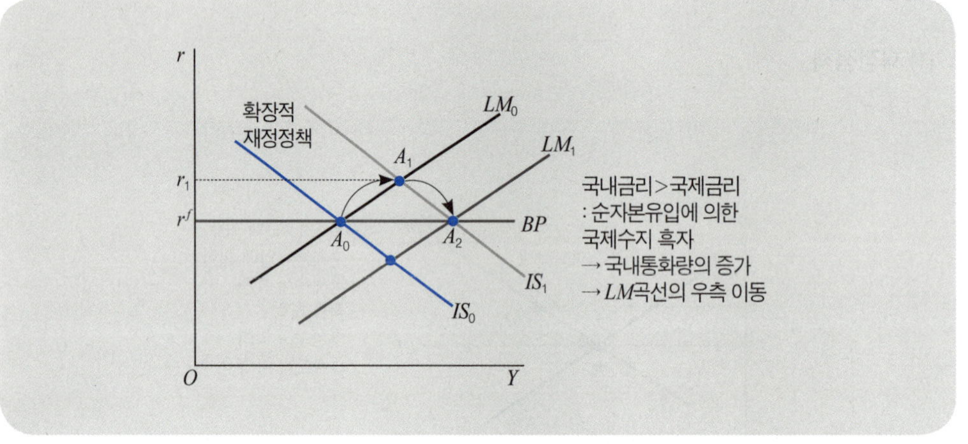

(2) 금융정책

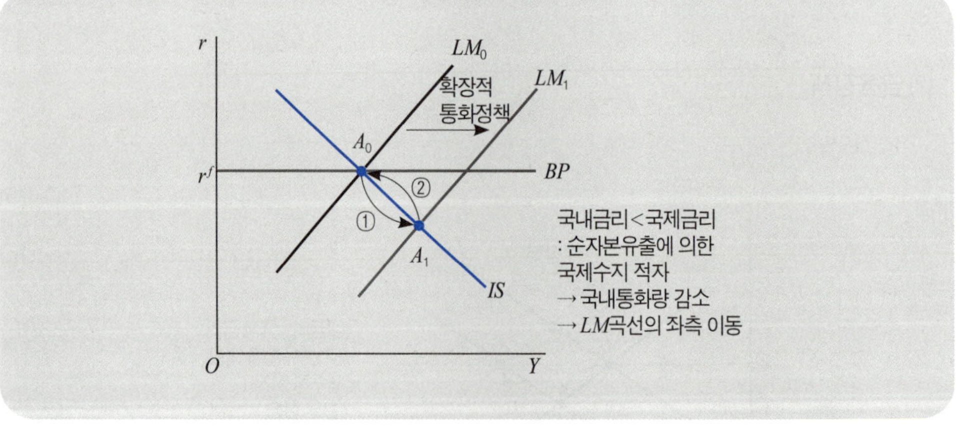

참고 **Impossible Trinity (3원체제의 불가능성 정리)**

① 고정환율제도, 자본자유화, 독자적 통화정책을 동시에 추구할 수 없음
② 1930년대 이전 금본위제도는 고정환율제도 → 독자적인 통화정책을 포기
③ 브레튼우즈체제의 고정환율제도 → 독자적 통화정책 인정 but, 자유로운 자본이동 제약
④ 오늘날 → 자본이동 통제 불가능 ∴ 고정환율제도 혹은 독자적 통화정책 하나 포기해야

(3) 환율정책

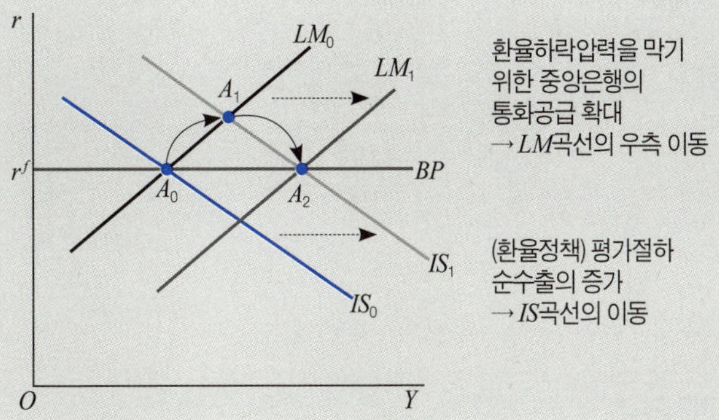

참고 **국가신용등급과 *CDS* 프리미엄**

(1) 국가신용등급

① 최근 글로벌 금융위기와 유럽국가 재정위기를 겪는 과정에서 국가신용등급과 *CDS*프리미엄이 주요 이슈로 부각 (∵거시경제 및 금융상황의 안정성을 나타내는 지표)

② 국가신용등급은 한 나라의 채무상환능력이 어느 정도인지를 나타내는 지표로 경제적 요인(경제성장률, 재정건전성, 외환보유액 등)과 정치적 요인 등을 종합적으로 평가해서 결정

③ 세계 3대 신용평가회사인 무디스(Moody's), 스탠더드 앤 푸어스(Standard & Poor's), 피치(Fitch)에 의해 주로 이루어짐

(2) 신용파산스왑(Credit Default Swap : *CDS*)

① 금융채권의 부도위험을 사고파는 금융파생상품

② 어떤 채권을 구매한 사람이 그 채권이 부도가 날 때 채권원금을 보장받기 위해서 일종의 수수료(보험금)을 지급하고, 채무불이행이 발생했을 때 약정한 채권원금(보험금)을 보장받는 보험증권

③ 이때 원금보장을 위해서 지불해야 하는 수수료를 *CDS*프리미엄이라고 함

④ 부도 위험이 높아질수록 프리미엄도 그만큼 높아짐

⑤ 국가의 채무불이행 위험이 높아지면 국가가 발행하는 채권의 *CDS*프리미엄도 상승

⑥ 우리나라의 경우는 달러표시금액으로 외국에서 발행하는 외국환평형기금채권(외평채)의 *CDS*프리미엄으로 가늠

제 17 장

거시경제학의 발전

1 시대배경과 거시경제학의 발전과정

1. 산업혁명~20세기 초 : 저물가·저실업 시대

① 역사적으로 나폴레옹 전쟁 이후 19세기 말에 걸친 80여 년간 영국의 물가상승은 50%에 미치지 못했고, 실업률도 매우 낮았음

② 경제이론도 실업과 인플레이션을 경시

③ (고전학파) 경제 전체에 걸친 장기적인 실업은 존재하지 않고, 비록 일시적인 실업이 발생해도 노동시장에서 임금의 조정으로 쉽게 해소된다고 봄

④ (화폐수량설) 인플레이션의 원인은 과다한 화폐의 공급이라고 보고 적당한 수준으로 유지하는 것이 중요하다고 봄

2. 1920년대 말~1960년대 : 실업과 인플레이션의 시대

(1) 케인즈의 등장

① (케인즈)는 임금의 하방경직성이 존재하므로 장기적인 침체가 가능하다고 봄

② 자본주의는 경제가 고도로 발전할수록 저축성향이 증가하는 경향이 있고, 소비가 감소하고, 투자의 한계효율은 낮아지고 유동성은 과다해 이자율이 너무 높아 투자가 이루어지지 않고, 그 결과 만성적인 총수요의 부족으로 경기침체 발생

③ (대책) 정부는 자유방임을 포기하고, 능동적으로 경제에 개입해야 함 (재정정책이 특히 유효)

④ 실업과 인플레이션의 문제는 노동시장이나 화폐공급의 분석만으로는 이해할 수 없고, 경제 내의 여러 가지 집계변수(총수요, 총공급, *GDP*, 이자율 등)와 실업 및 인플레이션 간의 관계를 종합적으로 분석해야 비로소 처방책이 나온다고 봄

(2) 논쟁의 합의와 신고전학파 종합

① (합의1) 케인즈의 일반이론은 고전학파의 균형이론에 임금의 경직성 등 제한적인 추가 가정을 더한 특수이론에 불과

② 케인즈의 특수이론은 현실 경제의 정책적 측면에서 고전학파 이론보다 유용

③ (신고전학파 종합) 새뮤얼슨은 신고전학파종합(Neoclassical Synthesis)이라고 칭하고, 케인즈적 재정·화폐금융정책을 통해 경제가 일단 완전고용으로 돌아오면 고전학파의 가격분석은 정당성을 갖게 된다고 함

3. 1970년대~1980년대 초 : 고인플레이션 시대

(1) 스태그플레이션 등장

1970년대 스태그플레이션으로 인플레이션이 빠르게 진행되기 시작

(2) 통화주의자들 대세

① 프리드먼, 브루너, 멜처, 케이건 등

② (신화폐수량설) 인플레이션의 원인이 방만한 화폐발행이라고 보고 통화량의 중요성을 강조

→ 화폐공급은 실질국민소득의 성장률을 기준으로 일정비율만큼 증가시키면 된다고 주장

③ (자연실업률) 확장적 총수요관리정책은 단기적으로 실업문제에 도움이 될지 모르지만, 장기적으로는 인플레이션의 가속화를 가져와 경제에 교란을 줄 뿐이라고 함

→ 자연실업률하에서는 비자발적 실업이 존재하지 않아서 정부가 간섭할 하등의 이유가 없음

(3) 새고전학파 등장

① 루카스, 사전트 (급진적 통화론자라고도 함)

② (정책무력성 명제, policy ineffectiveness proposition)
정부의 경제안정화정책은 사람들의 이용가능한 정보에 기반을 둔 합리적인 예상과 시장의 즉각적인 청산과정을 통해 (단기적)으로도 실물변수에는 아무런 정책효과를 나타내지 못한다고 함

③ (체계적인 오류 범하지 않음)
총수요진작을 위한 정부의 조세감면조치는 경제주체들이 합리적으로 예상하면, 언젠가는 재정수지 보전을 위해서 조세를 거둘 것이므로 실질적으로는 가처분소득에 변화가 없다는 것을 의미

(4) 새케인즈학파의 반박

① 개별경제주체가 합리적으로 기대를 형성한다고 해도, 명목임금이 하방경직적이면 정책무력성 명제는 성립하지 않는다고 봄

→ 정책무력성 명제의 핵심은 가격신축성(시장의 즉각 청산)때문이지 합리적 기대가 아니라고 주장

② (새케인즈학파) 맨큐, 볼 등은 가격변수의 경직성을 합리적인 근거하에서 이론적인 설명을 시도

③ (실증 사례) 1980년대 초반 *FRB*는 긴축적 통화정책의 시행을 공표한 후에 실제로 긴축통화정책을 집행했는데, (새고전학파 주장이 맞다면) 사람들은 명목임금을 낮추고 가격을 하향조정해 산출이나 고용감소 없이 인플레이션만 제거가능해야 함

but, 현실은 10%에 달하는 실업률 증가

(5) 새신고전학파 종합

① 합리적 기대를 도입하면서도 시장청산을 부정하고, 거시경제정책의 유효성을 인정한다는 측면에서 케인즈적 사고를 계승

② 로버트 킹

4. 1980년대 중반~2007년 : 대완화의 시대

(1) 대완화 시대 도래

① 1980년 중반부터 2008년까지 20여 년간 대완화의 시대(The Great Moderation) 또는 대안정기라고 함 (국내총생산과 물가의 변동성이 현저히 감소)

② (원인)

- 정부의 정책대응능력 향상
- 유가 등 원자재 가격의 안정
- 행운적 요소

(2) 경제성장에 관심

① 내생적 성장이론 등장

② 산업혁명 이후 국가 간 생활수준의 '대격차(Great Divergence)' 문제에 관심

5. 2008년 글로벌 금융위기 이후 : 대침체의 시대

① 2008년 9월 리만브라더스의 파산으로 '대침체의 시대(The Great Recession)'로 돌변

② 새고전학파와 새케인즈학파가 개발해 온 정교한 수학적 모형의 기본가정과 복잡한 현실문제 간의 괴리가 크다는 것이 지적

③ (민스키 재조명) 금융불안에 관련해 거시경제학을 새로운 시각에서 바라보는 오스트리아학파의 거시경제학과 민스키의 금융불안정성 가설(financial instability hypothesis)이 재조명

④ (행태경제학) 합리적 경제행위의 기본가정을 파괴

2 거시경제학의 최신 이슈

※ 2008년 서브프라임 모기지 부실로 베어 스턴스(Bears Sterns), 리만 브라더스(Lehman Brothers), 메릴 린치(Merrill Lynch) 등 대형 투자은행이 파산하고, 최대보험회사인 AIG는 파산 직전까지 감

1. 글로벌 금융위기

(1) 저금리 정책기조

① 2001년 경기침체 이후 너무 오랜 기간 동안 저금리를 이용한 확장적 정책기조

② (2002~2003년) 연준금리를 1% 포인트 인하된 수준에서 1년간 동결 계속
(2004~2006년) 인플레이션을 막고자 통화긴축을 실시하려 했으나 이미 늦어버림

③ 이미 주택가격에 거품이 형성되었고, 주택담보대출의 이자부담만 증가해 서브프라임 모기지 부실을 야기

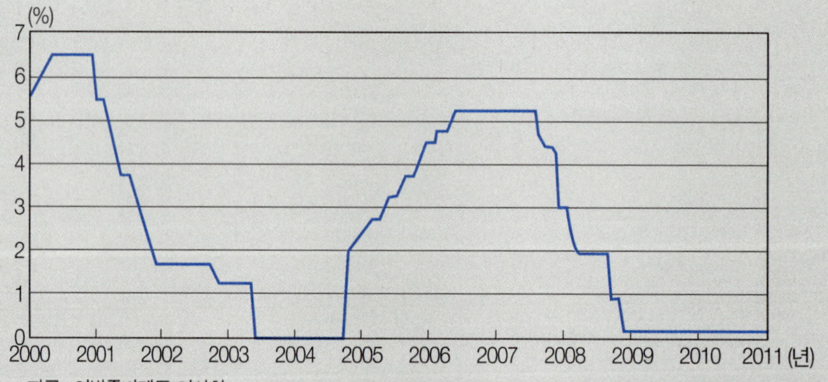

자료 : 연방준비제도 이사회
출처 : Datastream

(2) 세계경제 불균형(global imbalance)

① 미국은 막대한 경상수지 적자를 보이고, 중국 등 아시아 국가들은 경상수지 흑자를 유지

② (미국의 과다소비론) 미국의 재정적자 증가 + 낮은 저축, 과소비

→ (공공부문) 부시 행정부는 경기부양을 위해 적극적인 감세정책을 써왔고, 이라크 전쟁 등 군사비 지출이 크게 늘었으며, 베이비붐 세대의 은퇴와 인구고령화로 인한 사회보장비 지출도 많았음

→ (민간부문) 과소비로 소득보다 많은 지출을 해외에서 수입

③ (과다저축론) 동아시아 국가들과 산유국들이 대미 경상수지 흑자로 벌어들인 돈을 미국에 재투자

④ (달러 리사이클링) 세계 각국의 중앙은행이 외환보유고를 달러로 보유하면서 미국으로 자본이 다시 유입

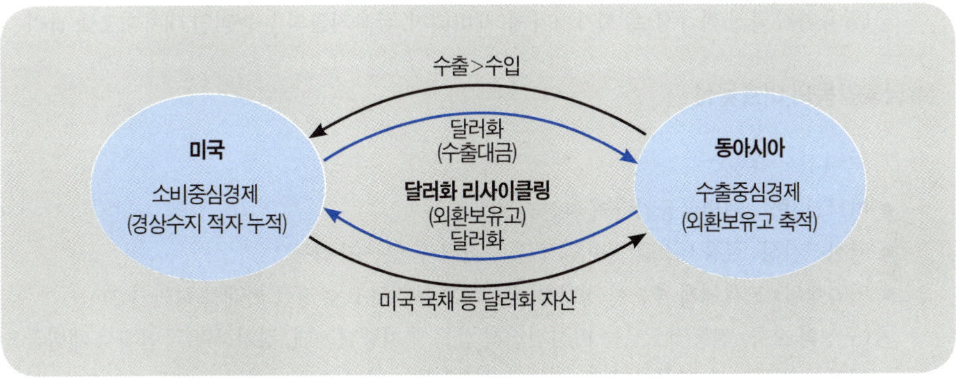

⑤ 2008년 금융위기 이후에 글로벌 임밸런스는 완화되는 양상

- (중국 등 흑자국 주장) 구조적 변화(내수확대, 환율절상)로 세계경제는 균형성장경로로 이행 중
- (미국 등 적자국 주장) 추가적인 구조개혁 노력이 더 지속되어야 (→ 미국, 유로 경기의 침체와 중국의 수입집약적인 투자의 확대에 기인)

(3) 금융기관 레버리지의 경기순응성

① (금융기관 위험정도 측정지표) 레버리지(leverage)는 총자산/총자본으로 금융기관이 보유한 자기자본에 비해 부채를 얼마나 보유하고 있는가를 의미

② (레버리지의 경기순응성) 투자은행과 상업은행의 레버리지는 경기변동에 따라 자산가격 변동과 양(+)의 관계로 움직임

③ (자산가격 상승에 대한 비대칭 대응) 자산가격이 상승할 때 레버리지가 하락하는데, 가계와 기업은 이를 조정하지 않지만, 은행은 원래 수준으로 상향조정하려고 함

④ (피드백 메커니즘) 금융기관의 적극적인 대차대조표 조정은 호황기에는 자산가격 상승을 가속화시키고, 불황기에는 자산의 추가적인 매도로 자산가격 하락을 가속화

예 총자산(100)=자본(20)+부채(80)에서 레버리지는 5인데, 자산가격이 상승하면 총자산(105)=자본(25)+부채(80)으로 레버리지는 4.2가 되고, 레버리지를 맞추고자 부채를 +20으로 늘려 총자산(125)=자본(25)+부채(100)가 됨

⑤ (금융위기 확산 파급경로) 시가평가제, 레버리지, 금융기관의 능동적인 대차대조표 관리

(4) 금융감독의 비효율성

① (금융감독 유형)

- 미시건전성 : 개별금융기관의 자산건정성 감독
- 거시건전성 : 금융시스템 전반의 충격을 견딜 수 있는지 감독
- 영업행위 : 고객에게 충분한 정보를 제공하고 투명하고 공정한 거래를 하는가 조사

② (구성의 오류) 전통적으로는 미시건전성 감독에 치중했는데, 경기하락 국면에서 개별금융기관의 적극적인 레버리지 조정은 개별금융기관 입장에서는 최선의 행동이었으나, 시장 전체로는 손실과 시스템 위험을 증가시킴

③ (최근 대응) 레버리지 규제와 대형 금융사에 대한 감독규제 등 거시건전성 감독을 도입

2. 세계경기침체와 거시경제정책

※ 선진국의 경제는 2008년 9월 이전부터 이미 위축되고 있었음

→ 이를 타개하고자 대규모 재정진작(fiscal stimulus)과 확장적 화폐금융정책(quantitative easing)을 수행

(a) 2008 경기침체와 향후 전망

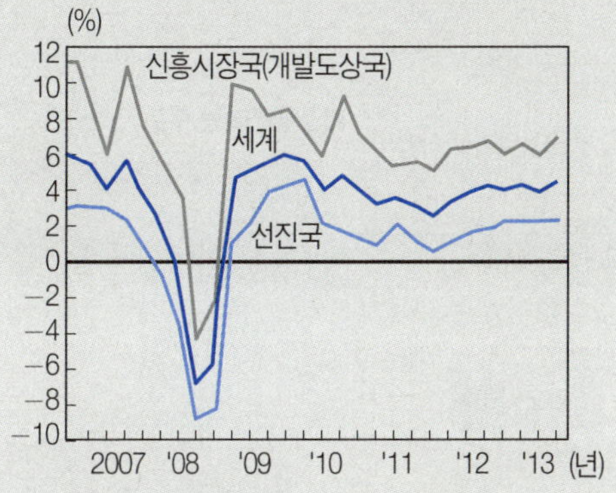

주 : 전년 동분기 연성장률
출처 : IMF, World Economic Outlook Update, 2012. 1.
자료 : IMF Staff estimates

(b) 주요 경기침체의 총산출 갭

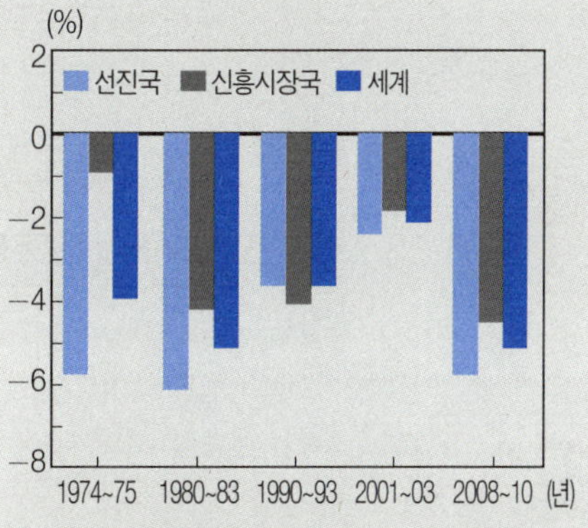

주 : 총산출 갭 = (잠재적 총산출량 − 실제 총산출량)/잠재적 총산출량
출처 : IMF, World Economic Outlook Update, 2009. 7.
자료 : IMF Staff estimates

(1) 재정정책

① (재정진작)은 단기적으로 총수요 증대를 위해 경기침체 시 정부지출 증가와 조세삭감

② 〈그림〉에서 감세보다는 경기부양효과가 큰 정부지출 선호

③ (부작용) 재정진작의 긍정적인 효과가 가시화되지 않은 상태에서 오히려 주요국의 재정적자와 국가부채 규모를 확대시켜 재정위기 유발

→ 미국과 영국의 국가신용등급 하락 (∵ 충분하지 못한 수준이라 판단)

(2) 화폐금융정책

① 양적완화(Quantitative Easing : *QE*)정책 : 제로수준의 정책금리하에서 국채 및 민간부문의 특정 자산을 매입하여 시중에 유동성을 공급하는 정책 (금리를 추가로 인하하기 어려운 상황에서 국채(민간의 특정자산) 매입)

② (바이패스 수술) 관상동맥이 막히듯 시중은행의 중개기능을 통한 자금흐름이 막히자 미 연준이 시중은행의 역할을 대신해서 자금이 흐르도록 유동성 통로를 제공

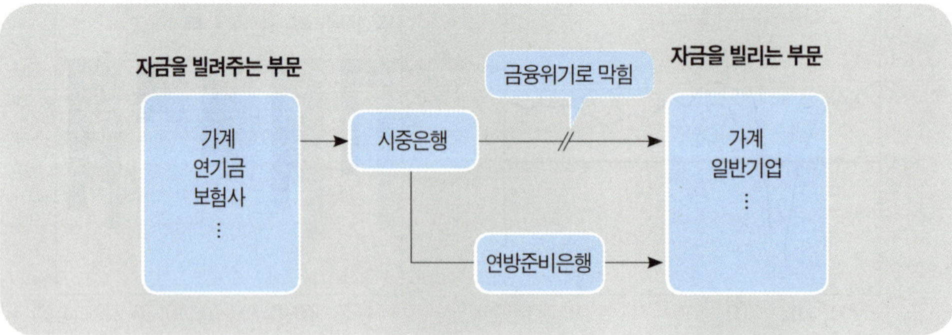

③ (오퍼레이션 트위스트) 장기증권 매입과 단기증권 매도로 통화공급량을 유지하면서 (장기금리 하락)을 통해서 기업의 장기유동성 자금을 촉진하는 정책 (단기금리<장기금리의 정상적인 관계를 반대로 비틀어버리는 결과 초래)

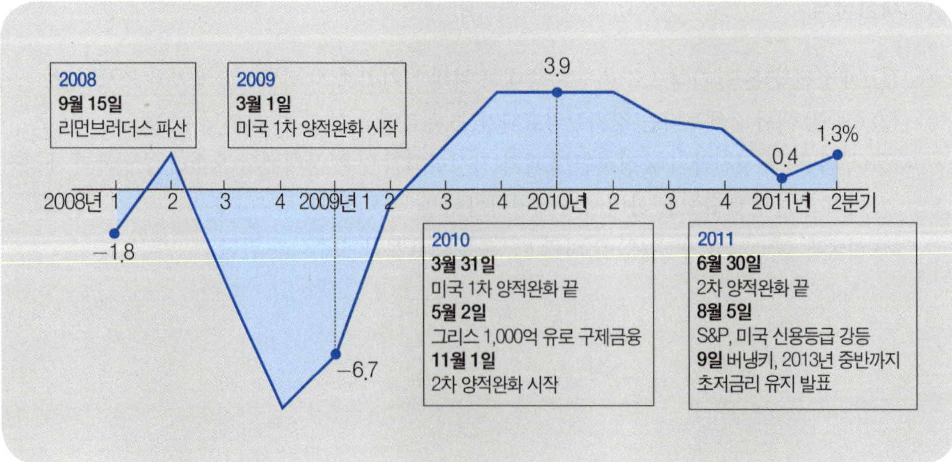

3. 국내금융시장의 글로벌 동조화

(1) 글로벌 금융시장

① 외환위기 이후에 자본시장 개방의 확대와 국제금융시장으로의 통합진전으로 글로벌 금융시장과 국내 금융시장의 연계성이 증가

② 주가, 금리, 환율의 동조화 증가

(2) 주가와 글로벌 동조화

① (금융측면) 외환위기 극복과정에서 자본시장의 전면적인 개방이 이루어지면서 주식시장에서 외국인 투자자의 영향력이 커짐

② (실물측면) 대외의존도의 심화로 교역규모는 47.3%(1990년)에서 96.4%(2011년)까지 급등

③ (외국인 지분) 외국인 투자자들의 우리나라 주식보유가 해외매출비용이 높은 대형주에 집중되어 있어 해외요인의 영향력이 커짐

(3) 금리의 글로벌 동조화

① 국내경제의 대외의존도 심화

② 통화정책의 글로벌 공조

③ 외국인 채권투자자 급증

4. 경제의 양극화

(1) 소득불평등

① 개념 : 개인 또는 세대 간에 저소득부터 고소득까지 소득분포가 균등하지 못한 상태

② 소득양극화는 중산층은 줄어드는 대신 고소득층과 저소득층이 많아지는 현상

③ 소득양극화는 중산층의 분포 변동에 초점을 두어 소득불평등의 악화에도 불구하고 소득양극화가 개선되거나 악화되는 현상이 나타날 수 있음 (소득집단이 2개로 분리되는 집락화(clustering)에 초점)

(2) 소득불평등과 소득양극화의 특징

① (소득불평등의 악화) 1990년 이후에 계속
② (외환위기 후 심화)
③ 가처분소득을 기준으로 한 불평등도는 시장소득 기준의 불평등보다 낮음

(3) 소득불평등과 양극화의 원인과 효과

① 소득불평등 원인
→ 교육 같은 인적자본, 거주지역, 물적자본의 소유여부, 기술수준, 교역 등이 주요 원인
② 소득양극화 원인
→ 소득불평등 요인과 유사하지만, 내수부진, 노동소득분배율 하락, 서비스업 및 중소기업 부진 등
③ 경제양극화의 파급효과
→ 사회의 동력을 떨어뜨리고, 계층 간 분열 야기, 성장잠재력 저하
→ (해결책) 대기업과 중소기업의 협력관계를 통한 고용안정

5. 저출산과 고령화

① 노동공급의 축소
② 저축률 하락 → 자본축적 저하 → 성장잠재력 악화
③ 사회복지 지출 증가, 조세수입 감소 → 재정건전성 악화

6. 소득 및 연령별 가계부채

(1) 가계부채 개념

① 가계부채(household debt) : 가계가 금융기관에 진 빚
② (소비의 평탄화) 가계는 소득수준이 낮을 때 대출을 통해 원하는 소비수준을 유지하려 함
③ 높은 증가세와 차입인구비율 상승세, 차주의 1인당 대출규모 확대

(2) 소득 연령별 특징

① (저소득층의 가계부채 증가) 소득양극화 심화에 따른 생활자금 차입 증가
② (고연령층 가계부채 증가) 은퇴 등으로 소득이 감소하기 시작하는 50세 이상 고연령층의 가계대출이 빠르게 증가 (인구고령화보다 고령층의 가계부채가 더 빠르게 증가)

(3) 고령층 가계부채 증가 원인

① (주택담보대출의 상환 제약) 부동산 가격 상승기(2005~2007년)에 주택담보대출이 증가했다가, 주택시장 부진으로 주택매도가 어려워 주택처분을 통한 대출금 상환에 제약

② (베이비붐 세대 은퇴자의 창업자금 마련)

③ (일시상환대출 선호로 대출원금 상환 지연)

(4) 가계부채의 부실위험 가능성

① 가계부채수준이 이미 높아진 상태에서 부채가 소득보다 빠르게 늘어나 가계의 부채상환능력이 계속 저하

② (원리금상환 부담 증가) 향후 거치기간 종료로 원금상환을 시작하는 주택담보대출이 늘어나면서 가계의 원리금상환 부담이 더 증가할 것으로 예상

③ (금융기관 건전성 유지) 전체 가계대출 연체율이 낮은 수준이고, 고소득층 보유 비중이 높아 금융기관에 미치는 영향 미미

④ (채무상환취약계층 문제) 가계의 저축률하락으로 부채상환여력이 악화되는 가운데 저소득층 비중이 커져 채무상환능력이 낮은 취약가계를 중심으로 부실위험 증가

⑤ 고연령 차주는 소득대비 대출비율이 높고, 저신용자 대출비중도 높아 부실화 가능성이 큼

⑥ (주택시장 불안요인) 고연령 차주의 경우 노후 및 대출상환자금 마련을 위한 주택처분, 주택규모축소 가능성이 높아 주택가격 하락의 요인 가능성이 높음

편저자 약력

장선구

성균관대학교 경제학과 졸업
성균관대학교 경제학 박사
한국경제학회 종신회원
(전) 웅지세무대학교 회계정보학과 교수
(전) 동국대학교 입학사정관
(현) 성균관대학교 경제학과 겸임교수
(현) 성균관대학교 국립외교원 모의고사 출제 및 특강
(현) KG에듀원 CPA 경제학, CTA 재정학 강의
(현) 합격의 법학원 감정평가사 경제학 강의
(현) 프라임 법학원 노무사 노동경제학, 5급 공채 경제학 강의
(현) 렛유인 공기업 경제학 강의
(현) 일타 클래스 매경테스트 강의
(현) 공단기 경제학 강의
(현) 유니스터디 경제학 강의
(저서) 와이드 경제학 4판(2020, 비앤엠북스)
정석미시경제론(비앤엠북스)
정석거시경제론(비앤엠북스)
원샷123 객관식경제학(비앤엠북스)
현대경제학(율곡출판사) 외 다수
(유튜브채널) 경제학짱박사

저자와의
협의하에
인지생략

CPA 경제학 2판

2021년 02월 22일 2판 인쇄
2021년 03월 05일 2판 1 쇄 발행

편저자 : 장 선 구
발행인 : 정 광 식
발행처 : **비앤엠 북스**
서울시 금천구 가산디지털1로 70 B1-103(호서대벤처타워)
등 록 2004. 12. 29. / 제313-2004-00298호
전 화 2627-5710~13, 팩스 2627-5720
홈페이지 www.대학교재.net
이 메 일 bnmbook@daum.net

정가 40,000원 ISBN 978-89-6821-126-3